Guido Wieprecht
Mit Herz und Kopf führen:
Ausgabe Nr. 1

Mit Herz und Kopf führen:

Guido Wieprecht

Bibliografische Information der Deutschen Nationalbibliothek: Die Deutsche Nationalbibliothek verzeichnet diese Publikation in der Deutschen Nationalbibliografie;
detaillierte bibliografische Daten sind im Internet über http://dnb.dnb.de abrufbar.

Verlag: BoD · Books on Demand GmbH, In de Tarpen 42, 22848 Norderstedt,
bod@bod.de

Druck: Libri Plureos GmbH, Friedensallee 273, 22763 Hamburg

ISBN: 978-3-7693-5675-5

Inhaltsverzeichnis

1.1. PERSÖNLICHKEITSENTWICKLUNG UND BERUFLICHE ENTWICKLUNG

Definition Persönlichkeit

Persönlichkeit bezeichnet die individuellen psychologischen Eigenschaften, Verhaltensmuster und charakterlichen Merkmale einer Person, die deren Denken, Fühlen und Handeln prägen. Sie umfasst Aspekte wie Temperament, Emotionen, Einstellungen und Werte und entwickelt sich durch genetische, biologische und umweltbedingte Einflüsse. Die Persönlichkeit kann sich im Laufe des Lebens verändern, bleibt aber oft relativ stabil und beeinflusst, wie Menschen mit ihren Umwelt und anderen interagieren.

Definition Entwicklung

Entwicklung bezieht sich auf den Prozess des Wandels und der Entfaltung von Fähigkeiten, Eigenschaften oder Zuständen im Laufe der Zeit. In einem allgemeinen Sinne kann Entwicklung verschiedene Bereiche umfassen, wie:

- **Biologische Entwicklung**: Veränderungen im physischen Wachstum und in der Reifung von Organismen.

- **Psychologische Entwicklung**: Veränderungen in den kognitiven, emotionalen und sozialen Fähigkeiten eines Individuums, oft in Phasen unterteilt (z. B. Kindheit, Jugend, Erwachsenenalter).

- **Soziale Entwicklung**: Die Veränderung von sozialen Strukturen, Beziehungen und Interaktionen innerhalb einer Gemeinschaft oder Gesellschaft.

- **Wirtschaftliche Entwicklung**: Der Fortschritt einer Volkswirtschaft in Bezug auf Wohlstand, Lebensstandard und soziale Gerechtigkeit.

Entwicklung ist oft ein dynamischer Prozess, der von verschiedenen Faktoren beeinflusst wird, einschließlich Umwelt, Kultur und persönlicher Erfahrung.

Zusammenhang Persönlichkeitsentwicklung und Berufliche Entwicklung

Der Zusammenhang zwischen Persönlichkeitsentwicklung und beruflicher Entwicklung ist eng und vielschichtig. Hier sind einige Aspekte, die diesen Zusammenhang verdeutlichen:

- **Selbstbewusstsein**: Eine positive Persönlichkeitsentwicklung fördert das Selbstbewusstsein. Menschen, die sich ihrer Stärken und Schwächen bewusst sind, können gezielt ihre Karriereziele setzen und verfolgen.

- **Soziale Fähigkeiten**: Kommunikations- und Teamfähigkeiten, die Teil der Persönlichkeitsentwicklung sind, sind entscheidend für den beruflichen Erfolg. Gute zwischenmenschliche Beziehungen am Arbeitsplatz fördern Zusammenarbeit und Networking.

- **Anpassungsfähigkeit**: In einer sich schnell verändernden Arbeitswelt ist die Fähigkeit zur Anpassung und Veränderung entscheidend. Eine starke Persönlichkeit hilft, Herausforderungen resilient zu begegnen.

- **Zielverwirklichung**: Persönlichkeitsentwicklung fördert die Fähigkeit, Ziele zu setzen und diese zu verfolgen. Dies ist entscheidend für die berufliche Laufbahn, da Karriereziele oft auf persönlichem Wachstum basieren.

- **Führungskompetenzen**: Menschen mit einer ausgeprägten Persönlichkeitsentwicklung zeigen häufig bessere Führungsqualitäten, da sie Empathie, Selbstmanagement und Entscheidungsfähigkeit mitbringen.

- **Lebenslanges Lernen**: Eine positive Einstellung zur persönlichen Entwicklung fördert auch die Bereitschaft, kontinuierlich dazuzulernen, was in der Berufswelt von großer Bedeutung ist.

Insgesamt lässt sich sagen, dass eine ausgeglichene Persönlichkeitsentwicklung eine solide Grundlage für beruflichen Erfolg bildet und umgekehrt auch berufliche Erfahrungen zur Persönlichkeitsentwicklung beitragen können.

Was sind die Phasen der menschlichen Entwicklung?

Die menschliche Entwicklung wird oft in verschiedene Phasen unterteilt, die die körperlichen, kognitiven, emotionalen und sozialen Veränderungen im Laufe des Lebens beschreiben. Hier sind die häufigsten Phasen:

Säuglingsalter (0-2 Jahre): Diese Phase ist geprägt von schnellem körperlichen Wachstum, der Entwicklung grundlegender motorischer Fähigkeiten und der Bindung an Bezugspersonen. Kognitive Fähigkeiten beginnen sich zu entwickeln.

Kleinkindalter (2-3 Jahre): In dieser Phase gewinnen Kinder an Unabhängigkeit, entwickeln Sprachfähigkeiten und beginnen, ihre Umgebung aktiv zu erkunden. Soziale Interaktionen werden wichtiger.

Frühes Kindesalter (3-6 Jahre): Kinder beginnen, soziale Fähigkeiten und Rollen zu erlernen. Fantasie und Spiel sind zentral für die kognitive Entwicklung, und sie beginnen, grundlegende Konzepte wie Zahlen und Buchstaben zu verstehen.

Mittleres Kindesalter (6-12 Jahre): In dieser Phase entwickeln Kinder komplexere soziale Beziehungen, schulische Fähigkeiten und ein besseres Verständnis für Regeln und Normen. Sie entwickeln Selbstbewusstsein und Identität.

Adoleszenz (12-18 Jahre): Diese Phase ist durch körperliche Veränderungen, die Suche nach Identität und ein erhöhtes Bedürfnis nach Unabhängigkeit gekennzeichnet. Jugendliche experimentieren oft mit verschiedenen Rollen und Beziehungen.

Frühes Erwachsenenalter (18-40 Jahre): Individuen treffen Entscheidungen über Karriere, Beziehungen und Familiengründung. Persönliche und berufliche Identität festigen sich.

Mittleres Erwachsenenalter (40-65 Jahre): Diese Phase ist oft durch Reflexion über Lebensziele und Erfolge gekennzeichnet. Viele Menschen konzentrieren sich auf Karrierefortschritte, familiäre Verpflichtungen und persönliche Entwicklung.

Spätes Erwachsenenalter (65 Jahre und älter): Diese Phase ist geprägt von der Auseinandersetzung mit Alter, Gesundheit und Lebensrückblick. Individuen reflektieren oft über ihr Leben und suchen nach Sinn und Zugehörigkeit.

Diese Phasen sind nicht strikt und können von Person zu Person variieren, da individuelle Erfahrungen und kulturelle Kontexte eine große Rolle spielen.

Wodurch werden Verhalten und Entwicklung der Persönlichkeit geprägt?

Das Verhalten und die Entwicklung der Persönlichkeit werden durch eine Vielzahl von Faktoren geprägt. Hier sind einige der wichtigsten:

- **Genetik**: Erbliche Faktoren spielen eine wesentliche Rolle in der Persönlichkeit. Gene können bestimmte Temperamente, Verhaltensweisen und emotionale Reaktionen beeinflussen.

- **Umwelt**: Die Umgebung, in der eine Person aufwächst, einschließlich der familiären, sozialen und kulturellen Kontexte, hat einen erheblichen Einfluss. Dies umfasst Erziehung, Bildungsangebote und soziale Interaktionen.

- **Erfahrungen**: Lebensereignisse, wie positive und negative Erfahrungen, prägen die Persönlichkeit. Traumatische Erlebnisse, Erfolge, Misserfolge und wichtige Wendepunkte können das Verhalten und die Einstellungen einer Person beeinflussen.

- **Soziale Interaktionen**: Beziehungen zu Familie, Freunden und anderen Personen sind entscheidend. Sozialer Einfluss, Gruppenzugehörigkeit und zwischenmenschliche Dynamiken tragen zur Persönlichkeitsentwicklung bei.

- **Kultur**: Kulturelle Normen und Werte beeinflussen, wie Menschen denken, fühlen und handeln. Verschiedene Kulturen fördern unterschiedliche Eigenschaften und Verhaltensweisen.

- **Bildung**: Der Bildungsweg und die Art des Lernens haben einen großen Einfluss auf die kognitive Entwicklung und damit auch auf die Persönlichkeitsmerkmale.

- **Emotionale Entwicklung**: Die Fähigkeit, Emotionen zu erkennen und zu regulieren, spielt eine zentrale Rolle bei der Entwicklung der Persönlichkeit und beeinflusst das Verhalten in sozialen Kontexten.

- **Kognitive Prozesse**: Denk- und Wahrnehmungsmuster, wie sie sich im Laufe der Zeit entwickeln, beeinflussen, wie Menschen sich selbst und ihre Umgebung wahrnehmen und darauf reagieren.

> Diese Faktoren interagieren oft miteinander und können sich im Laufe der Zeit verändern, wodurch die Entwicklung der Persönlichkeit dynamisch und einzigartig wird.

Welche Bedeutung haben Anlagen und Umwelteinflüsse für die Persönlichkeitsentwicklung des Menschen?

Anlagen- und Umwelteinflüsse spielen eine entscheidende Rolle in der Persönlichkeitsentwicklung des Menschen. Beide Faktoren wirken miteinander und beeinflussen, wie sich eine Person im Laufe ihres Lebens entwickelt. Hier sind die wichtigsten Aspekte der Bedeutung dieser Faktoren:

Anlagen (genetische Faktoren):

Genetische Prädispositionen: Anlagen beziehen sich auf die biologischen und genetischen Faktoren, die von den Eltern vererbt werden. Diese können Temperament, Intelligenz und bestimmte Verhaltensneigungen umfassen.

Basis für Entwicklung: Anlagen bieten eine Grundlage, auf der die Persönlichkeit aufbaut. Zum Beispiel kann ein Kind mit einem ausgeprägten kreativen Talent durch gezielte Förderung in der Kunst weiter gedeihen.

Unterschiedliche Reaktionen: Menschen mit ähnlichen genetischen Anlagen können unterschiedlich auf Umweltfaktoren reagieren, was zu individuellen Entwicklungspfaden führt.

Umwelteinflüsse:

Soziale Umgebung: Die Familie, Freunde, Bildungseinrichtungen und kulturelle Kontexte formen Werte, Überzeugungen und Verhaltensweisen. Unterstützung und Förderung in der frühen Kindheit können das Selbstwertgefühl und soziale Fähigkeiten stärken.

Erfahrungen: Lebensereignisse, Herausforderungen und die Möglichkeit zur Selbstverwirklichung beeinflussen die Entwicklung. Positive Erfahrungen können Selbstvertrauen und Resilienz fördern, während negative Erfahrungen zu Ängsten oder Unsicherheiten führen können.

Kulturelle Einflüsse: Die Kultur, in der jemand aufwächst, prägt die Normen und Erwartungen, die das Verhalten und die Denkweise einer Person beeinflussen.

Interaktion zwischen Anlagen und Umwelt:

Wechselwirkungen: Die Wechselwirkungen zwischen genetischen Anlagen und Umwelteinflüssen sind entscheidend. Zum Beispiel kann ein genetisch veranlagter introvertierter Mensch in einer unterstützenden und ermutigenden Umgebung lernen, soziale Fähigkeiten zu entwickeln und seine Extroversion zu steigern.

Anpassungsfähigkeit: Menschen haben die Fähigkeit, sich an verschiedene Umwelten anzupassen. Diese Anpassungsfähigkeit zeigt, wie Anlagen und Umwelt zusammenwirken, um das Verhalten und die Persönlichkeit zu formen.

Fazit:

Anlagen und Umwelteinflüsse sind eng miteinander verknüpft und tragen gemeinsam zur Persönlichkeitsentwicklung bei. Während genetische Prädispositionen eine Basis bieten, sind die Erfahrungen und die Umgebung entscheidend dafür, wie sich diese Anlagen entfalten und in die Persönlichkeit integriert werden. Ein ausgewogenes Verständnis beider Faktoren ist wichtig, um die Komplexität der menschlichen Entwicklung zu erkennen.

Beispiele für Anlagen (genetische Faktoren):

Temperament: Ein Kind, das von Natur aus ein ausgeglichenes und ruhiges Temperament hat, könnte in stressigen Situationen besser reagieren und gelassener bleiben als ein Kind, das von Geburt an eher impulsiv und temperamentvoll ist.

Intelligenz: Kinder mit einer genetischen Veranlagung für hohe Intelligenz können schneller lernen und komplexe Probleme lösen. Dies könnte sie in einem förderlichen Lernumfeld unterstützen, in dem sie zusätzliche Herausforderungen finden.

Talente: Musikalische Anlagen können dazu führen, dass ein Kind eine besondere Begabung für das Spielen von Instrumenten oder für das Singen hat, wenn es in einem musikalischen Umfeld aufwächst.

Beispiele für Umwelteinflüsse:

Familie: Ein Kind, das in einer liebevollen und unterstützenden Familie aufwächst, entwickelt wahrscheinlich ein hohes Selbstwertgefühl, während ein Kind aus einem kritischen oder distanzierten Umfeld Schwierigkeiten haben könnte, Vertrauen in sich selbst zu entwickeln.

Bildung: Der Zugang zu hochwertigen Bildungseinrichtungen kann die kognitive Entwicklung und soziale Fähigkeiten fördern, während ein Mangel an Bildungsmöglichkeiten zu Defiziten in diesen Bereichen führen kann.

Kulturelle Einflüsse: In Kulturen, die Individualität betonen, entwickeln Menschen möglicherweise ein stärkeres Bedürfnis nach Selbstverwirklichung. In kollektivistischen Kulturen hingegen könnte der Fokus stärker auf Gemeinschaft und familiären Beziehungen liegen.

Interaktion zwischen Anlagen und Umwelt:

Sportliche Begabung: Ein Kind mit genetischen Anlagen für körperliche Geschicklichkeit kann sich in einem sportlich aktiven Umfeld entwickeln, wo es gefördert wird. Wenn das Kind jedoch in einer Umgebung aufwächst, die Sport nicht wertschätzt, könnte es seine Talente nicht entfalten.

Kreativität: Ein kreatives Kind (Anlage) kann in einem inspirierenden Umfeld (z. B. mit künstlerisch interessierten Eltern) seine Kreativität ausleben, während es in einem restriktiven Umfeld, das Kreativität nicht fördert, Schwierigkeiten haben könnte, diese auszudrücken.

Soziale Fähigkeiten: Ein introvertiertes Kind kann in einer unterstützenden und ermutigenden Umgebung lernen, soziale Fähigkeiten zu entwickeln. Dagegen kann ein gleiches Kind in einem übermäßig kritischen oder herausfordernden Umfeld Schwierigkeiten haben, Vertrauen in soziale Interaktionen zu entwickeln.

Diese Beispiele verdeutlichen, wie Anlagen und Umwelteinflüsse zusammenwirken, um die Persönlichkeitsentwicklung eines Menschen zu gestalten.

Die Entwicklung von Menschen wird durch eine Vielzahl von Faktoren gefördert:

- **Bildung**: Zugang zu qualitativ hochwertiger Bildung eröffnet neue Perspektiven und Fähigkeiten.

- **Umfeld**: Ein unterstützendes soziales Umfeld, einschließlich Familie und Freunde, spielt eine entscheidende Rolle.

- **Erfahrungen**: Praktische Erfahrungen, wie Reisen oder ehrenamtliche Tätigkeiten, erweitern den Horizont und fördern persönliche Wachstumschancen.

- **Mentoring**: Beziehungen zu Mentoren oder Vorbildern können wertvolle Einsichten und Orientierung bieten.

- **Gesundheit**: Physische und mentale Gesundheit sind entscheidend für die persönliche Entwicklung.

- **Ziele und Motivation**: Klare Ziele und innere Motivation treiben das persönliche Wachstum voran.

- **Selbstreflexion**: Die Fähigkeit, über sich selbst nachzudenken und aus Erfahrungen zu lernen, ist zentral für die Entwicklung.

- **Kreativität und Neugier**: Ein offener Geist fördert die Entdeckung neuer Ideen und Möglichkeiten.

All diese Faktoren interagieren miteinander und tragen zur ganzheitlichen Entwicklung eines Individuums bei.

Was kann die Entwicklung hemmen?

Es gibt verschiedene Faktoren, die die Entwicklung von Menschen hemmen können:

- **Mangelnde Bildung**: Eingeschränkter Zugang zu Bildung kann Chancen einschränken und das Wissen begrenzen.

- **Negative soziale Einflüsse**: Ein toxisches Umfeld, z.B. durch toxische Beziehungen oder soziale Isolation, kann das Selbstwertgefühl und die Motivation beeinträchtigen.

- **Gesundheitliche Probleme**: Physische oder psychische Erkrankungen können die Fähigkeit zur persönlichen Entwicklung stark einschränken.

- **Angst und Unsicherheit**: Übermäßige Angst vor Misserfolg oder Kritik kann dazu führen, dass Menschen Chancen nicht ergreifen.

- **Fehlende Ressourcen**: Finanzielle, materielle oder emotionale Ressourcen können die Möglichkeiten zur persönlichen Entfaltung stark limitieren.

- **Mangel an Unterstützung**: Fehlende Unterstützung durch Familie, Freunde oder Mentoren kann die Entwicklung behindern.

- **Rigide Denkweisen**: Eine starre Haltung gegenüber Veränderungen oder neuen Ideen kann das Wachstum und die Anpassungsfähigkeit einschränken.

- **Zeitdruck**: Stress und Zeitmangel können die Möglichkeit zur Selbstreflexion und zum Lernen beeinträchtigen.

Diese Faktoren können sich gegenseitig verstärken und somit die persönliche Entwicklung erheblich bremsen.

Wie kann die Führungskraft die Einstellung und das Verhalten der Mitarbeiter beeinflussen?

Führungskräfte können die Einstellung und das Verhalten ihrer Mitarbeiter auf verschiedene Weisen beeinflussen:

- **Vorbildfunktion**: Indem sie selbst ein positives Verhalten vorleben, können Führungskräfte Mitarbeiter inspirieren und motivieren.

- **Offene Kommunikation**: Transparente und regelmäßige Kommunikation schafft Vertrauen und fördert ein offenes Arbeitsklima, in dem Mitarbeiter sich wohlfühlen, ihre Meinungen zu äußern.

- **Feedback und Anerkennung**: Konstruktives Feedback und Wertschätzung für gute Leistungen stärken das Engagement und die Motivation der Mitarbeiter.

- **Zielsetzung**: Klare, erreichbare Ziele helfen Mitarbeitern, ihren Fokus zu behalten und die Bedeutung ihrer Arbeit zu erkennen.

- **Mitarbeiterentwicklung**: Durch Schulungen und Weiterbildungsmöglichkeiten zeigen Führungskräfte, dass sie in die Entwicklung ihrer Mitarbeiter investieren.

- **Teambildung**: Teamaktivitäten fördern den Zusammenhalt und das Verständnis unter den Mitarbeitern, was zu einem positiven Arbeitsumfeld führt.

- **Flexibilität und Autonomie**: Indem Mitarbeiter in Entscheidungsprozesse einbezogen werden und Spielraum für Eigenverantwortung erhalten, steigert sich die Zufriedenheit und das Engagement.

- **Kultur der Fehlerakzeptanz**: Eine Umgebung, in der Fehler als Lernmöglichkeiten betrachtet werden, fördert Innovation und risikobereites Handeln.

- **Gesundheitsförderung**: Maßnahmen zur Förderung der physischen und psychischen Gesundheit zeigen, dass das Wohl der Mitarbeiter wichtig ist.

Durch diese Ansätze können Führungskräfte nicht nur die Einstellung und das Verhalten ihrer Mitarbeiter positiv beeinflussen, sondern auch eine produktive und engagierte Unternehmenskultur fördern.

Definition: Selbstbewusstsein

Selbstbewusstsein bezeichnet das Vertrauen in die eigenen Fähigkeiten, Werte und Meinungen. Es ist die Fähigkeit, sich seiner Stärken und Schwächen bewusst zu sein und sich selbst positiv zu akzeptieren. Menschen mit einem hohen Selbstbewusstsein treten selbstsicher auf, können ihre Bedürfnisse und Grenzen klar kommunizieren und sind in der Lage, Entscheidungen selbstständig zu treffen. Selbstbewusstsein spielt eine zentrale Rolle in der persönlichen Entwicklung und im Umgang mit anderen, da es die Grundlage für eine gesunde zwischenmenschliche Interaktion bildet.

Definition: Selbstwertgefühl

Selbstwertgefühl ist die subjektive Einschätzung des eigenen Wertes und die innere Haltung, die man gegenüber sich selbst hat. Es umfasst die Wahrnehmung der eigenen Stärken und Schwächen, das Vertrauen in die eigenen Fähigkeiten und die allgemeine Zufriedenheit mit sich selbst. Ein positives Selbstwertgefühl bedeutet, dass man sich selbst akzeptiert und schätzt, während ein niedriges Selbstwertgefühl oft mit Selbstzweifeln und einem negativen Selbstbild einhergeht. Das Selbstwertgefühl beeinflusst das Verhalten, die Motivation und die zwischenmenschlichen Beziehungen.

Welche Anzeichen gibt es, wenn Mitarbeiter ein geringes Selbstwertgefühl haben?

Mitarbeiter mit einem geringen Selbstwertgefühl zeigen häufig bestimmte Anzeichen und Verhaltensweisen:

Selbstzweifel: Häufiges Infragestellen der eigenen Fähigkeiten und Entscheidungen.

Übermäßige Schüchternheit: Schwierigkeiten, sich in Gruppen zu äußern oder eigene Meinungen zu teilen.

Perfektionismus: Übermäßiger Drang, alles perfekt zu machen, aus Angst vor Kritik oder Misserfolg.

Vermeidung von Herausforderungen: Zögern, neue Aufgaben oder Projekte anzunehmen, um sich vor möglichen Misserfolgen zu schützen.

Überempfindlichkeit gegenüber Kritik: Starke emotionale Reaktionen auf Feedback, selbst wenn es konstruktiv ist.

Wenig Initiative: Passives Verhalten, wenig Engagement oder Eigenverantwortung.

Negative Selbstgespräche: Häufige negative Gedanken über sich selbst oder das eigene Können.

Abhängigkeit von Bestätigung: Ständiger Bedarf an Lob und Anerkennung von anderen, um sich wertvoll zu fühlen.

Soziale Isolation: Rückzug von sozialen Interaktionen oder Teamaktivitäten.

Schwierigkeiten beim Setzen von Zielen: Unfähigkeit, realistische Ziele zu formulieren oder zu verfolgen.

Diese Anzeichen können sowohl die individuelle Leistung als auch die Dynamik im Team beeinträchtigen. Ein unterstützendes Umfeld kann helfen, das Selbstwertgefühl zu stärken.

Wie kann ich als Führungskraft das Selbstwertgefühl der Mitarbeiter fördern?

Als Führungskraft können Sie das Selbstwertgefühl Ihrer Mitarbeiter auf verschiedene Weisen fördern:

- **Konstruktives Feedback**: Geben Sie regelmäßig positives und konstruktives Feedback. Betonen Sie Stärken und zeigen Sie auf, wo Verbesserung möglich ist, ohne herabzusetzen.

- **Anerkennung und Wertschätzung**: Feiern Sie Erfolge, auch kleine. Zeigen Sie, dass Sie die Leistungen Ihrer Mitarbeiter schätzen, sei es durch Lob im Team oder durch persönliche Anerkennung.

- **Offene Kommunikation**: Schaffen Sie ein Umfeld, in dem Mitarbeiter sich wohlfühlen, ihre Meinungen und Ideen zu äußern. Hören Sie aktiv zu und nehmen Sie ihre Anliegen ernst.

- **Zielsetzung**: Arbeiten Sie gemeinsam mit den Mitarbeitern an realistischen, erreichbaren Zielen. Das Erreichen von Zielen stärkt das Selbstvertrauen.

- **Mitarbeiterentwicklung**: Bieten Sie Weiterbildungsmöglichkeiten an und ermutigen Sie Mitarbeiter, neue Fähigkeiten zu erlernen. Dies zeigt, dass Sie an ihrer Entwicklung interessiert sind.

- **Teambildung**: Fördern Sie den Zusammenhalt im Team durch gemeinsame Aktivitäten, um die sozialen Beziehungen und das Vertrauen zu stärken.

- **Verantwortung übertragen**: Geben Sie Mitarbeitern Verantwortung für Projekte oder Aufgaben. Dies zeigt Vertrauen in ihre Fähigkeiten und fördert ihre Selbstwirksamkeit.

- **Fehlerakzeptanz**: Schaffen Sie eine Kultur, in der Fehler als Lernchancen betrachtet werden. Ermutigen Sie Mitarbeiter, aus Misserfolgen zu lernen, anstatt sie zu fürchten.

- **Individuelle Unterstützung**: Gehen Sie auf die individuellen Bedürfnisse Ihrer Mitarbeiter ein. Bieten Sie Hilfe an, wenn jemand Unterstützung benötigt, und zeigen Sie Interesse an ihrer persönlichen Entwicklung.

- **Positive Teamkultur**: Fördern Sie eine positive, respektvolle und inklusive Teamkultur, in der Vielfalt geschätzt wird und jeder Mitarbeiter gehört wird.

> Durch diese Maßnahmen können Sie das Selbstwertgefühl Ihrer Mitarbeiter nachhaltig stärken und ein positives Arbeitsumfeld schaffen.

Welche Voraussetzungen ergeben Sich hierbei für die Mitarbeiterführung?

Die Förderung des Selbstwertgefühls der Mitarbeiter erfordert bestimmte Voraussetzungen in der Mitarbeiterführung:

Empathie: Führungskräfte sollten in der Lage sein, sich in die Lage ihrer Mitarbeiter zu versetzen und deren Perspektiven zu verstehen. Empathie fördert eine unterstützende Atmosphäre.

Selbstbewusstsein: Eine selbstbewusste Führungskraft strahlt Sicherheit aus und kann so auch das Selbstbewusstsein ihrer Mitarbeiter stärken.

Kommunikationsfähigkeit: Klare, offene und respektvolle Kommunikation ist entscheidend, um Vertrauen aufzubauen und Missverständnisse zu vermeiden.

Feedback-Kultur: Die Bereitschaft, sowohl positives als auch konstruktives Feedback zu geben und zu empfangen, ist wichtig, um das Wachstum der Mitarbeiter zu unterstützen.

Vorbildfunktion: Führungskräfte sollten selbst ein positives Selbstwertgefühl zeigen und ein Verhalten vorleben, das sie bei ihren Mitarbeitern fördern möchten.

Flexibilität: Anpassungsfähigkeit an unterschiedliche Bedürfnisse und Situationen der Mitarbeiter ist entscheidend, um deren individuelle Entwicklung zu unterstützen.

Geduld: Veränderungen im Selbstwertgefühl geschehen oft nicht über Nacht. Führungskräfte müssen Geduld haben und den Entwicklungsprozess ihrer Mitarbeiter langfristig begleiten.

Wertschätzung: Eine Kultur der Wertschätzung muss aktiv gefördert werden. Führungskräfte sollten regelmäßig zeigen, dass sie die Arbeit und das Engagement ihrer Mitarbeiter anerkennen.

Zielorientierung: Klare Ziele setzen und dabei sicherstellen, dass diese realistisch und erreichbar sind, stärkt das Vertrauen der Mitarbeiter in ihre Fähigkeiten.

Schulung und Weiterbildung: Führungskräfte sollten sich selbst in den Bereichen Mitarbeiterführung und Teamentwicklung weiterbilden, um effektive Strategien zur Förderung des Selbstwertgefühls zu erlernen.

Diese Voraussetzungen helfen, ein unterstützendes und förderliches Umfeld zu schaffen, in dem Mitarbeiter wachsen und sich entfalten können.

Beispiel

Hier ist ein Beispiel, wie eine Führungskraft das Selbstwertgefühl eines Mitarbeiters fördern kann:

Situation: Anna, eine Mitarbeiterin in einem Marketingteam, hat Schwierigkeiten, sich bei Teammeetings zu äußern und zweifelt an ihren Fähigkeiten, kreative Ideen beizusteuern.

Schritte der Führungskraft:

- **Individuelles Gespräch**: Die Führungskraft, Herr Müller, lädt Anna zu einem persönlichen Gespräch ein. Er fragt sie, wie sie sich im Team fühlt, und hört aktiv zu, ohne sie zu unterbrechen. Dadurch zeigt er, dass er sich für ihre Gedanken interessiert.

- **Feedback und Wertschätzung**: Herr Müller hebt Annas frühere Erfolge hervor, wie ihre Beteiligung an einem erfolgreichen Projekt, und betont, dass ihre Ideen wertvoll sind. Er sagt: „Ich schätze deinen Blick auf die Dinge sehr."

- **Zielsetzung**: Gemeinsam setzen sie ein Ziel, dass Anna in den nächsten Teammeetings mindestens eine Idee pro Sitzung präsentieren soll. Sie besprechen, wie sie sich darauf vorbereiten kann, um mehr Selbstvertrauen zu gewinnen.

- **Ressourcen anbieten**: Herr Müller bietet an, mit Anna ein paar kurze Übungseinheiten zu machen, in denen sie ihre Ideen präsentieren kann. Er empfiehlt auch eine interne Schulung zur Verbesserung der Präsentationsfähigkeiten.

- **Nachhaltige Unterstützung**: Nach einigen Wochen fragt Herr Müller regelmäßig nach, wie Anna sich fühlt und ob sie Unterstützung benötigt. Er gibt positives Feedback, wenn sie sich an der Diskussion beteiligt.

- **Fehler akzeptieren**: Wenn Anna bei einer Präsentation nervös ist oder Schwierigkeiten hat, macht Herr Müller klar, dass Fehler normal sind und dass jeder im Team aus seinen Erfahrungen lernt.

- **Ergebnis**: Nach einigen Monaten hat Anna mehr Selbstbewusstsein entwickelt. Sie äußert sich aktiv im Team, bringt kreative Ideen ein und fühlt sich wertgeschätzt. Ihr Selbstwertgefühl hat sich dadurch erheblich verbessert, was auch zu einer positiveren Teamdynamik führt.

Welche Symptome zeigen Mitarbeiter in verschiedenen Abwehrmechanismen?

Mitarbeiter können unterschiedliche Symptome zeigen, wenn sie Abwehrmechanismen einsetzen, um mit Stress oder unangenehmen Emotionen umzugehen. Hier sind einige häufige Abwehrmechanismen und die entsprechenden Symptome:

Verdrängung: **Symptome**: Schwierigkeiten, an wichtige Aufgaben oder Probleme zu denken; emotionale Taubheit; das Ignorieren von Feedback oder Kritik.

Rationalisierung: **Symptome**: Häufige Erklärungen oder Entschuldigungen für eigenes Verhalten; das Minimieren von Fehlern oder Misserfolgen; das Suchen nach "guten Gründen" für unangemessenes Verhalten.

Projektion: Symptome: Vorwurf an andere, negative Eigenschaften oder Fehler zu haben, die man selbst bei sich sieht; häufige Konflikte mit Kollegen aufgrund von Missverständnissen.

Reaktionsbildung: Symptome: Übermäßige Höflichkeit oder Freundlichkeit gegenüber Kollegen, während man innerlich Wut oder Ablehnung empfindet; extreme Enthusiasmus, um negative Gefühle zu maskieren.

Sublimierung: Symptome: Kreatives oder produktives Verhalten in Stresssituationen; das Finden positiver Ausdrucksformen für negative Emotionen, z.B. durch Kunst oder Sport.

Isolation: Symptome: Rückzug von sozialen Interaktionen; das Vermeiden von Teammeetings oder sozialen Veranstaltungen; emotionale Distanzierung von Kollegen.

Verleugnung: Symptome: Ignorieren von Problemen oder unangenehmen Wahrheiten; das Beharren auf einer unrealistischen Sichtweise, obwohl Beweise das Gegenteil zeigen.

Regressionsverhalten: Symptome: Rückfall in kindliches oder unreifes Verhalten; häufige Jammerer, Wutausbrüche oder das Verlangen nach übermäßiger Unterstützung.

Diese Symptome können sich negativ auf die Teamdynamik, die Zusammenarbeit und die allgemeine Arbeitsatmosphäre auswirken. Ein sensibler und unterstützender Führungsstil kann helfen, solche Abwehrmechanismen zu erkennen und auf gesunde Weise anzugehen.

Definition: Kompensation

Kompensation ist ein psychologischer Abwehrmechanismus, bei dem eine Person versucht, eine wahrgenommene Schwäche oder ein Versagen in einem Bereich durch übermäßige Stärkung oder Leistung in einem anderen Bereich auszugleichen. Dies kann dazu dienen, das Selbstwertgefühl zu schützen und unangenehme Gefühle zu vermeiden. Zum Beispiel könnte jemand, der in sozialen Situationen unsicher ist, überdurchschnittlich gute Leistungen in der Arbeit oder im Studium erbringen, um sich wertvoller zu fühlen. Kompensation kann sowohl positive als auch negative Auswirkungen haben, je nachdem, wie sie eingesetzt wird.

Beispiel

Ein Beispiel für Kompensation könnte folgendermaßen aussehen:

Situation: Thomas ist ein Mitarbeiter in einem großen Unternehmen. Er hat Schwierigkeiten, sich in großen Meetings zu äußern und fühlt sich in sozialen Situationen oft unsicher. Diese Unsicherheit führt dazu, dass er sich in seiner Rolle unwohl fühlt.

Kompensationsverhalten: Um sein geringes Selbstwertgefühl auszugleichen, investiert Thomas viel Zeit und Energie in seine fachlichen Fähigkeiten. Er arbeitet überdurchschnittlich hart, um seine Projekte perfekt abzuschließen, und nimmt zusätzliche Schulungen und Weiterbildungen in Anspruch, um als Experte in seinem Fachgebiet anerkannt zu werden.

Auswirkung: Während Thomas durch seine Leistungen in der Arbeit Anerkennung und Lob von Vorgesetzten und Kollegen erhält, bleibt seine soziale Unsicherheit bestehen. Er erhält zwar ein positives Feedback für seine Fachkenntnisse, aber seine Schwierigkeiten in sozialen Interaktionen werden nicht adressiert. Langfristig könnte dies dazu führen, dass er in seiner Karriere stagniert, weil er wichtige Netzwerke und Beziehungen nicht aufbauen kann.

In diesem Beispiel zeigt Thomas, wie Kompensation ihn zwar in einem Bereich stärkt, aber gleichzeitig die zugrunde liegenden Probleme nicht löst.

Definition: Konversion

Konversion ist ein psychologischer Abwehrmechanismus, bei dem emotionale Konflikte oder innere Spannungen in körperliche Symptome oder Beschwerden umgewandelt werden. Diese Symptome können physische Schmerzen oder gesundheitliche Probleme darstellen, ohne dass eine organische Ursache erkennbar ist. Konversion dient oft dazu, unangenehme Gefühle wie Angst oder Stress auszublenden, indem sie in eine körperliche Form überführt werden.

Ein klassisches Beispiel ist, wenn eine Person, die unter starkem Stress oder emotionalen Konflikten leidet, plötzlich anhaltende Kopfschmerzen oder andere körperliche Beschwerden entwickelt. Diese körperlichen Symptome können dann die emotionale Belastung maskieren oder ablenken.

Beispiel

Ein Beispiel für Konversion könnte folgendermaßen aussehen:

Situation: Lisa ist eine Mitarbeiterin, die unter starkem Druck bei der Arbeit steht. Sie hat Schwierigkeiten, mit den Erwartungen ihrer Vorgesetzten und den

Anforderungen ihres Projekts umzugehen. Gleichzeitig gibt es in ihrem Privatleben Konflikte, die sie belasten.

Konversionsverhalten: Anstatt ihre emotionalen Probleme direkt anzugehen, entwickelt Lisa plötzlich starke, wiederkehrende Bauchschmerzen. Diese Schmerzen treten oft genau dann auf, wenn sie zur Arbeit gehen oder an wichtigen Meetings teilnehmen muss.

Auswirkung: Die Bauchschmerzen führen dazu, dass Lisa sich krankmeldet und ihre Termine absagen muss. Während sie durch diese körperlichen Beschwerden von ihrem emotionalen Stress ablenkt, bleiben die zugrunde liegenden Probleme ungelöst. Ihre Kollegen und Vorgesetzten sind besorgt um ihre Gesundheit, was ihr zudem das Gefühl gibt, dass ihre körperlichen Symptome ernst genommen werden.

In diesem Beispiel zeigt sich, wie emotionale Konflikte in körperliche Symptome umgewandelt werden, um mit inneren Spannungen umzugehen, ohne die tatsächlichen Ursachen anzugehen.

Definition: Resignation

Resignation bezeichnet den Zustand der inneren Aufgabe oder des Aufgebens, oft in Bezug auf eine Situation oder Umstände, die als überwältigend oder unveränderlich wahrgenommen werden. Es handelt sich um eine emotionale Reaktion, bei der eine Person die Hoffnung auf Veränderung oder Verbesserung aufgibt und sich mit einer unbefriedigenden oder belastenden Situation abfindet.

Resignation kann sowohl als Schutzmechanismus dienen, um mit wiederholtem Misserfolg oder stressigen Lebensumständen umzugehen, als auch zu einer passiven Haltung führen, die das persönliche Wachstum und die Entwicklung hemmt. In vielen Fällen kann Resignation zu Gefühlen von Traurigkeit, Frustration oder innerer Leere führen.

Beispiel

Ein Beispiel für Resignation könnte folgendermaßen aussehen:

Situation: Markus arbeitet seit mehreren Jahren in einem Unternehmen, in dem er sich nicht wertgeschätzt fühlt. Er hat mehrfach um eine Gehaltserhöhung und eine Beförderung gebeten, aber seine Anliegen wurden immer wieder abgelehnt. Außerdem gibt es in seinem Team ständige Konflikte, die nicht gelöst werden.

Resignationsverhalten: Nach mehreren Enttäuschungen beginnt Markus, sich mit seiner Situation abzufinden. Er zeigt kein Interesse mehr an neuen Projekten, beteiligt sich nicht aktiv an Teamdiskussionen und geht oft mit einem Gefühl der

Gleichgültigkeit zur Arbeit. Er denkt: „Es hat keinen Sinn, sich anzustrengen, das wird sowieso nichts ändern."

Auswirkung: Markus hat das Engagement für seine Arbeit verloren. Seine Leistungen sinken, und er bleibt oft in der Routine stecken, ohne den Wunsch nach Veränderung oder Verbesserung. Dies führt zu einem negativen Arbeitsumfeld und kann sich auch auf seine persönliche Zufriedenheit auswirken.

In diesem Beispiel verdeutlicht Resignation, wie eine Person sich von der Hoffnung auf positive Veränderungen abwendet und stattdessen in einer unbefriedigenden Situation verharrt.

Ein weiteres Beispiel:

Situation: Max arbeitet in einem Unternehmen, in dem die Arbeitsbedingungen konstant schlecht sind. Trotz wiederholter Beschwerden über Überlastung und unklare Kommunikation werden keine Änderungen vorgenommen. Seine Kollegen fühlen sich ähnlich frustriert, doch nach mehreren erfolglosen Versuchen, die Situation zu verbessern, gibt Max schließlich auf.

Resignationsverhalten: Max beginnt, seine Arbeit nur noch minimal zu erledigen, und zeigt kaum noch Engagement. Er hat das Gefühl, dass es keinen Sinn hat, sich für Verbesserungen einzusetzen, da er glaubt, dass sich ohnehin nichts ändern wird. Statt aktiv nach Lösungen zu suchen, akzeptiert er die Situation und zieht sich emotional zurück.

Auswirkung: Diese Resignation führt dazu, dass Max unzufrieden und demotiviert wird, was sich negativ auf seine Arbeitsleistung und sein allgemeines Wohlbefinden auswirkt. Seine Kreativität und Initiative nehmen ab, und er beginnt, die Freude an seiner Arbeit zu verlieren.

In diesem Beispiel zeigt sich, wie Resignation zu einer passiven Haltung führt, die nicht nur die persönliche Entwicklung, sondern auch das Teamklima beeinträchtigen kann.

1.3. ENTWICKLUNG VON KOMPETENZEN

Definition: Kompetenzen

Kompetenzen sind die Fähigkeiten, Kenntnisse und Fertigkeiten, die eine Person benötigt, um bestimmte Aufgaben oder Herausforderungen erfolgreich zu bewältigen. Sie umfassen sowohl fachliche (spezifisches Wissen und technische Fähigkeiten) als auch überfachliche Kompetenzen (wie soziale, kommunikative und persönliche Fähigkeiten).

Kompetenzen sind entscheidend für die persönliche und berufliche Entwicklung und spielen eine zentrale Rolle bei der Erreichung von Zielen und der Bewältigung von Herausforderungen.

Was bedeutet Fachkompetenz?

Fachkompetenz bezeichnet das spezifische Wissen, die Fähigkeiten und Fertigkeiten, die erforderlich sind, um in einem bestimmten Fachgebiet oder Berufsfeld erfolgreich zu arbeiten. Sie umfasst sowohl theoretisches Wissen als auch praktische Anwendung in realen Situationen.

Fachkompetenz kann Folgendes beinhalten:

- **Fachwissen**: Vertieftes Wissen über Konzepte, Theorien und Techniken in einem bestimmten Bereich.

- **Technische Fähigkeiten**: Praktische Fertigkeiten, die zur Ausführung spezifischer Aufgaben notwendig sind, z.B. das Bedienen von Maschinen, Software-Anwendungen oder wissenschaftlichen Methoden.

- **Analytische Fähigkeiten**: Die Fähigkeit, Informationen zu bewerten, Probleme zu identifizieren und fundierte Entscheidungen zu treffen.

- **Branchenkenntnis**: Vertrautheit mit den Besonderheiten, Trends und Herausforderungen eines bestimmten Sektors.

Fachkompetenz ist entscheidend für die Erfüllung beruflicher Anforderungen und spielt eine wichtige Rolle bei der Karriereentwicklung und der Übernahme von Verantwortung.

Wie kann ich eine Fachkompetenz fördern?

Die Förderung von Fachkompetenz kann auf verschiedene Weisen erfolgen. Hier sind einige effektive Ansätze:

- **Weiterbildung und Schulungen**: Bieten Sie regelmäßige Schulungen, Workshops und Seminare an, die auf die spezifischen Bedürfnisse und Entwicklungen des Fachgebiets zugeschnitten sind.

- **Mentoring und Coaching**: Stellen Sie erfahrene Mitarbeiter als Mentoren zur Verfügung, die ihr Wissen und ihre Erfahrungen teilen können. Dies fördert den direkten Austausch und die persönliche Entwicklung.

- **Praxisorientierte Projekte**: Ermutigen Sie Mitarbeiter, an realen Projekten zu arbeiten, die relevante Fähigkeiten und Kenntnisse erfordern. Praktische Anwendung fördert das Lernen und die Umsetzung von Fachwissen.

- **Zugang zu Ressourcen**: Stellen Sie Bibliotheken, Online-Kurse und Fachliteratur zur Verfügung, um den Mitarbeitern die Möglichkeit zu geben, sich selbstständig weiterzubilden.

- **Netzwerkbildung**: Fördern Sie den Austausch mit anderen Fachleuten durch Teilnahme an Konferenzen, Messen oder Fachgruppen. Networking kann neue Perspektiven und aktuelle Trends bieten.

- **Feedback und Reflexion**: Geben Sie regelmäßiges, konstruktives Feedback zu den Leistungen und fördern Sie eine Kultur der Selbstreflexion. Mitarbeiter sollten die Möglichkeit haben, ihre Fortschritte zu bewerten und aus Fehlern zu lernen.

- **Zielsetzung**: Helfen Sie Mitarbeitern, individuelle Entwicklungsziele zu setzen, die ihre Fachkompetenz gezielt fördern. Diese Ziele sollten messbar und erreichbar sein.

- **Förderung von Kreativität**: Ermutigen Sie Mitarbeiter, innovative Ideen zu entwickeln und neue Ansätze auszuprobieren, um ihre Problemlösungsfähigkeiten zu erweitern.

Durch diese Maßnahmen können Sie die Fachkompetenz Ihrer Mitarbeiter gezielt stärken und ein Umfeld schaffen, das kontinuierliches Lernen und persönliche Entwicklung fördert.

Was bedeutet Sozialkompetenz?

Sozialkompetenz bezeichnet die Fähigkeit einer Person, erfolgreich mit anderen Menschen zu interagieren und Beziehungen zu gestalten. Sie umfasst eine Vielzahl von sozialen Fähigkeiten und Verhaltensweisen, die es ermöglichen, in sozialen Situationen effektiv zu kommunizieren, empathisch zu handeln und Konflikte zu lösen.

Wichtige Aspekte der Sozialkompetenz sind:

- **Kommunikationsfähigkeit**: Die Fähigkeit, klar und verständlich zu sprechen und zuzuhören. Dazu gehört auch das Verstehen nonverbaler Kommunikation.

- **Empathie**: Die Fähigkeit, sich in die Gefühle und Perspektiven anderer Menschen hineinzuversetzen und deren Emotionen zu erkennen und zu verstehen.

- **Teamfähigkeit**: Die Fähigkeit, effektiv in Gruppen zu arbeiten, die eigenen Stärken einzubringen und die der anderen zu respektieren.

- **Konfliktlösung**: Die Fähigkeit, Konflikte konstruktiv zu lösen, Kompromisse zu finden und diplomatisch zu handeln.

- **Interkulturelle Kompetenz**: Die Fähigkeit, mit Menschen aus unterschiedlichen kulturellen Hintergründen respektvoll und verständnisvoll umzugehen.

Sozialkompetenz ist entscheidend für den Erfolg in persönlichen und beruflichen Beziehungen und trägt zur Schaffung eines positiven und kooperativen Arbeitsumfelds bei.

Wie kann ich eine Sozialkompetenz fördern?

Die Förderung von Sozialkompetenz kann durch verschiedene Maßnahmen und Aktivitäten erfolgen. Hier sind einige effektive Ansätze:

Training und Workshops: Bieten Sie spezielle Schulungen zu Themen wie Kommunikation, Teamarbeit und Konfliktlösung an. Praktische Übungen und Rollenspiele können das Lernen unterstützen.

Teambuilding-Aktivitäten: Organisieren Sie regelmäßig Teambuilding-Events, die die Zusammenarbeit und das Vertrauen innerhalb des Teams stärken. Aktivitäten wie Gruppenprojekte oder Outdoor-Teamausflüge fördern den Zusammenhalt.

Feedback-Kultur: Etablieren Sie eine offene Feedback-Kultur, in der Mitarbeiter konstruktives Feedback zu ihrem Verhalten und ihren sozialen Interaktionen erhalten und geben können.

Mentoring-Programme: Setzen Sie Mentoren ein, die weniger erfahrenen Mitarbeitern helfen können, ihre sozialen Fähigkeiten zu entwickeln und wertvolle Erfahrungen weiterzugeben.

Rollenspiele und Simulationen: Nutzen Sie Rollenspiele, um Mitarbeiter in verschiedenen sozialen Situationen zu schulen und deren Reaktionen zu üben. Dies hilft, Empathie und Kommunikationsfähigkeit zu stärken.

Interkulturelle Schulungen: Fördern Sie den Umgang mit kultureller Vielfalt durch Schulungen, die auf interkulturelle Kompetenz abzielen.

Förderung von Eigenverantwortung: Geben Sie Mitarbeitern die Möglichkeit, Verantwortung in Teamprojekten zu übernehmen, um ihre Teamfähigkeit und sozialen Fähigkeiten zu stärken.

Reflexion und Selbstbewusstsein: Fördern Sie die Selbstreflexion, indem Mitarbeiter über ihre sozialen Interaktionen nachdenken und deren Auswirkungen auf andere bewerten.

Vielfalt und Inklusion: Schaffen Sie ein inklusives Arbeitsumfeld, in dem unterschiedliche Perspektiven und Hintergründe geschätzt werden. Dies fördert den respektvollen Umgang und die Empathie.

Positive Vorbilder: Seien Sie selbst ein Vorbild für sozial kompetentes Verhalten. Ihre eigene Art, mit anderen umzugehen, wird von Mitarbeitern wahrgenommen und nachgeahmt.

Durch diese Maßnahmen können Sie die Sozialkompetenz Ihrer Mitarbeiter gezielt stärken und ein positives, kooperatives Arbeitsumfeld schaffen.

Was bedeutet Methodenkompetenz?

Methodenkompetenz bezeichnet die Fähigkeit einer Person, geeignete Methoden und Techniken zur Lösung von Aufgaben, Problemen oder Herausforderungen auszuwählen und anzuwenden. Sie umfasst eine breite Palette von Fähigkeiten, die es ermöglichen, effektiv und effizient zu arbeiten.

Wichtige Aspekte der Methodenkompetenz sind:

- **Planungsfähigkeit**: Die Fähigkeit, Aufgaben und Projekte strukturiert zu planen, Ressourcen zu organisieren und Zeitmanagement-Techniken anzuwenden.

- **Analytische Fähigkeiten**: Die Fähigkeit, Informationen zu analysieren, Probleme zu identifizieren und geeignete Lösungsansätze zu entwickeln.

- **Entscheidungsfähigkeit**: Die Fähigkeit, fundierte Entscheidungen zu treffen, basierend auf Daten, Analysen und Erfahrungen.

- **Kreativität**: Die Fähigkeit, innovative Ideen zu entwickeln und unkonventionelle Lösungen zu finden.

- **Lernfähigkeit**: Die Bereitschaft und Fähigkeit, neue Methoden und Techniken zu erlernen und sich an sich ändernde Bedingungen anzupassen.

- **Kommunikationsfähigkeit**: Die Fähigkeit, komplexe Informationen klar und verständlich zu vermitteln und im Team zu kommunizieren.

Methodenkompetenz ist entscheidend für die erfolgreiche Durchführung von Projekten und die Lösung komplexer Aufgaben, sowohl im beruflichen als auch im persönlichen Bereich.

Wie kann ich eine Methodenkompetenz fördern?

Die Förderung von Methodenkompetenz kann durch verschiedene Ansätze und Aktivitäten erfolgen. Hier sind einige effektive Methoden:

Schulungen und Workshops: Bieten Sie gezielte Trainings zu spezifischen Methoden und Techniken an, wie z.B. Projektmanagement, Problemlösung, Zeitmanagement oder Kreativitätstechniken.

Praktische Anwendung: Geben Sie Mitarbeitern die Möglichkeit, ihr Wissen in realen Projekten oder Aufgaben anzuwenden. Praktische Erfahrung hilft, Methodenkompetenz zu vertiefen.

Mentoring und Coaching: Stellen Sie erfahrene Mitarbeiter als Mentoren zur Verfügung, die ihre Methodenkompetenz teilen und bei der Anwendung unterstützen können.

Kollaborative Projekte: Fördern Sie teamübergreifende Projekte, bei denen verschiedene Methoden angewendet werden können. Dies ermöglicht den Austausch von Ideen und Techniken.

Reflexion und Feedback: Implementieren Sie eine Kultur der Reflexion, in der Mitarbeiter über die angewendeten Methoden nachdenken und Feedback zu ihrer Effektivität geben.

Zugriff auf Ressourcen: Stellen Sie Lehrmaterialien, Online-Kurse und Fachliteratur zur Verfügung, um selbstgesteuertes Lernen zu fördern.

Interdisziplinäre Zusammenarbeit: Ermutigen Sie Mitarbeiter, mit Kollegen aus anderen Fachbereichen zusammenzuarbeiten, um unterschiedliche Methoden und Ansätze kennenzulernen.

Kreativitätstechniken: Führen Sie regelmäßige Brainstorming-Sitzungen oder Kreativworkshops ein, um innovative Denkweisen und Problemlösungsansätze zu fördern.

Zielsetzung: Helfen Sie Mitarbeitern, konkrete Ziele für die Entwicklung ihrer Methodenkompetenz zu setzen und diese regelmäßig zu überprüfen.

Positive Fehlerkultur: Fördern Sie eine Kultur, in der Fehler als Lernchancen betrachtet werden. Dies ermutigt Mitarbeiter, neue Methoden auszuprobieren, ohne Angst vor Misserfolg zu haben.

Durch diese Maßnahmen können Sie die Methodenkompetenz Ihrer Mitarbeiter gezielt stärken und eine lernfördernde Umgebung schaffen.

Was bedeutet Individualkompetenz/Persönlichkeitskompetenz?

Individualkompetenz, auch als Persönlichkeitskompetenz bezeichnet, bezieht sich auf die Fähigkeiten, Eigenschaften und Einstellungen einer Person, die es ihr ermöglichen, sich selbst zu führen und ihre persönliche und berufliche Entwicklung zu gestalten. Sie umfasst verschiedene Dimensionen, die das individuelle Verhalten und die persönliche Entfaltung betreffen.

Wichtige Aspekte der Individualkompetenz sind:

- **Selbstbewusstsein**: Die Fähigkeit, die eigenen Stärken und Schwächen zu erkennen und realistisch einzuschätzen.

- **Selbstregulation**: Die Fähigkeit, eigene Emotionen, Gedanken und Verhaltensweisen zu steuern, insbesondere in stressigen oder herausfordernden Situationen.

- **Motivation**: Die innere Antriebskraft, Ziele zu verfolgen und Herausforderungen anzugehen, auch in schwierigen Zeiten.

- **Eigenverantwortung**: Die Bereitschaft, für die eigenen Entscheidungen und Handlungen Verantwortung zu übernehmen.

- **Anpassungsfähigkeit**: Die Fähigkeit, flexibel auf Veränderungen zu reagieren und sich neuen Situationen anzupassen.

- **Lernbereitschaft**: Die Offenheit und Bereitschaft, sich kontinuierlich weiterzuentwickeln und neue Fähigkeiten zu erwerben.

Individualkompetenz ist entscheidend für den persönlichen Erfolg und die Entwicklung von Resilienz, sowie für die Fähigkeit, in verschiedenen Lebensbereichen (beruflich und privat) effektiv zu agieren. Sie trägt auch zur sozialen Interaktion und zur Zusammenarbeit mit anderen bei.

Wie kann ich eine Individualkompetenz/Persönlichkeitskompetenz fördern?

Die Förderung von Individualkompetenz oder Persönlichkeitskompetenz kann durch verschiedene Maßnahmen und Ansätze erfolgen. Hier sind einige effektive Methoden:

Selbstreflexion: Ermutigen Sie Mitarbeiter, regelmäßig über ihre Stärken, Schwächen und Erfahrungen nachzudenken. Journaling oder geführte Reflexionsgespräche können dabei helfen.

Zielsetzung: Helfen Sie Mitarbeitern, klare, erreichbare Ziele zu setzen, die ihre persönliche und berufliche Entwicklung fördern. Diese Ziele sollten regelmäßig überprüft und angepasst werden.

Coaching und Mentoring: Bieten Sie individuelle Coaching- oder Mentoring-Programme an, um persönliche Stärken zu entwickeln und an Herausforderungen zu arbeiten.

Schulungen und Workshops: Führen Sie Trainings zu Themen wie emotionale Intelligenz, Stressbewältigung, Selbstmanagement und Kommunikation durch.

Feedback-Kultur: Implementieren Sie eine offene Feedback-Kultur, in der Mitarbeiter konstruktives Feedback zu ihrem Verhalten und ihren Leistungen erhalten.

Förderung von Selbstmanagement: Geben Sie den Mitarbeitern Werkzeuge und Techniken an die Hand, um ihre Zeit und Prioritäten effektiv zu managen, z.B. durch Zeitmanagement-Workshops.

Belohnung von Initiative: Ermutigen Sie Mitarbeiter, eigene Projekte oder Ideen zu verfolgen, und erkennen Sie deren Initiative und Kreativität an.

Teambuilding-Aktivitäten: Organisieren Sie Veranstaltungen, die den Teamgeist stärken und die Zusammenarbeit fördern, was gleichzeitig das individuelle Wachstum unterstützt.

Lernmöglichkeiten: Schaffen Sie ein Umfeld, in dem kontinuierliches Lernen und persönliche Entwicklung gefördert werden, z.B. durch Zugang zu Online-Kursen oder Fachliteratur.

Gesundheitsfördernde Maßnahmen: Fördern Sie das Wohlbefinden der Mitarbeiter durch Programme zur Stressbewältigung, Achtsamkeit oder körperlicher Fitness.

Durch diese Maßnahmen können Sie die Individualkompetenz Ihrer Mitarbeiter gezielt stärken und ein unterstützendes Umfeld für persönliche Entwicklung schaffen.

Was ist eine Handlungskompetenz?

Handlungskompetenz bezeichnet die Fähigkeit einer Person, in unterschiedlichen Lebens- und Arbeitssituationen angemessen und erfolgreich zu handeln. Sie umfasst nicht nur Fachwissen und -fertigkeiten, sondern auch soziale und persönliche Kompetenzen, die es ermöglichen, Probleme zu erkennen, Entscheidungen zu treffen und Handlungen entsprechend den gegebenen Umständen zu planen und durchzuführen.

Wichtige Aspekte der Handlungskompetenz sind:

- **Fachkompetenz**: Das notwendige Wissen und die Fähigkeiten, um spezifische Aufgaben oder Tätigkeiten auszuführen.

- **Methodenkompetenz**: Die Fähigkeit, geeignete Methoden zur Problemlösung auszuwählen und anzuwenden.

- **Sozialkompetenz**: Die Fähigkeit, effektiv mit anderen zu kommunizieren und zusammenzuarbeiten.

- **Selbstkompetenz**: Die Fähigkeit zur Selbstreflexion, Selbstregulation und Eigenverantwortung.

- **Situationsbewusstsein**: Die Fähigkeit, die eigene Situation zu analysieren und die richtigen Entscheidungen basierend auf den gegebenen Umständen zu treffen.

Handlungskompetenz ist entscheidend für die persönliche und berufliche Entwicklung, da sie es Individuen ermöglicht, flexibel und effektiv in verschiedenen Kontexten zu agieren. Sie fördert auch die Fähigkeit, Verantwortung zu übernehmen und in dynamischen Umgebungen erfolgreich zu arbeiten.

Wie kann ich eine Handlungskompetenz fördern?

Die Förderung von Handlungskompetenz kann durch verschiedene Maßnahmen und Ansätze erfolgen. Hier sind einige effektive Methoden:

Praktische Erfahrungen: Bieten Sie den Mitarbeitern Möglichkeiten, ihr Wissen in realen Projekten oder praktischen Aufgaben anzuwenden. Hands-on-Erfahrungen stärken die Handlungskompetenz.

Training und Workshops: Organisieren Sie Schulungen zu spezifischen Fähigkeiten, Methoden und Techniken, die relevant für die jeweiligen Aufgaben sind.

Fallstudien und Rollenspiele: Nutzen Sie Fallstudien und Rollenspiele, um Mitarbeitern zu helfen, in simulierten Situationen Entscheidungen zu treffen und ihre Problemlösungsfähigkeiten zu üben.

Interdisziplinäre Projekte: Fördern Sie die Zusammenarbeit in Teams aus verschiedenen Fachbereichen, um unterschiedliche Perspektiven und Ansätze zu integrieren.

Mentoring und Coaching: Bieten Sie Mentoring-Programme an, bei denen erfahrene Mitarbeiter ihr Wissen und ihre Erfahrungen teilen, um jüngere Kollegen zu unterstützen.

Feedback und Reflexion: Implementieren Sie regelmäßige Feedback-Runden, in denen Mitarbeiter ihre Handlungen reflektieren und Verbesserungsmöglichkeiten identifizieren können.

Zielorientiertes Arbeiten: Ermutigen Sie Mitarbeiter, spezifische Ziele zu setzen und einen klaren Plan zur Erreichung dieser Ziele zu entwickeln.

Förderung von Selbstmanagement: Schulen Sie Mitarbeiter in Zeitmanagement, Priorisierung und anderen Selbstmanagement-Techniken, um ihre Eigenverantwortung zu stärken.

Kreativitätstechniken: Führen Sie Workshops ein, die kreative Problemlösungsmethoden fördern, wie z.B. Brainstorming oder Design Thinking.

Gesundheitsförderung: Achten Sie auf das Wohlbefinden der Mitarbeiter, um ihre Resilienz und Leistungsfähigkeit zu stärken, was sich positiv auf ihre Handlungskompetenz auswirkt.

Durch diese Maßnahmen können Sie die Handlungskompetenz Ihrer Mitarbeiter gezielt fördern und ein Umfeld schaffen, das eigenverantwortliches Handeln und effektive Problemlösungen unterstützt.

Was bedeutet Schlüsselqualifikation?

Schlüsselqualifikationen sind grundlegende Fähigkeiten und Kompetenzen, die unabhängig von spezifischen beruflichen Fachkenntnissen in vielen unterschiedlichen Lebens- und Arbeitssituationen von Bedeutung sind. Sie ermöglichen es Individuen, erfolgreich zu kommunizieren, Probleme zu lösen und in verschiedenen Kontexten effektiv zu agieren.

Wichtige Schlüsselqualifikationen sind:

- **Kommunikationsfähigkeit**: Die Fähigkeit, Informationen klar und verständlich zu vermitteln und aktiv zuzuhören.

- **Teamfähigkeit**: Die Fähigkeit, effektiv in Gruppen zu arbeiten, Verantwortung zu teilen und Konflikte konstruktiv zu lösen.

- **Selbstmanagement**: Die Fähigkeit zur Selbstorganisation, Zeitmanagement und Eigenverantwortung.

- **Kritisches Denken**: Die Fähigkeit, Informationen zu analysieren, zu bewerten und fundierte Entscheidungen zu treffen.

- **Flexibilität und Anpassungsfähigkeit**: Die Fähigkeit, sich schnell an neue Situationen und Herausforderungen anzupassen.

- **Lernfähigkeit**: Die Bereitschaft und Fähigkeit, kontinuierlich zu lernen und sich weiterzuentwickeln.

Schlüsselqualifikationen sind entscheidend für die persönliche und berufliche Entwicklung, da sie die Grundlage für den Erfolg in verschiedenen Lebensbereichen bilden. Sie werden oft als Voraussetzung für die Employability (Beschäftigungsfähigkeit) betrachtet.

Wie kann ich als Führungskraft die Schlüsselqualifikation bei meinen Mitarbeitern fördern?

Die Förderung von Schlüsselqualifikationen bei Mitarbeitern erfordert gezielte Maßnahmen und ein unterstützendes Umfeld. Hier sind einige effektive Ansätze, die Sie als Führungskraft umsetzen können:

Schulungen und Workshops: Organisieren Sie regelmäßig Trainings zu Kommunikationsfähigkeiten, Teamarbeit, Selbstmanagement und kritischem Denken. Diese können sowohl intern als auch extern durchgeführt werden.

Praxisorientierte Projekte: Geben Sie den Mitarbeitern die Möglichkeit, an interdisziplinären Projekten zu arbeiten, um ihre Teamfähigkeit und Problemlösungsfähigkeiten in realen Situationen zu entwickeln.

Feedback und Coaching: Implementieren Sie eine Kultur des kontinuierlichen Feedbacks. Bieten Sie individuelles Coaching an, um spezifische Schlüsselqualifikationen zu stärken und die persönliche Entwicklung zu unterstützen.

Mentoring-Programme: Stellen Sie erfahrene Mitarbeiter als Mentoren zur Verfügung, die ihre Erfahrungen und Fähigkeiten teilen können, um jüngeren Kollegen beim Erlernen von Schlüsselqualifikationen zu helfen.

Zielsetzung: Helfen Sie Mitarbeitern, konkrete Entwicklungsziele im Bereich der Schlüsselqualifikationen zu setzen und diese regelmäßig zu überprüfen.

Teambuilding-Aktivitäten: Fördern Sie Teambuilding-Maßnahmen, um den Zusammenhalt und die Zusammenarbeit zu stärken. Dies verbessert die Teamfähigkeit und Kommunikationskompetenz.

Ressourcen bereitstellen: Stellen Sie Bücher, Online-Kurse und andere Ressourcen zur Verfügung, die Mitarbeitern helfen, ihre Fähigkeiten in diesen Bereichen zu verbessern.

Offene Kommunikationskultur: Schaffen Sie ein Umfeld, in dem Mitarbeiter ermutigt werden, ihre Meinungen zu äußern und Fragen zu stellen, um ihre Kommunikationsfähigkeiten zu fördern.

Vielfalt und Inklusion: Fördern Sie eine Kultur der Vielfalt, in der verschiedene Perspektiven geschätzt werden. Dies kann das kritische Denken und die Anpassungsfähigkeit stärken.

Lernmöglichkeiten: Ermutigen Sie Mitarbeiter, an externen Seminaren und Konferenzen teilzunehmen, um neue Fähigkeiten zu erwerben und Netzwerke aufzubauen.

Durch diese Maßnahmen können Sie die Schlüsselqualifikationen Ihrer Mitarbeiter gezielt fördern und ein Umfeld schaffen, das persönliches Wachstum und berufliche Entwicklung unterstützt.

1.4. ZUSAMMENARBEIT MIT JUGENDLICHER, MITARBEITERINNEN, ÄLTERE USW.

Wer ist ein Jugendlicher ?

Ein Jugendlicher ist eine Person, die sich in der Übergangsphase zwischen Kindheit und Erwachsenenleben befindet, normalerweise im Alter von etwa 12 bis 18 Jahren. In dieser Zeit finden wichtige körperliche, emotionale und soziale Veränderungen statt. Die genauen Altersgrenzen können je nach Kultur und rechtlichen Definitionen variieren.

Was ist bei Jugendlichen zu beachten?

Bei Jugendlichen im Betrieb sind mehrere Aspekte zu beachten:

- **Rechtliche Regelungen**: Es gibt spezielle Gesetze, die den Einsatz von Jugendlichen regeln, wie das Jugendarbeitsschutzgesetz in Deutschland. Dazu gehören Vorschriften zu Arbeitszeiten, Pausen und Tätigkeiten, die sie ausführen dürfen.

- **Sicherheit und Gesundheit**: Jugendliche sind oft weniger erfahren und können ein höheres Risiko für Unfälle haben. Es ist wichtig, sie gut zu schulen und über Sicherheitsvorkehrungen aufzuklären.

- **Eingewöhnung und Integration**: Jugendliche benötigen oft Unterstützung beim Einstieg in den Betrieb. Eine gute Einarbeitung und Mentoring-Programme können helfen, die Integration zu erleichtern.

- **Persönliche Entwicklung**: Jugendlichen sollte die Möglichkeit gegeben werden, sich fachlich und persönlich weiterzuentwickeln. Regelmäßige Feedbackgespräche sind wichtig.

- **Mentale Gesundheit**: Der Übergang ins Berufsleben kann stressig sein. Arbeitgeber sollten ein offenes Ohr für Sorgen und Herausforderungen haben.

- **Vereinbarkeit von Beruf und Schule**: Bei dualen Ausbildungsmodellen ist es wichtig, dass die Arbeitszeiten so gestaltet sind, dass sie die schulischen Verpflichtungen der Jugendlichen nicht beeinträchtigen.

- **Partizipation**: Jugendlichen sollte die Möglichkeit gegeben werden, ihre Meinung zu äußern und in Entscheidungsprozesse eingebunden zu werden, um ihre Motivation und Zufriedenheit zu fördern.

Durch die Berücksichtigung dieser Punkte kann ein sicherer und unterstützender Arbeitsplatz geschaffen werden, der die Entwicklung der Jugendlichen fördert.

Beispiele:

Hier sind einige konkrete Beispiele, die die genannten Aspekte verdeutlichen:

Rechtliche Regelungen: Ein Jugendlicher darf nicht mehr als 8 Stunden am Tag und 40 Stunden in der Woche arbeiten. Zudem sind bestimmte Tätigkeiten, wie Arbeiten mit gefährlichen Maschinen, für sie verboten.

Sicherheit und Gesundheit: Vor dem Start ihrer Arbeit erhalten Jugendliche eine Sicherheitsunterweisung, in der sie lernen, wie sie sich am Arbeitsplatz verhalten sollen, um Unfälle zu vermeiden.

Eingewöhnung und Integration: Ein neuer Auszubildender wird einem erfahrenen Kollegen als Mentor zugeordnet, der ihn während der ersten Monate begleitet und Fragen beantwortet.

Persönliche Entwicklung: Regelmäßige Feedbackgespräche finden alle drei Monate statt, um den Jugendlichen die Möglichkeit zu geben, über ihre Fortschritte und Herausforderungen zu sprechen.

Mentale Gesundheit: Der Betrieb bietet Workshops zur Stressbewältigung an, die speziell auf die Bedürfnisse von Jugendlichen zugeschnitten sind.

Vereinbarkeit von Beruf und Schule: Die Arbeitszeiten werden so geplant, dass sie den Schulstunden der Jugendlichen nicht in die Quere kommen, z.B. indem sie nachmittags arbeiten, wenn die Schule vorbei ist.

Partizipation: Es gibt ein monatliches Treffen, bei dem die Jugendlichen ihre Ideen zur Verbesserung des Arbeitsumfelds einbringen können.

Diese Beispiele zeigen, wie Arbeitgeber eine positive und unterstützende Umgebung für Jugendliche schaffen können.

Welche Alterstypische Probleme gibt es?

Jugendliche können mit verschiedenen altersbedingten Problemen und Herausforderungen konfrontiert werden. Hier sind einige häufige:

Identitätsfindung: Jugendliche suchen nach ihrer eigenen Identität und können mit Unsicherheiten über ihre Persönlichkeit und Zukunft kämpfen.

Soziale Beziehungen: Der Wunsch nach Akzeptanz und Zugehörigkeit kann zu Konflikten mit Freunden führen. Beziehungen können intensiver, aber auch belastender werden.

Druck und Erwartungen: Oft fühlen sich Jugendliche unter Druck, sowohl von Eltern als auch von Lehrern und Gleichaltrigen, akademische oder sportliche Leistungen zu erbringen.

Emotionale Herausforderungen: Stimmungsschwankungen, Ängste und Stress sind häufig, da Jugendliche lernen, mit ihren Gefühlen umzugehen.

Einstieg ins Berufsleben: Die Suche nach einem Ausbildungsplatz oder Job kann stressig und herausfordernd sein, insbesondere in einem wettbewerbsintensiven Umfeld.

Selbstwertgefühl: Viele Jugendliche kämpfen mit einem niedrigen Selbstwertgefühl, was durch Vergleiche mit anderen in sozialen Medien verstärkt werden kann.

Einfluss von Medien: Der Einfluss von sozialen Medien kann zu unrealistischen Erwartungen an das Aussehen und die Lebensweise führen und das Selbstbild negativ beeinflussen.

Unabhängigkeitsdrang: Der Wunsch nach mehr Freiheit kann zu Konflikten mit den Eltern führen, da Jugendliche ihre eigenen Entscheidungen treffen wollen.

Diese Probleme sind normal und Teil der Entwicklung, können jedoch durch Unterstützung von Familie, Freunden und Fachleuten besser bewältigt werden.

Was sind die Vorteile durch Jugendliche im Betrieb?

Jugendliche im Betrieb bringen eine Vielzahl von Vorteilen mit sich:

Frischer Blickwinkel: Jugendliche bringen neue Ideen und Perspektiven ein, die zu innovativen Lösungen und Ansätzen führen können.

Technologisches Know-how: Viele Jugendliche sind mit moderner Technologie und digitalen Medien vertraut und können diese Kenntnisse gewinnbringend in den Betrieb einbringen.

Anpassungsfähigkeit: Jugendliche sind oft flexibler und anpassungsfähiger an Veränderungen, was in dynamischen Arbeitsumfeldern von Vorteil ist.

Engagement und Motivation: Junge Menschen sind häufig motiviert und bereit, sich in neue Aufgaben einzuarbeiten, was die Arbeitsatmosphäre positiv beeinflussen kann.

Zukunftssicherung: Die Integration von Jugendlichen in den Betrieb hilft, Fachkräfte von morgen auszubilden und somit den Nachwuchs zu sichern.

Diversity: Die Einbindung von Jugendlichen fördert eine vielfältige Belegschaft und kann die Kreativität und Problemlösungsfähigkeit im Team steigern.

Teamfähigkeit: Jugendliche haben oft gute soziale Fähigkeiten und können gut im Team arbeiten, was die Zusammenarbeit im Betrieb fördert.

Positive Unternehmenskultur: Ein Betrieb, der Jugendlichen eine Chance gibt, zeigt soziale Verantwortung und kann dadurch sein Image verbessern.

Diese Vorteile machen die Integration von Jugendlichen in den Betrieb nicht nur sinnvoll, sondern auch strategisch wichtig für die Zukunft des Unternehmens.

Was sind die Nachteile ?

Die Integration von Jugendlichen in den Betrieb kann auch einige Herausforderungen und Nachteile mit sich bringen:

Unerfahrenheit: Jugendliche haben oft weniger berufliche Erfahrung, was zu Fehlern oder ineffizientem Arbeiten führen kann.

Hoher Schulungsbedarf: Um Jugendliche in ihre Aufgaben einzuarbeiten, kann ein erheblicher Schulungsaufwand erforderlich sein, was zusätzliche Ressourcen und Zeit in Anspruch nimmt.

Schwankende Motivation: Die Motivation von Jugendlichen kann variieren, insbesondere wenn sie mit Stress oder persönlichen Problemen konfrontiert sind.

Konflikte im Team: Unterschiedliche Erfahrungslevels und Kommunikationsstile können zu Missverständnissen oder Spannungen im Team führen.

Regelungen und Vorschriften: Arbeitgeber müssen sich an spezielle rechtliche Vorgaben halten, die den Einsatz von Jugendlichen regeln, was zusätzlichen administrativen Aufwand bedeutet.

Vereinbarkeit mit Schule: Bei dualen Ausbildungen oder Teilzeitjobs kann es schwierig sein, die Arbeitszeiten mit schulischen Verpflichtungen in Einklang zu bringen.

Eingeschränkte Verantwortung: Jugendliche sind oft noch nicht in der Lage, Verantwortung für komplexe Aufgaben zu übernehmen, was die Arbeitsabläufe beeinflussen kann.

Mentale Gesundheit: Stress und Druck können bei Jugendlichen stärker ausgeprägt sein, was sich auf ihre Arbeitsleistung und das Betriebsklima auswirken kann.

Diese Nachteile sind jedoch oft überwindbar und können durch gezielte Maßnahmen, Schulungen und eine unterstützende Unternehmenskultur gemildert werden.

Welche gezielte Maßnahmen und Schulungen können positiv einwirken?

Um die Integration von Jugendlichen im Betrieb zu fördern und mögliche Nachteile zu minimieren, können folgende gezielte Maßnahmen und Schulungen hilfreich sein:

- **Umfassende Einarbeitung**: Ein strukturiertes Einarbeitungsprogramm hilft Jugendlichen, sich schnell im Betrieb zurechtzufinden und wichtige Informationen zu erhalten.

- **Mentoring-Programme**: Die Zuweisung eines erfahrenen Mitarbeiters als Mentor kann Jugendlichen wertvolle Unterstützung bieten und Fragen beantworten.

- **Regelmäßige Schulungen**: Fortlaufende Schulungen zu spezifischen Fachthemen, Sicherheit am Arbeitsplatz und Soft Skills (z.B. Kommunikation, Teamarbeit) sind wichtig.

- **Feedbackgespräche**: Regelmäßige, konstruktive Feedbackgespräche helfen Jugendlichen, ihre Stärken und Schwächen zu erkennen und sich kontinuierlich zu verbessern.

- **Teambuilding-Aktivitäten**: Veranstaltungen zur Förderung des Teamgeists können das Verständnis und die Zusammenarbeit im Team verbessern.

- **Stressbewältigungs-Workshops**: Angebote zur Förderung der mentalen Gesundheit, wie Workshops zur Stressbewältigung und zum Umgang mit Druck, können sehr hilfreich sein.

- **Flexibilität in der Arbeitszeit**: Die Möglichkeit, Arbeitszeiten an schulische Verpflichtungen anzupassen, unterstützt die Vereinbarkeit von Beruf und Schule.

- **Ermutigung zur Eigenverantwortung**: Jugendliche sollten schrittweise in verantwortungsvolle Aufgaben eingebunden werden, um ihr Selbstbewusstsein und ihre Fähigkeiten zu stärken.

- **Diversity-Trainings**: Schulungen zur Sensibilisierung für Diversität und unterschiedliche Perspektiven fördern ein respektvolles Miteinander.

- **Offene Kommunikationskultur**: Ein Umfeld, in dem Jugendliche ihre Anliegen und Ideen ohne Angst äußern können, stärkt das Vertrauen und die Zufriedenheit.

Durch diese Maßnahmen kann der Betrieb nicht nur die Entwicklung der Jugendlichen unterstützen, sondern auch das gesamte Arbeitsklima und die Effizienz im Team verbessern.

Wie kann ich als Führungskraft positiv auf Jugendliche einwirken?

Als Führungskraft können Sie auf Jugendliche im Betrieb auf verschiedene positive Weisen einwirken:

Vorbildfunktion: Seien Sie ein positives Beispiel. Zeigen Sie Engagement, Professionalität und eine offene Haltung gegenüber Herausforderungen. Jugendliche orientieren sich oft an den Werten ihrer Vorgesetzten.

Offene Kommunikation: Fördern Sie eine offene und ehrliche Kommunikation. Hören Sie aktiv zu und ermutigen Sie Jugendliche, ihre Meinungen und Ideen zu teilen.

Individuelle Förderung: Erkennen Sie die Stärken und Schwächen jedes einzelnen Jugendlichen und bieten Sie maßgeschneiderte Unterstützung an. Geben Sie gezieltes Feedback und Anregungen zur Weiterentwicklung.

Mentoring und Coaching: Bieten Sie regelmäßig Mentoring-Gespräche an. Unterstützen Sie Jugendliche bei ihrer beruflichen und persönlichen Entwicklung und geben Sie ihnen wertvolle Ratschläge.

Ziele setzen: Helfen Sie Jugendlichen, realistische Ziele zu setzen und einen klaren Entwicklungsplan zu erstellen. Das gibt ihnen eine Orientierung und Motivation.

Positive Rückmeldungen: Geben Sie konstruktives Feedback und Anerkennung für gute Leistungen. Positive Rückmeldungen stärken das Selbstbewusstsein und die Motivation.

Teambuilding fördern: Organisieren Sie Teambuilding-Aktivitäten, die den Zusammenhalt stärken und den Jugendlichen helfen, soziale Kompetenzen zu entwickeln.

Vertrauen schenken: Übertragen Sie Verantwortung und zeigen Sie Vertrauen in die Fähigkeiten der Jugendlichen. Dies fördert ihr Selbstbewusstsein und ihre Eigenverantwortung.

Flexible Arbeitsbedingungen: Bieten Sie flexible Arbeitszeiten an, die den schulischen Verpflichtungen der Jugendlichen entgegenkommen. Das zeigt Verständnis für ihre Lebenssituation.

Work-Life-Balance betonen: Sensibilisieren Sie für die Bedeutung einer ausgewogenen Work-Life-Balance und ermutigen Sie Jugendliche, Pausen und Freizeitaktivitäten zu nutzen.

Durch diese Maßnahmen können Sie als Führungskraft eine positive, unterstützende Umgebung schaffen, in der Jugendliche sich entwickeln und entfalten können.

Definition Mitarbeiterin

Eine Mitarbeiterin ist eine weibliche Person, die in einem Unternehmen oder einer Organisation beschäftigt ist und dort Aufgaben und Verantwortlichkeiten übernimmt. Mitarbeiterinnen können in verschiedenen Positionen und auf unterschiedlichen Hierarchieebenen arbeiten, sei es in administrativen, fachlichen oder leitenden Funktionen. Sie tragen zur Erreichung der Unternehmensziele bei und sind Teil des Teams, das gemeinsam für den Erfolg des Unternehmens arbeitet.

Was sind die Vorteile von Mitarbeiterinnen im Betrieb?

Mitarbeiterinnen bringen zahlreiche Vorteile in den Betrieb ein:

- **Vielfalt der Perspektiven**: Mitarbeiterinnen bringen unterschiedliche Erfahrungen und Sichtweisen ein, was die Kreativität und Problemlösungsfähigkeit im Team fördert.

- **Verbesserte Teamdynamik**: Eine ausgewogene Geschlechterverteilung kann das Betriebsklima verbessern und die Zusammenarbeit im Team stärken.

- **Höhere Innovationskraft**: Vielfalt in den Teams fördert Innovation, da unterschiedliche Ansätze und Ideen zu neuen Lösungen führen können.

- **Stärkung der Unternehmenskultur**: Eine inklusive Kultur, die Frauen fördert, kann das Engagement und die Zufriedenheit aller Mitarbeiter erhöhen.

- **Bessere Kundenorientierung**: Mitarbeiterinnen können helfen, ein besseres Verständnis für die Bedürfnisse einer vielfältigen Kundenbasis zu entwickeln.

- **Erhöhung der Mitarbeiterbindung**: Unternehmen, die aktiv die Gleichstellung der Geschlechter fördern, sind oft attraktiver für Talente und können die Mitarbeiterbindung erhöhen.

- **Vorbildfunktion**: Weibliche Führungskräfte können als Vorbilder für junge Frauen fungieren und diese dazu ermutigen, ihre beruflichen Ziele zu verfolgen.

- **Flexibilität und Anpassungsfähigkeit**: Mitarbeiterinnen zeigen häufig hohe Flexibilität und Anpassungsfähigkeit, was in dynamischen Arbeitsumfeldern von Vorteil ist.

- **Engagement in sozialen Aspekten**: Frauen bringen oft ein starkes Bewusstsein für soziale und ethische Themen in den Betrieb ein, was zur sozialen Verantwortung des Unternehmens beiträgt.

Diese Vorteile machen die Förderung von Mitarbeiterinnen in Unternehmen nicht nur zu einer Frage der Gleichstellung, sondern auch zu einem strategischen Vorteil für den langfristigen Erfolg.

Was sind die Nachteile?

Die Integration von Mitarbeiterinnen in den Betrieb kann auch einige Herausforderungen und Nachteile mit sich bringen:

Potenzielle Vorurteile: In einigen Unternehmen können stereotype Vorstellungen und Vorurteile über die Fähigkeiten von Frauen zu Diskriminierung oder Ungleichbehandlung führen.

Konflikte bei der Vereinbarkeit von Beruf und Familie: Mitarbeiterinnen, die Familie und Beruf in Einklang bringen möchten, können vor zusätzlichen Herausforderungen stehen, wie z.B. flexiblen Arbeitszeiten oder Kinderbetreuung.

Mangel an Vorbildern: In Branchen mit wenig weiblicher Vertretung können fehlende Vorbilder und Mentoren die berufliche Entwicklung von Frauen erschweren.

Geringere Sichtbarkeit in Führungspositionen: Frauen sind oft unterrepräsentiert in höheren Management- und Führungspositionen, was die Karrierechancen und die Motivation beeinflussen kann.

Höherer Druck: In einem von Männern dominierten Umfeld kann der Druck auf Mitarbeiterinnen, sich zu beweisen, höher sein, was zu Stress und Unzufriedenheit führen kann.

Kommunikationsschwierigkeiten: Unterschiede in Kommunikationsstilen zwischen Männern und Frauen können zu Missverständnissen oder Konflikten im Team führen.

Überlastung durch zusätzliche Verantwortung: Mitarbeiterinnen, die in Führungsrollen sind, können oft zusätzlich zu ihren beruflichen Aufgaben auch Verantwortung für Diversity- und Gleichstellungsinitiativen übernehmen, was zu einer Überlastung führen kann.

Unzureichende Unterstützung: Fehlende Unternehmensressourcen oder -programme zur Förderung von Frauen können den Fortschritt behindern und Frustration verursachen.

Diese Nachteile können durch gezielte Maßnahmen, Schulungen und eine unterstützende Unternehmenskultur angegangen werden, um ein ausgewogenes und gerechtes Arbeitsumfeld zu schaffen.

Was ist bei Mitarbeiterinnen zu beachten?

Bei Mitarbeiterinnen sollten verschiedene Aspekte berücksichtigt werden, um ein unterstützendes und gleichberechtigtes Arbeitsumfeld zu schaffen:

- **Gleichstellung**: Sicherstellen, dass gleiche Chancen und Vergütungen für alle Mitarbeiter unabhängig vom Geschlecht bestehen.

- **Karriereentwicklung**: Angebote zur Förderung der beruflichen Entwicklung, wie Mentoring-Programme oder spezielle Schulungen, sollten bereitgestellt werden.

- **Vereinbarkeit von Beruf und Familie**: Flexible Arbeitszeitmodelle und Möglichkeiten zur Teilzeitarbeit oder Homeoffice können helfen, die Balance zwischen Beruf und Privatleben zu erleichtern.

- **Kulturelle Sensibilität**: Verständnis und Rücksichtnahme auf verschiedene Hintergründe und Lebensrealitäten der Mitarbeiterinnen sind wichtig, um ein inklusives Arbeitsklima zu fördern.

- **Kommunikation**: Eine offene Kommunikationskultur, in der Mitarbeiterinnen ihre Anliegen, Ideen und Bedenken äußern können, sollte gefördert werden.

- **Schutz vor Diskriminierung**: Maßnahmen zur Bekämpfung von Diskriminierung und sexueller Belästigung müssen klar definiert und durchgesetzt werden.

- **Mentoring und Netzwerke**: Die Schaffung von Netzwerken und Unterstützungsgruppen für Frauen im Unternehmen kann den Austausch und die Zusammenarbeit fördern.

- **Feedback und Anerkennung**: Regelmäßige, konstruktive Rückmeldungen und die Anerkennung von Leistungen sind entscheidend für die Motivation und Zufriedenheit.

- **Gesundheit und Wohlbefinden**: Angebote zur Gesundheitsförderung und zur Unterstützung der mentalen Gesundheit sollten für alle Mitarbeiterinnen zugänglich sein.

- **Diversity- und Inklusionsinitiativen**: Aktive Programme zur Förderung von Diversität und Inklusion tragen dazu bei, ein respektvolles und gerechtes Arbeitsumfeld zu schaffen.

Durch die Berücksichtigung dieser Aspekte können Unternehmen ein positives und produktives Arbeitsumfeld für Mitarbeiterinnen schaffen und gleichzeitig von ihren Talenten und Fähigkeiten profitieren.

Wie kann ich als Führungskraft positiv auf Mitarbeiterinnen einwirken?

Als Führungskraft können Sie auf Mitarbeiterinnen auf verschiedene positive Weisen einwirken:

Gleichstellung fördern: Setzen Sie sich aktiv für Gleichstellung und Chancengleichheit im Unternehmen ein. Achten Sie darauf, dass alle Mitarbeiterinnen und Mitarbeiter die gleichen Entwicklungs- und Aufstiegsmöglichkeiten haben.

Offene Kommunikation: Schaffen Sie ein Umfeld, in dem Mitarbeiterinnen sich wohlfühlen, ihre Ideen und Bedenken offen zu äußern. Regelmäßige Feedbackgespräche können helfen, Vertrauen aufzubauen.

Mentoring-Programme: Bieten Sie Mentoring oder Coaching an, um Mitarbeiterinnen bei ihrer beruflichen Entwicklung zu unterstützen. Persönliche Begleitung kann wertvolle Einblicke und Ratschläge bieten.

Flexibilität ermöglichen: Fördern Sie flexible Arbeitszeitmodelle und Homeoffice-Optionen, um den unterschiedlichen Bedürfnissen von Mitarbeiterinnen gerecht zu werden.

Anerkennung zeigen: Wertschätzen Sie die Leistungen Ihrer Mitarbeiterinnen durch regelmäßige Anerkennung, Lob und Belohnungen. Dies kann ihre Motivation und Zufriedenheit steigern.

Schulungen und Weiterbildung: Stellen Sie Ressourcen für Weiterbildungen zur Verfügung, um die berufliche Entwicklung zu fördern und ihre Fähigkeiten zu stärken.

Diversity-Initiativen unterstützen: Implementieren Sie Programme zur Förderung von Diversität und Inklusion im Team, um ein respektvolles und unterstützendes Arbeitsumfeld zu schaffen.

Gesundheitsförderung: Achten Sie auf das Wohlbefinden Ihrer Mitarbeiterinnen, indem Sie Angebote zur Gesundheitsförderung und zur Unterstützung der mentalen Gesundheit bereitstellen.

Rollenmodelle: Seien Sie ein Vorbild für Gleichstellung und Diversität. Fördern Sie weibliche Talente in Führungspositionen, um anderen Mitarbeiterinnen zu zeigen, dass Aufstiegschancen bestehen.

Teamkultur stärken: Organisieren Sie Teambuilding-Aktivitäten, um den Zusammenhalt und das Verständnis im Team zu fördern.

Durch diese Maßnahmen können Sie als Führungskraft das Potenzial Ihrer Mitarbeiterinnen optimal nutzen und ein positives, unterstützendes Arbeitsumfeld schaffen.

Definition: Ältere Mitarbeiter

Ältere Mitarbeiter sind Personen, die in einem Unternehmen oder einer Organisation beschäftigt sind und typischerweise in einer höheren Altersgruppe angesiedelt sind. Oft wird der Begriff für Mitarbeiter ab etwa 50 Jahren verwendet, wobei die genaue Definition variieren kann. Ältere Mitarbeiter bringen häufig umfangreiche Erfahrung, Fachwissen und Lebensweisheit mit, die für das Unternehmen von großem Wert sein können. Sie können zudem unterschiedliche Perspektiven und Fähigkeiten einbringen, die die Teamdynamik bereichern.

Welche Alterstypische Probleme gibt es?

Ältere Mitarbeiter können mit verschiedenen altersbedingten Herausforderungen konfrontiert sein, darunter:

- **Gesundheitliche Probleme**: Mit zunehmendem Alter können gesundheitliche Beschwerden häufiger auftreten, was die Arbeitsfähigkeit beeinflussen kann.

- **Technologische Anpassung**: Ältere Mitarbeiter haben möglicherweise Schwierigkeiten, mit neuen Technologien oder digitalen Tools Schritt zu halten.

- **Eingeschränkte körperliche Belastbarkeit**: Physische Anforderungen des Jobs können belastender werden, was zu einer geringeren Leistungsfähigkeit führen kann.

- **Vorurteile und Diskriminierung**: Ältere Mitarbeiter können Diskriminierung aufgrund ihres Alters erfahren, was sich negativ auf ihre Karrierechancen und das Arbeitsumfeld auswirken kann.

- **Berufliche Entwicklung**: Ältere Mitarbeiter haben möglicherweise weniger Möglichkeiten zur Weiterbildung oder Karriereentwicklung, was zu Frustration führen kann.

- **Einsamkeit und Isolation**: In manchen Fällen können ältere Mitarbeiter das Gefühl haben, weniger in das Team integriert zu sein, was zu Isolation führen kann.

- **Anpassung an Veränderungen**: Ältere Mitarbeiter könnten Schwierigkeiten haben, sich an organisatorische Veränderungen oder neue Arbeitsmethoden anzupassen.

- **Unsicherheit über den Ruhestand**: Gedanken über den bevorstehenden Ruhestand können Stress oder Unsicherheit auslösen, insbesondere wenn es um finanzielle Fragen geht.

Diese Probleme sind nicht zwangsläufig für alle älteren Mitarbeiter relevant, können aber in bestimmten Situationen auftreten. Eine unterstützende Unternehmenskultur kann helfen, viele dieser Herausforderungen zu mildern.

Was ist bei ältere Mitarbeiter zu beachten?

Bei älteren Mitarbeitern sollten verschiedene Aspekte berücksichtigt werden, um ein unterstützendes und produktives Arbeitsumfeld zu schaffen:

Gesundheit und Wohlbefinden: Achten Sie auf die gesundheitlichen Bedürfnisse älterer Mitarbeiter und bieten Sie gegebenenfalls ergonomische Arbeitsplätze oder flexible Arbeitszeiten an.

Fortbildung und Weiterbildung: Stellen Sie sicher, dass auch ältere Mitarbeiter Zugang zu Schulungen und Weiterbildungsprogrammen haben, um ihre Fähigkeiten zu erweitern und sich mit neuen Technologien vertraut zu machen.

Erfahrung nutzen: Fördern Sie den Austausch von Wissen und Erfahrungen älterer Mitarbeiter, z. B. durch Mentoring-Programme, in denen sie jüngere Kollegen unterstützen können.

Inklusive Unternehmenskultur: Schaffen Sie ein Arbeitsumfeld, das Vielfalt wertschätzt und Altersdiskriminierung aktiv bekämpft.

Feedback und Anerkennung: Geben Sie regelmäßiges, konstruktives Feedback und erkennen Sie die Leistungen älterer Mitarbeiter an, um ihre Motivation und Zufriedenheit zu fördern.

Karriereentwicklung: Bieten Sie klare Perspektiven für die berufliche Entwicklung, auch für ältere Mitarbeiter, damit sie sich wertgeschätzt fühlen.

Flexibilität: Berücksichtigen Sie individuelle Lebensumstände, wie beispielsweise familiäre Verpflichtungen, und bieten Sie flexible Arbeitsmodelle an.

Soziale Integration: Fördern Sie Teambuilding-Aktivitäten, um den Zusammenhalt im Team zu stärken und die Integration älterer Mitarbeiter zu erleichtern.

Anpassungsfähigkeit: Seien Sie geduldig und unterstützend, wenn ältere Mitarbeiter sich an neue Technologien oder Arbeitsmethoden gewöhnen.

Ruhestandsplanung: Bieten Sie Unterstützung bei der Planung des Übergangs in den Ruhestand, einschließlich finanzieller Beratung und Planungshilfen.

Durch die Berücksichtigung dieser Aspekte können Unternehmen die Potenziale älterer Mitarbeiter optimal nutzen und ein respektvolles, produktives Arbeitsumfeld schaffen.

Was sind die Vorteile durch ältere Mitarbeiter im Betrieb?

Ältere Mitarbeiter bringen viele Vorteile in den Betrieb ein:

Erfahrung und Fachwissen: Sie verfügen oft über langjährige Berufserfahrung und tiefgehendes Fachwissen, das für die Lösung komplexer Probleme und die Entscheidungsfindung wertvoll ist.

Stabilität und Zuverlässigkeit: Ältere Mitarbeiter sind häufig stabiler in ihrem Arbeitsverhalten und zeigen ein hohes Maß an Zuverlässigkeit, was das Teamklima positiv beeinflussen kann.

Mentoring und Coaching: Sie können jüngere Kollegen unterstützen und als Mentoren fungieren, was den Wissensaustausch und die berufliche Entwicklung fördert.

Gute Kommunikationsfähigkeiten: Ältere Mitarbeiter haben oft gut ausgeprägte Kommunikationsfähigkeiten und können Konflikte konstruktiv lösen.

Engagement und Loyalität: Viele ältere Mitarbeiter zeigen ein hohes Maß an Engagement und Loyalität gegenüber ihrem Arbeitgeber, was die Mitarbeiterbindung stärken kann.

Krisenbewältigung: Durch ihre Lebenserfahrung sind sie oft besser in der Lage, mit Krisen und stressigen Situationen umzugehen.

Vielfalt im Team: Ältere Mitarbeiter tragen zur Diversität im Team bei, was zu kreativeren Lösungsansätzen und einer breiteren Perspektive führt.

Langfristige Perspektive: Sie können oft langfristige Trends und Entwicklungen besser einschätzen, was strategische Entscheidungen im Unternehmen unterstützt.

Netzwerk und Beziehungen: Ältere Mitarbeiter haben oft ein weitreichendes berufliches Netzwerk, das dem Unternehmen zugutekommen kann.

Stärkung der Unternehmenskultur: Sie können zur Stabilität und zum positiven Betriebsklima beitragen, indem sie Werte wie Respekt, Teamarbeit und Professionalität vorleben.

Die Integration älterer Mitarbeiter in den Betrieb ist somit nicht nur eine Frage der sozialen Verantwortung, sondern auch ein strategischer Vorteil für das Unternehmen.

Was sind die Nachteile ?

Die Integration älterer Mitarbeiter in den Betrieb kann auch einige Herausforderungen und Nachteile mit sich bringen:

Widerstand gegen Veränderungen: Ältere Mitarbeiter könnten Schwierigkeiten haben, sich an neue Technologien oder Arbeitsmethoden anzupassen, was die Umsetzung von Veränderungen verzögern kann.

Gesundheitliche Probleme: Häufigere gesundheitliche Beschwerden können die Arbeitsfähigkeit und Produktivität beeinträchtigen.

Geringere Flexibilität: Ältere Mitarbeiter könnten weniger flexibel in Bezug auf Arbeitszeiten oder Reisebereitschaft sein, was die Einsatzplanung erschweren kann.

Technologische Herausforderungen: Sie haben möglicherweise nicht dieselbe Vertrautheit mit neuen digitalen Tools und Technologien wie jüngere Kollegen, was zusätzliche Schulungen erforderlich machen kann.

Karriereentwicklung: Ältere Mitarbeiter haben eventuell geringere Chancen auf beruflichen Aufstieg, was zu Frustration führen kann, wenn sie das Gefühl haben, dass ihre Karriere stagniert.

Eingeschränkte körperliche Belastbarkeit: Physische Anforderungen können schwieriger zu bewältigen sein, was ihre Einsatzmöglichkeiten in bestimmten Tätigkeiten einschränken kann.

Vorurteile und Stereotypen: Altersdiskriminierung und stereotype Vorstellungen über die Leistungsfähigkeit älterer Mitarbeiter können zu einem angespannten Arbeitsklima führen.

Unterschiedliche Kommunikationsstile: Altersbedingte Unterschiede in Kommunikationsstilen können Missverständnisse oder Konflikte im Team verursachen.

Planung des Ruhestands: Gedanken über den bevorstehenden Ruhestand können die Konzentration und Motivation beeinflussen.

Eingeschränkte Anpassungsfähigkeit: In schnelllebigen Branchen können ältere Mitarbeiter möglicherweise weniger anpassungsfähig sein, was die Agilität des Unternehmens beeinträchtigen kann.

Es ist wichtig, diese Herausforderungen anzuerkennen und durch gezielte Maßnahmen und eine unterstützende Unternehmenskultur anzugehen, um das Potenzial älterer Mitarbeiter optimal zu nutzen.

Wie kann ich als Führungskraft positiv auf ältere Mitarbeiter einwirken?

Als Führungskraft können Sie auf ältere Mitarbeiter auf verschiedene positive Weisen einwirken:

- **Wertschätzung zeigen**: Erkennen Sie die Erfahrung und das Fachwissen älterer Mitarbeiter an. Zeigen Sie, dass ihre Beiträge geschätzt werden.

- **Mentoring-Programme**: Fördern Sie Mentoring, bei dem ältere Mitarbeiter ihr Wissen und ihre Erfahrungen an jüngere Kollegen weitergeben können.

- **Flexibilität bieten**: Bieten Sie flexible Arbeitszeiten oder Teilzeitmodelle an, um den individuellen Bedürfnissen älterer Mitarbeiter gerecht zu werden.

- **Weiterbildung unterstützen**: Stellen Sie sicher, dass ältere Mitarbeiter Zugang zu Schulungen und Fortbildungsprogrammen haben, um ihre Fähigkeiten auf dem neuesten Stand zu halten.

- **Gesundheitsförderung**: Implementieren Sie Gesundheits- und Wellness-Programme, die auf die Bedürfnisse älterer Mitarbeiter zugeschnitten sind.

- **Feedback und Kommunikation**: Führen Sie regelmäßige, offene Gespräche und Feedbackgespräche, um die Anliegen älterer Mitarbeiter zu verstehen und darauf einzugehen.

- **Inklusive Unternehmenskultur**: Fördern Sie eine Kultur der Vielfalt und Inklusion, in der alle Altersgruppen respektiert und wertgeschätzt werden.

- **Karriereentwicklung**: Bieten Sie klare Perspektiven für die berufliche Entwicklung, damit ältere Mitarbeiter wissen, dass sie weiterhin wachsen können.

- **Teambuilding**: Organisieren Sie Teambuilding-Aktivitäten, die den Zusammenhalt im Team fördern und den Austausch zwischen verschiedenen Altersgruppen stärken.

- **Ruhestandsplanung**: Unterstützen Sie ältere Mitarbeiter bei der Planung ihres Übergangs in den Ruhestand, z. B. durch Beratungsangebote oder Informationsveranstaltungen.

Durch diese Maßnahmen können Sie eine positive, unterstützende Umgebung schaffen, in der ältere Mitarbeiter sich geschätzt fühlen und ihr volles Potenzial entfalten können.

Definition: Ausländische Mitarbeiter

Ausländische Mitarbeiter sind Personen, die in einem Land arbeiten, dessen Staatsangehörigkeit sie nicht besitzen. Sie können temporär oder dauerhaft in diesem Land leben und arbeiten und bringen oft unterschiedliche kulturelle, sprachliche und berufliche Hintergründe mit. Diese Vielfalt kann zur Innovation und Kreativität im Unternehmen beitragen, gleichzeitig können aber auch besondere Herausforderungen in Bezug auf Integration, Kommunikation und rechtliche Rahmenbedingungen entstehen.

Welche Probleme gibt es?

Ausländische Mitarbeiter können mit verschiedenen Herausforderungen konfrontiert sein, darunter:

- **Sprachbarrieren**: Schwierigkeiten bei der Kommunikation können Missverständnisse verursachen und die Integration ins Team erschweren.

- **Kulturelle Unterschiede**: Unterschiedliche Arbeits- und Verhaltensweisen sowie kulturelle Normen können zu Missverständnissen oder Konflikten führen.

- **Integration ins Team**: Ausländische Mitarbeiter fühlen sich möglicherweise isoliert oder haben Schwierigkeiten, sich in bestehende Teams zu integrieren.

- **Rechtliche und administrative Hürden**: Visa-Anforderungen und andere rechtliche Rahmenbedingungen können die Anstellung und den Aufenthalt kompliziert machen.

- **Unterschiedliche Erwartungen**: Unterschiede in den Erwartungen an die Arbeitsweise oder die Hierarchie können zu Spannungen führen.

- **Vorurteile und Diskriminierung**: Ausländische Mitarbeiter können Diskriminierung oder Vorurteile aufgrund ihrer Herkunft oder Kultur erfahren.

- **Anpassung an das Arbeitsumfeld**: Die Umstellung auf neue Arbeitsbedingungen, Technologien oder Verfahren kann herausfordernd sein.

- **Fehlende Unterstützungssysteme**: Mangelnde Ressourcen oder Programme zur Unterstützung ausländischer Mitarbeiter können deren Integration erschweren.

- **Psychologische Belastung**: Die Anpassung an ein neues Land und eine neue Kultur kann Stress und Unsicherheiten hervorrufen, die sich auf die Arbeitsleistung auswirken können.

- **Familienintegration**: Schwierigkeiten bei der Integration von Familienangehörigen können die Lebensqualität der ausländischen Mitarbeiter beeinträchtigen.

Diese Probleme können durch gezielte Maßnahmen und eine unterstützende Unternehmenskultur angegangen werden, um die Integration und das Wohlbefinden ausländischer Mitarbeiter zu fördern.

Was ist bei ausländische Mitarbeiter zu beachten?

Bei ausländischen Mitarbeitern sollten verschiedene Aspekte berücksichtigt werden, um eine erfolgreiche Integration und ein positives Arbeitsumfeld zu gewährleisten:

Sprachförderung: Bieten Sie Sprachkurse oder -trainings an, um die Kommunikation zu erleichtern und Sprachbarrieren abzubauen.

Kulturelle Sensibilität: Schulen Sie das Team in interkultureller Kompetenz, um Verständnis und Respekt für unterschiedliche kulturelle Hintergründe zu fördern.

Integration unterstützen: Organisieren Sie Teambuilding-Aktivitäten und soziale Veranstaltungen, um die Integration und den Austausch im Team zu fördern.

Rechtliche Rahmenbedingungen: Stellen Sie sicher, dass alle rechtlichen Anforderungen, wie Visa und Arbeitsgenehmigungen, eingehalten werden und unterstützen Sie die Mitarbeiter bei administrativen Fragen.

Mentoring-Programme: Richten Sie Mentoring- oder Buddy-Programme ein, um neuen ausländischen Mitarbeitern einen Ansprechpartner zur Seite zu stellen.

Feedbackkultur: Fördern Sie eine offene Feedbackkultur, in der ausländische Mitarbeiter ihre Erfahrungen und Anliegen äußern können.

Karriereentwicklung: Bieten Sie klare Perspektiven für die berufliche Entwicklung und Weiterbildung, um die Integration und Motivation zu fördern.

Anpassungsfähigkeit: Seien Sie flexibel und offen für die Bedürfnisse ausländischer Mitarbeiter, insbesondere in der Einarbeitungsphase.

Ressourcen bereitstellen: Stellen Sie Informationsmaterialien zur Verfügung, die über das Unternehmen, die Arbeitskultur und das Leben im neuen Land informieren.

Familienintegration: Unterstützen Sie auch die Familienangehörigen ausländischer Mitarbeiter bei der Integration, z.B. durch Informationsangebote über Schulen oder Freizeitaktivitäten.

Durch die Beachtung dieser Aspekte können Unternehmen eine unterstützende Umgebung schaffen, in der ausländische Mitarbeiter sich wohlfühlen und ihr volles Potenzial entfalten können.

Was sind die Vorteile entstehen durch Ausländische Mitarbeiter m Betrieb?

Ausländische Mitarbeiter bringen zahlreiche Vorteile in den Betrieb ein:

- **Vielfalt der Perspektiven**: Sie bringen unterschiedliche kulturelle und berufliche Hintergründe mit, was zu innovativen Ideen und kreativen Lösungen führen kann.

- **Erweiterte Sprachkenntnisse**: Ausländische Mitarbeiter können mehrsprachige Fähigkeiten ins Unternehmen einbringen, was die Kommunikation mit internationalen Kunden und Partnern erleichtert.

- **Globale Marktkenntnis**: Sie haben oft ein besseres Verständnis für internationale Märkte und Trends, was die strategische Ausrichtung des Unternehmens unterstützen kann.

- **Steigerung der Wettbewerbsfähigkeit**: Vielfalt im Team kann die Wettbewerbsfähigkeit des Unternehmens erhöhen, da unterschiedliche Ansätze und Denkweisen genutzt werden.

- **Kulturelle Sensibilität**: Ausländische Mitarbeiter können dazu beitragen, ein kulturell sensibleres Arbeitsumfeld zu schaffen, das das Verständnis für verschiedene Kunden und Märkte fördert.

- **Erhöhung der Innovationskraft**: Die Mischung aus verschiedenen Perspektiven und Erfahrungen kann die Innovationskraft des Unternehmens steigern.

- **Stärkung des Unternehmensimages**: Unternehmen, die Vielfalt und Inklusion fördern, werden oft positiver wahrgenommen und können dadurch talentierte Mitarbeiter anziehen.

- **Flexibilität und Anpassungsfähigkeit**: Ausländische Mitarbeiter bringen häufig unterschiedliche Arbeitsmethoden und -techniken mit, die das Team flexibler und anpassungsfähiger machen können.

- **Teamdynamik**: Die Integration ausländischer Mitarbeiter kann die Teamdynamik bereichern und den Zusammenhalt fördern.

- **Wachstumsmöglichkeiten**: Unternehmen, die in verschiedenen Regionen oder Ländern tätig sind, können durch ausländische Mitarbeiter Zugang zu neuen Märkten und Geschäftsmöglichkeiten erhalten.

Durch diese Vorteile können ausländische Mitarbeiter entscheidend zum Erfolg und zur Entwicklung des Unternehmens beitragen

Was sind die Nachteile ?

Die Integration ausländischer Mitarbeiter kann auch einige Herausforderungen und Nachteile mit sich bringen:

Sprachbarrieren: Schwierigkeiten in der Kommunikation können Missverständnisse verursachen und die Zusammenarbeit erschweren.

Kulturelle Unterschiede: Unterschiedliche Arbeitsweisen und Normen können zu Konflikten oder Missverständnissen im Team führen.

Eingewöhnungszeit: Die Anpassung an eine neue Arbeitsumgebung, Kultur und Sprache kann Zeit in Anspruch nehmen, was die Produktivität zunächst beeinträchtigen kann.

Rechtliche Hürden: Visa-Anforderungen und andere rechtliche Rahmenbedingungen können die Anstellung und den Aufenthalt komplizieren.

Integration ins Team: Ausländische Mitarbeiter fühlen sich manchmal isoliert oder haben Schwierigkeiten, sich in bestehende Teams zu integrieren.

Vorurteile und Diskriminierung: Diskriminierung aufgrund der Herkunft oder Kultur kann das Arbeitsklima belasten und die Motivation der Mitarbeiter beeinträchtigen.

Unterschiedliche Erwartungen: Kulturelle Unterschiede in den Erwartungen an die Arbeit oder die Hierarchie können zu Spannungen führen.

Fehlende Unterstützungssysteme: Mangelnde Ressourcen oder Programme zur Unterstützung ausländischer Mitarbeiter können deren Integration erschweren.

Psychologische Belastung: Die Anpassung an ein neues Land und eine neue Kultur kann Stress und Unsicherheiten hervorrufen, die sich auf die Arbeitsleistung auswirken können.

Familienintegration: Schwierigkeiten bei der Integration von Familienangehörigen können die Lebensqualität der ausländischen Mitarbeiter beeinträchtigen und deren Konzentration am Arbeitsplatz stören.

Diese Herausforderungen können durch gezielte Maßnahmen und eine unterstützende Unternehmenskultur angegangen werden, um die Integration und das Wohlbefinden ausländischer Mitarbeiter zu fördern.

Wie kann ich als Führungskraft positiv auf ausländische Mitarbeiter einwirken?

Als Führungskraft können Sie auf ausländische Mitarbeiter auf verschiedene positive Weisen einwirken:

- **Sprache fördern**: Bieten Sie Sprachkurse oder Sprachtrainings an, um die Kommunikation zu verbessern und Sprachbarrieren abzubauen.

- **Kulturelle Sensibilisierung**: Organisieren Sie Schulungen zur interkulturellen Kompetenz, um das Verständnis und die Zusammenarbeit im Team zu fördern.

- **Mentoring-Programme**: Implementieren Sie Mentoring oder Buddy-Programme, in denen erfahrene Mitarbeiter ausländischen Kollegen helfen, sich im Unternehmen und in der neuen Kultur zurechtzufinden.

- **Integration unterstützen**: Fördern Sie Teambuilding-Aktivitäten, um den Austausch zwischen einheimischen und ausländischen Mitarbeitern zu erleichtern.

- **Offene Kommunikation**: Schaffen Sie eine Atmosphäre, in der ausländische Mitarbeiter ihre Bedenken, Fragen und Ideen offen äußern können.

- **Feedbackkultur**: Bieten Sie regelmäßige Feedbackgespräche an, um die Entwicklung und Integration ausländischer Mitarbeiter zu unterstützen.

- **Karriereentwicklung**: Stellen Sie sicher, dass ausländische Mitarbeiter Zugang zu Schulungs- und Weiterbildungsprogrammen haben, um ihre beruflichen Fähigkeiten weiterzuentwickeln.

- **Ressourcen bereitstellen**: Bieten Sie Informationsmaterialien über das Unternehmen, die Branche und das Leben im neuen Land an, um den Mitarbeitern den Einstieg zu erleichtern.

- **Familienintegration**: Unterstützen Sie die Familienangehörigen ausländischer Mitarbeiter bei der Integration, z. B. durch Informationen über Schulen oder Freizeitangebote.

- **Wertschätzung zeigen**: Anerkennen Sie die Vielfalt und den Beitrag ausländischer Mitarbeiter und zeigen Sie, dass ihre Erfahrungen und Perspektiven geschätzt werden.

Durch diese Maßnahmen können Sie ein unterstützendes und inklusives Arbeitsumfeld schaffen, das ausländischen Mitarbeitern hilft, sich wohlzufühlen und ihr volles Potenzial auszuschöpfen.

1.5. TRANSAKTIONSANALYSE

Definition Transaktionsanalyse nach Eric Berne

Die Transaktionsanalyse (TA) ist ein psychologisches Konzept, das von Eric Berne in den 1950er Jahren entwickelt wurde. Sie dient zur Analyse von zwischenmenschlichen Interaktionen und Kommunikationsmustern.

Kernkonzepte der Transaktionsanalyse:

Ich-Zustände: Berne unterscheidet drei Hauptzustände des Selbst:

Eltern-Ich: Umfasst Regeln, Normen und Verhaltensweisen, die durch die Erziehung und soziale Einflüsse geprägt sind.

Erwachsenen-Ich: Der rationale, objektive Teil, der Informationen analysiert und Entscheidungen auf der Basis von Fakten trifft.

Kind-Ich: Beinhaltet emotionale Reaktionen, spontane Verhaltensweisen und Erinnerungen aus der Kindheit.

Transaktionen: Dies sind die grundlegenden Einheiten der Kommunikation, bei denen verschiedene Ich-Zustände miteinander interagieren. Berne analysiert, wie diese Transaktionen (z. B. Komplementär, gekreuzt oder verdeckt) das Verständnis und die Beziehung zwischen Menschen beeinflussen.

Spiele: Berne identifizierte wiederkehrende Verhaltensmuster oder „Spiele", die Menschen spielen, oft unbewusst, um emotionale Bedürfnisse zu erfüllen oder Konflikte zu vermeiden.

Lebensskripte: Dies sind unbewusste Lebenspläne, die sich aus den frühen Kindheiterfahrungen entwickeln und das Verhalten und die Entscheidungen einer Person im Erwachsenenalter prägen.

Die Transaktionsanalyse wird häufig in der Psychotherapie, im Coaching und in der Organisationsentwicklung eingesetzt, um Kommunikations- und Beziehungsmuster zu verstehen und zu verbessern. Ziel ist es, gesunde Interaktionen zu fördern und Individuen bei der persönlichen Entwicklung zu unterstützen.

Beispiele:

Hier sind einige Beispiele zur Veranschaulichung der Transaktionsanalyse:

Ich-Zustände in der Kommunikation:

Eltern-Ich: Ein Chef sagt zu einem Mitarbeiter: „Du musst deine Aufgaben pünktlich abgeben, sonst wird das Team darunter leiden." Hier spricht der Chef aus der Autoritätsrolle und vermittelt Regeln.

Erwachsenen-Ich: Ein Kollege fragt: „Hast du die notwendigen Informationen für dein Projekt? Lass uns gemeinsam einen Plan erstellen." Hier ist die Kommunikation sachlich und kooperativ.

Kind-Ich: Ein Mitarbeiter äußert: „Ich habe keine Lust, das zu machen!" Dies zeigt emotionale Reaktionen und Unzufriedenheit.

Transaktionen:

Komplementäre Transaktion: Ein Lehrer (Eltern-Ich) sagt zu einem Schüler (Kind-Ich): „Mach deine Hausaufgaben!" Der Schüler antwortet: „Ja, ich mache sie!" Beide Ich-Zustände stimmen überein und die Kommunikation ist effektiv.

Gekreuzte Transaktion: Ein Manager (Erwachsenen-Ich) fragt einen Mitarbeiter (Erwachsenen-Ich): „Wie läuft dein Projekt?" Der Mitarbeiter reagiert jedoch mit: „Ich habe keine Zeit für Fragen!" Hier wird die Kommunikation gestört, weil der Mitarbeiter aus dem Kind-Ich reagiert.

Spiele:

„Rettungs-Spiel": Ein Mitarbeiter kommt zu seinem Chef und sagt: „Ich habe das nicht geschafft, weil ich nicht genug Zeit hatte." Der Chef fühlt sich verpflichtet, zu helfen, indem er zusätzliche Ressourcen bereitstellt, ohne dass der Mitarbeiter Verantwortung übernimmt.

„Schuldspiel": Ein Teammitglied macht einen Fehler und sagt: „Das war alles deine Schuld, weil du mir nicht die richtigen Informationen gegeben hast." Hier wird das Spiel genutzt, um Verantwortung abzulehnen.

Lebensskripte:

Jemand, der in der Kindheit oft für seine Leistungen gelobt wurde, könnte als Erwachsener das Lebensskript „Ich muss immer erfolgreich sein" entwickeln. Dies kann zu übermäßigen Stress und Angst führen, nicht zu genügen.

Eine Person, die als Kind oft abgelehnt wurde, könnte das Skript „Ich bin nicht gut genug" internalisieren und Schwierigkeiten haben, in sozialen Situationen Vertrauen zu fassen.

Diese Beispiele verdeutlichen, wie die Transaktionsanalyse in der Praxis zur Analyse und Verbesserung von Kommunikation und Beziehungen eingesetzt werden kann.

Arten der Transaktionen

- **Parallele Transaktion**
- **Überkreuzte Transaktion**
- **Verdeckte Transaktion**

Parallele Transaktion

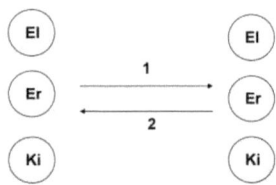

Die Kommunikation verläuft ohne Störung

Beispiel:

Herr Schnell, nehmen Sie bitte den Werkzeugkoffer mit!

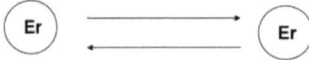

Wird gemacht, Chef.

Parallele Transaktionen sind ein Konzept der Transaktionsanalyse, bei dem die Kommunikation zwischen zwei Personen auf einer klaren und effektiven Ebene stattfindet. In diesen Transaktionen sprechen die Beteiligten aus übereinstimmenden Ich-Zuständen, was zu einer harmonischen Interaktion führt.

Merkmale paralleler Transaktionen:

Übereinstimmung der Ich-Zustände: Bei einer parallelen Transaktion antwortet der Gesprächspartner auf die spezifische Ansprache aus dem gleichen Ich-Zustand. Zum Beispiel, wenn jemand im Erwachsenen-Ich spricht, antwortet der andere ebenfalls im Erwachsenen-Ich.

Klare Kommunikation: Die Botschaften sind direkt und nachvollziehbar, was Missverständnisse und Verwirrungen minimiert.

Effektive Zusammenarbeit: Parallele Transaktionen fördern ein konstruktives Miteinander, da alle Beteiligten auf einer sachlichen Ebene kommunizieren.

Beispiel:

Situation: Ein Projektmanager (Erwachsenen-Ich) sagt zu einem Teammitglied (Erwachsenen-Ich): „Könntest du mir bitte den aktuellen Stand deines Projekts mitteilen?"

Antwort: Das Teammitglied (Erwachsenen-Ich) antwortet: „Ja, ich arbeite gerade an den letzten Aufgaben und werde dir den Statusbericht bis morgen zukommen lassen."

In diesem Beispiel ist die Kommunikation klar, beide Parteien befinden sich im Erwachsenen-Ich, und die Interaktion verläuft reibungslos.

Bedeutung:

Parallele Transaktionen sind wichtig für eine gesunde Kommunikation in Teams und Organisationen. Sie tragen dazu bei, Konflikte zu vermeiden und die Zusammenarbeit zu verbessern.

Überkreuzte Transaktion

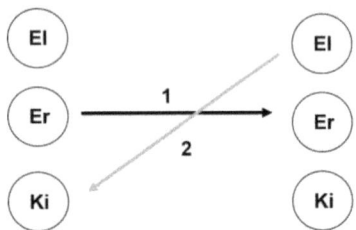

Die Kommunikation ist gestört!

Beispiel:

Herr Schnell, nehmen Sie den Werkzeugkoffer, **bitte mit!**

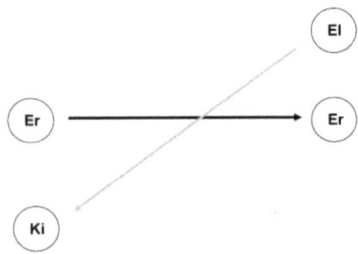

Aber Chef, wie lange bin ich denn schon in der Firma, als dass ich den Werkzeugkoffer vergesse?

Gekreuzte Transaktionen sind ein Konzept der Transaktionsanalyse, bei dem die Kommunikation zwischen zwei Personen nicht auf einer übereinstimmenden Ebene stattfindet. Dies geschieht, wenn eine Person aus einem bestimmten Ich-Zustand spricht und die Antwort des Gesprächspartners aus einem anderen Ich-Zustand kommt. Dies kann zu Missverständnissen, Konflikten oder einer gestörten Kommunikation führen.

Merkmale gekreuzter Transaktionen:

Unterschiedliche Ich-Zustände:

Die Kommunikation erfolgt zwischen unterschiedlichen Ich-Zuständen, was die Interaktion verwirrend oder unproduktiv macht.

Missverständnisse:

Da die Botschaften nicht direkt aufeinander abgestimmt sind, können die Beteiligten sich missverstanden fühlen.

Potential für Konflikte:

Gekreuzte Transaktionen können Spannungen oder Konflikte hervorrufen, da die Bedürfnisse und Erwartungen der Beteiligten nicht aufeinander abgestimmt sind.

Beispiel:

Situation: Ein Vorgesetzter (Eltern-Ich) sagt zu einem Mitarbeiter (Erwachsenen-Ich): „Du solltest deine Arbeit besser organisieren!"

Antwort: Der Mitarbeiter (Kind-Ich) antwortet: „Warum muss ich immer alles machen? Es ist unfair!"

In diesem Beispiel hat der Vorgesetzte aus dem Eltern-Ich gesprochen, was autoritär und belehrend wirkt. Der Mitarbeiter hat jedoch aus dem Kind-Ich geantwortet, was zu einer defensiven und emotionalen Reaktion führt. Die Kommunikation ist dadurch gestört und nicht produktiv.

Bedeutung:

Gekreuzte Transaktionen sind wichtig zu erkennen, da sie die Kommunikation negativ beeinflussen können. Indem man sich ihrer bewusst ist, können Individuen versuchen, die Ich-Zustände anzupassen und somit die Kommunikation zu verbessern, um Missverständnisse zu vermeiden und effektiver zusammenzuarbeiten.

Verdeckte Transaktion

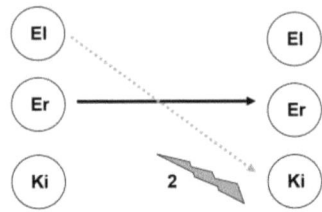

Beispiel:

Herr Schnell, nehmen Sie bitte den Werkzeugkoffer **diesmal** mit!

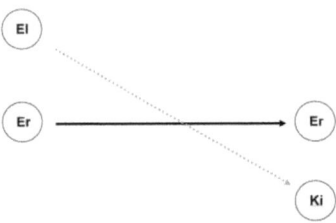

Herr Schmidt, muss ich Sie heute **wieder daran erinnern**, dass Sie den Werkzeug-koffer mitnehmen?

Verdeckte Transaktionen sind ein Konzept der Transaktionsanalyse, bei denen die bewusste Kommunikation zwischen den Beteiligten von einer unterliegenden, oft emotionalen oder manipulativen Botschaft begleitet wird. Diese Art der Transaktion beinhaltet häufig subtile oder implizite Bedeutungen, die nicht direkt ausgesprochen werden.

Merkmale verdeckter Transaktionen:

Bewusste und unbewusste Ebenen:

Auf der bewussten Ebene wird eine klare, direkte Nachricht übermittelt, während auf der unbewussten Ebene eine andere, oft emotionale oder manipulative Botschaft transportiert wird.

Manipulation oder emotionale Anspielungen:

Verdeckte Transaktionen können darauf abzielen, das Verhalten oder die Reaktion des anderen zu beeinflussen, ohne dass dies offen ausgesprochen wird.

Schwierige Klärung:

Die Botschaften können missverstanden werden, da die zweite, versteckte Botschaft nicht sofort erkennbar ist.

Beispiel:

Situation: Ein Teamleiter sagt zu einem Mitarbeiter: „Es wäre wirklich hilfreich, wenn du deine Präsentation überarbeiten könntest."

Verdeckte Botschaft: Die versteckte Botschaft könnte sein: „Ich bin unzufrieden mit deiner Arbeit, aber ich möchte nicht direkt kritisieren."

In diesem Beispiel ist die offensichtliche Anfrage höflich und direkt, während die verdeckte Botschaft eine subtile Kritik an der bisherigen Leistung des Mitarbeiters enthält.

Bedeutung:

Verdeckte Transaktionen können die Kommunikation komplizierter machen und Missverständnisse fördern. Sie können auch dazu führen, dass emotionale Konflikte entstehen, wenn die unterliegenden Gefühle oder Absichten nicht angesprochen werden. Das Erkennen dieser Dynamiken kann helfen, klarere und offenere Kommunikationsmuster zu fördern, was zu besseren Beziehungen und effektiverer Zusammenarbeit führt.

1.6. LERNPROZESSE, LERNTYPEN

Definition Lernprozesse

Lernprozesse beziehen sich auf die systematischen Veränderungen im Verhalten, Wissen, Fähigkeiten oder Einstellungen einer Person, die durch Erfahrung, Übung, Beobachtung oder Bildung zustande kommen. Sie umfassen verschiedene Phasen und Mechanismen, die es Individuen ermöglichen, Informationen aufzunehmen, zu verarbeiten und anzuwenden.

Merkmale von Lernprozessen:

- **Erfahrung**: Lernen geschieht oft durch direkte Erfahrungen, sei es durch praktische Anwendungen, Beobachtungen oder Interaktionen mit der Umwelt.

- **Aktive Teilnahme**: Lernprozesse erfordern in der Regel aktives Engagement, sei es durch das Lösen von Problemen, Diskussionen oder das Ausprobieren neuer Fähigkeiten.

- **Wiederholung**: Um Wissen und Fähigkeiten zu festigen, sind Wiederholungen und Übung häufig notwendig.

- **Feedback**: Rückmeldungen aus der Umgebung oder von Lehrenden sind entscheidend für die Anpassung und Verbesserung des Lernens.

- **Transfer**: Gelerntes Wissen kann auf neue Situationen angewendet werden, was zeigt, dass das Lernen nicht nur situativ, sondern auch übertragbar ist.

Typen von Lernprozessen:

Kognitives Lernen: Fokussiert sich auf den Erwerb von Wissen und die Entwicklung von Denkmustern.

Affektives Lernen: Betrifft die Entwicklung von Einstellungen, Werten und emotionalen Reaktionen.

Psychomotorisches Lernen: Umfasst die Entwicklung von physischen Fähigkeiten und Fertigkeiten durch Übung und Erfahrung.

Bedeutung:

Lernprozesse sind essenziell für persönliche Entwicklung, berufliche Weiterbildung und die Anpassung an neue Anforderungen in einer sich ständig verändernden Welt. Sie tragen dazu bei, Kompetenzen zu erwerben und die Lebensqualität zu verbessern.

Lernen durch Nachahmung

Lernen durch Nachahmung, auch als **modellgestütztes Lernen** oder **Beobachtungslernen** bekannt, ist ein Lernprozess, bei dem Individuen Verhalten, Fähigkeiten oder Einstellungen durch die Beobachtung anderer Personen (Modelle) übernehmen. Dieses Konzept wurde insbesondere von dem Psychologen Albert Bandura in den 1960er Jahren populär gemacht.

Merkmale des Lernens durch Nachahmung:

- **Beobachtung**: Individuen sehen zu, wie andere (Eltern, Lehrer oder Experten) bestimmte Handlungen durchführen oder Verhaltensweisen zeigen.

- **Nachahmung**: Nach der Beobachtung versuchen die Lernenden, das gesehene Verhalten nachzuahmen. Dies kann sowohl in der Handlung als auch in der Einstellung geschehen.

- **Belohnung und Bestrafung**: Bandura betonte die Rolle von Konsequenzen im Lernprozess. Wenn das Verhalten des Modells belohnt wird, sind die Lernenden eher geneigt, dieses Verhalten ebenfalls zu zeigen. Umgekehrt kann Bestrafung dazu führen, dass das Verhalten vermieden wird.

- **Kognitive Prozesse**: Neben der reinen Nachahmung spielen auch kognitive Prozesse eine Rolle. Lernende verarbeiten, was sie beobachtet haben, und speichern diese Informationen ab, um sie später anzuwenden.

Beispiele:

Kinder: Kinder lernen oft durch Nachahmung von Erwachsenen oder Gleichaltrigen, z. B. beim Spielen, Sprechen oder Lösen von Aufgaben.

Berufliche Weiterbildung: Auszubildende beobachten erfahrene Kollegen bei der Ausführung von Aufgaben und übernehmen deren Techniken und Verhaltensweisen.

Sport: Athleten beobachten ihre Trainer oder andere Sportler, um Techniken zu erlernen und zu perfektionieren.

Bedeutung:

Lernen durch Nachahmung ist eine grundlegende Methode des Lernens, die es Individuen ermöglicht, Fähigkeiten und Verhaltensweisen in sozialen Kontexten effektiv zu erwerben. Es fördert nicht nur das Lernen in frühen Lebensphasen, sondern auch in Bildung und Beruf, indem es den Austausch von Wissen und Erfahrungen erleichtert.

Lernen durch Verstärkung

Lernen durch Verstärkung ist ein Lernprozess, der auf den Prinzipien der operanten Konditionierung basiert. Dabei werden Verhaltensweisen durch positive oder negative Verstärkungen beeinflusst, was zu einer Erhöhung oder Verringerung der Wahrscheinlichkeit führt, dass ein Verhalten in der Zukunft wiederholt wird.

Grundprinzipien des Lernens durch Verstärkung:

Positive Verstärkung:

Bei positiver Verstärkung wird ein angenehmer Reiz (Belohnung) nach einem bestimmten Verhalten präsentiert. Dies erhöht die Wahrscheinlichkeit, dass das Verhalten erneut gezeigt wird.

Beispiel: Ein Schüler erhält Lob oder eine Belohnung, wenn er seine Hausaufgaben rechtzeitig abgibt.

Negative Verstärkung:

Bei negativer Verstärkung wird ein unangenehmer Reiz entfernt, wenn ein bestimmtes Verhalten gezeigt wird. Dies führt ebenfalls zu einer Erhöhung der Verhaltenswahrscheinlichkeit.

Beispiel: Ein Schüler muss nicht mehr zur Schule gehen, wenn er seine Aufgaben erfüllt hat, wodurch das Verhalten der Erledigung der Aufgaben verstärkt wird.

Bestrafung:

Bestrafung (ob positiv oder negativ) verringert die Wahrscheinlichkeit eines Verhaltens. Bei positiver Bestrafung wird ein unangenehmer Reiz hinzugefügt, während bei negativer Bestrafung ein angenehmer Reiz entfernt wird.

Beispiel: Ein Schüler erhält einen Tadel (positive Bestrafung), wenn er stört, oder verliert Privilegien (negative Bestrafung), wenn er seine Aufgaben nicht macht.

Anwendung:

Erziehung: Lehrer und Eltern verwenden Verstärkung, um gewünschte Verhaltensweisen zu fördern und unerwünschte zu reduzieren.

Tiertraining: Tiertrainer nutzen Belohnungen, um Tiere für gewünschte Verhaltensweisen zu motivieren.

Arbeitsplatz: Unternehmen setzen Anreize (z. B. Boni), um Mitarbeiter zu motivieren, bestimmte Ziele zu erreichen.

> **Bedeutung:**
>
> Lernen durch Verstärkung ist eine wirkungsvolle Methode, um Verhaltensänderungen zu fördern. Es hilft, klare Erwartungen zu setzen und motiviert Individuen, bestimmte Verhaltensweisen zu erlernen oder zu ändern.

Lernen durch Einsicht

Lernen durch Einsicht ist ein Lernprozess, bei dem Individuen durch das Verstehen von Zusammenhängen und Mustern zu neuen Einsichten und Problemlösungen gelangen. Es handelt sich um eine kognitive Form des Lernens, die über das bloße Auswendiglernen oder Nachahmen hinausgeht.

Merkmale des Lernens durch Einsicht:

* **Kognitive Verarbeitung**: Lernen durch Einsicht erfordert das aktive Denken und Analysieren von Informationen, um Zusammenhänge zu erkennen und neue Lösungen zu finden.

* **Aha-Erlebnis**: Oft geht es mit einem „Aha-Erlebnis" einher, bei dem der Lernende plötzlich einen klaren und umfassenden Überblick über ein Problem oder Konzept erhält.

* **Problemorientiert**: Es wird oft in problematischen Situationen angewendet, in denen das Individuum kreativ denken und verschiedene Ansätze vergleichen muss, um die beste Lösung zu finden.

* **Selbstgesteuertes Lernen**: Lernen durch Einsicht ist häufig selbstgesteuert, da der Lernende aktiv nach Informationen sucht und diese verarbeitet.

Beispiele:

Mathematik: Ein Schüler erkennt, dass verschiedene Formeln zur Lösung desselben Problems führen können, und versteht die zugrunde liegenden Prinzipien, anstatt nur die Formeln auswendig zu lernen.

Naturwissenschaften: Ein Wissenschaftler sieht eine Verbindung zwischen verschiedenen Experimenten und entwickelt daraus eine neue Hypothese.

Soziale Probleme: Eine Person erkennt, dass ihre Verhaltensmuster in sozialen Situationen negative Auswirkungen haben, und entwickelt neue Strategien, um damit umzugehen.

Bedeutung:

Lernen durch Einsicht fördert tiefere Verständnisprozesse und kritisches Denken. Es ist besonders wertvoll in Bildung und persönlicher Entwicklung, da es dazu beiträgt, flexibles Denken und Problemlösungsfähigkeiten zu entwickeln. Diese Form des Lernens ermöglicht es Individuen, in komplexen Situationen informierte Entscheidungen zu treffen und Wissen kreativ anzuwenden.

Lernen durch Übung

Lernen durch Übung ist ein Lernprozess, bei dem Fähigkeiten und Kenntnisse durch wiederholtes Ausführen und Praktizieren erlernt und gefestigt werden. Diese Methode basiert auf dem Prinzip, dass häufiges Üben zu einer Verbesserung der Leistung und einem besseren Verständnis des Themas führt.

Merkmale des Lernens durch Übung:

- **Wiederholung**: Lernen durch Übung erfordert regelmäßige Wiederholungen, um die Informationen oder Fähigkeiten im Gedächtnis zu verankern.

- **Praktische Anwendung**: Durch aktives Handeln und Anwenden des Gelernten wird das Wissen vertieft. Es geht darum, Theorie in die Praxis umzusetzen.

- **Feedback**: Feedback während des Übens ist entscheidend, um Fehler zu erkennen und Anpassungen vorzunehmen, was den Lernprozess verbessert.

- **Steigerung der Fertigkeiten**: Durch kontinuierliches Üben werden Fertigkeiten verfeinert und automatisiert, was zu höherer Effizienz und Genauigkeit führt.

Beispiele:

Musik: Ein Musiker übt regelmäßig ein Instrument, um technische Fähigkeiten zu entwickeln und Stücke sicher zu spielen.

Sport: Athleten trainieren bestimmte Bewegungsabläufe oder Techniken immer wieder, um ihre Leistung zu verbessern.

Sprachen: Das Üben von Vokabeln und Grammatik durch Sprechen und Schreiben hilft, die Sprachkenntnisse zu festigen.

Handwerk: Ein Handwerker verbessert seine Fähigkeiten durch wiederholte Ausführung von Aufgaben, sei es beim Schreinern, Malen oder Nähen.

Bedeutung:

Lernen durch Übung ist besonders wichtig, um Fertigkeiten und Kenntnisse langfristig zu behalten und anzuwenden. Es fördert nicht nur die Kompetenz in einem bestimmten Bereich, sondern trägt auch zur Entwicklung von Disziplin und Ausdauer bei. Diese Methode ist in vielen Bildungssystemen und Trainingsprogrammen ein zentraler Bestandteil, da sie einen effektiven Weg bietet, um Lernen nachhaltig zu gestalten.

Lernen durch Versuch, Irrtum und Erfolg

Lernen durch Versuch, Irrtum und Erfolg ist ein Lernprozess, bei dem Individuen durch das Ausprobieren verschiedener Ansätze und das Erleben von Misserfolgen und Erfolgen neue Fähigkeiten und Kenntnisse erwerben. Diese Methode ist besonders effektiv, wenn es um praktische Fähigkeiten oder Problemlösungen geht.

Merkmale des Lernens durch Versuch, Irrtum und Erfolg:

- **Aktives Experimentieren**: Lernende probieren unterschiedliche Methoden aus, um ein Ziel zu erreichen oder ein Problem zu lösen.

- **Fehler als Lernmöglichkeit**: Misserfolge werden als Teil des Lernprozesses akzeptiert. Fehler bieten wertvolle Erkenntnisse, die helfen, das Vorgehen anzupassen.

- **Selbstgesteuertes Lernen**: Lernende sind aktiv in den Prozess eingebunden und übernehmen Verantwortung für ihr Lernen.

- **Iterativer Prozess**: Der Lernprozess ist zyklisch: Versuche werden unternommen, Ergebnisse analysiert und neue Strategien entwickelt.

Beispiele:

Kochen: Ein Koch probiert verschiedene Zutaten und Kochtechniken aus, um das perfekte Rezept zu entwickeln. Misserfolge wie ein verbranntes Gericht führen zu Anpassungen für das nächste Mal.

Wissenschaftliche Experimente: Forscher testen Hypothesen, erleben Fehlschläge und passen ihre Methoden an, um letztendlich zu validen Ergebnissen zu gelangen.

Spiele und Sport: Spieler experimentieren mit verschiedenen Strategien, um herauszufinden, welche am besten funktioniert. Fehler führen oft zu einem besseren Verständnis der Spielmechanik.

Bedeutung:

Lernen durch Versuch, Irrtum und Erfolg fördert kreative Problemlösungsfähigkeiten und das kritische Denken. Es stärkt die Fähigkeit, in unsicheren Situationen Entscheidungen zu treffen und gibt den Lernenden das Vertrauen, dass sie aus Erfahrungen, sowohl positiven als auch negativen, lernen können. Diese Methode ist besonders wertvoll in dynamischen Umgebungen, wo Anpassungsfähigkeit und Experimentierfreudigkeit gefragt sind.

Lerntypen

Es gibt verschiedene Modelle, die Lerntypen klassifizieren, um zu verstehen, wie Menschen am besten lernen. Hier sind einige der bekanntesten Lerntypen:

Visueller Lerntyp:

Merkmale: Bevorzugt visuelle Hilfsmittel wie Bilder, Diagramme, Grafiken und Videos.

Lernstrategien: Verwendung von Mind Maps, Farbmarkierungen und visuellen Notizen.

Auditiver Lerntyp:

Merkmale: Lernt am besten durch Hören und verbale Kommunikation. Bevorzugt Vorträge, Diskussionen und Hörbücher.

Lernstrategien: Aufnahmen machen, Lerninhalte laut wiederholen oder in Gruppen diskutieren.

Der **haptische Lerntyp**, oft auch als **kinästhetischer Lerntyp** bezeichnet, ist jemand, der am besten durch praktisches Tun und körperliche Interaktion mit seiner Umwelt lernt. Menschen dieses Typs benötigen oft physische Aktivitäten, um Informationen zu verarbeiten und zu verinnerlichen.

Merkmale des haptischen Lerntyps:

Praktisches Lernen: Bevorzugt das Ausprobieren und Experimentieren. Lernerfolge werden durch Handlungen erzielt, nicht nur durch theoretisches Wissen.

Bewegung: Häufiges Bedürfnis nach Bewegung, um sich besser konzentrieren zu können. Haptische Lerner können Schwierigkeiten haben, lange still zu sitzen.

Verwendung aller Sinne: Involviert oft das gesamte Sinnesorgan, indem sie Dinge anfassen, manipulieren und erleben.

Kreativität: Oft kreativ und fantasievoll, wobei sie neue Wege finden, um Probleme zu lösen oder Aufgaben zu erledigen.

Lernstrategien für den haptischen Lerntyp:

Praktische Übungen: Experimentieren, Basteln oder Arbeiten mit Materialien, die das Lernen unterstützen.

Rollenspiele: Situationen nachstellen oder simulieren, um theoretische Konzepte in die Praxis umzusetzen.

Interaktive Lernmittel: Verwendung von Modellen, Simulationen oder Spielen, die aktives Engagement erfordern.

Bewegung einbeziehen: Lernen in Bewegung integrieren, z. B. durch das Gehen während des Lernens oder das Einbeziehen von körperlichen Aktivitäten.

2.0. GRUNDLAGEN DES SOZIALVERHALTENS DES MENSCHEN

Der Betrieb als System

Der **Betrieb als System** ist ein Konzept aus der **Systemtheorie**, das Unternehmen als **offene, komplexe Systeme** betrachtet, die aus verschiedenen miteinander verbundenen und interagierenden **Teilsystemen** bestehen. Diese Teilsysteme beeinflussen sich gegenseitig und arbeiten zusammen, um bestimmte Ziele zu erreichen, wie zum Beispiel die Maximierung von Gewinn, Effizienz oder Kundenzufriedenheit.

Das Modell des Betriebs als System hilft, den **Gesamtzusammenhang** innerhalb eines Unternehmens zu verstehen und zu erkennen, wie verschiedene Prozesse und Faktoren miteinander interagieren. Diese Sichtweise unterstützt Führungskräfte dabei, komplexe Entscheidungsprozesse zu steuern und Veränderungen im Unternehmen besser zu verstehen und zu managen.

1. Grundzüge des Systems im Betrieb

Systemtheorie: Die Systemtheorie, ursprünglich von **Ludwig von Bertalanffy** und anderen Wissenschaftlern entwickelt, geht davon aus, dass Systeme mehr sind als die Summe ihrer Teile. Sie bestehen aus **Elementen** (z.B. Abteilungen, Prozesse, Ressourcen), die miteinander verbunden sind und durch Wechselwirkungen ein gemeinsames Ziel verfolgen.

Offenes System: Ein Unternehmen wird als **offenes System** betrachtet, weil es ständig mit seiner Umgebung (Markt, Wirtschaft, Gesellschaft, Technologie, gesetzliche Rahmenbedingungen usw.) in Austausch steht. Es nimmt **Inputs** (z.B. Rohstoffe, Informationen, Arbeitskraft) auf, verarbeitet diese und gibt **Outputs** (Produkte, Dienstleistungen, Ergebnisse) ab.

Teilsysteme: Ein Unternehmen besteht aus mehreren **Teilsystemen** (z.B. Produktion, Marketing, Personal, Finanzen, Logistik), die miteinander in Wechselwirkung stehen und das Gesamtsystem beeinflussen. Ein Problem oder eine Veränderung in einem Teilsystem kann Auswirkungen auf andere Teilsysteme und das gesamte Unternehmen haben.

2. Wichtige Merkmale eines Betriebssystems

Wechselwirkungen: Jedes Teilsystem beeinflusst andere Teilsysteme. Zum Beispiel kann eine Änderung in der Produktionsplanung Auswirkungen auf die Lagerhaltung oder die Qualitätssicherung haben. Wenn im Personalbereich eine neue Regelung eingeführt wird, kann dies Auswirkungen auf die Mitarbeitermotivation und damit auf die Produktivität in anderen Bereichen haben.

Zielorientierung: Wie jedes System hat auch ein Betrieb ein bestimmtes **Ziel** oder eine Reihe von Zielen (z.B. wirtschaftlicher Erfolg, Kundenzufriedenheit, Innovation). Alle Teilsysteme müssen in einem optimalen Zusammenspiel auf diese Ziele hinarbeiten. Die Zielverwirklichung ist jedoch oft nicht einfach, da Konflikte zwischen Zielen auftreten können, z.B. zwischen Effizienz und Qualität.

Umweltbezug: Ein Betrieb muss in ständiger Wechselwirkung mit seiner **Umwelt** stehen. Diese Umwelt umfasst Faktoren wie den **Markt**, **Wettbewerb**, **Gesetze**, **technologische Entwicklungen** und **soziale Trends**. Änderungen in der Umwelt (z.B. eine neue gesetzliche Vorschrift oder

technologische Innovation) können das gesamte System betreffen und Anpassungen in den Teilsystemen erfordern.

Komplexität und Dynamik: Der Betrieb als System ist **komplex** und **dynamisch**, da er ständig durch interne und externe Veränderungen beeinflusst wird. Die verschiedenen Teilsysteme sind oft miteinander verflochten,
was dazu führt, dass eine Veränderung in einem Bereich eine Kettenreaktion
in anderen Bereichen nach sich ziehen kann.

3. Systemelemente im Betrieb

Input: Alle Ressourcen, die in das System (Unternehmen) eingehen, wie
Rohstoffe, Arbeitskraft, Kapital, Technologien und Informationen. Diese Inputs werden im Betrieb bearbeitet und verarbeitet, um einen Output zu erzeugen.

Prozesse und Transformation: Der **Transformationsprozess** ist der
zentrale Mechanismus des Systems, bei dem Input in Output umgewandelt
wird. In einem Unternehmen umfasst dies die Planung, Produktion, Entwicklung, Vermarktung und den Vertrieb von Produkten und Dienstleistungen.

Output: Die Ergebnisse des Betriebs, die auf dem Markt oder in der Gesellschaft einen Nutzen erzeugen. Der Output kann in Form von **Produkten**,
**Dienstleistungen, Gewinnen, Zufriedenheit von Kunden oder Mit-
arbeitenden** oder anderen **Ergebnissen** vorliegen.

Feedback: Feedback ist eine zentrale Rückmeldung, die hilft, den Transformationsprozess zu steuern und zu korrigieren. Durch Feedback kann das
Unternehmen seine Leistung bewerten und Anpassungen vornehmen, um
effizienter oder effektiver zu werden. Feedback kommt häufig aus der Umwelt (Kundenfeedback, Marktforschung) oder aus den internen Systemen
(Mitarbeiterfeedback, Produktionskennzahlen).

4. Das Unternehmen als offenes System

Ein Betrieb ist nicht isoliert, sondern agiert in einem ständigen **Wechselspiel mit seiner Umwelt**. Dies ist ein wichtiger Aspekt der Systemtheorie. Externe Faktoren wie Marktveränderungen, gesetzliche Vorschriften oder technologische Innovationen haben direkten Einfluss auf die Funktionsweise des Unternehmens.

Inputs aus der Umwelt: Das Unternehmen nimmt **Inputs** aus der Umwelt auf, z.B. Rohstoffe, Kapital, technologische Innovationen, Arbeitskraft oder gesetzliche Rahmenbedingungen. Diese Ressourcen werden im Unternehmen weiterverarbeitet.

Interne Prozesse: Die internen **Prozesse** im Unternehmen (z.B. Produktion, Marketing, Personalmanagement) dienen dazu, die externen Inputs in einen **Output** zu transformieren. Dabei spielen Faktoren wie **Effizienz**, **Qualität** und **Innovation** eine entscheidende Rolle.

Outputs an die Umwelt: Das Unternehmen gibt seine **Outputs** in Form von Produkten, Dienstleistungen oder auch **Finanzressourcen** an die Umwelt ab (z.B. an Kunden, Lieferanten, Aktionäre).

Feedback aus der Umwelt: Feedback von Kunden, Partnern, der Gesellschaft und anderen externen Akteuren ist für das Unternehmen wichtig, um sich kontinuierlich anzupassen und seine Prozesse zu optimieren. Ein Unternehmen muss in der Lage sein, auf Veränderungen in der Umwelt zu reagieren, z.B. durch Produktanpassungen oder Innovationen.

5. Systemische Herausforderungen für die Führung

Führungskräfte in einem Unternehmen müssen das Unternehmen als **komplexes System** verstehen und in der Lage sein, mit den vielfältigen Wechselwirkungen und Dynamiken umzugehen:

Koordination der Teilsysteme: Führungskräfte müssen sicherstellen, dass die verschiedenen Teilsysteme des Unternehmens (z.B. Produktion, Personal, Finanzen) miteinander harmonieren und effektiv zusammenarbeiten. Dies erfordert eine gute **Kommunikation** und eine klare **Zielverwirklichung**.

Anpassung an die Umwelt: Da das Unternehmen ständig in Wechselwirkung mit seiner Umwelt steht, müssen Führungskräfte Veränderungen in der externen Umgebung (Markt, Technologie, Gesellschaft) beobachten und das Unternehmen flexibel anpassen können.

Komplexitätsmanagement: Da Unternehmen komplexe Systeme sind, müssen Führungskräfte lernen, mit **Komplexität** und **Ungewissheit** umzugehen. Dies kann durch den Einsatz von **Managementmodellen, strategischen Planungen** und durch eine flexible **Entscheidungsfindung** erfolgen.

6. Schlussfolgerung:

Der Betrieb als System ist eine nützliche Perspektive, um Unternehmen als dynamische, komplexe Einheiten zu verstehen, die ständig mit ihrer Umwelt in Wechselwirkung stehen und aus verschiedenen miteinander verknüpften Teilsystemen bestehen. Ein systemischer Ansatz hilft Führungskräften, die Komplexität von Unternehmen zu bewältigen, fundierte Entscheidungen zu treffen und flexibel auf Veränderungen in der Umwelt zu reagieren.

Definition Soziale Systeme

Soziale Systeme sind Gruppen oder Strukturen, in denen Menschen miteinander interagieren, kommunizieren und aufeinander wirken, um gemeinsame Ziele zu erreichen oder bestimmte Bedürfnisse zu befriedigen. Diese Systeme sind durch soziale Beziehungen, Normen, Rollen und Werte miteinander verknüpft und beeinflussen sich gegenseitig. Soziale Systeme können sowohl in kleinen Gruppen (wie Familien oder Teams) als auch in größeren, komplexeren Einheiten (wie Organisationen, Gesellschaften oder Staaten) existieren.

Merkmale sozialer Systeme:

1. **Interdependenz:** Die Mitglieder eines sozialen Systems sind voneinander abhängig und beeinflussen sich gegenseitig. Veränderungen oder Handlungen eines Individuums können Auswirkungen auf das gesamte System haben.

2. **Kommunikation:** Kommunikation ist ein zentraler Bestandteil sozialer Systeme. Sie ermöglicht den Austausch von Informationen und die Koordination von Handlungen innerhalb des Systems.

3. **Rollen und Normen:** In sozialen Systemen gibt es oft klar definierte **Rollen** (z.B. Führungskraft, Mitarbeiter, Eltern) und **Normen** (z.B. Verhaltensregeln, ethische Standards), die das Verhalten der Mitglieder leiten.

4. **Zielorientierung:** Soziale Systeme sind in der Regel darauf ausgerichtet, bestimmte **Ziele** zu erreichen, sei es das Wohl der Mitglieder (z.B. Familie, Gemeinschaft) oder äußere Ziele (z.B. wirtschaftlicher Erfolg einer Organisation).

5. **Dynamik:** Soziale Systeme sind dynamisch, das bedeutet, sie verändern sich im Laufe der Zeit durch interne Prozesse (z.B. Veränderungen in den Beziehungen zwischen den Mitgliedern) und externe Einflüsse (z.B. gesellschaftliche Veränderungen).

6. **Feedback-Schleifen:** Soziale Systeme sind durch **Feedback**-Mechanismen geprägt, bei denen Informationen über den Zustand des Systems oder

das Verhalten von Individuen an das System zurückfließen. Dies ermöglicht Anpassungen und Veränderungen.

7. **Offenheit:** Soziale Systeme sind in der Regel **offen**, was bedeutet, dass sie kontinuierlich Informationen und Ressourcen mit ihrer Umwelt austauschen (z.B. Unternehmen mit Kunden und Lieferanten, Gesellschaften mit der Weltpolitik).

Beispiele für soziale Systeme:

- **Familie:** Eine der grundlegendsten Formen sozialer Systeme, in der Mitglieder durch enge, meist emotionale und rechtliche Bindungen miteinander verbunden sind. Das familiäre System verfolgt Ziele wie Wohlstand, Fürsorge und emotionale Unterstützung.

- **Unternehmen/Organisation:** Eine wirtschaftliche oder soziale Institution, die durch Arbeitsbeziehungen, Hierarchien und gemeinsame Ziele wie die Erwirtschaftung von Gewinn oder das Erreichen von gesellschaftlichen Zielen gekennzeichnet ist.

- **Gesellschaft:** Eine große Gemeinschaft, die durch kulturelle, wirtschaftliche, politische und soziale Strukturen miteinander verbunden ist. Sie umfasst die gesamte Bevölkerung eines Landes oder einer Region und ist ein sehr komplexes, dynamisches soziales System.

- **Team oder Arbeitsgruppe:** Ein kleineres soziales System innerhalb einer Organisation, das zusammenarbeitet, um spezifische Aufgaben zu erfüllen. Hier spielt die Kommunikation und die Koordination von Handlungen eine zentrale Rolle.

Theoretische Perspektiven auf soziale Systeme:

1. **Systemtheorie (Luhmann):** Der Soziologe **Niklas Luhmann** betrachtete soziale Systeme als **autopoietische Systeme**, die sich selbst organisieren und reproduzieren. Das bedeutet, dass soziale Systeme ihre Strukturen und Prozesse durch Kommunikation aufrechterhalten und stabilisieren, wobei sie sich selbst an externe Veränderungen anpassen.

2. **Funktionalismus:** Soziale Systeme werden als eine Art **organische Einheit** betrachtet, in der jedes Element (z.B. Institutionen, Normen, Werte) eine bestimmte Funktion erfüllt, um das System stabil und funktional zu halten. Diese Theorie betont, dass soziale Ordnung und Stabilität durch die Interaktionen der Teile eines Systems aufrechterhalten werden.

3. **Konstruktivismus:** Aus dieser Perspektive werden soziale Systeme als **konstruiert** betrachtet, basierend auf den **Individuen**, die sie bilden. Sie betonen die Bedeutung der Wahrnehmung und Interpretation von sozialen Beziehungen und Normen, wobei soziale Systeme als Produkte menschlicher Interaktionen verstanden werden.

4. **Interaktionistische Perspektive:** Diese Theorie konzentriert sich auf die Mikroebene sozialer Systeme, insbesondere auf die **interaktiven** Prozesse zwischen Individuen. Sie betont, wie Menschen durch Kommunikation und symbolische Interaktion soziale Realitäten schaffen und aufrechterhalten.

Fazit:

Soziale Systeme sind komplexe, dynamische Gebilde, die durch die Interaktionen ihrer Mitglieder und die Normen und Werte, die sie prägen, charakterisiert sind. Sie können als **offene Systeme** betrachtet werden, die mit ihrer Umwelt in ständiger Wechselwirkung stehen und sich kontinuierlich an Veränderungen anpassen. Die theoretischen Perspektiven auf soziale Systeme helfen, diese Interaktionen und Strukturen zu analysieren und zu verstehen, und bieten nützliche Ansätze zur Erklärung von sozialen Phänomenen in verschiedenen Kontexten, von kleinen Gruppen bis hin zu großen Gesellschaften.

Definition Technische Systeme

Technische Systeme sind durch den Einsatz von **Technologie** organisierte, funktionale Einheiten, die aus **technischen Komponenten** und **Interaktionen** bestehen, um bestimmte Aufgaben oder Prozesse zu erfüllen. Sie sind meist so konstruiert, dass sie eine spezifische Funktion effizient und zuverlässig ausführen. Technische Systeme beinhalten Maschinen, Geräte, Anlagen, Software oder Netzwerke, die als eine zusammenhängende Einheit arbeiten, um ein bestimmtes Ziel zu erreichen.

Merkmale von technischen Systemen

1. **Zielgerichtetheit:** Ein technisches System verfolgt immer ein bestimmtes **Ziel** oder eine Funktion, wie zum Beispiel die **Herstellung eines Produkts**, die **Bereitstellung einer Dienstleistung** oder die **Steuerung eines Prozesses**.

2. **Komponenten und Strukturen:** Technische Systeme bestehen aus einer Vielzahl von **Komponenten**, die miteinander in Verbindung stehen und miteinander **interagieren**. Diese Komponenten können mechanische, elektrische, elektronische, chemische oder softwarebasierte Teile sein.

Beispiel: In einem Automobil sind Motor, Getriebe, Elektronik und Karosserie Komponenten eines technischen Systems, die gemeinsam das Ziel „Fahren" ermöglichen.

3. **Interaktion und Integration:** Die einzelnen Komponenten eines technischen Systems müssen in einer **koordinierten Weise zusammenarbeiten**, um die Funktion des Gesamtsystems zu gewährleisten. Diese Interaktionen können mechanisch, elektrisch, elektronisch oder auch durch Softwaresteuerung erfolgen.

4. **Prozess- und Funktionsorientierung:** Ein technisches System ist darauf ausgelegt, **Prozesse** zu steuern, zu optimieren und zu automatisieren. Dazu werden **Inputs** verarbeitet, um **Outputs** zu erzeugen.

   Beispiel: In einem Produktionssystem (eine Fertigungsstraße) sind Rohmaterialien (Inputs), Maschinen, die die Materialien bearbeiten, und das Endprodukt (Output) Komponenten des Systems.

5. **Wiederholbarkeit und Zuverlässigkeit:** Technische Systeme sind oft darauf ausgelegt, bestimmte **Prozesse oder Aufgaben in wiederholbarem** und **verlässlichem** Muster durchzuführen. Sie sollten konstant und zuverlässig arbeiten, ohne dass manuelle Eingriffe erforderlich sind (z.B. Industrieroboter in der Automobilproduktion).

6. **Dynamik:** Technische Systeme sind häufig **dynamisch**, was bedeutet, dass sie **sich an veränderte Bedingungen anpassen** oder auf externe Einflüsse reagieren müssen, um ihre Funktion zu erfüllen (z.B. Regelsysteme in der Automatisierungstechnik).

7. **Steuerung und Regelung:** Viele technische Systeme beinhalten **Steuerungs-** und **Regelmechanismen**, die dafür sorgen, dass das System unter

bestimmten Bedingungen konstant und fehlerfrei arbeitet. Diese Mechanismen können durch Software oder Hardware implementiert werden.

Beispiele für technische Systeme:

1. **Fahrzeuge:** Autos, Flugzeuge, Züge und Schiffe sind klassische technische Systeme, bei denen mechanische, elektrische, elektronische und softwarebasierte Komponenten miteinander arbeiten, um Transportfunktionen zu erfüllen.

   Beispiel: Ein Auto ist ein technisches System, dessen Komponenten wie Motor, Steuerungseinheit, Räder, Bremsen und elektrische Systeme miteinander interagieren, um das Auto zu bewegen und zu steuern.

2. **Industrielle Maschinen und Anlagen:** Maschinen, Produktionslinien und Fertigungsanlagen in der Industrie sind technische Systeme, die Rohmaterialien in fertige Produkte umwandeln. Sie bestehen aus mechanischen und elektrischen Komponenten, die durch Software gesteuert werden.

   Beispiel: Eine automatisierte Fertigungsstraße, bei der Roboterarme, Förderbänder, Maschinen zur Bearbeitung von Materialien und computergestützte Steuerungen zusammenarbeiten.

3. **Rechen- und Kommunikationssysteme:** Computer, Server, Netzwerke und Kommunikationsinfrastrukturen bilden technische Systeme, die Daten verarbeiten, speichern und übertragen.

   Beispiel: Ein Computernetzwerk, das aus Servern, Routern, Computern und Software besteht, um Informationen effizient zu speichern, verarbeiten und zu verbreiten.

4. **Energieversorgungssysteme:** Systeme zur Energieerzeugung, -verteilung und -nutzung, wie Stromnetze, Heizungsanlagen oder Windkraftanlagen, sind technische Systeme, die Energiequellen nutzen, um Energie zu erzeugen und zu verteilen.

> **Beispiel:** Ein Stromnetz, das aus Generatoren, Leitungen, Transformatoren und Schaltstationen besteht, um elektrische Energie zu erzeugen und an Haushalte oder Unternehmen zu liefern.

5. **Haushaltsgeräte:** Geräte wie Waschmaschinen, Kühlschränke oder Mikrowellen sind technische Systeme, die aus verschiedenen Komponenten bestehen, die miteinander interagieren, um spezifische Haushaltsfunktionen zu erfüllen.

> **Beispiel:** Eine Waschmaschine, die aus Mechanik (Pumpe, Trommel), Elektronik (Steuerungseinheit) und Software (Programmauswahl) besteht.

6. **Medizinische Geräte:** Geräte zur Diagnose, Überwachung oder Behandlung von Patienten, wie MRI-Scanner oder Beatmungsgeräte, sind hochkomplexe technische Systeme, die medizinische Prozesse steuern.

> **Beispiel:** Ein MRT (Magnetresonanztomograph) ist ein technisches System, das aus einem Magnetfeld, einer Steuerungseinheit, Bildverarbeitungssoftware und verschiedenen Sensoren besteht.

Abgrenzung zu anderen Systemarten:

- **Soziale Systeme vs. Technische Systeme:** Während soziale Systeme auf zwischenmenschlichen Interaktionen und sozialen Normen beruhen, basieren technische Systeme auf materiellen, mechanischen und/oder digitalen Komponenten, die physikalische Prozesse steuern und die Funktion des Systems sicherstellen.

- **Organisationssysteme vs. Technische Systeme:** Organisationssysteme beziehen sich auf die Struktur und das Management von Organisationen, während technische Systeme eher die technischen, mechanischen und elektronischen Aspekte eines Systems betreffen.

Theoretische Perspektiven auf technische Systeme:

1. **Kybernetik:** In der Kybernetik (der Wissenschaft von der Steuerung und Kommunikation in Maschinen und lebenden Organismen) wird ein technisches System als **regulierendes System** betrachtet, das durch Feedbackmechanismen seine Funktion optimiert und anpasst.

2. **Systemtheorie:** Technische Systeme sind häufig als **komplexe, offene Systeme** zu betrachten, die Inputs aus ihrer Umgebung aufnehmen, diese verarbeiten und bestimmte Outputs erzeugen. Die Systemtheorie hilft dabei, die **Interaktionen** der Systemkomponenten zu verstehen und zu optimieren.

3. **Technikfolgenabschätzung:** Diese Perspektive analysiert die **gesellschaftlichen** und **ökologischen Auswirkungen** technischer Systeme. Hierbei wird untersucht, wie die Entwicklung und der Einsatz von Technologie nicht nur die Technik selbst, sondern auch die Umwelt, die Gesellschaft und die Wirtschaft beeinflusst.

Fazit:

Technische Systeme sind komplexe Einheiten, die aus verschiedenen Komponenten bestehen, die so miteinander interagieren, dass ein bestimmtes Ziel oder eine Funktion effizient erreicht wird. Sie können in vielen Bereichen eingesetzt werden, von der Produktion über die Energieversorgung bis hin zur Kommunikation und Medizin. Das Verständnis technischer Systeme ist für die Entwicklung, den Betrieb und die Optimierung von Technologien in der modernen Welt von zentraler Bedeutung.

Definition Soziotechnische Systeme

Soziotechnische Systeme sind Systeme, die sowohl **soziale** als auch **technische** Elemente umfassen und deren Zusammenspiel für das Erreichen von Zielen oder die Lösung von Aufgaben erforderlich ist. Der Begriff wurde ursprünglich in den 1950er Jahren von den Sozialwissenschaftlern **Eric Trist** und **Ken Bamforth** im Kontext von Arbeitsprozessen entwickelt, um zu verdeutlichen, dass die Gestaltung und Optimierung von Arbeitsplätzen und Organisationen sowohl die sozialen als auch die technischen Aspekte berücksichtigen muss.

In einem soziotechnischen System arbeiten Menschen (soziale Komponenten) mit Maschinen, Technologien oder technischen Systemen (technische Komponenten) zusammen, um eine bestimmte Funktion oder Aufgabe zu erfüllen. Ein solches System funktioniert nur dann effektiv, wenn sowohl die **technischen** als auch die **sozialen** Aspekte in einem harmonischen Zusammenspiel organisiert und aufeinander abgestimmt sind.

Merkmale von soziotechnischen Systemen

1. **Wechselseitige Abhängigkeit:**

   In einem soziotechnischen System sind soziale und technische Komponenten miteinander verknüpft und beeinflussen sich gegenseitig. Die Leistung eines soziotechnischen Systems hängt davon ab, wie gut die Interaktion zwischen den sozialen und technischen Aspekten funktioniert.

Beispiel: In einem Produktionssystem ist der Mensch (sozialer Aspekt) auf die Maschinen (technischer Aspekt) angewiesen, und gleichzeitig müssen Maschinen so gestaltet sein, dass sie für den Menschen einfach zu bedienen und sicher sind.

2. **Ganzheitliche Betrachtung:**

   Ein soziotechnisches System wird als ein **ganzheitliches System** betrachtet, in dem sowohl die technischen als auch die sozialen Dimensionen in die Planung und Gestaltung von Prozessen und Strukturen einbezogen werden. Eine einseitige Optimierung – etwa nur der technischen oder nur der sozialen Seite – kann das System insgesamt ineffizient oder suboptimal machen.

   Beispiel: Die Einführung eines neuen Software-Tools in einer Organisation erfordert nicht nur technologische Anpassungen (wie die Entwicklung der Software), sondern auch die Schulung und Motivation der Mitarbeiter, damit das Tool effektiv genutzt werden kann.

3. **Gemeinsame Zielverwirklichung:**

   Die technischen und sozialen Komponenten eines soziotechnischen Systems arbeiten zusammen, um ein gemeinsames Ziel zu erreichen. Das kann z.B. die Verbesserung der Produktivität, der Innovationsfähigkeit oder der Qualität eines Produkts sein.

4. **Flexibilität und Anpassungsfähigkeit:**

   Soziotechnische Systeme müssen in der Lage sein, sich an sich verändernde Umstände und Anforderungen anzupassen. Sowohl technische Systeme als auch die sozialen Strukturen (wie Organisation, Kommunikation und Führung) müssen flexibel sein, um auf neue Herausforderungen oder Änderungen zu reagieren.

> **Beispiel**: In der **agilen Softwareentwicklung** sind sowohl die Softwareteams (soziale Komponenten) als auch die verwendeten Tools und Technologien (technische Komponenten) flexibel und werden regelmäßig an neue Bedürfnisse und Veränderungen im Markt angepasst.

5. **Interaktion und Kommunikation:**

Die **Kommunikation** zwischen den Menschen (soziale Komponenten) und die Interaktion zwischen Menschen und Maschinen (technische Komponenten) spielen eine Schlüsselrolle in der Effizienz und Effektivität des Systems.

> **Beispiel**: In einem Produktionsunternehmen müssen Maschinen gut gewartet und synchronisiert werden, gleichzeitig müssen die Mitarbeiter durch regelmäßige Kommunikation über Produktionsziele, Maschinenstatus und mögliche Probleme informiert sein.

Beispiele für soziotechnische Systeme

1. **Fertigungs- und Produktionssysteme:**

In der Fertigung interagieren Menschen mit Maschinen, Werkzeugen und Software. Die Gestaltung der Arbeit (z.B. Teamarbeit, Schulungen) und die Auswahl der richtigen Maschinen und Technologien (z.B. Robotik, Fertigungssoftware) müssen zusammenarbeiten, um eine effiziente Produktion zu gewährleisten.

> **Beispiel**: Eine Fertigungsstraße in einem Automobilwerk ist ein soziotechnisches System, in dem Arbeiter mit Maschinen und

Roboterarmen zusammenarbeiten, um Autos in hoher Qualität und effizient zu produzieren.

2. **Gesundheitswesen:**

   Im Gesundheitswesen arbeiten Ärzte, Pflegepersonal, Verwaltung und Patienten mit verschiedenen **technischen Systemen** wie medizinischen Geräten (z.B. MRTs, Beatmungsgeräte) oder Software zur Patientenakte zusammen. Hier müssen sowohl die technischen Möglichkeiten als auch die **soziale Interaktion** zwischen den verschiedenen Akteuren optimal gestaltet sein, um bestmögliche Gesundheitsversorgung zu garantieren.

3. **Informations- und Kommunikationssysteme (IKT):**

   In Unternehmen werden Computersysteme, Netzwerke und Kommunikationskanäle (technische Komponenten) durch Mitarbeiter genutzt (soziale Komponenten). Diese Systeme müssen so gestaltet sein, dass sie sowohl die **Technologie** als auch die **Benutzerfreundlichkeit** für die Mitarbeiter berücksichtigen.

   > **Beispiel**: Die Einführung eines neuen ERP-Systems (Enterprise Resource Planning) erfordert sowohl eine geeignete technische Infrastruktur als auch die Schulung und Motivation der Mitarbeiter, das System effektiv zu nutzen.

4. **Arbeitsorganisationen und Managementsysteme:**

   In modernen Unternehmen interagieren die **technischen Systeme** (z.B. IT-Infrastrukturen, Produktionsmaschinen) mit den **sozialen Systemen** (z.B. Teams, Führungskräften, Arbeitsprozessen). Beide Ebenen müssen miteinander koordiniert werden, um optimale Arbeitsergebnisse zu erzielen.

Beispiel: Ein Projektmanagement-System, das sowohl Software-Tools zur Aufgabenverwaltung als auch eine effiziente Teamarbeit (soziale Struktur) für die Projektumsetzung integriert.

Prinzipien der Gestaltung soziotechnischer Systeme

1. **Gemeinsame Gestaltung von Technik und Organisation:**
   Die Gestaltung des technischen Systems (z.B. Maschinen, Software) und des sozialen Systems (z.B. Arbeitsorganisation, Kommunikation) sollte parallel erfolgen. Beide Aspekte sollten aufeinander abgestimmt und in der Planung berücksichtigt werden.

2. **Beteiligung der Mitarbeiter:**
   Die **Einbeziehung** der Mitarbeiter in die Gestaltung von soziotechnischen Systemen ist entscheidend. Mitarbeiter können wertvolle Beiträge leisten, sowohl aus technischer Sicht (z.B. bei der Gestaltung von Arbeitsabläufen) als auch aus sozialer Sicht (z.B. bei der Gestaltung von Kommunikation und Teamarbeit).

3. **Autonomie und Kontrolle:**
   Soziotechnische Systeme sollten den **Mitarbeitern ausreichende Autonomie** ermöglichen, damit sie Entscheidungen treffen können, ohne dass ständig in die Details eingegriffen werden muss. Gleichzeitig müssen technische Systeme so gestaltet werden, dass sie die Effizienz steigern, ohne die Kontrolle über den Arbeitsprozess zu verlieren.

4. **Kontinuierliche Anpassung:**
   Soziotechnische Systeme erfordern **flexible Anpassungen** im Verlauf der Zeit, um mit Veränderungen in der Technologie, den Marktanforderungen und den Bedürfnissen der Mitarbeiter Schritt zu halten. Daher sollten

regelmäßige Feedbackprozesse und Anpassungen in die Systemgestaltung integriert werden.

Fazit:

Soziotechnische Systeme bieten eine integrative Perspektive, um Arbeitsprozesse und Organisationen zu gestalten, die sowohl technologische Innovationen als auch menschliche Faktoren berücksichtigen. Die **Wechselwirkungen zwischen sozialen und technischen Komponenten** sind entscheidend für den Erfolg eines Systems. Ein gut gestaltetes soziotechnisches System kann nicht nur die **Effizienz und Produktivität** steigern, sondern auch die **Zufriedenheit** und **Motivation** der Mitarbeiter fördern und so zu einem nachhaltigen Erfolg führen.

2.1. MENGEN- UND ARTTEILUNG

Was ist der Unterschied zwischen Mengen- und Artteilung?

Der Unterschied zwischen **Mengen-** und **Artteilung** liegt im Ansatz, wie Arbeit oder Ressourcen in einem Produktionsprozess aufgeteilt werden. Beide Konzepte beschreiben Formen der Arbeitsteilung, aber sie konzentrieren sich auf unterschiedliche Aspekte der Aufteilung.

1. Mengeteilung:

Die **Mengeteilung** bezieht sich auf die **Aufteilung einer Gesamtmenge** (meist einer Aufgabe oder eines Arbeitsvolumens) in kleinere, gleichartige Teile. Hier geht es darum, eine große Menge an Arbeit oder Produktionseinheiten auf verschiedene Personen oder Maschinen zu verteilen, um die Effizienz und Geschwindigkeit zu steigern. Die Aufgaben, die aufgeteilt werden, bleiben dabei **gleichartig** und erfordern keine unterschiedlichen Fähigkeiten oder Spezialisierungen.

- **Beispiel**: In einer Fertigungsstraße werden 1000 gleiche Teile produziert. Diese 1000 Teile werden gleichmäßig auf verschiedene Maschinen oder Arbeiter verteilt, sodass jeder eine gleiche Menge an Aufgaben erledigt, ohne dass sich die Art der Aufgabe unterscheidet. Hier wird die Gesamtmenge aufgeteilt, ohne dass sich die Art der Arbeit verändert.

- **Merkmale der Mengeteilung**:
  - Aufteilung der Gesamtmenge von Aufgaben oder Ressourcen.
  - Aufgaben bleiben gleichartig und erfordern keine Spezialisierung.
  - Häufig verwendet, um große Mengen an Produkten oder Aufgaben effizient zu bearbeiten.

2. Artteilung:

Die **Artteilung** bezieht sich auf die **Aufteilung einer Aufgabe in verschiedene Arten von Tätigkeiten**. Hierbei wird die Arbeit nach unterschiedlichen **Arten** oder **Arbeitsschritten** unterteilt, die jeweils unterschiedliche Fähigkeiten oder Kenntnisse erfordern. Bei der Artteilung geht es also um eine **spezialisierte Aufteilung** der Arbeit, bei der jede einzelne Person oder Gruppe nur einen bestimmten Teil des gesamten Arbeitsprozesses übernimmt, basierend auf unterschiedlichen Arbeitsarten oder Fachgebieten.

Beispiel: In einer Autoherstellung wird die Arbeit in verschiedene spezialisierte Aufgaben unterteilt, wie z. B. Karosseriebau, Motorenmontage und Elektronikinstallation. Jede dieser Aufgaben erfordert unterschiedliche Fachkenntnisse und Fähigkeiten. Jeder Arbeiter oder jede Gruppe übernimmt einen spezifischen Teilprozess, der sich in der Art der Arbeit unterscheidet.

Merkmale der Artteilung:

- o Aufteilung nach verschiedenen **Arten** oder **Arbeitsschritten**.
- o Jede Aufgabe erfordert unterschiedliche **Fähigkeiten** oder **Kenntnisse**.
- o Häufig verwendet, um komplexe Aufgaben oder Prozesse zu optimieren, indem die Arbeit spezifiziert und spezialisiert wird.

Fazit:

- **Mengeteilung** dient der **Verteilung einer Menge** an ähnlichen Aufgaben, um die Arbeit zu beschleunigen und die Effizienz zu steigern.

- **Artteilung** dagegen bezieht sich auf die **spezialisierte Aufteilung** von Aufgaben, wobei jede Aufgabe oder jeder Arbeitsschritt unterschiedliche Fertigkeiten oder Technologien erfordert.

Beide Formen der Arbeitsteilung haben ihren Platz in der Organisation von Arbeitsprozessen und Produktionsabläufen, je nach den spezifischen Anforderungen und Zielen des Unternehmens.

Voraussetzungen für Motivation und Zufriedenheit in der Arbeitswelt sind vielfältig und hängen sowohl von den individuellen Bedürfnissen der Mitarbeiter als auch von den strukturellen und organisatorischen Rahmenbedingungen im Unternehmen ab. Motivation und Zufriedenheit sind eng miteinander verknüpft, aber nicht dasselbe – **Motivation** ist der Antrieb, eine bestimmte Aufgabe zu erfüllen, während **Zufriedenheit** das Gefühl ist, dass die Arbeit und das Arbeitsumfeld den eigenen Erwartungen und Bedürfnissen entsprechen.

Hier sind die wichtigsten **Voraussetzungen für Motivation und Zufriedenheit**:

1. Gerechte und angemessene Entlohnung

Finanzielle Anerkennung ist eine der grundlegenden Voraussetzungen für die Motivation von Mitarbeitenden. Ein faires Gehalt, das den Fähigkeiten, der Erfahrung und der Arbeitsleistung entspricht, ist entscheidend, um das Engagement und die Zufriedenheit der Mitarbeiter zu fördern.

Eine **leistungsabhängige Vergütung** kann zusätzliche Motivation bieten, da Mitarbeiter sehen, dass sie für ihre Leistung belohnt werden.

2. Anerkennung und Wertschätzung

Wertschätzung ist eine der zentralen Säulen der **Zufriedenheit**. Mitarbeiter möchten sich als Teil des Unternehmens fühlen und sehen, dass ihre Arbeit geschätzt wird.

Lob und Anerkennung für gute Leistungen, auch in kleinen Dingen, steigern das Selbstwertgefühl und motivieren zu höherer Leistung.

Konstruktives Feedback trägt dazu bei, die Motivation langfristig zu erhalten und gibt den Mitarbeitenden eine Orientierung für ihre Weiterentwicklung.

3. Arbeitsplatzsicherheit

Sicherer Arbeitsplatz und **perspektivische Stabilität** sind eine wichtige Grundlage für die Zufriedenheit. Mitarbeiter, die sich keine Sorgen um ihre Zukunft im Unternehmen machen müssen, können sich voll auf ihre Arbeit konzentrieren und sind oft motivierter.

Unsicherheiten bezüglich des Arbeitsplatzes oder ständige Veränderungen im Unternehmen können hingegen zu Stress und Unzufriedenheit führen.

4. Förderung von Entwicklungsmöglichkeiten

Karriere- und Weiterbildungsmöglichkeiten sind ein weiterer Schlüsselfaktor. Mitarbeiter möchten sich weiterentwickeln, neue Fähigkeiten erlernen und aufsteigen können.

Eine Unternehmenskultur, die **Fort- und Weiterbildung** sowie **Karrierewege** fördert, trägt zu einer hohen **Zufriedenheit und Motivation** bei, da die Mitarbeiter das Gefühl haben, dass ihre berufliche Entwicklung im Unternehmen unterstützt wird.

5. Arbeitsumfeld und Arbeitsbedingungen

Ein **angenehmes Arbeitsumfeld** mit **guten Arbeitsbedingungen** (z. B. ergonomische Arbeitsplätze, angenehme Atmosphäre, gute technische Ausstattung) trägt zu einer hohen Zufriedenheit bei. Wenn Mitarbeiter sich in ihrer Umgebung wohlfühlen, steigt ihre Motivation.

Dazu gehört auch eine gute **Teamatmosphäre** und ein respektvoller Umgang miteinander.

6. Beteiligung und Mitbestimmung

Partizipation und Mitsprache bei Entscheidungen, die die Arbeit betreffen, sind entscheidend. Mitarbeiter möchten das Gefühl haben, dass ihre **Meinung zählt** und sie aktiv an der Gestaltung des Arbeitsumfelds beteiligt sind.

Ein **kooperativer Führungsstil**, der offene Kommunikation fördert und die Mitarbeiter in Entscheidungsprozesse einbezieht, steigert die **Zufriedenheit** und die **Motivation**.

7. Autonomie und Verantwortung

Selbstbestimmung und **Verantwortung** sind wesentliche Faktoren für die Motivation. Mitarbeiter, die **Freiraum** für eigene Entscheidungen und Handlungen haben, fühlen sich wertgeschätzt und sind oft motivierter, da sie ihre Aufgaben als sinnvoll und bedeutungsvoll empfinden.

Übermäßige Kontrolle oder Mikromanagement hingegen kann das Gefühl der **Autonomie** und damit die Motivation verringern.

8. Gute Kommunikation

Eine klare und **offene Kommunikation** zwischen Führungskräften und Mitarbeitern ist grundlegend für eine hohe **Zufriedenheit**.

Missverständnisse, fehlende Informationen oder eine unklare Ziel-setzung führen zu Frustration und Demotivation.

Regelmäßige **Teambesprechungen** und Feedbackgespräche för-dern den Austausch und helfen, Probleme frühzeitig zu erkennen.

9. Gesunde Work-Life-Balance

Eine ausgewogene **Work-Life-Balance** ist eine der zentralen Vo-raussetzungen für langfristige **Zufriedenheit** und **Motivation**. Mit-arbeiter müssen genügend Zeit für ihre Familie, Freizeit und Erho-lung haben.

Unternehmen, die flexible Arbeitszeiten, Home-Office-Möglichkeiten und Unterstützung bei der Vereinbarkeit von Beruf und Privatleben anbieten, fördern das Wohlbefinden und die Motivation ihrer Mitar-beiter.

10. Ziele und Herausforderungen

Ziele setzen, die für den Mitarbeiter erreichbar und gleichzeitig her-ausfordernd sind, ist wichtig, um ihn zu motivieren. Unklare oder unrealistische Ziele führen zu Frustration, während klar definierte und erreichbare Ziele zu einer höheren Motivation und Arbeitszufrie-denheit beitragen.

Herausforderungen, die nicht überfordernd sind, sondern die Fä-higkeiten der Mitarbeiter fördern, steigern das **Engagement**.

11. Führung und Führungskultur

Eine **gute Führung** ist ein zentraler Aspekt für Motivation und Zu-friedenheit. Führungskräfte sollten **Vorbild** sein, die Bedürfnisse und Anliegen ihrer Mitarbeiter ernst nehmen und als **Mentoren** fungieren, die die Mitarbeiter unterstützen und fördern.

Ein **partizipativer Führungsstil**, der auf Vertrauen, Respekt und Kommunikation basiert, führt zu höherer **Mitarbeiterbindung** und **Zufriedenheit**.

12. Kulturelle und soziale Aspekte

Ein respektvoller, inklusiver und **fairer Umgang** im Unternehmen fördert die Zufriedenheit und das Teamgefühl. Eine Unternehmenskultur, die Werte wie **Gegenseitige Unterstützung**, **Vertrauen**, **Verlässlichkeit** und **Transparenz** hochhält, trägt zur positiven Atmosphäre bei.

Gegenseitige Unterstützung und eine **gute Zusammenarbeit** im Team fördern das Gefühl der Zusammengehörigkeit und die **Arbeitszufriedenheit**.

Fazit:

Die **Voraussetzungen für Motivation und Zufriedenheit** sind vielschichtig und hängen sowohl von den individuellen Bedürfnissen der Mitarbeiter als auch von den Rahmenbedingungen im Unternehmen ab. Unternehmen, die auf eine **faire Entlohnung**, **Anerkennung**, **gute Arbeitsbedingungen**, **Entwicklungsmöglichkeiten**, und eine **offene Kommunikation** setzen, schaffen eine Umgebung, in der Mitarbeiter gerne arbeiten, sich engagieren und motiviert sind. Führungskräfte spielen dabei eine zentrale Rolle, indem sie durch ihr Verhalten und ihre Führung eine positive Arbeitsatmosphäre fördern.

Warum arbeitet der Mensch?

Die Frage **„Warum arbeitet der Mensch?"** ist tiefgründig und lässt sich aus verschiedenen Perspektiven beantworten – von biologischen und psychologischen bis hin zu sozialen und wirtschaftlichen Aspekten. Im Allgemeinen lässt sich sagen, dass Arbeit für den Menschen eine grundlegende Funktion erfüllt, die sowohl mit **überlebensnotwendigen** als auch mit **emotionalen und gesellschaftlichen** Bedürfnissen verbunden ist. Hier einige zentrale Gründe, warum Menschen arbeiten:

1. Erwerb von Geld (Ökonomischer Grund)

- **Finanzielle Sicherung**: Der primäre und wohl direkteste Grund für die Arbeit ist das **Verdienen von Geld**, um den Lebensunterhalt zu sichern. Arbeit ermöglicht es, die Grundbedürfnisse wie Nahrung, Unterkunft und Kleidung zu befriedigen.

- **Konsum von Gütern und Dienstleistungen**: Geld, das durch Arbeit erworben wird, ermöglicht den Zugang zu **Waren und Dienstleistungen**, die für den Lebensstandard wichtig sind – von der Freizeitgestaltung über Bildung bis zu medizinischer Versorgung.

2. Soziale Anerkennung und Identität

- **Gesellschaftliche Stellung und Anerkennung**: Arbeit hat auch eine **soziale Funktion**. Sie ermöglicht es dem Menschen, in der Gesellschaft **eine Rolle einzunehmen** und von anderen als wertvoll und produktiv angesehen zu werden. Berufliche Identität und Status spielen eine wichtige Rolle im sozialen Leben.

- **Selbstwertgefühl**: Die eigene Arbeit trägt zur **Selbstdefinition** bei. Viele Menschen sehen ihre berufliche Tätigkeit als ein zentrales Element ihrer Identität und ihres Selbstwertes. Erfolg und Leistung in der Arbeit können das **Selbstvertrauen** und das **Selbstwertgefühl** stärken.

3. Sinn und Erfüllung

- **Sinnstiftung**: Viele Menschen arbeiten nicht nur aus ökonomischen Gründen, sondern auch, weil sie durch ihre Arbeit **einen Sinn** finden. Besonders in Berufen, die einen positiven gesellschaftlichen oder menschlichen Beitrag leisten (z. B. im Gesundheitswesen, in der Bildung oder in der Forschung), empfinden Menschen die Arbeit als **berufliche Erfüllung** und als Beitrag zu einer größeren, gemeinsamen Aufgabe.

- **Motivation und persönliche Ziele**: Für viele ist Arbeit ein Weg, **persönliche Ziele** zu erreichen, Fähigkeiten zu entwickeln und **herausfordernde Aufgaben** zu meistern. Sie suchen **Selbstverwirklichung** durch den Erfolg und die Erreichung beruflicher Meilensteine.

4. Gesellschaftlicher Zusammenhalt und Entwicklung

- **Kollektive Arbeit und Zusammenarbeit**: Der Mensch ist ein **soziales Wesen**. Arbeit dient nicht nur der eigenen Person, sondern auch dem **Gesellschaftsaufbau**. Die Menschen arbeiten zusammen, um **die Infrastruktur** einer Gesellschaft aufrechtzuerhalten, Innovationen voranzutreiben und **kollektive Bedürfnisse** zu erfüllen. Das Arbeitsumfeld fördert Teamarbeit und den Austausch von Ideen.

- **Kulturelle und gesellschaftliche Entwicklung**: Arbeit ermöglicht es, durch die **Entwicklung von Ideen, Produkten und Dienstleistungen** einen positiven Einfluss auf die Gesellschaft und die Kultur zu nehmen. Sie treibt Innovation und Fortschritt voran.

5. Psychologische Aspekte und Motivation

- **Struktur und Routine**: Arbeit gibt vielen Menschen Struktur und **Routinen** im Leben. Ein regelmäßiger Arbeitsalltag bietet Orientierung und hilft, den Tag zu organisieren. Ohne Arbeit könnten sich manche Menschen **gelebt fühlen** oder ohne Ziel und Zweck existieren.

- **Psychologische Bedürfnisse**: Arbeit erfüllt psychologische Bedürfnisse wie das Bedürfnis nach **Herausforderung, Verantwortung** und **Wertschätzung**. Viele Menschen suchen in ihrer Arbeit **positives Feedback**, die **Möglichkeit zur Weiterentwicklung** und das Gefühl, dass ihre Leistung anerkannt wird.

6. Existenzsicherung auf einer breiteren Ebene

- **Überlebensinstinkt und langfristige Absicherung**: Abgesehen von den aktuellen Bedürfnissen nach Nahrung und Unterkunft sichert Arbeit langfristig den **Fortbestand des Menschen** und seiner Familie. Sie schafft **Vorsorge** und **Absicherung** für die Zukunft – sei es durch den Erwerb von Wohlstand oder durch die **Bildung von Sozialversicherungsansprüchen** wie Renten und Krankenversicherung.

7. Zugang zu Ressourcen und sozialer Mobilität

- **Zugang zu Ressourcen**: Arbeit ermöglicht den Zugang zu **Wohlstand, Bildung** und **anderen sozialen Ressourcen**, die zur Verbesserung der Lebensqualität beitragen. Sie ist ein Weg, sich aus Armut zu befreien und den sozialen Status zu erhöhen.

- **Soziale Mobilität**: Arbeit und Bildung eröffnen **Chancen für sozialen Aufstieg** und ermöglichen den Wechsel in höhere soziale oder wirtschaftliche Schichten.

Fazit:

Arbeit hat für den Menschen viele Funktionen, die über das reine Verdienen von Geld hinausgehen. Sie ist sowohl eine **praktische Notwendigkeit** zur **Sicherung des Lebensunterhalts** als auch eine Quelle für **soziale Anerkennung, persönliche Erfüllung** und **gesellschaftliche Entwicklung**. Arbeit erfüllt psychologische Bedürfnisse nach **Sinn** und **Selbstverwirklichung** und bietet die Möglichkeit zur **sozialen Mobilität**. Sie ist ein zentrales Element menschlicher Existenz, das sowohl im persönlichen als auch im gesellschaftlichen Kontext von großer Bedeutung ist.

Die Antwort auf die Frage **„Warum arbeitet der Mensch?"** ist also vielschichtig und hängt von den persönlichen Zielen, den gesellschaftlichen Strukturen und den kulturellen Normen ab.

2.3. EINFLUSSFAKTOREN AUF DIE ARBEITSLEISTUNG

Einflussfaktoren auf die Arbeitsleistung

Die **Arbeitsleistung** eines Mitarbeiters wird durch eine Vielzahl von **Einflussfaktoren** bestimmt. Diese Faktoren können sowohl intern (individuell) als auch extern (umgebungs- und organisationsbedingt) sein. Sie wirken sich direkt auf die Effizienz, Produktivität, Qualität und das Engagement eines Mitarbeiters aus. Im Folgenden werden die wichtigsten Einflussfaktoren auf die Arbeitsleistung dargestellt:

1. Motivation

- **Intrinsische Motivation**: Wenn Mitarbeiter durch persönliche Interessen, Herausforderungen und die Möglichkeit zur Selbstverwirklichung angetrieben werden, ist ihre Arbeitsleistung oft höher. Sie sind motivierter, sich mit Aufgaben auseinanderzusetzen und kreative Lösungen zu finden.

- **Extrinsische Motivation**: Belohnungen, Gehalt, Boni und Anerkennung von außen können ebenfalls die Arbeitsleistung beeinflussen. **Leistungsabhängige Entlohnung, Lob** und **Karrierechancen** sind wichtige Faktoren, die die Motivation und damit die Leistung steigern können.

2. Arbeitsbedingungen

- **Physische Arbeitsumgebung**: Gute **Arbeitsbedingungen** wie ergonomische Möbel, ausreichende Beleuchtung, angenehme Raumtemperatur und Ruhe können die **Konzentration** und **Produktivität** erhöhen.

- **Arbeitszeiten**: Flexible **Arbeitszeitmodelle** oder **Home-Office-Möglichkeiten** können die **Work-Life-Balance** verbessern, was zu einer höheren Arbeitszufriedenheit und Leistung führt.

- **Technische Ausstattung**: Der Zugang zu modernen und funktionalen **Arbeitsmitteln** (Computer, Software, Maschinen) ist entscheidend für eine effiziente Ausführung der Arbeit.

3. Führung und Management

- **Führungsstil**: Der **Führungsstil** hat einen direkten Einfluss auf die Arbeitsleistung. Ein kooperativer, unterstützender Führungsstil, der auf Vertrauen und Respekt basiert, führt zu einer besseren

Arbeitsatmosphäre und mehr Engagement. Autoritärer oder mikromanagender Führungsstil kann dagegen die Motivation und Leistung negativ beeinflussen.

- **Zielsetzung und Feedback**: Klare **Ziele** und regelmäßiges, konstruktives **Feedback** steigern die **Fokussierung** und die **Selbstmotivation** der Mitarbeiter. Mitarbeiter wissen, was von ihnen erwartet wird und können ihren Fortschritt messen.

4. Kompetenz und Qualifikation

- **Fachliche Qualifikationen**: Gut ausgebildete und kompetente Mitarbeiter, die über die notwendigen **Kenntnisse** und **Fähigkeiten** verfügen, sind in der Lage, ihre Arbeit schneller und besser zu erledigen. Regelmäßige **Fort- und Weiterbildungen** tragen dazu bei, die **Fachkompetenz** auf dem neuesten Stand zu halten.

- **Methoden- und Sozialkompetenz**: Die Fähigkeit, effizient zu arbeiten und im Team gut zu kommunizieren, trägt ebenfalls zur Verbesserung der Arbeitsleistung bei.

5. Arbeitsbelastung

- **Überlastung**: Zu hohe Arbeitsbelastung, enge Fristen oder zu viele parallele Aufgaben können zu **Stress**, **Burnout** und **Leistungsabfall** führen. Eine **gesunde Arbeitslast** ist wichtig, um die **Produktivität** aufrechtzuerhalten und die Qualität der Arbeit nicht zu gefährden.

- **Unterforderung**: Wenn die Arbeit zu leicht oder monoton ist, können **Unterforderung** und **Langeweile** die Motivation und Arbeitsleistung negativ beeinflussen.

6. Teamdynamik und Zusammenarbeit

- **Kooperation im Team**: Gute **Teamarbeit**, eine offene Kommunikation und das Vertrauen unter Kollegen tragen zu einer höheren **Leistungsbereitschaft** bei. Ein gutes Arbeitsklima und die Förderung von **Zusammenarbeit** sind entscheidend, um Konflikte zu vermeiden und die Produktivität zu steigern.

- **Führung innerhalb des Teams**: Auch innerhalb von Teams ist es wichtig, dass **klar definierte Rollen** und **Verantwortlichkeiten** bestehen. Eine klare **Teamstruktur** hilft, Ziele effizient zu erreichen.

7. Unternehmensstruktur und -kultur

- **Organisatorische Rahmenbedingungen**: Eine klare **Hierarchie**, eine **gute Kommunikation** und transparente **Entscheidungsprozesse** innerhalb des Unternehmens können die Arbeitsleistung der Mitarbeiter positiv beeinflussen.

- **Unternehmenskultur**: Eine Unternehmenskultur, die von **Vertrauen**, **Respekt** und einer **positiven Fehlerkultur** geprägt ist, fördert das Engagement der Mitarbeiter. In einer **offenen und wertschätzenden Atmosphäre** arbeiten Mitarbeiter eher zusammen und sind motivierter.

8. Belohnung und Anerkennung

- **Anerkennung** für gute Leistung (z. B. durch Lob, Boni, Beförderungen oder öffentliche Anerkennung) führt zu einer **positiven Verstärkung** und steigert die **Motivation**.

- **Leistungsanreize** wie **Bonuszahlungen**, **Karriereentwicklungsmöglichkeiten** und **Zusatzleistungen** können ebenfalls die Arbeitsleistung anregen.

9. Emotionale und psychische Gesundheit

- **Psychische Gesundheit**: Ein Mitarbeiter, der sich mental und emotional unterstützt fühlt, ist leistungsfähiger. Psychischer Stress, Angstzustände oder private Belastungen können jedoch die Leistungsfähigkeit stark beeinträchtigen.

- **Betriebliche Gesundheitsförderung**: Programme, die die **psychische** und **physische Gesundheit** der Mitarbeiter unterstützen, tragen dazu bei, die Leistungsfähigkeit und Zufriedenheit zu steigern. Stressbewältigungstrainings oder gesunde Ernährungsmöglichkeiten am Arbeitsplatz sind ein Beispiel dafür.

10. Arbeitsmotivation und -sinn

- **Sinnhaftigkeit der Arbeit**: Wenn Mitarbeiter ihre Arbeit als **sinnvoll** und **bedeutsam** empfinden, steigt ihre **Motivation** und die Arbeitsleistung. Besonders bei Berufen, die einen gesellschaftlichen oder emotionalen Nutzen haben (z. B. Pflegeberufe, Lehrer), ist die **Identifikation mit der Arbeit** entscheidend.

- **Zielklarheit und Verantwortung**: Wenn die **Ziele** der Arbeit klar und transparent sind, haben die Mitarbeiter mehr **Eigenmotivation**, ihre Aufgaben erfolgreich zu erledigen.

11. Externe Faktoren

- **Marktsituation**: Die allgemeine **wirtschaftliche Lage** und die **Wettbewerbssituation** eines Unternehmens können ebenfalls Einfluss auf die Arbeitsleistung haben. In schwierigen Zeiten oder bei Unsicherheiten sind Mitarbeiter möglicherweise weniger motiviert oder konzentriert.

- **Arbeitsrechtliche Rahmenbedingungen**: Arbeitsrechtliche Faktoren wie **Urlaubsansprüche, Kündigungsschutz** oder **Arbeitszeitregelungen** beeinflussen das Wohlbefinden und die langfristige Leistungsfähigkeit von Mitarbeitern.

Fazit:
Die Arbeitsleistung eines Mitarbeiters ist das Ergebnis einer Vielzahl von **internen und externen Faktoren**, die sowohl individuelle Aspekte wie **Motivation** und **Kompetenz** als auch organisatorische und strukturelle Elemente wie **Arbeitsbedingungen** und **Führungskultur** umfassen. Unternehmen können die Arbeitsleistung ihrer Mitarbeiter nachhaltig steigern, indem sie auf diese Einflussfaktoren achten und ein Arbeitsumfeld schaffen, das **Motivation, Zufriedenheit** und **gesundes Arbeiten** fördert.

Arbeitsmotivation durch sozialer Maßnahmen

Arbeitsmotivation durch soziale Maßnahmen bezieht sich auf die Förderung der **Motivation und Zufriedenheit** der Mitarbeiter durch sozial ausgerichtete Maßnahmen und Ansätze, die die **soziale Bindung**, das **Wohlbefinden** und die **soziale Unterstützung** innerhalb eines Unternehmens stärken. Diese Maßnahmen sind oft weniger direkt auf materielle Belohnungen fokussiert, sondern vielmehr auf **zwischenmenschliche Aspekte**, die das Arbeitsumfeld verbessern und die **emotionale Bindung** der Mitarbeiter zum Unternehmen stärken.

Hier sind einige wichtige **soziale Maßnahmen**, die die Arbeitsmotivation fördern können:

1. Förderung der Work-Life-Balance

- **Flexible Arbeitszeiten**: Die Möglichkeit, Arbeitszeiten nach eigenen Bedürfnissen anzupassen, hilft den Mitarbeitern, Beruf und Privatleben besser zu vereinbaren. Dies fördert das Wohlbefinden und verringert Stress.

- **Home-Office-Möglichkeiten**: Die Option, von zu Hause aus zu arbeiten, trägt zur Reduzierung von Pendelzeiten bei und bietet den Mitarbeitern mehr **Freiraum**, was die Zufriedenheit und Motivation steigern kann.

- **Teilzeitarbeit und Sabbaticals**: Flexible Arbeitszeitmodelle, wie die Möglichkeit einer **Teilzeitbeschäftigung** oder **Sabbaticals** (längerer unbezahlter Urlaub), ermöglichen es Mitarbeitern, ihre persönlichen und beruflichen Interessen besser in Einklang zu bringen.

2. Anerkennung und Wertschätzung

- **Lob und Anerkennung**: Regelmäßige **Anerkennung** von Leistungen, sei es durch ein einfaches Lob oder durch **öffentliche Würdigung** von Erfolgen, steigert das **Selbstwertgefühl** der Mitarbeiter und fördert die **Motivation**. Anerkennung kann sowohl informell (z. B. im Teammeeting) als auch formell (z. B. Mitarbeiter des Monats) erfolgen.

- **Feiern von Erfolgen**: Die **Feier von Meilensteinen** (wie erfolgreiche Projektabschlüsse oder Jubiläen) trägt dazu bei, dass Mitarbeiter sich wertgeschätzt fühlen und ihre Erfolge anerkannt werden.

3. Teamförderung und Zusammenarbeit

- **Teambuilding-Maßnahmen**: Regelmäßige **Teambuilding-Aktivitäten** (z. B. Workshops, Ausflüge, gemeinsame Mittagessen oder sportliche Aktivitäten) fördern die Zusammenarbeit und stärken den **Zusammenhalt** innerhalb des Teams. Gute zwischenmenschliche Beziehungen und ein starkes Teamgefühl können die **Leistungsbereitschaft** und **Motivation** steigern.

- **Förderung von Teamarbeit**: Die aktive Förderung von **Teamarbeit** und **kooperativem Arbeiten** hilft, eine offene Kommunikation und gegenseitigen Respekt zu entwickeln. Dies führt zu einem besseren Arbeitsumfeld und erhöht die Arbeitszufriedenheit.

4. Unterstützung bei der persönlichen und beruflichen Entwicklung

- **Weiterbildungsmöglichkeiten**: Die **Förderung von Weiterbildung** und **Karriereentwicklung** durch **Schulungen**, **Seminare** und **Coaching** motiviert die Mitarbeiter, sich weiterzuentwickeln und ihre Fähigkeiten auszubauen. Mitarbeiter, die sehen, dass ihr Unternehmen an ihrer **langfristigen Entwicklung** interessiert ist, fühlen sich eher verbunden und motiviert.

- **Mentoring-Programme**: Ein **Mentoring-Programm**, bei dem erfahrene Kollegen ihre weniger erfahrenen Kollegen unterstützen und begleiten, fördert nicht nur den Wissensaustausch, sondern auch das Gefühl der Zugehörigkeit und des Engagements.

5. Einbindung und Partizipation

- **Mitarbeiterbeteiligung**: Die **Beteiligung der Mitarbeiter** an Entscheidungen, die ihre Arbeit betreffen, fördert das **Mitspracherecht** und steigert das Gefühl der **Verantwortung** und

Wertschätzung. Dies kann in Form von regelmäßigen **Feedback-gesprächen**, **Mitarbeiterbefragungen** oder der **Einbeziehung** in Projektentscheidungen erfolgen.

- **Förderung von Eigenverantwortung**: Wenn Mitarbeiter die Möglichkeit haben, selbstständig Entscheidungen zu treffen, fühlen sie sich stärker mit ihrer Arbeit verbunden und entwickeln eine höhere Motivation und Leistung.

6. Gesundheitsförderung

- **Betriebliches Gesundheitsmanagement**: Programme zur **Gesundheitsförderung**, wie **Fitnessangebote, Ergonomie am Arbeitsplatz, Stressbewältigungsseminare** oder **gesunde Ernährung**, tragen dazu bei, das Wohlbefinden der Mitarbeiter zu steigern und gesundheitliche Belastungen zu verringern. Gesunde und zufriedene Mitarbeiter sind oft auch produktiver und motivierter.

- **Psychologische Unterstützung**: Unternehmen, die ihren Mitarbeitern **psychologische Unterstützung** (z. B. durch betriebliche Sozialberatung oder psychologische Angebote) bieten, tragen dazu bei, das emotionale Wohlbefinden zu fördern und Belastungen zu verringern.

7. Förderung von Vertrauen und Transparenz

- **Offene Kommunikation**: Eine Unternehmenskultur, die auf **Vertrauen, Offenheit** und **Transparenz** setzt, motiviert Mitarbeiter, sich aktiv in den Arbeitsprozess einzubringen. Wenn sie wissen, dass ihre Meinung zählt und sie regelmäßig über wichtige Entscheidungen informiert werden, fühlen sie sich sicherer und engagierter.

- **Ehrlichkeit und Fairness**: **Ehrliche Kommunikation** und **faire** Behandlung aller Mitarbeiter fördern ein positives Arbeitsumfeld und stärken das **Vertrauen** in die Führungskräfte und das Unternehmen als Ganzes.

8. Familienfreundliche Maßnahmen

- **Elternzeit und Unterstützung für Eltern**: Die Unterstützung von Mitarbeitern in **familiären Belangen**, wie großzügige **Elternzeit-regelungen**, **Kinderbetreuungseinrichtungen** oder Unterstützung bei der **Pflege von Angehörigen**, zeigt, dass das Unternehmen die **privaten Bedürfnisse** seiner Mitarbeiter respektiert. Dies stärkt die Mitarbeiterbindung und erhöht die **Motivation**.

- **Förderung der Gleichstellung**: Ein Arbeitsumfeld, das auf **Gleichberechtigung** und **Inklusion** setzt, fördert das Gefühl der **Zugehörigkeit** und stärkt die Arbeitsmotivation von allen Mitarbeitern, unabhängig von Geschlecht, Alter oder Herkunft.

9. Unterstützung bei persönlichen Herausforderungen

- **Workshops zur Persönlichkeitsentwicklung**: Angebote zur **Persönlichkeitsentwicklung**, wie **Coaching** oder **Mentoring**, unterstützen Mitarbeiter dabei, ihre eigenen Stärken und Potenziale zu erkennen. Dies fördert nicht nur das persönliche Wachstum, sondern auch die berufliche Motivation.

- **Unterstützung bei Stress und Belastung**: Programme zur Unterstützung von Mitarbeitern in belastenden Lebenssituationen, wie z. B. durch **Stressbewältigungsseminare**, können dabei helfen, die emotionale und psychische Belastung zu reduzieren und die langfristige Motivation zu fördern.

Fazit:
Soziale Maßnahmen, die das **Wohlbefinden**, die **Wertschätzung** und die **Partizipation** der Mitarbeiter fördern, haben einen **großen Einfluss auf die Arbeitsmotivation.** Indem Unternehmen ein Arbeitsumfeld schaffen, das von **Vertrauen, Anerkennung, Weiterentwicklungsmöglichkeiten** und einer **guten Work-Life-Balance** geprägt ist, können sie die **Motivation** und die **Zufriedenheit** ihrer Mitarbeiter nachhaltig steigern. Solche Maßnahmen wirken sich nicht nur positiv auf die individuelle Leistung aus, sondern tragen auch zu einer besseren **Unternehmenskultur, Mitarbeiterbindung** und **Unternehmenserfolg** bei.

2.4. WODURCH WIRD DAS ARBEITSERGEBNIS BESTIMMT?

Das Arbeitsergebnis wird bestimmt durch:

Das **Arbeitsergebnis** wird von einer Vielzahl von **Faktoren** beeinflusst, die sowohl **individuell** als auch **organisatorisch** bedingt sind. Die wichtigsten Einflussfaktoren auf das Arbeitsergebnis umfassen:

1. Fachliche Kompetenz
- **Wissen und Fähigkeiten**: Die **fachliche Kompetenz** eines Mitarbeiters, also sein Wissen und seine Fähigkeiten im Bereich der zu erledigenden Aufgaben, ist entscheidend für die Qualität des Arbeitsergebnisses. Gut ausgebildete und erfahrene Mitarbeiter liefern in der Regel bessere Ergebnisse, weil sie die nötigen Fertigkeiten und das Wissen haben, um Aufgaben effizient und fehlerfrei zu bearbeiten.

2. Motivation und Engagement

- **Intrinsische und extrinsische Motivation**: Die **Motivation** eines Mitarbeiters beeinflusst maßgeblich, wie viel Energie und Einsatz er in seine Arbeit investiert. Hohe Motivation führt zu höherer **Produktivität, Qualität** und einem besseren **Arbeitsergebnis**. Dabei spielen sowohl **innere Anreize** (wie persönliche Interessen oder der Wunsch nach Selbstverwirklichung) als auch **äußere Anreize** (wie Gehalt, Anerkennung und Karrieremöglichkeiten) eine Rolle.

- **Engagement**: Ein engagierter Mitarbeiter identifiziert sich mit seinen Aufgaben und ist bestrebt, über das Minimum hinaus zu leisten. Dies führt zu höherer **Qualität** und **Effizienz**.

3. Arbeitsbedingungen

- **Physische Arbeitsumgebung**: Gute **Arbeitsbedingungen** (z. B. ergonomische Büromöbel, gute Beleuchtung, ausreichend Platz) tragen dazu bei, dass der Mitarbeiter produktiver arbeiten kann. Schlechte Arbeitsbedingungen können hingegen die Leistung negativ beeinflussen und zu Fehlern oder Ermüdung führen.

- **Technologische Ausstattung**: Der Zugang zu **modernen Arbeitsmitteln** (z. B. Computer, Software, Maschinen) ist entscheidend für die Effizienz und Präzision der Arbeit. Veraltete oder mangelhafte Ausstattungen können das Arbeitsergebnis negativ beeinträchtigen.

4. Führung und Management

- **Führungsstil**: Ein unterstützender, kooperativer Führungsstil, der **Feedback, Lob** und **klare Zielvorgaben** bietet, kann das Arbeitsergebnis erheblich verbessern. Eine **gute Führungskraft** sorgt dafür, dass die Mitarbeiter motiviert sind, ihre Ziele zu erreichen und ihre Aufgaben effizient zu erledigen.

- **Zielklarheit und Planung**: **Klare Zielvorgaben** und eine präzise Planung der Aufgaben helfen, das Arbeitsergebnis zu verbessern. Unklare Ziele oder ständige Änderungen können zu Unsicherheiten und einem ineffizienten Arbeitsprozess führen.

5. Teamarbeit und Kommunikation

- **Zusammenarbeit im Team**: Das Arbeitsergebnis wird auch von der Fähigkeit der Teammitglieder beeinflusst, gut zusammenzuarbeiten. **Koordination**, **gute Kommunikation** und **Teamgeist** tragen dazu bei, dass Aufgaben effizienter und in besserer Qualität erledigt werden.

- **Interdisziplinäre Zusammenarbeit**: In vielen Fällen ist eine **multidisziplinäre Zusammenarbeit** erforderlich, bei der verschiedene Fachbereiche ihr Wissen und ihre Perspektiven einbringen. Eine gute Zusammenarbeit zwischen unterschiedlichen Fachbereichen kann die Qualität des Arbeitsergebnisses deutlich erhöhen.

6. Arbeitsbelastung und Ressourcen

- **Arbeitsaufwand**: Ein **angemessenes Arbeitsvolumen** ist entscheidend. Eine zu hohe Arbeitsbelastung kann zu **Stress, Fehlern** und **Verschlechterung der Qualität** führen. Andererseits kann auch eine Unterforderung zu **Motivationsverlust** und schlechterem Arbeitsergebnis führen.

- **Ressourcen**: Ausreichende **Ressourcen** in Form von Zeit, Personal und finanziellen Mitteln sind notwendig, um Aufgaben effektiv zu erledigen und das gewünschte Ergebnis zu erzielen. Ein Mangel an Ressourcen kann das Arbeitsergebnis erheblich beeinträchtigen.

7. Arbeitsorganisation

- **Struktur und Prozesse**: Eine klare und gut strukturierte **Arbeitsorganisation** sorgt dafür, dass Aufgaben effizient und systematisch bearbeitet werden. Unorganisierte Prozesse oder ineffiziente Arbeitsabläufe können dazu führen, dass die Arbeit langsamer erledigt wird und Fehler entstehen.

- **Arbeitsmethoden und Tools**: Der Einsatz effektiver **Arbeitsmethoden** (z. B. Projektmanagement-Tools, Zeitmanagement-Techniken) und **optimierter Arbeitsabläufe** steigert die Produktivität und verbessert das Arbeitsergebnis.

8. Psychische und emotionale Gesundheit

- **Stressmanagement**: Die Fähigkeit, mit **Stress** und **Druck** umzugehen, hat einen direkten Einfluss auf die Qualität und Geschwindigkeit der Arbeit. Zu viel Stress führt zu **Fehlern, Müdigkeit** und **sinkender Leistungsfähigkeit**, während ein gutes Stressmanagement zu besseren Ergebnissen führt.

- **Wohlbefinden**: Ein Mitarbeiter, der sich **psychisch und emotional gesund** fühlt, ist produktiver und liefert bessere Arbeitsergebnisse. Dies erfordert ein unterstützendes Arbeitsumfeld, das das emotionale Wohlbefinden fördert.

9. Kulturelle und gesellschaftliche Faktoren

- **Unternehmenskultur**: Eine **positive Unternehmenskultur**, die Werte wie Respekt, Transparenz, Vertrauen und Zusammenarbeit fördert, wirkt sich positiv auf das Arbeitsergebnis aus. Mitarbeiter, die sich mit der Kultur des Unternehmens identifizieren, sind oft engagierter und liefern bessere Ergebnisse.

- **Wertschätzung und Anerkennung**: Anerkennung für die geleistete Arbeit steigert das **Engagement** und das **Arbeitsergebnis**. Ein Arbeitsumfeld, in dem Mitarbeiter sich wertgeschätzt fühlen, fördert die Leistung und Motivation.

10. Externe Faktoren

- **Marktsituation**: Äußere Einflüsse wie die **Wettbewerbssituation**, **wirtschaftliche Rahmenbedingungen** oder technologische **Entwicklungen** können die Arbeitsergebnisse ebenfalls beeinflussen. Eine sich verändernde Marktlage oder technologische Neuerungen können die Art der Arbeit oder die Prioritäten des Unternehmens beeinflussen.

- **Kundenerwartungen**: Die **Erwartungen und Anforderungen von Kunden** (intern und extern) sind ebenfalls ein wichtiger Faktor. Unternehmen, die flexibel auf die Bedürfnisse ihrer Kunden reagieren, können bessere Ergebnisse erzielen und sich auf dem Markt behaupten.

Fazit:

Das Arbeitsergebnis ist das Produkt einer Vielzahl von **Faktoren**, die sowohl **individuell** (z. B. Motivation, Kompetenz, Gesundheit) als auch **organisatorisch** (z. B. Führung, Arbeitsbedingungen, Arbeitsorganisation) beeinflusst werden. Eine ganzheitliche Betrachtung dieser Faktoren ist entscheidend, um die **Produktivität**, **Qualität** und **Effizienz** zu maximieren und gleichzeitig ein positives und motivierendes Arbeitsumfeld zu schaffen. Unternehmen, die in diese Bereiche investieren, erzielen oft bessere Arbeitsergebnisse und stärken ihre **Wettbewerbsfähigkeit**.

Definition Menschliche Leistung

Menschliche Leistung bezeichnet die Fähigkeit und das tatsächliche Ergebnis eines Individuums oder einer Gruppe, in einem bestimmten Kontext oder unter bestimmten Bedingungen Aufgaben zu erfüllen, Ziele zu erreichen und Probleme zu lösen. Sie umfasst alle **körperlichen, geistigen und emotionalen** Fähigkeiten und Ressourcen, die eine Person in ihre Arbeit oder Tätigkeit einbringt, und kann durch verschiedene **faktoren** beeinflusst werden.

Wesentliche Aspekte der menschlichen Leistung:

1. **Kognitive Leistung**:
   - o Bezieht sich auf die geistigen Fähigkeiten eines Menschen, wie **Wahrnehmung, Denken, Problemlösungsfähigkeit, Kreativität** und **Entscheidungsfindung**.
   - o Eine hohe kognitive Leistung zeigt sich in der **Effizienz** und **Präzision** bei der Lösung komplexer Aufgaben oder beim Erlernen neuer Informationen.

2. **Physische Leistung**:
   - o Umfasst die **körperliche Kraft, Ausdauer, Koordination** und **Fähigkeit zur Durchführung körperlicher Aufgaben**.
   - o In vielen Arbeitskontexten, insbesondere in der **Produktion** oder im **Sport**, ist die körperliche Leistung ein entscheidender Faktor für den Erfolg.

3. **Emotionale und soziale Leistung**:
   - Bezieht sich auf die Fähigkeit, **mit anderen Menschen zu interagieren, emotionales Wohlbefinden** zu bewahren und in sozialen und beruflichen Kontexten **kooperativ zu handeln.**
   - Eine hohe soziale Leistung zeigt sich in der Fähigkeit, **Konflikte zu lösen, Teamarbeit** zu fördern und **positive Beziehungen** aufzubauen.

4. **Leistung als Ergebnis**:
   - Die **menschliche Leistung** ist oft das Ergebnis einer Vielzahl von **Einflüssen**, darunter **Fähigkeiten, Motivation, Umweltbedingungen, Zielsetzung** und **Feedback.**
   - Die Qualität der Leistung kann in **Messgrößen** wie **Produktivität, Zielverwirklichung, Qualität der Arbeit** oder **Effizienz** quantifiziert werden.

Einflussfaktoren auf die menschliche Leistung:
1. **Motivation**:
   - Eine der wichtigsten Triebkräfte für menschliche Leistung ist die Motivation. **Intrinsische Motivation** (aus persönlichem Interesse oder Freude an der Aufgabe) und **extrinsische Motivation** (durch äußere Anreize wie Belohnungen oder Anerkennung) können die Leistung maßgeblich steigern.

2. **Kompetenzen und Fertigkeiten**:
   - **Fachkompetenz** (wissen, wie eine Aufgabe ausgeführt wird) und **methodische** (z. B. Problemlösungsfähigkeiten) sowie **soziale Kompetenz** (wie man effektiv mit anderen

kommuniziert und zusammenarbeitet) sind entscheidend für die Leistung.

3. **Arbeitsbedingungen**:
   - Eine gute **Arbeitsumgebung, ausreichende Ressourcen** und ein **angemessenes Arbeitsumfeld** fördern die Leistung. Schlechte Arbeitsbedingungen oder gesundheitliche Einschränkungen können die Leistung mindern.

4. **Gesundheit und Wohlbefinden**:
   - **Physische** und **psychische Gesundheit** spielen eine wichtige Rolle bei der menschlichen Leistung. **Stress, Burnout** oder gesundheitliche Probleme können die Leistung negativ beeinflussen.

5. **Führung und Organisation**:
   - Eine **gute Führung** und **klare Zielvorgaben** sind wichtig für die Motivation und Leistung. **Kommunikation** und **Unterstützung** durch Vorgesetzte sowie ein effektives **Teammanagement** beeinflussen das Arbeitsergebnis positiv.

6. **Externe Einflüsse**:
   - **Marktsituation, technologische Veränderungen, gesellschaftliche Rahmenbedingungen** und **kulturelle Faktoren** können die Leistungsfähigkeit von Individuen oder Teams ebenfalls beeinflussen.

Fazit:

Menschliche Leistung ist ein komplexes Zusammenspiel von **kognitiven**, **physischen**, **emotionalen** und **sozialen** Fähigkeiten, die durch eine Vielzahl von internen und externen Faktoren beeinflusst wird. Sie zeigt sich nicht nur in den **Ergebnissen** einer Tätigkeit, sondern auch in der Art und Weise, wie Aufgaben durchgeführt werden, und ist entscheidend für den **Erfolg** eines Individuums, Teams oder Unternehmens.

Was bedeutet Leistungsangebot von Mitarbeiter?

Das **Leistungsangebot eines Mitarbeiters** bezeichnet die Gesamtmenge an Fähigkeiten,
Fertigkeiten, Wissen und Einsatzbereitschaft, die ein Mitarbeiter in seine Arbeit einbringt. Es umfasst sowohl die **quantitative** als auch die **qualitative** Dimension der Arbeit, die der Mitarbeiter bereit ist zu leisten, um die Anforderungen des Unternehmens oder der Organisation zu erfüllen.

Einige wichtige Aspekte des Leistungsangebots eines Mitarbeiters sind:

1. **Fachliche Kompetenzen**: Die spezifischen Kenntnisse und Fähigkeiten, die ein Mitarbeiter in seinem Arbeitsbereich besitzt, wie z.B. technische Fertigkeiten, Fachwissen
   oder die Fähigkeit zur Problemlösung.

2. **Engagement und Arbeitsbereitschaft**: Die Motivation und die Bereitschaft des Mitarbeiters, über die minimalen Anforderungen hinaus zu arbeiten, sei es durch zusätzliche Anstrengungen oder durch die Bereitschaft, Verantwortung zu übernehmen.

3. **Zuverlässigkeit und Pünktlichkeit**: Die Verlässlichkeit eines Mitarbeiters bei der Erfüllung seiner Aufgaben, einschließlich der Fähigkeit, Fristen einzuhalten und sich an Vereinbarungen zu halten.

4. **Kreativität und Innovationsbereitschaft**: Die Fähigkeit des Mitarbeiters, neue Ideen zu entwickeln, Lösungen für Probleme zu finden und Verbesserungen in den Arbeitsabläufen vorzuschlagen.

5. **Soziale Kompetenzen**: Die Fähigkeit, effektiv mit Kollegen, Vorgesetzten und Kunden zu kommunizieren und zu kooperieren, Konflikte zu lösen und in einem Team zu arbeiten.

Das Leistungsangebot ist nicht nur durch die vorhandenen Fähigkeiten und das Wissen des Mitarbeiters bestimmt, sondern auch durch die **Motivation** und das **Verhalten** am Arbeitsplatz. Ein hohes Leistungsangebot bedeutet, dass der Mitarbeiter mit seinen Kompetenzen und seiner Arbeitsbereitschaft einen erheblichen Beitrag zur Erreichung der Unternehmensziele leisten kann.

Einflussfaktoren der Führungskraft auf das Leistungsangebot:

Das **Leistungsangebot eines Mitarbeiters** wird maßgeblich von der Führungskraft beeinflusst, da Führungskräfte sowohl das Arbeitsumfeld als auch die Motivation und die Entwicklung ihrer Mitarbeiter steuern. Hier sind die wichtigsten **Einflussfaktoren der Führungskraft auf das Leistungsangebot**:

1. Führungskommunikation

- **Klarheit und Transparenz:** Eine klare Kommunikation der Unternehmensziele, der Erwartungen und der Aufgabenstellungen durch die Führungskraft sorgt für Orientierung und verhindert Missverständnisse. Wenn Mitarbeiter wissen, was von ihnen erwartet wird, können sie ihre Leistungen besser ausrichten.

- **Feedback und Anerkennung:** Konstruktives Feedback, sowohl positiv als auch korrektiv, fördert die Weiterentwicklung des

Mitarbeiters und motiviert ihn, sein Leistungsangebot zu erhöhen. Anerkennung für gute Leistungen stärkt das Engagement und die Bereitschaft zur Leistung.

2. Motivation und Anreize

- **Intrinsische Motivation:** Führungskräfte, die es verstehen, den Mitarbeitern eine Sinnhaftigkeit in ihrer Arbeit zu vermitteln und deren Selbstbestimmung zu fördern, steigern die intrinsische Motivation. Dies führt zu höherem Engagement und einem stärkeren Leistungsangebot.

- **Extrinsische Motivation:** Neben intrinsischer Motivation können auch extrinsische Anreize wie Boni, Gehaltserhöhungen oder Beförderungen das Leistungsangebot steigern. Diese Anreize können von Führungskräften gezielt eingesetzt werden.

3. Zielsetzung und Zielklarheit

- **SMARTe Ziele:** Führungskräfte, die klare, erreichbare und messbare Ziele setzen, erleichtern es den Mitarbeitern, ihre Leistung gezielt und fokussiert zu erbringen. SMART (spezifisch, messbar, attraktiv, realistisch, terminiert) formulierte Ziele helfen dabei, das Leistungsangebot zu steigern, indem sie den Mitarbeitern eine klare Richtung geben.

- **Beteiligung an Zielsetzung:** Wenn Mitarbeiter in den Prozess der Zielsetzung einbezogen werden, fühlen sie sich stärker verantwortlich und engagieren sich eher, die Ziele zu erreichen.

4. Arbeitsumfeld und Arbeitsklima

- **Psychologische Sicherheit:** Ein Umfeld, in dem Mitarbeiter keine Angst vor Fehlern haben, sondern sich sicher fühlen, neue Ideen zu äußern und Verantwortung zu übernehmen, fördert ein höheres Leistungsangebot. Führungskräfte, die psychologische Sicherheit gewährleisten, steigern das Engagement und die Kreativität ihrer Mitarbeiter.

- **Teamarbeit und Zusammenarbeit:** Eine Führungskraft, die Teamarbeit fördert und eine kooperative Arbeitsatmosphäre schafft, trägt dazu bei, dass Mitarbeiter ihre Fähigkeiten besser einbringen können. Die Förderung von Zusammenarbeit und gegenseitiger Unterstützung erhöht das individuelle und kollektive Leistungsangebot.

5. Personalentwicklung und Weiterbildung
- **Förderung von Weiterentwicklung:** Führungskräfte, die in die **Fort- und Weiterbildung** ihrer Mitarbeiter investieren, erhöhen deren fachliche und persönliche Kompetenzen. Mitarbeiter, die sich weiterentwickeln können, sind oft motivierter und leistungsbereiter.

- **Karriereperspektiven:** Das Aufzeigen von Aufstiegsmöglichkeiten und Entwicklungsperspektiven steigert das langfristige Leistungsangebot eines Mitarbeiters, da er weiß, dass gute Leistungen belohnt werden und seine Karriere gefördert wird.

6. Verantwortungsübertragung und Autonomie
- **Delegation und Vertrauen:** Wenn Führungskräfte ihren Mitarbeitern Verantwortung übertragen und ihnen die nötige Autonomie gewähren, fühlen sich diese als Teil des Prozesses und übernehmen mehr Verantwortung für ihre Arbeit. Dies fördert das Engagement und erhöht das Leistungsangebot, da Mitarbeiter sich nicht bevormundet fühlen, sondern selbstständig handeln können.

- **Empowerment:** Eine Führungskraft, die ihre Mitarbeiter „ermächtigt", Entscheidungen zu treffen und Verantwortung zu tragen, steigert deren Eigeninitiative und Motivation, was sich direkt auf das Leistungsangebot auswirkt.

7. Gesundheitsmanagement und Work-Life-Balance

- **Förderung der Work-Life-Balance:** Eine Führungskraft, die auf die **Work-Life-Balance** ihrer Mitarbeiter achtet, sorgt für eine gesunde Balance zwischen Arbeit und Freizeit. Mitarbeiter, die sich erholen können und nicht ständig unter Stress stehen, sind langfristig leistungsfähiger.

- **Gesundheitsförderung:** Führungskräfte, die gesunde Arbeitsbedingungen schaffen, z.B. durch ergonomische Arbeitsplätze, flexible Arbeitszeiten oder Programme zur Stressbewältigung, steigern das Leistungsangebot, da sie die physische und psychische Gesundheit ihrer Mitarbeiter unterstützen.

8. Führungskultur und Führungsstil

- **Vorbildfunktion und Authentizität:** Führungskräfte, die mit gutem Beispiel vorangehen, authentisch sind und die Unternehmenswerte leben, schaffen Vertrauen und inspirieren ihre Mitarbeiter zu mehr Leistung.

- **Demokratischer Führungsstil:** Führungskräfte, die partizipativ führen und die Meinungen und Ideen der Mitarbeiter wertschätzen, fördern das Engagement und die Kreativität der Mitarbeiter, was zu einem höheren Leistungsangebot führt.

9. Konfliktmanagement

- **Konstruktive Konfliktlösung:** Eine Führungskraft, die Konflikte frühzeitig erkennt und konstruktiv löst, verhindert, dass Spannungen die Arbeitsleistung beeinträchtigen. Ein gutes Konfliktmanagement fördert ein positives Arbeitsklima und trägt zu einer höheren Leistungsbereitschaft bei.

10. Ressourcenmanagement

- **Optimale Ressourcennutzung:** Eine Führungskraft muss dafür sorgen, dass ihre Mitarbeiter die benötigten Ressourcen, Werkzeuge und Technologien zur Verfügung haben, um ihre Arbeit effizient und effektiv zu erledigen. Fehlen Ressourcen oder sind diese nicht optimal organisiert, kann das Leistungsangebot stark beeinträchtigt werden.

- **Prozessoptimierung:** Führungskräfte, die Arbeitsabläufe optimieren und unnötige Belastungen reduzieren, schaffen ein Umfeld, in dem Mitarbeiter ihr Bestes geben können.

Fazit:

Das **Leistungsangebot eines Mitarbeiters** wird maßgeblich durch das Verhalten und die Entscheidungen der Führungskraft beeinflusst. Eine Führungskraft, die in der Lage ist, ein motivierendes Arbeitsumfeld zu schaffen, klare Ziele zu setzen, Verantwortung zu delegieren und Entwicklungs- sowie Lernmöglichkeiten zu bieten, steigert nicht nur das individuelle Leistungsangebot, sondern auch die gesamte Team- und Unternehmensleistung. Erfolgreiche Führungskräfte erkennen die Bedürfnisse und Potenziale ihrer Mitarbeiter und unterstützen sie gezielt, sodass diese ihre Bestleistung erbringen können.

Was bedeutet Leistungsanforderung van Mitarbeiter?

Leistungsanforderungen an Mitarbeiter beziehen sich auf die Erwartungen und Anforderungen, die ein Unternehmen oder eine Organisation an die Leistung der Mitarbeiter stellt. Sie beschreiben, was von einem Mitarbeiter in Bezug auf Arbeitsqualität, -quantität, Verhalten und Ergebnisse erwartet wird, um die Ziele des Unternehmens zu erreichen. Diese Anforderungen umfassen sowohl die **fachlichen** als auch die **sozialen** und **personalen** Fähigkeiten, die für die erfolgreiche Ausführung einer bestimmten Tätigkeit erforderlich sind.

Hauptaspekte der Leistungsanforderungen:

1. **Fachliche Anforderungen**
   - **Kenntnisse und Fähigkeiten:** Der Mitarbeiter muss bestimmte fachliche Qualifikationen, Kompetenzen und Kenntnisse besitzen, um die ihm zugewiesenen Aufgaben erfolgreich zu bewältigen. Dazu gehören auch spezifische berufliche Qualifikationen, wie z.B. ein bestimmtes Maß an Ausbildung, technischen Fertigkeiten oder branchenspezifischem Wissen.

   - **Erfahrung:** Die Anforderungen können auch die Erfahrung in einem bestimmten Bereich oder eine spezifische Anzahl von Jahren in der Branche umfassen. In vielen Fällen wird erwartet, dass Mitarbeiter bestimmte Fähigkeiten durch praktische Erfahrung weiterentwickeln.

2. **Quantitative Anforderungen**
   - **Produktivität:** Leistungsanforderungen beinhalten oft konkrete Vorgaben zur Arbeitsmenge, wie z.B. die Anzahl

der zu erledigenden Aufgaben, produzierten Einheiten oder abgeschlossenen Projekte innerhalb eines bestimmten Zeitraums.

- o **Effizienz:** Neben der Menge wird auch die Effizienz oft gemessen. Das bedeutet, dass Mitarbeiter ihre Aufgaben mit einem optimalen Verhältnis von Aufwand und Ertrag erledigen sollen.

3. **Qualitative Anforderungen**
   - o **Arbeitsqualität:** Dies betrifft die Sorgfalt, Präzision und Fehlerfreiheit bei der Ausführung der Arbeit. Die Mitarbeiter müssen eine gewisse Qualität liefern, die den festgelegten Standards entspricht, sei es in der Produktion, beim Kundenservice oder in anderen Bereichen.

   - o **Innovationskraft:** In manchen Fällen wird von Mitarbeitern erwartet, dass sie nicht nur bestehende Prozesse einhalten, sondern auch neue Ideen und Verbesserungen vorschlagen, die zur Optimierung von Arbeitsabläufen oder Produkten führen können.

4. **Verhaltensanforderungen**
   - o **Teamarbeit und Kooperation:** Mitarbeiter müssen nicht nur individuell gute Leistungen erbringen, sondern auch im Team gut zusammenarbeiten. Verhaltensanforderungen beinhalten oft die Fähigkeit, Konflikte zu lösen, konstruktiv mit Kollegen zu kommunizieren und Verantwortung innerhalb des Teams zu übernehmen.

o **Verantwortungsbewusstsein und Selbstständigkeit:** Es wird erwartet, dass der Mitarbeiter selbstständig arbeitet, Verantwortung übernimmt und eigeninitiativ handelt, um Ziele zu erreichen.

5. **Soziale und kommunikative Anforderungen**

   o **Kommunikationsfähigkeit:** Die Fähigkeit, Informationen klar und effektiv zu vermitteln, ist oft eine grundlegende Anforderung. Dies betrifft sowohl die interne Kommunikation im Team als auch die Kommunikation mit Kunden, Lieferanten oder anderen Abteilungen.

   o **Kundenorientierung:** In vielen Positionen sind Mitarbeiter dazu angehalten, kundenorientiert zu arbeiten, also sowohl den direkten Kundenkontakt professionell zu gestalten als auch die Bedürfnisse der Kunden in den Mittelpunkt zu stellen.

6. **Verfügbarkeit und Flexibilität**

   o **Arbeitszeit:** Einige Leistungsanforderungen betreffen auch die Verfügbarkeit des Mitarbeiters, z.B. bei flexiblen Arbeitszeiten oder Bereitschaftsdiensten. In bestimmten Branchen oder Positionen wird von den Mitarbeitern erwartet, dass sie auch außerhalb der regulären Arbeitszeiten verfügbar sind.

   o **Anpassungsfähigkeit:** Mitarbeiter sollten die Fähigkeit besitzen, sich an wechselnde Anforderungen oder unerwartete Situationen anzupassen. In vielen Organisationen ist Flexibilität eine der geforderten Leistungsanforderungen.

Fazit:
Leistungsanforderungen definieren die Mindeststandards und Erwartungen, die an die Arbeit eines Mitarbeiters gestellt werden. Sie geben sowohl dem Mitarbeiter als auch der Führungskraft eine klare Vorstellung davon, was in Bezug auf Leistung und Verhalten erwartet wird, um gemeinsam die Unternehmensziele zu erreichen. Ein klar definiertes Set an Leistungsanforderungen ist entscheidend, um das richtige Maß an Engagement und Produktivität zu fördern und gleichzeitig die Entwicklung und Zufriedenheit der Mitarbeiter zu gewährleisten.

Leistungskurve / REFA Normkurve

Die **Leistungskurve** (oder auch **REFA Normkurve**) beschreibt die **Zusammenhänge zwischen der Leistung eines Arbeitnehmers und verschiedenen Faktoren wie der Arbeitszeit, der Ermüdung und der Motivation**. Sie wird oft in **arbeitswissenschaftlichen** und **organisatorischen Studien** verwendet, um die Entwicklung der Arbeitsleistung über die Zeit darzustellen.

Im Kontext der **REFA-Norm**, die insbesondere in der Arbeitsorganisation und Zeitwirtschaft Anwendung findet, stellt die Leistungskurve die **Produktivität** eines Arbeiters in Bezug auf die **Arbeitsdauer** dar, wobei die Leistung im Verlauf eines Arbeitstags von verschiedenen Faktoren beeinflusst wird.

1. Leistungskurve
Die **Leistungskurve** zeigt typischerweise, wie die **Leistung** eines Arbeitnehmers im Laufe eines Arbeitstags oder einer Arbeitseinheit schwankt. Diese Schwankungen hängen von verschiedenen Faktoren ab, wie etwa der **Ermüdung**, der **Motivation**, der **Pausengestaltung** und den **Arbeitsbedingungen**.

Form und Verlauf der Leistungskurve:

- **Anfangsphase (steigende Leistung)**: Zu Beginn der Arbeitszeit ist die Leistung meist hoch, da der Arbeitnehmer ausgeruht und motiviert ist.

- **Ermüdungsphase (abnehmende Leistung)**: Nach einer bestimmten Zeit beginnt die Leistung zu sinken. Dies geschieht, weil der Körper und Geist ermüden, und die Konzentration oder Energie nachlässt. Diese Phase tritt in der Regel **nach mehreren Stunden intensiver Arbeit** ein.

- **Pausen und Erholung (leichte Leistungssteigerung)**: Regelmäßige Pausen oder Erholungsphasen können helfen, die Leistung vorübergehend zu steigern und den Ermüdungseffekt zu mildern. Eine gut strukturierte Pausenregelung hat einen positiven Einfluss auf die Leistungskurve.

- **Endphase (starke Ermüdung, starke Leistungsabnahme)**: Am Ende eines Arbeitstags oder einer Arbeitsperiode nimmt die Leistung in der Regel stark ab, da die Ermüdung maximal ist.

Beispiel einer typischen Leistungskurve:

- **Initialphase**: Hohe Anfangsleistung
- **Mittelfristig**: Abnehmende Leistung aufgrund von Ermüdung
- **Endphase**: Sehr niedrige Leistung aufgrund starker Ermüdung, Erschöpfung oder Konzentrationsverlust

2. REFA-Normkurve

Die **REFA-Normkurve** ist eine spezifische Anwendung der Leistungskurve in der **REFA-Arbeitsorganisation** und **Zeitwirtschaft**, die von der **REFA (Reichsausschuss für Arbeitszeitermittlung)** entwickelt wurde. Sie stellt die **durchschnittliche Leistung** eines Arbeitnehmers im Laufe eines Arbeitstages dar und dient dazu, die **Arbeitszeit** sowie **Pausenzeiten** effizient zu gestalten.

Die **REFA-Normkurve** basiert auf empirischen Studien und beschreibt den typischen Verlauf der Arbeitsleistung in Bezug auf die **Arbeitsdauer** und die **Ermüdung**:

- **Normale Arbeit**: Die Normkurve zeigt, dass die Leistung eines Arbeitnehmers zu Beginn des Arbeitstages hoch ist, sich jedoch mit fortschreitender Arbeitszeit reduziert. Um diese Reduzierung der Leistung aufgrund von Ermüdung und Konzentrationsverlust auszugleichen, werden **Pausen** oder andere **Erholungsmaßnahmen** eingeplant.

Hauptmerkmale der REFA-Normkurve:

- **Anfangsphase (hohe Leistung)**: In den ersten 20–30 Minuten der Arbeit ist die Leistung aufgrund von **Frische** und **Motivation** besonders hoch.

- **Abflachung der Leistung (mittlere Ermüdung)**: Nach einer gewissen Zeit (meist ab der 1. Stunde) beginnt die Leistung zu sinken, dies ist auf **Ermüdung** und den **natürlichen biologischen Rhythmus** des Arbeitnehmers zurückzuführen.

- **Starke Abnahme der Leistung (späte Ermüdung)**: Ab der 4. bis 5. Stunde kann die Leistung drastisch abnehmen, vor allem ohne entsprechende Pausen.

- **Erholung durch Pausen**: Die Leistung kann durch **Pausen** oder **Unterbrechungen** wieder kurzfristig gesteigert werden, aber auch der **psychische Zustand** des Mitarbeiters beeinflusst die Kurve.

3. Anwendung der REFA-Normkurve

Die REFA-Normkurve wird in der Praxis vor allem dazu verwendet, Arbeitszeiten und Pausenzeiten zu planen, um die Produktivität der Mitarbeiter zu maximieren und gleichzeitig Überbelastungen zu vermeiden. Sie zeigt, dass die Produktivität nicht linear steigt, sondern nach einer anfänglichen Leistungssteigerung mit der Zeit zurückgeht.

- **Optimierung der Arbeitszeitgestaltung**: Die REFA-Normkurve hilft dabei, den **richtigen Zeitpunkt** für Pausen und Erholungsphasen zu bestimmen, um die Leistung über den Arbeitstag hinweg konstant zu halten.

- **Zeiterfassung und Planung**: In der **Industrie** und **Fertigungsunternehmen** wird die Leistungskurve verwendet, um die **Arbeitszeiten** und **Produktivität** zu messen, sodass Unternehmen ihre Produktionsprozesse optimieren und Ressourcen effizient einsetzen können.

Fazit:
Die **Leistungskurve** und die **REFA-Normkurve** sind nützliche Konzepte, um den Verlauf der Arbeitsleistung eines Mitarbeiters zu verstehen und zu optimieren. Sie verdeutlichen, dass die Leistung nicht konstant bleibt, sondern von **Ermüdung**, **Motivation**, **Pausen** und **anderen Faktoren** beeinflusst wird. Die Anwendung dieser Konzepte in der Arbeitsplanung ermöglicht es, die **Produktivität zu steigern**, **Ermüdung zu minimieren** und **die Arbeitszeit optimal zu gestalten**.

Humanisierung der Arbeit

Die **Humanisierung der Arbeit** bezeichnet die Bemühungen und Maßnahmen, die darauf abzielen, Arbeitsbedingungen so zu gestalten, dass sie die **physischen, psychischen und sozialen Bedürfnisse** der Arbeitnehmer berücksichtigen und gleichzeitig die **Lebensqualität** und das **Wohlbefinden** der Beschäftigten verbessern. Ziel ist es, Arbeit nicht nur als eine wirtschaftliche Notwendigkeit, sondern auch als einen Bereich zu gestalten, in dem Menschen ihre Fähigkeiten und Potenziale entfalten können, ohne übermäßige Belastungen zu erfahren.

Dieser Ansatz ist insbesondere im Kontext der **Arbeitsorganisation** und der **Arbeitsgestaltung** relevant und umfasst eine Vielzahl von **Maßnahmen**, die in Unternehmen und Institutionen umgesetzt werden können, um die Arbeit menschenfreundlicher zu gestalten.

Kernziele der Humanisierung der Arbeit

1. **Erhöhung der Arbeitszufriedenheit**:
   Das Wohlbefinden der Mitarbeiter soll durch faire, gesunde und gerechte Arbeitsbedingungen gefördert werden. Zufriedene Mitarbeiter sind motivierter und produktiver.

2. **Vermeidung von gesundheitlichen Belastungen**:
   Arbeitsbedingungen sollen so gestaltet werden, dass gesundheitliche Risiken wie **Ermüdung**, **Stress**, **körperliche Überlastung** und **psychische Belastungen** minimiert werden. Dazu gehört auch die Förderung von **ergonomischen Arbeitsplätzen** und die **Förderung von Pausen**.

3. **Förderung der Selbstbestimmung und Mitbestimmung**:

    Die **Autonomie** der Mitarbeiter wird gestärkt, indem sie mehr Einfluss auf ihre Arbeitsorganisation und Entscheidungen nehmen können. Ein hohes Maß an **Mitbestimmung** fördert die Motivation und das Engagement der Mitarbeiter.

4. **Verkürzung der Arbeitszeit**:

    Eine **Reduktion der Arbeitszeiten** und die **Förderung flexibler Arbeitszeitmodelle** (z. B. durch Gleitzeit oder Teilzeitarbeit) können zu einer besseren Vereinbarkeit von Berufs- und Privatleben führen und das Wohlbefinden steigern.

5. **Förderung der sozialen Beziehungen**:

    Ein positives **Betriebsklima**, das auf **Respekt**, **Wertschätzung** und **Teamarbeit** basiert, trägt dazu bei, dass die Mitarbeiter sich im Unternehmen wohlfühlen und sozial eingebunden sind.

Maßnahmen zur Humanisierung der Arbeit

1. **Gestaltung der Arbeitsumgebung**:

    Die **physische Gestaltung** des Arbeitsplatzes hat einen großen Einfluss auf das Wohlbefinden der Arbeitnehmer. Dazu gehören:

    - **Ergonomische Arbeitsplätze** zur Vermeidung von Rücken- und Gelenkproblemen.
    - Gute **Beleuchtung** und **Luftqualität** zur Schaffung einer angenehmen Arbeitsatmosphäre.

- **Lärmminderung** und Schaffung von Ruhebereichen.

2. **Mitbestimmung und Beteiligung der Mitarbeiter**:
   Mitbestimmung fördert das Gefühl der **Eigenverantwortung**. Arbeitnehmer sollten in Entscheidungen einbezogen werden, die sie betreffen, etwa durch Betriebsräte oder Mitarbeitervertretungen. So können sie aktiv an der Gestaltung ihrer Arbeitsbedingungen mitwirken.

3. **Arbeitszeitflexibilität und -verkürzung**:
   Flexible **Arbeitszeitmodelle**, wie **Gleitzeit, Teilzeit** oder **Job-Sharing**, ermöglichen eine bessere **Vereinbarkeit von Berufs- und Familienleben**.

   Arbeitszeitverkürzung (z. B. durch **4-Tage-Woche**) kann helfen, den Stresslevel der Mitarbeiter zu senken und die **Work-Life-Balance** zu verbessern.

4. **Erholung und Pausen**:
   Regelmäßige Pausen und gezielte Erholungszeiten sind wichtig, um **Ermüdung** zu vermeiden und die Produktivität langfristig zu sichern.

   Kurze Entspannungspausen oder **Bewegungseinheiten** in der Arbeitszeit können helfen, Stress abzubauen und die körperliche Gesundheit zu fördern.

5. **Weiterbildung und Qualifikation**:
   Um die **Kompetenzen** der Mitarbeiter zu erweitern und die **Berufsperspektiven** zu verbessern, sollte

Weiterbildung und **Qualifizierung** gefördert werden. Dies trägt nicht nur zur **Selbstverwirklichung** der Mitarbeiter bei, sondern auch zur **Erhöhung der Arbeitsmotivation**.

6. **Förderung von sozialer Unterstützung und Kommunikation**: **Teamarbeit** und **gute Kommunikation** innerhalb der Abteilungen tragen zu einem positiven Arbeitsumfeld bei. Der Austausch zwischen Kollegen und Vorgesetzten kann dazu beitragen, Missverständnisse zu vermeiden und Konflikte konstruktiv zu lösen.

7. **Vereinbarkeit von Familie und Beruf**: Die Förderung der **Vereinbarkeit von Familie und Beruf** durch **flexible Arbeitszeiten, Home-Office-Möglichkeiten** oder **Kinderbetreuungsangebote** kann zu einer besseren Lebensqualität der Mitarbeiter beitragen und die **Mitarbeiterbindung** stärken.

8. **Förderung der Arbeitsmotivation und -zufriedenheit**: Maßnahmen wie **Anerkennung, Feedback** und die Möglichkeit zur **gestalterischen Mitwirkung** tragen zur **Steigerung der Arbeitszufriedenheit** bei.

   Lohn und Anerkennung spielen ebenfalls eine Rolle. Dabei geht es nicht nur um **finanzielle Vergütung**, sondern auch um **soziale Anerkennung** und **Karrieremöglichkeiten**.

Vorteile der Humanisierung der Arbeit

1. **Steigerung der Produktivität**:
   Wenn Mitarbeiter zufrieden und motiviert sind, arbeiten sie effizienter und mit höherer **Leistungsbereitschaft**. Eine bessere **Arbeitsatmosphäre** führt oft zu einer **höheren Produktivität** und geringeren **Fehlerquoten**.

2. **Reduzierung von Krankheit und Fehlzeiten**:
   Eine **gesunde Arbeitsumgebung** und **präventive Gesundheitsmaßnahmen** (wie ergonomische Arbeitsplätze oder Stressmanagement) führen zu weniger **krankheitsbedingten Ausfällen** und einer besseren physischen und psychischen Gesundheit der Mitarbeiter.

3. **Mitarbeiterbindung**:
   Unternehmen, die auf die **Humanisierung der Arbeit** setzen, profitieren von einer **höheren Mitarbeiterzufriedenheit** und einer geringeren **Fluktuation**. Mitarbeiter bleiben eher bei einem Unternehmen, das sich um ihre Bedürfnisse kümmert.

4. **Imageverbesserung des Unternehmens**:
   Unternehmen, die als **arbeitnehmerfreundlich** gelten, können ihr **Unternehmensimage** verbessern und sich als attraktiver Arbeitgeber positionieren. Dies ist besonders wichtig in Zeiten des **Fachkräftemangels**.

5. **Innovation und Kreativität**:
   Mitarbeiter, die sich in einem **positiven Arbeitsumfeld** wohlfühlen, sind oft kreativer und innovativer.

Mitgestaltungsmöglichkeiten und ein hohes Maß an **Autonomie** fördern **neue Ideen** und **Verbesserungsvorschläge**.

Herausforderungen der Humanisierung der Arbeit

1. **Kostenfaktor**:

   Einige Maßnahmen zur Humanisierung der Arbeit, wie die **Ergonomie der Arbeitsplätze** oder die Bereitstellung von **flexiblen Arbeitszeiten**, können anfangs mit höheren **Investitionen** verbunden sein.

2. **Veränderungswiderstand**:

   Manche Unternehmen oder Führungskräfte können **widerstandsfähig** gegenüber Veränderungen in der Arbeitsorganisation sein, insbesondere wenn sie die Notwendigkeit der **Humanisierung** nicht erkennen oder als weniger wichtig erachten.

3. **Fehlende Unterstützung**:

   Eine **mangelnde Unterstützung** seitens des Managements oder eine unzureichende **Schulung von Führungskräften** in Bezug auf die Umsetzung der Humanisierung der Arbeit kann dazu führen, dass solche Maßnahmen nicht effektiv umgesetzt werden.

Fazit

Die **Humanisierung der Arbeit** ist ein wichtiger Ansatz, um Arbeitsbedingungen zu verbessern und die **Lebensqualität** der Mitarbeiter zu steigern. Sie trägt nicht nur zur **Steigerung der Produktivität** und **Mitarbeiterzufriedenheit** bei, sondern unterstützt auch die **gesunde Entwicklung** von Organisationen. Durch gezielte Maßnahmen zur Förderung der **Autonomie**, der **Gesundheit** und der **Sozialen Beziehungen** am Arbeitsplatz können Unternehmen eine starke **Arbeitskultur** entwickeln, die sowohl für die Mitarbeiter als auch für das Unternehmen selbst von Vorteil ist.

Maßnahmen zur Arbeitsorganisation

Die **Arbeitsorganisation** umfasst alle Regelungen und Maßnahmen, die darauf abzielen, die Arbeitsabläufe in einem Unternehmen so zu gestalten, dass sowohl die **Produktivität** als auch das **Wohlbefinden der Mitarbeiter** optimiert werden. Eine gut organisierte Arbeitsumgebung trägt nicht nur zur Effizienzsteigerung bei, sondern hilft auch, die **Arbeitszufriedenheit** zu erhöhen und die **Gesundheit** der Mitarbeiter zu fördern.

Die wichtigsten Maßnahmen zur Arbeitsorganisation lassen sich in **strukturierende**, **prozessorientierte** und **mitarbeiterorientierte** Maßnahmen unterteilen.

1. Strukturierende Maßnahmen
Diese Maßnahmen betreffen die **Rahmenbedingungen**, die die Arbeitsorganisation insgesamt beeinflussen.

a) Arbeitszeitgestaltung
- **Flexible Arbeitszeiten**: Gleitzeitmodelle, die es den Mitarbeitern ermöglichen, ihre Arbeitszeit innerhalb eines festgelegten Rahmens flexibel zu gestalten. Dies fördert die **Vereinbarkeit von Beruf und Privatleben** und steigert die **Motivation**.

- **Teilzeit- und Jobsharing-Modelle**: Die Möglichkeit, Arbeitszeit zu reduzieren oder Arbeitsaufgaben zu teilen, verbessert die **Lebensqualität** der Mitarbeiter.

- **Schichtarbeit und rotierende Arbeitszeiten**: Um den Produktionsprozess über den ganzen Tag und die Nacht aufrechtzuerhalten, können Schichtarbeit oder rotierende Arbeitszeiten sinnvoll sein, allerdings muss dabei auf die Gesundheit der Mitarbeiter geachtet werden (z. B. ausreichende Erholungszeiten).

- **Verkürzung der Arbeitszeit**: Die Einführung von **4-Tage-Wochen** oder **Arbeitszeitverkürzungen** zielt auf eine **Steigerung der Arbeitszufriedenheit** und eine **Reduzierung von Stress** ab.

b) Aufgabenstrukturierung

- **Job Enlargement**: Die **Erweiterung von Aufgabenbereichen** (z. B. durch zusätzliche Tätigkeiten auf der gleichen Qualifikationsebene) kann helfen, Monotonie zu vermeiden und den **Arbeitsalltag abwechslungsreicher** zu gestalten.

- **Job Enrichment**: Die **Anreicherung von Aufgaben** mit mehr Verantwortung und Entscheidungsspielräumen kann das **Engagement** und die **Motivation** der Mitarbeiter steigern. Das ermöglicht eine stärkere **Selbstbestimmung** im Arbeitsprozess.

- **Job Rotation**: Das regelmäßige Wechseln von Aufgaben und Tätigkeiten innerhalb des Unternehmens, um den Mitarbeitern neue **Fähigkeiten** zu vermitteln und **Langweile** zu vermeiden.

c) Hierarchie und Kommunikation

- **Flache Hierarchien**: Durch flache Hierarchien wird die **Kommunikation** erleichtert und die **Autonomie** der Mitarbeiter gefördert. Dies schafft eine **demokratischere** Arbeitskultur und erhöht die **Motivation**.

- **Teambildung**: Die Förderung von **Teamarbeit** und die Schaffung von **cross-funktionalen Teams** (Teams mit unterschiedlichen fachlichen Hintergründen) verbessern die **Zusammenarbeit** und die **Kommunikationskanäle**.

- **Regelmäßige Besprechungen**: Planen und durchführen von **Teammeetings**, in denen **Ziele**, **Erfolge** und **Herausforderungen** besprochen werden.

2. Prozessorientierte Maßnahmen

Diese Maßnahmen betreffen die **optimale Gestaltung von Arbeitsabläufen** und die **Effizienz** der Arbeit.

a) Arbeitsablauf- und Prozessoptimierung

- **Lean Management**: Die Anwendung von **Lean-Prinzipien** zur Eliminierung von **Verschwendung** und **Ineffizienzen** in Arbeitsprozessen. Ziel ist es, nur den Wert zu schaffen, der für den Kunden relevant ist, und unnötige Tätigkeiten zu vermeiden.

- **Automatisierung und Digitalisierung**: Der Einsatz von modernen **Technologien** und **Automatisierungslösungen**, um Arbeitsprozesse effizienter und fehlerfreier zu gestalten. Hierbei sollte darauf geachtet werden, dass die Technologien die Arbeit der Mitarbeiter unterstützen und nicht ersetzen.

- **Prozessstandardisierung**: Die Vereinheitlichung von Arbeitsprozessen, um eine **höhere Vorhersehbarkeit** und **Konsistenz** in der Arbeit zu erreichen. Standardisierte Prozesse ermöglichen es, **Fehler zu vermeiden** und **Ressourcen effizient zu nutzen**.

b) Zeit- und Arbeitsmittelmanagement

- **Zeitwirtschaft**: Effektive Nutzung der **Arbeitszeit** durch präzise Planung und Kontrolle von Arbeitszeiten und -aufgaben. Es können Tools wie **Zeit-Tracking** und **Projektmanagementsoftware** eingesetzt werden.

- **Arbeitsmittel und -ressourcen**: Die **Bereitstellung der richtigen Arbeitsmittel**, wie Software, Maschinen oder Geräte, stellt sicher, dass Mitarbeiter ihre Aufgaben effizient und ohne unnötige Hindernisse erledigen können.

- **Ergonomie und Arbeitsplatzgestaltung**: Die **ergonomische Gestaltung** der Arbeitsplätze (z. B. durch höhenverstellbare Tische, ergonomische Stühle, gute Beleuchtung) reduziert **gesundheitliche Beschwerden** und steigert die **Produktivität**.

3. Mitarbeiterorientierte Maßnahmen

Diese Maßnahmen richten sich auf die **Förderung des Wohlbefindens**, die **Motivation** und die **gesunde Gestaltung der Arbeit**.

a) Gesundheit und Sicherheit

- **Arbeitsschutz**: Maßnahmen zum Schutz der Mitarbeiter vor physischen und psychischen Gefährdungen am Arbeitsplatz (z. B. Sicherheitsvorkehrungen, Schutzkleidung, ergonomische Gestaltung).

- **Betriebliches Gesundheitsmanagement**: Die Förderung von **körperlicher und geistiger Gesundheit** durch **Bewegungspro-gramme, Gesundheitsvorsorge, Ergonomie-Workshops** oder die **Bereitstellung von gesunden Mahlzeiten**.

- **Stressmanagement und Burnout-Prävention**: Schulungen und Programme, die Mitarbeiter im Umgang mit **Stress** unterstützen und die **psychische Gesundheit** fördern.

b) Motivation und Mitarbeiterbindung

- **Anerkennung und Wertschätzung**: Die regelmäßige **Anerken-nung** von Leistungen, sei es durch **Lob, Prämien** oder durch **öf-fentliche Anerkennung** in Teammeetings, fördert die **Motivation** und das **Engagement** der Mitarbeiter.

- **Mitarbeiterbeteiligung**: Durch die **Einbindung** der Mitarbeiter in Entscheidungen (z. B. durch **Betriebsräte** oder **mitarbeiterorien-tierte Entscheidungen**) fühlen sich die Mitarbeiter wertgeschätzt und stärker mit dem Unternehmen verbunden.

- **Weiterbildung und Karriereentwicklung**: Die regelmäßige **För-derung von Weiterbildungsmöglichkeiten** und die Entwicklung von **Karriereperspektiven** steigern die **Zufriedenheit** und **Bin-dung** der Mitarbeiter.

c) Work-Life-Balance

- **Flexible Arbeitszeiten** und **Homeoffice-Optionen**: Diese Maß-nahmen unterstützen die **Vereinbarkeit von Berufs- und Privat-leben** und tragen dazu bei, dass Mitarbeiter ihre Arbeit besser mit ihren persönlichen Bedürfnissen und Verpflichtungen in Einklang bringen können.

- **Erholungszeiten und Urlaub**: Die Förderung von regelmäßigen **Pausen** und die Sicherstellung, dass Mitarbeiter ihren **Urlaub** nutzen können, ohne unter Druck zu stehen.

d) Konfliktmanagement und Teamarbeit

- **Mediation und Konfliktlösung**: Schulungen für Führungskräfte und Mitarbeiter im Umgang mit Konflikten und die Implementierung von **Mediationstechniken** helfen, Konflikte frühzeitig zu erkennen und lösungsorientiert zu bearbeiten.

- **Teamentwicklung**: Regelmäßige **Teambuilding-Maßnahmen** und **Teamtrainings** fördern die Zusammenarbeit, das Vertrauen und die Kommunikation innerhalb der Teams.

Fazit

Maßnahmen zur **Arbeitsorganisation** zielen darauf ab, die **Arbeitsprozesse** effizienter zu gestalten, die **Produktivität** zu steigern und gleichzeitig die **Gesundheit** und **Zufriedenheit** der Mitarbeiter zu fördern. Eine gute Arbeitsorganisation berücksichtigt sowohl **strukturelle** als auch **prozessorientierte** und **mitarbeiterorientierte** Aspekte, um ein ausgewogenes Verhältnis zwischen **Unternehmenszielen** und den **Bedürfnissen der Mitarbeiter** zu erreichen.

Durch die Umsetzung gezielter Maßnahmen zur Arbeitszeitgestaltung, Prozessoptimierung, Gesundheitsförderung und Mitarbeiterbeteiligung können Unternehmen nicht nur ihre **Effizienz** steigern, sondern auch die **Mitarbeiterbindung** und das **Arbeitsklima** nachhaltig verbessern.

2.6. FERTIGUNGS-, ARBEITSPLATZTYPEN UND ABLAUFPRINZIPIEN

Fertigungstypen

Die **Fertigungstypen** bezeichnen die unterschiedlichen Arten und Weisen, wie Produkte in der Industrie hergestellt werden. Sie hängen von verschiedenen Faktoren ab, wie der **Produktionsmenge**, der **Komplexität des Produkts**, der **Produktvariabilität** und den **Produktionsanforderungen**. Die Wahl des Fertigungstyps hat direkten Einfluss auf die **Kosten**, die **Flexibilität** und die **Effizienz** der Produktion.

Im Wesentlichen werden Fertigungstypen in vier Hauptkategorien unterteilt:

1. Einzelfertigung

Definition:
Die **Einzelfertigung** ist die Herstellung von **einzelnen, einzigartigen** Produkten oder Aufträgen. Jedes Produkt ist ein Unikat, das speziell nach den **individuellen Anforderungen** des Kunden oder Projekts gefertigt wird. Diese Art der Fertigung kommt vor allem in der **Luxusgüterindustrie**, bei der **Sonderanfertigung** oder in der **Prototypenfertigung** zum Einsatz.

Merkmale:
- **Hohe Individualität** der Produkte
- **Hoher Arbeitsaufwand** und **gutes Know-how** erforderlich
- **Lange Fertigungszeiten**
- **Hohe Flexibilität**, aber oft mit **höheren Kosten** verbunden
- **Beispielbranchen**: Maschinenbau (z. B. Sondermaschinen), Schiffbau, Bauwesen (z. B. Einzelanfertigungen von Bauteilen)

Vorteile:

- Hohe **Individualität** und Anpassungsfähigkeit an Kundenwünsche
- **Flexibilität** bei Änderungen der Anforderungen
- Besonders geeignet für **Prototypen** oder **spezialisierte Einzelprodukte**

Nachteile:

- **Hohe Kosten** und **lange Durchlaufzeiten**
- Geringe **Wiederverwendbarkeit** der Arbeitsvorbereitung und Produktionsmittel

2. Serienfertigung

Definition:

Bei der **Serienfertigung** werden **mehrere identische Produkte** in einer Serie produziert. Diese Produkte sind zwar in großen Stückzahlen gleich, jedoch können sie je nach Auftrag unterschiedliche Varianten aufweisen. Serienfertigung kommt häufig in der **Automobilindustrie** oder der **Elektronikindustrie** vor, wo Produkte regelmäßig in mittleren bis großen Stückzahlen produziert werden.

Merkmale:

- **Mittlere Produktionsmenge** (nicht nur Einzelstücke, aber auch keine Massenproduktion)
- Hoher **Automatisierungsgrad** und **Standardisierung**
- **Wiederholende Produktionsprozesse** mit geringeren Umrüstkosten
- **Beispielbranchen**: Automobilindustrie, Elektronikproduktion, Haushaltsgeräte

Vorteile:

- **Kostenvorteile** durch größere **Stückzahlen**

- **Bessere Auslastung** der Maschinen und Arbeitskräfte
- **Verkürzte Durchlaufzeiten** im Vergleich zur Einzelfertigung

Nachteile:
- Weniger **Flexibilität** bei der Anpassung an spezifische Kundenwünsche
- **Investitionen in Maschinen** und Anlagen müssen auf längere Sicht amortisiert werden
- Bei schwankender Nachfrage können **Überkapazitäten** entstehen

3. Serienfertigung mit variabler Stückzahl (Massenfertigung)

Definition:
Bei der **Massenfertigung** werden standardisierte Produkte in **sehr hohen Stückzahlen** produziert. Diese Art der Fertigung kommt dann zum Einsatz, wenn eine hohe **Nachfrage** nach einem bestimmten Produkt besteht und die **Produktmerkmale** konstant bleiben. Typische Produkte der Massenfertigung sind **Konsumgüter** oder **Standardmaschinen**, die in großen Stückzahlen benötigt werden.

Merkmale:
- Sehr **hohe Produktionsmengen**
- **Vollständige Standardisierung** der Produkte
- **Automatisierte Fertigungsprozesse**, die wenig Personal erfordern
- **Beispielbranchen**: Automobilindustrie, Lebensmittelproduktion, Haushaltswaren

Vorteile:
- **Kostenreduktion** durch große Stückzahlen und **Automatisierung**
- Sehr **kurze Produktionszeiten** pro Einheit
- **Skaleneffekte** und niedrige Stückkosten

Nachteile:

- Geringe **Flexibilität**: Anpassungen an spezielle Kundenwünsche sind schwierig und teuer
- Hohe **Investitionskosten** in Maschinen und Anlagen
- Schwierigkeit, auf **Nachfrageschwankungen** schnell zu reagieren

4. Massenfertigung mit Varianten (Modularfertigung)

Definition:

Die **Massenfertigung mit Varianten** oder **Modularfertigung** stellt eine Mischung aus Massenfertigung und **Serienfertigung** dar. Hierbei werden **grundlegende Module** standardisiert produziert, die dann je nach Bedarf mit anderen Komponenten kombiniert werden, um verschiedene **Produktvarianten** zu erstellen. Diese Methode ist häufig in der **Automobilindustrie** oder bei **Elektronikherstellern** anzutreffen, die viele Varianten eines Produkts anbieten, ohne jedes Mal das ganze Produkt neu zu entwickeln.

Merkmale:

- **Hohe Stückzahlen** mit **Modulvariationen**
- **Standardisierte Basisprodukte**, die mit unterschiedlichen Komponenten kombiniert werden
- **Hoher Automatisierungsgrad** und hohe **Effizienz**
- **Beispielbranchen**: Automobilindustrie, Fertigung von Computern und Smartphones

Vorteile:

- **Flexibilität** bei der Anpassung von Varianten
- **Hohe Effizienz** durch die Nutzung von Standardkomponenten
- **Kostenreduktion** durch die Fertigung von Modulen in großen Stückzahlen

Nachteile:

- **Hoher Planungsaufwand** zur Bereitstellung von Bauteilen und Modulen
- Geringere **Produktvariation** im Vergleich zu einer kompletten Individualfertigung

5. Fließfertigung

Definition:

Die **Fließfertigung** ist eine spezielle Form der **Massenfertigung**, bei der die Produkte kontinuierlich auf einem **Fließband** oder in einer **Fertigungslinie** durch verschiedene Produktionsstationen geführt werden. Sie eignet sich besonders für Produkte mit einer hohen **Stückzahl** und **wenig Varianz**. Typischerweise wird die Fließfertigung in der **Automobilindustrie** oder bei **Konsumgütern** angewendet.

Merkmale:

- **Kontinuierlicher Produktionsfluss**
- **Automatisierte Maschinen** arbeiten in **festen Taktzeiten**
- Die **Produktionsstationen** sind klar definiert und der Arbeitsablauf ist stark standardisiert
- **Beispielbranchen**: Automobilindustrie, Fertigung von Elektronikgeräten

Vorteile:

- Sehr hohe **Produktivität** und **Effizienz**
- **Geringe Durchlaufzeiten** durch kontinuierliche Produktion
- **Automatisierung** senkt den Personalbedarf

Nachteile:

- **Geringe Flexibilität** bei Änderungen
- Sehr **hohe Investitionen** in Maschinen und Infrastruktur

- Probleme bei **Produktionsstörungen** aufgrund der linearen Struktur

---

Fazit:

Die Wahl des richtigen Fertigungstyps hängt von vielen Faktoren ab, darunter **Produktionsvolumen, Produktkomplexität, Flexibilität** und **Kosten**. Unternehmen müssen den für ihre spezifischen Bedürfnisse und Märkte am besten geeigneten Fertigungstyp wählen, um sowohl wirtschaftlich zu produzieren als auch den Anforderungen ihrer Kunden gerecht zu werden.

Arbeitsplatztypen: Ortgebundene, Ortsveränderliche Arbeitsplätze, Einzelarbeit, Gruppenarbeit

Die verschiedenen **Arbeitsplatztypen** können nicht nur nach der Art der Tätigkeit und der Branche differenziert werden, sondern auch nach der **Mobilität** des Arbeitsplatzes und der **Art der Zusammenarbeit**. Im Folgenden werden die wichtigsten Kategorien von Arbeitsplätzen basierend auf der **Ortgebundenheit** und der **Art der Arbeitsorganisation** (Einzel- vs. Gruppenarbeit) erklärt.

1. Ortgebundene Arbeitsplätze

Definition:
Ortgebundene Arbeitsplätze sind **feste Arbeitsplätze**, die an einen bestimmten **Ort** oder eine **räumliche Struktur** gebunden sind. Der Arbeitnehmer arbeitet an einem festen Standort, wie z. B. in einem Büro, einer Produktionshalle oder einer Werkstatt. Diese Arbeitsplätze erfordern in der Regel eine konstante physische Anwesenheit.

Merkmale:
- **Fester Arbeitsplatz** an einem definierten Ort (z. B. Büro, Werkstatt, Fabrikhalle).

- Der Arbeitnehmer muss sich **immer am gleichen Ort** aufhalten, um seine Aufgaben zu erledigen.
- **Beispielbranchen**: Verwaltung, Maschinenbau, Industrieproduktion, Gesundheitswesen (z. B. Klinik).

Vorteile:
- **Klare Struktur**: Feste Arbeitszeiten und ein klar definierter Arbeitsplatz.
- **Einfache Organisation** der Arbeitsabläufe und bessere **Kontrolle**.
- **Soziale Interaktion** mit Kollegen und Vorgesetzten, Förderung des Teamgeists.
- Geringere **Abhängigkeit von Technologie** für die Ausführung der Aufgaben.

Nachteile:
- Eingeschränkte **Flexibilität** und keine Möglichkeit zur Arbeit aus der Ferne.
- **Pendeln** zwischen Zuhause und Arbeitsplatz kann Zeit und Energie kosten.
- **Monotonie** durch immer denselben Arbeitsort und die gleichen Aufgaben.

2. Ortsveränderliche Arbeitsplätze

Definition:
Ortsveränderliche Arbeitsplätze sind Arbeitsplätze, bei denen der Arbeitnehmer nicht an einem festen Ort arbeiten muss. Der Arbeitsplatz ist mobil und der Arbeitnehmer kann zwischen verschiedenen **Arbeitsorten** wechseln oder seine Tätigkeit unterwegs erledigen. Dazu gehören beispielsweise Außendienstmitarbeiter, Servicetechniker oder freie Berufe, bei denen der Arbeitsplatz nicht an einen festen Standort gebunden ist.

Merkmale:

- **Arbeitsplätze auf Reisen**: Der Arbeitnehmer arbeitet nicht an einem festen Ort, sondern reist zu verschiedenen Kunden, Projekten oder Einsatzorten.
- Nutzung von **mobilen Arbeitsmitteln** wie Laptops, Smartphones oder Tablets, um die Arbeit zu erledigen.
- **Beispielbranchen**: Außendienst, Beratung, Sales, Service, Architektur, Ingenieurwesen.

Vorteile:

- **Hohe Flexibilität** und **Eigenverantwortung**: Der Arbeitnehmer entscheidet oft selbst, wie und wo er arbeitet.
- **Abwechslung** durch wechselnde Arbeitsorte und Aufgaben.
- Kein **Pendeln** zum festen Arbeitsplatz nötig, was Zeit spart und die Work-Life-Balance verbessert.

Nachteile:

- **Fehlende soziale Interaktion** mit Kollegen und Teammitgliedern.
- Hohe Anforderungen an **Selbstorganisation** und **Disziplin**.
- Kann zu **Beruflicher Isolation** führen.
- Eventuell **schwierigere Kommunikation** oder Koordination mit dem Team.

3. Einzelarbeit

Definition:

Einzelarbeit bezeichnet eine Arbeitsweise, bei der der **Arbeitnehmer alleine** an einem Arbeitsplatz tätig ist und seine Aufgaben ohne direkte **Zusammenarbeit mit anderen** ausführt. Die Kommunikation erfolgt oft durch **Berichterstattung** oder via digitale Kommunikationsmittel.

Merkmale:

- Der **Arbeitnehmer arbeitet unabhängig** und alleine an seinen Aufgaben.
- **Wenig oder keine direkte Zusammenarbeit** mit anderen Kollegen oder Vorgesetzten.
- **Beispielbranchen**: Freiberufler (z. B. Schriftsteller, Designer), Forschung, IT-Entwickler.

Vorteile:

- **Hohe Konzentration** auf individuelle Aufgaben, ohne Ablenkung durch andere.
- Flexibilität bei der **Gestaltung der Arbeitszeit** und -weise.
- Gute **Selbstorganisation** und Unabhängigkeit.

Nachteile:

- **Isolation** und **Mangel an Teamarbeit** können die Kreativität und Innovation einschränken.
- Fehlende **sozialer Austausch** kann zu Motivationseinbrüchen führen.
- Es erfordert ein hohes Maß an **Selbstdisziplin** und **Motivation**.

4. Gruppenarbeit

Definition:

Gruppenarbeit bezeichnet eine Arbeitsweise, bei der mehrere **Mitarbeiter in einem Team** zusammenarbeiten, um ein gemeinsames Ziel zu erreichen. Jeder bringt sein Wissen und seine Fähigkeiten ein, um das Arbeitsergebnis zu verbessern. Diese Art der Zusammenarbeit ist in vielen Bereichen, insbesondere in kreativen, organisatorischen und strategischen Aufgaben, sehr verbreitet.

Merkmale:

- **Teamarbeit**: Mehrere Personen arbeiten zusammen an einem Projekt oder an einer Aufgabe.
- Jeder Mitarbeiter übernimmt eine **spezifische Rolle** innerhalb des Teams, um das gemeinsame Ziel zu erreichen.
- **Beispielbranchen**: Projektmanagement, Beratung, Entwicklungsteams, Kreativagenturen.

Vorteile:

- **Synergien** durch den Austausch von Ideen, Wissen und Fähigkeiten.
- **Vielfalt der Perspektiven**, die zu innovativeren Lösungen führen kann.
- **Motivation** und **Teamgeist** fördern den Zusammenhalt und die Arbeitszufriedenheit.
- **Kreativität** und **Problemlösungsfähigkeiten** werden durch den interaktiven Austausch verbessert.

Nachteile:

- **Koordinationsaufwand**: Gruppenarbeit erfordert häufige Besprechungen und Abstimmungen.
- **Konflikte** zwischen Teammitgliedern können auftreten und den Arbeitsfluss stören.
- Unterschiedliche **Arbeitsstile** und **Kommunikationspräferenzen** können zu Missverständnissen und Ineffizienz führen.
- **Freiheit und Autonomie** der Einzelnen können eingeschränkt sein.

Fazit:

Die Wahl des Arbeitsplatztyps beeinflusst sowohl die **Produktivität** als auch die **Arbeitszufriedenheit**. Ein **ortgebundener Arbeitsplatz** bietet Struktur und soziale Interaktion, während **ortsveränderliche Arbeitsplätze** Flexibilität und Abwechslung bieten. **Einzelarbeit** ermöglicht hohe Konzentration und Unabhängigkeit, aber kann zu Isolation führen, während **Gruppenarbeit** Kreativität und Teamgeist fördert, aber auch Konflikte und Koordinationsaufwand mit sich bringt. Eine **kluge Arbeitsplatzgestaltung** sollte die Bedürfnisse der Mitarbeiter und die Anforderungen der jeweiligen Tätigkeit in Einklang bringen.

Ablaufprinzipien

Ablaufprinzipien in der Fertigung und Arbeitsorganisation

In der Arbeits- und Fertigungsorganisation gibt es verschiedene **Ablaufprinzipien**, die darauf abzielen, Arbeitsprozesse effizient zu gestalten. Diese Prinzipien orientieren sich an unterschiedlichen Aspekten der **Arbeitsorganisation**, wie der **Anordnung von Arbeitsplätzen**, der **Art der Fertigung** und der **Prozessstrukturierung**. Hier sind die wichtigsten Ablaufprinzipien:

1. Werkbankfertigung (Werkstattfertigung)

Beschreibung:

In der Werkbankfertigung oder Werkstattfertigung werden ähnliche Maschinen und Arbeitsplätze an einem Ort zusammengefasst, sodass **spezialisierte Tätigkeiten** und **Arbeiten** in einer bestimmten Werkstatt oder an einer **Werkbank** ausgeführt werden. Dies bedeutet, dass der **Arbeitsplatz** an die **Werkstücke** angepasst ist, nicht umgekehrt.

Merkmale:

- **Arbeitsplätze nach Funktionsbereichen** geordnet (z. B. Maschinen für Drehen, Fräsen, Schweißen).
- Der **Arbeiter bewegt sich** zwischen verschiedenen Werkbänken oder Maschinen, um verschiedene Arbeitsschritte zu erledigen.
- Geeignet für Produkte mit **geringer Stückzahl** und **hoher Varianz**.

Vorteile:

- **Flexibilität** in der Produktion bei unterschiedlichen Produkten.
- **Spezialisierung** der Maschinen und Arbeitskräfte.
- **Vielfältige Fertigungsmöglichkeiten** für komplexe Produkte.

Nachteile:

- **Lange Transportwege** zwischen den verschiedenen Arbeitsplätzen.
- **Komplexe Logistik** und höhere **Kosten** bei der Fertigung.
- Gefahr der **Überlastung** einzelner Maschinen.

2. Verrichtungsprinzip (Funktionale Fertigung)

Beschreibung:

Beim Verrichtungsprinzip (auch als **funktionale Fertigung** bezeichnet) werden die **Arbeitsplätze nach den durchzuführenden Tätigkeiten** oder Funktionen geordnet. Das bedeutet, dass Maschinen und Arbeitsplätze je nach ihrer Funktion (z. B. Drehen, Fräsen, Bohren) in verschiedene **Bereiche** eingeteilt werden.

Merkmale:

- **Maschinen und Arbeitsplätze** sind nach der Art der Tätigkeit (z. B. Drehen, Fräsen) gruppiert.

- Die **Werkstücke** bewegen sich zwischen den verschiedenen Maschinen, die jeweils eine bestimmte Funktion ausführen.
- Häufig verwendet in **Werkstätten** mit einer Vielzahl an **verschiedenen Maschinen**.

Vorteile:
- **Spezialisierung** der Maschinen auf bestimmte Arbeitsschritte.
- **Flexibilität** bei der Verarbeitung von verschiedenen Produkten.
- **Optimierung** der Nutzung spezieller Maschinen und Werkzeuge.

Nachteile:
- **Lange Wege** und **mehrfache Handhabung** der Werkstücke.
- **Hohes Maß an Komplexität** in der Steuerung und Koordination des Produktionsprozesses.
- **Längere Durchlaufzeiten** aufgrund des Transports zwischen den Funktionsbereichen.

3. Flussprinzip (Fließfertigung)

Beschreibung:
Das **Flussprinzip** basiert auf der **Linearisierung** von Produktionsabläufen, bei denen die Werkstücke in einem **kontinuierlichen Fluss** von einem Arbeitsschritt zum nächsten bewegt werden. Es zielt darauf ab, die **Durchlaufzeit zu minimieren** und die **Produktivität** zu maximieren, indem jeder Arbeitsschritt **direkt aufeinander folgt**.

Merkmale:
- **Arbeitsplätze sind in einer Linie** angeordnet, um die Werkstücke kontinuierlich durch die Fertigung zu bewegen.
- Jeder Arbeitsplatz führt nur einen **bestimmten Arbeitsschritt** aus.
- Eignet sich besonders für die **Massenfertigung** von standardisierten Produkten.

Vorteile:

- **Hohe Produktivität** und **geringe Durchlaufzeiten**.
- **Geringe Lagerbestände** und reduzierte **Wartezeiten**.
- **Standardisierte Produktion**, geeignet für große Stückzahlen.

Nachteile:

- **Wenig Flexibilität** für unterschiedliche Produkte.
- **Hohe Investitionen** in spezialisierte Maschinen.
- **Störungen im Fluss** können den gesamten Produktionsprozess lahmlegen.

4. Sternprinzip

Beschreibung:

Das **Sternprinzip** beschreibt eine Struktur, bei der alle Arbeitsplätze oder Maschinen in einem **Zentralpunkt** (dem „Stern") organisiert sind und von diesem Punkt aus in alle Richtungen arbeiten. Die Arbeitsabläufe verlaufen also **strahlenförmig** von einem zentralen Punkt aus.

Merkmale:

- **Zentraler Arbeitsbereich**, von dem aus die **Produktionseinheiten** in alle Richtungen gehen.
- Häufig wird dies bei der Fertigung von **Einzelstücken** oder **Prototypen** angewendet.
- Geringe Anzahl von **Arbeitsplätzen**, aber hohe Flexibilität.

Vorteile:

- **Flexibilität** in der Fertigung von verschiedenen Produkten.
- **Kosteneffizient** bei kleineren Produktionsmengen oder Einzelstückfertigung.
- **Geringer Platzbedarf** im Vergleich zu großen Fertigungshallen.

Nachteile:

- **Höhere Komplexität** in der Koordination und Planung.
- Kann bei **großen Produktionsvolumen** ineffizient sein.
- **Geringe Prozessstandardisierung**.

5. Fertigungsinsel (Inselproduktion)

Beschreibung:
Die **Fertigungsinsel** ist eine Methode, bei der **Arbeitsplätze** oder **Maschinen** in sogenannten „Inseln" gruppiert werden, die für die Bearbeitung eines bestimmten **Produkttyps** oder **Arbeitsablaufs** zuständig sind. Diese Inseln sind flexibel und können je nach Bedarf umstrukturiert oder verändert werden.

Merkmale:

- **Inseln** werden so gestaltet, dass alle **Arbeitsprozesse** für einen Produkttyp innerhalb einer Insel stattfinden.
- **Eigenständige Teams** übernehmen Verantwortung für den gesamten Prozess von Anfang bis Ende.
- Häufig genutzt in der **Gruppenfertigung**.

Vorteile:

- **Hohe Flexibilität** bei der Fertigung von Produkten in kleinen Serien.
- **Geringe Rüstzeiten** und schnelle Anpassung an neue Produkte.
- **Teamorientierte Arbeitsweise**, die **Motivation** und **Verantwortung** fördert.

Nachteile:

- **Kostenintensive Umstrukturierungen** bei einer Änderung des Produktionsplans.
- Kann bei **großen Serien** oder **Massenproduktion** ineffizient sein.

- **Koordinationsaufwand** zwischen den Inseln.

6. Baustellenprinzip (Projektfertigung)

Beschreibung:
Das **Baustellenprinzip** wird vor allem in Bereichen eingesetzt, in denen **individuelle Projekte** oder **maßgeschneiderte Produkte** gefertigt werden, die einen hohen Anteil an **Einzelfertigung** oder **Konstruktion** aufweisen, wie zum Beispiel im **Bauwesen** oder bei **großen Maschinenbauprojekten**. Die Produktionsressourcen (Material, Maschinen, Arbeitskräfte) werden **auf der Baustelle** selbst organisiert.

Merkmale:
- **Projektbezogene Fertigung**, bei der **individuelle Produkte** gefertigt werden.
- **Ressourcen** wie Maschinen, Material und Arbeitskräfte sind **direkt vor Ort** auf der Baustelle organisiert.
- **Kundenorientiert**: Produkte werden nach **individuellen Vorgaben** erstellt.

Vorteile:
- **Hohe Flexibilität** für Sonderanfertigungen und komplexe Projekte.
- **Eindeutige Auftragsstruktur**, die eine **maßgeschneiderte Lösung** ermöglicht.
- **Kundenorientierung** durch direkte Zusammenarbeit vor Ort.

Nachteile:
- **Hoher Planungsaufwand**.
- **Lange Durchlaufzeiten** und möglicherweise **hohe Kosten**.
- **Koordinations- und Logistikaufwand**, um alle Ressourcen vor Ort zu verwalten.

Definition Job-Rotation

Job-Rotation ist ein Konzept der **Arbeitsorganisation**, bei dem **Mitarbeiter regelmäßig zwischen verschiedenen Arbeitsplätzen** oder **Aufgabenbereichen** innerhalb eines Unternehmens wechseln. Ziel ist es, den Mitarbeitern eine **Vielfalt an Tätigkeiten** zu bieten, die sie ausführen, um sowohl **Fachkenntnisse** als auch **Flexibilität** zu fördern und gleichzeitig den Arbeitsalltag interessanter und abwechslungsreicher zu gestalten.

Job-Rotation wird oft als Teil eines **Personalentwicklungskonzepts** verwendet, das sowohl die **Motivation** der Mitarbeiter steigern als auch die **Multifunktionalität** und **Flexibilität** der Arbeitskräfte verbessern soll.

Merkmale von Job-Rotation:

1. **Wechsel der Arbeitsaufgaben**: Mitarbeiter durchlaufen unterschiedliche Arbeitsstationen oder -bereiche.

2. **Regelmäßige Rotation**: Die Mitarbeiter wechseln in festgelegten Abständen zwischen verschiedenen Aufgaben, z. B. wöchentlich oder monatlich

3. **Vielseitige Entwicklung**: Mitarbeiter lernen neue Fertigkeiten und erweitern ihre **Fachkompetenz**.

4. **Förderung der Vielseitigkeit**: Es entstehen **Multiskill-Mitarbeiter**, die auf mehreren Positionen im Unternehmen einsetzbar sind.

Ziele der Job-Rotation:

1. **Erhöhung der Flexibilität**: Mitarbeiter können in unterschiedlichen Bereichen eingesetzt werden, was insbesondere in Zeiten von **Urlaub, Krankheit** oder **Spitzenzeiten** von Vorteil ist.

2. **Vermeidung von Monotonie**: Der Wechsel von Aufgaben kann die **Arbeitsmotivation** steigern, da eintönige Tätigkeiten vermieden werden.

3. **Steigerung der Mitarbeitermotivation**: Abwechslung und neue Herausforderungen können das **Engagement** und die **Arbeitszufriedenheit** der Mitarbeiter erhöhen.

4. **Förderung von Teamarbeit und Kommunikation**: Da Mitarbeiter in verschiedenen Bereichen arbeiten, verbessern sich ihre **Kommunikationsfähigkeiten** und ihr Verständnis für andere Abteilungen.

5. **Vermeidung von Überlastung**: Durch den Wechsel der Aufgaben wird die Belastung eines Mitarbeiters in einem bestimmten Bereich gleichmäßiger verteilt.

6. **Entwicklung von Führungspotential**: Mitarbeiter lernen unterschiedliche Tätigkeiten kennen, was die **Karrierechancen** und **Führungskompetenz** stärkt.

Vorteile der Job-Rotation:

- **Vielfältige Qualifikation**: Mitarbeiter werden vielseitig geschult und erhalten breitere Kenntnisse und Fähigkeiten.

- **Geringere Ermüdung** und **Stress**: Die Abwechslung kann die **psychische Belastung** reduzieren.

- **Bessere Karriereentwicklung**: Mitarbeiter erhalten mehr **Karriereoptionen** durch die Erweiterung ihres Fachwissens.

- **Flexibilität des Unternehmens**: Durch die cross-funktionale Ausbildung können Unternehmen schnell auf Personalengpässe reagieren.

- **Motivation und Zufriedenheit**: Die regelmäßige Veränderung sorgt für **Abwechslung** und kann die langfristige **Arbeitszufriedenheit** fördern.

Nachteile der Job-Rotation:

- **Lernkurve**: Bei häufigem Wechsel müssen Mitarbeiter jedes Mal Zeit investieren, um sich in neue Aufgaben einzuarbeiten, was zu **Produktivitätseinbußen** führen kann.

- **Verwirrung und Unsicherheit**: Zu häufige Rotationen können bei den Mitarbeitern zu **Verwirrung** führen, da sie möglicherweise nicht genügend Zeit haben, sich in einer bestimmten Tätigkeit zu etablieren.

- **Kosten**: Unternehmen müssen oft in **Schulungen** investieren, damit Mitarbeiter die notwendigen Fähigkeiten für verschiedene Tätigkeiten erwerben.

- **Überforderung**: In einigen Fällen kann die ständige Veränderung von Aufgaben **Stress** oder **Überforderung** auslösen, besonders bei besonders komplexen Tätigkeiten.

Anwendungsbereiche der Job-Rotation:

- **Industrie und Fertigung**: Hier kann Job-Rotation dazu beitragen, dass Mitarbeiter an verschiedenen Maschinen oder Stationen arbeiten, was die Flexibilität der Produktion erhöht.
- **Dienstleistungssektor**: Mitarbeiter können zwischen verschiedenen Abteilungen oder Funktionen rotieren (z. B. Kundenservice, Verwaltung, Vertrieb).
- **Verwaltung und Büroarbeit**: Mitarbeiter rotieren zwischen verschiedenen Abteilungen wie **Buchhaltung**, **Marketing** und **Personalwesen**.
- **Gesundheitswesen**: Ärzte, Pflegekräfte oder anderes medizinisches Personal können zwischen verschiedenen Stationen oder Abteilungen wechseln.

Beispiel für Job-Rotation:

Ein Unternehmen, das **Kundendienst**, **Vertrieb** und **Marketing** als drei Hauptfunktionen hat, könnte Job-Rotation einführen, indem es seine Mitarbeiter alle sechs Monate zwischen diesen Bereichen wechseln lässt. Ein Mitarbeiter, der zu Beginn im Vertrieb arbeitet, könnte nach sechs Monaten in den Kundendienst und dann nach weiteren sechs Monaten ins Marketing wechseln. Auf diese Weise sammelt der Mitarbeiter Erfahrung in allen Bereichen und wird zu einem **Multitalent**, das flexibel eingesetzt werden kann.

Fazit:

Job-Rotation ist ein effizientes Werkzeug zur **Weiterentwicklung von Mitarbeitern** und zur **Steigerung der Unternehmensflexibilität**. Sie fördert nicht nur die **Vielseitigkeit** und **Motivation** der Mitarbeiter, sondern sorgt auch für eine **bessere Verfügbarkeit von Arbeitskräften** bei Bedarf. Gleichzeitig trägt es zur **Vermeidung von Monotonie** und zur **Steigerung der Arbeitszufriedenheit** bei. Wichtig ist jedoch, dass das

Konzept so umgesetzt wird, dass die Mitarbeiter genügend Zeit haben, sich an die neuen Aufgaben zu gewöhnen, ohne dass sie überfordert werden.

Definition: Job Enlargement

Job Enlargement bezeichnet die **Erweiterung des Aufgabenbereichs** eines Mitarbeiters durch die **Zuweisung zusätzlicher, gleichwertiger Aufgaben**. Im Gegensatz zur **Job-Rotation** (bei der Aufgaben regelmäßig gewechselt werden), geht es beim **Job Enlargement** darum, den **Umfang** der Arbeit eines Mitarbeiters zu **vergrößern**, indem er mehr **verwandte Aufgaben** übernimmt, die in der Regel auf demselben **Komplexitätsniveau** liegen.

Das Ziel von Job Enlargement ist es, die **Monotonie** der Arbeit zu verringern, den Mitarbeitern mehr Verantwortung zu übertragen und die **Arbeitszufriedenheit** zu steigern. Es soll helfen, den **Arbeitsalltag abwechslungsreicher** und interessanter zu gestalten, ohne dabei die Anforderungen oder Komplexität der Arbeit grundlegend zu verändern.

Merkmale von Job Enlargement:

- **Erweiterung des Aufgabenbereichs**: Ein Mitarbeiter übernimmt zusätzliche Aufgaben, die in der Regel ähnlich oder gleichwertig zu seinen bestehenden Aufgaben sind.

- **Vermeidung von Monotonie**: Durch die Erweiterung der Aufgaben wird der **Arbeitsalltag abwechslungsreicher** gestaltet.

- **Keine Veränderung der Hierarchie**: Im Gegensatz zu **Job Enrichment** (bei dem Mitarbeiter mehr Verantwortung und Entscheidungsfreiheit bekommen) bleibt der **Komplexitätsgrad** der Aufgaben meist gleich.

- **Erhöhung der Arbeitslast**: Der Mitarbeiter wird mit mehr Aufgaben betraut, ohne dass sich seine **Position oder Verantwortung** im Unternehmen grundsätzlich verändert.

Ziele von Job Enlargement:

1. **Abwechslung und Vielfalt**: Die **Arbeiten** werden vielfältiger und der Mitarbeiter wird weniger mit monotonen Aufgaben konfrontiert.

2. **Steigerung der Motivation**: Ein breiterer Aufgabenbereich kann die **Arbeitszufriedenheit** erhöhen, da Mitarbeiter mehr Aufgaben und damit ein größeres **Sinngefühl** in ihrer Arbeit finden können.

3. **Erhöhung der Flexibilität**: Mitarbeiter, die mehrere Aufgaben ausführen können, sind oft flexibler einsetzbar und das Unternehmen wird widerstandsfähiger gegenüber **Personalausfällen** oder **Spitzenzeiten**.

4. **Förderung der Weiterentwicklung**: Durch die Erweiterung des Aufgabenbereichs erwerben Mitarbeiter neue **Fähigkeiten** und **Kenntnisse**, die ihre **Karrierechancen** verbessern können.

Vorteile von Job Enlargement:

- **Vermeidung von Langeweile und Monotonie**: Mitarbeiter können sich mit verschiedenen Aspekten ihrer Arbeit auseinandersetzen, was das tägliche Arbeiten interessanter macht.

- **Erhöhte Motivation**: Wenn Mitarbeiter das Gefühl haben, mehr Verantwortung zu übernehmen und einen größeren Beitrag zu leisten, kann dies ihre **Arbeitszufriedenheit** steigern.

- **Entwicklung von Fähigkeiten**: Mitarbeiter entwickeln **vielfältige Fertigkeiten**, die sie für unterschiedliche Aufgaben qualifizieren und **Karrierechancen** bieten.

- **Flexibilität des Unternehmens**: Durch die Erweiterung des Aufgabenspektrums sind Mitarbeiter flexibler und können in verschiedenen Bereichen eingesetzt werden.

Nachteile von Job Enlargement:
- **Überlastung**: Wenn die zusätzlich übernommenen Aufgaben nicht richtig strukturiert sind oder nicht ausreichend unterstützt werden, kann der Mitarbeiter sich überfordert fühlen.

- **Mangelnde Weiterentwicklung**: Da Job Enlargement die **Komplexität** der Aufgaben nicht erhöht, kann der Mitarbeiter das Gefühl haben, dass seine **berufliche Weiterentwicklung** stagniert, da keine **höheren Verantwortungsbereiche** übernommen werden.

- **Mögliche Verwirrung**: Wenn die zusätzlichen Aufgaben nicht klar abgegrenzt sind oder nicht gut kommuniziert werden, könnte es zu **Verwirrung** oder **Unklarheiten** in Bezug auf die Verantwortlichkeiten kommen.

- **Erhöhte Arbeitslast ohne zusätzliche Belohnung**: Wenn Mitarbeiter mehr Aufgaben übernehmen, aber keine **entsprechende Entlohnung** oder **Anerkennung** erhalten, könnte dies zu Frustration und **Motivationsverlust** führen.

Beispiel für Job Enlargement:
Angenommen, ein Mitarbeiter arbeitet in einer **Verpackungsabteilung** und ist bisher nur für das Verpacken von Produkten zuständig. Im Rahmen von

Job Enlargement könnte ihm zusätzlich die Aufgabe übertragen werden, die **Qualitätskontrolle** durchzuführen, die **Lagerbestände zu überwachen** oder **Produktetiketten zu erstellen**. Diese Aufgaben sind ähnlich und inhaltlich verwandt mit der ursprünglichen Tätigkeit, erweitern aber den Aufgabenbereich und machen die Arbeit abwechslungsreicher.

Fazit:

Job Enlargement ist eine Strategie, die darauf abzielt, den Arbeitsalltag der Mitarbeiter durch eine Erweiterung ihres Aufgabenbereichs abwechslungsreicher zu gestalten und die **Arbeitsmotivation** zu steigern. Es kann ein wirksames Mittel sein, um **Monotonie** zu vermeiden und die **Flexibilität** der Mitarbeiter zu erhöhen. Es ist jedoch wichtig, dass die zusätzlichen Aufgaben nicht zu einer **Überlastung** führen und dass sie fair entlohnt und ausreichend unterstützt werden, um den gewünschten Effekt auf die **Mitarbeiterzufriedenheit** zu erzielen.

Definition: Job Enrichment

Job Enrichment bezeichnet eine **Strategie der Arbeitsgestaltung**, bei der die **Komplexität** und **Verantwortung** einer Arbeitsaufgabe **erhöht** werden, um den Mitarbeitern mehr **Autonomie**, **Entscheidungsfreiheit** und **Sinn** in ihrer Arbeit zu geben. Ziel ist es, die **Arbeitsmotivation** zu steigern, die **Arbeitszufriedenheit** zu fördern und die **Leistung** der Mitarbeiter langfristig zu erhöhen, indem sie mehr Einfluss auf ihre Arbeitsprozesse und -ergebnisse haben.

Im Gegensatz zu **Job Enlargement**, bei dem die Arbeit durch **Zusatzaufgaben** erweitert wird, zielt **Job Enrichment** darauf ab, den **inhaltlichen Reiz** und die **Bedeutung** der Arbeit zu steigern, indem die **Aufgaben komplexer** und **verantwortungsvoller** werden. Es geht darum, den Mitarbeiter stärker in die **Planung**, **Überwachung** und **Gestaltung** seiner Arbeit einzubeziehen.

Merkmale von Job Enrichment:

1. **Erhöhung der Verantwortlichkeit**: Mitarbeiter erhalten mehr Verantwortung und Kontrolle über ihre Arbeit und können Entscheidungen selbst treffen.

2. **Erweiterung der Aufgabenvielfalt**: Die Arbeit wird anspruchsvoller und vielseitiger gestaltet, indem zusätzliche Aufgaben auf höherem **Komplexitätsniveau** integriert werden.

3. **Autonomie und Entscheidungsfreiheit**: Mitarbeiter dürfen Entscheidungen treffen, die normalerweise von Vorgesetzten getroffen werden, wodurch ihre **Eigenständigkeit** gefördert wird.

4. **Feedback und Anerkennung**: Durch die Übertragung von verantwortungsvolleren Aufgaben erhalten Mitarbeiter öfter **Feedback** zu ihrer Leistung, was ihre **Selbstwirksamkeit** und **Motivation** stärkt.

5. **Verbindung zur Gesamtaufgabe**: Die Arbeit wird mit den **Zielen** und der **Vision** des Unternehmens verknüpft, sodass Mitarbeiter den **Sinn** ihrer Arbeit besser verstehen können.

Ziele von Job Enrichment:

- **Erhöhung der Arbeitsmotivation**: Durch die Übertragung von mehr Verantwortung und Entscheidungsspielräumen wird die intrinsische Motivation der Mitarbeiter gesteigert.

- **Steigerung der Arbeitszufriedenheit**: Mitarbeiter, die mehr Einfluss auf ihre Arbeit haben und Verantwortung übernehmen können, sind zufriedener und fühlen sich mehr wertgeschätzt.

- **Verbesserung der Leistung**: Da Mitarbeiter stärker in die Arbeit involviert sind und mehr Entscheidungskompetenz haben, steigt in der Regel auch ihre **Leistungsbereitschaft** und **Produktivität**.

- **Reduzierung von Fluktuation und Absentismus**: Mitarbeiter, die sich selbst als entscheidend für den Erfolg des Unternehmens sehen und die Kontrolle über ihre Arbeit haben, bleiben eher im Unternehmen und sind weniger häufig krank.

- **Entwicklung von Fähigkeiten und Karrierechancen**: Job Enrichment fördert die **berufliche Weiterentwicklung**, da Mitarbeiter durch anspruchsvollere Aufgaben neue **Kompetenzen** und **Kenntnisse** erwerben können.

Vorteile von Job Enrichment:

- **Höhere Motivation**: Mitarbeiter empfinden ihre Arbeit als **bedeutungsvoller** und sind stärker engagiert, da sie Einfluss auf den Arbeitsprozess haben.
- **Erhöhte Arbeitszufriedenheit**: Die Verantwortungsübernahme und die Autonomie führen zu einer höheren Zufriedenheit mit der eigenen Arbeit.
- **Verbesserte Produktivität**: Motivierte und zufriedene Mitarbeiter arbeiten in der Regel **produktiver** und mit **mehr Initiative**.
- **Förderung von Innovation und Kreativität**: Da Mitarbeiter bei der Lösung von Problemen und der Entscheidungsfindung stärker einbezogen werden, entstehen oft **kreative Ideen** und **innovative Lösungen**.
- **Bessere Bindung ans Unternehmen**: Mitarbeiter, die mehr Verantwortung übernehmen, fühlen sich stärker mit ihrem Unternehmen verbunden und zeigen **weniger Neigung zur Fluktuation**.

Nachteile von Job Enrichment:

- **Überforderung**: Wenn die Aufgaben zu viel Verantwortung oder zu hohe Anforderungen stellen, kann dies die Mitarbeiter überfordern und zu **Stress** führen.
- **Ungleichgewicht bei der Entlohnung**: Mitarbeiter übernehmen mehr Verantwortung, aber wenn die **Vergütung** nicht angepasst wird, kann dies zu **Unzufriedenheit** führen.

- **Fehlende Ressourcen**: Die Umsetzung von Job Enrichment erfordert oft **zusätzliche Ressourcen** wie Zeit, Schulungen und Unterstützung durch das Management. Ohne diese kann die Umstellung problematisch sein.
- **Widerstand von Mitarbeitern oder Führungskräften**: Manche Mitarbeiter sind möglicherweise nicht bereit für mehr Verantwortung oder fühlen sich mit den neuen Aufgaben überfordert. Auch Führungskräfte könnten Bedenken haben, Kontrollkompetenzen an Mitarbeiter abzugeben.
- **Mögliche Ungleichheit**: Job Enrichment kann dazu führen, dass einige Mitarbeiter mehr Verantwortung übernehmen als andere, was zu **Unterschieden** in der **Arbeitsbelastung** führen kann.

Beispiel für Job Enrichment:
Stellen Sie sich vor, ein **Buchhalter** in einem Unternehmen führt typischerweise nur einfache **Abrechnungsaufgaben** aus, wie das Verbuchen von Rechnungen und die Kontrolle der Ausgaben. Im Rahmen von Job Enrichment könnte dieser Buchhalter jedoch auch für die **Budgetplanung** und **Finanzprognosen** verantwortlich gemacht werden. Zudem könnte ihm mehr Entscheidungsfreiheit bei der **Finanzsteuerung** und der **Überwachung** von Ausgaben gewährt werden. Dadurch wird die Arbeit anspruchsvoller, und der Mitarbeiter übernimmt eine **strategische Rolle**, was ihm nicht nur mehr Verantwortung gibt, sondern auch die Möglichkeit, die Auswirkungen seiner Arbeit auf das Unternehmen zu erkennen und zu verstehen.

Fazit:
Job Enrichment ist eine effektive Methode, um die **Arbeitsmotivation** und **Arbeitszufriedenheit** von Mitarbeitern zu steigern. Indem die Arbeit anspruchsvoller und verantwortungsvoller gestaltet wird, erhalten die Mitarbeiter mehr **Autonomie** und **Sinn** in ihrer Tätigkeit. Dies führt nicht nur zu einer **höheren Leistungsbereitschaft**, sondern auch zu einer stärkeren

Bindung an das Unternehmen. Es erfordert jedoch eine sorgfältige Planung, um sicherzustellen, dass die Mitarbeiter mit den neuen Anforderungen nicht überfordert werden und dass ihre **Entlohnung** den zusätzlichen Verantwortungen gerecht wird.

Job Enlargement vs. Job Enrichment:

- **Job Enlargement** erweitert den Aufgabenbereich eines Mitarbeiters auf **gleicher Ebene** und führt zu einer **Vergrößerung der Arbeitslast**, aber ohne eine Erhöhung der **Komplexität** oder **Verantwortung**.

- **Job Enrichment** hingegen bezieht sich auf die **Vertiefung** der Aufgaben, bei denen der Mitarbeiter **mehr Verantwortung**, **Autonomie** und **Entscheidungsfreiheit** erhält, was die **Komplexität** der Arbeit erhöht.

3.0. EINFLÜSSE DER GRUPPENSTRUKTUR AUF DAS GRUPPENVERHALTEN UND DIE ZUSAMMENARBEIT

3.1. DEFINITION GRUPPEN

Definition Gruppen

Eine **Gruppe** ist ein Zusammenschluss von drei oder mehr Personen, die durch gemeinsame Merkmale, Interessen, Ziele oder Interaktionen verbunden sind. Gruppen können formell oder informell sein und zeichnen sich durch regelmäßige Kommunikation und Interaktion aus. Mitglieder einer

Gruppe teilen oft ein Gefühl der Zugehörigkeit und Identität, und ihre Zusammenarbeit kann das Erreichen gemeinsamer Ziele oder das Lösen von Problemen fördern.

Wesentliche Merkmale einer Gruppe (Mindestens 3 Mitglieder) sind:

- **Gemeinsame Merkmale:** Mitglieder einer Gruppe teilen oft bestimmte Eigenschaften, wie Interessen, Werte, Erfahrungen oder Ziele.

- **Interaktion:** Gruppenmitglieder stehen in Kontakt miteinander, kommunizieren und interagieren, was die Dynamik der Gruppe prägt.

- **Zielorientierung:** Viele Gruppen haben ein bestimmtes Ziel oder eine Aufgabe, die sie gemeinsam verfolgen, wie z.B. ein Projekt abzuschließen oder soziale Unterstützung zu bieten.

- **Soziale Identität:** Gruppen bieten den Mitgliedern ein Gefühl der Zugehörigkeit und Identität. Menschen definieren sich oft über die Gruppen, zu denen sie gehören.

- **Struktur:** Gruppen können formell (z.B. in Organisationen) oder informell (z.B. Freundeskreise) sein. Formelle Gruppen haben oft klare Rollen und Verantwortlichkeiten, während informelle Gruppen weniger strukturiert sind.

- **Gruppendynamik:** Die Interaktionen innerhalb einer Gruppe können die Gruppendynamik beeinflussen, einschließlich der Beziehungen, der Kommunikation und der Entscheidungsfindung.

Insgesamt ist eine Gruppe eine soziale Einheit, in der die Beziehungen und Interaktionen zwischen den Mitgliedern eine zentrale Rolle spielen.

3.2. FORMELLE UND INFORMELLE GRUPPEN

Formelle und informelle Gruppen unterscheiden sich hauptsächlich in ihrer Struktur und Zielsetzung.

Formelle Gruppen:

Definition: Diese Gruppen sind bewusst gegründet und haben definierte Ziele und Aufgaben.

Merkmale: Sie sind oft hierarchisch organisiert, mit festgelegten Rollen und Verantwortlichkeiten. Beispiele sind Arbeitsgruppen, Projektteams oder Ausschüsse in Unternehmen.

Ziele: Die Ziele sind in der Regel klar festgelegt, und die Mitgliedschaft ist oft offiziell.

Beispiele:

Projektteam: Ein Team, das speziell für die Durchführung eines bestimmten Projekts gebildet wird, z.B. zur Entwicklung eines neuen Produkts.

Abteilung: Eine Marketingabteilung innerhalb eines Unternehmens mit festgelegten Aufgaben und Zielen.

Ausschuss: Ein Gremium, das für die Planung und Durchführung von Unternehmensrichtlinien oder -entscheidungen zuständig ist.

Schulklasse: Eine Gruppe von Schülern, die von einem Lehrer unterrichtet wird und einen klaren Lehrplan verfolgt.

Informelle Gruppen:

Definition: Diese Gruppen entstehen spontan und nicht durch formale Vorgaben. Sie entwickeln sich oft aus persönlichen Beziehungen oder gemeinsamen Interessen.

Merkmale: Sie sind weniger strukturiert und können schnell entstehen oder sich auflösen. Beispiele sind Freundeskreise oder informelle Netzwerke in einem Unternehmen.

Ziele: Die Ziele sind oft nicht offiziell festgelegt und können vielfältig sein, z.B. soziale Interaktion, Unterstützung oder Austausch von Informationen.

Beispiele:

Freundeskreis: Eine Gruppe von Personen, die sich regelmäßig treffen, um Zeit miteinander verbringen, ohne formale Strukturen.

Kaffeeküche: Mitarbeiter, die sich während der Kaffeepause informell austauschen und Beziehungen aufbauen.

Hobbygruppe: Eine Gruppe von Menschen, die sich aufgrund gemeinsamer Interessen, wie z.B. Sport oder Kunst, zusammenfinden, z.B. ein Buchclub oder eine Laufgruppe.

Online-Community: Eine Gruppe von Personen, die sich in sozialen Medien oder Foren über gemeinsame Interessen austauschen, z.B. eine Gruppe für Gartenliebhaber auf Facebook.

Zusammenfassend lässt sich sagen, dass formelle Gruppen durch klare Strukturen und Ziele charakterisiert sind, während informelle Gruppen flexibler und oft von persönlichen Beziehungen geprägt sind.

Woran erkenne ich informelle Gruppen ?

Informelle Gruppen im Betrieb sind an verschiedenen Merkmalen erkennbar:

- **Spontane Zusammenkünfte:** Mitarbeiter treffen sich regelmäßig in Pausenräumen, Fluren oder Cafés, ohne offizielle Einladung oder Agenda.

- **Gemeinsame Interessen**: Die Mitglieder haben oft gemeinsame Hobbys, Interessen oder Anliegen, wie z.B. Sport, Musik oder die Diskussion über aktuelle Themen im Unternehmen.

- **Wenig oder keine formale Struktur:** Es gibt keine festgelegten Rollen oder Hierarchien. Jeder kann Ideen einbringen, und Entscheidungen werden oft informell getroffen.

- **Informelle Kommunikation:** Der Austausch erfolgt über persönliche Gespräche, Chats oder soziale Medien, anstatt über offizielle Meetings oder E-Mails.

- **Unterstützung und Zusammenhalt:** Die Mitglieder bieten einander Unterstützung an, sei es bei beruflichen Herausforderungen oder persönlichen Problemen.

- **Einfluss auf die Unternehmenskultur:** Informelle Gruppen können erheblichen Einfluss auf die Stimmung und die Unternehmenskultur haben, oft mehr als formelle Strukturen.

- **Verschiedene Abteilungen:** Informelle Gruppen können auch abteilungsübergreifend sein, indem Mitarbeiter aus verschiedenen Bereichen zusammenkommen.

- **Variierende Teilnehmer:** Die Mitglieder können je nach Interesse oder Verfügbarkeit variieren, es gibt oft kein festes Mitgliedschaftsverhältnis.

Wie kann ich Informelle Gruppen im Betrieb nutzen?

Informelle Gruppen im Betrieb können eine wertvolle Ressource sein, um die Zusammenarbeit und das Arbeitsklima zu verbessern. Hier sind einige Strategien, wie du sie nutzen kannst:

Netzwerkbildung fördern: Schaffe Gelegenheiten für informelle Treffen, wie Kaffeepausen oder Team-Events, um den Austausch zu fördern.

Kommunikation stärken: Ermutige Mitarbeiter, ihre Ideen und Bedenken in informellen Settings zu teilen. Das kann zu neuen Perspektiven und Lösungen führen.

Mentoring und Wissensaustausch: Nutze erfahrene Mitarbeiter in informellen Gruppen als Mentoren für jüngere Kollegen, um Wissen und Erfahrungen weiterzugeben.

Feedback einholen: Informelle Gruppen können als wertvolle Quelle für Feedback dienen, um die Unternehmenskultur oder Prozesse zu verbessern.

Teamgeist fördern: Unterstütze Initiativen, die den Teamzusammenhalt stärken, wie gemeinsames Essen oder Team-Challenges.

Innovationskultur schaffen: Lass informelle Gruppen an Innovationsprojekten teilnehmen. Oft entstehen die besten Ideen in ungezwungenen Gesprächen.

Konflikte erkennen: Informelle Gruppen können helfen, Spannungen frühzeitig zu erkennen und so Konflikte proaktiv zu lösen.

> Indem du informelle Gruppen anerkennst und ihre Dynamik nutzt, kannst du die Mitarbeitermotivation und die Teamarbeit deutlich steigern.

Was sind die Vorteile von Gruppenarbeit im Betrieb?

Gruppenarbeit im Betrieb bietet zahlreiche Vorteile, darunter:

- **Vielfalt an Ideen**: Unterschiedliche Perspektiven und Erfahrungen führen zu kreativeren Lösungen und Innovationen.

- **Verbesserte Problemlösung**: Teams können komplexe Probleme effektiver angehen, da sie verschiedene Ansätze und Strategien kombinieren.

- **Stärkung des Zusammenhalts**: Gruppenarbeit fördert den Teamgeist und die zwischenmenschlichen Beziehungen, was zu einem besseren Arbeitsklima führt.

- **Effiziente Aufgabenverteilung**: Aufgaben können basierend auf den Stärken der einzelnen Mitglieder verteilt werden, was die Effizienz steigert.

- **Lernmöglichkeiten**: Mitarbeiter können voneinander lernen und neue Fähigkeiten entwickeln, was die persönliche und berufliche Weiterentwicklung fördert.

- **Erhöhte Motivation**: Gemeinsame Ziele und der Austausch im Team können die Motivation und das Engagement der Mitarbeiter steigern.

- **Schnellere Entscheidungsfindung**: Teams können oft schneller Entscheidungen treffen, da mehrere Meinungen berücksichtigt werden und das Wissen gebündelt wird.

- **Bessere Kommunikation**: Gruppenarbeit fördert die Kommunikation und den Austausch von Informationen, was Missverständnisse reduziert.

- **Verantwortungsbewusstsein**: In einer Gruppe fühlen sich die Mitglieder oft mehr für den gemeinsamen Erfolg verantwortlich.

Durch die gezielte Förderung von Gruppenarbeit können Unternehmen nicht nur die Leistung steigern, sondern auch die Zufriedenheit der Mitarbeiter erhöhen.

Was sind die Nachteile von Gruppenarbeit im Betrieb?

Gruppenarbeit im Betrieb kann auch einige Nachteile mit sich bringen:

Konflikte: Unterschiedliche Meinungen und Arbeitsstile können zu Spannungen und Konflikten innerhalb des Teams führen.

Gruppenzwang: Einige Mitglieder könnten sich unter Druck gesetzt fühlen, sich der Meinung der Mehrheit anzuschließen, auch wenn sie anderer Meinung sind.

Unklare Verantwortlichkeiten: Bei unklaren Rollen und Verantwortlichkeiten kann es zu Verwirrung kommen, was die Effizienz beeinträchtigen kann.

Zeitintensiv: Gruppenentscheidungen benötigen oft mehr Zeit, da verschiedene Meinungen und Vorschläge diskutiert werden müssen.

Schlechte Kommunikation: Wenn die Kommunikation im Team nicht gut ist, können wichtige Informationen verloren gehen oder missverstanden werden.

Soziale Faulheit: Einige Teammitglieder könnten sich auf die Leistung anderer verlassen und weniger beitragen, was die Gesamtleistung der Gruppe beeinträchtigen kann.

Übermäßige Abhängigkeit: Teams können von bestimmten Mitgliedern abhängig werden, die über spezielle Fähigkeiten oder Wissen verfügen.

Motivationsunterschiede: Unterschiedliche Arbeitsmoral und Motivation innerhalb des Teams können zu Frustration führen.

Gruppendynamik: Die Gruppendynamik kann dazu führen, dass einige Stimmen dominieren, während andere übersehen werden, was zu einem Ungleichgewicht führt.

> Diese Nachteile sind wichtig zu berücksichtigen, um Gruppenarbeit effektiv zu gestalten und die negativen Auswirkungen zu minimieren.

Von Welchen Faktoren hängt die Ideale Gruppengrüße ab?

Die ideale Gruppengröße hängt von mehreren Faktoren ab, darunter:

- **Ziel der Gruppe**: Die Komplexität und Art der Aufgabe beeinflussen die optimale Größe. Kleinere Gruppen sind oft effektiver für kreative Prozesse, während größere Gruppen besser für die Lösung komplexer Probleme sein können.

- **Aufgabenart**: Bei klar strukturierten Aufgaben kann eine kleinere Gruppe effizienter sein, während größere Gruppen bei vielfältigen Perspektiven von Vorteil sind.

- **Teamdynamik**: Die Gruppengröße sollte so gewählt werden, dass jeder Teilnehmer aktiv beteiligt ist und sich einbringen kann, ohne dass einige Stimmen überrepräsentiert werden.

- **Verfügbarkeit von Ressourcen**: Die Anzahl der verfügbaren Ressourcen, wie Zeit und Platz, kann die ideale Gruppengröße beeinflussen.

- **Kommunikationsstil**: In Gruppen mit offener Kommunikation können größere Gruppen funktionieren, während in weniger strukturierten Umgebungen kleinere Gruppen oft effektiver sind.

- **Teamfähigkeit**: Die Fähigkeit der Mitglieder zur Zusammenarbeit und zur Bewältigung von Konflikten kann ebenfalls die ideale Größe beeinflussen.

- **Kultur des Unternehmens**: Eine offene, kollaborative Unternehmenskultur kann größere Gruppen begünstigen, während hierarchische Strukturen kleinere Teams bevorzugen könnten.

- **Zielgruppen**: Bei der Arbeit an Projekten, die unterschiedliche Stakeholder einbeziehen, kann die Größe variieren, um unterschiedliche Perspektiven zu berücksichtigen.

Insgesamt sollte die ideale Gruppengröße so gewählt werden, dass sie die Effizienz und das Engagement der Mitglieder maximiert und gleichzeitig eine gute Kommunikation und Zusammenarbeit fördert.

Wie kann ich als Führungskraft eine Gruppe beeinflussen?

Als Führungskraft kannst du eine Gruppe auf verschiedene Weisen beeinflussen, um ihre Leistung und Zusammenarbeit zu fördern:

- **Klare Ziele setzen**: Definiere klare, erreichbare Ziele, die alle Mitglieder verstehen. Das gibt der Gruppe eine gemeinsame Richtung.

- **Vertrauen aufbauen**: Schaffe ein Umfeld, in dem Teammitglieder sich sicher fühlen, ihre Meinungen und Ideen zu äußern. Vertrauen fördert die Zusammenarbeit.

- **Feedback geben**: Gib konstruktives und regelmäßiges Feedback, um die Entwicklung der Gruppenmitglieder zu unterstützen und sie motiviert zu halten.

- **Vorbildfunktion einnehmen**: Sei ein Vorbild in Bezug auf Engagement, Kommunikation und Teamarbeit. Dein Verhalten setzt Standards für die Gruppe.

- **Rollen klären**: Stelle sicher, dass jeder in der Gruppe seine Rolle und Verantwortung kennt. Das reduziert Verwirrung und fördert die Effizienz.

- **Zusammenarbeit fördern**: Organisiere regelmäßige Team-Meetings und Aktivitäten, die den Austausch und die Zusammenarbeit stärken.

- **Kulturelle Werte vermitteln**: Betone die Werte und die Kultur des Unternehmens, um eine gemeinsame Identität innerhalb der Gruppe zu schaffen.

- **Entwicklungsmöglichkeiten bieten**: Fördere die Weiterbildung und Entwicklung der Gruppenmitglieder, um ihre Fähigkeiten und Motivation zu steigern.

- **Konflikte konstruktiv lösen**: Gehe aktiv mit Konflikten um und fördere eine offene Kommunikation, um Missverständnisse zu klären.

- **Anerkennung und Wertschätzung**: Anerkenne die Beiträge jedes Einzelnen und feiere Erfolge, um die Motivation und das Engagement der Gruppe zu steigern.

Durch diese Ansätze kannst du die Dynamik der Gruppe positiv beeinflussen und eine produktive, kooperative Arbeitsumgebung schaffen.

3.3. GRUPPENENTWICKLUNG NACH BRUCE TUCKMAN

5 Phasen nach Tuckmann

Die 5 Phasen der Gruppenentwicklung nach Bruce Tuckman sind ein bekanntes Modell, das beschreibt, wie Gruppen sich im Laufe der Zeit entwickeln. Die Phasen sind:

1. **Forming (Formierungsphase)**: In dieser Anfangsphase lernen sich die Gruppenmitglieder kennen. Es herrscht Unsicherheit, und die Rollen sind oft unklar. Die Mitglieder versuchen, sich einen Überblick über die Gruppe und ihre Aufgaben zu verschaffen.

2. **Storming (Sturmphase)**: In dieser Phase treten Konflikte und Meinungsverschiedenheiten auf, während die Mitglieder versuchen, ihre Positionen und Rollen zu klären. Es kann zu Spannungen und Rivalitäten kommen, da die Mitglieder ihre individuellen Sichtweisen einbringen.

3. **Norming (Normierungsphase)**: Nachdem die Konflikte überwunden sind, beginnt die Gruppe, gemeinsame Normen und Standards zu entwickeln. Die Mitglieder arbeiten enger zusammen, es entsteht ein Gefühl von Zusammenhalt, und die Kommunikation verbessert sich.

4. **Performing (Leistungsphase)**: In dieser Phase funktioniert die Gruppe effektiv. Die Mitglieder arbeiten produktiv zusammen, nutzen ihre individuellen Stärken und sind auf die Erreichung der gemeinsamen Ziele fokussiert. Entscheidungen werden gemeinschaftlich getroffen.

5. **Adjourning (Abschlussphase)**: Diese Phase tritt ein, wenn die Gruppe ihr Ziel erreicht hat oder das Projekt abgeschlossen ist. Die Mitglieder reflektieren über ihre Erfahrungen, feiern Erfolge und verabschieden sich oft, was emotionale Aspekte mit sich bringen kann.

> Dieses Modell hilft, das Verhalten und die Dynamik von Gruppen besser zu verstehen und unterstützt Führungskräfte dabei, gezielt auf die Bedürfnisse der Gruppe in jeder Phase einzugehen.

Beispiel: Entwicklung eines neuen Produkts

Forming (Formierungsphase):Das Team wird gebildet, um ein neues Produkt zu entwickeln. Die Mitglieder lernen sich kennen und tauschen Informationen aus. Jeder stellt sich vor, und es werden erste Ziele und Erwartungen besprochen.

Herausforderung: Unsicherheit über die Rollen und Verantwortlichkeiten.

Storming (Sturmphase): Während der ersten Besprechungen entstehen Konflikte, weil einige Mitglieder unterschiedliche Vorstellungen vom Produkt haben. Es gibt Diskussionen darüber, welche Funktionen priorisiert werden sollten, und es entsteht eine Konkurrenz um die besten Ideen.

Herausforderung: Spannungen und Missverständnisse führen zu Frustration.

Norming (Normierungsphase): Das Team beginnt, gemeinsame Normen und Regeln aufzustellen. Die Mitglieder einigen sich auf die Produktmerkmale und teilen die Aufgaben auf. Die Kommunikation verbessert sich, und es entsteht ein Gefühl der Zusammengehörigkeit.

Herausforderung: Langsame Anpassung an die neuen Normen, aber die Zusammenarbeit wird effektiver.

Performing (Leistungsphase): Das Team arbeitet nun effizient zusammen. Jedes Mitglied bringt seine Stärken ein, und die Gruppe trifft fundierte Entscheidungen. Der Zeitplan wird eingehalten, und das Team kann kreativ und produktiv arbeiten, um das Produkt zu entwickeln.

Herausforderung: Hohe Leistung aufrechterhalten und weiterhin innovationsfreudig bleiben.

Adjourning (Abschlussphase): Nachdem das Produkt erfolgreich auf den Markt gebracht wurde, reflektiert das Team über die Erfahrungen während des Projekts. Es wird gefeiert, und die Mitglieder tauschen sich über ihre individuellen Entwicklungen aus. Nach dem Abschluss des Projekts gehen einige Mitglieder in neue Teams oder Projekte.

Herausforderung: Emotionale Aspekte des Abschieds und der Rückblick auf die Zusammenarbeit.

Dieses Beispiel zeigt, wie ein Team durch die verschiedenen Phasen der Gruppenentwicklung navigiert und wie sich Dynamiken und Herausforderungen verändern.

Rollen in Gruppen

In Gruppen können verschiedene Rollen auftreten, die das Zusammenspiel und die Dynamik beeinflussen. Hier sind einige typische Rollen, die man in Gruppen finden kann:

- **Führer (Leader)**: Leitet die Gruppe, setzt Ziele und motiviert die Mitglieder. Verantwortlich für die Entscheidungsfindung und die Organisation.

- **Mitarbeiter (Contributor)**: Bringt Ideen und Wissen ein, trägt aktiv zur Arbeit der Gruppe bei und unterstützt die Umsetzung der Aufgaben.

- **Kritiker (Challenger)**: Stellt Fragen und hinterfragt Entscheidungen, um sicherzustellen, dass alle Aspekte berücksichtigt werden. Fördert kritisches Denken.

- **Vermittler (Mediator)**: Kümmert sich um die zwischenmenschlichen Beziehungen innerhalb der Gruppe. Hilft, Konflikte zu lösen und das Teamklima zu verbessern.

- **Planer (Organizer)**: Verantwortlich für die Strukturierung der Aufgaben und die Koordination von Terminen. Sorgt für einen reibungslosen Ablauf.

- **Motivator (Encourager)**: Fördert den Teamgeist und motiviert die anderen Mitglieder, insbesondere in schwierigen Phasen.

- **Skeptiker (Doubter)**: Äußert Bedenken und hinterfragt optimistische Annahmen, um sicherzustellen, dass alle Risiken erkannt werden.

- **Sozialarbeiter (Socializer)**: Stärkt den sozialen Zusammenhalt im Team und kümmert sich um die zwischenmenschlichen Beziehungen. Organisiert Teambuilding-Aktivitäten.

- **Forscher (Researcher)**: Sammelt Informationen und führt Recherchen durch, um die Entscheidungsfindung der Gruppe zu unterstützen.

- **Spezialist (Expert)**: Bringt spezielles Wissen oder Fähigkeiten ein, die für das Projekt wichtig sind. Oft als Ressource für technische oder fachspezifische Fragen angesehen.

> Diese Rollen können sich im Laufe der Zeit ändern und überschneiden, je nach den Bedürfnissen der Gruppe und den Phasen der Gruppenentwicklung. Eine gute Balance der Rollen kann die Effektivität und das Engagement der Gruppe erhöhen.

3.4. TEILAUTONOME ARBEITSGRUPPE

Was ist eine TAG?

Eine teilautonome Arbeitsgruppe ist ein Team, das eine gewisse Entscheidungsfreiheit und Verantwortung für bestimmte Aufgaben oder Projekte hat, aber dennoch in einem strukturierten Rahmen innerhalb einer Organisation arbeitet. Hier sind einige zentrale Merkmale:

- **Autonomie**: Die Gruppe hat die Freiheit, Entscheidungen zu treffen, die ihren Arbeitsbereich betreffen. Sie kann eigenständig Lösungen entwickeln und Prioritäten setzen.

- **Zielorientierung**: Die Gruppe arbeitet auf festgelegte Ziele hin, die mit den übergeordneten Zielen der Organisation übereinstimmen. Sie ist verantwortlich für die Erreichung dieser Ziele.

- **Verantwortung**: Die Mitglieder tragen Verantwortung für ihre Ergebnisse und die Qualität ihrer Arbeit. Dies fördert ein Gefühl der Eigenverantwortung und Motivation.

- **Rollenverteilung**: Innerhalb der Gruppe können die Mitglieder verschiedene Rollen übernehmen, basierend auf ihren Fähigkeiten und Stärken, was die Zusammenarbeit fördert.

- **Kommunikation**: Es gibt oft regelmäßige Meetings und einen offenen Austausch von Informationen, um den Fortschritt zu überprüfen und Herausforderungen zu besprechen.

- **Integration ins Unternehmen**: Während die Gruppe autonom arbeitet, bleibt sie dennoch Teil der größeren Unternehmensstruktur und ist in bestimmte Prozesse und Hierarchien integriert

Vorteile:

- **Motivation und Engagement**: Die Autonomie kann die Motivation der Mitglieder steigern.

- **Schnellere Entscheidungen**: Da die Gruppe eigenständig arbeitet, können Entscheidungen oft schneller getroffen werden.

- **Flexibilität**: Die Gruppe kann sich besser an Veränderungen und Anforderungen anpassen.

Herausforderungen:

Ressourcenmanagement: Teilautonome Gruppen müssen möglicherweise um Ressourcen und Unterstützung innerhalb der Organisation verhandeln.

Koordination: Es kann Herausforderungen bei der Koordination mit anderen Abteilungen oder Gruppen geben.

Insgesamt bietet eine teilautonome Arbeitsgruppe eine Balance zwischen Freiheit und Struktur, die es den Mitgliedern ermöglicht, kreativ und effektiv zu arbeiten, während sie die übergeordneten Unternehmensziele nicht aus den Augen verlieren.

Beispiel: Entwicklung eines neuen Softwareprodukts

Kontext: Ein Softwareunternehmen möchte eine neue Anwendung entwickeln. Anstatt die gesamte Verantwortung an eine zentrale Abteilung zu delegieren, wird eine teilautonome Arbeitsgruppe gebildet.

Merkmale der Gruppe:

Zusammensetzung: Die Gruppe besteht aus Softwareentwicklern, Designern, Testern und einem Projektmanager. Jedes Mitglied bringt spezifisches Fachwissen ein.

Autonomie: Die Gruppe hat die Freiheit, über die Design- und Entwicklungsansätze zu entscheiden. Sie kann Technologien auswählen, Prototypen erstellen und Benutzerfeedback integrieren, ohne ständig auf Genehmigungen von höheren Ebenen warten zu müssen.

Zielorientierung: Das Team hat das Ziel, die Anwendung innerhalb von sechs Monaten zu entwickeln und eine bestimmte Benutzererfahrung zu gewährleisten. Die Ziele sind klar definiert und stimmen mit der Unternehmensstrategie überein.

Verantwortung: Die Gruppe ist verantwortlich für die gesamte Produktentwicklung, einschließlich Planung, Umsetzung und Qualitätssicherung. Sie muss regelmäßig Berichte über den Fortschritt und die Ergebnisse an das Management liefern.

Regelmäßige Meetings: Die Gruppe trifft sich wöchentlich, um den Fortschritt zu überprüfen, Probleme zu besprechen und nächste Schritte zu planen. Außerdem gibt es einen festen Ansprechpartner im Management, der Unterstützung bietet.

Integration ins Unternehmen: Während die Gruppe autonom arbeitet, ist sie Teil der größeren Entwicklungsabteilung. Es gibt regelmäßige Schnittstellen zu anderen Teams, um sicherzustellen, dass alle Abteilungen über den Fortschritt informiert sind und Ressourcen bei Bedarf bereitgestellt werden.

Vorteile:

- **Kreativität**: Die Teammitglieder fühlen sich ermutigt, innovative Ideen einzubringen, da sie die Kontrolle über den Entwicklungsprozess haben.

- **Schnelligkeit**: Entscheidungen können schnell getroffen werden, was die Entwicklungszeit verkürzt.

- **Motivation**: Die Verantwortung für den eigenen Arbeitsbereich führt zu höherer Motivation und Engagement.

Herausforderungen:

Ressourcenmanagement: Die Gruppe muss möglicherweise um zusätzliche Ressourcen oder Unterstützung von anderen Abteilungen verhandeln.

Koordination: Es kann zu Herausforderungen kommen, wenn die Gruppe auf die Zusammenarbeit mit anderen Teams angewiesen ist.

In diesem Beispiel wird deutlich, wie eine teilautonome Arbeitsgruppe in einem kreativen und dynamischen Umfeld arbeiten kann, um Ergebnisse zu erzielen und gleichzeitig die Vorteile der Autonomie und der Teamarbeit zu nutzen.

Merkmale einer TAG

Eine teilautonome Arbeitsgruppe (TAG) hat mehrere charakteristische Merkmale, die sie von anderen Arbeitsformen unterscheiden. Hier sind die wesentlichen Merkmale:

- **Autonomie**: TAGs haben die Freiheit, eigenständig Entscheidungen zu treffen, die ihren Aufgabenbereich betreffen. Sie können Lösungen entwickeln und Prioritäten setzen, ohne ständig auf Genehmigungen warten zu müssen.

- **Zielorientierung**: Die Gruppe arbeitet auf klar definierte Ziele hin, die mit den übergeordneten Zielen des Unternehmens übereinstimmen. Diese Ziele sind oft messbar und spezifisch.

- **Verantwortung**: Die Mitglieder der Gruppe tragen Verantwortung für die Ergebnisse ihrer Arbeit. Dies fördert ein Gefühl der Eigenverantwortung und des Engagements.

- **Teamstruktur**: Die Mitglieder übernehmen unterschiedliche Rollen basierend auf ihren Fähigkeiten und Stärken. Es gibt oft eine klare Aufgabenverteilung, aber auch Raum für Flexibilität.

- **Kollaboration**: TAGs betonen die Zusammenarbeit und den Austausch von Ideen. Regelmäßige Meetings und offene Kommunikation sind üblich, um den Fortschritt zu besprechen und Herausforderungen zu bewältigen.

- **Integration in die Unternehmensstruktur**: Obwohl die Gruppe autonom arbeitet, ist sie dennoch in die größere Organisation integriert und muss regelmäßig Berichte über ihren Fortschritt an das Management liefern.

- **Ressourcennutzung**: TAGs sind oft verantwortlich für die effiziente Nutzung von Ressourcen, wobei sie möglicherweise um Unterstützung oder zusätzliche Mittel bitten müssen.

- **Lern- und Entwicklungsmöglichkeiten**: Die Mitglieder der TAG haben die Möglichkeit, neue Fähigkeiten zu entwickeln und voneinander zu lernen, was ihre persönliche und berufliche Weiterentwicklung fördert.

- **Flexibilität**: TAGs können sich an Veränderungen in den Anforderungen oder Zielen anpassen und sind in der Lage, schnell auf neue Herausforderungen zu reagieren.

Diese Merkmale tragen dazu bei, dass teilautonome Arbeitsgruppen effektiv arbeiten und gleichzeitig die Motivation und das Engagement der Mitglieder fördern.

Welche Kompetenzen müssen Mitarbeiter haben ?

Mitarbeiter in einer teilautonomen Arbeitsgruppe (TAG) sollten eine Reihe von Kompetenzen besitzen, um effektiv und produktiv zusammenarbeiten zu können. Hier sind einige wichtige Kompetenzen:

Fachliche Kompetenz: Tiefergehendes Wissen und Fähigkeiten in ihrem jeweiligen Fachgebiet sind entscheidend. Dies ermöglicht es den Mitarbeitern, qualitativ hochwertige Arbeit zu leisten.

Teamfähigkeit: Die Fähigkeit, effektiv im Team zu arbeiten, ist essenziell. Dazu gehören Kommunikation, Zusammenarbeit und das Eingehen auf die Bedürfnisse anderer.

Selbstorganisation: Mitarbeiter sollten in der Lage sein, ihre Aufgaben selbstständig zu planen, Prioritäten zu setzen und effizient zu arbeiten.

Problemlösungsfähigkeiten: Kreativität und analytisches Denken sind wichtig, um Herausforderungen zu identifizieren und innovative Lösungen zu entwickeln.

Kommunikationsfähigkeiten: Klare und effektive Kommunikation ist entscheidend, sowohl im Austausch mit Teamkollegen als auch in der Interaktion mit anderen Abteilungen.

Flexibilität und Anpassungsfähigkeit: Die Fähigkeit, sich schnell an Veränderungen anzupassen und neue Ansätze auszuprobieren, ist besonders in dynamischen Arbeitsumgebungen wichtig.

Konfliktmanagement: Mitarbeiter sollten in der Lage sein, Konflikte konstruktiv zu lösen und eine positive Teamdynamik aufrechtzuerhalten.

Verantwortungsbewusstsein: Ein starkes Verantwortungsbewusstsein für die eigene Arbeit und die Ergebnisse der Gruppe ist wichtig, um das Engagement und die Leistungsbereitschaft zu fördern.

Lernbereitschaft: Die Bereitschaft, neue Fähigkeiten zu erlernen und sich weiterzuentwickeln, ist entscheidend, um mit den Anforderungen der Arbeit Schritt zu halten.

Kritisches Denken: Die Fähigkeit, Informationen zu hinterfragen und kritisch zu bewerten, hilft, fundierte Entscheidungen zu treffen.

Diese Kompetenzen fördern nicht nur die individuelle Leistungsfähigkeit, sondern tragen auch zum Erfolg der gesamten Gruppe bei.

Welche Kompetenzen müssen Führungskräfte haben?

Führungskräfte benötigen eine Vielzahl von Kompetenzen, um ihre Teams effektiv zu leiten und die Unternehmensziele zu erreichen. Hier sind einige der wichtigsten Kompetenzen:

- **Kommunikationsfähigkeit**: Klare, offene und transparente Kommunikation ist entscheidend, um Informationen zu vermitteln und Feedback zu geben.

- **Emotionale Intelligenz**: Die Fähigkeit, eigene Emotionen und die anderer zu erkennen und zu steuern, fördert ein positives Arbeitsumfeld und stärkt die Teamdynamik.

- **Entscheidungsfähigkeit**: Führungskräfte müssen in der Lage sein, fundierte Entscheidungen zu treffen, oft unter Unsicherheit und Zeitdruck.

- **Motivationsfähigkeit**: Die Fähigkeit, Mitarbeiter zu inspirieren und zu motivieren, ist wichtig, um Engagement und Leistung zu fördern.

- **Konfliktmanagement**: Führungskräfte sollten Konflikte frühzeitig erkennen und konstruktiv lösen können, um die Teamdynamik zu erhalten.

- **Strategisches Denken**: Die Fähigkeit, langfristige Ziele zu setzen und Strategien zur Erreichung dieser Ziele zu entwickeln, ist entscheidend für den Unternehmenserfolg.

- **Teamorientierung**: Ein kooperativer Führungsstil, der die Teamarbeit fördert und die Stärken der Teammitglieder nutzt, ist wichtig.

- **Anpassungsfähigkeit**: In einer sich schnell verändernden Arbeitswelt müssen Führungskräfte flexibel und offen für Veränderungen sein.

- **Coaching und Entwicklung**: Die Fähigkeit, Mitarbeiter zu fördern und ihre Entwicklung zu unterstützen, trägt zur langfristigen Teamentwicklung bei.

- **Integrität und Ethik**: Führungskräfte sollten ein hohes Maß an Integrität zeigen unethische Standards wahren, um Vertrauen zu schaffen.

- **Zeitmanagement**: Die Fähigkeit, Prioritäten zu setzen und effizient mit der eigenen Zeit und den Ressourcen des Teams umzugehen.

Diese Kompetenzen helfen Führungskräften nicht nur dabei, ihre Teams effektiv zu leiten, sondern auch eine positive Unternehmenskultur zu fördern und die Mitarbeiterbindung zu stärken.

Welche Aufgaben hat die Führungskraft bei der betrieblichen Gruppenarbeit?

Die Führungskraft spielt eine zentrale Rolle in der betrieblichen Gruppenarbeit und hat verschiedene Aufgaben, um die Effizienz und Effektivität des Teams zu gewährleisten. Hier sind die wichtigsten Aufgaben:

Ziele festlegen: Klare, messbare und erreichbare Ziele für die Gruppe definieren, die mit den Unternehmenszielen übereinstimmen.

Rollen und Verantwortlichkeiten klären: Die Aufgaben und Verantwortlichkeiten jedes Teammitglieds festlegen, um Verwirrung zu vermeiden und die Effizienz zu steigern.

Ressourcen bereitstellen: Sicherstellen, dass das Team über die notwendigen Ressourcen, Informationen und Werkzeuge verfügt, um erfolgreich zu arbeiten.

Kommunikation fördern: Offene Kommunikationskanäle schaffen und regelmäßige Meetings organisieren, um den Austausch von Ideen und Informationen zu unterstützen.

Teamdynamik beobachten: Die Interaktionen und Beziehungen innerhalb des Teams beobachten, um ein positives Arbeitsklima zu fördern und Konflikte frühzeitig zu erkennen.

Motivation unterstützen: Die Teammitglieder motivieren, ihre Stärken zu nutzen, und Anerkennung für gute Leistungen geben, um das Engagement zu fördern.

Coaching und Entwicklung: Teammitglieder bei ihrer beruflichen Entwicklung unterstützen, indem man Feedback gibt und Weiterbildungsmöglichkeiten fördert.

Konflikte managen: Bei auftretenden Konflikten als Vermittler auftreten und Lösungen erarbeiten, um die Teamharmonie wiederherzustellen.

Fortschritt überwachen: Den Fortschritt der Gruppe regelmäßig überprüfen, um sicherzustellen, dass die Ziele erreicht werden, und bei Bedarf Anpassungen vornehmen.

Ergebnisse reflektieren: Nach Abschluss von Projekten die Ergebnisse analysieren, um aus Erfahrungen zu lernen und zukünftige Prozesse zu verbessern.

> Durch diese Aufgaben trägt die Führungskraft dazu bei, dass die Gruppenarbeit effektiv ist, die Teammitglieder sich wohlfühlen und die Unternehmensziele erreicht werden.

3.5. ORGANISATORISCHE MAßNAHMEN EINER FÜHRUNGSKRAFT ZUR FÖRDERUNG VON GRUPPEN

Welche Organisatorische Maßnahmen kann die Führungskraft zur Förderung informeller Gruppen im Betrieb machen?

Um informelle Gruppen im Betrieb zu fördern, kann die Führungskraft verschiedene organisatorische Maßnahmen ergreifen:

- **Raum für informellen Austausch schaffen**: Bereitstellung von Rückzugsorten wie Lounge-Bereichen oder Kaffeeküchen, wo Mitarbeiter zwanglos miteinander interagieren können.

- **Teambuilding-Events organisieren**: Regelmäßige informelle Veranstaltungen oder Aktivitäten (z.B. Ausflüge, Teamabende), die das Kennenlernen und den Austausch fördern.

- **Offene Kommunikationskanäle fördern**: Plattformen wie interne Chats oder Foren einrichten, um den Austausch von Ideen und Informationen zu erleichtern.

- **Mentoring-Programme einführen**: Erfahrene Mitarbeiter mit neuen oder weniger erfahrenen Kollegen zusammenbringen, um den Wissenstransfer und informelle Beziehungen zu stärken.

- **Flexibilität bei der Arbeitszeit**: Flexible Arbeitszeiten ermöglichen, die den Mitarbeitern mehr Freiraum geben, um informelle Treffen und Austausch zu organisieren.

- **Interdisziplinäre Projekte fördern**: Mitarbeiter aus verschiedenen Abteilungen in Gruppen zusammenbringen, um den Austausch über Abteilungsgrenzen hinweg zu fördern.

- **Regelmäßige Feedback- und Reflexionsgespräche**: Offene Gesprächsrunden einführen, in denen Mitarbeiter ihre Meinungen und Ideen zu Projekten und der Unternehmenskultur äußern können.

- **Anreize für Zusammenarbeit schaffen**: Belohnungen oder Anerkennung für erfolgreiche Zusammenarbeit oder innovative Ideen, die in informellen Gruppen entwickelt wurden.

- **Kultur der Offenheit und Wertschätzung**: Eine Unternehmenskultur fördern, die offenes Feedback und die Wertschätzung informeller Gruppen und ihrer Beiträge anerkennt.

- **Verfügbarkeit von Ressourcen**: Ressourcen wie Budget und Zeit für informelle Gruppenprojekte bereitstellen, um den Mitarbeitern die Möglichkeit zu geben, ihre Ideen zu verfolgen.

Durch diese Maßnahmen kann die Führungskraft ein unterstützendes Umfeld schaffen, in dem informelle Gruppen gedeihen und zur Verbesserung der Zusammenarbeit und Innovation im Unternehmen beitragen können.

Behandlung störender informellen Gruppen

Der Umgang mit störenden informellen Gruppen erfordert ein sensibles und strategisches Vorgehen. Hier sind einige Ansätze, die Führungskräfte in solchen Situationen verfolgen können:

Ursachenanalyse: Zunächst sollten die Gründe für das störende Verhalten oder die Probleme innerhalb der informellen Gruppe untersucht werden. Sind es Kommunikationsprobleme, Missverständnisse oder ungelöste Konflikte?

Offene Kommunikation: Ein offenes Gespräch mit den betroffenen Mitarbeitern führen, um ihre Perspektiven und Bedenken zu verstehen. Dabei sollte ein vertrauensvolles Umfeld geschaffen werden, in dem die Mitarbeiter sich wohlfühlen, ihre Gedanken zu äußern.

Feedback geben: Konstruktives Feedback zu den Auswirkungen ihres Verhaltens auf das Team und die Organisation geben. Es ist wichtig, dabei spezifisch und sachlich zu bleiben.

Rollen und Verantwortlichkeiten klären: Die Rollen und Verantwortlichkeiten innerhalb der Gruppe klar definieren, um Verwirrung und Konflikte zu vermeiden.

Moderation von Konflikten: Bei bestehenden Konflikten sollte eine neutrale Moderation in Erwägung gezogen werden, um eine konstruktive Diskussion zu ermöglichen und Lösungen zu finden.

Teambuilding-Maßnahmen: Teambuilding-Aktivitäten durchführen, um das Vertrauen und den Zusammenhalt innerhalb der Gruppe zu stärken und die Zusammenarbeit zu verbessern.

Positive Verstärkung: Positive Verhaltensweisen und Beiträge von Mitgliedern der informellen Gruppe anerkennen und belohnen, um ein positives Klima zu fördern.

Ressourcen bereitstellen: Den Gruppen Unterstützung bieten, beispielsweise durch Schulungen oder Zugang zu Ressourcen, um ihre Arbeit effektiver zu gestalten.

Grenzen setzen: Wenn das störende Verhalten anhält, klare Grenzen setzen und die Konsequenzen eines fortgesetzten Verhaltens kommunizieren.

Beobachtung und Anpassung: Die Situation weiterhin beobachten und bei Bedarf Anpassungen vornehmen. Manchmal kann eine kleine Intervention große Veränderungen bewirken.

Diese Strategien können helfen, störende informelle Gruppen konstruktiv zu bearbeiten und eine produktive und harmonische Arbeitsumgebung zu fördern.

Mögliche Führungsmittel der Führungskraft?

Führungskräfte haben verschiedene Führungsmittel zur Verfügung, um ihre Teams zu leiten, zu motivieren und ihre Ziele zu erreichen. Diese Führungsmittel lassen sich in unterschiedliche Kategorien einteilen, je nachdem, welche Aspekte der Führung sie ansprechen. Hier sind einige mögliche Führungsmittel, die eine Führungskraft einsetzen kann:

1. Kommunikation

- Direkte Kommunikation: Klare und transparente Kommunikation ist entscheidend, um Missverständnisse zu vermeiden und Vertrauen zu schaffen.
- Feedback: Regelmäßiges konstruktives Feedback fördert die persönliche und berufliche Weiterentwicklung der Mitarbeitenden.
- Meetings: Team-Meetings, Einzelgespräche oder regelmäßige Updates halten alle auf dem Laufenden und stärken den Austausch.

2. Motivationstechniken

- Anreize und Belohnungen: Materielle oder immaterielle Belohnungen wie Gehaltserhöhungen, Boni oder auch Anerkennung im Team können Mitarbeitende motivieren.
- Zielvereinbarungen: Klare, messbare Ziele motivieren Mitarbeitende und geben Orientierung.
- Anerkennung: Die öffentliche Anerkennung von Leistungen steigert die Motivation und das Zugehörigkeitsgefühl.

3. Delegation

- Aufgabenverteilung: Die Fähigkeit, Aufgaben effektiv zu delegieren, ist ein wichtiges Führungsinstrument. Es fördert das Vertrauen und die Eigenverantwortung der Mitarbeitenden.
- Verantwortung übertragen: Führungskräfte können ihre Mitarbeitenden durch das Übertragen von Verantwortung in die Lage versetzen, ihre Fähigkeiten zu erweitern und zu wachsen.

4. Coaching und Mentoring

- Coaching: Ein Coaching-Ansatz ermöglicht es Führungskräften, ihren Mitarbeitenden bei der Entwicklung ihrer Fähigkeiten und ihrer Selbstwahrnehmung zu helfen.
- Mentoring: Als Mentor unterstützt die Führungskraft eine oder mehrere Personen längerfristig und hilft dabei, berufliche und persönliche Ziele zu erreichen.

5. Konfliktmanagement

- Mediation: Bei Konflikten innerhalb des Teams kann die Führungskraft als Mediator auftreten und eine Lösung finden, die für alle Beteiligten akzeptabel ist.
- Gesprächstechniken: Die Fähigkeit, schwierige Gespräche zu führen, ist ein weiteres wichtiges Führungsmittel. Hierbei kommen Techniken wie aktives Zuhören und das Einfühlen in die Perspektive des anderen zum Einsatz.

6. Entscheidungsfindung

- Partizipative Entscheidungsfindung: Eine Führungskraft kann Mitarbeitende in Entscheidungen einbeziehen, was deren Engagement und Verantwortung fördert.
- Autonome Entscheidungen: In manchen Fällen ist es erforderlich, dass die Führungskraft schnell und allein Entscheidungen trifft.

7. Kontrolle und Steuerung

- Monitoring: Durch regelmäßige Überprüfung von Fortschritten, Zielen und Ergebnissen kann die Führungskraft die Leistung des Teams steuern.
- Berichtswesen: Das Sammeln und Auswerten von Daten und Berichten dient dazu, den Überblick über die Teamleistung und die Erreichung von Zielen zu behalten.

8. Empathie und emotionale Intelligenz

- Einfühlungsvermögen: Führungskräfte, die empathisch agieren, erkennen und respektieren die Gefühle und Bedürfnisse ihrer Mitarbeitenden.
- Krisenmanagement: In schwierigen Zeiten oder Krisen ist es wichtig, dass die Führungskraft emotionalen Rückhalt bietet und das Team motiviert.

9. Vorbildfunktion

- Leadership by Example: Führungskräfte, die durch ihr eigenes Verhalten und ihre Haltung ein gutes Beispiel geben, schaffen eine starke Grundlage für die Teamkultur.
- Integrität: Die Führungskraft muss ethisch handeln und die Werte des Unternehmens vorleben, um das Vertrauen ihrer Mitarbeitenden zu gewinnen.

10. Zeitmanagement

- Priorisierung: Eine effektive Führungskraft kann Zeitressourcen gut managen, wichtige Aufgaben priorisieren und Deadlines einhalten.
- Multitasking: In stressigen Zeiten kann es erforderlich sein, mehrere Aufgaben gleichzeitig zu erledigen, ohne die Qualität zu beeinträchtigen.

Diese Führungsmittel ermöglichen es einer Führungskraft, ihr Team zu führen, zu fördern und die organisatorischen Ziele zu erreichen. Welche Mittel im Einzelnen eingesetzt werden, hängt vom jeweiligen Kontext, der Teamkultur und den individuellen Bedürfnissen ab.

Beispiel

Nehmen wir das Beispiel einer Führungskraft, die ein Team von Softwareentwicklern leitet. Ihr Ziel ist es, ein neues Softwareprodukt zu entwickeln und sicherzustellen, dass das Team effizient zusammenarbeitet, um das Projekt innerhalb des vorgegebenen Zeitrahmens abzuschließen. Hier können verschiedene Führungsmittel angewendet werden:

1. Kommunikation

Die Führungskraft sorgt dafür, dass alle Teammitglieder regelmäßig über den Projektfortschritt informiert sind. Sie hält tägliche Standup-Meetings ab, in denen jedes Teammitglied kurz erklärt, was es am Vortag erreicht hat und was es am heutigen Tag plant. Dies fördert die Transparenz und stellt sicher, dass keine Aufgaben übersehen werden.

Außerdem gibt die Führungskraft regelmäßiges Feedback, sowohl in Einzelgesprächen als auch in Team-Meetings, um die Leistung zu würdigen und Verbesserungspotenziale aufzuzeigen.

2. Motivationstechniken

Die Führungskraft erkennt die Leistungen einzelner Teammitglieder an, z. B. durch Lob bei der Präsentation von Meilensteinen. Ein Teammitglied, das eine besonders komplexe Funktion erfolgreich implementiert hat, wird in einer Teamrunde für seine hervorragende Arbeit hervorgehoben. Diese Anerkennung motiviert das Team, weiterhin hohe Leistungen zu erbringen.

Um die langfristige Motivation zu fördern, setzt die Führungskraft auch auf Zielvereinbarungen: Jedes Teammitglied hat klare, messbare Ziele, die es erreichen soll, was die Motivation steigert und die Arbeit fokussiert.

3. Delegation

Die Führungskraft delegiert die Verantwortung für verschiedene Teile des Projekts an die Teammitglieder. Ein erfahrener Entwickler übernimmt die Architektur der Software, während ein Junior-Entwickler sich auf die Implementierung spezifischer Funktionen konzentriert. Diese Delegation fördert Eigenverantwortung und gibt den Teammitgliedern die Gelegenheit, ihre Fähigkeiten weiterzuentwickeln.

4. Coaching und Mentoring

Ein neuer Entwickler im Team hat Schwierigkeiten mit einer bestimmten Programmiersprache. Die Führungskraft bietet ihm ein Coaching an, indem sie ihm hilft, die Konzepte zu verstehen und ihm Ressourcen zur Verfügung stellt, damit er sich verbessern kann.

Gleichzeitig übernimmt sie auch eine Mentorenrolle, indem sie den Entwickler in strategische Entscheidungen einbezieht und ihm langfristige Perspektiven im Unternehmen aufzeigt.

5. Konfliktmanagement

Während der Arbeit am Projekt kommt es zu Spannungen zwischen zwei Entwicklern, da sie unterschiedliche Ansichten über den besten Lösungsansatz haben. Die Führungskraft agiert als Mediator und führt ein Gespräch mit beiden, um eine gemeinsame Lösung zu finden. Sie sorgt dafür, dass beide Perspektiven gehört werden und hilft, eine Lösung zu finden, die für beide akzeptabel ist.

6. Entscheidungsfindung

In einer kritischen Phase des Projekts müssen wichtige Entscheidungen über die Verwendung einer bestimmten Technologie getroffen werden. Die Führungskraft nutzt eine partizipative Entscheidungsfindung, indem sie das gesamte Team in den Entscheidungsprozess einbezieht und verschiedene Lösungsmöglichkeiten diskutiert. Diese Mitbestimmung stärkt das Engagement der Teammitglieder.

7. Kontrolle und Steuerung

Die Führungskraft überwacht den Fortschritt des Projekts durch regelmäßige Check-ins und stellt sicher, dass Meilensteine rechtzeitig erreicht werden. Wenn ein Teammitglied in Verzug gerät, wird in einem 1:1-Gespräch geklärt, welche Hürden bestehen und wie Unterstützung angeboten werden kann.

Sie nutzt Projektmanagement-Tools, um die Arbeit zu dokumentieren und den Fortschritt zu messen, damit das Team den Überblick behält und keine Aufgaben verloren gehen.

8. Empathie und emotionale Intelligenz

Während einer stressigen Phase des Projekts zeigt die Führungskraft Empathie, als ein Teammitglied mit persönlichen Problemen zu kämpfen hat. Sie hört aufmerksam zu, bietet Unterstützung an und gibt dem Mitarbeiter die Zeit, die er braucht, um sich zu erholen, während sie gleichzeitig darauf achtet, dass der Projektfortschritt nicht zu sehr leidet.

Die Führungskraft erkennt auch die emotionale Belastung im Team und sorgt dafür, dass Pausen und Teamauszeiten eingeplant werden, um die Motivation und das Wohlbefinden zu erhalten.

9. Vorbildfunktion

Die Führungskraft arbeitet selbst intensiv an der Umsetzung von Aufgaben, vor allem in Zeiten hoher Arbeitsbelastung. Indem sie sich auch in schwierigen Phasen voll und ganz engagiert, motiviert sie das Team, ebenfalls ihr Bestes zu geben. Sie geht mit gutem Beispiel voran, indem sie die Werte der Firma, wie z. B. Qualität und Transparenz, vorlebt.

10. Zeitmanagement

Die Führungskraft stellt sicher, dass die Teammitglieder ihre Zeit effizient nutzen, indem sie gemeinsam realistische Deadlines setzen und Prioritäten festlegen. Wenn unerwartete Aufgaben auftauchen, wird der Plan entsprechend angepasst, um die Produktivität des Teams zu gewährleisten. Sie achtet darauf, dass nicht zu viele parallele Projekte gleichzeitig laufen, um Überlastung zu vermeiden.

Fazit:
In diesem Beispiel zeigt die Führungskraft eine Vielzahl von Führungsmitteln, um das Team zu motivieren, die Projektziele zu erreichen und eine gute Zusammenarbeit zu gewährleisten. Dabei kombiniert sie klare Kommunikation, Delegation, Coaching, Konfliktmanagement und andere Techniken, um das Team zu unterstützen und zu fördern.

Weitere Führungsmethoden

Anreizsysteme:

Belohnungen und Anerkennung: Leistungen und Erfolge der Mitarbeiter anerkennen und belohnen, um Motivation und Engagement zu steigern.

Leistungsbasierte Anreize: Bonus- oder Prämienprogramme für die Erreichung bestimmter Ziele.

Feedback- und Reflexionsmethoden:

360-Grad-Feedback: Umfassendes Feedback von Kollegen, Vorgesetzten und Mitarbeitern einholen.

Reflexionsrunden: Nach Projekten oder bestimmten Phasen Zeit für eine gemeinsame Reflexion einplanen.

Konfliktmanagement:

Mediationstechniken: Bei Konflikten als Mediator auftreten und Lösungen fördern.

Konfliktgespräche: Offene Gespräche zur Klärung von Missverständnissen führen.

Vorbildfunktion:

Integrität zeigen: Als Vorbild für die Unternehmenswerte und die gewünschte Kultur agieren.

Transparenz: Offene und ehrliche Kommunikation über Entscheidungen und Prozesse.

Schulung und Weiterbildung:

Fortbildungsangebote: Schulungen und Workshops zur Verbesserung von Fähigkeiten und Wissen anbieten.

Zugang zu Ressourcen: Mitarbeiter ermutigen, externe Weiterbildungsmöglichkeiten zu nutzen.

Durch den gezielten Einsatz dieser Führungsmittel können Führungskräfte eine positive Arbeitsumgebung schaffen, die Zusammenarbeit fördern und die Leistung ihrer Teams steigern.

Was ist eine Gruppendynamik?

Gruppendynamik bezeichnet die Wechselwirkungen und Prozesse, die innerhalb einer Gruppe von Menschen stattfinden. Sie umfasst die Art und Weise, wie Mitglieder miteinander interagieren, kommunizieren und zusammenarbeiten, sowie die emotionalen und sozialen Aspekte dieser Interaktionen. Hier sind einige wichtige Aspekte der Gruppendynamik:

Rollenverteilung: In Gruppen übernehmen Mitglieder unterschiedliche Rollen (z.B. Führer, Kritiker, Unterstützer), die das Verhalten und die Dynamik beeinflussen.

Normen und Werte: Gruppen entwickeln im Laufe der Zeit gemeinsame Normen und Werte, die das Verhalten der Mitglieder leiten. Diese Normen können informell sein und oft unbewusst wirken.

Interaktionen: Die Art und Weise, wie Mitglieder kommunizieren und interagieren, beeinflusst die Teamdynamik. Offene Kommunikation fördert ein positives Klima, während Missverständnisse und Konflikte negative Auswirkungen haben können.

Konflikte: Konflikte können in Gruppen auftreten, wenn Meinungsverschiedenheiten oder unterschiedliche Interessen bestehen. Wie diese Konflikte gelöst werden, kann die Gruppendynamik stark beeinflussen.

Kohäsion: Die Zusammengehörigkeit der Gruppe, auch als Gruppenzusammenhalt bezeichnet, beeinflusst das Engagement und die Motivation der Mitglieder. Hohe Kohäsion kann die Zusammenarbeit fördern, während niedrige Kohäsion zu Isolation führen kann.

Entwicklungsphasen: Gruppen durchlaufen typischerweise verschiedene Phasen der Entwicklung (wie Tuckmans Modell: Forming, Storming, Norming, Performing und Adjourning), die die Dynamik verändern und das Verhalten der Mitglieder beeinflussen.

Einfluss von Führung: Die Führungskraft hat einen erheblichen Einfluss auf die Gruppendynamik, indem sie die Interaktionen steuert, Normen etabliert und die Zusammenarbeit fördert.

Emotionale Aspekte: Emotionen spielen eine wichtige Rolle in der Gruppendynamik. Die Stimmung innerhalb der Gruppe kann die Produktivität und das Wohlbefinden der Mitglieder beeinflussen.

> Insgesamt ist die Gruppendynamik ein komplexes Zusammenspiel von sozialen, emotionalen und kommunikativen Faktoren, die das Verhalten und die Leistung der Gruppe prägen. Ein Verständnis dieser Dynamik kann Führungskräften helfen, effektiver zu führen und die Zusammenarbeit innerhalb ihrer Teams zu verbessern.

Was ist Gruppendruck?

Gruppendruck bezeichnet den sozialen Einfluss, den eine Gruppe auf ihre Mitglieder ausübt, um deren Verhalten, Einstellungen oder Meinungen zu verändern. Dieser Druck kann sowohl positiv als auch negativ sein und tritt häufig in sozialen, beruflichen oder schulischen Kontexten auf. Hier sind einige zentrale Aspekte von Gruppendruck:

- **Entstehung**: Gruppendruck entsteht, wenn Mitglieder einer Gruppe Normen, Werte oder Verhaltensweisen teilen und erwarten, dass andere diese ebenfalls übernehmen. Dieser Druck kann bewusst oder unbewusst ausgeübt werden.

- **Positive Aspekte**: In manchen Fällen kann Gruppendruck positiv sein, indem er beispielsweise zur Motivation beiträgt, sich an Standards zu halten, gemeinsam Ziele zu erreichen oder sich sozial zu engagieren.

- **Negative Aspekte**: Negativer Gruppendruck kann dazu führen, dass Mitglieder gegen ihre Überzeugungen handeln, riskante Entscheidungen treffen oder sich unwohl fühlen, weil sie das Bedürfnis haben, dazuzugehören.

- **Mechanismen**: Gruppendruck kann durch verschiedene Mechanismen ausgeübt werden, darunter:

- **Soziale Vergleiche**: Mitglieder vergleichen ihr Verhalten mit dem der anderen.

- **Erwartungen**: Die Gruppe hat bestimmte Erwartungen, die als normativ wahrgenommen werden.

- **Belohnungen und Bestrafungen**: Positive Verstärkung für konformes Verhalten und negative Konsequenzen für abweichendes Verhalten.

- **Einfluss auf Entscheidungen**: Gruppendruck kann die Entscheidungsfindung erheblich beeinflussen, oft auf eine Weise, die nicht im besten Interesse des Individuums oder der Gruppe ist. Dies kann zu Fehlentscheidungen oder riskantem Verhalten führen.

- **Abhängigkeit von Gruppenidentität**: Der Einfluss des Gruppendrucks hängt oft von der Identität und dem Engagement des Einzelnen gegenüber der Gruppe ab. Je stärker die Identifikation mit der Gruppe, desto größer kann der Druck sein.

- **Strategien zum Umgang**: Einzelne können lernen, sich dem Gruppendruck zu widersetzen, indem sie ihre eigenen Werte und Überzeugungen stärken, sich mit unterstützenden Personen umgeben oder kritisches Denken anwenden.

Insgesamt spielt Gruppendruck eine bedeutende Rolle im sozialen Verhalten und kann sowohl förderliche als auch schädliche Auswirkungen auf Individuen und Gruppen haben. Ein Bewusstsein für diese Dynamiken ist wichtig, um informierte Entscheidungen zu treffen und ein gesundes Gruppenklima zu fördern.

Was ist der Ringelmann-Effekt?

Der Ringelmann-Effekt beschreibt ein Phänomen in der Gruppendynamik, das zeigt, dass die individuelle Leistung in Gruppen abnimmt, wenn die Gruppengröße zunimmt. Er wurde nach dem französischen Agrarwissenschaftler

Maximilien Ringelmann benannt, der in den 1910er Jahren Experimente durchführte, um die Leistung von Menschen in Gruppen zu untersuchen.

Hauptmerkmale des Ringelmann-Effekts:

Leistungsabnahme: Ringelmann stellte fest, dass die individuelle Leistung (z. B. beim Ziehen eines Seils) geringer war, wenn mehr Personen in der Gruppe waren, als wenn Einzelpersonen alleine arbeiteten.

Soziale Faulheit: Die Abnahme der individuellen Leistung wird häufig mit dem Konzept der sozialen Faulheit in Verbindung gebracht. In größeren Gruppen neigen einige Mitglieder dazu, sich weniger anzustrengen, weil sie glauben, dass ihre individuelle Anstrengung weniger auffällt und die Gruppe als Ganzes trotzdem erfolgreich sein wird.

Gruppenzusammensetzung: Der Effekt kann auch durch die Wahrnehmung der Fairness innerhalb der Gruppe beeinflusst werden. Wenn Mitglieder glauben, dass andere weniger beitragen, sind sie weniger motiviert, selbst einen hohen Aufwand zu betreiben.

Anwendungsbeispiele: Der Ringelmann-Effekt wird oft in Team- oder Gruppenprojekten beobachtet, wo einige Mitglieder sich zurücklehnen und weniger zur Erreichung der Ziele beitragen, was die Gesamtleistung der Gruppe beeinträchtigt.

Prävention: Um den Ringelmann-Effekt zu minimieren, können Maßnahmen wie klare Rollendefinitionen, individuelle Leistungsbewertungen und die Förderung einer starken Gruppenkohäsion ergriffen werden. Auch regelmäßiges Feedback kann helfen, das Engagement der Gruppenmitglieder zu steigern.

Insgesamt zeigt der Ringelmann-Effekt, dass Gruppengröße nicht immer zu einer proportionalen Steigerung der Produktivität führt und dass Führungskräfte Strategien entwickeln müssen, um die individuelle Verantwortung und den Beitrag jedes Gruppenmitglieds zu fördern.

Definition Konflikt

Ein Konflikt ist eine Auseinandersetzung oder Meinungsverschiedenheit zwischen Individuen oder Gruppen, die entsteht, wenn unterschiedliche Interessen, Werte, Ziele oder Bedürfnisse aufeinandertreffen. Konflikte können auf emotionalen, kognitiven oder sozialen Ebenen auftreten und äußern sich häufig in Spannungen, Missverständnissen oder offenen Streitigkeiten. Sie können sowohl konstruktive als auch destruktive Folgen haben, abhängig von der Art und Weise, wie sie behandelt werden.

In einem weiteren Sinne kann ein Konflikt auch als eine Diskrepanz zwischen den Erwartungen und der Realität verstanden werden, die zu Frustration oder Unzufriedenheit führen kann.

Welche Ursachen von Konflikten in Gruppen?

Konflikte in Gruppen können aus verschiedenen Ursachen entstehen. Hier sind einige der häufigsten:

Unterschiedliche Interessen: Mitglieder haben unterschiedliche Ziele oder Prioritäten, was zu Spannungen führen kann.

Kommunikationsprobleme: Missverständnisse oder unklare Kommunikation können Konflikte hervorrufen.

Persönliche Differenzen: Unterschiedliche Persönlichkeiten, Werte oder Arbeitsstile können Reibungen erzeugen.

Ressourcenkonkurrenz: Mangel an Ressourcen wie Zeit, Geld oder Materialien kann zu Konflikten führen, wenn Mitglieder um diese konkurrieren.

Machtkämpfe: Machtspiele oder das Streben nach Einfluss innerhalb der Gruppe können zu Auseinandersetzungen führen.

Unklare Rollen und Verantwortlichkeiten: Wenn nicht klar ist, wer für was zuständig ist, können Konflikte entstehen.

Änderungen in der Gruppenstruktur: Veränderungen, wie neue Mitglieder oder Umstrukturierungen, können Unsicherheiten und Spannungen verursachen.

Stress und Druck: Hoher Druck, sei es durch Deadlines oder Leistungsanforderungen, kann die Konfliktbereitschaft erhöhen.

Eine offene Kommunikation und klar definierte Rollen können helfen, solche Konflikte zu minimieren.

Beispiel: Welche positive und negative Folgen von Konflikte in der Gruppe haben

Konflikte in Gruppen sind nicht zwangsläufig negativ – sie können sowohl **positive** als auch **negative** Auswirkungen haben, je nachdem, wie sie gehandhabt werden und wie die Gruppe als Ganzes darauf reagiert. Ich werde ein Beispiel geben, um beides zu verdeutlichen.

Beispiel: Projektteam in einem Unternehmen

Stellen wir uns vor, ein Team von fünf Mitarbeitern wurde beauftragt, ein neues Produkt zu entwickeln. In der Gruppe gibt es unterschiedliche

Meinungen darüber, wie das Produkt gestaltet werden soll, und dies führt zu einem Konflikt zwischen zwei Mitgliedern des Teams – Sarah und Markus.

- **Sarah** ist der Meinung, dass das Produkt stark auf Innovation ausgerichtet sein sollte, um sich von der Konkurrenz abzuheben.
- **Markus** hingegen glaubt, dass das Produkt sicher und zuverlässig sein sollte und dass Innovationen zu risikoreich sind.

Dieser Unterschied in den Ansätzen führt zu Spannungen im Team.

Positive Folgen des Konflikts

1. **Förderung von Kreativität und Innovation**

   Konfliktlösung: Sarah und Markus diskutieren intensiv ihre Standpunkte und versuchen, ihre Ideen zu kombinieren. Diese Auseinandersetzung fördert eine tiefergehende Überlegung zu den verschiedenen Möglichkeiten. Schließlich wird ein Kompromiss gefunden, bei dem das Produkt sowohl innovative Funktionen als auch eine hohe Zuverlässigkeit aufweist.

   Positive Folge: Der Konflikt hat dazu geführt, dass beide ihre Ansichten überdacht haben und eine Lösung gefunden wurde, die sowohl Kreativität als auch Sicherheit berücksichtigt. Das Produkt wird dadurch innovativer und gleichzeitig marktfähiger.

2. **Bessere Problemlösungskompetenz und Teamarbeit**

   Konfliktlösung: Während des Konflikts nehmen andere Teammitglieder die Rolle des Mediators ein und helfen, die verschiedenen Perspektiven zusammenzubringen. Dies stärkt die Kommunikation im Team.

   Positive Folge: Das Team lernt, wie man effektiv miteinander kommuniziert, unterschiedliche Meinungen respektiert und Lösungen entwickelt, die für alle akzeptabel sind. Die Teamarbeit wird dadurch gestärkt, und zukünftige Konflikte können besser gelöst werden.

3. **Klarheit über Ziele und Prioritäten**

    Konfliktlösung: Durch den Konflikt wird deutlich, wie wichtig es ist, ein klares gemeinsames Ziel zu definieren. Sarah und Markus stimmen darin überein, dass das Ziel des Produkts der Marktführerschaft dient, was ihnen hilft, den richtigen Fokus zu finden.

    Positive Folge: Der Konflikt hilft der Gruppe, die langfristigen Ziele klarer zu definieren und Prioritäten zu setzen. Dadurch wird die Arbeit gezielter und effizienter.

Negative Folgen des Konflikts

1. **Verzögerung der Entscheidungsfindung**

    Konfliktlösung: Der Konflikt zwischen Sarah und Markus führt zu einer langen Diskussion, bei der wertvolle Zeit verloren geht. Das Team kann sich nicht schnell auf eine Richtung einigen, und die Entwicklungszeit des Produkts wird verlängert.

    Negative Folge: Der Konflikt führt zu einer Verzögerung im Projektablauf. Wichtige Meilensteine werden nicht rechtzeitig erreicht, und die Einführung des Produkts auf dem Markt verzögert sich.

2. **Verringerte Teamkohäsion**

    Konfliktlösung: Obwohl Sarah und Markus letztlich einen Kompromiss finden, bleiben Spannungen im Team bestehen. Die gegenseitige Unzufriedenheit und der Mangel an Vertrauen beeinträchtigen die Zusammenarbeit.

Negative Folge: Die Atmosphäre im Team ist nicht mehr so harmonisch wie zuvor. Einige Teammitglieder fühlen sich unwohl oder sind besorgt, dass der Konflikt auch ihre Arbeit beeinträchtigen könnte. Dies führt zu einer geringeren Zusammenarbeit und einem schwächeren Teamzusammenhalt.

3. **Negative Auswirkungen auf die Motivation**

   Konfliktlösung: Der anhaltende Konflikt belastet das Arbeitsklima, und einige Teammitglieder beginnen, sich weniger engagiert zu fühlen. Die ständigen Auseinandersetzungen und das Fehlen einer schnellen Lösung führen zu Frustration.

   Negative Folge: Die Motivation der Mitarbeiter sinkt, da sie das Gefühl haben, dass der Konflikt unnötig viel Energie frisst und die Arbeitsatmosphäre negativ beeinflusst. Einige könnten sogar beginnen, an ihrer Rolle im Team zu zweifeln oder weniger kreativ und produktiv zu sein.

Fazit:

Positive Folgen: Konflikte, wenn sie richtig gehandhabt werden, können die **Kreativität** fördern, **Problemlösungsfähigkeiten** verbessern, das **Team** stärker machen und zu einer **klareren Zielorientierung** führen. Wenn der Konflikt konstruktiv gelöst wird, profitieren sowohl das Team als auch das Projekt.

Negative Folgen: Wenn der Konflikt jedoch **ungelöst bleibt** oder nicht richtig angegangen wird, kann er zu **Verzögerungen, geringerem Teamzusammenhalt** und **motivationsbedingtem Rückgang** führen, was das Team und das Projekt negativ beeinflusst.

Wichtig ist, wie die Konflikte im Team **kommuniziert** und **gelöst** werden. Gute Führung und effektive Konfliktlösungsstrategien können die negativen Auswirkungen minimieren und gleichzeitig die positiven Potenziale von Konflikten nutzen.

Wie sollte ich als Führungskraft auf Konflikte in Gruppen reagieren?

Schritte, wie du als Führungskraft reagieren solltest:
1. Sofortiges Eingreifen und Konflikt erkennen

Reaktion: Zunächst solltest du als Führungskraft den Konflikt frühzeitig erkennen. Wenn du bemerkst, dass der Konflikt das Team belastet oder die Produktivität beeinträchtigt, ist es wichtig, sofort zu handeln.

Beispiel: Du bemerkst in den Team-Meetings, dass die Spannungen zwischen Laura und Michael immer sichtbarer werden. In einem Team-Meeting wirst du darauf aufmerksam, dass sie sich gegenseitig unterbrechen und nicht wirklich aufeinander eingehen. Du solltest den Konflikt nicht ignorieren, sondern ansprechen.

Du könntest sagen:
„Ich habe bemerkt, dass es zwischen euch unterschiedliche Ansichten gibt. Es ist wichtig, dass wir diese klären, damit wir als Team effektiv weiterarbeiten können. Wie wäre es, wenn wir uns in einem separaten Gespräch näher damit befassen?"

2. Konstruktive Kommunikation fördern

Reaktion: Als Führungskraft solltest du eine konstruktive Kommunikation fördern. Dazu gehört, dass du beide Parteien zu einem

216

Gespräch einlädst, in dem sie ihre Standpunkte darlegen können. Hierbei ist es wichtig, dass du aktiv zuhörst, was beide zu sagen haben, und sicherstellst, dass der Konflikt respektvoll und produktiv besprochen wird.

Beispiel: Du führst Einzelgespräche mit Laura und Michael, in denen sie ihre Standpunkte ohne Unterbrechungen darlegen können. Du gibst beiden die Möglichkeit, ihre Bedenken und Ideen zu äußern.

Du könntest sagen:

„Laura, du hast einen innovativen Ansatz im Kopf. Michael, du legst mehr Wert auf Sicherheit und Beständigkeit. Warum denkst du, dass deine Herangehensweise am besten für das Produkt ist?"

3. Mediation und Perspektivwechsel ermöglichen

Reaktion: Als Führungskraft kannst du als Mediator fungieren und den Konflikt auflösen, indem du beide Parteien dabei unterstützt, die Perspektive des anderen zu verstehen. Dein Ziel ist es, eine Lösung zu finden, die für beide Seiten akzeptabel ist und das Team voranbringt.

Beispiel: Du bringst beide zusammen und gibst ihnen die Gelegenheit, ihre Sichtweisen aus der Perspektive des anderen zu betrachten. Du hilfst, Missverständnisse zu klären und die unterschiedlichen Ansichten zu kombinieren.

Du könntest sagen:

„Michael, was hältst du von Lauras Idee, einige der innovativen Features in einem späteren Release zu integrieren, sodass wir das Risiko kontrollieren können? Laura, könntest du dir vorstellen, dass die Sicherheitsfeatures, die Michael vorschlägt, einen Mehrwert bieten?"

Dies hilft beiden, zu einer gemeinsamen Lösung zu finden, bei der sie ihre Ansichten miteinander vereinen.

4. Klarheit über gemeinsame Ziele schaffen

Reaktion: Du solltest sicherstellen, dass das Team sich auf die gemeinsamen Ziele konzentriert. Konflikte entstehen oft, weil unterschiedliche Teammitglieder unterschiedliche Prioritäten setzen. Als Führungskraft kannst du helfen, das gemeinsame Ziel zu verdeutlichen und sicherzustellen, dass sich alle Teammitglieder darauf ausrichten.

Beispiel: Du erinnerst das Team daran, dass das Hauptziel darin besteht, ein funktionierendes und marktfähiges Produkt zu entwickeln. Du machst klar, dass Innovation und Sicherheit nicht gegeneinander stehen, sondern sich ergänzen sollten.

Du könntest sagen:

„Unser Ziel ist es, ein Produkt zu schaffen, das sowohl innovativ als auch zuverlässig ist. Wenn wir diese beiden Elemente kombinieren, können wir ein Produkt entwickeln, das sowohl die Kunden begeistert als auch langfristig erfolgreich ist."

5. Langfristige Prävention von Konflikten

Reaktion: Nach der Lösung des Konflikts solltest du auch Maßnahmen ergreifen, um zukünftige Konflikte zu vermeiden. Das bedeutet, dass du das Team in regelmäßigen Abständen in der Kommunikation und Zusammenarbeit stärkst. Es ist wichtig, eine offene und respektvolle Teamkultur zu etablieren, in der Konflikte frühzeitig angesprochen und konstruktiv gelöst werden.

Beispiel: Du führst regelmäßige Check-ins mit dem Team durch, um sicherzustellen, dass alle Meinungen gehört werden und Konflikte frühzeitig angesprochen werden. Du förderst eine Kultur des offenen Dialogs und der respektvollen Kommunikation.

Du könntest sagen:

„Ich möchte sicherstellen, dass jeder die Möglichkeit hat, seine Ideen und Bedenken offen zu äußern. Lasst uns regelmäßig im Team reflektieren, wie wir unsere Zusammenarbeit noch weiter verbessern können."

Fazit: Wie du als Führungskraft auf Konflikte reagieren solltest

1. **Frühzeitig eingreifen:** Konflikte nicht ignorieren, sondern zeitnah ansprechen.
2. **Konstruktive Kommunikation fördern:** Ein respektvolles Gespräch führen, in dem beide Seiten ihre Perspektiven darlegen können.
3. **Mediation und Perspektivwechsel:** Den Konflikt ausgleichen und eine Lösung finden, die für alle akzeptabel ist.
4. **Klarheit über gemeinsame Ziele schaffen:** Die Gruppe auf das gemeinsame Ziel ausrichten und verdeutlichen, dass unterschiedliche Ansichten einen Mehrwert bieten können.
5. **Langfristige Prävention:** Eine Kultur der offenen Kommunikation und Zusammenarbeit etablieren, um zukünftigen Konflikten vorzubeugen.

Eine Führungskraft, die diese Schritte umsetzt, fördert nicht nur eine effektive Konfliktlösung, sondern stärkt auch das Vertrauen und die Zusammenarbeit im Team, was langfristig zu einer besseren Leistung und einem positiven Arbeitsumfeld führt.

Wie kann ich als Führungskraft Konflikte in der Gruppe vermeiden?

Um Konflikte in der Gruppe zu vermeiden, können Sie als Führungskraft proaktive Maßnahmen ergreifen. Hier sind einige Strategien:

Klare Kommunikation: Stellen Sie sicher, dass alle Teammitglieder über Ziele, Erwartungen und Rollen informiert sind. Klare Anweisungen helfen, Missverständnisse zu vermeiden.

Teamziele festlegen: Definieren Sie gemeinsame Ziele, die alle Mitglieder motivieren und vereinen. Wenn alle auf dasselbe Ziel hinarbeiten, sinkt das Risiko von Konflikten.

Stärkung des Teamgeists: Fördern Sie ein positives Teamklima durch Teambuilding-Aktivitäten und regelmäßige, informelle Treffen. Starke Beziehungen helfen, Spannungen abzubauen.

Rollen und Verantwortlichkeiten klären: Stellen Sie sicher, dass jeder seine Aufgaben und Verantwortlichkeiten kennt. Unklare Rollen können zu Reibungen führen.

Feedback-Kultur etablieren: Schaffen Sie einen Raum, in dem regelmäßiges und konstruktives Feedback gegeben und empfangen werden kann. Offene Kommunikation hilft, Probleme frühzeitig zu erkennen.

Konfliktpräventionstraining: Bieten Sie Schulungen zu Kommunikation und Konfliktlösung an, um das Team für potenzielle Konflikte zu sensibilisieren und den Umgang damit zu verbessern.

Vielfalt wertschätzen: Fördern Sie ein respektvolles Miteinander und eine wertschätzende Haltung gegenüber unterschiedlichen Meinungen und Perspektiven. Dies reduziert Spannungen und Missverständnisse.

Regelmäßige Check-ins: Führen Sie regelmäßige Gespräche mit Ihrem Team, um den Puls der Stimmung zu fühlen und potenzielle Probleme frühzeitig anzusprechen.

Vorbildfunktion: Seien Sie ein Vorbild für konstruktive Kommunikation und den Umgang mit Differenzen. Ihr Verhalten beeinflusst das Team.

Flexible Problemlösungsansätze: Seien Sie offen für verschiedene Lösungsansätze und ermutigen Sie Ihr Team, kreativ zu denken, um Herausforderungen zu meistern.

Indem Sie diese Strategien umsetzen, können Sie ein harmonisches Arbeitsumfeld schaffen und die Wahrscheinlichkeit von Konflikten deutlich verringern.

Welche Aufgaben hat ein Gruppensprecher bei der betrieblichen Gruppenarbeit?

Ein Gruppensprecher spielt eine wichtige Rolle in der betrieblichen Gruppenarbeit. Hier sind einige zentrale Aufgaben:

- **Vertretung der Gruppe**: Der Gruppensprecher dient als Hauptansprechpartner für Vorgesetzte und andere Gruppen. Er vermittelt die Anliegen und Meinungen der Gruppe nach außen.

- **Kommunikation fördern**: Er sorgt für eine klare und offene Kommunikation innerhalb der Gruppe und zwischen der Gruppe und anderen Abteilungen.

- **Koordination von Meetings**: Der Gruppensprecher plant und organisiert regelmäßige Treffen, um den Austausch von Informationen und die Diskussion von Themen zu fördern.

- **Themenmanagement**: Er identifiziert relevante Themen, die in der Gruppe besprochen werden müssen, und leitet diese Diskussionen.

- **Konfliktlösung**: Bei Konflikten innerhalb der Gruppe agiert der Gruppensprecher als Mediator, um Spannungen abzubauen und Lösungen zu finden.

- **Feedback einholen**: Der Gruppensprecher sammelt Rückmeldungen von den Gruppenmitgliedern und gibt diese an die Führungsebene oder andere relevante Stellen weiter.

- **Motivation und Unterstützung**: Er motiviert die Gruppenmitglieder und unterstützt sie, um ein positives und produktives Arbeitsumfeld zu schaffen.

- **Dokumentation**: Der Gruppensprecher kann für die Protokollierung von Besprechungen und Entscheidungen verantwortlich sein, um Transparenz und Nachvollziehbarkeit sicherzustellen.

- **Ziele setzen**: Er hilft der Gruppe, gemeinsame Ziele zu definieren und deren Fortschritt zu überwachen.

- **Ressourcenmanagement**: Der Gruppensprecher koordiniert den Einsatz von Ressourcen innerhalb der Gruppe und sorgt dafür, dass diese effizient genutzt werden.

Durch diese Aufgaben trägt der Gruppensprecher maßgeblich zum Erfolg der Gruppenarbeit und zur Zufriedenheit der Mitglieder bei.

Welche Kompetenzen sollte ein Gruppensprecher haben?

Ein Gruppensprecher sollte über verschiedene Kompetenzen verfügen, um seine Rolle effektiv auszufüllen. Hier sind einige der wichtigsten:

- **Kommunikationsfähigkeiten**: Klare und überzeugende Kommunikation ist entscheidend, sowohl im schriftlichen als auch im mündlichen Austausch.

- **Empathie**: Die Fähigkeit, sich in die Perspektiven und Gefühle der Gruppenmitglieder hineinzuversetzen, um deren Anliegen besser zu verstehen.

- **Konfliktlösungsfähigkeiten**: Die Fähigkeit, Konflikte zu erkennen und konstruktiv zu lösen, um die Teamdynamik zu fördern.

- **Fähigkeit zur Moderation**: Erfahrung in der Moderation von Diskussionen, um sicherzustellen, dass alle Stimmen gehört werden und die Gespräche fokussiert bleiben.

- **Teamorientierung**: Ein starkes Gefühl für Teamarbeit und die Fähigkeit, die Gruppe zu motivieren und zusammenzuhalten.

- **Organisationstalent**: Die Fähigkeit, Meetings zu planen, zu strukturieren und Nachverfolgungen zu organisieren.

- **Entscheidungsfähigkeit**: Die Fähigkeit, auch in schwierigen Situationen fundierte Entscheidungen zu treffen und die Gruppe bei diesen Entscheidungen zu leiten.

- **Zielorientierung**: Die Fähigkeit, klare Ziele zu setzen und die Gruppe bei deren Erreichung zu unterstützen.

- **Flexibilität**: Offenheit für Veränderungen und die Fähigkeit, sich an unterschiedliche Situationen und Bedürfnisse anzupassen.

- **Fachwissen**: Ein solides Verständnis der relevanten Themen und Arbeitsprozesse, um informierte Diskussionen führen zu können.

> Durch diese Kompetenzen kann der Gruppensprecher eine effektive und harmonische Zusammenarbeit innerhalb der Gruppe fördern.

4.0. FÜHRUNGSVERHALTEN UND FÜHRUNGSGRUNDSÄTZE

Aufgaben einer Führungskraft

Die Aufgaben einer Führungskraft sind vielfältig und hängen oft vom jeweiligen Unternehmen, der Branche sowie der Hierarchieebene ab. Grundsätzlich lässt sich die Rolle einer Führungskraft jedoch in verschiedene Kernaufgaben unterteilen. Hier sind einige der wichtigsten:

1. Zielsetzung und strategische Planung

- **Vision entwickeln und kommunizieren**: Führungskräfte sind dafür verantwortlich, eine klare Vision und strategische Ausrichtung für das Team oder Unternehmen zu definieren und diese klar zu kommunizieren.

- **Ziele setzen**: Sie legen messbare, realistische und herausfordernde Ziele fest, die sowohl zum Unternehmensziel als auch zu den individuellen Stärken und Schwächen des Teams passen.

- **Ressourcenplanung**: Dazu gehört die Planung und Zuteilung von Ressourcen wie Personal, Budget und Technologie, um die gesetzten Ziele zu erreichen.

2. Motivation und Inspiration

- **Mitarbeiter motivieren**: Führungskräfte müssen in der Lage sein, ihre Mitarbeiter zu inspirieren und zu motivieren, um bestmögliche Leistung zu erzielen.

- **Entwicklung fördern**: Sie fördern die persönliche und berufliche Weiterentwicklung ihrer Mitarbeiter, um deren Potenziale zu entfalten.

- **Wertschätzung zeigen**: Anerkennung und Wertschätzung für gute Leistungen sind ein wesentlicher Teil der Führung, um das Engagement und die Zufriedenheit zu steigern.

3. Kommunikation

- **Offene Kommunikation pflegen**: Eine klare, transparente und respektvolle Kommunikation ist für das Vertrauen und den Erfolg des Teams entscheidend.

- **Feedback geben**: Regelmäßiges konstruktives Feedback ist notwendig, um die Leistung der Mitarbeiter zu steigern und deren Entwicklung zu fördern.

- **Konflikte lösen**: Führungskräfte müssen in der Lage sein, Konflikte frühzeitig zu erkennen und zu lösen, um das Arbeitsklima und die Produktivität zu erhalten.

4. Entscheidungsfindung

- **Entscheidungen treffen**: Führungskräfte müssen schnelle, fundierte Entscheidungen treffen können, oft auch unter Druck oder in unsicheren Situationen.

- **Verantwortung übernehmen**: Sie sind verantwortlich für die Konsequenzen ihrer Entscheidungen und müssen diese auch vor ihren Teams und Vorgesetzten vertreten.

5. Organisation und Delegation

- **Teamorganisation**: Eine effektive Organisation des Teams, inklusive Arbeitsaufteilung, ist notwendig, um eine effiziente Arbeitsweise zu gewährleisten.

- **Delegieren**: Führungskräfte müssen Aufgaben richtig delegieren, dabei die Stärken der Mitarbeiter berücksichtigen und Verantwortung übertragen, ohne die Kontrolle zu verlieren.

6. Leistungsüberwachung und Kontrolle

- **Ziele überwachen**: Führungskräfte verfolgen den Fortschritt in Richtung der gesetzten Ziele und stellen sicher, dass Ressourcen effizient eingesetzt werden.

- **Probleme erkennen**: Sie müssen frühzeitig Schwächen und Probleme identifizieren und geeignete Maßnahmen ergreifen, um diese zu beheben.

- **Erfolg messen**: Mit Kennzahlen und Feedback messen Führungskräfte den Erfolg des Teams und passen bei Bedarf Strategien an.

7. Change Management

- **Veränderungen initiieren und begleiten**: Führungskräfte müssen in der Lage sein, Veränderungsprozesse zu gestalten, etwa durch die Einführung neuer Technologien oder Strukturen.

- **Widerstände überwinden**: Sie müssen Mitarbeiter auf Veränderungen vorbereiten und sie bei der Umsetzung unterstützen, um Widerstände abzubauen.

8. Teamarbeit und Zusammenarbeit

- **Teamgeist fördern**: Eine Führungskraft sollte eine Kultur der Zusammenarbeit und des gegenseitigen Respekts im Team etablieren.

- **Vertrauen aufbauen**: Vertrauen ist die Grundlage jeder erfolgreichen Teamarbeit. Führungskräfte müssen es aufbauen und pflegen, indem sie verlässlich und transparent agieren.

9. Selbstreflexion und kontinuierliche Weiterentwicklung

- **Selbstmanagement**: Führungskräfte sollten ihre eigenen Stärken und Schwächen kennen und ihre Zeit und Energie effektiv managen.

- **Lernen und Wachstum**: Sie müssen bereit sein, sich selbst weiterzuentwickeln, um als Führungskraft erfolgreich zu bleiben. Dazu gehört auch, Feedback anzunehmen und eigene Fehler zu reflektieren.

10. Werte und Kultur vermitteln

- **Unternehmenskultur leben**: Führungskräfte sind die wichtigsten Vorbilder für die Unternehmenskultur. Sie vermitteln die Werte des Unternehmens durch ihr eigenes Verhalten und ihre Entscheidungen.

- **Ethik und Integrität**: Sie müssen hohe ethische Standards vorleben und sicherstellen, dass diese auch im Team respektiert werden.

Zusammengefasst erfordert die Aufgabe einer Führungskraft eine Mischung aus strategischem Denken, Menschenkenntnis und praktischen Managementfähigkeiten. Der Erfolg als Führungskraft hängt nicht nur von der Erreichung von Unternehmenszielen ab, sondern auch von der Fähigkeit, ein engagiertes, motiviertes und gut funktionierendes Team zu führen.

4.1. SPANNUNGSFELD ZWISCHEN ARBEITGEBER- UND ARBEITNEH-MERINTERESSEN

Das Spannungsfeld zwischen den Interessen von Arbeitgebern und Arbeitnehmern ist ein zentrales Thema in der Arbeitswelt. Es entsteht aufgrund unterschiedlicher Ziele, Bedürfnisse und Perspektiven, die die beiden Seiten verfolgen. Diese Spannungen können in verschiedenen Formen auftreten und sich auf unterschiedliche Bereiche wie Arbeitsbedingungen, Vergütung, Arbeitszeiten, Arbeitsplatzsicherheit und Mitbestimmung auswirken. Das Verständnis dieses Spannungsfelds ist entscheidend, um Lösungen zu finden, die sowohl den Bedürfnissen der Arbeitgeber als auch den Rechten und Erwartungen der Arbeitnehmer gerecht werden.

1. Wirtschaftliche Interessen: Effizienz vs. Arbeitsplatzsicherheit

Arbeitgeberinteresse: Arbeitgeber sind in erster Linie daran interessiert, die Effizienz und Rentabilität ihres Unternehmens zu steigern. Dazu gehören die Optimierung von Arbeitsprozessen, die Reduzierung von Kosten und die Maximierung der Produktivität. Sie möchten möglichst flexibel auf Marktveränderungen reagieren können und die Arbeitskraft effektiv einsetzen.

Arbeitnehmerinteresse: Arbeitnehmer hingegen sind an Arbeitsplatzsicherheit und einem fairen Lohn interessiert. Sie möchten sich keine Sorgen um ihre Beschäftigung machen müssen und erwarten, dass ihre Arbeit angemessen entlohnt wird. Sie setzen sich für stabile Arbeitsbedingungen und eine langfristige Perspektive ein.

Spannung: Arbeitgeber möchten oft flexibler auf den Arbeitsmarkt reagieren können, was zum Beispiel den Einsatz von befristeten Arbeitsverhältnissen oder Outsourcing umfasst. Arbeitnehmer hingegen suchen nach einer langfristigen Perspektive und Stabilität, was zu Konflikten führen kann, etwa bei der Einführung von flexiblen Arbeitsmodellen oder Restrukturierungen.

2. Vergütung und Sozialleistungen: Kostensenkung vs. Faire Entlohnung

Arbeitgeberinteresse: Arbeitgeber wollen die Lohnkosten minimieren, um die Wettbewerbsfähigkeit des Unternehmens zu sichern und Gewinne zu maximieren. Sie bevorzugen, wenn möglich, flexible Vergütungsmodelle, wie z. B. leistungsabhängige Entlohnung, Boni oder variable Gehaltsbestandteile.

Arbeitnehmerinteresse: Arbeitnehmer wünschen sich eine faire, transparente und vor allem stabile Vergütung. Sie setzen sich für eine gerechte Bezahlung und attraktive Sozialleistungen (z. B. Gesundheitsversorgung, Rentenversicherung) ein, die ihren Lebensstandard sichern.

Spannung: Arbeitgeber versuchen, die Lohnkosten durch Einsparungen, etwa durch die Begrenzung von Gehaltssteigerungen oder die Einführung von befristeten Arbeitsverträgen, zu senken. Arbeitnehmer fordern im Gegenzug höhere Gehälter, mehr Arbeitsleistungen oder zusätzliche Sozialleistungen, um ihre Lebensqualität und ihre Familie abzusichern.

3. Arbeitszeit und Work-Life-Balance: Flexibilität vs. Lebensqualität

Arbeitgeberinteresse: Arbeitgeber wollen die Arbeitszeiten so gestalten, dass sie den betrieblichen Anforderungen entsprechen und die Produktivität maximiert wird. Dazu gehört auch, dass Arbeitnehmer bei Bedarf flexibel sind und Überstunden leisten können.

Arbeitnehmerinteresse: Arbeitnehmer legen großen Wert auf eine ausgewogene Work-Life-Balance. Sie möchten ihre Arbeitszeit so gestalten können, dass sie genug Zeit für Familie, Freizeit und persönliche Erholung haben. Flexible Arbeitszeiten, Homeoffice und Urlaubstage sind für viele Arbeitnehmer wichtige Anliegen.

Spannung: Arbeitgeber können die Arbeitszeit so gestalten wollen, dass sie auf saisonale Schwankungen oder Projektanforderungen reagieren.

Arbeitnehmer wiederum fordern, dass ihre persönlichen Bedürfnisse nach Freizeit und familiären Verpflichtungen respektiert werden. Hier entstehen Spannungen, wenn beispielsweise Überstunden oder eine ständige Erreichbarkeit erwartet wird.

4. Mitbestimmung und Einflussnahme: Hierarchie vs. Mitbestimmung

Arbeitgeberinteresse: Arbeitgeber möchten in der Regel Entscheidungsprozesse zentralisieren, um schnelle und effektive Entscheidungen treffen zu können. Sie bevorzugen eine klare Hierarchie und Kontrolle über das Unternehmen.

Arbeitnehmerinteresse: Arbeitnehmer möchten Einfluss auf Entscheidungsprozesse nehmen, die sie direkt betreffen. Sie fordern Mitbestimmungsmöglichkeiten, sei es durch Betriebsräte, Gewerkschaften oder andere Formen der Partizipation.

Spannung: Arbeitgeber haben oft ein Interesse daran, Entscheidungen effizient und zentralisiert zu treffen, ohne zu viele externe Einflüsse oder Diskussionen. Arbeitnehmer hingegen möchten in Entscheidungsprozesse einbezogen werden, besonders bei Themen, die ihre Arbeitsbedingungen betreffen (z. B. bei Umstrukturierungen oder Änderungen in der Unternehmenskultur). Dieser Konflikt betrifft sowohl die Unternehmenspolitik als auch den Grad der Beteiligung der Mitarbeiter an der Gestaltung des Arbeitsumfeldes.

5. Arbeitsplatzsicherheit: Flexibilität vs. Sicherheit

Arbeitgeberinteresse: Arbeitgeber möchten eine hohe Flexibilität bei der Gestaltung ihrer Arbeitskraftressourcen, insbesondere in Zeiten von wirtschaftlicher Unsicherheit oder Marktveränderungen. Sie neigen dazu, befristete Verträge oder Freelancer-Arbeitsverhältnisse einzusetzen, um flexibel reagieren zu können.

Arbeitnehmerinteresse: Arbeitnehmer wünschen sich ein hohes Maß an Arbeitsplatzsicherheit und eine langfristige Anstellung. Sie möchten vermeiden, dass ihre Anstellung von wirtschaftlichen

Schwankungen oder kurzfristigen Veränderungen des Unternehmens abhängt.

Spannung: Der Wunsch nach Flexibilität von Arbeitgeberseite führt häufig zu befristeten Arbeitsverhältnissen oder zu einer stärkeren Nutzung von Zeitarbeit, was auf Seiten der Arbeitnehmer Unsicherheit hervorruft. Dies kann zu Widerstand und Unzufriedenheit führen, insbesondere wenn Arbeitnehmer sich von solchen Arbeitsmodellen benachteiligt fühlen.

6. Innovationen und Veränderungen: Kostensenkung vs. Weiterentwicklung

Arbeitgeberinteresse: Arbeitgeber wollen Innovationen vorantreiben und das Unternehmen zukunftsfähig halten. Sie sind oft bestrebt, Prozesse zu automatisieren, neue Technologien einzuführen und Veränderungen im Unternehmen schnell umzusetzen.

Arbeitnehmerinteresse: Arbeitnehmer haben oft Bedenken gegenüber tiefgreifenden Veränderungen, insbesondere wenn diese zu Arbeitsplatzverlusten oder einer Verschärfung der Arbeitsbedingungen führen könnten. Gleichzeitig wünschen sie sich Weiterbildungsmöglichkeiten, um mit den technologischen und strukturellen Veränderungen Schritt zu halten.

Spannung: Arbeitgeber möchten neue Technologien implementieren, um wettbewerbsfähig zu bleiben, was oft mit der Automatisierung von Arbeitsplätzen oder der Einführung neuer Arbeitsmethoden verbunden ist. Arbeitnehmer könnten dies als Bedrohung für ihre Arbeitsplatzsicherheit empfinden oder sich überfordert fühlen, mit den neuen Anforderungen Schritt zu halten.

Lösungsansätze und Ausgleich von Interessen

Um dieses Spannungsfeld zu lösen oder zumindest auszugleichen, gibt es verschiedene Ansätze:

- **Transparente Kommunikation**: Ein offener Dialog zwischen Arbeitgeber und Arbeitnehmer ist entscheidend, um Missverständnisse zu vermeiden und gemeinsame Lösungen zu finden.

- **Verhandlung und Kompromisse**: In vielen Fällen können beide Seiten durch Verhandlungen und Kompromisse eine Win-Win-Situation erreichen, die sowohl den wirtschaftlichen Interessen des Unternehmens als auch den Bedürfnissen der Mitarbeiter gerecht wird.

- **Flexibles Arbeitszeitmodell**: Eine Einführung von flexiblen Arbeitszeitmodellen, Homeoffice und Jobsharing kann helfen, die Work-Life-Balance zu verbessern und gleichzeitig die Bedürfnisse des Unternehmens zu erfüllen.

- **Betriebsräte und Mitbestimmung**: Die Einrichtung von Mitbestimmungsgremien (z. B. Betriebsräte) kann dazu beitragen, die Interessen der Arbeitnehmer zu vertreten und die Entscheidungstransparenz im Unternehmen zu erhöhen.

Das Spannungsfeld zwischen Arbeitgeber- und Arbeitnehmerinteressen wird nie vollständig verschwinden, doch eine faire und ausgewogene Betrachtung beider Seiten ist notwendig, um langfristig produktive Arbeitsbeziehungen zu schaffen.

Welche Folgen hat es, wenn eine Führungskraft einen schlechten Umgang mit seinen Mitarbeitern pflegt?

Wenn eine Führungskraft einen schlechten Umgang mit ihren Mitarbeitern pflegt, kann das weitreichende und negative Folgen für das gesamte Unternehmen, das Team und die Führungskraft selbst haben. Die Auswirkungen betreffen nicht nur die Arbeitsatmosphäre und das Wohlbefinden der Mitarbeiter, sondern auch die Produktivität und den langfristigen Erfolg des Unternehmens. Hier sind einige der wichtigsten Konsequenzen:

1. Geringe Mitarbeiterzufriedenheit und Motivation

Folge: Ein schlechter Umgang führt zu Unzufriedenheit unter den Mitarbeitern. Wenn sie sich nicht respektiert oder gewertschätzt fühlen, sinkt ihre Motivation, engagiert und produktiv zu arbeiten.

Langfristige Auswirkungen: Eine niedrige Mitarbeitermotivation führt zu einer reduzierten Leistungsbereitschaft und kann das gesamte Arbeitsumfeld negativ beeinflussen. Mitarbeiter erledigen ihre Aufgaben nur noch auf dem Minimum, was die Qualität der Arbeit beeinträchtigt.

2. Höhere Fluktuation und Verlust von Talenten

Folge: Wenn Mitarbeiter wiederholt schlechte Erfahrungen mit ihrer Führungskraft machen, steigt die Wahrscheinlichkeit, dass sie das Unternehmen verlassen. Eine toxische Führung kann das Gefühl verstärken, dass keine Entwicklungsmöglichkeiten oder eine faire Behandlung vorhanden sind.

Langfristige Auswirkungen: Hohe Fluktuationsraten führen zu höheren Rekrutierungs- und Einarbeitungskosten, einer Instabilität im Team und dem Verlust wertvoller Talente, die für den Unternehmenserfolg wichtig sind.

3. Verschlechterung der Teamdynamik und Zusammenarbeit

Folge: Ein schlechter Umgang der Führungskraft mit den Mitarbeitern fördert Misstrauen, Konkurrenzdenken und Konflikte innerhalb des Teams. Teammitglieder könnten anfangen, sich gegenseitig den Rücken zuzuwenden, anstatt zusammenzuarbeiten.

Langfristige Auswirkungen: Die Teamkohäsion leidet erheblich, was zu ineffizienter Zusammenarbeit und einem Verlust von Synergien führt. Dies kann die Arbeitsqualität und die Innovationen des Teams erheblich beeinträchtigen.

4. Erhöhtes Stressniveau und schlechte psychische Gesundheit der Mitarbeiter

Folge: Ein schlechtes Führungsverhalten, das etwa durch unfaire Kritik, Mangel an Anerkennung oder sogar mikro-managendes Verhalten geprägt ist, kann zu einem erhöhten Stressniveau der Mitarbeiter führen. Langfristig kann dies Burnout, Angstzustände und andere gesundheitliche Probleme zur Folge haben.

Langfristige Auswirkungen: Dies beeinträchtigt nicht nur die individuelle Leistungsfähigkeit, sondern auch das kollektive Wohlbefinden des Teams. Unternehmen müssen mit erhöhten Krankheitsausfällen und einer sinkenden Produktivität rechnen.

5. Schwächung der Unternehmenskultur

Folge: Eine Führungskraft, die einen schlechten Umgang pflegt, kann toxische Verhaltensweisen im Unternehmen verstärken, wie etwa Respektlosigkeit, Ineffizienz, Ungerechtigkeit oder eine "Angstkultur". Mitarbeiter könnten diese schlechten Verhaltensmuster übernehmen und auch untereinander anwenden.

Langfristige Auswirkungen: Die Unternehmenskultur wird durch solche Verhaltensweisen nachhaltig geschädigt. Eine ungesunde Kultur kann dazu führen, dass das Unternehmen Schwierigkeiten hat, neue Talente zu gewinnen und zu halten, da potenzielle Mitarbeiter die Arbeitsumgebung negativ wahrnehmen.

6. Sinkende Produktivität und Leistung

Folge: Ein schlechtes Arbeitsklima führt dazu, dass Mitarbeiter weniger engagiert sind, was ihre Produktivität und die Qualität ihrer Arbeit beeinträchtigt. Sie sind weniger geneigt, sich für das Unternehmen einzusetzen oder über das Minimum hinaus zu arbeiten.

Langfristige Auswirkungen: Die Unternehmensleistung leidet, weil Mitarbeiter nicht ihr volles Potenzial ausschöpfen. Dies kann zu verpassten Geschäftsmöglichkeiten, ineffizienter Ressourcennutzung und langfristigen Verlusten führen.

7. Geringeres Vertrauen in die Führung

Folge: Wenn die Führungskraft keine konstruktive Kommunikation pflegt oder ihre Entscheidungen unklar und willkürlich erscheinen, verlieren die Mitarbeiter das Vertrauen in die Führung und deren Entscheidungen.

Langfristige Auswirkungen: Ein Verlust des Vertrauens führt dazu, dass Mitarbeiter weniger bereit sind, die Vision und die Ziele des Unternehmens zu unterstützen. Sie sind auch weniger geneigt, sich für Veränderungen zu engagieren oder Verantwortung zu übernehmen.

8. Schwache Entscheidungsfähigkeit und Unzufriedenheit im Führungsteam

Folge: Eine Führungskraft, die nicht respektvoll und auf Augenhöhe mit ihren Mitarbeitern umgeht, verliert möglicherweise auch die Unterstützung ihrer Führungskollegen und Teamleiter. Dies kann zu einer Fragmentierung im Führungsteam führen, in dem Entscheidungen zögerlich oder konfliktbeladen getroffen werden.

Langfristige Auswirkungen: Wenn die Führungsebene nicht einheitlich handelt oder ein gutes Verhältnis zueinander hat, entsteht eine schwache Entscheidungsstruktur, die das gesamte Unternehmen destabilisieren kann.

9. Negative Auswirkungen auf die Unternehmensmarke und das öffentliche Image

Folge: Eine Führungskraft, die einen schlechten Umgang mit Mitarbeitern pflegt, kann das Unternehmensimage schädigen, besonders in Zeiten von Social Media und öffentlicher Transparenz. Unzufriedene Mitarbeiter teilen ihre Erfahrungen oft in Online-Bewertungen oder sozialen Netzwerken.

Langfristige Auswirkungen: Ein schlechtes Unternehmensimage macht es schwieriger, qualifizierte Talente zu gewinnen und kann das Vertrauen von Kunden und Investoren beeinträchtigen. Dies kann zu einem langfristigen Rückgang des Geschäftserfolgs führen.

10. Verstärkung von Konflikten und schlechtem Verhalten

Folge: Ein toxischer Führungsstil fördert häufig auch das Entstehen von Konflikten innerhalb des Teams oder zu anderen Führungskräften. Aggressive, respektlose oder ungerechtfertigte Behandlung durch die Führungskraft wird möglicherweise auch von Mitarbeitern auf andere übertragen.

Langfristige Auswirkungen: Solche Verhaltensweisen können sich auf andere Mitarbeiter ausbreiten und eine Eskalation von Konflikten zur Folge haben, die nicht nur das Betriebsklima weiter verschlechtern, sondern auch zu rechtlichen Problemen führen können (z. B. Mobbing oder Diskriminierung).

Zusammenfassung der langfristigen Folgen:

Ein schlechter Umgang von Führungskräften mit ihren Mitarbeitern führt nicht nur zu direkten negativen Auswirkungen auf das Team und die Mitarbeiter, sondern hat auch langfristige Konsequenzen für das Unternehmen. Diese umfassen:

- Erhöhte Fluktuation und Verlust von Talenten,

- Geringe Motivation und Produktivität,

- Eine verschlechterte Unternehmenskultur,

- Verlust von Vertrauen in die Führung,

- Und letztlich eine Gefahr für den Erfolg des Unternehmens.

Führungskräfte müssen sich ihrer Rolle als Vorbilder bewusst sein und ein respektvolles, unterstützendes und wertschätzendes Führungsverhalten an den Tag legen, um diese negativen Folgen zu vermeiden und eine positive, leistungsfähige Arbeitsumgebung zu schaffen.

Was bedeutet Fachaufgaben und Führungsaufgaben einer Führungskraft?

Die Aufgaben einer Führungskraft lassen sich grob in **Fachaufgaben** und **Führungsaufgaben** unterteilen. Diese beiden Aufgabenbereiche sind zwar miteinander verbunden, erfordern jedoch unterschiedliche Kompetenzen und Herangehensweisen. Eine erfolgreiche Führungskraft muss in der Lage sein, sowohl fachlich kompetent zu arbeiten als auch die Führungsaufgaben zu erfüllen, die mit der Leitung und Organisation eines Teams oder Unternehmensbereichs verbunden sind.

1. Fachaufgaben einer Führungskraft

Fachaufgaben beziehen sich auf die spezifischen, oft technischen oder spezialisierten Aufgaben, die eine Führungskraft im Rahmen ihrer Rolle erledigen muss. Diese Aufgaben hängen stark vom jeweiligen Fachbereich oder der Branche ab und erfordern ein fundiertes Fachwissen und spezifische berufliche Kompetenzen.

Beispiele für Fachaufgaben:

- **Fachliche Expertise anwenden**: Führungskräfte müssen oft ihre fachlichen Fähigkeiten und Erfahrungen nutzen, um komplexe Probleme zu lösen, strategische Entscheidungen zu treffen oder als Ansprechpartner für technische Fragen zu agieren.

- **Projektmanagement**: Leitung von Projekten innerhalb eines Fachgebiets, inklusive Planung, Umsetzung und Kontrolle von Projekten. Dazu gehört auch das Einhalten von Zeitplänen und Budgets.

- **Prozessoptimierung**: Identifizierung von Schwachstellen in Arbeitsabläufen und deren Optimierung, um Effizienz und Produktivität zu steigern.

- **Qualitätsmanagement**: Sicherstellung, dass die Arbeitsergebnisse und Produkte den festgelegten Qualitätsstandards entsprechen.

- **Fachliche Schulung und Weiterbildung**: Schulung und Förderung der fachlichen Weiterentwicklung der Mitarbeiter, indem sie in spezifischen Fachgebieten weitergebildet oder angeleitet werden.

Bedeutung von Fachaufgaben:

Fachaufgaben sind vor allem in den ersten Karrierestufen einer Führungskraft von Bedeutung, in denen der Fokus noch stark auf der praktischen Anwendung von Fachwissen liegt. Später kann der Anteil an Fachaufgaben abnehmen, da Führungskräfte zunehmend strategische und organisatorische Aufgaben übernehmen. Dennoch ist es wichtig, dass Führungskräfte ihr Fachwissen kontinuierlich erweitern und auf dem neuesten Stand halten, um ihre Autorität im Fachbereich zu wahren.

2. Führungsaufgaben einer Führungskraft

Führungsaufgaben betreffen die Leitung, Organisation und das Management von Mitarbeitern und Teams. Diese Aufgaben umfassen sowohl die soziale als auch die organisatorische Verantwortung, die eine Führungskraft für ihre Mitarbeiter und deren Arbeitsumfeld trägt.

Beispiele für Führungsaufgaben:

- **Zielsetzung und Vision**: Eine Führungskraft muss klare Ziele für das Team oder die Abteilung setzen und eine Vision entwickeln, die das Team inspiriert und motiviert. Sie ist verantwortlich dafür, dass die Teamziele mit den übergeordneten Unternehmenszielen in Einklang stehen.

- **Mitarbeiterführung und -motivation**: Die Führungskraft muss ihre Mitarbeiter motivieren, ihre Leistung optimieren und ein positives Arbeitsumfeld schaffen. Dazu gehört auch, dass sie Mitarbeiter bei der beruflichen Entwicklung unterstützt und Feedback gibt.

- **Kommunikation und Information**: Eine Führungskraft muss sicherstellen, dass Informationen effektiv und zeitgerecht an die

Mitarbeiter weitergegeben werden und dass eine offene Kommunikationskultur im Team gefördert wird.

- **Teamentwicklung**: Eine Führungskraft ist dafür verantwortlich, das Team zu entwickeln, Konflikte zu lösen und die Zusammenarbeit zu fördern. Hierzu gehören auch Teambuilding-Maßnahmen und die Förderung von Vertrauen und Respekt im Team.

- **Entscheidungsfindung und Problemlösung**: Führungskräfte müssen oft schwierige Entscheidungen treffen, Probleme lösen und Verantwortung übernehmen. Sie müssen in der Lage sein, sowohl strategische als auch operative Entscheidungen zu treffen, die das Unternehmen voranbringen.

- **Veränderungsmanagement**: Führungskräfte spielen eine zentrale Rolle bei der Umsetzung von Veränderungen, sei es durch Einführung neuer Technologien, Prozesse oder Strukturen. Sie müssen die Mitarbeiter in Zeiten des Wandels führen und dafür sorgen, dass Veränderungen erfolgreich umgesetzt werden.

Bedeutung von Führungsaufgaben:

Führungsaufgaben sind besonders wichtig, wenn die Führungskraft eine größere Verantwortung übernimmt, etwa als Abteilungsleiter, Geschäftsführer oder in anderen leitenden Positionen. Hier steht nicht mehr das individuelle Fachwissen im Vordergrund, sondern die Fähigkeit, Menschen zu führen, zu motivieren und strategische Entscheidungen zu treffen. Führungskräfte müssen sowohl das Team als auch das Unternehmen im Blick haben und Entscheidungen treffen, die die langfristige Entwicklung fördern.

Zusammenhang zwischen Fachaufgaben und Führungsaufgaben

Die Fachaufgaben und Führungsaufgaben sind nicht voneinander getrennt, sondern hängen oft miteinander zusammen. Besonders in den frühen Phasen einer Führungskarriere ist es häufig der Fall, dass Führungskräfte auch noch Fachaufgaben übernehmen, während sie gleichzeitig Führungsverantwortung tragen. Mit zunehmender Führungserfahrung verschiebt sich der

Fokus mehr auf die Führungsaufgaben, obwohl eine gewisse fachliche Kompetenz weiterhin erforderlich bleibt.

Beispielsweise muss eine Führungskraft, die ein Team von Ingenieuren leitet, nicht nur organisatorische und zwischenmenschliche Aufgaben bewältigen, sondern auch in der Lage sein, technische Probleme zu verstehen, um ihren Mitarbeitern glaubwürdig und unterstützend zur Seite zu stehen. Dies erfordert ein ausgewogenes Verhältnis zwischen der Weitergabe von Fachwissen und der Verantwortung für das Team und dessen Entwicklung.

Wichtige Unterscheidung:

- **Fachaufgaben:** Beschäftigen sich mit der technischen Seite der Arbeit, spezifischen Aufgaben und dem Wissensaustausch im Fachbereich.

- **Führungsaufgaben**: Beziehen sich auf das Führen und Managen von Menschen, die Förderung der Teamdynamik, die Entwicklung von Mitarbeitern und die Umsetzung von Unternehmenszielen.

Fazit:

Eine effektive Führungskraft muss beide Aufgabenbereiche — Fachaufgaben und Führungsaufgaben — erfolgreich miteinander in Einklang bringen. In vielen Fällen geht es darum, den richtigen Zeitpunkt zu finden, um vom Fachspezialisten zum Führungsexperten zu werden, dabei jedoch das Fachwissen zu erhalten, um das Vertrauen und den Respekt des Teams zu behalten.

Welche Voraussetzung braucht eine Führungskraft?

Eine Führungskraft braucht eine Vielzahl von Voraussetzungen, um ihre Aufgaben erfolgreich zu erfüllen und das Team oder Unternehmen zu leiten. Diese Voraussetzungen lassen sich in **fachliche**, **persönliche** und **soziale** Kompetenzen unterteilen. Hier sind die wichtigsten Voraussetzungen für eine erfolgreiche Führungskraft:

1. Fachliche Kompetenz

Fachliche Kompetenz bezieht sich auf das Wissen, die Fähigkeiten und Erfahrungen, die notwendig sind, um die spezifischen Aufgaben des Unternehmens oder Teams zu verstehen und umzusetzen.

- **Fachwissen**: Eine Führungskraft sollte über fundiertes Fachwissen im jeweiligen Bereich verfügen, um Entscheidungen kompetent treffen zu können und als Ansprechpartner für ihre Mitarbeiter zu agieren.

- **Erfahrung**: Erfahrung in der Branche oder im spezifischen Bereich (z. B. Marketing, Technik, Vertrieb) ist entscheidend, um die richtigen Entscheidungen treffen und komplexe Probleme lösen zu können.

- **Analytische Fähigkeiten**: Die Fähigkeit, komplexe Zusammenhänge zu verstehen, Daten zu interpretieren und fundierte Entscheidungen zu treffen, ist eine wichtige Voraussetzung für eine erfolgreiche Führungskraft.

- **Problemlösungsfähigkeit**: Führungskräfte müssen in der Lage sein, schnell Lösungen für Herausforderungen oder Probleme zu finden und umzusetzen.

2. Persönliche Kompetenzen

Persönliche Eigenschaften und innerer Reife sind entscheidend für das Vertrauen und den Respekt, den eine Führungskraft bei ihrem Team aufbaut.

- **Selbstreflexion und Selbstbewusstsein**: Eine gute Führungskraft muss ihre eigenen Stärken und Schwächen kennen. Selbstreflexion hilft dabei, das eigene Verhalten zu überprüfen und kontinuierlich zu verbessern.

- **Verantwortungsbewusstsein**: Führungskräfte müssen bereit sein, Verantwortung für ihre Entscheidungen und deren Auswirkungen zu übernehmen – sowohl für den Erfolg als auch für mögliche Misserfolge.

- **Zuverlässigkeit und Integrität**: Vertrauen ist eine der wichtigsten Grundlagen für erfolgreiche Führung. Eine Führungskraft sollte stets verlässlich und ehrlich sein, um das Vertrauen ihrer Mitarbeiter und Kollegen zu gewinnen und zu bewahren.

- **Durchsetzungsvermögen**: Eine Führungskraft muss in der Lage sein, ihre Entscheidungen und Anweisungen klar und entschlossen zu kommunizieren und durchzusetzen, auch wenn diese auf Widerstand stoßen.

- **Stressresistenz und Belastbarkeit**: In schwierigen Situationen und unter Druck muss eine Führungskraft ruhig bleiben und handlungsfähig sein. Die Fähigkeit, mit Stress und Herausforderungen umzugehen, ist entscheidend, um langfristig erfolgreich zu führen.

3. Soziale und zwischenmenschliche Kompetenzen

Eine Führungskraft muss über die Fähigkeit verfügen, gut mit Menschen zu interagieren und Beziehungen zu pflegen. Dies umfasst sowohl die direkte Führung von Mitarbeitern als auch den Umgang mit anderen Führungskräften, Kollegen und externen Partnern.

- **Kommunikationsfähigkeit**: Die Fähigkeit, klar und effektiv zu kommunizieren, ist eine der wichtigsten Voraussetzungen für eine Führungskraft. Dazu gehört nicht nur das Senden von Informationen, sondern auch aktives Zuhören, um die Bedürfnisse, Sorgen und Ideen der Mitarbeiter zu verstehen.

- **Empathie**: Eine gute Führungskraft sollte in der Lage sein, sich in die Lage ihrer Mitarbeiter zu versetzen und deren Perspektiven und Gefühle zu berücksichtigen. Empathie fördert das Vertrauen und stärkt die Beziehung zwischen Führungskraft und Team.

- **Teamfähigkeit**: Eine Führungskraft muss in der Lage sein, ein Team zu bilden, zu motivieren und zu leiten. Sie sollte verstehen, wie man die Stärken der Teammitglieder nutzt, um gemeinsam Ziele zu erreichen.

- **Konfliktlösungskompetenz**: Konflikte sind unvermeidlich, besonders in dynamischen Arbeitsumfeldern. Führungskräfte sollten in der Lage sein, Konflikte frühzeitig zu erkennen, zu moderieren und Lösungen zu finden, die sowohl im Interesse des Unternehmens als auch der Mitarbeiter sind.

- **Motivationsfähigkeit**: Eine gute Führungskraft kann ihre Mitarbeiter inspirieren und motivieren, indem sie klare Ziele setzt, Anerkennung zeigt und eine Arbeitsumgebung schafft, in der sich die Mitarbeiter geschätzt und gefördert fühlen.

4. Strategische und visionäre Kompetenz

Eine Führungskraft muss in der Lage sein, über den aktuellen Tagesbetrieb hinauszudenken und langfristige Ziele und Strategien zu entwickeln.

- **Zukunftsorientierung**: Führungskräfte sollten in der Lage sein, die Entwicklung des Marktes, der Branche und des Unternehmens zu erkennen und vorausschauend zu handeln, um das Unternehmen wettbewerbsfähig zu halten.

- **Visionäre Denkweise**: Eine erfolgreiche Führungskraft hat eine klare Vorstellung von der Richtung, in die das Unternehmen oder das Team gehen soll, und kann diese Vision effektiv an das Team kommunizieren, um alle Mitarbeiter zu motivieren und auf ein gemeinsames Ziel auszurichten.

- **Entscheidungsfähigkeit**: Führungskräfte müssen in der Lage sein, sowohl kurzfristige als auch langfristige Entscheidungen zu treffen, die dem Unternehmen und dem Team zugutekommen. Sie sollten auch in der Lage sein, Entscheidungen unter Unsicherheit oder Druck zu treffen.

5. Führungskompetenz und Coaching-Fähigkeiten

In der heutigen Arbeitswelt, in der sich Führung immer mehr von einem hierarchischen Ansatz zu einem kooperativen und unterstützenden Modell entwickelt, sind Coaching-Fähigkeiten für Führungskräfte von großer Bedeutung.

- **Coaching und Mentoring**: Eine moderne Führungskraft sollte nicht nur Aufgaben delegieren, sondern auch als Coach und Mentor für ihre Mitarbeiter fungieren, um deren persönliche und berufliche Entwicklung zu fördern.

- **Delegation**: Eine Führungskraft muss Aufgaben effektiv delegieren können. Sie sollte wissen, welche Aufgaben sie selbst übernehmen muss und welche sie an ihre Mitarbeiter weitergeben kann, um deren Potenziale zu nutzen und das Team insgesamt effizienter zu machen.

- **Flexibilität und Anpassungsfähigkeit**: Eine Führungskraft muss sich an veränderte Umstände und neue Anforderungen anpassen können. Die Fähigkeit, flexibel auf Veränderungen im Arbeitsumfeld, in der Technologie oder in der Marktlandschaft zu reagieren, ist wichtig, um das Team in turbulenten Zeiten zu führen.

Zusammenfassung der Voraussetzungen einer Führungskraft:

Eine erfolgreiche Führungskraft braucht eine Kombination aus **fachlicher Kompetenz, persönlicher Reife, sozialer und zwischenmenschlicher Kompetenz, strategischer Denkweise** und **Führungskompetenz**. Die Fähigkeit, in diesen Bereichen zu arbeiten und sich kontinuierlich weiterzuentwickeln, ist entscheidend, um das Vertrauen und die Unterstützung des Teams zu gewinnen und das Unternehmen auf Kurs zu halten.

Dabei sollte eine Führungskraft nicht nur über die nötigen Fähigkeiten und Eigenschaften verfügen, sondern auch bereit sein, sich selbst ständig zu reflektieren und weiterzuentwickeln, um den sich ständig verändernden Anforderungen des Arbeitsmarktes und der Unternehmenskultur gerecht zu werden.

Welche Erwartungen haben Mitarbeiter gegenüber Ihrer Führungskraft?

Mitarbeiter haben eine Reihe von Erwartungen an ihre Führungskraft, die sowohl die **fachliche Kompetenz** als auch die **zwischenmenschliche und soziale Ebene** betreffen. Diese Erwartungen hängen nicht nur von der individuellen Persönlichkeit der Mitarbeiter ab, sondern auch von der Unternehmenskultur, den spezifischen Arbeitsanforderungen und den persönlichen Karrierezielen. Eine gute Führungskraft sollte in der Lage sein, diese Erwartungen zu erkennen und zu erfüllen, um ein produktives und motiviertes Team zu schaffen.

1. Klare Kommunikation und Transparenz

Erwartung: Mitarbeiter wünschen sich eine klare, offene und transparente Kommunikation von ihrer Führungskraft. Sie möchten verstehen, warum Entscheidungen getroffen werden, wie Ziele definiert sind und welche Erwartungen an sie gestellt werden. Ein regelmäßiger Austausch über den Stand von Projekten, die strategische Ausrichtung des Unternehmens und relevante Veränderungen ist essenziell.

Warum ist das wichtig?: Kommunikation schafft Vertrauen und sorgt dafür, dass Mitarbeiter ihre Aufgaben und deren Bedeutung im Gesamtzusammenhang des Unternehmens besser verstehen. Fehlende Kommunikation kann zu Unsicherheit und Missverständnissen führen.

2. Unterstützung und Förderung der persönlichen Entwicklung

Erwartung: Mitarbeiter wünschen sich, dass ihre Führungskraft ihre berufliche und persönliche Weiterentwicklung aktiv unterstützt. Dazu gehören regelmäßige Feedbackgespräche, die Identifikation von Entwicklungs- und Fortbildungsmöglichkeiten sowie die Förderung von Talenten und Karrierechancen.

Warum ist das wichtig?: Die Möglichkeit zur Weiterentwicklung ist für viele Mitarbeiter ein wesentlicher Motivator. Wenn Mitarbeiter sehen, dass ihre Führungskraft an ihrer Karriere interessiert ist, sind sie eher bereit, sich langfristig an das Unternehmen zu binden und hohe Leistungen zu erbringen.

3. Respekt und Wertschätzung

Erwartung: Mitarbeiter erwarten, dass ihre Führungskraft sie respektiert und ihre Arbeit wertschätzt. Anerkennung für gute Leistungen, das Zulassen von Mitsprache und die Berücksichtigung individueller Bedürfnisse sind wichtige Aspekte einer respektvollen Führung.

Warum ist das wichtig?: Wertschätzung fördert die Mitarbeitermotivation und -zufriedenheit. Menschen möchten sich in ihrem Job anerkannt und respektiert fühlen. Fehlt diese Anerkennung, kann dies zu Demotivation und einem Gefühl der Frustration führen.

4. Fairness und Transparenz bei Entscheidungen

Erwartung: Mitarbeiter erwarten von ihrer Führungskraft, dass Entscheidungen fair und gerecht getroffen werden. Dies umfasst sowohl die Vergabe von Aufgaben, Beförderungen und Gehaltserhöhungen als auch die Handhabung von Konflikten und Problemen im Team.

Warum ist das wichtig?: Ungerechtigkeiten oder das Gefühl, dass Entscheidungen nicht nachvollziehbar sind, können zu Unzufriedenheit und Missmut führen. Eine faire und transparente Führung fördert das Vertrauen und sorgt dafür, dass alle Teammitglieder sich gleich behandelt fühlen.

5. Verantwortung übernehmen und Unterstützung bieten

Erwartung: Eine Führungskraft sollte in der Lage sein, Verantwortung zu übernehmen, sowohl für die Erfolge als auch für die Misserfolge des Teams. Mitarbeiter wünschen sich, dass ihre Führungskraft sie unterstützt, wenn sie Herausforderungen oder Probleme haben, und sie nicht alleine lässt.

Warum ist das wichtig?: Wenn eine Führungskraft Verantwortung übernimmt und das Team in schwierigen Zeiten unterstützt, stärkt dies das Vertrauen in die Führung und das Zusammengehörigkeitsgefühl im Team. Mitarbeiter fühlen sich eher sicher, wenn sie wissen, dass ihre Führungskraft hinter ihnen steht.

6. Motivation und Inspiration

Erwartung: Mitarbeiter erwarten, dass ihre Führungskraft sie motiviert und inspiriert, um ihr Bestes zu geben. Eine gute Führungskraft sollte die Fähigkeit besitzen, das Team zu motivieren, insbesondere in herausfordernden Zeiten, und dabei eine Vision zu vermitteln, die das Team auf gemeinsame Ziele ausrichtet.

Warum ist das wichtig?: Eine Führungskraft, die das Team inspiriert, fördert das Engagement und die Bereitschaft, mehr zu leisten. Ohne Motivation können Mitarbeiter das Interesse an ihrer Arbeit verlieren und ihre Leistung sinkt.

7. Vertrauen und Autonomie

Erwartung: Mitarbeiter möchten das Vertrauen ihrer Führungskraft genießen und erwarten, dass ihnen ein gewisses Maß an Autonomie und Entscheidungsspielraum gewährt wird, um ihre Arbeit eigenverantwortlich zu erledigen.

Warum ist das wichtig?: Vertrauen führt zu einer erhöhten Eigenverantwortung und besseren Leistung. Wenn Mitarbeiter das Gefühl haben, dass ihnen vertraut wird und sie selbst Entscheidungen treffen können, steigert dies ihre Motivation und ihre Kreativität. Micromanagement ist dagegen häufig demotivierend.

8. Konfliktmanagement und Problemlösungskompetenz

Erwartung: Mitarbeiter erwarten von ihrer Führungskraft, dass sie Konflikte im Team frühzeitig erkennt und angemessen löst. Dies bedeutet, sowohl zwischenmenschliche Konflikte als auch Konflikte im Hinblick auf die Aufgabenbewältigung oder die Arbeitsweise zu adressieren.

Warum ist das wichtig?: Ein ungelöster Konflikt kann die Produktivität und das Arbeitsklima erheblich beeinträchtigen.

Mitarbeiter wünschen sich eine Führungskraft, die in der Lage ist, Konflikte fair zu moderieren und Lösungen zu finden, die im besten Interesse des Teams und des Unternehmens sind.

9. Arbeitsklima und Teamzusammenhalt fördern

Erwartung: Mitarbeiter erwarten von ihrer Führungskraft, dass sie ein positives Arbeitsumfeld schafft und die Zusammenarbeit im Team fördert. Dazu gehört, eine Atmosphäre zu schaffen, in der Vertrauen, Respekt und Offenheit herrschen.

Warum ist das wichtig?: Ein gutes Arbeitsklima fördert nicht nur das Wohlbefinden der Mitarbeiter, sondern auch ihre Leistungsfähigkeit. Ein motiviertes und gut zusammenarbeitendes Team ist produktiver und erzielt bessere Ergebnisse.

10. Förderung von Work-Life-Balance und Unterstützung bei persönlichen Belangen

Erwartung: Mitarbeiter wünschen sich, dass ihre Führungskraft ihre Work-Life-Balance respektiert und sie in der Vereinbarkeit von Berufs- und Privatleben unterstützt. Flexible Arbeitszeiten, Homeoffice-Optionen oder Verständnis für private Belange sind Aspekte, die viele Mitarbeiter schätzen.

Warum ist das wichtig?: Die Wahrung der Work-Life-Balance trägt zum langfristigen Wohlbefinden und zur Zufriedenheit der Mitarbeiter bei. Führungskräfte, die den persönlichen Lebensbereich ihrer Mitarbeiter respektieren, fördern eine loyale und engagierte Belegschaft.

Zusammenfassung der Erwartungen an Führungskräfte:

- **Klare Kommunikation und Transparenz**

- **Unterstützung bei der persönlichen und beruflichen Weiterentwicklung**

- **Respekt und Wertschätzung**

- **Fairness und Transparenz bei Entscheidungen**

- **Verantwortung übernehmen und Unterstützung bieten**

- **Motivation und Inspiration**

- **Vertrauen und Autonomie**

- **Konfliktmanagement und Problemlösungsfähigkeiten**

- **Förderung eines positiven Arbeitsklimas und Teamzusammenhalts**

- **Unterstützung der Work-Life-Balance und Berücksichtigung persönlicher Belange**

Wenn Führungskräfte diese Erwartungen erfüllen, stärken sie das Vertrauen und die Bindung der Mitarbeiter an das Unternehmen. Sie schaffen ein Arbeitsumfeld, in dem sich Mitarbeiter respektiert, geschätzt und motiviert fühlen, ihr Bestes zu geben. Fehlt es an der Erfüllung dieser Erwartungen, kann dies zu Unzufriedenheit, geringerer Leistung und höherer Fluktuation führen.

Welche Erwartungen hat die Betriebsleitung gegenüber Ihrer Führungskraft?

Die **Betriebsleitung** oder **Geschäftsführung** hat spezifische Erwartungen an ihre Führungskräfte, die in erster Linie auf der **Erreichung der Unternehmensziele**, der **Optimierung von Geschäftsprozessen** und der **Effizienzsteigerung** beruhen. Eine Führungskraft muss in der Lage sein, sowohl die strategischen Zielsetzungen des Unternehmens umzusetzen als auch das operative Geschäft effektiv zu führen. Hier sind die wichtigsten Erwartungen der Betriebsleitung gegenüber ihren Führungskräften:

1. Erreichung der Unternehmensziele

> **Erwartung**: Die Betriebsleitung erwartet von der Führungskraft, dass sie zur Erreichung der Unternehmensziele beiträgt. Dazu gehört die Umsetzung der Unternehmensstrategie auf Abteilungs- oder Teamebene und das Erreichen von Zielvorgaben in Bezug auf Umsatz, Rentabilität, Marktanteil oder andere relevante Kennzahlen.

Warum ist das wichtig?: Die Führungskraft ist für die Performance ihres Bereichs verantwortlich und muss sicherstellen, dass die operativen Ziele mit den übergeordneten strategischen Zielen des Unternehmens abgestimmt sind.

2. Effizientes Management von Ressourcen

Erwartung: Eine Führungskraft soll die verfügbaren Ressourcen (Personal, Budget, Zeit, Material) effizient einsetzen, um die Produktivität zu maximieren und die Kosten zu minimieren. Das umfasst eine effiziente Planung, die Delegation von Aufgaben und das Vermeiden von Ressourcenverschwendung.

Warum ist das wichtig?: Betriebsleiter und Geschäftsführer erwarten, dass ihre Führungskräfte die verfügbaren Ressourcen optimal nutzen, um die Rentabilität und Wettbewerbsfähigkeit des Unternehmens zu steigern. Ineffizientes Ressourcenmanagement kann zu unnötigen Kosten und einer verminderten Leistung führen.

3. Sicherstellung einer hohen Mitarbeiterleistung und Motivation

Erwartung: Eine Führungskraft muss dafür sorgen, dass die Mitarbeiter gut geführt werden, ihre Aufgaben effizient erledigen und motiviert bleiben. Die Betriebsleitung erwartet, dass die Führungskraft ihr Team fördert, gut kommuniziert und eine leistungsorientierte Kultur schafft.

Warum ist das wichtig?: Mitarbeiter sind das wichtigste Kapital eines Unternehmens. Eine gute Führungskraft sorgt dafür, dass das Team engagiert und produktiv bleibt, was sich direkt auf die Erreichung der Unternehmensziele auswirkt.

4. Führung und Entwicklung von Talenten

Erwartung: Die Betriebsleitung erwartet, dass die Führungskraft geeignete Talente anzieht, entwickelt und langfristig im Unternehmen hält. Dies umfasst die Identifizierung von Leistungsträgern, die Förderung von Potenzialträgern und das Sicherstellen einer gesunden Nachfolgeplanung.

Warum ist das wichtig?: Eine erfolgreiche Führungskraft sorgt für die kontinuierliche Weiterentwicklung der Mitarbeiter und sichert so die langfristige Leistungsfähigkeit des Unternehmens. Der Verlust von Talenten kann zu Wissenslücken und Produktivitätseinbußen führen.

5. Verantwortungsbewusstsein und proaktive Problemlösung

Erwartung: Die Betriebsleitung erwartet von Führungskräften, dass sie Verantwortung übernehmen – für die eigenen Entscheidungen sowie für die des Teams. Sie sollen proaktiv Probleme erkennen und Lösungen entwickeln, bevor diese zu größeren Herausforderungen werden.

Warum ist das wichtig?: Ein proaktiver Führungsstil verhindert, dass kleine Probleme zu großen Krisen werden. Betriebsleiter möchten Führungskräfte, die nicht nur reagieren, sondern im Voraus handeln, um das Unternehmen zu stabilisieren und kontinuierlich zu verbessern.

6. Effektive Kommunikation mit der Geschäftsleitung

Erwartung: Eine Führungskraft muss in der Lage sein, regelmäßig und klar mit der Betriebsleitung zu kommunizieren. Dazu gehört das regelmäßige Reporting über die Zielerreichung, das Aufzeigen von Herausforderungen sowie das Einbringen von Ideen und Verbesserungsvorschlägen.

Warum ist das wichtig?: Eine gute Kommunikation zwischen Führungskraft und Betriebsleitung sorgt dafür, dass alle relevanten Informationen schnell und korrekt zur Geschäftsführung gelangen. Dies ermöglicht fundierte Entscheidungen und stellt sicher, dass die Betriebsleitung über wichtige Entwicklungen informiert ist.

7. Umsetzung von strategischen Initiativen und Veränderungen

Erwartung: Die Betriebsleitung erwartet von ihren Führungskräften, dass sie strategische Initiativen und Veränderungen in ihrem Bereich erfolgreich umsetzen. Das umfasst die Einführung neuer Prozesse, Produkte, Technologien oder Geschäftspraktiken, um das Unternehmen an Veränderungen im Markt oder der Branche anzupassen.

Warum ist das wichtig?: Veränderungen sind notwendig, um wettbewerbsfähig zu bleiben. Eine Führungskraft muss in der Lage sein, Veränderungen zu managen und sicherzustellen, dass diese im Team oder in der Abteilung gut aufgenommen und umgesetzt werden.

8. Sicherstellung der Compliance und Risikomanagement

Erwartung: Führungskräfte sind dafür verantwortlich, dass alle relevanten gesetzlichen, regulatorischen und internen Vorschriften eingehalten werden. Dazu gehört auch das Erkennen und Minimieren von Risiken, die das Unternehmen beeinträchtigen könnten.

Warum ist das wichtig?: Verstöße gegen gesetzliche Bestimmungen oder Missmanagement können rechtliche Konsequenzen oder Schäden am Ruf des Unternehmens nach sich ziehen. Eine Führungskraft muss sicherstellen, dass das Unternehmen in Übereinstimmung mit den geltenden Normen arbeitet und Risiken frühzeitig minimiert.

9. Kostenkontrolle und Budgetverantwortung

Erwartung: Eine Führungskraft wird auch erwartet, dass sie das Budget ihres Bereichs im Auge behält und die Kosten im Einklang mit den Zielen des Unternehmens kontrolliert. Das bedeutet, dass sie in der Lage sein sollte, wirtschaftlich zu denken und ihr Team auf Kosteneffizienz auszurichten.

Warum ist das wichtig?: Eine Führungskraft, die in der Lage ist, das Budget effektiv zu verwalten und Kosteneinsparungen zu erzielen, trägt direkt zur Rentabilität des Unternehmens bei. Hohe Kosten ohne entsprechenden Nutzen können die Wettbewerbsfähigkeit gefährden.

10. Verantwortung für die Unternehmenskultur und das Arbeitsklima

Erwartung: Betriebsleiter erwarten, dass ihre Führungskräfte eine positive Unternehmenskultur fördern und für ein gutes Arbeitsklima sorgen. Sie sollen dafür sorgen, dass das Team motiviert ist und eine starke Zusammenarbeit innerhalb des Unternehmens stattfindet.

Warum ist das wichtig?: Eine gesunde Unternehmenskultur führt zu höherer Mitarbeiterzufriedenheit, geringerer Fluktuation und besserer Teamarbeit. Ein gutes Arbeitsklima fördert die Produktivität und hilft, die Unternehmensziele zu erreichen.

11. Innovationsfähigkeit und kontinuierliche Verbesserung

Erwartung: Die Betriebsleitung erwartet von Führungskräften, dass sie Innovationen vorantreiben und kontinuierlich nach Verbesserungsmöglichkeiten suchen, sowohl im Hinblick auf Produkte und Dienstleistungen als auch auf interne Prozesse.

Warum ist das wichtig?: Innovation und kontinuierliche Verbesserung sind entscheidend, um die Wettbewerbsfähigkeit des Unternehmens langfristig zu sichern. Führungskräfte sollten neue Ideen fördern und zur kontinuierlichen Weiterentwicklung des Unternehmens beitragen.

Zusammenfassung der Erwartungen der Betriebsleitung an Führungskräfte:

1. **Erreichung der Unternehmensziele** und operative Zielverwirklichung.

2. **Effizientes Management von Ressourcen** (Personal, Budget, Zeit).

3. **Sicherung einer hohen Mitarbeiterleistung und Motivation**.

4. **Führung und Entwicklung von Talenten** und Nachfolgeplanung.

5. **Verantwortungsbewusstsein und proaktive Problemlösung**.

6. **Effektive Kommunikation** mit der Geschäftsführung.

7. **Erfolgreiche Umsetzung von strategischen Initiativen und Veränderungen**.

8. **Sicherstellung der Compliance** und Risikomanagement.

9. **Kostenkontrolle und Budgetverantwortung**.

10. **Förderung der Unternehmenskultur** und eines positiven Arbeitsklimas.

11. **Innovationsfähigkeit** und kontinuierliche Verbesserung.

Diese Erwartungen zeigen, dass eine Führungskraft nicht nur für das tägliche Management verantwortlich ist, sondern auch eine Schlüsselrolle in der Umsetzung der strategischen Vision des Unternehmens spielt. Die Betriebsleitung erwartet von ihren Führungskräften sowohl operative Exzellenz als auch die Fähigkeit, die langfristige Entwicklung des Unternehmens zu sichern.

Was bedeutet „Führungskraft als Persönlichkeit"?

Der Ausdruck **„Führungskraft als Persönlichkeit"** bezieht sich auf die Bedeutung der **individuellen Eigenschaften, Werte und Verhaltensweisen** einer Führungskraft, die über die rein fachliche Kompetenz hinausgehen und einen wesentlichen Einfluss auf die Art und Weise haben, wie sie ihre Rolle als Führungskraft wahrnimmt und ausführt. Eine Führungskraft als Persönlichkeit beschreibt also nicht nur die Führungskompetenzen einer Person, sondern auch deren **authentisches Auftreten, Charakter, Haltung und die Art, wie sie mit anderen interagiert**.

Wichtige Aspekte, die eine Führungskraft als Persönlichkeit ausmachen:

1. Authentizität und Integrität

Erwartung: Eine Führungskraft als Persönlichkeit wird als authentisch wahrgenommen, wenn sie in ihrem Verhalten und Handeln im Einklang mit ihren eigenen Werten steht. Integrität bedeutet, dass sie konsequent ethische Standards einhält und sich auch in schwierigen Situationen an moralischen Prinzipien orientiert.

Warum wichtig?: Authentizität und Integrität schaffen Vertrauen. Mitarbeiter und Kollegen schätzen Führungskräfte, die ehrlich, transparent und konsistent sind, da sie so eine verlässliche Orientierung bieten.

2. Selbstbewusstsein und Selbstreflexion

Erwartung: Eine starke Führungspersönlichkeit ist sich ihrer eigenen Stärken und Schwächen bewusst und zeigt die Bereitschaft, sich kontinuierlich zu hinterfragen und weiterzuentwickeln. Dies umfasst die Fähigkeit zur **Selbstkritik** und das Streben nach persönlicher Verbesserung.

Warum wichtig?: Selbstreflexion ermöglicht es einer Führungskraft, ihre eigenen Entscheidungen und deren Auswirkungen zu verstehen und daraus zu lernen. Sie kann so ihre Führungsfähigkeiten kontinuierlich anpassen und verbessern.

3. Emotionale Intelligenz

Erwartung: Emotionale Intelligenz ist die Fähigkeit, die eigenen Emotionen zu erkennen und zu steuern sowie die Emotionen anderer wahrzunehmen und angemessen darauf zu reagieren. Eine Führungskraft mit hoher emotionaler Intelligenz kann Konflikte lösen, Mitarbeiter motivieren und empathisch auf deren Bedürfnisse eingehen.

Warum wichtig?: Mitarbeiter sind motivierter und engagierter, wenn sie merken, dass ihre Führungskraft ihre Emotionen versteht und respektiert. Dies fördert eine gute Zusammenarbeit und ein positives Arbeitsklima.

4. Entscheidungsfreude und Verantwortung

Erwartung: Eine Führungskraft muss in der Lage sein, klare und fundierte Entscheidungen zu treffen, auch unter Unsicherheit oder Druck. Sie sollte Verantwortung für ihre Entscheidungen übernehmen und die Konsequenzen tragen, sowohl bei Erfolgen als auch bei Misserfolgen.

Warum wichtig?: Entscheidungsfreude und Verantwortungsbewusstsein vermitteln dem Team Sicherheit. Mitarbeiter brauchen eine Führungskraft, die entschlossen und handlungsfähig ist, auch in herausfordernden Situationen.

5. Vertrauenswürdigkeit und Loyalität

Erwartung: Eine Führungskraft als Persönlichkeit ist für ihre Mitarbeiter und das Unternehmen vertrauenswürdig. Sie hält ihre Versprechen und steht zu ihren Wörtern. Loyalität gegenüber dem Unternehmen und den eigenen Mitarbeitern ist ebenfalls ein zentraler Aspekt.

Warum wichtig?: Vertrauen ist die Grundlage jeder erfolgreichen Führung. Eine Führungskraft, die als loyal und vertrauenswürdig gilt, kann die Zusammenarbeit und das Engagement ihrer Mitarbeiter langfristig sichern.

6. Motivationsfähigkeit und Inspiration

Erwartung: Führungspersönlichkeiten sollten in der Lage sein, ihre Mitarbeiter zu motivieren, zu inspirieren und zu Höchstleistungen zu anspornen. Sie müssen nicht nur die Richtung vorgeben, sondern auch ein Vorbild im Verhalten und in der Arbeitsethik sein.

Warum wichtig?: Motivation ist eine der wichtigsten Triebfedern für den Erfolg von Teams und Organisationen. Führungskräfte, die als inspirierend wahrgenommen werden, können eine positive und leistungsorientierte Unternehmenskultur aufbauen.

7. Empathie und Wertschätzung

Erwartung: Empathie bedeutet, sich in die Lage der Mitarbeiter zu versetzen und ihre Perspektiven und Gefühle zu verstehen. Eine Führungskraft als Persönlichkeit zeigt Wertschätzung für die Arbeit und die Beiträge ihrer Mitarbeiter.

Warum wichtig?: Empathie fördert ein respektvolles und unterstützendes Arbeitsumfeld. Wenn Mitarbeiter sich wertgeschätzt fühlen, sind sie motivierter und engagierter in ihrer Arbeit.

8. Kreativität und Innovationsfähigkeit

Erwartung: Eine Führungskraft als Persönlichkeit sollte nicht nur in der Lage sein, bestehende Prozesse zu optimieren, sondern auch kreativ und innovativ denken, um das Unternehmen in eine erfolgreiche Zukunft zu führen.

Warum wichtig?: In einer sich schnell verändernden Welt ist es entscheidend, dass Führungskräfte kreativ und offen für neue Ideen sind. Sie müssen in der Lage sein, den Wandel aktiv zu gestalten und das Unternehmen zukunftsfähig zu machen.

9. Führungsstil und die Fähigkeit, andere zu entwickeln

Erwartung: Eine Führungskraft als Persönlichkeit entwickelt nicht nur die eigenen Fähigkeiten weiter, sondern fördert auch die Entwicklung ihrer Mitarbeiter. Sie ist nicht nur Vorgesetzte, sondern auch Mentor und Coach, der Mitarbeiter unterstützt und dazu ermutigt, ihr Potenzial auszuschöpfen.

Warum wichtig?: Eine Führungskraft, die ihre Mitarbeiter fördert und sie in ihrer Weiterentwicklung unterstützt, schafft ein positives Arbeitsumfeld, das langfristige Loyalität und Engagement fördert.

10. Zielstrebigkeit und Durchhaltevermögen

Erwartung: Eine Führungskraft als Persönlichkeit zeigt Zielstrebigkeit und Durchhaltevermögen, auch in schwierigen Phasen oder bei Rückschlägen. Sie lässt sich nicht so leicht entmutigen und behält stets das langfristige Ziel im Blick.

Warum wichtig?: Zielstrebigkeit und Durchhaltevermögen sind entscheidend für den langfristigen Erfolg. Führungskräfte, die diese Eigenschaften verkörpern, inspirieren ihr Team, auch in schwierigen Zeiten an den gemeinsamen Zielen festzuhalten.

Warum ist die Führungskraft als Persönlichkeit so wichtig?

Eine Führungskraft als Persönlichkeit wird von ihren Mitarbeitern und Kollegen nicht nur als „Chef" wahrgenommen, sondern als jemand, der eine eigene Identität und Werte hat. Ihre Persönlichkeit prägt maßgeblich den **Führungsstil**, die **Arbeitsatmosphäre** und die **Unternehmenskultur**. Eine starke, authentische Persönlichkeit schafft Vertrauen und Respekt, was zu einer höheren **Mitarbeiterzufriedenheit**, **Betriebsleistung** und **Unternehmenserfolg** führt.

Im Gegensatz zu rein funktionalen Führungskompetenzen, wie Fachwissen oder organisatorischen Fähigkeiten, ist die Persönlichkeit einer Führungskraft entscheidend für den **Zwischenmenschlichen Umgang** und die Art und Weise, wie sie mit Herausforderungen umgeht. Führungskräfte, die ihre Persönlichkeit authentisch in ihre Arbeit einfließen lassen, sind in der Regel auch erfolgreicher in der **Mitarbeiterbindung**, der **Motivation** und der **Schaffung eines positiven Arbeitsumfeldes**.

Zusammenfassung:

Die **„Führungskraft als Persönlichkeit"** bedeutet, dass eine Führungskraft nicht nur durch ihre Fachkompetenz und ihren Führungsstil erfolgreich ist, sondern auch durch ihre individuellen **Werte, ihre emotionale Intelligenz, ihre Authentizität** und die Art und Weise, wie sie mit anderen interagiert. Eine starke Führungspersönlichkeit ist ein Vorbild, das Vertrauen aufbaut, Mitarbeiter motiviert, Innovation fördert und das Unternehmen langfristig erfolgreich führt.

4.4. KOMPETENZEN

Definition: Fachkompetenz

Fachkompetenz bezeichnet die Fähigkeit und das Wissen, spezifische Aufgaben innerhalb eines Fachgebiets oder Berufsbereichs erfolgreich und effizient zu erledigen. Sie umfasst sowohl theoretisches Wissen als auch praktische Fähigkeiten, die für die Lösung von fachlichen Problemen erforderlich sind. Fachkompetenz wird oft als eine der wichtigsten Voraussetzungen für die Ausübung eines bestimmten Berufs oder die Erfüllung einer bestimmten Funktion betrachtet.

Wichtige Merkmale der Fachkompetenz:

1. **Fachwissen**: Umfassendes und tiefgehendes Wissen über ein spezielles Thema oder einen Bereich, das sich aus Ausbildung, Studium, beruflicher Erfahrung oder Forschung ergibt. Beispiel: Ein Ingenieur muss ein tiefes Wissen über Maschinenbau oder Elektrotechnik besitzen.

2. **Praktische Fähigkeiten**: Die Fähigkeit, das erworbene Wissen anzuwenden, um konkrete Aufgaben oder Probleme zu lösen.

Beispiel: Ein Softwareentwickler muss in der Lage sein, Programmiersprachen zu beherrschen und Softwarelösungen zu entwickeln.

3. **Methodenkompetenz**: Die Fähigkeit, geeignete Methoden, Techniken und Werkzeuge anzuwenden, um Aufgaben effizient zu erledigen und Probleme zu lösen. Beispiel: Ein Projektmanager muss Methoden wie Projektplanung und Risikomanagement anwenden können.

4. **Problemlösungsfähigkeiten**: Die Fähigkeit, in komplexen oder neuen Situationen auf Basis des Fachwissens fundierte Lösungen zu entwickeln. Beispiel: Ein Arzt muss bei der Diagnose von Krankheiten seine Fachkenntnisse und medizinischen Methoden anwenden, um die richtige Behandlung zu finden.

Bedeutung der Fachkompetenz:

- **Qualität und Effizienz**: Fachkompetenz gewährleistet, dass Aufgaben korrekt, effizient und in hoher Qualität erledigt werden.

- **Vertrauen und Autorität**: Eine fachlich kompetente Person wird von anderen als Experte auf ihrem Gebiet wahrgenommen und genießt Vertrauen und Respekt.

- **Karriere und Weiterentwicklung**: Fachkompetenz ist oft eine Voraussetzung für beruflichen Erfolg und Weiterentwicklung in einem bestimmten Bereich.

Beispiel:

- Ein **IT-Spezialist** hat Fachkompetenz in der Programmierung, im Umgang mit Netzwerken und der Sicherheit von IT-Systemen.

- Ein **Buchhalter** besitzt Fachkompetenz im Bereich Finanzbuchhaltung, Steuerrecht und Bilanzierung.

Kurz gesagt, **Fachkompetenz** ist das Expertenwissen und die praktischen Fähigkeiten, die notwendig sind, um in einem bestimmten Fachgebiet erfolgreich zu arbeiten.

Definition: Sozialkompetenz

Sozialkompetenz bezeichnet die Fähigkeit, in zwischenmenschlichen Interaktionen angemessen, effektiv und respektvoll zu handeln. Sie umfasst eine Vielzahl von Fähigkeiten, die es einer Person ermöglichen, erfolgreich mit anderen zu kommunizieren, zusammenzuarbeiten, Konflikte zu lösen und in sozialen Kontexten positiv zu agieren. Sozialkompetenz ist eine zentrale Voraussetzung für erfolgreiche Zusammenarbeit in Teams, im Arbeitsumfeld und in der Gesellschaft insgesamt.

Wichtige Merkmale der Sozialkompetenz:

1. **Kommunikationsfähigkeit**:

   o Die Fähigkeit, klar und präzise zu sprechen und zuzuhören, um Missverständnisse zu vermeiden und Informationen effektiv auszutauschen.

   o Empathisches Zuhören und die Fähigkeit, nonverbale Signale (wie Körpersprache) richtig zu interpretieren.

2. **Empathie**:

   o Die Fähigkeit, sich in die Gefühle, Bedürfnisse und Perspektiven anderer Menschen hineinzuversetzen und diese zu verstehen.

   o Empathie fördert das gegenseitige Verständnis und hilft, Beziehungen zu pflegen.

3. **Teamfähigkeit**:

   o Die Fähigkeit, effektiv in Gruppen oder Teams zu arbeiten, gemeinsam Ziele zu erreichen und sich gegenseitig zu unterstützen.

   o Teamfähigkeit umfasst auch die Bereitschaft, Verantwortung zu teilen, Konflikte konstruktiv zu lösen und Kompromisse einzugehen.

4. **Konfliktlösungsfähigkeiten**:

- o Die Fähigkeit, Konflikte frühzeitig zu erkennen, die unterschiedlichen Standpunkte zu verstehen und auf eine Lösung hinzuarbeiten, die für alle Beteiligten akzeptabel ist.

- o Dazu gehört auch die Fähigkeit, Kritik konstruktiv zu äußern und zu empfangen.

5. **Kooperationsbereitschaft**:

- o Die Fähigkeit, aktiv zur Zusammenarbeit beizutragen und gemeinsame Ziele im Team zu verfolgen, statt Einzelinteressen zu priorisieren.

- o Kooperationsbereitschaft umfasst auch die Bereitschaft, auf andere zuzugehen und gemeinsame Lösungen zu finden.

6. **Verhandlungsgeschick**:

- o Die Fähigkeit, bei unterschiedlichen Interessen und Zielvorstellungen eine ausgewogene Lösung zu finden.

- o Dies erfordert Geduld, Taktgefühl und die Fähigkeit, sowohl eigene Interessen zu vertreten als auch die Perspektiven der anderen zu berücksichtigen.

7. **Durchsetzungsvermögen**:

- o Die Fähigkeit, eigene Bedürfnisse und Interessen selbstbewusst, aber respektvoll zu vertreten, ohne die Bedürfnisse anderer zu ignorieren.

- o Dies ist besonders in Situationen wichtig, in denen es um die Abgrenzung von persönlichen Grenzen oder die Durchsetzung von Ideen geht.

8. **Interkulturelle Kompetenz**:

- o Die Fähigkeit, mit Menschen aus unterschiedlichen kulturellen und sozialen Hintergründen respektvoll und konstruktiv zusammenzuarbeiten.

- o Sie umfasst das Verständnis und die Wertschätzung von Vielfalt und das Vermeiden von Vorurteilen.

Bedeutung der Sozialkompetenz:

- **Erfolgreiche Zusammenarbeit**: Sozialkompetente Personen können effektiv in Teams arbeiten, Konflikte konstruktiv lösen und gemeinsam Ziele erreichen.

- **Förderung von Vertrauen und respektvollen Beziehungen**: Durch gute Kommunikations- und Empathiefähigkeiten bauen sozialkompetente Personen vertrauensvolle Beziehungen zu Kollegen, Vorgesetzten und Kunden auf.

- **Karrieremöglichkeiten**: In vielen Berufen ist Sozialkompetenz genauso wichtig wie Fachkompetenz. Besonders in Führungsrollen oder kundenorientierten Bereichen wird diese Fähigkeit sehr geschätzt.

- **Persönliches Wohlbefinden**: Eine hohe Sozialkompetenz trägt zu positiven sozialen Beziehungen bei und fördert das persönliche Wohlbefinden.

Beispiel:

- Ein **Projektleiter**, der in der Lage ist, unterschiedliche Teammitglieder mit verschiedenen Persönlichkeiten und Arbeitsstilen zu einem gemeinsamen Ziel zu führen, zeigt hohe Sozialkompetenz.

- Ein **Verkäufer**, der empathisch auf die Bedürfnisse der Kunden eingeht, Konflikte löst und Kundenbeziehungen pflegt, setzt Sozialkompetenz erfolgreich ein.

Zusammenfassung:

Sozialkompetenz ist die Fähigkeit, in sozialen Interaktionen erfolgreich zu handeln, empathisch zu sein und Konflikte konstruktiv zu lösen. Sie umfasst Kommunikationsfähigkeiten, Teamarbeit, Einfühlungsvermögen und die Fähigkeit, positive Beziehungen zu pflegen und die Zusammenarbeit mit anderen zu fördern. In einer zunehmend vernetzten und kollaborativen Arbeitswelt ist Sozialkompetenz eine entscheidende Fähigkeit für beruflichen und persönlichen Erfolg.

Definition: Methodenkompetenz

Methodenkompetenz bezeichnet die Fähigkeit, geeignete Methoden, Techniken und Werkzeuge anzuwenden, um Aufgaben effektiv zu lösen, Probleme zu analysieren und Prozesse zu gestalten. Sie umfasst das Wissen und die Fertigkeiten, mit denen eine Person systematisch und zielgerichtet vorgeht, um in verschiedenen Situationen die besten Ergebnisse zu erzielen.

Im Gegensatz zu **Fachkompetenz**, die sich auf das spezifische Wissen in einem Fachgebiet bezieht, geht es bei **Methodenkompetenz** um die **Art und Weise**, wie Aufgaben und Herausforderungen mit strukturierten, systematischen und oft wissenschaftlich fundierten Verfahren angegangen werden.

Wichtige Merkmale der Methodenkompetenz:

1. **Analytische Fähigkeiten**:

   Die Fähigkeit, komplexe Probleme zu erkennen, zu zerlegen und die relevanten Informationen zu strukturieren, um eine fundierte Lösung zu finden.

   Beispiele: Problemanalyse, Ursachenforschung, Schwachstellenanalyse.

2. **Planungs- und Organisationstechniken**:

   Die Fähigkeit, Aufgaben zu planen, Prioritäten zu setzen und Ressourcen (Zeit, Personal, Budget) effizient einzusetzen.

   Beispiele: Projektplanung, Zeitmanagement, Ressourcenmanagement, Gantt-Diagramme.

3. **Entscheidungstechniken**:

> Die Fähigkeit, systematisch Informationen zu sammeln, Alternativen zu bewerten und fundierte Entscheidungen zu treffen.

> **Beispiele**: Entscheidungsbaum, SWOT-Analyse, Cost-Benefit-Analyse.

4. **Kreativitätstechniken**:

> Methoden zur Förderung kreativen Denkens und Problemlösens.

> **Beispiele**: Brainstorming, Mind Mapping, Design Thinking.

5. **Kommunikations- und Moderationstechniken**:

> Die Fähigkeit, Gespräche oder Meetings zu strukturieren und zu moderieren, um die Beteiligung aller Teilnehmer zu fördern und Lösungen zu entwickeln.

> **Beispiele**: Moderation von Workshops, Konfliktmoderation, Präsentationstechniken.

6. **Evaluationsmethoden**:

> Die Fähigkeit, den Erfolg von Prozessen oder Projekten zu messen und zu bewerten, um Verbesserungsmöglichkeiten zu identifizieren.

> **Beispiele**: Feedbackmethoden, Kennzahlen, KPIs (Key Performance Indicators).

7. **Lernmethoden**:

> Die Fähigkeit, sich kontinuierlich neues Wissen und neue Fähigkeiten anzueignen.

> **Beispiele**: Selbstlernmethoden, E-Learning, Lerntechniken für Wissenstransfer.

8. **Verhandlungstechniken**:

> Die Fähigkeit, in Verhandlungen zielorientiert und mit einem fairen, respektvollen Ansatz Lösungen zu finden.
>
> **Beispiele**: Win-Win-Verhandlungen, Mediation, Kompromissfindung.

Bedeutung der Methodenkompetenz:

- **Effizienzsteigerung**: Methodenkompetenz ermöglicht eine strukturierte und zielgerichtete Vorgehensweise, die zu schnelleren und besseren Ergebnissen führt.

- **Problemlösungsfähigkeit**: Sie hilft dabei, komplexe Probleme systematisch anzugehen und zu lösen, indem geeignete Techniken und Werkzeuge angewendet werden.

- **Flexibilität**: Methodenkompetenz bietet eine breite Auswahl an Techniken und Strategien, die je nach Situation und Bedarf angepasst werden können.

- **Verbesserung der Teamarbeit**: In der Zusammenarbeit von Teams werden strukturierte Methoden oft genutzt, um Aufgaben zu koordinieren, Arbeitsprozesse zu optimieren und Konflikte zu lösen.

Beispiel:

- Ein **Projektmanager** verwendet Methodenkompetenz, indem er ein Projekt von Anfang bis Ende mit Hilfe von Projektmanagementmethoden (z.B. **Agile** oder **Wasserfallmodell**) plant, überwacht und steuert.

- Ein **Berater** nutzt Methodenkompetenz, wenn er für ein Unternehmen eine **SWOT-Analyse** durchführt, um die Stärken, Schwächen, Chancen und Risiken zu evaluieren, und auf dieser Basis strategische Empfehlungen gibt.

Zusammenfassung:

Methodenkompetenz ist die Fähigkeit, geeignete Verfahren, Werkzeuge und Techniken anzuwenden, um Aufgaben und Probleme systematisch zu lösen und Prozesse zu gestalten. Sie umfasst eine Vielzahl von Fähigkeiten, wie Planungs- und Organisationstechniken, kreative Problemlösungsmethoden, Entscheidungsfindung sowie die Fähigkeit, komplexe Herausforderungen effizient und strukturiert zu bewältigen. In der heutigen Arbeitswelt ist Methodenkompetenz besonders wichtig, da sie zur Verbesserung der Effizienz und der Qualität von Arbeitsergebnissen beiträgt und hilft, komplexe Anforderungen zu meistern.

Definition: Persönlichkeitskompetenz

Persönlichkeitskompetenz bezeichnet die Fähigkeit einer Person, ihre eigenen Eigenschaften, Stärken und Schwächen zu erkennen, zu steuern und in sozialen und beruflichen Kontexten bewusst einzusetzen. Sie umfasst die Entwicklung und Anwendung von inneren, stabilen Qualitäten wie **Selbstbewusstsein**, **Selbstdisziplin**, **Motivation**, **Stressresistenz** und **Verantwortungsbewusstsein**. Persönlichkeitskompetenz ist eine zentrale Voraussetzung für den persönlichen Erfolg und das harmonische Zusammenarbeiten mit anderen, da sie die Fähigkeit stärkt, sich selbst zu führen, Herausforderungen zu meistern und die eigenen Werte zu leben.

Wichtige Merkmale der Persönlichkeitskompetenz:

1. **Selbstbewusstsein**:

   Die Fähigkeit, sich der eigenen Stärken, Schwächen, Werte und Gefühle bewusst zu sein. Eine selbstbewusste Person hat ein klares Verständnis ihrer Identität und ihrer Fähigkeiten.

   Beispiel: Eine Führungskraft kennt ihre eigenen Schwächen und ist bereit, Hilfe von anderen anzunehmen oder sich weiterzuentwickeln.

2. **Selbstreflexion**:

> Die Fähigkeit, das eigene Verhalten und die eigenen Entscheidungen zu hinterfragen und daraus zu lernen. Selbstreflexion fördert die kontinuierliche persönliche Weiterentwicklung.

> **Beispiel**: Ein Mitarbeiter reflektiert regelmäßig seine Arbeitsweise, erkennt Verbesserungsmöglichkeiten und setzt sich neue Ziele zur Weiterentwicklung.

3. **Selbstdisziplin**:

> Die Fähigkeit, sich selbst zu motivieren und zu steuern, auch in schwierigen oder unangenehmen Situationen. Selbstdisziplin bedeutet, langfristige Ziele konsequent zu verfolgen und kurzfristige Versuchungen oder Ablenkungen zu widerstehen.

> **Beispiel**: Eine Person, die regelmäßig ihre Ziele verfolgt und konsequent an deren Umsetzung arbeitet, auch wenn die Arbeit herausfordernd oder anstrengend ist.

4. **Resilienz (Stressresistenz)**:

> Die Fähigkeit, mit Belastungen und Rückschlägen konstruktiv umzugehen, schnell wieder auf die Beine zu kommen und aus schwierigen Situationen gestärkt hervorzugehen.

> **Beispiel**: Ein Projektleiter bleibt in stressigen Phasen ruhig und lösungsorientiert, ohne die Nerven zu verlieren.

5. **Verantwortungsbewusstsein**:

> Die Fähigkeit, Verantwortung für eigenes Handeln und für die Auswirkungen dieses Handelns zu übernehmen. Eine verantwortungsbewusste Person handelt überlegt und berücksichtigt die Konsequenzen ihres Verhaltens.

> **Beispiel**: Ein Teamleiter übernimmt Verantwortung für den Erfolg oder Misserfolg eines Projekts und erkennt die Rolle des Teams dabei an.

6. **Eigenmotivation**:

> Die Fähigkeit, sich selbst zu motivieren, Ziele zu setzen und diese auch ohne externe Anreize zu verfolgen. Eigenmotivation ist ein wesentlicher Faktor für die persönliche und berufliche Weiterentwicklung.

> **Beispiel**: Eine Person, die selbstständig an ihren Fähigkeiten arbeitet und nach Lösungen sucht, ohne darauf angewiesen zu sein, dass andere sie anleiten.

7. **Durchhaltevermögen und Ausdauer**:

> Die Fähigkeit, auch in schwierigen Situationen oder bei wiederholtem Misserfolg nicht aufzugeben und weiter an den Zielen zu arbeiten.

> **Beispiel**: Ein Sportler bleibt trotz zahlreicher Rückschläge auf dem Weg, seine persönlichen Bestleistungen zu erreichen.

8. **Zielorientierung und Entscheidungsfreude**:

> Die Fähigkeit, klare Ziele zu setzen, Entscheidungen zu treffen und konsequent darauf hinzuwirken. Eine zielorientierte Person hat den Fokus auf langfristigen Erfolg und lässt sich nicht leicht ablenken.

> **Beispiel**: Eine Führungskraft trifft entschlossene Entscheidungen, auch wenn diese schwierig sind, und arbeitet zielgerichtet an deren Umsetzung.

Bedeutung der Persönlichkeitskompetenz:

- **Erfolg im Berufsleben**: Persönlichkeitskompetenz ist eine Schlüsselkompetenz, die es einer Person ermöglicht, Herausforderungen zu meistern, die berufliche Entwicklung voranzutreiben und in ihrer Rolle als Führungskraft oder Mitarbeiter erfolgreich zu sein.

- **Selbstständiges Arbeiten und Eigenverantwortung**: Wer über Persönlichkeitskompetenz verfügt, kann eigenständig und verantwortungsvoll arbeiten, ohne ständig auf Anleitung angewiesen zu sein.

- **Gesunde Beziehungen**: Persönlichkeitskompetenz unterstützt eine gesunde Kommunikation und Zusammenarbeit, da sie die Fähigkeit zur Selbstkontrolle und zur Konfliktlösung fördert.

- **Innere Stabilität**: Durch eine starke Persönlichkeitskompetenz können Menschen schwierige Lebensphasen und Rückschläge besser bewältigen und ihre Ziele weiterhin fokussiert verfolgen.

Beispiel:

- Ein **Unternehmer**, der in schwierigen wirtschaftlichen Zeiten ruhig und entschlossen bleibt, seine Ziele im Blick behält und Verantwortung für sein Unternehmen übernimmt, zeigt hohe Persönlichkeitskompetenz.

- Eine **Führungskraft**, die ihre eigenen Schwächen kennt, regelmäßig an ihrer Weiterentwicklung arbeitet und ihre Mitarbeiter motiviert und unterstützt, handelt ebenfalls aus einer starken Persönlichkeitskompetenz.

Zusammenfassung:

Persönlichkeitskompetenz ist die Fähigkeit, sich selbst zu führen, die eigenen Stärken und Schwächen zu erkennen, Verantwortung zu übernehmen und mit Herausforderungen konstruktiv umzugehen. Sie umfasst Eigenschaften wie Selbstbewusstsein, Resilienz, Selbstdisziplin und Eigenmotivation und ist entscheidend für den beruflichen und persönlichen Erfolg. Menschen mit hoher Persönlichkeitskompetenz sind in der Lage, sich kontinuierlich weiterzuentwickeln, ihre Ziele zu verfolgen und eine positive Ausstrahlung auf andere zu haben.

4.5. VORWÜRFE VON MITARBEITER

Welche Vorwürfe machen Mitarbeiter ihrer Führungskraft?

Mitarbeiter können ihre Führungskraft aus verschiedenen Gründen kritisieren oder ihr Vorwürfe machen. Diese Vorwürfe entstehen häufig aufgrund von Missverständnissen, unzureichendem Führungsverhalten oder mangelnder Unterstützung. Es ist wichtig, dass Führungskräfte sich dieser potenziellen Kritikpunkte bewusst sind, um ihre Führungspraktiken zu verbessern und das Arbeitsklima zu fördern.

Hier sind einige häufige Vorwürfe, die Mitarbeiter gegenüber ihrer Führungskraft erheben:

1. Mangelnde Kommunikation

Vorwurf: "Die Kommunikation ist schlecht oder unklar."

Details: Mitarbeiter fühlen sich oft nicht ausreichend informiert über Entscheidungen, Ziele oder Veränderungen im Unternehmen. Eine unzureichende Kommunikation kann zu Unsicherheit, Missverständnissen und Frustration führen.

Beispiel: Die Führungskraft gibt wichtige Informationen zu spät weiter oder klärt nicht, was von den Mitarbeitern erwartet wird.

2. Fehlende Anerkennung und Wertschätzung

Vorwurf: "Unsere Leistungen werden nicht anerkannt."

Details: Mitarbeiter wünschen sich Anerkennung und Wertschätzung für ihre Arbeit. Wenn eine Führungskraft diese Bedürfnisse nicht adressiert, fühlen sich Mitarbeiter nicht motiviert und engagiert.

Beispiel: Gute Leistungen werden entweder nicht erwähnt oder es wird zu wenig Lob ausgesprochen, während Fehler übermäßig betont werden.

3. Unfaire Behandlung

Vorwurf: "Es wird ungleich behandelt."

Details: Ungerechtigkeit, etwa bei der Verteilung von Aufgaben, der Beurteilung von Leistungen oder der Vergütung, führt zu Unzufriedenheit und einem Gefühl der Benachteiligung.

Beispiel: Eine Führungskraft bevorzugt bestimmte Mitarbeiter, während andere ständig benachteiligt oder ignoriert werden.

4. Fehlende Unterstützung und Förderung

Vorwurf: "Wir bekommen nicht die Unterstützung, die wir brauchen."

Details: Mitarbeiter erwarten, dass ihre Führungskraft sie in ihrer Entwicklung unterstützt, ihnen Ressourcen zur Verfügung stellt und bei Problemen hilft. Fehlt diese Unterstützung, fühlen sie sich alleingelassen.

Beispiel: Eine Führungskraft gibt keine klare Rückmeldung oder Unterstützung bei beruflicher Weiterentwicklung oder stellt keine ausreichenden Ressourcen für die Arbeit bereit.

5. Mangelnde Transparenz

Vorwurf: "Entscheidungen werden ohne Erklärung getroffen."

Details: Mitarbeiter fühlen sich von wichtigen Entscheidungen ausgeschlossen, wenn die Beweggründe und Hintergründe nicht erklärt werden. Dies kann zu Misstrauen gegenüber der Führung führen.

Beispiel: Eine Entscheidung über Umstrukturierungen oder Ressourcenkürzungen wird getroffen, ohne dass der rationale Hintergrund oder die Auswirkungen auf die Mitarbeiter erklärt werden.

6. Mangelnde Empathie und emotionale Intelligenz

Vorwurf: "Die Führungskraft zeigt kein Verständnis für persönliche oder berufliche Schwierigkeiten."

Details: Eine Führungskraft, die wenig Empathie zeigt, nimmt möglicherweise die Bedürfnisse oder Herausforderungen der Mitarbeiter nicht wahr, was zu einem Verlust an Vertrauen und Motivation führen kann.

Beispiel: Ein Mitarbeiter hat persönliche Probleme, aber die Führungskraft geht nicht auf seine Situation ein und erwartet dennoch volle Leistung ohne Rücksicht auf die Umstände.

7. Mikromanagement

Vorwurf: "Ich bekomme keine Freiheit, meine Aufgaben selbstständig zu erledigen."

Details: Mikromanagement tritt auf, wenn eine Führungskraft ständig in die Arbeit ihrer Mitarbeiter eingreift und zu sehr auf Details achtet, statt den Mitarbeitern Eigenverantwortung zu übertragen. Dies führt zu Frustration und einem Gefühl von Entmündigung.

Beispiel: Die Führungskraft überprüft und korrigiert jede Entscheidung des Mitarbeiters, statt ihm Vertrauen zu schenken.

8. Unklare Zielvorgaben und Erwartungen

Vorwurf: "Es ist nicht klar, was von mir erwartet wird."

Details: Wenn Ziele oder Erwartungen nicht klar formuliert sind, können Mitarbeiter sich überfordert oder unsicher fühlen. Sie wissen dann nicht, welche Prioritäten sie setzen sollen.

Beispiel: Eine Führungskraft gibt vage oder widersprüchliche Anweisungen und verändert die Prioritäten ohne Erklärung, was zu Verwirrung führt.

9. Unzureichende Entscheidungsfähigkeit

Vorwurf: "Die Führungskraft trifft keine klaren Entscheidungen."

Details: Unsicherheit oder Zögern bei der Entscheidungsfindung kann dazu führen, dass Mitarbeiter das Vertrauen in die Führungskraft verlieren. Unentschlossenheit kann die Effizienz und den Fortschritt des Teams beeinträchtigen.

Beispiel: Eine Führungskraft zögert bei wichtigen Entscheidungen, was zu Verzögerungen und Unsicherheit bei den Mitarbeitern führt.

10. Fehlende Entwicklungsmöglichkeiten

Vorwurf: "Es gibt keine Perspektiven für berufliches Wachstum."

Details: Wenn Mitarbeiter das Gefühl haben, dass ihre berufliche Weiterentwicklung oder Karrierechancen blockiert sind, kann dies zu Frustration und Unzufriedenheit führen.

Beispiel: Eine Führungskraft fördert keine Weiterbildungen oder gibt keine klaren Perspektiven für eine berufliche Entwicklung innerhalb des Unternehmens.

11. Unrealistische Anforderungen und Überlastung

Vorwurf: "Die Arbeitsbelastung ist zu hoch und nicht realistisch."

Details: Übermäßige Anforderungen ohne Rücksicht auf die Kapazitäten der Mitarbeiter führen zu Stress, Erschöpfung und Burnout. Mitarbeiter erwarten, dass die Führungskraft die Arbeitsbelastung realistisch einschätzt und Ressourcen bereitstellt.

Beispiel: Eine Führungskraft setzt ein straffes Arbeitspensum, ohne die Realität der verfügbaren Ressourcen oder der Zeit zu berücksichtigen.

12. Mangelnde Konfliktlösungsfähigkeit

Vorwurf: "Konflikte im Team werden ignoriert oder schlecht gelöst."

Details: Wenn Konflikte im Team nicht angesprochen oder effektiv gelöst werden, kann dies die Arbeitsatmosphäre und den Teamzusammenhalt beeinträchtigen.

Beispiel: Ein Teammitglied wird kontinuierlich von einem anderen Teammitglied übergangen oder gemobbt, und die Führungskraft unternimmt nichts, um den Konflikt zu lösen.

Fazit:

Die häufigsten Vorwürfe von Mitarbeitern gegenüber ihrer Führungskraft betreffen meist Bereiche wie Kommunikation, Anerkennung, Unterstützung, Gerechtigkeit und Führungsstil. Eine gute Führungskraft sollte in der Lage sein, diese Aspekte zu erkennen und aktiv an der Verbesserung der Beziehung zu ihren Mitarbeitern zu arbeiten. Indem sie klare Erwartungen kommuniziert, Feedback gibt, Mitarbeiter fördert und Verantwortung übernimmt, kann sie das Vertrauen und die Motivation ihres Teams langfristig sichern.

4.6. „GUTE" FÜHRUNGSKRAFT

Was zeichnet eine „gute" Führungskraft aus?

Eine „gute" Führungskraft zeichnet sich durch eine Vielzahl von Fähigkeiten, Eigenschaften und Verhaltensweisen aus, die es ihr ermöglichen, ihre Aufgaben effektiv zu erfüllen und gleichzeitig ein produktives, motiviertes und respektvolles Arbeitsumfeld zu schaffen. Eine gute Führungskraft ist in der Lage, ihre Mitarbeiter zu inspirieren, zu unterstützen und zu fördern, während sie gleichzeitig klare Ziele verfolgt und den Erfolg des gesamten Teams sicherstellt.

Hier sind die wichtigsten Merkmale, die eine gute Führungskraft ausmachen:

1. Empathie und zwischenmenschliche Fähigkeiten

Merkmal: Eine gute Führungskraft zeigt echtes Interesse an den Bedürfnissen, Gefühlen und Perspektiven ihrer Mitarbeiter. Sie ist in der Lage, sich in die Lage anderer zu versetzen und konstruktiv auf deren Anliegen einzugehen.

Beispiel: Sie erkennt, wenn ein Mitarbeiter persönliche Probleme hat, und bietet Unterstützung oder flexible Arbeitsbedingungen an.

Wirkung: Empathie stärkt das Vertrauen und die Bindung innerhalb des Teams und fördert ein positives Arbeitsumfeld.

2. Kommunikationsfähigkeit

Merkmal: Eine gute Führungskraft kommuniziert klar, transparent und regelmäßig. Sie sorgt dafür, dass alle Teammitglieder wissen, was von ihnen erwartet wird, und dass sie über wichtige Entscheidungen und Veränderungen rechtzeitig informiert werden.

Beispiel: Sie organisiert regelmäßige Meetings, um Updates zu geben, hört aktiv zu und stellt sicher, dass Informationen auch in schwierigen Situationen klar weitergegeben werden.

Wirkung: Klare Kommunikation hilft Missverständnisse zu vermeiden, sorgt für Klarheit und stärkt das Vertrauen innerhalb des Teams.

3. Fachliche Kompetenz und Entscheidungsfähigkeit

Merkmal: Eine gute Führungskraft hat fundiertes Fachwissen in ihrem Bereich und ist in der Lage, informierte und schnelle Entscheidungen zu treffen. Sie trifft Entscheidungen mit Weitblick und berücksichtigt sowohl kurz- als auch langfristige Auswirkungen.

Beispiel: Sie ist in der Lage, bei komplexen Projekten die richtigen Prioritäten zu setzen und Entscheidungen zu treffen, die sowohl den Unternehmenszielen als auch den Bedürfnissen des Teams gerecht werden.

Wirkung: Fachliche Kompetenz schafft Respekt und Vertrauen, während schnelle und fundierte Entscheidungen den Erfolg und die Effizienz des Teams fördern.

4. Vertrauen und Respekt

Merkmal: Eine gute Führungskraft zeigt durch ihr Verhalten, dass sie ihren Mitarbeitern vertraut. Sie gibt ihnen die Freiheit, eigene Entscheidungen zu treffen, und respektiert ihre Fähigkeiten und Meinungen.

Beispiel: Sie delegiert Verantwortung und unterstützt ihre Mitarbeiter bei der Umsetzung von Projekten, anstatt sich in jedes Detail einzumischen.

Wirkung: Vertrauen fördert die Eigeninitiative und Verantwortung der Mitarbeiter und stärkt die Teamdynamik.

5. Selbstreflexion und kontinuierliche Weiterentwicklung

Merkmal: Eine gute Führungskraft ist sich ihrer eigenen Stärken und Schwächen bewusst und arbeitet kontinuierlich an ihrer eigenen Weiterentwicklung. Sie ist offen für Feedback und hat die Fähigkeit, aus Fehlern zu lernen.

Beispiel: Nach einem gescheiterten Projekt analysiert sie gemeinsam mit ihrem Team, was schiefgelaufen ist, und ergreift Maßnahmen, um in Zukunft ähnliche Fehler zu vermeiden.

Wirkung: Selbstreflexion und Lernbereitschaft schaffen ein Beispiel für die Mitarbeiter und fördern eine Kultur der kontinuierlichen Verbesserung.

6. Motivationsfähigkeit

Merkmal: Eine gute Führungskraft versteht es, ihre Mitarbeiter zu motivieren, indem sie sowohl intrinsische als auch extrinsische Motivatoren berücksichtigt. Sie erkennt die Bedürfnisse ihrer Mitarbeiter und weiß, wie sie diese ansprechen kann.

Beispiel: Sie setzt herausfordernde, aber erreichbare Ziele, bietet regelmäßig Feedback und Anerkennung und sorgt dafür, dass ihre Mitarbeiter sich geschätzt fühlen.

Wirkung: Motivation führt zu höherer Arbeitszufriedenheit, besserer Leistung und stärkerem Engagement im Team.

7. Verantwortung und Zuverlässigkeit

Merkmal: Eine gute Führungskraft übernimmt Verantwortung für die Ergebnisse des Teams und steht für ihre Entscheidungen ein. Sie ist zuverlässig und hält ihre Zusagen.

Beispiel: Sie nimmt ihre Rolle als Vorbild ernst und erwartet von ihren Mitarbeitern, dass sie Verantwortung übernehmen – tut dies jedoch auch selbst.

Wirkung: Verantwortung und Zuverlässigkeit fördern ein starkes Verantwortungsbewusstsein im Team und stärken das Vertrauen in die Führung.

8. Fähigkeit zur Konfliktlösung

Merkmal: Eine gute Führungskraft erkennt Konflikte frühzeitig und geht konstruktiv damit um. Sie sorgt dafür, dass Konflikte nicht eskalieren und dass Lösungen im Sinne des Teams gefunden werden.

Beispiel: Bei Spannungen zwischen Mitarbeitern führt sie ein offenes Gespräch und moderiert eine Lösung, bei der beide Parteien gehört werden.

Wirkung: Eine kompetente Konfliktlösung trägt zu einem harmonischen Arbeitsumfeld bei und verhindert, dass negative Spannungen das Team belasten.

9. Zielorientierung und Ergebnisorientierung

Merkmal: Eine gute Führungskraft hat klare Ziele vor Augen und sorgt dafür, dass alle Teammitglieder in die richtige Richtung arbeiten, um diese zu erreichen. Sie verfolgt konsequent die Umsetzung der strategischen Ziele.

Beispiel: Sie setzt klare Meilensteine und überwacht den Fortschritt, ohne jedoch mikromanagend zu sein.

Wirkung: Zielorientierung sorgt für Klarheit und Struktur, was zu einer hohen Effizienz und einer zielgerichteten Arbeitsweise führt.

10. Integrität und Authentizität

Merkmal: Eine gute Führungskraft handelt immer mit Integrität und bleibt authentisch. Sie tut das Richtige, auch wenn es unbequem ist, und ist in ihren Entscheidungen transparent.

Beispiel: Sie trifft Entscheidungen auf der Grundlage ethischer Prinzipien und ist konsequent, auch wenn dies kurzfristig unpopulär ist.

Wirkung: Integrität und Authentizität schaffen Vertrauen und Respekt bei den Mitarbeitern und stärken die Glaubwürdigkeit der Führungskraft.

Fazit:

Eine gute Führungskraft ist eine Mischung aus verschiedenen Kompetenzen und Eigenschaften, die es ihr ermöglichen, ihre Mitarbeiter zu inspirieren, zu fördern und zu leiten. Sie verbindet Fachwissen mit emotionaler Intelligenz, übernimmt Verantwortung und agiert als Vorbild für das Team. Eine gute Führungskraft schafft es, die richtigen Rahmenbedingungen für ein engagiertes, produktives und harmonisches Arbeitsumfeld zu schaffen, in dem sowohl das Team als auch das Unternehmen wachsen können.

Welche Führungsstile gibt es?

Es gibt verschiedene **Führungsstile**, die sich in der Art und Weise unterscheiden, wie Führungskräfte mit ihren Mitarbeitern interagieren, Entscheidungen treffen und die Zusammenarbeit im Team gestalten. Diese Stile beeinflussen sowohl die Motivation und das Engagement der Mitarbeiter als auch die Arbeitsatmosphäre und die Teamdynamik. Die Wahl des richtigen Führungsstils hängt von verschiedenen Faktoren ab, darunter die Unternehmensstrategie, die Teamstruktur, die spezifischen Anforderungen der Aufgabe und die individuellen Präferenzen der Führungskraft sowie der Mitarbeiter.

Hier sind die wichtigsten **Führungsstile**:

1. Autoritärer Führungsstil (direktiv)

Merkmale: Die Führungskraft trifft alle Entscheidungen allein und gibt klare, detaillierte Anweisungen, die von den Mitarbeitern strikt befolgt werden müssen. Kommunikation verläuft in der Regel von oben nach unten, ohne viel Raum für Feedback oder Diskussionen.

Vorteile: Effizient in Krisensituationen oder bei klar definierten Aufgaben; schnelle Entscheidungen, klare Hierarchie und Verantwortlichkeiten.

Nachteile: Geringe Motivation und Eigeninitiative der Mitarbeiter, da sie wenig Einfluss auf Entscheidungen haben; potenziell negatives Arbeitsklima, da die Mitarbeiter sich bevormundet oder ungehört fühlen können.

Beispiel: In einem Notfallteam oder bei der Durchführung von Routineaufgaben in einem stark regulierten Umfeld.

2. Kooperativer (partizipativer) Führungsstil

Merkmale: Die Führungskraft bezieht ihre Mitarbeiter in Entscheidungsprozesse ein und fördert eine offene Kommunikation. Ideen und Vorschläge der Mitarbeiter werden ernst genommen, und es wird versucht, gemeinsame Lösungen zu finden. Die Führungskraft bleibt letztlich jedoch verantwortlich und trifft die finalen Entscheidungen.

Vorteile: Fördert Motivation und Engagement der Mitarbeiter, stärkt das Vertrauen und die Zusammenarbeit im Team.

Nachteile: Entscheidungsprozesse können länger dauern, da eine breitere Meinungsbildung erforderlich ist; in stressigen oder krisenhaften Situationen kann der Prozess zu langsam sein.

Beispiel: In kreativen Teams oder bei Projekten, die eine hohe Beteiligung und Input von verschiedenen Personen erfordern.

3. Laissez-faire Führungsstil (freier Führungsstil)

Merkmale: Die Führungskraft gibt den Mitarbeitern weitgehend die Freiheit, ihre Arbeit eigenverantwortlich zu organisieren. Es gibt wenig direkte Kontrolle oder Anleitung. Mitarbeiter entscheiden größtenteils selbst, wie sie ihre Aufgaben erledigen.

Vorteile: Hohe Motivation und Kreativität bei sehr selbständigen, erfahrenen Mitarbeitern; fördert Innovation und Eigenverantwortung.

Nachteile: Kann zu Chaos oder Ineffizienz führen, wenn die Mitarbeiter nicht ausreichend kompetent oder diszipliniert sind; fehlende Führung kann die Klarheit und den Fokus im Team beeinträchtigen.

Beispiel: In kreativen Branchen oder bei hochqualifizierten, erfahrenen Teams, die viel Autonomie benötigen.

4. Demokratischer Führungsstil

Merkmale: Eine Führungskraft, die diesen Stil verfolgt, fördert die Partizipation der Mitarbeiter an Entscheidungsprozessen. Es wird großer Wert auf Konsens und Mitbestimmung gelegt. Die

Führungskraft ermutigt die Mitarbeiter, ihre Meinungen zu äußern, und berücksichtigt diese bei Entscheidungen.

Vorteile: Höhere Zufriedenheit und Motivation bei den Mitarbeitern, da ihre Meinungen gehört werden; stärkere Bindung und Identifikation mit den Zielen des Unternehmens.

Nachteile: Entscheidungsfindung kann länger dauern, da viele Perspektiven berücksichtigt werden müssen; bei unklaren oder strengen Deadlines kann dieser Stil ineffizient wirken.

Beispiel: In Unternehmen, die einen hohen Wert auf Mitarbeiterbeteiligung und Teamarbeit legen, wie z.B. in Start-ups oder genossenschaftlichen Strukturen.

5. Transformationale Führung

Merkmale: Eine transformationale Führungskraft inspiriert ihre Mitarbeiter, ihre eigenen Potenziale zu erkennen und zu entfalten. Sie motiviert durch Visionen und Werte und strebt an, eine tiefere emotionale Bindung zu den Mitarbeitern aufzubauen. Diese Art der Führung ist häufig mit Veränderungsprozessen oder Innovation verbunden.

Vorteile: Sehr motivierend und förderlich für die Entwicklung von Talenten, besonders in Zeiten des Wandels oder der Innovation; schafft ein starkes, positives Arbeitsumfeld.

Nachteile: Kann für Mitarbeiter, die mehr strukturierte Anleitungen benötigen, schwer umsetzbar sein; der langfristige Fokus auf Visionen kann kurzfristige praktische Probleme übersehen.

Beispiel: In Unternehmen, die eine starke Veränderung oder Innovation anstreben, wie bei digitalen Transformationen oder bei der Einführung neuer Geschäftsstrategien.

6. Transaktionale Führung

Merkmale: Der transaktionale Führungsstil basiert auf klar definierten Regeln, Zielen und Belohnungen. Die Führungskraft konzentriert sich darauf, klare Erwartungen und Leistungsstandards zu setzen und die Mitarbeiter für ihre Leistungen zu belohnen oder zu bestrafen.

Vorteile: Effektiv bei klaren, routinemäßigen Aufgaben, wo die Anforderungen eindeutig sind und schnelle Ergebnisse erzielt werden müssen; klare Struktur und Motivation durch Belohnungen.

Nachteile: Kann die Kreativität und das Engagement der Mitarbeiter hemmen, wenn zu sehr auf Belohnungen und Strafen fokussiert wird; wenig Raum für persönliche Entwicklung oder Mitbestimmung.

Beispiel: In Verkaufsabteilungen oder bei routinemäßigen, leistungsorientierten Aufgaben, bei denen klare Ziele und Belohnungen wichtig sind.

7. Situativer Führungsstil

Merkmale: Eine Führungskraft, die situativ führt, passt ihren Führungsstil flexibel an die jeweilige Situation und die Bedürfnisse der Mitarbeiter an. Sie berücksichtigt Faktoren wie die Erfahrung der Mitarbeiter, die Aufgabenstellung, die Dringlichkeit und den aktuellen Kontext.

Vorteile: Sehr anpassungsfähig und effektiv in unterschiedlichen Situationen; fördert eine individualisierte Führung, die den Bedürfnissen der Mitarbeiter gerecht wird.

Nachteile: Kann als inkonsistent wahrgenommen werden, wenn die Führungskraft zu häufig zwischen verschiedenen Stilen wechselt; erfordert von der Führungskraft ein hohes Maß an Flexibilität und Einfühlungsvermögen.

Beispiel: In Teams, die vielfältige Aufgaben und unterschiedliche Erfahrungshorizonte haben, oder in dynamischen Arbeitsumfeldern.

8. Charismatischer Führungsstil

Merkmale: Charismatische Führungskräfte inspirieren und motivieren ihre Mitarbeiter vor allem durch ihre Persönlichkeit, Visionen und Überzeugungskraft. Sie sind oft in der Lage, eine starke emotionale Bindung zu ihren Mitarbeitern aufzubauen und eine leidenschaftliche Verfolgung gemeinsamer Ziele zu fördern.

Vorteile: Sehr motivierend und begeisternd für Mitarbeiter; kann die Unternehmenskultur nachhaltig prägen und eine starke Identifikation mit dem Unternehmen schaffen.

Nachteile: Abhängigkeit von der Führungskraft; bei Weggang der charismatischen Führungsperson kann es zu Verunsicherung oder Identitätsverlust im Team kommen.

Beispiel: In Unternehmen mit starkem Fokus auf Visionen und Innovation, wie in der Tech-Industrie oder bei Start-ups.

Fazit:

Es gibt keinen „idealsten" Führungsstil, der in jeder Situation und für jede Mitarbeitergruppe optimal ist. Vielmehr hängt der Erfolg eines Führungsstils von den spezifischen Anforderungen der Organisation, den individuellen Bedürfnissen der Mitarbeiter und den Zielen der Führungskraft ab. **Gute Führungskräfte** sind flexibel und in der Lage, den für die jeweilige Situation am besten geeigneten Führungsstil zu wählen oder eine Mischung aus verschiedenen Stilen anzuwenden. Sie passen sich den wechselnden Umständen und Bedürfnissen ihrer Mitarbeiter an, um das bestmögliche Ergebnis zu erzielen.

Führungsaufgaben: Sachbezogen

Sachbezogene Führungsaufgaben beziehen sich auf die Aufgaben einer Führungskraft, die sich direkt mit der **Zielerreichung, Prozessorientierung** und **Qualität der Arbeit** beschäftigen. Diese Aufgaben betreffen vor allem die **Organisation und Steuerung der Arbeitsprozesse**, die **Koordination** und die **Effizienz** der Arbeitsabläufe im Team oder Unternehmen. Sie konzentrieren sich auf die **optimale Nutzung der Ressourcen**, die **Erreichung von Unternehmenszielen** und die **gewährleistung einer hohen Arbeitsqualität**.

Hier sind einige der wichtigsten sachbezogenen Führungsaufgaben:

1. Zielsetzung und Zielverwirklichung

Aufgabe: Eine zentrale sachbezogene Führungsaufgabe ist die Festlegung klarer, messbarer Ziele für das Team oder die Organisation. Diese Ziele sollten sowohl langfristige strategische Ziele als auch kurzfristige operative Ziele umfassen.

Beispiel: Die Führungskraft setzt klare Ziele für die Produktivität, Qualität und Fristen im Team und sorgt dafür, dass diese in konkrete Arbeitsaufgaben übersetzt werden.

2. Planung und Organisation

Aufgabe: Die Führungskraft sorgt dafür, dass die erforderlichen Ressourcen, Zeit und Arbeitsmittel effektiv geplant und organisiert werden, um die Ziele zu erreichen.

Beispiel: Erstellung eines Arbeitsplans, der Aufgaben, Ressourcen und Verantwortlichkeiten festlegt, oder die Organisation von Arbeitsprozessen zur effizienten Nutzung der verfügbaren Zeit und Ressourcen.

3. Koordination der Arbeitsabläufe

Aufgabe: Eine Führungskraft muss sicherstellen, dass die verschiedenen Aufgaben und Arbeitsschritte miteinander koordiniert werden, um eine reibungslose und effiziente Ausführung zu gewährleisten.

Beispiel: Bei einem Projekt sorgt die Führungskraft dafür, dass alle Abteilungen ihre Aufgaben im richtigen Tempo und mit der richtigen Priorität ausführen, um das Projektziel termingerecht zu erreichen.

4. Kontrolle und Erfolgskontrolle

Aufgabe: Die Führungskraft ist verantwortlich für die Kontrolle der Umsetzung von Zielen und Aufgaben. Sie muss sicherstellen, dass der Arbeitsfortschritt den festgelegten Plänen entspricht und gegebenenfalls Anpassungen vornehmen.

Beispiel: Regelmäßige Überprüfung des Projektfortschritts, der Qualität der Arbeit oder der Erreichung von Meilensteinen, um sicherzustellen, dass alles auf Kurs bleibt.

5. Entscheidungsfindung

Aufgabe: Führungskräfte müssen regelmäßig Entscheidungen treffen, die sich auf die Umsetzung von Aufgaben und die Lösung von Problemen im Arbeitsprozess beziehen.

Beispiel: Entscheidungen über die Zuteilung von Ressourcen, Anpassungen bei der Arbeitsplanung oder die Auswahl von Alternativen zur Problembehebung in einem Projekt.

6. Problemlösung und Prozessoptimierung

Aufgabe: Führungskräfte müssen bei auftretenden Problemen schnell Lösungen finden, um die Effizienz der Arbeitsprozesse nicht zu gefährden. Sie sind auch verantwortlich für die kontinuierliche Verbesserung von Prozessen und Abläufen.

Beispiel: Identifikation von Engpässen in einem Produktionsprozess und Implementierung von Änderungen zur Steigerung der Produktivität.

7. Ressourcenmanagement

Aufgabe: Die Führungskraft stellt sicher, dass alle benötigten Ressourcen (wie Personal, Materialien, Technologien) zur richtigen Zeit und in ausreichender Menge zur Verfügung stehen.

Beispiel: Koordination und Verwaltung von Budget, Personal und Materialien für die Umsetzung eines Projekts.

8. Ergebnisorientierung

Aufgabe: Die Führungskraft stellt sicher, dass das Team und die einzelnen Mitarbeiter sich auf die Ergebnisse konzentrieren und eine hohe Leistung erbringen. Dazu gehört auch, dass alle Aktivitäten auf das Erreichen der übergeordneten Unternehmensziele ausgerichtet sind.

Beispiel: Durchführung von regelmäßigen Meetings, um sicherzustellen, dass alle Mitarbeiter ihre Aufgaben auf die Endziele ausrichten und Leistungskennzahlen überprüft werden.

9. Qualitätssicherung

Aufgabe: Sicherstellung, dass die Ergebnisse den gewünschten Qualitätsstandards entsprechen, ist eine wichtige sachbezogene Führungsaufgabe. Qualität wird durch die Festlegung von Standards, regelmäßige Checks und kontinuierliche Verbesserungsmaßnahmen sichergestellt.

Beispiel: Implementierung eines Qualitätssicherungssystems oder regelmäßige Audits und Überprüfungen, um die Qualität der Arbeit zu überwachen.

10. Innovation und Weiterentwicklung

Aufgabe: Führungskräfte tragen dazu bei, neue Ideen und innovative Lösungen zu fördern, die die Arbeitsprozesse verbessern oder neue Ziele erreichen.

Beispiel: Die Führungskraft implementiert neue Technologien, Arbeitsmethoden oder Managementprozesse, die die Effizienz steigern oder das Unternehmen wettbewerbsfähiger machen.

Fazit:

Sachbezogene Führungsaufgaben betreffen vor allem die **operative Ebene** der Führung, bei der es darum geht, **effiziente Prozesse zu gestalten**, **Qualität sicherzustellen** und **Ziele zu erreichen**. Dabei geht es weniger um die **zwischenmenschliche Beziehung** (die durch **sozialbezogene Führungsaufgaben** geregelt wird), sondern um die **praktische Umsetzung** und das **Management der Arbeit**. Eine Führungskraft muss in der Lage sein, eine Vielzahl von operativen Aufgaben zu koordinieren, um sicherzustellen, dass das Team oder Unternehmen produktiv und zielgerichtet arbeitet.

Führungsaufgaben: Personenbezogene

Personenbezogene Führungsaufgaben beziehen sich auf die Aspekte der Führung, die das **Wohlbefinden, die Motivation und die Entwicklung der Mitarbeiter** betreffen. Diese Aufgaben konzentrieren sich darauf, eine positive **Arbeitsatmosphäre** zu schaffen, die **individuelle Leistungsbereitschaft** zu fördern und **gute zwischenmenschliche Beziehungen** zu etablieren. Personenbezogene Führung zielt darauf ab, das **Potenzial der Mitarbeiter zu fördern**, ihre **Bedürfnisse zu erkennen** und zu berücksichtigen und ihre **Zufriedenheit** und **Motivation** langfristig zu sichern.

Hier sind die wichtigsten **personenbezogenen Führungsaufgaben**:

1. Mitarbeiterführung und -motivation

Aufgabe: Eine der zentralen personenbezogenen Führungsaufgaben ist es, die Mitarbeiter zu motivieren und sie zu inspirieren, ihre besten Leistungen zu erbringen. Dies kann durch klare Zielvorgaben, Anerkennung von Leistungen und durch die Förderung einer positiven Arbeitskultur erfolgen.

Beispiel: Die Führungskraft setzt regelmäßig motivierende Akzente, etwa durch Anerkennung von Erfolgen, konstruktives Feedback und die Gewährung von Entwicklungsmöglichkeiten.

2. Teamentwicklung und Förderung von Zusammenarbeit

Aufgabe: Die Führungskraft trägt dazu bei, das Team als funktionale Einheit zu entwickeln. Dazu gehört, die Zusammenarbeit zu fördern, die Kommunikation zu stärken und den Teamgeist zu pflegen. Ein starkes, gut funktionierendes Team erzielt bessere Ergebnisse.

Beispiel: Die Führungskraft organisiert Teammeetings, fördert den Austausch von Ideen und sorgt für die Lösung von Konflikten innerhalb des Teams, um eine positive Zusammenarbeit sicherzustellen.

3. Individuelle Förderung und Weiterentwicklung

Aufgabe: Eine gute Führungskraft erkennt die Stärken und Schwächen ihrer Mitarbeiter und sorgt für deren gezielte Förderung. Sie unterstützt die Mitarbeiter in ihrer fachlichen und persönlichen Entwicklung durch Schulungen, Coaching und Weiterbildungsangebote.

Beispiel: Regelmäßige Mitarbeitergespräche, in denen individuelle Entwicklungsziele definiert und Entwicklungsmaßnahmen geplant werden.

4. Kommunikation und Feedback

Aufgabe: Die Führungskraft muss offen und transparent mit ihren Mitarbeitern kommunizieren. Sie gibt regelmäßig konstruktives Feedback und hört aktiv zu, um die Bedürfnisse und Anliegen der Mitarbeiter zu verstehen.

Beispiel: Durch regelmäßige Einzelgespräche oder Feedbackrunden sorgt die Führungskraft dafür, dass ihre Mitarbeiter sowohl Anerkennung erhalten als auch bei Bedarf Verbesserungsvorschläge bekommen.

5. Konfliktlösung und Umgang mit Differenzen

Aufgabe: Führungskräfte müssen in der Lage sein, Konflikte zwischen Mitarbeitern oder im Team zu erkennen und lösungsorientiert zu moderieren. Ein proaktiver Umgang mit Konflikten trägt dazu bei, Spannungen abzubauen und ein harmonisches Arbeitsklima zu fördern.

Beispiel: Bei Meinungsverschiedenheiten oder Spannungen zwischen Teammitgliedern setzt die Führungskraft gezielte Maßnahmen zur Konfliktlösung, z. B. durch Mediation oder ein klärendes Gespräch.

6. Empathie und Unterstützung

Aufgabe: Eine Führungskraft sollte die Fähigkeit zur Empathie besitzen, um die Bedürfnisse und emotionalen Zustände ihrer Mitarbeiter zu erkennen und darauf angemessen zu reagieren. Dies trägt nicht nur zu einer positiven Arbeitsatmosphäre bei, sondern auch zu einer besseren Mitarbeiterbindung.

Beispiel: Wenn ein Mitarbeiter private Probleme hat, zeigt die Führungskraft Verständnis und unterstützt ihn gegebenenfalls mit flexiblen Arbeitszeiten oder anderen Hilfsangeboten.

7. Förderung von Eigenverantwortung und Selbstständigkeit

Aufgabe: Eine gute Führungskraft ermutigt ihre Mitarbeiter, Verantwortung für ihre Aufgaben zu übernehmen und selbstständig Entscheidungen zu treffen. Sie fördert das Vertrauen in die Fähigkeiten der Mitarbeiter und gibt ihnen die Freiheit, ihre Arbeit auf eigene Weise zu gestalten, solange die Ergebnisse den Zielen entsprechen.

Beispiel: Durch Delegieren von Verantwortung und das Vertrauen in die Selbstständigkeit der Mitarbeiter wird deren Motivation und Engagement gesteigert.

8. Wertschätzung und Anerkennung

Aufgabe: Die Führungskraft sollte Leistungen und Erfolge ihrer Mitarbeiter regelmäßig anerkennen und wertschätzen. Dies fördert nicht nur die Motivation, sondern stärkt auch das Gefühl der Zugehörigkeit und Identifikation mit dem Unternehmen.

Beispiel: Die Führungskraft lobt gute Leistungen in regelmäßigen Meetings oder organisiert kleine Feiern für Team- oder Einzelziele, um den Erfolg zu würdigen.

9. Vertrauensaufbau

Aufgabe: Eine Führungskraft sollte ein hohes Maß an **Vertrauen** zwischen sich und ihren Mitarbeitern aufbauen. Vertrauen ist die Grundlage für eine gute Zusammenarbeit und eine offene Kommunikation. Es ermöglicht den Mitarbeitern, ihre Bedenken, Ideen und Probleme ohne Angst vor negativen Konsequenzen zu äußern.

Beispiel: Die Führungskraft gibt den Mitarbeitern Verantwortung und zeigt, dass sie ihren Entscheidungen vertraut. Sie behandelt alle Mitarbeiter fair und transparent, was das Vertrauen stärkt.

10. Förderung von Work-Life-Balance

Aufgabe: Eine verantwortungsvolle Führungskraft sorgt dafür, dass ihre Mitarbeiter eine gesunde Balance zwischen Berufs- und Privatleben wahren können. Dies trägt nicht nur zum Wohlbefinden der Mitarbeiter bei, sondern auch zu ihrer langfristigen Leistungsfähigkeit.

Beispiel: Flexible Arbeitszeitmodelle oder Homeoffice-Angebote sowie eine Kultur, die Überstunden vermeidet, um den Mitarbeitern die nötige Erholung zu ermöglichen.

11. Partizipation und Mitbestimmung

Aufgabe: Führungskräfte sollten ihren Mitarbeitern die Möglichkeit geben, an Entscheidungen, die sie betreffen, teilzuhaben. Dies fördert das Gefühl der Eigenverantwortung und stärkt das Engagement und die Identifikation der Mitarbeiter mit dem Unternehmen.

Beispiel: In Entscheidungsprozesse werden Mitarbeiter einbezogen, z. B. durch regelmäßige Feedbackgespräche oder durch das Einholen von Meinungen vor wichtigen Entscheidungen.

Fazit:

Personenbezogene Führungsaufgaben sind entscheidend für das **Wohlbefinden und die Motivation der Mitarbeiter**. Diese Aufgaben betreffen alle Aspekte der **menschlichen Beziehung** innerhalb des Arbeitsumfeldes, von der Kommunikation und Konfliktlösung über die Förderung der Mitarbeiterentwicklung bis hin zur Wertschätzung der Leistungen. Eine Führungskraft, die diese Aufgaben gut erfüllt, trägt nicht nur zur **Zufriedenheit** und **Motivation** der Mitarbeiter bei, sondern fördert auch die **Teamdynamik** und **Produktivität** auf lange Sicht. Der Erfolg eines Unternehmens hängt in hohem Maße davon ab, wie gut die Führungskraft ihre Mitarbeiter führt und unterstützt.

Definition Grid Modell

Das **Managerial Grid Modell** (auch bekannt als **Leadership Grid** oder **Führungs-Gitter-Modell**) wurde in den 1960er Jahren von Robert R. Blake und Jane S. Mouton entwickelt. Es ist ein Konzept zur **Führungs-kräfteentwicklung**, das darauf abzielt, den **Führungsstil** einer Person in zwei Dimensionen zu bewerten: **"Menschenorientierung"** und **"Aufga-benorientierung"**.

Das Modell ist besonders nützlich, um Führungskräften zu helfen, ihren ei-genen Führungsstil zu verstehen und weiterzuentwickeln, indem es die Ba-lance zwischen der Erreichung von Zielen und der Berücksichtigung der Be-dürfnisse der Mitarbeiter berücksichtigt.

Die zwei Dimensionen des Grid Modells:

1. **Aufgabenorientierung (Task-oriented Behavior)**

   Definition: Diese Dimension beschreibt den Grad, zu dem eine Führungskraft auf die Erreichung von Aufgaben und Zielen fokussiert ist. Es geht darum, wie sehr die Füh-rungskraft den Arbeitsprozess, die Struktur und die Ergeb-nisse der Aufgaben betont.

   Beispiel: Eine Führungskraft, die sich sehr auf die Ergeb-nisse konzentriert und klare Anweisungen für die Arbeit gibt, zeigt hohe Aufgabenorientierung.

2. **Menschenorientierung (People-oriented Behavior)**

   Definition: Diese Dimension beschreibt, wie sehr eine Führungskraft sich um das Wohl ihrer Mitarbeiter kümmert. Sie umfasst die Förderung von Zusammenarbeit, das Ein-gehen auf die Bedürfnisse der Mitarbeiter und die Schaf-fung eines positiven Arbeitsumfelds.

   Beispiel: Eine Führungskraft, die auf die Bedürfnisse ihrer Mitarbeiter eingeht, zuhört und ein unterstützendes Ar-beitsumfeld schafft, zeigt hohe Menschenorientierung.

Die fünf Führungsstile des Grid Modells:

Das Managerial Grid Modell unterteilt Führungskräfte in fünf grundlegende **Führungsstile**, basierend auf der Kombination von Aufgaben- und Menschenorientierung. Diese Stile werden auf einem Raster (Grid) dargestellt, wobei auf der horizontalen Achse die Aufgabenorientierung (von 1 bis 9) und auf der vertikalen Achse die Menschenorientierung (ebenfalls von 1 bis 9) abgebildet sind

9.1								9.9
				5.5				
1.1								1.9

9 — Menschenorientierung — 1 (vertikale Achse)

1 — Aufgabenorientierung — 9 (horizontale Achse)

1. **1,1 – "Vernachlässigende Führung" (Impoverished Management)**

   Merkmale: Sehr geringe Ausrichtung auf Aufgaben und Menschen. Die Führungskraft zeigt weder Interesse an den Aufgaben noch an den Mitarbeitern. Diese Führungskraft vermeidet Verantwortung und gibt minimalen Input.

   Wirkung: Dies führt zu einem niedrigen Engagement, wenig Motivation und einer schlechten Leistung, da weder klare Ziele gesetzt noch die Mitarbeiter unterstützt werden.

2. **9,1 – "Autoritärer Führungsstil" (Task Management)**

   Merkmale: Sehr hohe Aufgabenorientierung, aber geringe Menschenorientierung. Die Führungskraft konzentriert sich stark auf die Erreichung von Zielen und Aufgaben, ohne viel Rücksicht auf die Bedürfnisse der Mitarbeiter zu nehmen.

Wirkung: Effizienz und Zielverwirklichung stehen im Vordergrund, jedoch kann das Arbeitsklima schlecht sein, da die Mitarbeiter wenig Beachtung finden und ihre Bedürfnisse möglicherweise ignoriert werden. Dies kann zu Unzufriedenheit und geringer Motivation führen.

3. **1,9 – "Country Club Management"**

   Merkmale: Sehr hohe Menschenorientierung, aber geringe Aufgabenorientierung. Die Führungskraft legt großen Wert auf das Wohlbefinden und die Zufriedenheit der Mitarbeiter, kümmert sich jedoch weniger um die eigentliche Aufgabenverwirklichung und Zielerreichung.

   Wirkung: Ein angenehmes Arbeitsumfeld wird geschaffen, aber es fehlt an klaren Zielen und effektiver Umsetzung, was zu Ineffizienz und einer fehlenden Zielverwirklichung führen kann.

4. **5,5 – "Mittelweg-Führung" (Middle-of-the-Road Management)**

   Merkmale: Ausgewogenes Verhältnis zwischen Aufgaben- und Menschenorientierung. Die Führungskraft versucht, sowohl die Mitarbeiter zufriedenzustellen als auch die Aufgaben zu erledigen, jedoch auf einem durchschnittlichen Niveau.

   Wirkung: Es wird ein Kompromiss gefunden, der weder außergewöhnliche Leistung noch eine außergewöhnlich hohe Zufriedenheit der Mitarbeiter bietet. Der Mittelweg führt oft zu stabilen, aber nicht besonders herausragenden Ergebnissen.

5. **9,9 – "Teamorientierter Führungsstil" (Team Management)**

   Merkmale: Sehr hohe Aufgaben- und Menschenorientierung. Diese Führungskraft strebt an, sowohl hohe Leistungsstandards zu erreichen als auch das Wohl der

Mitarbeiter zu fördern. Sie legt großen Wert auf Zusammenarbeit, Teamarbeit und die Erreichung gemeinsamer Ziele.

Wirkung: Dies führt zu einer hohen Motivation und Zufriedenheit der Mitarbeiter sowie zu einer starken Leistung. In gut geführten Teams ist die Zusammenarbeit effizient und effektiv, was sowohl das Team als auch das Unternehmen voranbringt.

Das Managerial Grid Modell als Werkzeug:

Das Modell zeigt, dass eine **gute Führungskraft** nicht nur entweder die Aufgaben oder die Mitarbeiter im Fokus haben sollte, sondern dass die besten Ergebnisse erzielt werden, wenn beides in einem ausgewogenen Verhältnis betrachtet wird. Besonders der **Teamorientierte Führungsstil (9,9)** wird oft als ideal angesehen, da er sowohl auf die Zielerreichung als auch auf die Mitarbeiterorientierung ausgerichtet ist.

Fazit:

Das **Managerial Grid Modell** bietet eine klare und hilfreiche Struktur zur Analyse von Führungsstilen und betont die Bedeutung der Balance zwischen Aufgabenorientierung und Menschenorientierung. Es hilft Führungskräften, ihre eigenen Verhaltensweisen zu reflektieren und gezielt an einer Verbesserung ihrer Führungskompetenzen zu arbeiten, um sowohl die Ziele des Unternehmens zu erreichen als auch das Wohl ihrer Mitarbeiter zu fördern.

4.8. SMART METHODE

Ziele formulieren mit der SMART Methode

Die **SMART-Methode** ist ein bewährtes Konzept, um **Ziele** klar, präzise und erreichbar zu formulieren. Das Akronym SMART steht für fünf wesentliche Kriterien, die ein Ziel erfüllen sollte, um erfolgreich umgesetzt zu werden. Diese Kriterien helfen dabei, Ziele zu konkretisieren und messbar zu machen, sodass sie leichter zu erreichen sind.

SMART steht für:

1. **S**pezifisch (Specific)
2. **M**essbar (Measurable)
3. **A**ktiv erreichbar (Achievable)
4. **R**elevant (Relevant)
5. **T**erminiert (Time-bound)

Detaillierte Erläuterung der einzelnen Kriterien:

1. Spezifisch (Specific)

Was genau soll erreicht werden?

Das Ziel muss eindeutig und präzise formuliert sein. Es sollte keine Unklarheiten darüber geben, was erreicht werden soll.

Fragen, die helfen:

- Was genau möchte ich erreichen?
- Wer ist beteiligt?
- Wo soll das Ziel erreicht werden?
- Welche Ressourcen sind nötig?
- Warum möchte ich dieses Ziel erreichen?

Beispiel: „Die Verkaufszahlen im Vertriebsteam steigern."

SMART formuliert: „Ich möchte den Umsatz im Vertriebsteam für Produkt X um 15 % steigern."

2. Messbar (Measurable)

Wie kann der Erfolg gemessen werden?

Ein Ziel muss messbare Kriterien enthalten, um festzustellen, ob es erreicht wurde oder nicht. Es sollte messbare Indikatoren geben.

Fragen, die helfen:

- o   Wie werde ich wissen, dass das Ziel erreicht ist?

- o   Welche Zahlen oder Daten zeigen den Fortschritt?

Beispiel: „Mehr Umsatz erzielen."

SMART formuliert: „Den Umsatz um 15 % steigern."

3. Aktiv erreichbar (Achievable)

Ist das Ziel realistisch und erreichbar?

Das Ziel sollte herausfordernd, aber erreichbar sein. Es muss so formuliert sein, dass es mit den vorhandenen Ressourcen und innerhalb der gegebenen Rahmenbedingungen realisierbar ist.

Fragen, die helfen:

- o   Ist das Ziel unter den gegebenen Bedingungen realistisch?

- o   Habe ich die notwendigen Ressourcen (Zeit, Budget, Wissen)?

- o   Sind die Voraussetzungen gegeben, um das Ziel zu erreichen?

Beispiel: „Den Umsatz ohne zusätzliche Mitarbeiter steigern."

SMART formuliert: „Mit den bestehenden Vertriebsressourcen den Umsatz um 15 % steigern."

4. Relevant (Relevant)

Warum ist dieses Ziel wichtig?

Das Ziel muss eine Bedeutung und einen Nutzen für das Unternehmen oder den persönlichen Bereich haben. Es sollte zur Erreichung langfristiger Visionen oder wichtiger Unternehmensziele beitragen.

Fragen, die helfen:

- Warum ist dieses Ziel wichtig?
- Welchen Nutzen hat es für das Unternehmen oder mich?
- Unterstützt dieses Ziel die langfristige Strategie?

Beispiel: „Die Verkaufszahlen erhöhen."

SMART formuliert: „Durch die Steigerung des Umsatzes die Marktposition im Bereich X verbessern."

5. Terminiert (Time-bound)

Wann soll das Ziel erreicht werden?

Ein Ziel muss einen klaren Zeitrahmen haben. Dies stellt sicher, dass die Zielverwirklichung fokussiert und mit einem klaren Enddatum verfolgt wird.

Fragen, die helfen:

- Wann soll das Ziel erreicht sein?
- Bis zu welchem Zeitpunkt will ich das Ziel erreichen?
- Gibt es Zwischenziele oder Meilensteine?

Beispiel: „Im Laufe des Jahres den Umsatz steigern."

SMART formuliert: „Den Umsatz im Vertriebsteam um 15 % steigern bis Ende des Quartals."

Beispiel für ein SMART-Ziel:

Ziel: „Ich möchte den Umsatz im Vertriebsteam für Produkt X steigern."

SMART formuliert:

- **Spezifisch**: Ich möchte den Umsatz im Vertriebsteam für Produkt X steigern.

- **Messbar**: Ich möchte den Umsatz um 15 % steigern.

- **Erreichbar**: Dies ist möglich, da wir bereits eine solide Kundenbasis haben und unser Vertriebsteam über die notwendigen Ressourcen und Fähigkeiten verfügt.

- **Relevant**: Die Umsatzsteigerung ist entscheidend, um unsere Marktposition in diesem Segment zu stärken.

- **Terminiert**: Das Ziel soll bis Ende des nächsten Quartals erreicht werden.

Endgültiges SMART-Ziel:
„Ich möchte den Umsatz im Vertriebsteam für Produkt X um 15 % steigern bis Ende des nächsten Quartals, um unsere Marktposition in diesem Segment zu verbessern."

Fazit:

Die **SMART-Methode** hilft, **klar definierte, erreichbare und motivierende Ziele** zu setzen, die auch tatsächlich messbar und termingerecht umgesetzt werden können. Mit dieser Methode wird die Wahrscheinlichkeit erhöht, dass Ziele nicht nur formuliert, sondern auch erfolgreich erreicht werden.

Definition Handlungskreislauf

Der **Handlungskreislauf** ist ein Konzept, das den **Prozess der Zielver-wirklichung** und der **Handlungssteuerung** beschreibt. Es handelt sich dabei um einen iterativen Prozess, bei dem eine Führungskraft oder eine Person durch verschiedene Phasen geht, um eine Aufgabe zu erfüllen, Entscheidungen zu treffen und deren Umsetzung zu kontrollieren. Der Handlungskreislauf dient als Struktur für die systematische Planung, Durchführung und Überprüfung von Handlungen und Entscheidungen.

Die Phasen des Handlungskreislaufs:

1. **Zielsetzung** (Planung):

    In dieser Phase wird das Ziel oder die Aufgabe definiert, das erreicht werden soll. Es geht darum, klar zu bestimmen, was getan werden muss, welche Ziele verfolgt werden und wie der Erfolg gemessen werden kann.

    Fragen: Was wollen wir erreichen? Warum wollen wir es erreichen? Welche Ressourcen werden benötigt?

2. **Planung der Maßnahmen** (Strategie):

    Nach der Zielsetzung folgt die Planung der konkreten Maßnahmen und Schritte, die notwendig sind, um das Ziel zu erreichen. Hier werden die nötigen Ressourcen und Mittel eingeplant, Verantwortlichkeiten zugewiesen und konkrete Zeitrahmen gesetzt.

    Fragen: Welche Maßnahmen sind notwendig, um das Ziel zu erreichen? Wie werden sie priorisiert? Wer übernimmt welche Aufgabe?

3. **Durchführung der Maßnahmen** (Aktion):

    In dieser Phase werden die geplanten Maßnahmen umgesetzt. Die eigentliche Handlung findet statt, und alle geplanten Aktivitäten werden gemäß dem Zeitplan und den Vorgaben durchgeführt.

Fragen: Wie wird der Plan in die Tat umgesetzt? Welche Schwierigkeiten treten auf? Werden die Maßnahmen nach Plan durchgeführt?

4. **Überwachung und Kontrolle** (Monitoring und Kontrolle):

In dieser Phase wird überprüft, ob die Maßnahmen wie geplant umgesetzt werden und ob die erwarteten Ergebnisse erzielt werden. Es geht darum, Abweichungen vom Plan zu erkennen und bei Bedarf Korrekturen vorzunehmen.

Fragen: Wird das Ziel erreicht? Gibt es Abweichungen vom Plan? Welche Anpassungen sind nötig?

5. **Evaluation und Feedback** (Reflexion und Anpassung):

Nachdem die Maßnahmen abgeschlossen sind, erfolgt eine Bewertung des gesamten Prozesses. Es wird analysiert, was gut funktioniert hat, was verbessert werden kann und welche Lehren aus dem Prozess gezogen werden. Das Feedback aus dieser Phase fließt in zukünftige Planungen und Handlungen ein.

Fragen: Was haben wir aus der Umsetzung gelernt? Was könnte beim nächsten Mal besser gemacht werden? Welche Ergebnisse haben wir erzielt?

6. **Zielerreichung**:

Am Ende des Kreislaufs wird bewertet, ob das ursprüngliche Ziel erreicht wurde. Falls nicht, wird der Kreislauf erneut durchlaufen, um neue Maßnahmen zu ergreifen oder das Ziel anzupassen.

Fragen: Wurde das Ziel erreicht? Sind wir auf dem richtigen Weg?

Zusammenfassung:

Der Handlungskreislauf ist ein dynamischer und iterativer Prozess, der häufig in **Management**, **Projektplanung** und **Führung** verwendet wird. Der Kreislauf zeigt, wie aus einer **Zielsetzung** durch systematische Planung, Durchführung und Kontrolle letztlich die **Zielverwirklichung** erreicht werden kann. Zudem gibt der Handlungskreislauf den Raum, aus Erfahrungen zu lernen und die nächsten Schritte entsprechend anzupassen.

Der Kreislauf ist oft nicht linear, sondern wird wiederholt durchlaufen, besonders wenn Ziele **angepasst** oder **optimiert** werden müssen.

Beispiel:

Hier ist ein Beispiel für einen **Handlungskreislauf** im Kontext der Führung und des Projektmanagements:

Beispiel: Einführung eines neuen Software-Tools im Unternehmen

1. Zielsetzung (Planung)

Ziel: Einführung eines neuen Software-Tools zur besseren Zusammenarbeit und Kommunikation im Unternehmen.

> **Warum?** Die aktuelle Kommunikationstools sind ineffizient, und es gibt Schwierigkeiten bei der Zusammenarbeit zwischen verschiedenen Abteilungen.

> **Was soll erreicht werden?** Das neue Tool soll innerhalb von drei Monaten im gesamten Unternehmen eingeführt und genutzt werden, um die Effizienz und Kommunikation zu verbessern.

2. Planung der Maßnahmen (Strategie)

Welche Maßnahmen sind notwendig?

- o Auswahl des richtigen Software-Tools (z.B. Slack, Microsoft Teams).
- o Erstellung eines Projektplans mit Meilensteinen.

- o Schulung der Mitarbeiter im Umgang mit dem neuen Tool.

- o Festlegung von Verantwortlichkeiten (z.B. Projektteam, IT-Abteilung).

- o Erstellung eines Zeitplans für die schrittweise Einführung.

Wer ist verantwortlich?

- o Das Projektteam ist für die Auswahl und Einführung des Tools verantwortlich.

- o Die IT-Abteilung kümmert sich um die technische Implementierung.

- o Die Personalabteilung übernimmt die Schulung der Mitarbeiter.

3. Durchführung der Maßnahmen (Aktion)

- Das Projektteam beginnt mit der Auswahl des Software-Tools und testet verschiedene Optionen.

- Nach der Auswahl wird die IT-Abteilung mit der Installation und Integration des Tools in die bestehenden Systeme beauftragt.

- Parallel dazu wird ein Schulungsprogramm für die Mitarbeiter entwickelt und durchgeführt.

- Das Tool wird schrittweise in den verschiedenen Abteilungen eingeführt.

4. Überwachung und Kontrolle (Monitoring und Kontrolle)

- Während der Einführung wird regelmäßig überprüft, ob das Tool ordnungsgemäß funktioniert und ob es von den Mitarbeitern genutzt wird.

- Wöchentliche Meetings des Projektteams helfen, Fortschritte zu überwachen und etwaige Probleme frühzeitig zu identifizieren.

- Rückmeldungen der Mitarbeiter werden gesammelt, um sicherzustellen, dass das Tool die gewünschten Ergebnisse erzielt und Anpassungen vorzunehmen, falls erforderlich.

Fragen zur Kontrolle:

Wird das Tool in den Abteilungen genutzt?

Gibt es technische Probleme?

Wird der Schulungsplan eingehalten?

5. Evaluation und Feedback (Reflexion und Anpassung)

- Am Ende des Projekts wird der gesamte Prozess bewertet:
  - Hat das neue Tool die Kommunikation und Zusammenar-
    beit verbessert?
  - Haben die Mitarbeiter das Tool erfolgreich in ihren Ar-
    beitsalltag integriert?
  - Was sind die Stärken des Implementierungsprozesses? Wo
    gab es Herausforderungen?
- **Feedback:** Es wird festgestellt, dass die Schulungen nicht in allen
  Abteilungen gleich effektiv waren. Einige Mitarbeiter haben noch
  Schwierigkeiten mit bestimmten Funktionen des Tools.
- **Anpassung:** Basierend auf dem Feedback wird beschlossen, zu-
  sätzliche Follow-up-Schulungen anzubieten und eine FAQ-Seite zu
  erstellen, um häufige Probleme zu lösen.

6. Zielerreichung

- **Ergebnis:** Das neue Software-Tool wurde erfolgreich im Unternehmen eingeführt, und die Kommunikation hat sich in den meisten
  Abteilungen verbessert. Die Nutzung des Tools zeigt eine klare Verbesserung der Effizienz in der Zusammenarbeit.

- **Ziel erreicht?** Ja, das Tool wurde innerhalb des geplanten Zeitrahmens eingeführt und wird nun aktiv genutzt.

Fazit:

Der **Handlungskreislauf** in diesem Beispiel verdeutlicht, wie durch eine systematische Planung, Durchführung, Kontrolle und Reflexion ein komplexes Projekt erfolgreich umgesetzt wird. Der Kreislauf endet nicht mit der Zielverwirklichung, sondern enthält auch die Evaluation und das Feedback, die für eine kontinuierliche Verbesserung sorgen. In einem iterativen Prozess können durch Feedback und kontinuierliche Anpassungen auch in zukünftigen Projekten noch bessere Ergebnisse erzielt werden.

4.10. VERSTÄNDINGUNGSMITTEL EINER FÜHRUNGSKRAFT

Verständigungsmittel einer Führungskraft

Die **Verständigungsmittel** einer Führungskraft sind die **Instrumente** und **Methoden**, die eine Führungskraft verwendet, um mit ihren Mitarbeitern, Vorgesetzten und anderen Stakeholdern effektiv zu kommunizieren. Eine gute Verständigung ist entscheidend für den Erfolg von Führung, da sie den Informationsfluss sicherstellt, Missverständnisse vermeidet und das Vertrauen innerhalb des Teams stärkt.

Die **Verständigungsmittel** einer Führungskraft lassen sich in verschiedene **Arten von Kommunikationskanälen und -techniken** unterteilen. Hier sind die wichtigsten:

1. Gespräche (Face-to-Face-Kommunikation)

Mündliche Kommunikation ist eine der direktesten und persönlichsten Arten der Verständigung. Hierzu gehören **Einzelgespräche, Teammeetings** und **Feedbackgespräche**.

Nutzen: Bei persönlichen Gesprächen kann die Führungskraft nonverbale Signale wie Körpersprache und Mimik wahrnehmen und auf emotionale Aspekte der Kommunikation reagieren. Dies fördert die Vertrauensbildung und schafft ein gutes Arbeitsklima.

Beispiel: Regelmäßige Einzelgespräche (z.B. Mitarbeitergespräche), in denen die Führungskraft mit den Mitarbeitern ihre Leistung, Entwicklung und Ziele bespricht.

2. Telefonate und Videokonferenzen

Für **remote** arbeitende Teams oder bei geografisch verteilten Mitarbeitern sind Telefonate und **Videokonferenzen** wichtige Verständigungsmittel.

Nutzen: Diese Kommunikationsmittel ermöglichen es, direkt zu interagieren, Fragen zu stellen und Lösungen zu erarbeiten, auch wenn die Teammitglieder nicht physisch anwesend sind.

Beispiel: Wöchentliche Videokonferenzen, um den aktuellen Stand von Projekten zu besprechen oder kurzfristige Entscheidungen zu treffen.

3. E-Mails

Schriftliche Kommunikation über E-Mails ist besonders geeignet, um Informationen in **formellen** und **dokumentierbaren** Formaten zu übermitteln.

Nutzen: E-Mails sind ideal für das Versenden von detaillierten Informationen, Anweisungen oder offiziellen Mitteilungen. Sie bieten den Vorteil, dass Inhalte jederzeit nachgelesen werden können.

Beispiel: Eine Führungskraft verschickt eine E-Mail, um die Ergebnisse eines Projektes zusammenzufassen, oder um alle Mitarbeiter über neue Richtlinien zu informieren.

4. Intranet und Unternehmensplattformen

In vielen Unternehmen gibt es **Intranet-Systeme** oder **unternehmensspezifische Kommunikationsplattformen** (wie Slack, Microsoft Teams, etc.), die als zentrale Orte für den Informationsaustausch und die Kommunikation dienen.

Nutzen: Diese Tools ermöglichen eine schnelle Verbreitung von Informationen und fördern die **Teamzusammenarbeit**. Sie ermöglichen es, sowohl formelle als auch informelle Informationen zu teilen.

Beispiel: Die Führungskraft nutzt ein Intranet, um interne Ankündigungen zu machen oder eine neue Projektmanagement-Software vorzustellen.

5. Meetings und Besprechungen

Gruppengespräche, sowohl in physischer als auch in digitaler Form, gehören zu den wichtigsten Verständigungsmitteln einer Führungskraft.

Nutzen: In Besprechungen können Themen aus verschiedenen Perspektiven betrachtet werden, und es kann gemeinsam an Lösungen gearbeitet werden. Diese Art der Kommunikation fördert den **Austausch** und **Kooperation** innerhalb eines Teams.

Beispiel: Regelmäßige **Teammeetings**, in denen die Führungskraft den Stand von Projekten überprüft, Ziele festlegt oder Probleme im Team bespricht.

6. Mitarbeiterbefragungen und Feedback-Tools

Befragungen (z. B. **Mitarbeiterumfragen**) oder **anonyme Feedbacktools** sind ein weiteres Kommunikationsmittel, mit dem Führungskräfte die Meinungen und Anliegen ihrer Mitarbeiter erfassen können.

Nutzen: Diese Tools bieten eine Möglichkeit, **Meinungen** und **Feedback** zu sammeln, ohne dass sich Mitarbeiter unter Druck gesetzt fühlen. Sie tragen zur **Prozessoptimierung** und zur Verbesserung des Arbeitsklimas bei.

Beispiel: Eine jährliche **Mitarbeiterbefragung**, in der die Führungskraft Rückmeldungen zur Unternehmensstrategie, Arbeitsbedingungen oder Führungskompetenz einholt.

7. Interne Newsletter

Newsletter sind eine weitere Möglichkeit, Informationen regelmäßig an eine größere Anzahl von Mitarbeitern zu kommunizieren.

Nutzen: Sie ermöglichen es, eine Vielzahl von Informationen in einem zusammengefassten Format zu verbreiten. Sie können für interne **Neuigkeiten, Erfolge** und **wichtige Veränderungen** im Unternehmen genutzt werden.

Beispiel: Ein monatlicher Newsletter, in dem die Führungskraft neue Entwicklungen im Unternehmen oder Erfolge des Teams hervorhebt.

8. Social Media und Unternehmensblogs

Social Media und **Blogs** bieten der Führungskraft eine Möglichkeit, eine größere **öffentliche Kommunikation** zu betreiben, besonders wenn es um die Darstellung des Unternehmens nach außen oder die Kommunikation von Werten und Visionen geht.

Nutzen: Diese Kommunikationskanäle sind besonders wirksam, um **Transparenz** zu schaffen und eine **vernetzte** Unternehmenskultur zu fördern. Sie sind auch nützlich, um das Unternehmen und seine Erfolge nach außen zu präsentieren.

Beispiel: Ein **Unternehmensblog**, auf dem die Führungskraft über neue Innovationen oder strategische Veränderungen berichtet.

9. Visuelle Hilfsmittel (Diagramme, Präsentationen)

Visuelle Kommunikation wie **Diagramme, Infografiken, Präsentationen** oder **Whiteboards** ist besonders nützlich, um komplexe Informationen anschaulich und leicht verständlich zu vermitteln.

Nutzen: Visualisierungen helfen dabei, Daten und Zusammenhänge schnell und effektiv zu erklären und zu verdeutlichen.

Beispiel: Eine Präsentation in einem Teammeeting, die den aktuellen Stand eines Projekts darstellt, oder die Verwendung von Diagrammen zur Darstellung von Kennzahlen.

10. Nonverbale Kommunikation

Körpersprache, **Mimik** und **Gestik** sind wichtige Verständigungsmittel in der direkten Kommunikation. Sie sind oft genauso wichtig wie Worte, weil sie **Emotionen** und **Einstellungen** ausdrücken können.

Nutzen: Eine Führungskraft kann durch ihre Körpersprache Vertrauen, Interesse oder Entschlossenheit zeigen. Ebenso hilft die Wahrnehmung der Körpersprache von Mitarbeitern, die **Motivation** und **Zufriedenheit** besser einzuschätzen.

Beispiel: Eine Führungskraft nutzt einen offenen Blickkontakt und eine aufmerksame Körperhaltung, um Interesse und Wertschätzung zu zeigen.

Fazit:

Die Verständigungsmittel einer Führungskraft sind vielfältig und hängen oft von der jeweiligen Situation, dem Kontext und den Kommunikationsbedürfnissen der Mitarbeiter ab. Die Wahl des richtigen Kommunikationskanals ist entscheidend, um **klar und effektiv** zu kommunizieren. Eine gute Führungskraft beherrscht eine Vielzahl von Kommunikationsmitteln und setzt sie situationsgerecht ein, um ihre **Ziele** zu erreichen, das **Team zu motivieren**, **Informationen zu teilen** und **Vertrauen** aufzubauen.

Druckmittel einer Führungskraft

Druckmittel einer Führungskraft sind Strategien oder Maßnahmen, die eine Führungskraft anwendet, um **Erwartungen zu verdeutlichen, Verhalten zu steuern** oder **Veränderungen durchzusetzen**. Dabei geht es nicht nur um den Einsatz von Zwang oder Drohungen, sondern auch um subtile Formen der Einflussnahme, die darauf abzielen, die Mitarbeitenden zu motivieren, bestimmte Ziele zu erreichen oder Verhaltensweisen zu ändern.

Es ist wichtig zu betonen, dass **Druckmittel** verantwortungsbewusst und **kontextgerecht** eingesetzt werden sollten. Eine zu starke Anwendung von Druck kann zu **Stress, Motivationsverlust** oder **Konflikten** führen, während ein geschickter Einsatz zu einer erfolgreichen Zielverwirklichung beiträgt.

1. Positive Verstärkung

Was es ist: Durch Anerkennung und Belohnung wird das gewünschte Verhalten verstärkt.

Nutzen: Positive Verstärkung ist ein wesentliches **Druckmittel**, das auf Motivation basiert. Mitarbeitende, die für ihre gute Leistung gelobt oder belohnt werden, sind eher bereit, ihre Leistung weiterhin zu steigern und zu wiederholen.

Beispiel: Ein Lob für gute Arbeit, Bonuszahlungen, Beförderungen oder andere Anreize wie Freizeit oder Prämien.

Wann einsetzen? Wenn Mitarbeiter ihr Engagement oder ihre Leistungen steigern sollen.

2. Zielvorgaben und Leistungskennzahlen

Was es ist: Eine Führungskraft kann klare Ziele und messbare Leistungskennzahlen festlegen, um den Erfolg zu messen und die Erwartungen zu verdeutlichen.

Nutzen: Zielvorgaben und Leistungskennzahlen erzeugen einen gewissen **Druck**, da sie den Mitarbeitenden einen konkreten Maßstab liefern, der zu erreichen ist. Dies hilft, die Motivation und Zielorientierung zu steigern.

Beispiel: Verkaufsziele, Produktionsquoten, Leistungskennzahlen in der Mitarbeiterbewertung.

Wann einsetzen? Wenn die Leistung verbessert oder bestimmte Unternehmensziele erreicht werden sollen.

3. Feedback und Evaluation

Was es ist: Durch regelmäßiges Feedback kann eine Führungskraft den Mitarbeitenden sowohl positives als auch konstruktives Feedback geben, um deren Verhalten zu steuern.

Nutzen: Ein kontinuierliches Feedback-System sorgt dafür, dass die Mitarbeitenden sich ihrer Stärken und Schwächen bewusst sind und sich gezielt verbessern können. Dies setzt einen indirekten **Druck**, da die Mitarbeitenden wissen, dass ihre Leistung ständig überprüft wird.

Beispiel: Mitarbeitergespräche, regelmäßige Leistungsbeurteilungen oder informelle Rückmeldungen.

Wann einsetzen? Wenn Mitarbeiter ihr Verhalten oder ihre Leistung anpassen sollen.

4. Konsequenzen und Sanktionen

Was es ist: Wenn eine Leistung nicht den Erwartungen entspricht, können negative Konsequenzen oder Sanktionen folgen. Dies ist ein direktes Druckmittel.

Nutzen: Es schafft klare Erwartungen und kann eine schnelle Verhaltensänderung erzwingen, besonders in Situationen, in denen schnelle Ergebnisse erforderlich sind. Sanktionen können als Druckmittel eingesetzt werden, um Disziplin aufrechtzuerhalten oder Compliance sicherzustellen.

Beispiel: Abmahnungen, Gehaltskürzungen, Degradierungen, oder im Extremfall Kündigungen.

Wann einsetzen? Wenn Mitarbeitende gegen Unternehmensrichtlinien verstoßen oder die Leistungsstandards wiederholt nicht erfüllen.

5. Zeitdruck

Was es ist: Eine Führungskraft setzt enge Fristen, um Aufgaben oder Projekte innerhalb eines bestimmten Zeitrahmens abzuschließen.

Nutzen: Zeitdruck kann ein wirksames Mittel sein, um schnelle Ergebnisse zu erzielen. Durch das Setzen knapper Fristen wird der **Drang zur Handlungsbereitschaft** erzeugt. Zeitdruck sollte jedoch nicht übertrieben werden, um Stress und Qualitätseinbußen zu vermeiden.

Beispiel: Ein Projekt muss innerhalb einer Woche abgeschlossen werden oder bestimmte Meilensteine müssen zu einem festgelegten Datum erreicht werden.

Wann einsetzen? Wenn es erforderlich ist, schnelle Ergebnisse zu erzielen, ohne die Qualität zu gefährden.

6. Verantwortung und Rollenaufgaben

Was es ist: Eine Führungskraft kann Druck ausüben, indem sie den Mitarbeitenden mehr Verantwortung überträgt und sie für bestimmte Aufgaben oder Entscheidungen verantwortlich macht.

Nutzen: Indem eine Führungskraft den Mitarbeitenden Verantwortung überträgt, setzt sie den Druck, die Aufgaben erfolgreich zu erledigen. Dies stärkt das Engagement und die Eigenverantwortung.

Beispiel: Die Zuweisung von Projektverantwortung oder die Übertragung von Entscheidungsbefugnissen.

Wann einsetzen? Wenn Mitarbeitende herausgefordert und gleichzeitig zur Zielverwirklichung motiviert werden sollen.

7. Informationskontrolle

Was es ist: Eine Führungskraft kann Informationen selektiv bereitstellen, um den Mitarbeitenden bestimmte Handlungen zu ermöglichen oder zu behindern.

Nutzen: Durch **Kontrolle über Informationen** kann eine Führungskraft steuern, wie und wann eine Entscheidung getroffen wird. Zu viel Information auf einmal kann Überforderung verursachen, daher wird Information gezielt gesteuert.

Beispiel: Eine Führungskraft gibt einem Team nur die relevanten Informationen zu einem bestimmten Problem, um den Fokus zu bewahren.

Wann einsetzen? Wenn Mitarbeitende auf bestimmte Informationen angewiesen sind, um Aufgaben zu erledigen oder Lösungen zu finden.

8. Dringlichkeit und Prioritätensetzung

Was es ist: Eine Führungskraft kann Aufgaben priorisieren und den Mitarbeitenden klar signalisieren, welche Aufgaben vorrangig sind.

Nutzen: Indem eine Führungskraft den Fokus auf bestimmte Aufgaben lenkt und klarstellt, dass diese dringender sind als andere, wird ein **Dringlichkeitsdruck** erzeugt.

Beispiel: Eine Führungskraft erklärt, dass eine bestimmte Aufgabe mit höchster Priorität bearbeitet werden muss, während andere Aufgaben zurückgestellt werden.

Wann einsetzen? Wenn bestimmte Ziele oder Aufgaben dringend erfüllt werden müssen.

9. Autorität und Hierarchie

Was es ist: Eine Führungskraft nutzt ihre **Position** innerhalb der Hierarchie, um Entscheidungen durchzusetzen oder bestimmte Erwartungen zu kommunizieren.

Nutzen: Die Autorität einer Führungskraft ist ein starkes Druckmittel, da Mitarbeitende häufig den Anweisungen ihrer Vorgesetzten folgen, besonders wenn es um wichtige Entscheidungen oder die Einhaltung von Vorschriften geht.

Beispiel: Die Führungskraft setzt eine neue Arbeitsweise durch, indem sie ihre Entscheidung klar kommuniziert und mit ihrer Position untermauert.

Wann einsetzen? Wenn schnell und eindeutig Entscheidungen getroffen werden müssen oder bei der Umsetzung von wichtigen Unternehmensrichtlinien.

Fazit:

Druckmittel sollten von einer Führungskraft mit Bedacht eingesetzt werden. Der Fokus sollte darauf liegen, Mitarbeitende zu **motivieren**, zu **unterstützen** und in **positive Bahnen** zu lenken. Zu starkes oder unüberlegtes Anwenden von Druckmitteln kann zu **Stress**, **Unzufriedenheit** oder **Motivationsverlust** führen. Ein erfolgreicher Führungskraft nutzt eine Mischung aus **positiven Verstärkungen**, klaren **Erwartungen**, **Feedback** und gezielten **Sanktionen**, um eine **leistungsorientierte** und **angemessene** Arbeitsumgebung zu schaffen.

5.0. FÜHRUNGSMETHODEN UND – TECHNIKEN, HANDLUNGSSPIELRÄUME

5.1. MOTIVATION

Definition Motivation

Motivation bezeichnet die inneren oder äußeren Faktoren, die eine Person dazu anregen, bestimmte Handlungen auszuführen, Ziele zu erreichen oder bestimmte Verhaltensweisen zu verfolgen. Es handelt sich dabei um die treibende Kraft, die es einem ermöglicht, Aktivitäten zu beginnen, aufrechtzuerhalten und Hindernisse zu überwinden. Motivation ist der Grund, warum wir uns anstrengen, etwas zu tun – sei es aus eigenem Antrieb oder aufgrund äußerer Einflüsse.

Es gibt zwei Hauptarten der Motivation:

1. **Intrinsische Motivation** (von innen heraus): Diese Form der Motivation entsteht, wenn eine Person eine Tätigkeit ausführt, weil sie Freude daran hat oder sie als wertvoll und erfüllend empfindet. Es geht also nicht um äußere Belohnungen oder Anerkennung, sondern um die persönliche Erfüllung und das innere Bedürfnis, etwas zu tun. Ein Beispiel: Jemand spielt ein Musikinstrument, weil es ihm

Spaß macht, und nicht um damit einen Preis zu gewinnen oder Aufmerksamkeit zu erhalten.

2. **Extrinsische Motivation** (von außen): Hierbei handelt es sich um eine Motivation, die durch äußere Belohnungen oder Anreize angetrieben wird. Dies kann in Form von materiellen Belohnungen wie Geld, Noten oder Auszeichnungen sein, aber auch in Form von sozialer Anerkennung oder dem Vermeiden von negativen Konsequenzen. Ein Beispiel: Eine Person arbeitet hart, um eine Gehaltserhöhung zu erhalten oder um die Anerkennung eines Vorgesetzten zu erlangen.

Warum ist Motivation wichtig?

Motivation ist entscheidend, um Ziele zu erreichen, sei es im Studium, im Beruf oder in der persönlichen Entwicklung. Sie ist der Motor, der uns dazu bringt, aktiv zu werden und nicht aufzugeben, auch wenn Herausforderungen auftreten. Sie beeinflusst unser Verhalten, unser Engagement und unsere Ausdauer, und hilft uns, die notwendigen Anstrengungen zu unternehmen, um unsere Träume zu verwirklichen.

Beispielsweise könnte ein Student mit einer starken intrinsischen Motivation, der die Philosophie liebt, in der Lage sein, stundenlang in seinen Studien zu vertiefen, selbst wenn das Fach anspruchsvoll ist. Im Gegensatz dazu könnte ein Student mit extrinsischer Motivation, der das Studium lediglich für einen Abschluss oder ein besseres Einkommen verfolgt, möglicherweise Schwierigkeiten haben, die nötige Energie aufzubringen, wenn die Aufgaben besonders schwierig oder langweilig erscheinen.

Wie kann man Motivation fördern?

Es gibt verschiedene Möglichkeiten, Motivation zu fördern oder zu steigern, abhängig von den individuellen Bedürfnissen und Umständen:

1. **Ziele setzen**: Klare, messbare und realistische Ziele zu definieren, ist eine der effektivsten Methoden, um Motivation zu fördern. Wenn Ziele konkret und erreichbar sind, geben sie einem eine klare

Richtung und einen Sinn. Setze dir kleine, erreichbare Etappenziele, um den Fortschritt zu spüren und dich ständig zu motivieren.

2. **Belohnungen und Anreize**: Eine Möglichkeit, extrinsische Motivation zu steigern, besteht darin, Belohnungen für das Erreichen bestimmter Ziele festzulegen. Dies können kleine Dinge sein, wie eine Pause, eine kleine Auszeit oder ein persönlicher Genuss (z.B. ein Lieblingssnack). Die Vorstellung, für die eigene Leistung belohnt zu werden, kann das Durchhaltevermögen und die Anstrengung steigern.

3. **Selbstreflexion und Sinnfindung**: Wenn man versteht, warum man etwas tut und welchen Sinn es hat, wird die intrinsische Motivation oft gestärkt. Frage dich regelmäßig, warum du ein bestimmtes Ziel verfolgst und was es für dich persönlich bedeutet. Dies kann dir helfen, den „größeren Sinn" hinter einer Aufgabe zu erkennen und dich stärker mit ihr zu identifizieren.

4. **Positive Umgebung schaffen**: Motivation wird oft von der Umgebung beeinflusst. Eine unterstützende, inspirierende und positive Umgebung kann Wunder wirken, um die eigene Motivation zu steigern. Dies kann bedeuten, sich mit positiven Menschen zu umgeben, die einen ermutigen, oder sich einen Ort zu schaffen, der frei von Ablenkungen ist und produktives Arbeiten fördert.

5. **Fortschritte verfolgen und feiern**: Es ist wichtig, den eigenen Fortschritt regelmäßig zu überprüfen und kleine Erfolge zu feiern. Wenn man sieht, dass man vorankommt, stärkt das das Selbstvertrauen und die Motivation, weiterzumachen.

Zusammenfassend lässt sich sagen, dass Motivation eine essentielle Rolle im Leben eines jeden Menschen spielt. Sie bestimmt, wie wir mit Herausforderungen umgehen, wie wir unser Potenzial ausschöpfen und wie wir Ziele erreichen. Ob durch innere Begeisterung oder äußere Anreize – Motivation ist der Schlüssel, um in allen Bereichen des Lebens erfolgreich zu sein.

Hier sind einige **Beispiele für Motivation** in verschiedenen Kontexten:

1. Intrinsische Motivation:

- **Lernen aus Interesse**: Ein Student lernt ein bestimmtes Fach, weil er oder sie eine Leidenschaft dafür hat und das Wissen selbst als lohnend empfindet, nicht wegen Noten oder Belohnungen.

- **Kreativität aus Freude**: Ein Künstler malt Bilder, weil er die Tätigkeit des Malens als erfüllend empfindet und Freude an der kreativen Ausdruckskraft hat, nicht um ein Gemälde zu verkaufen oder Anerkennung zu bekommen.

- **Sport als Leidenschaft**: Jemand läuft jeden Morgen, weil er die Bewegung und die damit verbundene körperliche und geistige Erfrischung liebt, nicht um für ein Rennen zu trainieren oder eine Medaille zu gewinnen.

2. Extrinsische Motivation:

- **Arbeiten für ein Gehalt**: Ein Arbeitnehmer geht jeden Tag zur Arbeit, um seinen Lebensunterhalt zu verdienen, seine Rechnungen zu bezahlen und finanzielle Sicherheit zu haben.

- **Studieren für gute Noten**: Ein Schüler lernt intensiv, weil er oder sie gute Noten bekommen möchte, um die Erwartungen der Eltern zu erfüllen oder später eine gute Universität zu besuchen.

- **Belohnung für gute Leistung**: Ein Mitarbeiter erreicht ein Ziel oder eine Verkaufsquote, weil er eine finanzielle Belohnung oder Anerkennung vom Arbeitgeber erhalten möchte.

3. Kombination von Intrinsischer und Extrinsischer Motivation:

- **Sportler**: Ein professioneller Athlet trainiert oft aus Liebe zum Sport (intrinsische Motivation) und gleichzeitig, um Preisgelder, Sponsorenverträge oder öffentliche Anerkennung zu erhalten (extrinsische Motivation).

- **Unternehmer**: Ein Unternehmer startet ein eigenes Geschäft, weil er oder sie leidenschaftlich an der Idee glaubt und Freude daran hat, etwas Eigenes zu schaffen (intrinsische Motivation), aber auch, um finanzielle Freiheit zu erreichen oder einen bestimmten Status zu erlangen (extrinsische Motivation).

In vielen Lebensbereichen gibt es eine **Mischung** aus intrinsischer und extrinsischer Motivation, die je nach Situation und Ziel variiert.

Wie kann eine Führungskraft seine Mitarbeiter dauerhaft motivieren?

Eine Führungskraft kann ihre Mitarbeiter dauerhaft motivieren, indem sie eine unterstützende, vertrauensvolle und wertschätzende Arbeitsumgebung schafft. Hier sind einige bewährte Ansätze, die eine langfristige Motivation fördern:

1. Ziele setzen und Sinn vermitteln

Klare Vision und Ziele: Eine Führungskraft sollte den Mitarbeitern klar vermitteln, warum ihre Arbeit wichtig ist und wie sie zu den übergeordneten Zielen des Unternehmens beiträgt. Das schafft ein Gefühl der Bedeutung und des Engagements.

Beteiligung an Entscheidungsprozessen: Mitarbeiter, die in die Zielsetzung und Entscheidungsfindung einbezogen werden, fühlen sich wertgeschätzt und sind eher motiviert, die angestrebten Ziele zu erreichen.

2. Anerkennung und Wertschätzung

Regelmäßiges Feedback: Positives Feedback für gute Leistungen und konstruktive Rückmeldungen bei Verbesserungsbedarf sind wichtig. Es sollte jedoch nicht nur die Ergebnisse, sondern auch die Anstrengungen und den Einsatz gewürdigt werden.

Öffentliche Anerkennung: Lob vor dem Team oder in Meetings zu äußern, stärkt das Selbstwertgefühl und motiviert die Mitarbeiter, weiterhin ihr Bestes zu geben.

Individuelle Anerkennung: Eine persönliche und auf den Einzelnen abgestimmte Anerkennung, z. B. durch persönliche Gespräche oder kleine Aufmerksamkeiten, kann dazu beitragen, dass sich Mitarbeiter geschätzt fühlen.

3. Förderung von Entwicklung und Weiterbildung

Karriereentwicklung: Mitarbeiter sind motivierter, wenn sie sehen, dass es Möglichkeiten zur beruflichen Weiterentwicklung gibt. Führungskräfte sollten ihnen Schulungen, Mentoring und Aufstiegsmöglichkeiten anbieten.

Autonomie fördern: Mitarbeitern sollte der Spielraum gegeben werden, um selbstständig zu arbeiten, eigene Entscheidungen zu treffen und Verantwortung zu übernehmen. Das stärkt das Gefühl von Kompetenz und Kontrolle.

4. Schaffung eines positiven Arbeitsumfelds

Unterstützende Arbeitsatmosphäre: Ein respektvolles, offenes und kooperatives Arbeitsumfeld fördert das Wohlbefinden der Mitarbeiter. Eine Führungskraft sollte ein Klima des Vertrauens und der offenen Kommunikation schaffen.

Work-Life-Balance: Flexible Arbeitszeiten, Home-Office-Möglichkeiten oder Freizeitangebote tragen dazu bei, dass Mitarbeiter ihre Arbeit besser mit ihrem Privatleben in Einklang bringen können und sich langfristig motivierter und weniger gestresst fühlen.

5. Zufriedenheit durch fairen Umgang und transparente Kommunikation

Fairness und Transparenz: Mitarbeiter möchten das Gefühl haben, dass Entscheidungen gerecht und transparent getroffen werden. Sie sollten klar verstehen, wie ihre Leistung gemessen wird und wie sich diese auf Karrierechancen oder Belohnungen auswirkt.

Verantwortung übernehmen: Eine Führungskraft sollte auch Verantwortung für Fehler übernehmen und eine Kultur der Fehlerakzeptanz und des Lernens fördern. Wenn Mitarbeiter sich sicher fühlen, dass sie Fehler machen können, ohne fürchten zu müssen, bestraft zu werden, sind sie eher bereit, Verantwortung zu übernehmen und innovativ zu sein.

6. Einbindung von intrinsischen und extrinsischen Motivatoren

Individuelle Anreize: Menschen haben unterschiedliche Bedürfnisse und Motivatoren. Einige sind stärker von finanziellen Anreizen (z. B. Boni, Gehaltserhöhungen) motiviert, während andere mehr durch Anerkennung, Karrierechancen oder flexible Arbeitsbedingungen angeregt werden. Eine Führungskraft sollte versuchen, diese individuellen Präferenzen zu verstehen und geeignete Anreize zu setzen.

Förderung von intrinsischer Motivation: Über monetäre Belohnungen hinaus sollte der Fokus auch auf intrinsischer Motivation liegen. Das bedeutet, den Mitarbeitern zu helfen, ihre eigenen Ziele und Interessen mit den Unternehmenszielen in Einklang zu bringen, sodass die Arbeit nicht nur als Mittel zum Zweck, sondern als erfüllend erlebt wird.

7. Führung durch Vorbild

Selbstvorbild: Eine Führungskraft sollte durch ihr eigenes Verhalten motivieren. Integrität, Engagement und eine positive Einstellung sind ansteckend und können das Verhalten der Mitarbeiter beeinflussen.

Empathie und Mitgefühl: Eine empathische Führungskraft, die auf die Bedürfnisse und Anliegen der Mitarbeiter eingeht, fördert ein starkes Zusammengehörigkeitsgefühl und die Motivation, sich gemeinsam für die Unternehmensziele einzusetzen.

8. Zugang zu Ressourcen und Unterstützung

Werkzeuge und Ressourcen: Mitarbeiter brauchen die richtigen Werkzeuge, Ressourcen und Schulungen, um ihre Arbeit effektiv und effizient zu erledigen. Wenn diese fehlen, kann das die Motivation und das Engagement verringern.

Mentoring und Unterstützung: Eine Führungskraft sollte ihre Mitarbeiter regelmäßig coachen und unterstützen. Dies kann durch regelmäßige One-on-One-Meetings, Mentoring-Programme oder auch durch einfaches Zuhören geschehen.

9. Förderung von Teamarbeit und Zusammenarbeit

Zusammenhalt im Team: Ein starkes Teamgefühl kann die Motivation steigern. Führungskräfte sollten den Teamgeist fördern, indem sie die Zusammenarbeit zwischen den Mitarbeitern stärken und Gelegenheiten für Teamaktivitäten bieten.

Gemeinsame Erfolge feiern: Teamarbeit und gemeinsames Erreichen von Zielen sollten gefeiert werden, um den Zusammenhalt zu stärken und den Teamgeist zu fördern.

Fazit:

Langfristige Motivation entsteht nicht nur durch finanzielle Anreize, sondern vor allem durch eine Kombination aus Wertschätzung, Entwicklungsförderung, fairer Behandlung und einem positiven Arbeitsumfeld. Wenn Führungskräfte sich um das Wohl ihrer Mitarbeiter kümmern, ihre Potenziale fördern und eine starke, respektvolle Beziehung aufbauen, wird dies zu einer nachhaltigen und positiven Motivation führen.

Woran erkenne ich, ob ein Mitarbeiter motiviert ist?

Es gibt mehrere Anzeichen, an denen du erkennen kannst, ob ein Mitarbeiter motiviert ist. Motivation zeigt sich in verschiedenen Verhaltensweisen und Einstellungen, sowohl in der Qualität als auch in der Quantität der Arbeit. Hier sind einige typische Hinweise, auf die du achten kannst:

1. Proaktive Haltung

Eigeninitiative: Ein motivierter Mitarbeiter zeigt oft Initiative und übernimmt Aufgaben oder Projekte, ohne darauf warten zu müssen, dass sie ihm zugewiesen werden. Er bringt Ideen ein, schlägt Verbesserungen vor und übernimmt Verantwortung.

Übernahme von Herausforderungen: Motivierte Mitarbeiter scheuen sich nicht vor schwierigen oder neuen Aufgaben. Sie sind bereit, aus ihrer Komfortzone herauszutreten und sich neuen Herausforderungen zu stellen.

2. Engagement und Enthusiasmus

Positive Energie: Motivierte Mitarbeiter gehen mit einer positiven, energiegeladenen Haltung an ihre Arbeit. Sie zeigen Begeisterung für ihre Aufgaben und bringen eine gewisse Leidenschaft in ihre tägliche Arbeit ein.

Interesse an der Arbeit: Ein motivierter Mitarbeiter stellt Fragen, um sich weiterzuentwickeln, und sucht aktiv nach Möglichkeiten, seine Arbeit zu verbessern oder zu optimieren.

3. Hohe Arbeitsqualität und Produktivität

Verlässlichkeit und Qualität: Mitarbeiter, die motiviert sind, liefern in der Regel konstant gute Ergebnisse und achten auf die Qualität ihrer Arbeit. Sie sind bestrebt, ihre Aufgaben gründlich und sorgfältig zu erledigen.

Fristgerechte Arbeit: Ein motivierter Mitarbeiter neigt dazu, Deadlines zuverlässig einzuhalten und gibt sich Mühe, die Arbeit rechtzeitig und in hoher Qualität abzuliefern.

4. Eigenverantwortung und Selbstorganisation

Selbstständigkeit: Motivierte Mitarbeiter benötigen weniger Anleitung und Kontrolle. Sie sind in der Lage, ihre Arbeit eigenständig zu organisieren und zu strukturieren, was ihre Fähigkeit zur Selbstmotivation widerspiegelt.

Problemlösungsorientierung: Wenn Probleme auftreten, suchen motivierte Mitarbeiter aktiv nach Lösungen, anstatt nur auf Anweisungen zu warten oder sich auf Schwierigkeiten zu konzentrieren.

5. Teamarbeit und Zusammenarbeit

Kooperationsbereitschaft: Ein motivierter Mitarbeiter arbeitet gut im Team, bringt sich ein und hilft anderen, wenn es nötig ist. Er zeigt eine hohe Bereitschaft zur Zusammenarbeit und trägt zu einem positiven Teamklima bei.

Konstruktive Kommunikation: Motivierte Mitarbeiter sind offen und konstruktiv in der Kommunikation, sowohl bei der Weitergabe von Informationen als auch bei der Diskussion von Ideen und Lösungen.

6. Positives Feedback und Bereitschaft zur Weiterentwicklung

Akzeptanz von Feedback: Ein motivierter Mitarbeiter nimmt konstruktives Feedback an und setzt es in die Praxis um, um sich weiterzuentwickeln. Er sieht Fehler als Lerngelegenheit und ist bereit, sich zu verbessern.

Interesse an Weiterentwicklung: Motivierte Mitarbeiter zeigen Interesse daran, ihre Fähigkeiten und Kenntnisse auszubauen. Sie sind bereit, sich fort- oder weiterzubilden und neue Fähigkeiten zu erlernen.

7. Arbeitszufriedenheit

Wenig Fehlzeiten: Ein motivierter Mitarbeiter ist in der Regel weniger krank und zeigt weniger häufig Fehlzeiten. Auch bei kurzen Krankheitstagen kehrt er schnell zurück und zeigt wieder Engagement.

Zufriedenheit und positive Einstellung: Wenn Mitarbeiter häufig mit einem Lächeln bei der Arbeit erscheinen, wenn sie positiv über ihre Aufgaben und Kollegen sprechen und generell eine gute Stimmung ausstrahlen, sind das deutliche Anzeichen von Motivation.

8. Loyalität und Identifikation mit dem Unternehmen

Verbundenheit mit der Unternehmensvision: Ein motivierter Mitarbeiter identifiziert sich mit den Zielen und der Kultur des Unternehmens. Er fühlt sich als Teil des Ganzen und arbeitet mit dem langfristigen Erfolg des Unternehmens im Hinterkopf.

Loyalität und Verantwortungsbewusstsein: Solche Mitarbeiter sind weniger geneigt, den Arbeitsplatz zu wechseln oder unzufrieden zu sein. Sie tragen dazu bei, dass das Unternehmen seine Ziele erreicht und stellen oft das Wohl des Teams oder der Firma über ihr eigenes unmittelbares Interesse.

9. Flexibilität und Anpassungsfähigkeit

Anpassung an Veränderungen: Motivierte Mitarbeiter sind in der Regel anpassungsfähig und flexibel, wenn es darum geht, mit Veränderungen im Unternehmen oder in der Arbeitsweise umzugehen. Sie sehen Veränderungen nicht als Bedrohung, sondern als Möglichkeit zur Weiterentwicklung.

Innovationsbereitschaft: Sie sind offen für neue Ideen, Arbeitsmethoden oder Technologien und bringen sich aktiv in Veränderungsprozesse ein.

10. Engagement außerhalb der regulären Arbeitszeiten

Zusätzliche Anstrengungen: Motivierte Mitarbeiter zeigen manchmal eine Bereitschaft, auch außerhalb der normalen Arbeitszeiten etwas zu leisten (z. B. für ein Projekt, das ihnen wichtig ist, oder um ein Teamziel zu erreichen), ohne dass sie explizit darum gebeten werden. Sie gehen „die Extra-Meile", um ihre Arbeit bestmöglich zu erledigen.

Wichtige Hinweise:

Es ist jedoch wichtig zu beachten, dass **Motivation nicht immer konstant** ist. Jeder Mitarbeiter kann phasenweise höher oder niedriger motiviert sein, abhängig von verschiedenen Faktoren wie persönlicher Situation, Arbeitsbelastung, Anerkennung, Teamdynamik oder auch dem allgemeinen Arbeitsumfeld. Das bedeutet, dass es als Führungskraft hilfreich ist, regelmäßig im Dialog mit den Mitarbeitern zu bleiben, um ihre Bedürfnisse zu erkennen und zu verstehen. Bei Anzeichen von geringer Motivation sollte man proaktiv nach den Ursachen suchen und versuchen, Unterstützung zu bieten oder Veränderung zu fördern.

Zusammengefasst: Ein motivierter Mitarbeiter zeigt Engagement, Begeisterung für seine Arbeit, eine hohe Produktivität, Selbstverantwortung und eine positive Einstellung. Achte auf Verhaltensweisen wie Eigeninitiative, gute Teamarbeit, hohe Arbeitsqualität und eine proaktive Haltung – all dies sind starke Indikatoren für Motivation.

Wie erkenne ich, dass ein Mitarbeiter nicht motiviert ist?

Wenn ein Mitarbeiter nicht motiviert ist, zeigen sich in der Regel bestimmte Anzeichen in seinem Verhalten, seiner Arbeitsweise und seiner Einstellung gegenüber Aufgaben und dem Unternehmen. Diese Hinweise können subtile Veränderungen oder deutliche Rückgänge in Leistung und Engagement sein. Hier sind einige typische Anzeichen, an denen du erkennen kannst, dass ein Mitarbeiter möglicherweise unmotiviert ist:

1. Geringe Arbeitsleistung und Nachlässigkeit

- **Verminderte Produktivität**: Ein unmotivierter Mitarbeiter arbeitet langsamer oder erledigt Aufgaben mit weniger Sorgfalt. Er liefert häufig Ergebnisse, die nicht dem gewohnten Standard entsprechen.

- **Fehleranfälligkeit**: Es treten häufiger Fehler auf, die normalerweise vermieden würden. Diese Fehler können auf mangelnde Aufmerksamkeit, Desinteresse oder Unachtsamkeit hinweisen.

- **Aufschieberitis**: Der Mitarbeiter schiebt Aufgaben immer wieder auf („Prokrastination"), erledigt sie jedoch nicht fristgerecht oder mit minimalem Aufwand.

2. Fehlende Eigeninitiative und Passivität

- **Kein Vorschläge oder Ideen**: Ein unmotivierter Mitarbeiter bringt selten neue Ideen ein oder schlägt Verbesserungen vor. Er wartet auf Anweisungen und zeigt wenig Eigeninitiative.

- **Vermeidung von Verantwortung**: Der Mitarbeiter nimmt keine Verantwortung für Aufgaben oder Projekte und vermeidet es, neue Herausforderungen anzunehmen. Er überlässt oft anderen Kollegen die anspruchsvolleren Aufgaben.

3. Mangel an Begeisterung und Engagement

- **Desinteresse an Aufgaben**: Ein unmotivierter Mitarbeiter zeigt wenig oder kein Interesse an der Arbeit, die er erledigen muss. Dies kann sich in einer monotonen oder lustlosen Herangehensweise an Aufgaben äußern.

- **Fehlende Begeisterung bei Meetings oder Teamarbeit**: Bei Besprechungen oder Teamaktivitäten zeigt der Mitarbeiter wenig Enthusiasmus oder beteiligt sich kaum an Diskussionen. Er reagiert häufig passiv oder gar nicht.

- **Vermeidung von zusätzlichen Aufgaben**: Wenn zusätzliche Aufgaben oder Projekte anstehen, zieht sich der Mitarbeiter zurück oder gibt an, keine Zeit oder Interesse zu haben.

4. Unpünktlichkeit und häufige Fehlzeiten

- **Pünktlichkeitsprobleme**: Unmotivierte Mitarbeiter sind oft zu spät zu Besprechungen oder kommen regelmäßig zu spät zur Arbeit. Die Zeit, die sie in der Arbeit verbringen, wird nicht effektiv genutzt.

- **Häufige Fehlzeiten**: Unmotivierte Mitarbeiter nehmen häufiger Krankheits- oder Urlaubstage. Es könnte sein, dass sie einfach keine Lust auf die Arbeit haben und aus diesem Grund häufiger abwesend sind.

- **Vermeidung von Aufgaben durch Krankmeldung**: Es kann vorkommen, dass der Mitarbeiter wiederholt krank wird, ohne dass eine klare Ursache vorliegt, was auf eine unbewusste (oder bewusste) Flucht vor der Arbeit hindeutet.

5. Geringe Kommunikation und Interaktion

- **Verschlossene Haltung**: Ein unmotivierter Mitarbeiter gibt wenig Feedback und ist weniger geneigt, sich aktiv in Gespräche oder Diskussionen einzubringen. Er bleibt oft stumm oder reagiert abweisend.

- **Wenig Interesse an Teamaktivitäten**: Der Mitarbeiter zeigt wenig Interesse an sozialen oder teamorientierten Aktivitäten (wie Pausen oder informellen Treffen) und zieht sich oft zurück.

- **Kritik an der Arbeit**: Der Mitarbeiter äußert regelmäßig Unzufriedenheit mit der Arbeit, dem Team oder dem Unternehmen, ohne nach Lösungen zu suchen. Die Kommunikation wird negativ oder zynisch.

6. Geringe Bereitschaft zur Weiterentwicklung

- **Kein Interesse an Weiterbildung**: Unmotivierte Mitarbeiter zeigen wenig Interesse an Weiterbildungen, Trainings oder der Erweiterung ihrer Fähigkeiten. Sie sind oft resistent gegenüber neuen Ideen oder Veränderungen.

- **Ablehnung von Feedback**: Ein unmotivierter Mitarbeiter ist möglicherweise weniger offen für konstruktives Feedback und scheint nicht gewillt zu sein, sich zu verbessern oder weiterzuentwickeln. Kritik wird entweder defensiv oder gleichgültig aufgenommen.

7. Negative Einstellung und Demotivation

- **Pessimistische Haltung**: Der Mitarbeiter neigt dazu, negativ über die Arbeit, das Team oder das Unternehmen zu sprechen. Diese negative Einstellung kann sich in ständigen Klagen oder passiv-aggressivem Verhalten äußern.

- **Fehlende Identifikation mit dem Unternehmen**: Ein unmotivierter Mitarbeiter fühlt sich oft nicht mit den Unternehmenszielen oder der Unternehmenskultur verbunden. Er zeigt wenig Interesse an den Erfolgen des Unternehmens und ist weniger engagiert, die Vision des Unternehmens zu unterstützen.

- **Abstumpfung und Apathie**: Statt emotionaler Beteiligung zeigt der Mitarbeiter möglicherweise eine Art von Gleichgültigkeit gegenüber seiner Arbeit. Wenn er Aufgaben nicht erledigt oder Ergebnisse nicht geliefert werden, reagiert er mit einer Haltung von „Mir ist es egal".

8. Vermeidung von Verantwortung und Führungsrollen

- **Zurückhaltung bei der Übernahme von Verantwortung**: Unmotivierte Mitarbeiter versuchen, Führungsrollen oder zusätzliche Verantwortungen zu vermeiden. Sie möchten keine Verantwortung übernehmen und lassen lieber andere für sie handeln.

- **Mangel an Initiative bei Projekten**: Wenn der Mitarbeiter an Projekten beteiligt ist, übernimmt er nur eine passive Rolle und beteiligt sich kaum an der Planung oder Durchführung. Er folgt einfach den Anweisungen ohne eigenes Engagement.

9. Unzufriedenheit mit der Arbeit oder den Arbeitsbedingungen

- **Kritik an den Arbeitsbedingungen**: Unmotivierte Mitarbeiter äußern regelmäßig Unzufriedenheit über Arbeitsbedingungen, Prozesse oder Kollegen. Sie konzentrieren sich oft auf Probleme, anstatt nach Lösungen zu suchen.

- **Ständige Unzufriedenheit**: Mitarbeiter, die unmotiviert sind, können auch eine kontinuierliche Unzufriedenheit mit ihrer Arbeit oder ihrem Job insgesamt zeigen. Diese Unzufriedenheit kann sich

auf die Unternehmenskultur oder die Beziehung zu Kollegen auswirken.

Ursachen für unmotivierte Mitarbeiter

Es ist wichtig zu erkennen, dass unmotiviertes Verhalten nicht immer persönlich oder absichtlich ist. Häufig gibt es zugrunde liegende Ursachen,
wie:

- **Fehlende Anerkennung oder Wertschätzung**

- **Mangel an Karriereentwicklung oder Aufstiegsmöglichkeiten**

- **Übermäßige Arbeitsbelastung oder Stress**

- **Unzureichende Kommunikation oder Missverständnisse mit
der Führungskraft**

- **Mangelndes Interesse an der Arbeit selbst (z. B. durch
nicht erfüllende Aufgaben)**

- **Negative Unternehmenskultur oder Konflikte im Team**

- **Privatprobleme oder gesundheitliche Herausforderungen**

Wie sollte ich darauf reagieren?

Wenn du erkennst, dass ein Mitarbeiter unmotiviert ist, ist es wichtig, das
Gespräch zu suchen und aktiv nach den Ursachen zu fragen. Ein offenes,
empathisches Gespräch kann helfen, Klarheit zu bekommen und mögliche
Lösungen zu finden. Hier sind einige Schritte, die du ergreifen kannst:

- **Feedbackgespräch führen**: Sprich den Mitarbeiter freundlich,
aber direkt auf sein Verhalten an und frage nach möglichen Gründen für seine Unzufriedenheit.

- **Ziele und Perspektiven klären**: Hilf dem Mitarbeiter, seine Ziele
und Entwicklungsperspektiven zu erkennen, und unterstütze ihn

dabei, mehr Verantwortung zu übernehmen oder neue Herausforderungen zu suchen.

- **Anerkennung und Unterstützung bieten**: Oft kann ein einfaches Gespräch oder die Anerkennung von Fortschritten und Bemühungen die Motivation wieder steigern.

- **Arbeitsumfeld verbessern**: Schaffe eine unterstützende und offene Arbeitsatmosphäre, in der der Mitarbeiter das Gefühl hat, dass seine Beiträge wertgeschätzt werden.

Indem du unmotiviertes Verhalten frühzeitig erkennst und darauf reagierst, kannst du helfen, die Motivation und das Engagement des Mitarbeiters langfristig zu fördern.

Wie kann ich entgegenwirken?

1. Wenn du bemerkst, dass ein Mitarbeiter unmotiviert ist, gibt es verschiedene Möglichkeiten, wie du als Führungskraft entgegenwirken und die Motivation wieder steigern kannst. Der Schlüssel ist, auf die individuellen Bedürfnisse und die zugrunde liegenden Ursachen der Unmotivation einzugehen. Hier sind einige gezielte Maßnahmen, die dir helfen können:

1. Offenes und empathisches Gespräch führen

Ursachen klären: Setze dich mit dem Mitarbeiter in einem vertrauensvollen Gespräch zusammen, um die Ursachen seiner Unmotivation zu verstehen. Möglicherweise gibt es Probleme, die er oder sie nicht offen anspricht, wie Überlastung, fehlende Anerkennung oder private Herausforderungen.

Aktives Zuhören: Höre aufmerksam zu und zeige Verständnis für seine Sorgen. Oft ist es hilfreich, die Perspektive des Mitarbeiters zu verstehen und ihm das Gefühl zu geben, dass seine Meinung gehört und respektiert wird.

2. Anerkennung und Wertschätzung zeigen

Kleinste Erfolge feiern: Manchmal verlieren Mitarbeiter ihre Motivation, wenn sie das Gefühl haben, dass ihre Anstrengungen nicht anerkannt werden. Achte darauf, regelmäßig positives Feedback zu geben – auch für kleine Erfolge. Ein einfaches „Danke" oder „Gut gemacht" kann Wunder wirken.

Individuelle Anerkennung: Jeder Mitarbeiter ist anders. Finde heraus, welche Art der Anerkennung er oder sie bevorzugt – sei es durch öffentliches Lob im Team, eine persönliche Nachricht oder ein individuelles Gespräch.

3. Klare Ziele setzen und Perspektiven bieten

Ziele und Visionen kommunizieren: Helfe dem Mitarbeiter, die Bedeutung seiner Arbeit zu erkennen, indem du die Verbindung zwischen seinen Aufgaben und den übergeordneten Unternehmenszielen aufzeigst. Mitarbeiter sind oft motivierter, wenn sie wissen, wie ihre Arbeit einen Beitrag zum Erfolg des Unternehmens leistet.

Ziele gemeinsam definieren: Setze realistische und herausfordernde Ziele in Zusammenarbeit mit dem Mitarbeiter. Dies fördert das Gefühl von Verantwortung und Eigeninitiative. Sorge dafür, dass die Ziele messbar und erreichbar sind, damit der Mitarbeiter Fortschritte erkennen kann.

4. Entwicklungsmöglichkeiten bieten

Karriereentwicklung anregen: Zeige dem Mitarbeiter Perspektiven für seine berufliche Weiterentwicklung auf. Das kann durch Weiterbildung, Mentoring, neue Herausforderungen oder die Übernahme von mehr Verantwortung geschehen. Wenn Mitarbeiter das Gefühl haben, dass sie wachsen können, steigt ihre Motivation.

Schulungen und Weiterbildung: Investiere in die Weiterbildung des Mitarbeiters, damit er oder sie neue Fähigkeiten erwerben und sich beruflich weiterentwickeln kann.

Dies gibt dem Mitarbeiter das Gefühl, dass das Unternehmen an seiner Entwicklung interessiert ist und ihm neue Möglichkeiten bietet.

5. Autonomie und Verantwortung fördern

Mehr Verantwortung übertragen: Ein unmotivierter Mitarbeiter kann sich befreit fühlen, wenn er oder sie mehr Verantwortung erhält. Selbstständigkeit bei der Arbeit kann ein Gefühl der Kontrolle und des Engagements schaffen.

Eigenständiges Arbeiten ermöglichen: Gib dem Mitarbeiter mehr Entscheidungsfreiheit bei der Gestaltung seiner Aufgaben. Wenn Mitarbeiter selbst bestimmen können, wie sie arbeiten, steigt oft das Engagement und die Motivation.

6. Arbeitsbelastung und Arbeitsbedingungen anpassen

Überlastung vermeiden: Wenn der Mitarbeiter überlastet oder gestresst ist, kann das zu Unmotivation führen. Achte darauf, dass die Arbeitsbelastung realistisch und handhabbar bleibt. Biete gegebenenfalls Unterstützung durch Umverteilung von Aufgaben oder zusätzliche Ressourcen an.

Flexible Arbeitsbedingungen: Falls möglich, biete flexible Arbeitszeiten oder Homeoffice-Optionen an. Eine bessere Work-Life-Balance kann oft die Motivation und das Engagement steigern.

7. Teamdynamik und Arbeitsumfeld verbessern

Positive Arbeitsatmosphäre schaffen: Schaffe ein Umfeld, in dem der Mitarbeiter sich wohlfühlt und in dem Zusammenarbeit und Respekt gefördert werden. Konflikte im Team oder ein toxisches Arbeitsumfeld können Unmotivation verstärken.

Teambuilding-Maßnahmen: Organisiere regelmäßige Teamevents oder informelle Treffen, um den Zusammenhalt im Team zu stärken. Ein starkes Teamgefühl und gute zwischenmenschliche Beziehungen können die Motivation des Einzelnen positiv beeinflussen.

8. Feedback und Kommunikation verbessern

Regelmäßiges Feedback geben: Es ist wichtig, dass Mitarbeiter wissen, wie sie in ihrer Arbeit vorankommen. Konstruktives Feedback hilft nicht nur dabei, Verbesserungspotenziale zu erkennen, sondern auch dabei, sich weiterzuentwickeln.

Offene Kommunikation fördern: Achte darauf, eine Kultur der offenen Kommunikation zu fördern, in der Mitarbeiter ihre Gedanken, Ideen und Bedenken frei äußern können. Dies trägt dazu bei, das Vertrauen zu stärken und Missverständnisse oder Frustrationen frühzeitig zu erkennen.

9. Einbindung in Entscheidungsprozesse

Mitarbeiter einbeziehen: Wenn möglich, beziehe den Mitarbeiter in Entscheidungsprozesse ein, die seine Arbeit betreffen. Dies gibt ihm das Gefühl, dass seine Meinung und Beiträge wertgeschätzt werden und dass er Teil des Unternehmens ist.

Verantwortung für Projekte: Gebe dem Mitarbeiter die Möglichkeit, Projekte zu leiten oder selbstständig umzusetzen. Diese Verantwortung kann dazu beitragen, das Engagement und die Motivation zu steigern.

10. Vertrauen und Unterstützung bieten

Vertrauen aufbauen: Zeige dem Mitarbeiter, dass du ihm vertraust. Wenn er merkt, dass du an seine Fähigkeiten glaubst, wird er motivierter sein, seine Arbeit gut zu erledigen.

Unterstützung bei Herausforderungen: Wenn der Mitarbeiter mit Herausforderungen konfrontiert ist, biete Unterstützung an. Sei es durch Coaching, Mentoring oder durch das Bereitstellen zusätzlicher Ressourcen, um ihm zu helfen, die Schwierigkeiten zu überwinden.

11. Fehler als Lerngelegenheit nutzen

Fehlerkultur etablieren: Eine der größten Hemmnisse für Motivation ist die Angst vor Fehlern oder Misserfolgen. Schaffe eine Fehlerkultur, in der Fehler als Lerngelegenheit betrachtet werden und nicht als Misserfolge. Dies fördert eine risikofreudige und proaktive Arbeitsweise.

12. Wohlbefinden und Work-Life-Balance fördern

Gesundheit und Wohlbefinden: Achte auf das Wohlbefinden deiner Mitarbeiter und fördere eine gesunde Work-Life-Balance. Stress, Burnout und ungesunde Arbeitsbedingungen können zu langfristiger Unmotivation führen.

Flexibilität und Pausen: Stelle sicher, dass der Mitarbeiter Pausen einlegen kann und biete bei Bedarf flexible Arbeitszeiten oder die Möglichkeit zur Arbeit im Homeoffice an.

Fazit:

Das wichtigste, um einem unmotivierten Mitarbeiter entgegenzuwirken, ist, auf die individuellen Bedürfnisse und Herausforderungen des Mitarbeiters einzugehen. Ein proaktiver, einfühlsamer Führungsstil, der durch Anerkennung, Unterstützung, klare Zielsetzungen und Entwicklungsmöglichkeiten geprägt ist, kann entscheidend dazu beitragen, die Motivation langfristig zu steigern. Wenn du ein Umfeld schaffst, in dem Mitarbeiter das Gefühl haben, geschätzt zu werden und ihre Arbeit einen Unterschied macht, wird die Motivation in der Regel zurückkehren.

Definition Bedürfnispyramide nach Maslow

Die **Bedürfnispyramide nach Maslow** ist ein Modell der **Motivations-theorie**, das von dem amerikanischen Psychologen **Abraham Maslow** im Jahr 1943 entwickelt wurde. Maslow stellte die Theorie auf, dass menschliche Bedürfnisse in einer hierarchischen Reihenfolge erfüllt werden müssen, wobei die Grundbedürfnisse zuerst gedeckt werden müssen, bevor höhere Bedürfnisse in den Vordergrund treten können.

Maslow unterteilte die Bedürfnisse in **fünf Stufen**, die als **Pyramide dargestellt** werden, wobei die grundlegenden Bedürfnisse an der Basis der Pyramide stehen und die komplexeren Bedürfnisse an der Spitze. Hier sind die fünf Stufen der **Maslowschen Bedürfnispyramide**:

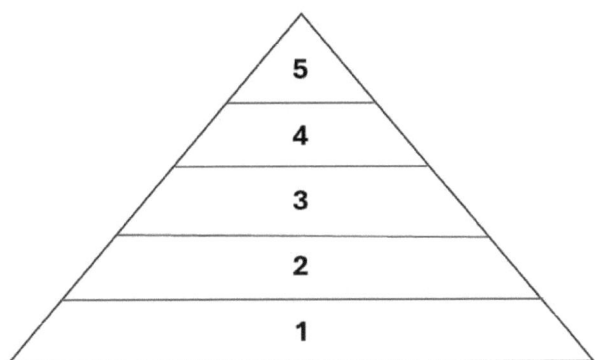

1. Physiologische Bedürfnisse (Basisbedürfnisse)

Diese Bedürfnisse betreffen das unmittelbare Überleben des Menschen und müssen als erstes befriedigt werden. Dazu gehören:

- Nahrung

- Wasser

- Schlaf

- Atmung

- Körpertemperatur (z. B. Schutz vor Kälte oder Hitze)

- Fortpflanzung

- Ruhe und Erholung

2. Sicherheitsbedürfnisse

Sobald die physiologischen Bedürfnisse einigermaßen befriedigt sind, streben Menschen nach **Sicherheit und Stabilität**. Hierbei geht es um:

- Körperliche Sicherheit (Schutz vor Gefahr, Krankheit, Verletzungen)

- Sicherheit der eigenen Existenz (z. B. Arbeitsplatzsicherheit, finanzielle Absicherung)

- Psychologische Sicherheit (z. B. in Beziehungen, Sicherheit vor emotionalen Belastungen)

- Ordnung und Stabilität (z. B. in der Umgebung oder im sozialen Umfeld)

3. Soziale Bedürfnisse (Bedürfnis nach Zugehörigkeit und Liebe)

Nachdem grundlegende physische und sicherheitsrelevante Bedürfnisse befriedigt sind, kommt das Bedürfnis nach sozialen Kontakten und Zugehörigkeit in den Vordergrund. Diese Bedürfnisse umfassen:

- Freundschaften und soziale Beziehungen

- Zugehörigkeit zu Gruppen oder Gemeinschaften (z. B. Familie, Freunde, Arbeitskollegen)

- Intime Beziehungen und Partnerschaften

- Akzeptanz und Anerkennung innerhalb von sozialen Kreisen

4. Bedürfnis nach Anerkennung (Wertschätzung)

Sobald die sozialen Bedürfnisse befriedigt sind, streben Menschen nach **Wertschätzung** und **Anerkennung**. Diese Stufe umfasst:

- **Selbstachtung**: Das Gefühl, respektiert und geschätzt zu werden, sowie das Vertrauen in die eigenen Fähigkeiten und Werte.

- **Anerkennung von anderen**: Beachtung, Respekt, Lob und Status, die von anderen Menschen in Form von Auszeichnungen, Lob oder gesellschaftlicher Anerkennung kommen.

- **Erfolg und Leistung**: Das Streben nach Erfolg, das Gefühl, in etwas gut zu sein oder etwas erreicht zu haben.

5. Selbstverwirklichung

Die **Selbstverwirklichung** stellt die oberste Ebene der Pyramide dar. Sie bezieht sich auf das Bedürfnis, das eigene Potenzial voll auszuschöpfen und persönliche Ziele zu erreichen. Es geht um:

- Die Verwirklichung eigener Talente und Fähigkeiten

- Kreativität und Selbstausdruck

- Persönliches Wachstum und Erfüllung

- Das Streben nach Selbstverwirklichung im Einklang mit den eigenen Werten und Zielen

Das Prinzip der Hierarchie:

Maslow stellte die Theorie auf, dass die Bedürfnisse in einer **hierarchischen Reihenfolge** erfüllt werden müssen. Das bedeutet, dass niedrigere Bedürfnisse zuerst befriedigt werden müssen, bevor die höheren Bedürfnisse in den Vordergrund treten können. Ein Mensch wird nur dann auf die nächsthöhere Stufe der Bedürfnisse „aufsteigen", wenn die darunter liegenden Bedürfnisse weitgehend befriedigt sind. Zum Beispiel wird ein Mensch, der unter akutem Hunger leidet, weniger motiviert sein, soziale Beziehungen zu pflegen oder nach Anerkennung zu streben.

1. Physiologische Bedürfnisse (Basisbedürfnisse)

Dies sind die grundlegendsten und notwendigsten Bedürfnisse für das Überleben eines Menschen. Sie umfassen alles, was notwendig ist, um den Körper am Leben zu erhalten.

Beispiele:

- **Nahrung und Wasser**: Ein Arbeiter in einem Unternehmen wird unmotiviert und möglicherweise sogar gesundheitlich beeinträchtigt sein, wenn er keine regelmäßigen Mahlzeiten oder Trinkmöglichkeiten hat.

- **Schlaf**: Ein Student wird Schwierigkeiten haben, sich auf Prüfungen vorzubereiten, wenn er regelmäßig zu wenig Schlaf bekommt.

- **Atmung**: In einer gefährlichen Arbeitssituation (z. B. in einer Bergbaufirma oder auf einer Baustelle) könnte das Fehlen von ausreichender Belüftung oder ein gefährliches Arbeitsumfeld zu einem lebensbedrohlichen Zustand führen.

- **Kleidung**: In kalten Regionen müssen Mitarbeiter entsprechend angezogen sein, um gesundheitlichen Problemen vorzubeugen (z. B. Winterkleidung für Bauarbeiter).

- **Fortpflanzung**: Der Wunsch nach einer eigenen Familie oder Partnerschaft gehört zu den grundlegenden biologischen Bedürfnissen.

-

2. Sicherheitsbedürfnisse

Sobald die physiologischen Bedürfnisse erfüllt sind, strebt der Mensch nach Sicherheit und Stabilität in verschiedenen Bereichen seines Lebens.

Beispiele:

- **Finanzielle Sicherheit**: Ein Arbeitnehmer strebt nach einem stabilen Gehalt und einer sicheren Beschäftigung, um seine Familie zu unterstützen und finanzielle Sorgen zu vermeiden.

- **Gesundheit und Wohlstand**: Ein Berufspendler könnte eine Krankenversicherung benötigen, um sich vor unerwarteten Gesundheitskosten zu schützen.

- **Schutz vor Gefahr**: Menschen, die in gefährlichen Berufen arbeiten (z. B. in der Chemieindustrie), benötigen Sicherheitsvorkehrungen wie Schutzkleidung und Notfallpläne, um ihre körperliche Sicherheit zu gewährleisten.

- **Stabilität im sozialen Umfeld**: Ein Bürger könnte ein gewisses Maß an politischer und gesellschaftlicher Stabilität wünschen, um nicht von Kriegen oder Naturkatastrophen bedroht zu werden.

3. Soziale Bedürfnisse (Zugehörigkeit und Liebe)

Dies bezieht sich auf den Wunsch nach zwischenmenschlichen Beziehungen, Bindung und sozialer Integration. Sobald die Grundbedürfnisse nach Sicherheit und Stabilität erfüllt sind, strebt der Mensch nach emotionalen und sozialen Bindungen.

Beispiele:

- **Freundschaften**: Ein Kollege, der keine sozialen Kontakte im Büro hat, könnte sich isoliert fühlen und weniger motiviert arbeiten.

- **Familienbindung**: Eltern suchen nach Unterstützung und einem erfüllten Familienleben, was sowohl für ihre emotionale als auch für ihre psychologische Stabilität wichtig ist.

- **Zugehörigkeit im Team**: Ein Mitarbeiter, der sich in seinem Team oder in seiner Firma nicht akzeptiert fühlt, könnte weniger produktiv und weniger engagiert arbeiten.

- **Romantische Beziehungen**: Der Wunsch nach Liebe und Zuneigung ist ein starkes Bedürfnis für viele Menschen, etwa in Form einer Partnerschaft oder einer Familie.

- **Mitgliedschaft in Gruppen**: Der Wunsch, zu einem Verein, einer religiösen Gemeinschaft oder einem sozialen Club zu gehören, ist ein Beispiel für die Erfüllung von sozialen Bedürfnissen.

4. Bedürfnis nach Anerkennung (Wertschätzung)

Sobald die grundlegenden sozialen Bedürfnisse befriedigt sind, streben Menschen nach Anerkennung und Wertschätzung, sowohl von sich selbst als auch von anderen. Dies umfasst das Streben nach Selbstachtung und die Anerkennung der eigenen Leistungen durch andere.

Beispiele:

- **Anerkennung durch Vorgesetzte**: Ein Mitarbeiter, der regelmäßig Anerkennung für seine gute Arbeit von seinem Vorgesetzten erhält (z. B. durch Lob oder Belohnungen), fühlt sich motivierter und respektierter.

- **Karriereerfolg**: Eine Führungskraft, die regelmäßig Beförderungen und Gehaltserhöhungen erhält, hat das Gefühl, dass ihre Leistungen anerkannt werden.

- **Selbstwertgefühl**: Eine Person, die eine schwierige Aufgabe erfolgreich gemeistert hat, fühlt sich stolz auf ihre eigenen Fähigkeiten und gewinnt dadurch an Selbstvertrauen.

- **Anerkennung in der Gemeinschaft**: In vielen Kulturen werden Menschen, die einen bestimmten sozialen Status erreichen (z. B. durch das Erreichen von Berufszielen oder gemeinnütziger Arbeit), als wertgeschätzt und anerkannt angesehen.

5. Selbstverwirklichung

Dies ist das höchste Bedürfnis in der Pyramide und bezieht sich auf das Streben, das eigene Potenzial zu entfalten und das zu tun, was einen wirklich erfüllt. Es geht darum, die eigenen Talente und Fähigkeiten vollständig zu entfalten.

Beispiele:

- **Berufliche Erfüllung**: Ein Künstler, der seine kreative Vision voll entfalten kann, oder ein Wissenschaftler, der bahnbrechende Entdeckungen macht, strebt nach Selbstverwirklichung.

- **Persönliches Wachstum**: Ein Mensch, der regelmäßig an persönlicher Weiterbildung teilnimmt, Bücher liest, neue Fähigkeiten erlernt oder Reisen unternimmt, sucht nach Erfahrungen, die seine Persönlichkeit erweitern und vertiefen.

- **Ziele und Träume verfolgen**: Ein Unternehmer, der ein eigenes Unternehmen gründet, weil er an seine Vision glaubt und das Bedürfnis hat, etwas Eigenes zu erschaffen, strebt nach Selbstverwirklichung.

- **Philanthropie und gemeinnützige Arbeit**: Ein Mensch, der sich für wohltätige Zwecke engagiert, z. B. durch ehrenamtliche Arbeit oder Spenden, sucht nach einem tieferen Sinn im Leben und möchte einen positiven Einfluss auf die Welt ausüben.

Erweiterung und Kritik:

Maslow selbst ergänzte später seine Theorie, indem er noch **weitere Bedürfnisse** hinzufügte, wie etwa **kognitive Bedürfnisse** (das Bedürfnis nach Wissen und Verständnis) und **ästhetische Bedürfnisse** (das Bedürfnis nach Schönheit und Harmonie). In der ursprünglichen Version blieb jedoch die Fünfstufigkeit am bekanntesten.

Es gibt auch **Kritik** an Maslows Modell. Einige Psychologen und Sozialwissenschaftler argumentieren, dass die Reihenfolge der Bedürfnisse nicht immer universell ist. So können zum Beispiel Menschen, die in extremer Armut leben, trotzdem soziale Bindungen und das Streben nach Anerkennung entwickeln. Ebenso ist die Selbstverwirklichung nicht für alle Menschen der ultimative Motivator. Die Hierarchie ist demnach nicht für jeden Menschen gleich oder strikt linear.

Fazit: Die **Maslowsche Bedürfnispyramide** bietet ein hilfreiches Modell, um menschliches Verhalten und Motivation zu verstehen. Sie verdeutlicht, dass Menschen zunächst grundlegende Bedürfnisse (wie Nahrung und

Sicherheit) befriedigen müssen, bevor sie sich höheren Zielen (wie sozialer Anerkennung und Selbstverwirklichung) zuwenden können.

5.3. ZWEIFAKTOREN THEORIE NACH HERZBERG

Die Zweifaktoren Theorie nach Herzberg

Die **Zweifaktoren-Theorie** (auch bekannt als **Motivations-Hygiene-Theorie**) wurde von dem amerikanischen Psychologen **Frederick Herzberg** in den späten 1950er Jahren entwickelt und beschäftigt sich mit der Frage, welche Faktoren **Berufsmotivation** beeinflussen. Herzberg untersuchte, welche Elemente der Arbeit Zufriedenheit fördern und welche Unzufriedenheit verursachen.

Herzbergs Theorie im Detail

Herzberg teilte die Faktoren, die die Arbeitsmotivation beeinflussen, in **zwei Kategorien** ein:

1. Motivatoren (Zufriedenheitsfaktoren)

Motivatoren sind jene Aspekte der Arbeit, die **Zufriedenheit** und **Motivation** fördern, wenn sie vorhanden sind. Diese Faktoren stehen in direktem Zusammenhang mit der **Arbeit selbst** und der **Arbeitsgestaltung**. Sie können das Engagement und die Arbeitszufriedenheit positiv beeinflussen. Wenn sie fehlen oder unzureichend sind, führen sie nicht direkt zu Unzufriedenheit, aber ihre Präsenz kann das allgemeine Wohlbefinden und die Leistung eines Mitarbeiters steigern.

Zu den Motivatoren gehören:

- **Anerkennung und Wertschätzung**: Lob für gute Arbeit, Anerkennung der Leistungen.

- **Verantwortung**: Das Übertragen von Verantwortung und Entscheidungsfreiheit.

- **Interessante Arbeit**: Herausfordernde und abwechslungsreiche Aufgaben, die Raum für Kreativität und persönliche Entwicklung bieten.

- **Karrieremöglichkeiten**: Aufstiegsmöglichkeiten und berufliche Weiterentwicklung.

- **Erfolgserlebnisse**: Das Gefühl, Ziele zu erreichen und Leistung zu erbringen.

- **Selbstverwirklichung**: Die Möglichkeit, die eigenen Fähigkeiten und Talente voll auszuschöpfen und sich persönlich weiterzuentwickeln.

2. Hygienefaktoren (Unzufriedenheitsfaktoren)

Hygienefaktoren sind die Bedingungen, die **Unzufriedenheit verhindern** können, aber **nicht notwendigerweise** zur **Motivation** führen, wenn sie vorhanden sind. Diese Faktoren betreffen vor allem die **Arbeitsumgebung** und die **externen Bedingungen**. Sie sind entscheidend, um Unzufriedenheit zu vermeiden, aber ihre Anwesenheit führt nicht zwangsläufig zu Zufriedenheit oder Motivation.

Zu den Hygienefaktoren gehören:

- **Arbeitsbedingungen**: Physische Arbeitsumgebung (z. B. Licht, Lärm, Ausstattung) und Ergonomie.

- **Bezahlung und Gehalt**: Faire Vergütung für die geleistete Arbeit.

- **Unternehmenspolitik und -verwaltung**: Transparente und faire Unternehmensrichtlinien sowie eine gute Kommunikation.

- **Beziehungen zu Kollegen und Vorgesetzten**: Gute zwischenmenschliche Beziehungen und ein respektvolles Arbeitsklima.

- **Arbeitszeitregelungen**: Faire Arbeitszeiten, Pausenregelungen und eine gute Work-Life-Balance.

- **Sicherheitsbedingungen**: Schutz vor gesundheitlichen und physischen Risiken am Arbeitsplatz.

Die Grundannahmen der Zweifaktoren-Theorie

Herzbergs Theorie basiert auf der Annahme, dass **Zufriedenheit** und **Unzufriedenheit** keine Gegensätze sind. Das bedeutet:

Zufriedenheit kann durch **Motivatoren** (z. B. Anerkennung, Verantwortungsübernahme, Herausforderungen) erzeugt werden.

Unzufriedenheit wird durch **Hygienefaktoren** (z. B. schlechte Arbeitsbedingungen, niedrige Bezahlung, Konflikte im Team) verursacht, aber nicht durch das Fehlen von Motivatoren.

Ein Mitarbeiter, der beispielsweise unzureichend bezahlt wird oder unter schlechten Arbeitsbedingungen leidet, wird **unzufrieden** sein. Wird jedoch die Bezahlung verbessert oder die Arbeitsbedingungen verändert, kann diese **Unzufriedenheit** behoben werden. Das Fehlen von Motivatoren wie Anerkennung oder Entwicklungsmöglichkeiten wird jedoch nicht automatisch die Unzufriedenheit beseitigen, sondern könnte sogar weiterhin eine Rolle für die **Motivation** des Mitarbeiters spielen.

5.4. MITARBEITER RICHTIG EINSETZEN

Definition Mitarbeiter im Betrieb richtig einsetzen

Die **richtige Einsatzplanung von Mitarbeitern im Betrieb** bedeutet, dass die **Fähigkeiten**, **Kompetenzen** und **Potenziale** der Mitarbeiter optimal genutzt werden, um sowohl die **Ziele des Unternehmens** als auch die **individuellen Bedürfnisse** der Mitarbeiter zu erfüllen. Dies umfasst die Zuweisung von Aufgaben, die **auf die Qualifikationen** und **Stärken** der Mitarbeiter abgestimmt sind, und sorgt für **eine effiziente Nutzung von Ressourcen** sowie eine **positive Arbeitsumgebung**.

Ein erfolgreicher **Mitarbeitereinsatz im Betrieb** beruht auf verschiedenen Schlüsselprinzipien und -prozessen, die hier beschrieben werden:

1. Fähigkeiten und Kompetenzen der Mitarbeiter berücksichtigen

Jeder Mitarbeiter hat spezifische **Fähigkeiten**, **Erfahrungen** und **Kompetenzen**. Diese sollten bei der Aufgabenverteilung berücksichtigt werden, um sicherzustellen, dass die Mitarbeiter in Bereichen arbeiten, in denen sie besonders stark sind. Auf diese Weise wird die **Arbeitsqualität** und **Effizienz** erhöht.

Beispiel: Ein Mitarbeiter, der besonders gut im Umgang mit Zahlen ist, könnte in der Finanzabteilung oder bei der Erstellung von Berichten eingesetzt werden, während ein kreativer Mitarbeiter möglicherweise in der Marketingabteilung oder bei der Produktentwicklung besser aufgehoben ist.

2. Förderung der Mitarbeiterpotenziale

Neben den aktuellen Fähigkeiten sollte auch das **Entwicklungspotenzial** eines Mitarbeiters berücksichtigt werden. Mitarbeiter sollten **herausgefordert** werden, um sich weiterzuentwickeln und neue Fähigkeiten zu erlernen, sodass ihre **Karrierechancen** und die **Wachstumsmöglichkeiten** im Unternehmen optimiert werden.

Beispiel: Ein Mitarbeiter mit Führungspotential könnte mit zusätzlichen Verantwortungsbereichen oder speziellen Schulungen auf eine zukünftige Führungskraftrolle vorbereitet werden.

3. Richtige Aufgabenverteilung

Die Aufgabenverteilung sollte so erfolgen, dass sie den **Stärken der Mitarbeiter** entspricht, aber auch **abwechslungsreich** genug ist, um **Monotonie** und **Frustration** zu vermeiden. Eine **strategische Aufgabenverteilung** sorgt für eine **gute Arbeitslastbalance** und reduziert Überlastung oder Unterforderung.

Beispiel: Wenn ein Team mehrere Projekte zu bewältigen hat, könnte ein Mitarbeiter, der gut mit komplexen Aufgaben und Deadlines umgehen kann, für die anspruchsvolleren Projekte verantwortlich gemacht werden, während ein anderer Mitarbeiter mit einem gleichmäßigen Arbeitspensum auf Aufgaben mit kürzeren Deadlines oder weniger Komplexität fokussiert wird.

4. Motivation und Arbeitszufriedenheit

Die **Zuweisung von Aufgaben** sollte auch die **Motivation** und **Zufriedenheit der Mitarbeiter** fördern. Ein Mitarbeiter, der seine Arbeit als **sinnvoll** und **erfüllend** empfindet, ist in der Regel produktiver und engagierter. Deshalb ist es wichtig, den **Einsatz der Mitarbeiter** so zu gestalten, dass er deren **Interessen** und **Werte** widerspiegelt.

Beispiel: Ein Mitarbeiter, der besonders an innovativen Produkten interessiert ist, sollte mehr Aufgaben im Bereich Produktentwicklung oder Forschung erhalten.

5. Teamarbeit und Kommunikation

Die **Teamzusammensetzung** spielt ebenfalls eine Rolle beim richtigen Einsatz der Mitarbeiter. Unterschiedliche **Fähigkeiten** und **Persönlichkeiten** sollten in einem Team sinnvoll kombiniert werden, um die besten Ergebnisse zu erzielen. Eine klare und offene Kommunikation innerhalb des Teams ist entscheidend, um Missverständnisse und Unklarheiten zu vermeiden.

Beispiel: Ein Team, das an einem neuen Produkt arbeitet, könnte aus einer Mischung von Personen mit technischem Wissen, kreativen Ideen und kommunikativen Fähigkeiten bestehen. Eine klare Kommunikation über die Aufgaben und Verantwortlichkeiten ist wichtig, um den Erfolg des Projekts sicherzustellen.

6. Flexibilität und Anpassungsfähigkeit

Die Anforderungen eines Unternehmens können sich im Laufe der Zeit ändern. Deshalb ist es wichtig, den Mitarbeitereinsatz so zu planen, dass er **anpassungsfähig** ist und auf **Veränderungen** reagieren kann. Eine gewisse **Flexibilität** bei der Aufgabenverteilung ermöglicht es, **neue Prioritäten** zu setzen, ohne die Mitarbeiter übermäßig zu belasten.

Beispiel: Wenn ein Unternehmen in eine neue Marktregion expandiert, könnte ein Mitarbeiter mit Sprachkenntnissen und interkultureller Kompetenz für die Aufgaben im neuen Markt zuständig gemacht werden.

7. Einsatz im Einklang mit der Unternehmensstrategie

Der **Einsatz der Mitarbeiter** sollte stets mit der **übergeordneten Unternehmensstrategie** in Einklang stehen. Dies bedeutet, dass Mitarbeiter gezielt dort eingesetzt werden, wo sie den **größten Beitrag** zur Erreichung der Unternehmensziele leisten können.

Beispiel: In einem Unternehmen, das verstärkt auf Digitalisierung setzt, könnten IT-Experten und digitale Strategen stärker in die Weiterentwicklung der digitalen Infrastruktur eingebunden werden.

8. Berücksichtigung der Arbeitsbedingungen und -ressourcen

Neben den individuellen Fähigkeiten und der Motivation der Mitarbeiter sollten auch die **Arbeitsbedingungen** und **Ressourcen** berücksichtigt werden, die für die Ausführung der Aufgaben erforderlich sind. Ein effektiver Mitarbeitereinsatz stellt sicher, dass die richtigen **Werkzeuge, Technologien** und **Arbeitsumgebungen** zur Verfügung stehen, um die Aufgaben effizient zu erledigen.

Beispiel: Ein Mitarbeiter, der mit komplexen Softwareprogrammen arbeitet, sollte sicherstellen können, dass er die neueste Version der Software und die notwendige technische Ausstattung hat, um seine Aufgaben optimal auszuführen.

Fazit:

Die **richtige Einsetzung von Mitarbeitern im Betrieb** bedeutet also, die **Kompetenzen, Interessen, Motivation** und **Entwicklungsmöglichkeiten** jedes einzelnen Mitarbeiters zu berücksichtigen, um sicherzustellen, dass diese bestmöglich genutzt werden. Gleichzeitig sorgt eine kluge **Aufgabenverteilung, flexible Anpassung** und **gute Kommunikation** dafür, dass sowohl die **Ziele des Unternehmens** als auch die **Zufriedenheit der Mitarbeiter** gefördert werden. Dies führt zu einer **höheren Produktivität, Mitarbeiterbindung** und einer insgesamt besseren **Unternehmensleistung**.

Quantitative Ziele bei dem Einsetzen von Mitarbeiter

Quantitative Ziele bei der Einsetzung von Mitarbeitern beziehen sich auf messbare, zahlenbasierte Kennzahlen, die helfen, die Effektivität und den Erfolg des Mitarbeitereinsatzes zu beurteilen. Diese Ziele sind spezifisch, messbar und oft auf Produktivität und Leistung ausgerichtet. Sie dienen dazu, die Effizienz von Prozessen zu steigern und die Mitarbeiter optimal im Betrieb einzusetzen. Hier sind einige Beispiele für quantitative Ziele:

1. Produktivitätssteigerung

Ein häufiges quantitatives Ziel beim Mitarbeitereinsatz ist die Steigerung der **Produktivität**. Dies bedeutet, dass die Mitarbeiter mehr Output in der gleichen Zeit oder bei gleicher Ressourcennutzung erzielen sollen.

Beispiele:

- **Stückzahlen pro Stunde**: Ein Mitarbeiter in der Fertigung könnte darauf hingewiesen werden, eine bestimmte Anzahl von Produkten pro Stunde zu produzieren, z. B. 100 Einheiten pro Stunde.

- **Umsatz pro Mitarbeiter**: In einem Vertriebsteam könnte das Ziel gesetzt werden, dass jeder Mitarbeiter einen bestimmten Umsatz oder Verkaufszahlen innerhalb eines Monats erreicht.

- **Fehlerquote reduzieren**: Ein Ziel könnte sein, die Fehlerquote bei der Produktion oder bei der Bearbeitung von Kundenanfragen um einen bestimmten Prozentsatz zu senken (z. B. von 5 % auf 3 %).

2. Kostensenkung und Ressourceneffizienz

Quantitative Ziele können auch auf eine **Kostensenkung** oder eine **effiziente Ressourcennutzung** abzielen. Hierbei wird angestrebt, dass Mitarbeiter Ressourcen wie Zeit, Material und Geld effektiver einsetzen.

Beispiele:

- **Kosten pro Einheit**: Die Anzahl der produzierten Einheiten zu einem vorgegebenen **Kostenrahmen** zu produzieren, z. B. Herstellungskosten pro Produkt von maximal 5 Euro.

- **Ressourceneinsatz optimieren**: Ein Ziel könnte sein, den Materialverbrauch pro Produktionseinheit um 10 % zu reduzieren.

- **Zeitoptimierung**: Ein Mitarbeiter könnte darauf hin arbeiten, seine Bearbeitungszeit für eine bestimmte Aufgabe (z. B. Kundenanfragen, Berichterstellung) von 3 Stunden auf 2,5 Stunden zu reduzieren.

3. Verkaufsziele und Umsatzsteigerung

In Vertriebsteams und im Marketing sind **Verkaufsziele** und **Umsatzsteigerung** häufig zentrale quantitative Ziele.

Beispiele:

- **Umsatz pro Mitarbeiter**: Ein Verkaufsmitarbeiter könnte ein Ziel gesetzt bekommen, monatlich einen bestimmten Umsatz zu erreichen, z. B. 100.000 Euro im Verkauf.

- **Kundengewinnung**: Ein Mitarbeiter könnte ein Ziel haben, innerhalb eines bestimmten Zeitraums eine bestimmte Anzahl neuer Kunden zu gewinnen, z. B. 50 neue Kunden pro Quartal.

- **Verkaufszahlen**: Ein Ziel könnte festgelegt werden, dass ein Mitarbeiter 200 Produkte pro Monat verkauft oder 15 Neukunden pro Woche akquiriert.

4. Kundenzufriedenheit und Service-Level

Quantitative Ziele können auch darauf abzielen, die **Kundenzufriedenheit** zu messen und zu steigern. Hier werden Zahlen herangezogen, um die Qualität des Kundenservices und die Effektivität der Mitarbeiter zu bewerten.

Beispiele:

- **Kundenzufriedenheits-Score** (z. B. Net Promoter Score - NPS): Ein Ziel könnte sein, dass die Mitarbeiter den Kundenservice so verbessern, dass der NPS auf einem bestimmten Wert bleibt (z. B. mindestens 80 % Zufriedenheit).

- **Bearbeitungszeit**: Ein Mitarbeiter im Kundenservice könnte das Ziel haben, jede Anfrage innerhalb von 24 Stunden zu bearbeiten.

- **Kundentreue**: Ein Ziel könnte sein, dass die Kundenbindung erhöht wird, z. B. durch eine **Steigerung der Wiederbestellrate** um 5 % im nächsten Jahr.

5. Fehlerreduktion und Qualitätskontrolle

Für Mitarbeiter, die in Bereichen wie Produktion oder Qualitätssicherung tätig sind, können quantitative Ziele die Fehlerreduktion und die Verbesserung der **Produktqualität** betreffen.

Beispiele:

- **Fehlerquote**: Ein Mitarbeiter könnte das Ziel gesetzt bekommen, die Fehlerquote in der Produktion von 3 % auf 1,5 % zu senken.

- **Qualitätsprüfung bestehen**: Ein Qualitätsprüfer könnte sich das Ziel setzen, die Fehlerquote in den gefertigten Produkten auf unter 2 % zu halten.

6. Schulungs- und Weiterbildungsziele

Im Rahmen der Mitarbeiterentwicklung können auch quantitative Ziele für die **Schulung** und **Weiterbildung** von Mitarbeitern festgelegt werden.

Beispiele:

- **Schulungsstunden pro Mitarbeiter**: Ein Ziel könnte sein, dass jeder Mitarbeiter mindestens 20 Stunden Weiterbildungszeit pro Jahr in Anspruch nimmt.

- **Zertifizierungen**: Ein Ziel könnte sein, dass ein Mitarbeiter innerhalb eines bestimmten Zeitraums (z. B. 6 Monate) eine bestimmte Anzahl von Zertifizierungen oder Kursabschlüssen erreicht.

7. Abwesenheitsraten und Krankheitsmanagement

Quantitative Ziele können auch auf die **Abwesenheit** der Mitarbeiter abzielen, z. B. in Bezug auf Krankheitstage oder unentschuldigte Fehlzeiten.

Beispiele:

- **Krankheitsquote reduzieren**: Ein Ziel könnte sein, die Krankheitsquote eines Teams von 5 % auf 3 % zu senken.

- **Fehlzeiten pro Mitarbeiter**: Ein Ziel könnte festgelegt werden, dass jeder Mitarbeiter nicht mehr als 3 Krankheitstage im Jahr hat.

8. Projektmanagement und Termintreue

In projektbasierten Arbeitsumfeldern, wie etwa im IT-Bereich oder in der Produktentwicklung, können quantitative Ziele auch auf die **Termintreue** und den **Fortschritt von Projekten** ausgerichtet sein.

Beispiele:

- **Projekterfüllung**: Ein Mitarbeiter könnte ein Ziel gesetzt bekommen, ein Projekt innerhalb eines bestimmten Zeitrahmens (z. B. 6 Monate) abzuschließen.

- **Termintreue**: Ein Ziel könnte sein, dass 90 % aller Projekte rechtzeitig abgeschlossen werden.

9. Kostenmanagement

In Bereichen wie der Produktion, der Logistik oder der Verwaltung kann auch die **Kostenkontrolle** ein quantitatives Ziel sein.

Beispiele:

- **Kosten pro Abteilung**: Ein Ziel könnte sein, dass jede Abteilung ihre **Betriebskosten** um 5 % senkt, ohne dabei die Qualität oder den Service zu beeinträchtigen.

- **Reduzierung von Lagerkosten**: Ein Ziel für Mitarbeiter im Bereich Logistik könnte sein, die **Lagerkosten pro Monat** um 10 % zu senken.

Fazit:

Quantitative Ziele beim Mitarbeitereinsatz helfen dabei, klare, messbare Erwartungen zu setzen und den Erfolg des Unternehmens sowie die Leistungsfähigkeit der Mitarbeiter zu steigern. Sie sorgen für eine klare Zielvergabe und eine einfache Messbarkeit der **Leistung** und **Produktivität**. Durch die Festlegung solcher Ziele können sowohl die **Effizienz** als auch die **Motivation** der Mitarbeiter gefördert werden, da die Ergebnisse klar und nachvollziehbar sind.

Qualitative Ziele

Qualitative Ziele beim Einsetzen von Mitarbeitern beziehen sich auf nicht-messbare Aspekte der Arbeit, die sich auf die **Qualität** und **Zufriedenheit** der Mitarbeiter und des Unternehmens auswirken. Im Gegensatz zu quantitativen Zielen, die konkrete, messbare Werte wie Umsatz oder Produktionseinheiten beinhalten, konzentrieren sich qualitative Ziele auf **Prozesse**, **Verhalten**, **Kompetenzen** und **Unternehmenskultur**.

Diese Ziele spielen eine zentrale Rolle bei der Förderung einer positiven Arbeitsumgebung, der Steigerung der Mitarbeiterbindung und der langfristigen Entwicklung des Unternehmens. Qualitative Ziele können schwerer zu messen sein, aber sie sind oft genauso wichtig wie quantitative Ziele, da sie das Fundament für **langfristigen Erfolg**, **Innovation** und **Zufriedenheit** schaffen.

Beispiele für qualitative Ziele beim Einsetzen von Mitarbeitern:

1. Verbesserung der Teamarbeit und Zusammenarbeit

Ein häufiges qualitatives Ziel ist die Förderung der **Teamarbeit** und der Zusammenarbeit innerhalb von Abteilungen oder zwischen verschiedenen Abteilungen. Diese Ziele zielen darauf ab, ein harmonisches Arbeitsumfeld zu schaffen und die **Synergieeffekte** zu maximieren, die entstehen, wenn Mitarbeiter gut zusammenarbeiten.

Beispiele:

- Förderung einer **offenen Kommunikation** zwischen den Teammitgliedern, um Missverständnisse und Konflikte zu vermeiden.

- Verbesserung der **interdisziplinären Zusammenarbeit**, insbesondere wenn verschiedene Abteilungen wie Marketing, IT und Produktentwicklung zusammenarbeiten müssen.

- Entwicklung eines **kollaborativen Arbeitsumfeldes**, in dem Ideen frei ausgetauscht werden können und jeder Mitarbeiter sich in den Entscheidungsprozess einbezogen fühlt.

2. Steigerung der Mitarbeiterzufriedenheit und -motivation

Die **Zufriedenheit und Motivation der Mitarbeiter** sind entscheidend für die Produktivität und das Engagement. Qualitative Ziele können darauf abzielen, dass Mitarbeiter sich im Unternehmen wohlfühlen, dass ihre Bedürfnisse anerkannt werden und dass sie eine starke Bindung zum Unternehmen entwickeln.

Beispiele:

- Verbesserung der **Work-Life-Balance** der Mitarbeiter, etwa durch flexible Arbeitszeiten oder Home-Office-Möglichkeiten.

- Förderung eines **positiven Feedback-Kultur**, in der Mitarbeiter regelmäßig Anerkennung für ihre Arbeit erhalten und ihre Leistungen wertgeschätzt werden.

- Aufbau eines **offenen und respektvollen Arbeitsumfelds**, in dem sich Mitarbeiter gehört und unterstützt fühlen.

3. Förderung von Führungskompetenzen

Führungskompetenz ist ein weiteres qualitatives Ziel, das sich auf die **Entwicklung von Führungskräften** innerhalb des Unternehmens konzentriert. Gute Führungskräfte sind in der Lage, ihre Teams zu motivieren, Herausforderungen zu meistern und langfristige Unternehmensziele zu erreichen.

Beispiele:

- Förderung der **Empathie und Kommunikation** bei Führungskräften, um ein besseres Verständnis für die Bedürfnisse und Anliegen ihrer Mitarbeiter zu entwickeln.

- Verbesserung der **Entscheidungsfindungskompetenz** von Führungskräften, indem sie lernen, wie sie schnell und fundiert in unsicheren Situationen handeln können.

- Unterstützung von Führungskräften bei der **Teamentwicklung** und beim Aufbau von **Vertrauen** und **Zusammenhalt** innerhalb ihrer Teams.

4. Wissens- und Kompetenzentwicklung

Ein weiteres wichtiges qualitatives Ziel ist die **Förderung des kontinuierlichen Lernens** und der **Kompetenzentwicklung** der Mitarbeiter. Dies
trägt nicht nur zur individuellen **Karriereentwicklung** bei, sondern stärkt
auch das **Wettbewerbsfähigkeit** des Unternehmens.

Beispiele:

- Förderung von **Weiterbildungsmöglichkeiten**, wie die Teilnahme an Seminaren, Workshops und Schulungen, um das Fachwissen und die Fähigkeiten der Mitarbeiter auf dem neuesten
  Stand zu halten.

- Unterstützung der **Karriereentwicklung** durch Mentoring-Programme oder Coaching, um individuelle Entwicklungsmöglichkeiten
  zu bieten.

- Etablierung einer **Fehlerkultur**, in der Mitarbeiter aus Fehlern lernen können, anstatt sie zu vermeiden, was zu einer kontinuierlichen Verbesserung führt.

5. Kundenzufriedenheit und Servicequalität

Die **Kundenzufriedenheit** ist ein qualitatives Ziel, das direkt die **Qualität
des Kundenservice** und die Fähigkeit eines Unternehmens, die Bedürfnisse seiner Kunden zu erfüllen, betrifft. Die Förderung einer **kunden-
zentrierten Haltung** bei den Mitarbeitern ist entscheidend, um langfristige Kundenbindungen aufzubauen.

Beispiele:

- Verbesserung der **Kundengesprächskompetenz** der Mitarbeiter,
  um auf Kundenanliegen empathisch und kompetent reagieren zu
  können.

- Förderung eines **lösungsorientierten Denkens** bei den Mitarbeitern, sodass sie nicht nur Probleme erkennen, sondern aktiv Lösungen anbieten können.

- Entwicklung eines **proaktiven Kundenservices**, bei dem Mitarbeiter Probleme bereits im Vorfeld erkennen und verhindern, bevor
  sie eskalieren.

6. Förderung von Innovation und Kreativität

Ein weiteres qualitatives Ziel ist die Förderung der **Innovationsfähigkeit** und **Kreativität** von Mitarbeitern. Dies kann dazu beitragen, dass das Unternehmen kontinuierlich neue Ideen und Lösungen entwickelt und seine **Marktfähigkeit** bewahrt.

Beispiele:

- Schaffung eines **kreativen Arbeitsumfelds**, in dem Mitarbeiter ermutigt werden, neue Ideen und Konzepte einzubringen, ohne Angst vor Ablehnung.

- Unterstützung von **Innovationsprojekten**, bei denen Mitarbeiter aus verschiedenen Bereichen zusammenarbeiten, um neue Produkte oder Prozesse zu entwickeln.

- Etablierung eines **offenen Innovationsprozesses**, bei dem auch externe Partner oder Kunden in die Entwicklung neuer Ideen einbezogen werden.

7. Verbesserung der Unternehmenskultur

Die **Unternehmenskultur** hat einen großen Einfluss auf das Verhalten und die Einstellung der Mitarbeiter. Qualitative Ziele können darauf abzielen, eine **positive Unternehmenskultur** zu entwickeln, die Werte wie Respekt, Vertrauen und Verantwortung fördert.

Beispiele:

- Förderung einer **inclusiven Unternehmenskultur**, in der Vielfalt wertgeschätzt und Diskriminierung vermieden wird.

- Verbesserung der **Transparenz** und des **Vertrauens** innerhalb des Unternehmens, sodass Mitarbeiter sich sicher fühlen, ihre Meinungen zu äußern und sich auf die Unternehmensführung verlassen können.

- Aufbau eines **nachhaltigen Arbeitsumfelds**, das auf langfristige Ziele ausgerichtet ist und Verantwortung gegenüber der Umwelt und der Gesellschaft fördert.

8. Förderung von Verantwortung und Eigeninitiative

Ein weiteres wichtiges qualitatives Ziel ist es, die **Verantwortungsbereitschaft** und **Eigeninitiative** der Mitarbeiter zu stärken. Wenn Mitarbeiter mehr Verantwortung übernehmen und selbstständig handeln, führt dies oft zu einer höheren **Arbeitsmotivation** und **Engagement**.

Beispiele:

- Ermutigung der Mitarbeiter, **eigenverantwortlich zu arbeiten**, indem sie in Entscheidungsprozesse einbezogen werden und ihre eigenen Lösungen erarbeiten dürfen.

- Förderung der **Verantwortung für Projekte** oder **Teams**, bei denen Mitarbeiter Verantwortung für bestimmte Aufgaben oder Ziele übernehmen.

- Aufbau einer Kultur, in der **Fehler als Lernchancen** angesehen werden und Eigeninitiative bei der Problemlösung geschätzt wird.

Fazit:

Qualitative Ziele beim Mitarbeitereinsatz beziehen sich auf die **weichen Faktoren** eines Unternehmens, die langfristig für den Erfolg und das Wohlbefinden der Mitarbeiter entscheidend sind. Sie fördern eine **positive Unternehmenskultur**, eine **gute Zusammenarbeit, Innovation** und **Mitarbeiterentwicklung**. Auch wenn diese Ziele schwerer zu messen sind als quantitative Ziele, spielen sie eine zentrale Rolle bei der Schaffung einer **nachhaltigen** und **erfolgreichen** Unternehmensstrategie, die auf langfristigem Wachstum und der Zufriedenheit aller Beteiligten basiert.

Wie kann ich als Führungskraft diese Ziele erreichen?

Als Führungskraft ist es entscheidend, sowohl **quantitative** als auch **qualitative Ziele** zu erreichen, um das Potenzial der Mitarbeiter zu maximieren und eine produktive, nachhaltige Unternehmenskultur zu schaffen. Um **qualitative Ziele** erfolgreich zu erreichen, sind gezielte **Führungsstrategien, Kommunikation, Motivationstechniken** und **Entwicklungsmaßnahmen** erforderlich. Hier sind konkrete Ansätze, wie du als Führungskraft qualitative Ziele umsetzen kannst:

1. Förderung von Teamarbeit und Zusammenarbeit

Ein starkes, kooperatives Team ist der Schlüssel zum Erfolg vieler qualitativer Ziele. Als Führungskraft kannst du die Teamarbeit durch die folgenden Maßnahmen fördern:

Schaffe ein offenes Kommunikationsklima: Fördere eine Kultur der offenen Kommunikation, in der Mitarbeiter sich sicher fühlen, ihre Gedanken und Ideen zu äußern, ohne Angst vor negativen Konsequenzen zu haben.

> **Praxis**: Organisiere regelmäßige **Teammeetings** und **Brainstorming-Sessions**, bei denen alle Stimmen gehört werden und Ideen aktiv ausgetauscht werden.

Teambuilding-Aktivitäten: Nutze **Teambuilding-Übungen**, um das Vertrauen und die Zusammenarbeit zu stärken. Dies können gemeinsame Projekte, Workshops oder auch informelle Treffen sein, die die persönliche Bindung fördern.

> **Praxis**: Plane ein **Team-Event** oder **Workshops**, bei denen Mitarbeiter ihre Teamfähigkeit stärken und lernen, effektiv miteinander zu arbeiten.

Förderung interdisziplinärer Zusammenarbeit: Stelle sicher, dass verschiedene Abteilungen und Fachbereiche gut miteinander kommunizieren und zusammenarbeiten. Dies kann durch cross-funktionale Teams und regelmäßigen Austausch zwischen Abteilungen erfolgen.

> **Praxis**: Initiiere **interdisziplinäre Projekte**, bei denen Mitarbeiter mit unterschiedlichen Fachkenntnissen zusammenarbeiten, um Innovation und Synergien zu fördern.

2. Steigerung der Mitarbeiterzufriedenheit und -motivation

Mitarbeiterzufriedenheit ist entscheidend für die langfristige Bindung und Motivation. Hier sind einige Möglichkeiten, wie du als Führungskraft diese Ziele erreichen kannst:

Anerkennung und Feedback: Anerkennung für gute Arbeit und regelmäßiges, konstruktives Feedback sind wichtig, um die Motivation der Mitarbeiter zu steigern. Achte darauf, positive Leistungen zu würdigen und Verbesserungsvorschläge auf eine respektvolle Weise zu kommunizieren.

> **Praxis**: Lobe deine Mitarbeiter in **Teammeetings** und gebe **individuelles Feedback** zur Verbesserung ihrer Arbeit. Verwende auch **regelmäßige 1:1-Gespräche**, um direkt auf die Anliegen der Mitarbeiter einzugehen.

Flexibilität und Work-Life-Balance: Unterstütze eine **gesunde Work-Life-Balance**, indem du flexible Arbeitszeiten oder Homeoffice-Möglichkeiten anbietest. Dies sorgt dafür, dass Mitarbeiter ihre Arbeit besser mit privaten Bedürfnissen vereinbaren können, was ihre Zufriedenheit und Leistung steigert.

> **Praxis**: Implementiere **flexible Arbeitsmodelle** wie **Gleitzeit, Teilzeitoptionen** oder **remote working** je nach den Bedürfnissen deines Teams.

Beteiligung an Entscheidungsprozessen: Involviere deine Mitarbeiter aktiv in Entscheidungsprozesse, die ihre Arbeit betreffen. Dies gibt ihnen das Gefühl von **Verantwortung** und **Wertschätzung**.

> **Praxis**: Ermutige Mitarbeiter, an **Abteilungsentscheidungen** teilzunehmen oder **Ideen zur Verbesserung** von Arbeitsabläufen einzubringen.

3. Förderung von Führungskompetenzen

Um die Führungskompetenzen deiner Mitarbeiter und zukünftigen Führungskräfte zu entwickeln, ist es wichtig, gezielte Maßnahmen zur **Führungskräfteentwicklung** zu ergreifen:

> **Mentoring und Coaching**: Biete **Mentoring-Programme** an, bei denen erfahrene Führungskräfte ihre Erfahrungen und Tipps an weniger erfahrene Mitarbeiter weitergeben. **Coaching** ist ebenfalls ein effektives Mittel, um spezifische Führungsfähigkeiten zu verbessern.
>
> > **Praxis**: Setze **Mentoren** für Nachwuchsführungkräfte ein, damit diese von erfahrenen Kollegen lernen und gezielt ihre Führungskompetenzen ausbauen können.

> **Förderung von Selbstreflexion**: Ermutige Mitarbeiter, ihre eignen Stärken und Schwächen zu erkennen und kontinuierlich an ihrer eigenen **Führungskompetenz** zu arbeiten.
>
> > **Praxis**: Organisiere **Selbstreflexions-Workshops** oder **Führungtrainings**, die Führungskräften helfen, ihre Entwicklung zu reflektieren und gezielt daran zu arbeiten.

> **Verantwortung übertragen**: Gib Mitarbeitern mehr **Verantwortung** und **Autonomie** in ihren Aufgaben. Dies fördert ihre **Selbstständigkeit** und hilft ihnen, ihre eigenen Führungsfähigkeiten weiterzuentwickeln.
>
> > **Praxis**: Weise Mitarbeitern wichtige Projekte zu und gebe ihnen die **Verantwortung**, das Projekt zu leiten und Entscheidungen zu treffen.

4. Wissens- und Kompetenzentwicklung

Die kontinuierliche **Weiterbildung** und **Kompetenzentwicklung** der Mitarbeiter ist entscheidend für den langfristigen Erfolg eines Unternehmens. Als Führungskraft kannst du folgende Maßnahmen ergreifen:

Weiterbildungsangebote schaffen: Sorge dafür, dass deine Mitarbeiter Zugang zu Schulungen, Workshops und **Weiterbildungsprogrammen** haben, die ihre beruflichen Fähigkeiten verbessern.

> **Praxis**: Plane regelmäßige **Schulungsmaßnahmen** zu relevanten Themen (z. B. technische Fähigkeiten, Soft Skills, Führungskompetenzen).

Lernkultur etablieren: Fördere eine Kultur des **lebenslangen Lernens**, bei der Wissen nicht nur durch formelle Schulungen, sondern auch durch Austausch und gegenseitiges Lernen im Team vermittelt wird.

> **Praxis**: Stelle Ressourcen für **selbstgesteuertes Lernen** bereit (wie Online-Kurse oder Fachliteratur) und ermutige deine Mitarbeiter, sich aktiv fortzubilden.

Fehler als Lernchance nutzen: Schaffe ein Umfeld, in dem Fehler als **Gelegenheit zur Verbesserung** gesehen werden, und unterstütze deine Mitarbeiter dabei, aus ihren Erfahrungen zu lernen.

> **Praxis**: Fördere eine **Fehlerkultur**, bei der das Team offen über **Fehler** sprechen kann, ohne dass Schuldzuweisungen erfolgen.

5. Kundenzufriedenheit und Servicequalität

Die **Kundenzufriedenheit** hat direkten Einfluss auf den Erfolg des Unternehmens. Als Führungskraft kannst du die Qualität des Kundenservice und die Zufriedenheit durch folgende Maßnahmen fördern:

> **Schulung im Kundenumgang**: Sorge dafür, dass deine Mitarbeiter regelmäßig geschult werden, wie sie professionell und empathisch mit Kunden umgehen.

> > **Praxis**: Organisiere **Kundenschulungen** und **Service-Trainings**, in denen Mitarbeiter lernen, auf die Bedürfnisse und Anliegen der Kunden einzugehen.

Förderung eines serviceorientierten Mindsets: Fördere eine Unternehmenskultur, in der alle Mitarbeiter die Bedeutung der **Kundenzufriedenheit** verstehen und als zentralen Bestandteil ihrer Arbeit sehen.

> **Praxis**: Belohne und erkenne Mitarbeiter an, die besonders **kundenorientiert** handeln, und nutze **Kundenzufriedenheitsumfragen**, um gezielt Verbesserungen umzusetzen.

Proaktives Problemlösen: Ermutige deine Mitarbeiter, nicht nur auf Kundenanfragen zu reagieren, sondern **proaktiv Lösungen** anzubieten und mögliche Probleme im Vorfeld zu lösen.

> **Praxis**: Implementiere regelmäßige **Kundengespräche** und Feedbackrunden, um Probleme frühzeitig zu erkennen und Lösungen zu entwickeln.

6. Förderung von Innovation und Kreativität

Innovationen sind entscheidend, um langfristig wettbewerbsfähig zu bleiben. Als Führungskraft kannst du die **Innovationsfähigkeit** und **Kreativität** deines Teams durch die folgenden Ansätze fördern:

> **Raum für Kreativität schaffen**: Fördere ein Arbeitsumfeld, das **kreatives Denken** und **Innovation** unterstützt, indem du deinen Mitarbeitern Freiraum gibst, neue Ideen auszuprobieren.

> > **Praxis**: Setze **Innovationsworkshops** oder **Ideenwettbewerbe** auf, in denen Mitarbeiter ihre Ideen präsentieren und diskutieren können.

> **Fehler und Experimentierfreude ermutigen**: Schaffe eine Umgebung, in der das **Ausprobieren neuer Ansätze** und das **Fehler machen** als notwendig für Innovationen angesehen wird.

Praxis: Fördere **Prototyping** oder **Pilotprojekte**, bei denen neue Ideen getestet werden können, ohne dass sofortige Perfektion erwartet wird.

Interdisziplinäre Zusammenarbeit unterstützen: Ermutige die Zusammenarbeit von Mitarbeitern aus verschiedenen Fachbereichen, um **verschiedene Perspektiven** zu integrieren und innovative Lösungen zu entwickeln.

Praxis: Initiiere regelmäßige **cross-funktionale Teammeetings**, um neue Ideen und innovative Konzepte zu entwickeln.

Fazit:

Als Führungskraft kannst du qualitative Ziele erreichen, indem du **Teamarbeit, Kommunikation, Verantwortung, Anerkennung** und **Weiterbildung** in den Mittelpunkt deiner Führungsstrategie stellst. Indem du eine Kultur der **offenen Kommunikation, Motivation, Innovation** und **Kundenzufriedenheit** schaffst, kannst du das Potenzial deiner Mitarbeiter maximieren und sowohl ihre Zufriedenheit als auch die langfristig.

5.5. STELLENBESCHREIBUNG

Definition Stellenbeschreibung

Eine **Stellenbeschreibung** ist ein formelles Dokument, das die **Aufgaben, Verantwortlichkeiten, Anforderungen** und **Kompetenzen** für eine bestimmte Position innerhalb eines Unternehmens festlegt. Sie dient sowohl als Orientierung für die Person, die die betreffende Stelle übernimmt, als auch als Grundlage für die Rekrutierung, Personalentwicklung und Leistungsbeurteilung.

Wesentliche Bestandteile einer Stellenbeschreibung:

1. **Stellenbezeichnung**: Der offizielle Titel der Position, z. B. „Marketing Manager" oder „Buchhalter".

2. **Ziel und Zweck der Stelle**: Eine kurze Beschreibung des übergeordneten Ziels und der Aufgaben, die mit der Position verfolgt werden, sowie der Beitrag dieser Position zum Unternehmenserfolg.

3. **Aufgaben und Verantwortlichkeiten**: Eine detaillierte Auflistung der Hauptaufgaben und Verantwortlichkeiten, die die Person in dieser Position regelmäßig ausführen muss.

   Beispiel: „Entwicklung und Umsetzung von Marketingstrategien", „Überwachung der Finanzbuchhaltung", „Führen von Vorstellungsgesprächen" usw.

4. **Anforderungen**:

   Qualifikationen: Die erforderliche Ausbildung, Studienabschlüsse oder Fachkenntnisse, die für die Position erforderlich sind.

   Berufserfahrung: Die Anzahl und Art der Jahre an relevanter Erfahrung, die erforderlich sind, um die Aufgaben erfolgreich zu bewältigen.

   Kenntnisse und Fähigkeiten: Technische oder fachliche Fähigkeiten, Soft Skills oder spezielle Kompetenzen, die für die Position notwendig sind, wie z. B. Sprachkenntnisse, EDV-Kenntnisse oder Führungskompetenzen.

5. **Arbeitsbedingungen**: Informationen zu Arbeitszeiten, -ort, etwaigen Reiseanforderungen oder anderen besonderen Arbeitsbedingungen.

6. **Berichtsstruktur**: Angabe darüber, an wen der Stelleninhaber berichtet (z. B. an einen Abteilungsleiter, Geschäftsführer usw.) und ob er selbst Mitarbeiter führt.

7. **Vergütung**: Angaben zur Bezahlung (optional und je nach Unternehmen), etwa Gehaltsspanne, Boni oder Zusatzleistungen.

Zweck einer Stellenbeschreibung:

- **Rekrutierung**: Sie hilft bei der präzisen Formulierung von **Stellenanzeigen**, indem sie die Anforderungen und Erwartungen klar definiert.

- **Eindeutige Rollenverteilung**: Sie sorgt für Klarheit bezüglich der Aufgaben und Verantwortlichkeiten und vermeidet Überschneidungen oder Unklarheiten im Arbeitsalltag.

- **Personalentwicklung**: Sie bietet eine Grundlage für die **Leistungsbeurteilung** und kann als Orientierung für die Weiterentwicklung von Fähigkeiten und Kompetenzen dienen.

- **Rechtliche Aspekte**: Sie stellt sicher, dass die Arbeitsanforderungen und -bedingungen transparent und rechtlich abgesichert sind, insbesondere bei Arbeitsrechtsfragen.

Beispiel einer Stellenbeschreibung:

Stellenbezeichnung: Marketing Manager
Ziel der Stelle: Entwicklung und Umsetzung von Marketingstrategien zur Steigerung des Markenbewusstseins und der Verkaufszahlen.

Aufgaben:

- Planung und Durchführung von Marketingkampagnen

- Erstellung von Marketingmaterialien und Content

- Überwachung der Social-Media-Kanäle

- Analyse von Markttrends und Zielgruppenverhalten

- Budgetverwaltung und Erfolgskontrolle von Kampagnen

Anforderungen:

- Abgeschlossenes Studium im Bereich Marketing oder Kommunikation

- Mindestens 3 Jahre Berufserfahrung im Marketingbereich
- Fundierte Kenntnisse in der digitalen Werbung und Social Media Marketing
- Kreativität und Teamfähigkeit

Arbeitsbedingungen:

- Vollzeitstelle
- Flexible Arbeitszeiten mit der Möglichkeit von Homeoffice
- Gelegentliche Geschäftsreisen erforderlich

Berichtsstruktur:

- Bericht an den Marketingdirektor
- Keine direkte Mitarbeiterführung

Eine gut formulierte Stellenbeschreibung ist ein wichtiges Instrument, um die Erwartungen an die Rolle klar zu kommunizieren und die richtigen Kandidaten zu gewinnen. Sie unterstützt nicht nur den Rekrutierungsprozess, sondern hilft auch, die Arbeitsorganisation im Unternehmen effizient zu gestalten.

Was sind die Vorteile einer Stellenbeschreibung?

Eine gut ausgearbeitete **Stellenbeschreibung** bietet sowohl für das Unternehmen als auch für die Mitarbeiter zahlreiche **Vorteile**. Sie ist ein wesentliches Instrument im Personalmanagement, das Klarheit, Struktur und Transparenz schafft. Hier sind die wichtigsten **Vorteile einer Stellenbeschreibung**:

1. Klarheit über Aufgaben und Verantwortlichkeiten

Transparenz: Eine detaillierte Stellenbeschreibung stellt sicher, dass der Mitarbeiter genau weiß, welche Aufgaben und Verantwortlichkeiten mit seiner Position verbunden sind. Das hilft,

Missverständnisse zu vermeiden und sorgt dafür, dass keine Aufgaben übersehen oder unklar bleiben.

Rollenverständnis: Durch die präzise Auflistung der Aufgaben wird das Rollenverständnis des Mitarbeiters gestärkt, was zu einer besseren Orientierung im Arbeitsalltag führt.

2. Unterstützung des Rekrutierungsprozesses

Zielgerichtete Bewerbersuche: Eine Stellenbeschreibung ist eine wertvolle Grundlage für die Erstellung von **Stellenanzeigen**. Sie sorgt dafür, dass nur die Bewerber angesprochen werden, die die erforderlichen Qualifikationen und Erfahrungen mitbringen.

Vermeidung von Fehlbesetzungen: Da die Anforderungen an die Position klar definiert sind, hilft die Stellenbeschreibung dabei, Bewerber auszuwählen, die am besten zum Job passen. Das minimiert das Risiko von **Fehlbesetzungen** und den damit verbundenen Kosten.

3. Förderung der Mitarbeiterentwicklung

Klar definierte Entwicklungsziele: Eine Stellenbeschreibung legt nicht nur die aktuellen Aufgaben fest, sondern kann auch Anforderungen an zukünftige Weiterentwicklungen und Qualifikationen enthalten. Dies ermöglicht es, individuelle **Karrierepläne** und **Weiterbildungsmaßnahmen** für Mitarbeiter zu entwickeln.

Leistungsbeurteilung: Die klaren Aufgaben und Anforderungen dienen als Grundlage für die regelmäßige **Leistungsbeurteilung**. Anhand der Stellenbeschreibung können Führungskräfte die Leistung eines Mitarbeiters objektiv messen und gezielt Feedback geben.

4. Verbesserung der Mitarbeiterzufriedenheit

Erwartungen sind klar: Wenn Mitarbeiter genau wissen, was von ihnen erwartet wird, fühlen sie sich weniger überfordert und haben eine bessere Vorstellung davon, wie sie ihren Beitrag zum Unternehmen leisten können. Dies fördert **Motivation** und **Zufriedenheit**.

Vermeidung von Überlastung: Durch die präzise Beschreibung der Aufgabenbereiche wird sichergestellt, dass der Mitarbeiter nicht mit unklaren oder zu vielen Aufgaben überlastet wird, was zu einer besseren **Work-Life-Balance** beiträgt.

5. Unterstützung der Unternehmenskultur

Konsistenz und Einheitlichkeit: Eine Stellenbeschreibung sorgt dafür, dass alle Mitarbeiter auf vergleichbare Weise über ihre Aufgaben und Ziele informiert werden. Dies fördert eine einheitliche **Unternehmenskultur** und ein besseres Verständnis für die **Unternehmensziele**.

Integration in die Unternehmensstruktur: Durch die Zuordnung der Stellenbeschreibung zu einer bestimmten Abteilung oder Hierarchieebene wird die Position des Mitarbeiters im Unternehmen klarer definiert und mit den strategischen Zielen des Unternehmens in Einklang gebracht.

6. Rechtliche Absicherung

Vermeidung von Rechtsstreitigkeiten: Eine gut formulierte Stellenbeschreibung schützt sowohl das Unternehmen als auch den Mitarbeiter vor Missverständnissen oder rechtlichen Auseinandersetzungen. Sie stellt sicher, dass die Anforderungen und Aufgaben transparent und nachvollziehbar dokumentiert sind.

Arbeitsrechtliche Klarheit: Sie dient als rechtliche Grundlage, um festzulegen, welche Aufgaben im Rahmen des Arbeitsvertrages erbracht werden müssen, und hilft im Falle von arbeitsrechtlichen Streitigkeiten, Missverständnisse oder Unklarheiten zu vermeiden.

7. Erleichterung der Personaleinsatzplanung

Optimale Ressourcennutzung: Eine präzise Stellenbeschreibung hilft der Personalabteilung und Führungskräften, die richtigen Mitarbeiter für bestimmte Projekte oder Aufgaben zu identifizieren, was zu einer **effizienten Nutzung der Ressourcen** führt.

Langfristige Personalplanung: Sie ermöglicht es dem Unternehmen, einen langfristigen Überblick über die benötigten

Qualifikationen und Kompetenzen zu erhalten, was eine strategische **Personalplanung** und -entwicklung erleichtert.

8. Förderung von Transparenz in der Kommunikation

Vermeidung von Missverständnissen: Durch die detaillierte Aufschlüsselung von Aufgaben und Anforderungen wird die Kommunikation zwischen Führungskräften und Mitarbeitern auf einer klaren, transparenten Basis geführt.

Klare Berichtsstrukturen: Die Stellenbeschreibung kann auch Informationen darüber enthalten, an wen der Mitarbeiter berichtet und wer seine Kollegen oder Teammitglieder sind, was zu einer besseren **Zusammenarbeit** führt.

9. Möglichkeit zur Anpassung an Veränderungen

Flexibilität: Eine Stellenbeschreibung ist nicht statisch, sondern kann bei Bedarf aktualisiert werden, um den **veränderten Anforderungen** der Position oder des Unternehmens gerecht zu werden. Dies hilft, die **Anpassungsfähigkeit** des Unternehmens zu fördern und sicherzustellen, dass die Position weiterhin den aktuellen Bedürfnissen entspricht.

10. Zielgerichtete Vergütung und Benefits

Leistungsorientierte Vergütung: Die Aufgaben und Verantwortlichkeiten, die in der Stellenbeschreibung festgehalten sind, können als Basis für eine gerechte und transparente **Vergütungspolitik** dienen. Mitarbeiter wissen, welche Leistungen erwartet werden und wie ihre Vergütung im Verhältnis zu den Anforderungen und Leistungen steht.

Vermeidung von Ungleichbehandlung: Eine klare Stellenbeschreibung verhindert, dass Mitarbeiter in vergleichbaren Positionen unterschiedlich behandelt oder entlohnt werden, da die Anforderungen und Aufgaben eindeutig dokumentiert sind.

Fazit:

Die **Stellenbeschreibung** ist ein unverzichtbares Instrument im Personal-management, das sowohl für die **Unternehmen** als auch für die **Mitarbeiter** zahlreiche Vorteile bietet. Sie sorgt für **Klarheit, Struktur** und **Transparenz** und ist eine wichtige Grundlage für die Rekrutierung, Leistungsbeurteilung, Mitarbeiterentwicklung und die Einhaltung arbeitsrechtlicher Vorschriften. Durch die präzise Definition von Aufgaben, Anforderungen und Zielen trägt eine gute Stellenbeschreibung wesentlich zu einer effizienten und motivierten Arbeitsweise bei.

Was sind die Nachteile?

Obwohl **Stellenbeschreibungen** viele Vorteile bieten, gibt es auch einige **Nachteile** oder Herausforderungen, die mit ihrer Erstellung und Nutzung verbunden sein können. Diese sollten berücksichtigt werden, um sicherzustellen, dass eine Stellenbeschreibung tatsächlich den gewünschten Nutzen bringt und nicht zu unerwünschten Konsequenzen führt.

1. Stellenbeschreibung kann zu starrer Arbeitseinteilung führen

Flexibilität wird eingeschränkt: Eine detaillierte und präzise Stellenbeschreibung kann dazu führen, dass Mitarbeiter ihre Aufgaben nur innerhalb des definierten Rahmens ausführen und weniger bereit sind, flexibel auf neue Herausforderungen zu reagieren. Es kann die **Kreativität** und die Bereitschaft zur **Übernahme zusätzlicher Aufgaben** hemmen.

Beispiel: Ein Mitarbeiter, der eine klare und eng gefasste Stellenbeschreibung hat, könnte sich unwohl fühlen, wenn er Aufgaben außerhalb seiner expliziten Beschreibung übernimmt, auch wenn diese im besten Interesse des Unternehmens sind.

2. Veraltete Stellenbeschreibungen

Anpassungsbedarf: In schnelllebigen Arbeitsumfeldern oder in Unternehmen mit dynamischen Strukturen können sich die Anforderungen an eine Position rasch ändern. Wenn die **Stellenbeschreibung nicht regelmäßig aktualisiert** wird, kann sie schnell veraltet sein und nicht mehr den tatsächlichen Aufgabenbereich widerspiegeln. Dies kann zu Unklarheiten und Unzufriedenheit führen.

Beispiel: Ein Mitarbeiter in einer Marketingabteilung könnte ursprünglich nur für Printwerbung zuständig gewesen sein, aber im Laufe der Zeit hat sich der Fokus auf digitale Medien verschoben. Wenn die Stellenbeschreibung dies nicht reflektiert, fühlt sich der Mitarbeiter möglicherweise von der neuen Ausrichtung überfordert oder nicht ausreichend unterstützt.

3. Übermäßiger Fokus auf Aufgaben statt auf Ergebnisse

Geringe Ausrichtung auf Ziele: Manche Stellenbeschreibungen konzentrieren sich zu stark auf spezifische Aufgaben und weniger auf die **erforderlichen Ergebnisse oder Ziele** der Position. Dies kann dazu führen, dass Mitarbeiter ihre Arbeit sehr mechanisch angehen und sich nicht auf die **größeren Ziele des Unternehmens** oder auf die **Wirkung ihrer Arbeit** konzentrieren.

Beispiel: Eine Stellenbeschreibung für einen Vertriebsmitarbeiter, die nur auf der Anzahl der Anrufe oder Besuche basiert, kann dazu führen, dass der Mitarbeiter die Qualität der Interaktionen oder die tatsächliche Kundenzufriedenheit vernachlässigt.

4. Bürokratisierung und langwieriger Verwaltungsaufwand

Aufwändige Erstellung und Pflege: Die Erstellung und Pflege von detaillierten und stets aktuellen Stellenbeschreibungen kann zeitaufwändig und ressourcenintensiv sein, insbesondere in großen Unternehmen mit vielen verschiedenen Positionen. Diese bürokratische Last kann die Flexibilität und Agilität des Unternehmens behindern.

Beispiel: Das regelmäßige Überprüfen und Aktualisieren von Stellenbeschreibungen, vor allem wenn diese mehrere Stakeholder einbeziehen, kann in großen Unternehmen zu einem signifikanten Verwaltungsaufwand führen.

5. Übermäßige Spezifizierung kann die Mitarbeiter demotivieren

Zu enge Vorgaben: Wenn Stellenbeschreibungen zu detailliert und spezifisch sind, kann dies zu einer **Überlastung** oder **Demotivation** der Mitarbeiter führen, da sie sich möglicherweise in einem engen, starren Rahmen gefangen fühlen. Dies kann auch die Wahrnehmung von **fehlender Autonomie** oder **kreativem Freiraum** verstärken.

Beispiel: Eine sehr detaillierte Stellenbeschreibung für einen Projektmanager könnte dazu führen, dass der Mitarbeiter wenig Spielraum hat, um innovative oder unkonventionelle Lösungsansätze zu entwickeln.

6. Vermeidung von Innovation und Veränderung

Fokus auf Standardisierung: Wenn Mitarbeiter sich zu stark auf ihre Stellenbeschreibung verlassen, kann dies die **Innovationsbereitschaft** bremsen. Ein zu eng gefasster Aufgabenbereich kann dazu führen, dass Mitarbeiter neue Ideen oder alternative Vorgehensweisen aus Angst, den „Rahmen" zu sprengen, nicht in Erwägung ziehen.

Beispiel: In einem dynamischen Projektumfeld kann ein Mitarbeiter, der stark auf eine vordefinierte Aufgabenliste fokussiert ist, weniger bereit sein, innovative Lösungsansätze vorzuschlagen, die außerhalb der klassischen Aufgabenstellung liegen.

7. Mangel an Flexibilität für neue Rollen oder Aufgaben

Eingeschränkte Rolle bei Veränderungen: Eine detaillierte Stellenbeschreibung kann es schwieriger machen, **neue Aufgaben** oder **veränderte Arbeitsabläufe** schnell zu integrieren, vor allem wenn Mitarbeiter und Führungskräfte der Meinung sind, dass bestimmte Aufgaben außerhalb der vorgesehenen Stellenbeschreibung liegen.

Beispiel: Wenn das Unternehmen ein neues Projekt ins Leben ruft und Mitarbeiter zusätzliche Aufgaben übernehmen sollen, könnte eine starre Stellenbeschreibung den

Übergang erschweren, da die Aufgaben nicht zu den ursprünglich definierten Zuständigkeiten passen.

8. Mögliche Überlappungen oder Unklarheiten bei mehreren Stellenbeschreibungen

Unklarheiten bei Verantwortlichkeiten: In großen Unternehmen mit vielen Positionen kann es zu **Überlappungen** oder **Verschiebungen** bei den Zuständigkeiten kommen, die in den Stellenbeschreibungen nicht klar definiert sind. Dies kann zu Konflikten oder Unklarheiten führen, wer für bestimmte Aufgaben verantwortlich ist.

Beispiel: Zwei Abteilungen mit ähnlichen Aufgaben könnten aufgrund unscharfer Stellenbeschreibungen Schwierigkeiten haben, ihre jeweiligen Verantwortlichkeiten klar abzugrenzen, was zu **doppelt ausgeführten Aufgaben** oder **Fehlentscheidungen** führen kann.

9. Reduzierung der Individualität und Anpassungsfähigkeit

Standardisierung auf Kosten der Individualität: Stellenbeschreibungen neigen dazu, allgemeingültige Aufgaben und Anforderungen zu formulieren, die für alle Mitarbeiter einer bestimmten Position gelten. Dies kann dazu führen, dass individuelle **Stärken**, **Interessen** oder **besondere Fähigkeiten** von Mitarbeitern nicht ausreichend berücksichtigt werden.

Beispiel: Ein besonders kreativer Mitarbeiter im Vertrieb könnte frustriert sein, wenn seine spezifischen Stärken durch eine standardisierte Stellenbeschreibung nicht ausreichend gewürdigt werden.

10. Gefahr der Überdokumentation

Übermäßige Detaillierung: Stellenbeschreibungen, die jedes Detail und jede Aufgabe im Einzelnen auflisten, können zu einer **Überdokumentation** führen, die unnötig komplex wird und eher verwirrend als hilfreich ist. Statt einer klaren Orientierung könnte eine übermäßig detaillierte Beschreibung die Mitarbeiter verunsichern und die Flexibilität in der Arbeitsweise einschränken.

Beispiel: Eine überaus detaillierte Stellenbeschreibung für einen Sachbearbeiter könnte dazu führen, dass der Mitarbeiter sich auf jedes kleine Detail konzentriert und das größere Bild der Arbeit aus den Augen verliert.

Fazit:

Die **Stellenbeschreibung** kann zahlreiche Vorteile bieten, aber sie hat auch potenzielle **Nachteile**, die insbesondere dann zum Tragen kommen, wenn sie zu starr oder zu detailliert ist. Eine zu enge Eingrenzung der Aufgaben und Verantwortlichkeiten kann die **Flexibilität**, **Innovation** und **Motivation** der Mitarbeiter beeinträchtigen. Daher ist es wichtig, eine **balancierte Herangehensweise** zu wählen, die die **Klarheit** und **Zielorientierung** wahrt, aber gleichzeitig genügend Raum für **Kreativität** und **Veränderungen** lässt. Stellenbeschreibungen sollten regelmäßig **überprüft und angepasst** werden, um den dynamischen Anforderungen des Unternehmens gerecht zu werden.

Wie kann ich als Führungskraft bei diesem Thema mitwirken?

Als Führungskraft hast du eine zentrale Rolle dabei, wie **Stellenbeschreibungen** im Unternehmen eingesetzt und gestaltet werden. Deine **Einflussmöglichkeiten** reichen von der Erstellung und Anpassung von Stellenbeschreibungen bis hin zur Förderung einer **dynamischen Arbeitsumgebung,** die Flexibilität und Innovation mit klaren Zielsetzungen und Aufgabenbereichen kombiniert. Hier sind einige konkrete Möglichkeiten, wie du als Führungskraft **aktiv mitwirken** kannst:

1. Erstellung und Aktualisierung von Stellenbeschreibungen

Beteiligung an der Erstellung: Du kannst sicherstellen, dass die Stellenbeschreibungen, die für deine Abteilung oder dein Team erstellt werden, die tatsächlichen Anforderungen und Ziele der Positionen widerspiegeln. Dies bedeutet, dass du als Führungskraft die **Aufgaben** und **Verantwortlichkeiten** gemeinsam mit den betroffenen Mitarbeitern definierst und klare, aber auch flexible Ziele setzt.

Tipp: Stelle sicher, dass die Beschreibung nicht zu starr ist und Raum für Anpassungen lässt, insbesondere wenn sich das Unternehmensumfeld oder die Anforderungen an die Position ändern.

Regelmäßige Aktualisierung: Du solltest die Stellenbeschreibungen regelmäßig überprüfen und anpassen, um sicherzustellen, dass sie den **aktuellen Anforderungen** des Unternehmens und der jeweiligen Position entsprechen. Wenn sich Aufgabenbereiche verschieben oder neue Kompetenzen gefordert werden, ist es wichtig, diese Änderungen in der Stellenbeschreibung widerzuspiegeln.

2. Förderung von Flexibilität und Entwicklung

Förderung von Flexibilität: Auch wenn eine Stellenbeschreibung den Rahmen für die Aufgaben festlegt, kannst du als Führungskraft sicherstellen, dass die Beschreibung genügend **Spielraum** für individuelle Stärken und Entwicklungen lässt. Ermutige deine Mitarbeiter, **Übernahme von Zusatzaufgaben** oder **neue Herausforderungen** anzunehmen, die nicht explizit in der Stellenbeschreibung aufgeführt sind, aber zur Weiterentwicklung des Teams beitragen.

Beispiel: Ein Mitarbeiter in der Marketingabteilung könnte nicht nur für Printwerbung verantwortlich sein, sondern auch neue digitale Kampagnen entwickeln. Wenn du als Führungskraft diese Flexibilität förderst, können Mitarbeiter ihre Fähigkeiten erweitern und das Unternehmen profitiert von kreativen Ideen.

Entwicklungsorientierung: Achte darauf, dass die Stellenbeschreibungen auch die Möglichkeit der **persönlichen Weiterentwicklung** und **Karriereplanung** für die Mitarbeiter beinhalten. Stelle sicher, dass die Aufgaben nicht nur den aktuellen Bedarf abdecken, sondern auch zukünftige Fähigkeiten und Erfahrungen fördern.

Beispiel: Wenn du einem Mitarbeiter die Verantwortung für ein kleines Projekt überträgst, könnte dies ein Sprungbrett für zukünftige Führungsaufgaben sein. Deine

Stellenbeschreibung sollte diese Entwicklungsmöglichkeiten aufzeigen.

3. Vermeidung von zu starrer Aufgabenverteilung

Aufgaben überdenken: Stelle sicher, dass die Aufgaben in der Stellenbeschreibung nicht zu **eng definiert** sind, sodass deine Mitarbeiter nicht das Gefühl haben, sie könnten außerhalb des Rahmens keine **Initiative** ergreifen oder **verantwortungsvolle Aufgaben** übernehmen. Es ist wichtig, dass die Stellenbeschreibung **die Aufgaben zusammenfasst**, aber nicht in zu detailreiche Punkte unterteilt wird, die die Flexibilität der Mitarbeiter einschränken.

> **Beispiel**: Anstatt jede einzelne Aufgabe detailliert zu listen, könntest du eine allgemeine Formulierung verwenden wie „Verantwortlich für die Entwicklung und Umsetzung von Marketingstrategien", anstatt „Erstellen von wöchentlichen E-Mail-Newslettern, Planen von Social Media Posts, Designen von Plakaten".

4. Förderung der Kommunikation und Zusammenarbeit

Förderung eines offenen Dialogs: Eine Stellenbeschreibung kann die Grundlage für **regelmäßige Feedbackgespräche** und **Mitarbeitergespräche** bilden. Du kannst sicherstellen, dass regelmäßig überprüft wird, ob die in der Stellenbeschreibung definierten Aufgaben den tatsächlichen Anforderungen entsprechen und ob es Veränderungen in der Arbeitsweise gibt, die berücksichtigt werden müssen.

> **Tipp**: Im Rahmen von **Mitarbeitergesprächen** kannst du als Führungskraft gezielt nachfragen, ob die Aufgaben als zu eng oder zu weit gefasst empfunden werden, und gegebenenfalls Anpassungen vornehmen.

Klärung von Verantwortlichkeiten: Die Stellenbeschreibung kann dabei helfen, **Verantwortlichkeiten klar zuzuweisen**. Du kannst sicherstellen, dass alle Teammitglieder ihre Rolle verstehen und dass keine **Verantwortungsbereiche unklar sind**. Dies fördert eine transparente Kommunikation und stärkt das Vertrauen im Team.

5. Motivation und Empowerment der Mitarbeiter

Fokussierung auf Ergebnisse statt Aufgaben: Stelle sicher, dass in der Stellenbeschreibung der Fokus auf den **Ergebnissen** liegt, die erreicht werden sollen, und nicht nur auf den Aufgaben, die erledigt werden müssen. Dies ermöglicht es deinen Mitarbeitern, **selbstständiger und kreativer** zu arbeiten, da sie wissen, was das Ziel ist, aber nicht zwangsläufig an einer spezifischen Vorgehensweise gebunden sind.

Beispiel: Anstatt einem Mitarbeiter nur zu sagen, dass er „Verkaufsanrufe tätigen" soll, könntest du in der Stellenbeschreibung das Ziel definieren: „Steigerung des Umsatzes durch Akquisition von Neukunden".

Förderung von Eigenverantwortung: Nutze die Stellenbeschreibung, um den **Verantwortungsbereich** und die **Eigenverantwortung** der Mitarbeiter klar zu definieren. Wenn Mitarbeiter wissen, dass sie für bestimmte Ergebnisse verantwortlich sind, stärkt dies ihr **Engagement** und ihre **Motivation**.

6. Konflikte und Missverständnisse vermeiden

Klarheit schaffen: Du kannst als Führungskraft dafür sorgen, dass die **Stellenbeschreibungen** Missverständnisse und Konflikte im Team vermeiden. Wenn jeder Mitarbeiter genau weiß, welche Aufgaben und Verantwortlichkeiten er hat, werden Überschneidungen und Konflikte minimiert.

Beispiel: Wenn zwei Mitarbeiter in einer Abteilung ähnliche Aufgaben ausführen, aber die Stellenbeschreibungen nicht übereinstimmen, könnte dies zu Konflikten führen. Du kannst sicherstellen, dass die Aufgaben klar aufgeteilt und jeder Mitarbeiter für seinen Bereich verantwortlich ist.

7. Anpassung bei organisatorischen Veränderungen

Stellenbeschreibung an Veränderungen anpassen: Bei **organisatorischen Umstrukturierungen**, neuen Projekten oder Marktanforderungen kannst du als Führungskraft sicherstellen, dass die Stellenbeschreibungen entsprechend angepasst werden, um der **Veränderung gerecht zu werden**. Flexibilität und die Bereitschaft zur Anpassung sind entscheidend, um mit Veränderungen im Unternehmen Schritt zu halten.

> **Beispiel**: Bei einer Expansion deines Unternehmens könntest du neue Stellen schaffen oder bestehende Rollen umstrukturieren. Du kannst dabei sicherstellen, dass die Stellenbeschreibungen die neuen Anforderungen widerspiegeln.

Fazit:

Als Führungskraft hast du die Verantwortung, Stellenbeschreibungen **mitzugestalten** und sicherzustellen, dass sie **realistisch**, **flexibel** und **ergebnisorientiert** sind. Du förderst nicht nur die **Klarheit** und **Transparenz**, sondern auch die **Motivation** und **Eigenverantwortung** deiner Mitarbeiter, indem du ihnen Raum für Entwicklung und Innovation gibst. Eine gut formulierte Stellenbeschreibung kann somit sowohl als **Leitfaden** als auch als **Werkzeug zur Förderung von Mitarbeiterengagement und -leistung** dienen.

5.6. ANFODERUNGSPROFIL

Definition Anforderungsprofil

Ein **Anforderungsprofil** ist ein Dokument, das die **Kenntnisse, Fähigkeiten, Erfahrungen** und **persönlichen Eigenschaften** beschreibt, die für die erfolgreiche Ausübung einer bestimmten Position oder Rolle im Unternehmen erforderlich sind. Es dient als Grundlage für die Auswahl und Rekrutierung von geeigneten Kandidaten und hilft dabei, die

Anforderungen an die Person, die eine Stelle besetzen soll, klar und präzise zu definieren.

Das Anforderungsprofil wird oft in Zusammenhang mit der **Stellenbeschreibung** verwendet, jedoch geht es im Anforderungsprofil speziell darum, welche **Qualifikationen** und **Kompetenzen** erforderlich sind, um die Aufgaben der Position erfolgreich zu bewältigen.

Bestandteile eines Anforderungsprofils:

1. **Fachliche Anforderungen:**

    Ausbildung und Qualifikationen: Erforderliche Abschlüsse, Zertifikate oder spezifische Fachkenntnisse.

    Berufserfahrung: Die Anzahl der Jahre oder Art der Erfahrungen, die der Bewerber haben sollte, um die Aufgaben der Position erfolgreich zu erfüllen.

    Fachwissen: Besondere technische Fähigkeiten oder spezifische Kenntnisse, die für die Stelle erforderlich sind (z. B. Programmierkenntnisse, Sprachkenntnisse, Branchenspezifika).

2. **Methodische und berufliche Fähigkeiten:**

    Analytische Fähigkeiten: Die Fähigkeit, Probleme zu erkennen und zu lösen, Daten zu analysieren und fundierte Entscheidungen zu treffen.

    Organisationsfähigkeiten: Die Fähigkeit, Aufgaben zu strukturieren, Prioritäten zu setzen und Projekte effizient zu managen.

    Kommunikationsfähigkeiten: Die Fähigkeit, klar und effektiv zu kommunizieren, sowohl schriftlich als auch mündlich, sowie die Fähigkeit zur Präsentation und Teamarbeit.

3. **Persönliche Eigenschaften**:

> **Motivation und Eigeninitiative**: Die Bereitschaft, Verantwortung zu übernehmen, selbstständig zu arbeiten und Ziele zu verfolgen.
>
> **Teamfähigkeit**: Die Fähigkeit, gut mit anderen zusammenzuarbeiten, Konflikte zu lösen und sich in ein Team einzufügen.
>
> **Flexibilität und Anpassungsfähigkeit**: Die Fähigkeit, sich an neue Situationen anzupassen, mit Veränderungen umzugehen und innovative Lösungen zu finden.

4. **Soziale Kompetenzen**:

> **Empathie und Sensibilität**: Die Fähigkeit, sich in die Lage anderer zu versetzen, Verständnis zu zeigen und interkulturelle Unterschiede zu respektieren.
>
> **Führungsqualitäten (falls relevant)**: Für Führungspositionen sind spezifische Anforderungen an die Fähigkeit, andere zu führen, zu motivieren und zu entwickeln, erforderlich.

5. **Zusätzliche Anforderungen**:

> **Reisebereitschaft**: Falls die Position Reisen erfordert.
>
> **Bereitschaft zur Weiterbildung**: Falls kontinuierliche Weiterbildung erforderlich ist.

Zweck und Nutzen des Anforderungsprofils:

- **Zielgerichtete Personalsuche**: Das Anforderungsprofil hilft der Personalabteilung und den Führungskräften, gezielt nach den richtigen Kandidaten zu suchen, die die notwendigen Qualifikationen und Kompetenzen für die Position mitbringen.

- **Vergleich von Bewerbungen**: Es dient als **Vergleichsmaßstab** für die Bewertung von Bewerbungen, um festzustellen, ob ein Kandidat die Anforderungen der Position erfüllt.

- **Vermeidung von Fehlbesetzungen**: Durch ein detailliertes Anforderungsprofil wird das Risiko von Fehlbesetzungen verringert, da die Anforderungen klar definiert sind.

- **Personalentwicklung**: Es bildet die Grundlage für die Entwicklung von **Weiterbildungs- und Entwicklungsplänen** für bestehende Mitarbeiter, um sicherzustellen, dass sie die erforderlichen Kompetenzen für ihre aktuelle oder zukünftige Rolle entwickeln.

Beispiel für ein Anforderungsprofil:

Stellenbezeichnung: Projektmanager/in

1. **Fachliche Anforderungen**:

    - Abgeschlossenes Studium im Bereich Wirtschaft, Ingenieurwesen oder vergleichbare Qualifikation.

    - Mindestens 3 Jahre Berufserfahrung im Projektmanagement.

    - Erfahrung mit Projektmanagement-Software (z. B. MS Project, Jira).

2. **Methodische Fähigkeiten**:

    - Sehr gute organisatorische Fähigkeiten und Erfahrung im Management von Projekten.

    - Fähigkeit zur Analyse von Projektrisiken und Entwicklung von Risikomanagementplänen.

    - Sicherer Umgang mit Zeit- und Budgetmanagement.

3. **Persönliche Eigenschaften**:

    - Hohes Maß an Eigeninitiative und Selbstmotivation.

    - Teamfähigkeit und Führungskompetenz, Fähigkeit zur Koordination von interdisziplinären Teams.

    - Kommunikationsstärke in Deutsch und Englisch.

4. **Zusätzliche Anforderungen**:

- Bereitschaft zu gelegentlichen Reisen.

- Flexibilität und die Fähigkeit, mit wechselnden Anforderungen umzugehen.

Fazit:

Das **Anforderungsprofil** hilft, die **Erwartungen an eine Position** zu präzisieren und die **richtigen Kandidaten** auszuwählen. Es stellt sicher, dass die Anforderungen an die fachlichen, methodischen und sozialen Kompetenzen eines Mitarbeiters klar definiert sind und dient sowohl der **Personalrekrutierung** als auch der **Personalentwicklung**.

Wie ermittle ich die Daten für ein Anforderungsprofil?

Die **Ermittlung der Daten** für ein **Anforderungsprofil** ist ein wesentlicher Schritt, um sicherzustellen, dass die **richtigen Qualifikationen** und **Kompetenzen** für eine bestimmte Position definiert werden. Dies erfordert eine gründliche **Analyse der Stelle**, der **Unternehmensziele** und der **Kompetenzanforderungen**. Hier sind die Schritte und Methoden, wie du als Führungskraft oder Personalverantwortlicher die relevanten Daten für ein Anforderungsprofil ermitteln kannst:

1. Analyse der Stellenbeschreibung

Der erste Schritt zur Erstellung eines Anforderungsprofils besteht darin, eine detaillierte **Stellenbeschreibung** zu haben. Eine Stellenbeschreibung listet die **wesentlichen Aufgaben und Verantwortlichkeiten** der Position auf und ist damit eine **grundlegende Informationsquelle** für das Anforderungsprofil.

- **Welche Aufgaben hat die Position?**

- **Welche Ziele sollen erreicht werden?**

- **Mit wem muss der Mitarbeiter zusammenarbeiten?**

- **Welche Verantwortung wird erwartet?**

Die Stellenbeschreibung gibt dir einen klaren Rahmen, der hilft, die benötigten Fähigkeiten und Eigenschaften für den Erfolg in der Position zu definieren.

2. Befragung von Vorgesetzten und aktuellen Stelleninhabern

Um die Anforderungen einer Position genau zu ermitteln, solltest du mit den **aktuellen Stelleninhabern** oder **Vorgesetzten** der entsprechenden Position sprechen. Sie haben wertvolle **Einblicke in die täglichen Aufgaben** und die **Komplexität der Rolle**.

- **Interviews mit der aktuellen Person in der Position**: Frage, welche Fähigkeiten und Qualifikationen ihrer Meinung nach für den Erfolg in der Rolle erforderlich sind.

- **Gespräche mit dem direkten Vorgesetzten**: Sie können oft zusätzliche Perspektiven bieten, z. B. welche strategischen Ziele mit der Position verfolgt werden und welche spezifischen Anforderungen daher besonders wichtig sind.

- **Fragen, die du stellen kannst**:

    Was sind die größten Herausforderungen in dieser Position?

    Welche Fähigkeiten sind für den Erfolg in dieser Rolle am wichtigsten?

    Welche Erfahrungen und Qualifikationen haben dir geholfen, in dieser Rolle erfolgreich zu sein?

3. Analyse der Unternehmensstrategie und -ziele

Die Anforderungen an eine Position sollten immer im Kontext der **Unternehmensstrategie** und der **langfristigen Ziele** des Unternehmens stehen. Wenn das Unternehmen beispielsweise in neue Märkte expandiert oder auf **digitale Transformation** setzt, könnten zusätzliche Kompetenzen erforderlich sein.

- **Welche langfristigen Ziele verfolgt das Unternehmen?**

- **Welche Kompetenzen sind für die Erreichung dieser Ziele erforderlich?**

- **Welche Veränderungen sind im Unternehmen oder in der Branche zu erwarten?**

Ein **strategischer Blick** hilft, die richtigen Kompetenzen zu definieren, die für die Position nicht nur im gegenwärtigen Kontext, sondern auch in Zukunft wichtig sind.

4. Fähigkeiten und Kompetenzen aus Jobprofilen und Best Practices

In vielen Branchen und Funktionen gibt es bereits **bestehende Standards** oder **Modelle**, die die typischen Anforderungen an eine bestimmte Position oder Funktion beschreiben. Diese können dir als Ausgangspunkt dienen.

- **Branchenstandards**: Recherchiere nach bestehenden Anforderungsprofilen für ähnliche Positionen in deiner Branche, um sicherzustellen, dass du keine wichtigen Fähigkeiten oder Qualifikationen übersiehst.

- **Jobprofile von Fachverbänden**: Berufsverbände und Organisationen bieten oft detaillierte Anforderungsprofile für spezifische Berufe oder Rollen an, die du anpassen kannst.

- **Benchmarking**: Vergleiche deine Anforderungen mit denen anderer Unternehmen oder der Konkurrenz, um sicherzustellen, dass du ein wettbewerbsfähiges Anforderungsprofil erstellst.

5. Beobachtung der aktuellen Arbeitsweise und Aufgaben

Wenn du die Möglichkeit hast, die **täglichen Aufgaben und die Arbeitsweise** der Person in der betreffenden Position zu beobachten, kann dies wertvolle Informationen liefern.

- **Job Shadowing**: Begleite die Person auf der betreffenden Position für einige Stunden oder Tage, um ein besseres Verständnis dafür zu bekommen, welche Fähigkeiten wirklich gebraucht werden.

- **Prozessbeobachtung**: Analysiere die Arbeitsprozesse der Position, um festzustellen, welche Fähigkeiten und Qualifikationen die Person braucht, um effizient zu arbeiten.

- **Selbstbeobachtung**: Falls du oder ein Teammitglied die gleiche oder eine ähnliche Rolle ausführt, reflektiere über die Herausforderungen und Anforderungen, die du in der Position wahrgenommen hast.

6. Berücksichtigung von Soft Skills und Persönlichkeit

Neben den fachlichen Anforderungen sind auch **Soft Skills** und die **persönliche Eignung** für eine Position von großer Bedeutung. Diese können schwieriger zu messen sein, aber sie sind ebenso wichtig für den Erfolg der Rolle.

- **Fähigkeiten wie Teamarbeit, Kommunikationsfähigkeit, Konfliktlösung, Zeitmanagement und Anpassungsfähigkeit** sind oft entscheidend für die Leistung in einer Position.

- **Führungsfähigkeiten**, wenn die Position eine leitende Rolle umfasst.

- **Persönliche Eigenschaften** wie **Motivation, Eigeninitiative, Selbstorganisation** oder **Stresstoleranz**.

Nutze hierzu auch **Fragebögen** oder **Assessments**, die spezifische Soft Skills oder Persönlichkeitsmerkmale messen können.

7. Nutzung von Leistungsbeurteilungen

Leistungsbeurteilungen und **Feedbackgespräche** mit bestehenden Mitarbeitern können ebenfalls dabei helfen, zu verstehen, welche Kompetenzen und Fähigkeiten für die Position notwendig sind.

- **Fragen zur Leistung**: Welche Fähigkeiten oder Stärken haben sich bei den besten Mitarbeitern in dieser Rolle gezeigt? Gibt es wiederkehrende Schwächen oder Herausforderungen, die berücksichtigt werden sollten?

- **Selbstreflexion der Mitarbeiter**: Frage die Mitarbeiter in ähnlichen Positionen, welche Fähigkeiten sie für ihre Rolle benötigen und welche sie weiterentwickeln möchten.

8. Beratung durch Personalabteilung oder HR-Experten

Die Personalabteilung oder HR-Experten können dir helfen, das **Anforderungsprofil auf eine breitere Ebene zu stellen** und sicherzustellen, dass alle relevanten **gesetzlichen Vorgaben, Diversitätsanforderungen** und **Chancengleichheitsaspekte** berücksichtigt werden.

- **Beratung zur Personalentwicklung**: Sie können bei der Definition von Weiterbildungsbedarf und Entwicklungszielen für die Position unterstützen.

- **Analyse der Stellenausschreibungen und Bewerberpools**: Die Personalabteilung kann dir auch dabei helfen, ein Anforderungsprofil zu erstellen, das eine **breite Bewerberbasis** anspricht und gleichzeitig die spezifischen Anforderungen erfüllt.

9. Zusammenstellung der Anforderungen

Nachdem du alle relevanten Daten und Informationen gesammelt hast, kannst du das **Anforderungsprofil** zusammenstellen. Achte darauf, dass du die folgenden Elemente berücksichtigst:

- **Fachliche Anforderungen**: Ausbildung, Berufserfahrung, spezialisierte Kenntnisse.

- **Methodische Fähigkeiten**: Projektmanagement, Problemlösungsfähigkeiten, organisatorische Fähigkeiten.

- **Soziale Kompetenzen und Soft Skills**: Teamarbeit, Kommunikation, Führungskompetenzen, Konfliktlösung.

- **Persönliche Eigenschaften**: Motivation, Eigeninitiative, Anpassungsfähigkeit.

- **Sonstige Anforderungen**: Reisebereitschaft, Bereitschaft zur Weiterbildung, spezifische Arbeitszeiten.

Fazit:

Die **Ermittlung der Daten für ein Anforderungsprofil** ist ein vielschichtiger Prozess, der auf verschiedenen Informationsquellen und Methoden basiert. Durch eine **detaillierte Analyse** der Stellenbeschreibung, Gespräche mit Mitarbeitern und Vorgesetzten, Beobachtungen der tatsächlichen Arbeitsweise sowie die Berücksichtigung der Unternehmensziele und Branchentrends kannst du ein präzises und fundiertes Anforderungsprofil erstellen, das sowohl die **fachlichen** als auch die **sozialen und persönlichen Anforderungen** der Position widerspiegelt.

Was sind die Vorteile von einem Anforderungsprofil?

1. Ein **Anforderungsprofil** bietet zahlreiche Vorteile für Unternehmen, Führungskräfte und Mitarbeiter, sowohl im Bereich der **Personalgewinnung** als auch in der **Personalentwicklung**. Es dient als klare, präzise Grundlage, um die benötigten Qualifikationen und Kompetenzen für eine bestimmte Position festzulegen. Hier sind die wichtigsten Vorteile eines Anforderungsprofils:

1. Zielgerichtete Personalauswahl

Ein klar definiertes Anforderungsprofil hilft dabei, die Auswahl von Kandidaten für eine Position zu **strukturierten** und **zielgerichteten** Entscheidungen zu führen:

> **Passgenaue Rekrutierung**: Das Anforderungsprofil beschreibt exakt, welche Qualifikationen, Erfahrungen und persönlichen Eigenschaften ein Bewerber haben sollte. Dies erleichtert die **Suche nach dem passenden Kandidaten** und reduziert die Gefahr von Fehlbesetzungen.

Bessere Bewerberauswahl: Durch die genaue Definition der Anforderungen können Bewerbungen effizienter geprüft und Bewerber besser miteinander verglichen werden.

2. Reduzierung von Fehlbesetzungen

Fehlbesetzungen verursachen hohe Kosten und können den Arbeitsablauf und das Team negativ beeinflussen. Ein detailliertes Anforderungsprofil hilft dabei, Kandidaten auszuwählen, die **langfristig** in der Position erfolgreich sind:

Weniger Fluktuation: Wenn die Anforderungen klar auf die Rolle und die Unternehmenskultur abgestimmt sind, erhöht sich die Wahrscheinlichkeit, dass der Mitarbeiter langfristig im Unternehmen bleibt und sich gut in die Position integriert.

3. Optimierung der Personalentwicklung

Ein Anforderungsprofil ist auch ein nützliches **Instrument für die Personalentwicklung**:

Identifikation von Entwicklungsbedarfen: Es hilft, **Lücken in den Qualifikationen** und **Kompetenzen** bestehender Mitarbeiter zu erkennen und gezielt **Weiterbildungsmaßnahmen** zu planen.

Karriereplanung: Ein Anforderungsprofil kann als Grundlage für **Karrierepfade** und die Entwicklung von **Führungskräften** dienen, da es Anforderungen an höherwertige Positionen und deren Qualifikationen vorgibt.

4. Klare Kommunikation der Erwartungen

Das Anforderungsprofil stellt sicher, dass alle Beteiligten – von der **Personalabteilung** bis zum **Mitarbeiter** – klare Vorstellungen über die Anforderungen an die Position haben:

Transparenz und Klarheit: Sowohl Bewerber als auch Mitarbeiter wissen genau, welche **Kenntnisse**, **Fähigkeiten** und **Eigenschaften** erforderlich sind.

Missverständnisse und Unklarheiten über die Erwartungen an die Rolle werden so vermieden.

Erfolgsfaktoren: Führungskräfte und Personalabteilungen können sich darauf stützen, um die **Ziele und Prioritäten** für eine Position festzulegen und kontinuierliches Feedback zu geben.

5. Förderung von Vielfalt und Chancengleichheit

Ein gut formuliertes Anforderungsprofil hilft, den Auswahlprozess objektiv zu gestalten und Bias (Vorurteile) zu reduzieren:

Objektive Kriterien: Indem das Profil klar beschreibt, welche Anforderungen wirklich für die Position wichtig sind (z. B. Fachkompetenzen und Soft Skills), verringert sich die Gefahr, dass unbewusste Vorurteile (z. B. in Bezug auf Geschlecht, Alter oder Herkunft) die Auswahl beeinflussen.

Förderung von Diversität: Ein Anforderungsprofil trägt dazu bei, dass bei der Rekrutierung alle Bewerber mit den gleichen, klaren Kriterien bewertet werden, was zu einer gerechteren und vielfältigeren Belegschaft führen kann.

6. Effiziente Rekrutierungsprozesse

Ein klar definiertes Anforderungsprofil spart Zeit und Ressourcen im Rekrutierungsprozess:

Gezielte Stellenausschreibungen: Mit einem klaren Anforderungsprofil kannst du Stellenausschreibungen präzise formulieren, was dazu beiträgt, dass nur die Bewerber angesprochen werden, die die notwendigen Qualifikationen mitbringen.

Effizientere Interviews: Die Interviews können gezielt auf die Anforderungen des Profils abgestimmt werden. Du kannst spezifische Fragen zu den geforderten Kompetenzen stellen und so schneller herausfinden, ob ein Kandidat die richtige Passung für die Stelle ist.

7. Leistungsbeurteilung und Feedback

Das Anforderungsprofil dient als **Maßstab** für die Leistungsbeurteilung:

> **Bewertung der Leistung**: Anhand der im Anforderungsprofil definierten Kriterien kann die Leistung des Mitarbeiters objektiver und messbarer beurteilt werden. Dies ist besonders wichtig für **Feedbackgespräche** und die Festlegung von Zielen.

> **Zielorientierte Entwicklung**: Das Anforderungsprofil hilft dabei, Mitarbeiter gezielt zu fördern und ihnen klare Entwicklungsziele zu setzen, die ihren zukünftigen Anforderungen und der Rolle entsprechen.

8. Strategische Personalplanung

Ein Anforderungsprofil unterstützt auch die **strategische Personalplanung**:

> **Nachfolgeplanung**: Für Führungskräfte oder Schlüsselpositionen lässt sich das Anforderungsprofil nutzen, um **Nachfolger** zu identifizieren und gezielt zu entwickeln.

> **Langfristige Personalstrategie**: Es zeigt auf, welche Fähigkeiten und Qualifikationen für die Zukunft des Unternehmens benötigt werden und hilft dabei, **kompetente Mitarbeiter** zu finden und zu halten.

9. Erleichterung bei der Teamzusammenstellung

Ein Anforderungsprofil hilft auch dabei, die richtige **Zusammensetzung des Teams** sicherzustellen:

> **Komplementäre Fähigkeiten**: Bei der Auswahl von Teammitgliedern oder der Zusammenstellung eines Teams kann das Anforderungsprofil sicherstellen, dass alle relevanten Kompetenzen vertreten sind und das Team als Ganzes effektiv arbeiten kann.

> **Vermeidung von Kompetenzüberschneidungen**: Durch ein klares Anforderungsprofil können Doppelungen

in den Fähigkeiten innerhalb des Teams vermieden werden.

10. Vermeidung von Über- oder Unterforderung

Ein detailliertes Anforderungsprofil stellt sicher, dass die Position den richtigen Grad an Verantwortung und Komplexität hat, was zu einer **gerechten und erfolgreichen Arbeitsumgebung** führt:

> **Vermeidung von Überforderung**: Ein Mitarbeiter wird nicht mit Aufgaben betraut, die seine Fähigkeiten und Qualifikationen übersteigen.

> **Vermeidung von Unterforderung**: Gleichzeitig wird sichergestellt, dass die Position herausfordernd genug ist, um den Mitarbeiter zu motivieren und ihm die Möglichkeit zur Weiterentwicklung zu bieten.

Fazit:

Ein **Anforderungsprofil** ist ein äußerst wertvolles Werkzeug für Unternehmen, um eine **effiziente Personalauswahl**, eine **zielgerichtete Personalentwicklung** und eine **strategische Personalplanung** zu gewährleisten. Es sorgt für klare Erwartungen, erleichtert die Rekrutierung und fördert eine **gerechte, objektive und faire Entscheidungsfindung**. Durch die präzise Definition der Anforderungen können Unternehmen sicherstellen, dass sie nicht nur die besten Talente anziehen, sondern diese auch langfristig binden und entwickeln.

Was sind die Nachteile?

Obwohl ein **Anforderungsprofil** viele Vorteile bietet, gibt es auch einige **Nachteile** und Herausforderungen, die bei seiner Erstellung und Anwendung berücksichtigt werden sollten. Hier sind einige der wichtigsten Nachteile:

1. Zu enge Anforderungen können die Auswahl einschränken

Ein **zu detailliertes oder enges Anforderungsprofil** kann dazu führen, dass die Auswahl an geeigneten Kandidaten stark eingeschränkt wird:

Eingeschränkte Bewerberbasis: Wenn die Anforderungen zu spezifisch oder schwer erreichbar sind, könnte dies dazu führen, dass nur sehr wenige Bewerber die Kriterien erfüllen, was den Rekrutierungsprozess erheblich verlängern oder sogar zum Scheitern bringen kann.

Verpasste Talente: Talente, die nicht alle Anforderungen perfekt erfüllen, aber dennoch über die erforderlichen **Kompetenzen** und das Potenzial verfügen, könnten übersehen werden.

2. Komplexität und Zeitaufwand bei der Erstellung

Die Erstellung eines präzisen und vollständigen Anforderungsprofils kann sehr **zeitaufwändig** und **komplex** sein:

Erforderliche Recherche: Es erfordert gründliche **Analysen** der Aufgaben der Position, Gespräche mit Führungskräften und Mitarbeitern sowie eine sorgfältige Abwägung der fachlichen und persönlichen Anforderungen. Dies kann besonders in großen oder komplexen Organisationen sehr ressourcenintensiv sein.

Schwierigkeiten bei der Definition: Manchmal ist es schwierig, **alle relevanten Qualifikationen** und **Soft Skills** zu erfassen, insbesondere bei sich schnell verändernden Märkten oder innovativen Tätigkeitsbereichen.

3. Mangelnde Flexibilität

Ein zu detailliertes Anforderungsprofil kann **Mangel an Flexibilität** in der Rekrutierung und Personalentwicklung verursachen:

Schwierigkeit bei der Anpassung: Ein festes Anforderungsprofil lässt wenig Raum für die Anpassung an **individuelle Stärken** oder **besondere Talente** eines Bewerbers. Dies kann dazu führen, dass Kandidaten mit Potenzial, aber anderen oder weniger ausgeprägten Qualifikationen übersehen werden.

Wandelnde Anforderungen: In schnelllebigen Arbeitsumfeldern oder Branchen (z. B. Technologie) ändern sich die Anforderungen häufig. Ein Anforderungsprofil, das nicht regelmäßig aktualisiert wird, kann veraltet sein und nicht mehr den aktuellen Anforderungen entsprechen.

4. Übermäßige Fokussierung auf formale Qualifikationen

Ein Anforderungsprofil kann zu stark auf **formale Qualifikationen** und **zertifizierte Erfahrungen** fokussiert sein, was möglicherweise nicht immer die tatsächliche Eignung eines Kandidaten widerspiegelt:

Ignorieren von Potenzial und Erfahrung: Wenn zu viel Wert auf formale Abschlüsse und Zertifikate gelegt wird, könnten Bewerber mit **relevanter praktischer Erfahrung** oder **außergewöhnlichen Soft Skills** übersehen werden, die möglicherweise ebenso wertvoll sind.

Eingrenzung auf traditionelle Qualifikationen: In einigen Fällen wird die Auswahl auf standardisierte Qualifikationen oder Berufswege beschränkt, ohne alternative, aber möglicherweise gleichwertige **Kompetenzen** oder Erfahrungen in Betracht zu ziehen.

5. Mögliche Diskriminierung oder Bias

Ein **ungenaue oder unvollständige Definition** der Anforderungen kann zu **Diskriminierung** oder **Vorurteilen** im Rekrutierungsprozess führen:

Unbewusste Vorurteile: Bei der Definition der Anforderungen besteht die Gefahr, dass unbewusste Vorurteile (z. B. in Bezug auf Alter, Geschlecht, ethnische Herkunft oder soziale Herkunft) in das

Profil einfließen, was zu einer **benachteiligten Auswahl** führen kann.

Verstärkung von Stereotypen: Ein Anforderungsprofil, das bestimmte "ideale" Eigenschaften überbetont, kann dazu führen, dass stereotype Vorstellungen von "dem perfekten Kandidaten" gefördert werden, anstatt eine breitere und vielfältigere Auswahl zu ermöglichen.

6. Unrealistische Erwartungen

Ein Anforderungsprofil kann zu **unrealistischen Erwartungen** führen, wenn die Anforderungen überzogen oder zu hoch angesetzt sind:

Überforderung der Kandidaten: Wenn zu viele Anforderungen gleichzeitig erfüllt werden müssen (z. B. eine lange Liste von Fähigkeiten oder Qualifikationen), kann dies potenzielle Bewerber abschrecken oder den Eindruck erwecken, dass die Stelle „unerreichbar" ist.

Enttäuschte Erwartungen: Wenn ein Unternehmen unrealistische Anforderungen an einen Bewerber stellt und der Kandidat schließlich Schwierigkeiten hat, alle Kriterien zu erfüllen, kann dies sowohl für den Mitarbeiter als auch für das Unternehmen zu Unzufriedenheit und Frustration führen.

7. Fehlende Berücksichtigung der Teamdynamik

Ein Anforderungsprofil konzentriert sich oft auf die **individuelle Eignung** für eine Position, berücksichtigt aber möglicherweise nicht ausreichend die **Teamdynamik**:

Teamkompatibilität: Das Anforderungsprofil kann dazu führen, dass die **technischen Fähigkeiten** eines Kandidaten als wichtiger angesehen werden als die **soziale Eignung** oder das Potenzial, gut ins Team zu passen.

Vernachlässigung von Soft Skills: In einigen Fällen werden Soft Skills wie Teamfähigkeit, Kommunikationsstärke oder emotionale Intelligenz nicht ausreichend berücksichtigt, was zu Problemen bei der Integration des neuen Mitarbeiters ins Team führen kann.

8. Schwierigkeit der Umsetzung in der Praxis

Die Anwendung eines Anforderungsprofils in der Praxis kann zu Problemen führen:

Abweichungen in der Praxis: Die Realität eines Arbeitsalltags ist oft komplexer als das, was in einem Anforderungsprofil definiert wird. **Anpassungen in der Rolle** und **unvorhergesehene Anforderungen** können auftreten, die nicht im Profil berücksichtigt sind.

Fehlende praktische Umsetzung: Ein theoretisches Anforderungsprofil bietet nur begrenzte Informationen darüber, wie ein Kandidat im tatsächlichen Arbeitsumfeld agiert, was zu einer **Diskrepanz zwischen Theorie und Praxis** führen kann.

9. Kosten und Aufwand für die regelmäßige Anpassung

Anforderungsprofile müssen regelmäßig überprüft und **aktualisiert** werden, um mit den sich ändernden Marktbedingungen und Unternehmensanforderungen Schritt zu halten:

Verwaltungsaufwand: Die regelmäßige Überprüfung und Anpassung von Anforderungsprofilen kann zusätzlichen **Zeit- und Verwaltungsaufwand** verursachen, insbesondere in großen Unternehmen mit vielen verschiedenen Positionen.

Wirtschaftliche Ressourcen: Es können Ressourcen erforderlich sein, um eine genaue und kontinuierliche Anpassung an die sich ändernden Anforderungen sicherzustellen, was zusätzliche Kosten verursachen kann.

Fazit:

Obwohl ein Anforderungsprofil viele Vorteile bietet, können auch **Nachteile** und **Herausforderungen** auftreten, insbesondere wenn das Profil zu starr, zu detailliert oder nicht regelmäßig überprüft wird. Um diese Nachteile zu minimieren, sollte das Anforderungsprofil flexibel genug sein, um individuelle Talente und Potenziale zu berücksichtigen, und es sollte regelmäßig angepasst werden, um mit den Veränderungen im Unternehmen und der Branche Schritt zu halten. Eine **gute Balance** zwischen klar definierten Anforderungen und einer gewissen Flexibilität bei der Auswahl ist entscheidend, um die besten Talente zu gewinnen und eine langfristig erfolgreiche Personalstrategie zu entwickeln.

Definition Eignungsprofil

Ein **Eignungsprofil** beschreibt die **Eigenschaften, Fähigkeiten, Kompetenzen** und **Qualifikationen**, die eine Person mitbringen sollte, um in einer bestimmten Position oder Rolle im Unternehmen erfolgreich zu sein. Es dient als Grundlage für die **Beurteilung** der **Eignung** von Bewerbern oder bestehenden Mitarbeitern für eine bestimmte Aufgabe, Position oder ein Projekt.

Im Gegensatz zum **Anforderungsprofil**, das die externen Anforderungen an eine Position (z. B. fachliche Qualifikationen, Erfahrungen) beschreibt, fokussiert sich das Eignungsprofil darauf, **welche Fähigkeiten und Eigenschaften** ein individueller Kandidat oder Mitarbeiter haben muss, um diesen Anforderungen gerecht zu werden. Es wird oft im Kontext der **Personalentwicklung, Auswahlverfahren** oder **Personalberatung** verwendet, um sicherzustellen, dass die richtige Person für die Aufgabe oder Rolle ausgewählt wird.

Wichtige Merkmale eines Eignungsprofils:

1. **Fachliche Qualifikationen**: Dazu gehören **Ausbildung, Berufserfahrung** und **spezifische Fachkenntnisse**, die für die jeweilige Position erforderlich sind.

2. **Soziale Kompetenzen**: Kommunikationsfähigkeit, Teamarbeit, Konfliktlösung, Empathie und andere zwischenmenschliche Fähigkeiten, die für die Zusammenarbeit im Team und mit Vorgesetzten wichtig sind.

3. **Methodische Fähigkeiten**: Die Fähigkeit, Probleme zu lösen, zu organisieren, zu priorisieren und mit komplexen Aufgaben umzugehen.

4. **Persönliche Eigenschaften**: Motivation, Belastbarkeit, Flexibilität, Selbstdisziplin und Eigeninitiative, die die individuelle Arbeitsweise und den Umgang mit Herausforderungen betreffen.

5. **Kulturelle Passung**: Die Fähigkeit eines Mitarbeiters, sich in die Unternehmenskultur und die Werte des Unternehmens zu integrieren.

Beispiel:

Ein Eignungsprofil für einen **Projektmanager** könnte Folgendes umfassen:

- **Fachliche Qualifikationen**: Abgeschlossenes Studium im Bereich Wirtschaft oder Ingenieurwesen, Erfahrung im Projektmanagement, Kenntnisse in bestimmten Softwaretools.

- **Soziale Kompetenzen**: Ausgezeichnete Kommunikationsfähigkeiten, Teamfähigkeit, Verhandlungsgeschick.

- **Methodische Fähigkeiten**: Erfahrung in der Anwendung von Projektmanagementmethoden (z. B. Scrum, Agile), gutes Zeitmanagement.

- **Persönliche Eigenschaften**: Hohe Belastbarkeit, Eigeninitiative, strukturiertes Arbeiten unter Druck.

- **Kulturelle Passung**: Wertschätzung von Zusammenarbeit und offenen Kommunikationsstrukturen im Unternehmen.

Unterschied zum Anforderungsprofil:

Das **Anforderungsprofil** beschreibt die **externen Anforderungen** einer Position, die das Unternehmen an die Bewerber stellt (z. B. Ausbildung, Erfahrung, spezifische Fähigkeiten). Das **Eignungsprofil** hingegen beschreibt die **interne Eignung** einer Person – also, welche Qualifikationen und Eigenschaften ein Mitarbeiter mitbringen muss, um die Anforderungen der Position erfolgreich zu erfüllen.

Fazit:

Ein **Eignungsprofil** hilft dabei, die **passendsten Kandidaten** auszuwählen und sicherzustellen, dass ein Mitarbeiter in der Lage ist, die Anforderungen der Position zu erfüllen und erfolgreich im Team zu arbeiten. Es ist somit ein zentrales Werkzeug sowohl in der **Personalgewinnung** als auch in der **Personalentwicklung**.

Wie ermittle ich die Daten?

Die **Ermittlung der Daten** für ein **Eignungsprofil** ist ein zentraler Schritt, um festzulegen, welche **Fähigkeiten, Kompetenzen** und **Eigenschaften** eine Person benötigt, um in einer bestimmten Position oder Aufgabe erfolgreich zu sein. Der Prozess erfordert eine gründliche Analyse der **Aufgabenstellung** und **Anforderungen** sowie eine genaue Beobachtung und Einschätzung der Qualifikationen und Merkmale von möglichen Kandidaten. Hier sind die wichtigsten Methoden und Schritte, um die Daten für ein Eignungsprofil zu ermitteln:

1. Analyse der Position und der Aufgaben

Um zu ermitteln, welche Anforderungen an den Mitarbeiter gestellt werden, ist es wichtig, die Position und die damit verbundenen Aufgaben genau zu verstehen:

- **Stellenbeschreibung überprüfen**: Beginne mit einer detaillierten Analyse der **Stellenbeschreibung**. Welche **Verantwortlichkeiten** hat die Position? Welche **Aufgaben** müssen regelmäßig ausgeführt werden?

- **Berufliche Anforderungen klären**: Welche **fachlichen Qualifikationen** sind erforderlich? Welche **Kenntnisse** und **Fähigkeiten** (z. B. in speziellen Programmen oder Technologien) sind notwendig?

- **Aufgaben und Ziele definieren**: Was muss der Mitarbeiter in dieser Position erreichen? Welche **Ergebnisse** sind von ihm zu erwarten?

2. Befragung von Vorgesetzten und Kollegen

Führe Gespräche mit den **Vorgesetzten, Teamleitern** und **Kollegen** der Position, um herauszufinden, welche Eigenschaften und Fähigkeiten für den Erfolg in der Rolle am wichtigsten sind:

- **Interviews und Meetings**: Frage nach den **wichtigsten Anforderungen** der Position aus der Sicht der Führungskraft. Welche **Erfahrungen** sind hilfreich? Welche **Soft Skills** sind besonders wichtig?

- **Feedback von Kollegen und Teammitgliedern**: Die Wahrnehmung von Kollegen oder direkten Teammitgliedern kann wertvolle Hinweise auf **Teamdynamik** und **sozialer Kompetenz** geben, die für die Position von Bedeutung sind.

- **Fragen, die du stellen kannst**:

  Was sind die größten Herausforderungen in dieser Rolle?

  Welche Fähigkeiten sind unerlässlich, um erfolgreich zu sein?

  Welche Eigenschaften haben frühere Mitarbeiter in dieser Position besonders ausgezeichnet?

3. Beobachtung und Job Shadowing

Eine weitere Möglichkeit, wichtige **Daten für das Eignungsprofil** zu ermitteln, ist durch die **Beobachtung der Position** und das sogenannte **Job Shadowing**:

- **Job Shadowing**: Begleite den Mitarbeiter, der die Position derzeit innehat, oder jemanden, der dieselbe Rolle ausfüllt, über einen Zeitraum hinweg. So kannst du erste Eindrücke davon bekommen, welche **Fähigkeiten** in der Praxis notwendig sind.

- **Tägliche Aufgaben beobachten**: Welche **praktischen Fähigkeiten** sind erforderlich, um die Arbeit effizient und erfolgreich zu erledigen? Welche **soft skills** (z. B. Konfliktlösung, Teamarbeit) kommen regelmäßig zum Tragen?

4. Analyse der Erfolgsfaktoren bestehender Mitarbeiter

Schau dir an, welche Eigenschaften und Qualifikationen bei bestehenden erfolgreichen Mitarbeitern in ähnlichen Positionen vorhanden sind. Dazu kannst du Leistungsbeurteilungen und vergangene **Erfolgsberichte** heranziehen:

- **Leistungsbeurteilungen durchsehen**: Welche Qualifikationen und Fähigkeiten wurden bei den **erfolgreichsten Mitarbeitern** in dieser Rolle besonders hervorgehoben? Welche **Persönlichkeitsmerkmale** haben sich als besonders förderlich für den Erfolg in der Position erwiesen?

- **Erfolgskriterien definieren**: Welche Faktoren haben dazu beigetragen, dass Mitarbeiter in dieser Position erfolgreich waren? War es ihre **Kompetenz**, ihre **Fähigkeit zur Zusammenarbeit** oder ihr **Verhalten unter Druck**?

5. Erhebung von Soft Skills und Persönlichkeitsmerkmalen

Für viele Positionen spielen **Soft Skills** und **Persönlichkeitseigenschaften** eine ebenso wichtige Rolle wie fachliche Qualifikationen. Hierbei können **Fragebögen**, **Assessments** und **psychometrische Tests** helfen:

- **Assessment-Center**: In speziellen Tests und Simulationen lässt sich die **Eignung von Kandidaten** hinsichtlich ihrer sozialen und kommunikativen Fähigkeiten sowie ihrer Fähigkeit zur Problemlösung ermitteln.

- **Psychometrische Tests**: Diese Tests können helfen, Persönlichkeitsmerkmale wie **Stressresistenz**, **Teamfähigkeit**, **Anpassungsfähigkeit** und **Führungsqualitäten** zu messen.

- **360-Grad-Feedback**: Eine systematische Rückmeldung von Vorgesetzten, Kollegen und direkten Untergebenen kann umfassende

Einblicke in die **Soft Skills** und die **soziale Kompetenz** eines Mitarbeiters geben.

6. Nutzung von Branchenspezifischen Standards und Best Practices

In vielen Berufen und Branchen gibt es etablierte **Best Practices** oder **Standards**, die beschreiben, welche Kompetenzen für eine bestimmte Position erforderlich sind. Diese können als Orientierung dienen:

- **Branchenspezifische Qualifikationen**: Welche **zertifizierten Fähigkeiten, Berufsbezeichnungsstandards** oder **bestimmte Technologien** sind in der Branche oder für die Funktion erforderlich?

- **Benchmarking**: Vergleiche die Anforderungen in deiner Branche mit den **Eignungsprofilen** anderer Unternehmen oder von Branchenorganisationen. Dadurch kannst du sicherstellen, dass deine Anforderungen wettbewerbsfähig und aktuell sind.

7. Überprüfung von Job- und Karriereprofilen

Durch die **Durchsicht von Stellenanzeigen** oder **Karriereprofilen** anderer Unternehmen kannst du feststellen, welche Anforderungen an Kandidaten in ähnlichen Positionen gestellt werden:

- **Recherchieren von Jobprofilen**: Welche Anforderungen stellt der Arbeitsmarkt an Kandidaten für ähnliche Positionen in anderen Unternehmen? Diese externen Quellen bieten oft wertvolle Hinweise darauf, was branchenweit als wichtig erachtet wird.

- **Vergleich von Stellenanzeigen**: Durch die Analyse mehrerer Stellenanzeigen für ähnliche Positionen kannst du Muster und wiederkehrende Anforderungen erkennen, die oft als wichtig gelten.

8. Konsultation der Personalabteilung oder HR-Experten

Die **Personalabteilung** oder **HR-Experten** verfügen über umfangreiche **Datenbanken, Erfahrungen** und **Methoden**, um Eignungsprofile zu erstellen:

- **HR-Expertise nutzen**: Sie können dich bei der **Erstellung des Eignungsprofils** unterstützen, indem sie ihre Expertise zu **Personalfragen, Berufsbildern** und **qualifikationsbasierten Anforderungen** einbringen.

- **Bewerberdatenbanken durchsuchen**: Die Personalabteilung kann historische Daten zu Bewerbungen und erfolgreichen Kandidaten auswerten, um Muster bei den **qualifizierten Bewerbern** zu erkennen.

9. Berücksichtigung zukünftiger Anforderungen und Veränderungen

Die **Zukunftsperspektive** spielt ebenfalls eine Rolle, da sich Anforderungen an eine Position durch **technologische Entwicklungen** oder **Veränderungen im Arbeitsumfeld** verändern können:

- **Zukunftsorientierte Kompetenzen**: Welche **neuen Fähigkeiten** werden in der Zukunft voraussichtlich wichtiger werden? Wie verändern sich die Aufgaben und Technologien in der Branche, und welche neuen Anforderungen kommen auf die Position zu?

- **Agilität und Lernfähigkeit**: Die Fähigkeit eines Mitarbeiters, sich weiterzubilden und neue Technologien oder Arbeitsmethoden zu erlernen, kann in einem sich schnell verändernden Arbeitsumfeld besonders wertvoll sein.

Fazit:

Die Ermittlung der Daten für ein **Eignungsprofil** erfordert eine sorgfältige **Analyse der Position, Interviews mit relevanten Personen, Beobachtungen der aktuellen Arbeitsweise** und eine ständige Anpassung an die sich verändernden Anforderungen. Es ist wichtig, sowohl **fachliche Qualifikationen** als auch **soziale Kompetenzen, persönliche Eigenschaften** und **zukunftsorientierte Anforderungen** zu berücksichtigen, um ein umfassendes und effektives Eignungsprofil zu erstellen, das für die **Personalgewinnung, Personalentwicklung** und **Karriereplanung** genutzt werden kann.

Wie kann ich erkennen, ob ein Mitarbeiter geeignet ist?

Zu erkennen, ob ein Mitarbeiter für eine bestimmte Position oder Aufgabe geeignet ist, ist eine wichtige, aber auch anspruchsvolle Aufgabe für jede Führungskraft. Es geht nicht nur darum, die **fachliche Eignung** zu überprüfen, sondern auch die **sozialen Kompetenzen**, die **persönlichen Eigenschaften** und die **Motivation** des Mitarbeiters zu bewerten. Hier sind verschiedene Methoden und Kriterien, die helfen können, die Eignung eines Mitarbeiters zu beurteilen:

1. Leistung und Ergebnisse

Eine der objektivsten Methoden, um die Eignung eines Mitarbeiters zu erkennen, ist die Beurteilung seiner **Leistung** und der **Ergebnisse**, die er erzielt:

- **Erfüllung der Zielvorgaben**: Hat der Mitarbeiter die in der Stellenbeschreibung oder in Zielvereinbarungen festgelegten **Ziele** erreicht? Werden die **KPIs (Key Performance Indicators)** oder andere messbare Kriterien regelmäßig erfüllt oder übertroffen?

- **Qualität der Arbeit**: Ist die Arbeit des Mitarbeiters von hoher Qualität? Wird er mit Aufgaben effizient und fehlerfrei fertig, und zeigt er dabei eine hohe **Sorgfalt** und **Genauigkeit**?

- **Eigenverantwortung**: Übernimmt der Mitarbeiter **Verantwortung** für seine Aufgaben und ist er in der Lage, diese **selbstständig und zuverlässig** zu erledigen?

2. Kompetenzen und Fachwissen

Die fachliche Eignung ist eine der ersten Kriterien, die für die Beurteilung eines Mitarbeiters herangezogen werden sollten:

- **Fachkenntnisse und Qualifikationen**: Verfügt der Mitarbeiter über das notwendige **Fachwissen** oder die spezifischen **Qualifikationen**, die für die Position erforderlich sind? Hat er **die nötige Ausbildung**, Zertifikate oder praktische Erfahrung, die für die Aufgaben der Position notwendig sind?

- **Fähigkeit, Wissen anzuwenden**: Kann der Mitarbeiter sein Wissen in der Praxis erfolgreich einsetzen? Ist er in der Lage, komplexe **Problemstellungen** zu lösen und das **theoretische Wissen** effektiv in die Praxis umzusetzen?

3. Verhalten und Soft Skills

Neben den technischen und fachlichen Fähigkeiten spielen auch die **sozialen Kompetenzen** (Soft Skills) eine entscheidende Rolle bei der Beurteilung der Eignung eines Mitarbeiters:

- **Teamfähigkeit**: Kann der Mitarbeiter gut mit anderen zusammenarbeiten? Ist er in der Lage, in **Teamprojekten** eine konstruktive Rolle zu spielen und gut mit Kollegen und Vorgesetzten zu kommunizieren?

- **Kommunikationsfähigkeiten**: Ist der Mitarbeiter in der Lage, sich klar und effektiv auszudrücken, sowohl in **gesprächsorientierten** als auch in **schriftlichen** Kommunikationsformen? Hört er aktiv zu und kann er seine Ideen gut vermitteln?

- **Konfliktlösung und Durchsetzungsvermögen**: Wie geht der Mitarbeiter mit Konflikten um? Kann er Probleme schnell erkennen und Lösungen finden, ohne dass sie eskalieren? Kann er seine Meinung respektvoll und überzeugend vertreten?

- **Emotionale Intelligenz**: Wie gut versteht der Mitarbeiter sich selbst und andere? Ist er in der Lage, **emotionale Reaktionen** zu regulieren und in stressigen Situationen ruhig und professionell zu bleiben?

4. Motivation und Engagement

Ein weiterer wichtiger Faktor bei der Beurteilung der Eignung eines Mitarbeiters ist seine **Motivation** und sein **Engagement** für die Arbeit und das Unternehmen:

- **Proaktive Arbeitsweise**: Zeigt der Mitarbeiter Eigeninitiative und ist er bereit, zusätzliche Verantwortung zu übernehmen oder neue

Aufgaben zu erlernen? Geht er regelmäßig **über das Minimum hinaus** und zeigt Engagement für die Unternehmensziele?

- **Lernbereitschaft**: Ist der Mitarbeiter bereit, neue Fähigkeiten zu erlernen und sich **weiterzubilden**? Zeigt er eine **positive Einstellung** gegenüber Veränderungen und Weiterentwicklungen?

- **Langfristige Motivation**: Ist der Mitarbeiter motiviert, auf lange Sicht im Unternehmen zu bleiben, oder zeigt er Anzeichen von **Desinteresse** oder **Unzufriedenheit**, die seine Leistung und Zusammenarbeit beeinträchtigen könnten?

5. Anpassungsfähigkeit und Flexibilität

Die Fähigkeit, sich an veränderte Umstände und neue Herausforderungen anzupassen, ist ein weiterer wichtiger Indikator für die Eignung:

- **Reaktionsfähigkeit auf Veränderungen**: Wie reagiert der Mitarbeiter auf Veränderungen in der Organisation, wie z.B. neue Prozesse, Technologien oder Teamstrukturen? Ist er in der Lage, sich schnell anzupassen und **neue Arbeitsweisen** zu übernehmen?

- **Umgang mit Stress**: Wie gut kann der Mitarbeiter mit stressigen Situationen und unerwarteten Herausforderungen umgehen? Bleibt er auch unter Druck ruhig und behält er die Übersicht?

- **Kreativität und Problemlösungsfähigkeiten**: Ist der Mitarbeiter in der Lage, **innovative Lösungen** zu entwickeln und kreativ zu denken, wenn er auf Probleme stößt? Bringt er **neue Ideen** ein, die dem Team oder der Abteilung zugutekommen?

6. Feedback und Beurteilungen

Die Rückmeldungen, die der Mitarbeiter von anderen erhält, sind ebenfalls ein wertvoller Indikator für seine Eignung:

- **Regelmäßige Feedbackgespräche**: In regelmäßigen Feedbackgesprächen mit Vorgesetzten und Kollegen kann eine fundierte Einschätzung der **Leistung** und **Eignung** des Mitarbeiters abgegeben werden. Ein gutes Feedback zeigt oft, ob der Mitarbeiter seine Rolle gut ausfüllt und wo mögliche Entwicklungsfelder bestehen.

- **360-Grad-Feedback**: Ein systematisches Feedback von mehreren Seiten (z. B. Vorgesetzte, Kollegen, Mitarbeiter) gibt eine umfassende Perspektive auf die **Stärken** und **Schwächen** des Mitarbeiters und hilft, eine objektive Beurteilung seiner Eignung vorzunehmen.

7. Zielorientierung und Ergebnisorientierung

Die Fähigkeit eines Mitarbeiters, zielorientiert und ergebnisorientiert zu arbeiten, zeigt sich in seiner **Effizienz** und **Produktivität**:

- **Erreichung von Zielen**: Setzt der Mitarbeiter klar definierte **Ziele** und arbeitet kontinuierlich daran, diese zu erreichen? Übertrifft er regelmäßig die Erwartungen und trägt zur Erreichung der Unternehmensziele bei?

- **Ergebnisorientierung**: Ist der Mitarbeiter in der Lage, Arbeitsergebnisse effizient zu liefern und dabei eine hohe Qualität zu wahren? Priorisiert er wichtige Aufgaben und vermeidet es, sich in weniger relevanten Aufgaben zu verlieren?

8. Kulturelle Passung (Cultural Fit)

Die **Kulturelle Passung** beschreibt, wie gut ein Mitarbeiter zu den **Werten** und **Normen** des Unternehmens passt:

- **Identifikation mit der Unternehmensvision**: Teilt der Mitarbeiter die Werte und Visionen des Unternehmens? Fühlt er sich mit der **Unternehmenskultur** verbunden und agiert im Einklang mit den **Unternehmenszielen**?

- **Integration ins Team**: Passt der Mitarbeiter gut in das Team und trägt er zu einer positiven und produktiven Arbeitsatmosphäre bei?

9. Berücksichtigung der Entwicklungsfähigkeit

Manchmal ist ein Mitarbeiter nicht sofort vollständig geeignet, aber zeigt Potenzial, sich weiterzuentwickeln:

- **Wachstums- und Lernpotenzial**: Zeigt der Mitarbeiter die Bereitschaft und Fähigkeit, sich in seiner Rolle oder sogar in anderen Bereichen weiterzuentwickeln? Ist er in der Lage, sich in kurzer Zeit neue **Fähigkeiten** anzueignen?

- **Mentoring und Coaching**: Kann der Mitarbeiter von **Mentoring** oder **Coaching** profitieren, um in seiner Rolle noch besser zu werden? Falls er in einigen Bereichen noch nicht vollständig geeignet ist, zeigt er eine hohe Lernbereitschaft und Anpassungsfähigkeit?

Fazit:

Um zu erkennen, ob ein Mitarbeiter für eine bestimmte Position geeignet ist, muss eine **ganzheitliche Beurteilung** durchgeführt werden, die sowohl **fachliche Kompetenzen** als auch **soziale Fähigkeiten**, **Motivation**, **Persönlichkeit** und **Verhalten** umfasst. Die Kombination aus **Leistungsbeurteilungen**, **Feedbackgesprächen**, **Zielverwirklichung** und **Selbstreflexion** des Mitarbeiters ermöglicht es, ein klares Bild seiner Eignung zu erhalten.

5.7. QUALIFIKATIONSMATRIX

Definition Qualifikationsmatrix

Eine **Qualifikationsmatrix** ist ein Werkzeug, das Unternehmen dabei hilft, die **Kompetenzen und Fähigkeiten** ihrer Mitarbeiter systematisch zu erfassen, zu analysieren und zu visualisieren. Sie stellt eine Übersicht dar, in der die verschiedenen **Qualifikationen, Fähigkeiten** und **Erfahrungen** der Mitarbeiter in Bezug auf bestimmte Aufgaben, Funktionen oder Rollen innerhalb des Unternehmens dargestellt werden.

Die Qualifikationsmatrix zeigt auf, welche **Kompetenzen** in welchem Umfang bei welchem Mitarbeiter vorhanden sind, und hilft dabei, **Lücken in der Qualifikation** zu erkennen und gezielt anzugehen. Sie kann sowohl für **Einzelpersonen** als auch für **gesamte Teams oder Abteilungen** erstellt werden und dient der **Planung der Personalentwicklung** sowie der **Optimierung des Ressourceneinsatzes**.

Bestandteile einer Qualifikationsmatrix

Eine typische Qualifikationsmatrix besteht aus:

1. **Mitarbeitern**: In der Regel werden in der linken Spalte die **Namen** oder **ID-Nummern** der Mitarbeiter aufgelistet.

2. **Kompetenzen/Qualifikationen**: In der obersten Zeile oder Spalte werden die für die jeweilige Position relevanten **Kompetenzen**, **Fähigkeiten** oder **Kenntnisse** aufgeführt, zum Beispiel:

   - Fachliche Fähigkeiten (z. B. Programmiersprachen, Softwarekenntnisse)

   - Soft Skills (z. B. Kommunikationsfähigkeit, Teamarbeit)

   - Branchenspezifisches Wissen

   - Sprachkenntnisse

   - Zertifikate oder spezielle Qualifikationen

3. **Bewertungsskala**: Zur Beurteilung des **Niveaus** der jeweiligen Qualifikation wird häufig eine Skala verwendet, die z. B. folgende Stufen umfassen kann:

   - **1** = Grundkenntnisse

   - **2** = Fortgeschrittene Kenntnisse

   - **3** = Expertenkenntnisse

- oder auch eine andere, abgestufte Bewertung, je nach Bedarf (z. B. "keine Kenntnis", "geringe Kenntnisse", "gute Kenntnisse", "sehr gute Kenntnisse").

4. **Lückenanalyse**: Eine gute Qualifikationsmatrix ermöglicht es auch, **Lücken in den Qualifikationen** der Mitarbeiter schnell zu erkennen. Dies ist besonders hilfreich, wenn neue Aufgaben oder Projekte anstehen, die spezielle Kenntnisse oder Fähigkeiten erfordern.

Beispiel einer einfachen Qualifikationsmatrix:

Mitarbeiter	Softwarekenntnisse	Projektmanagement	Teamfähigke
Max Mustermann	3 (Experte)	2 (Fortgeschritten)	2 (Gut)
Lisa Müller	2 (Fortgeschritten)	3 (Experte)	3 (Exzellent)
Peter Schmidt	1 (Grundkenntnisse)	1 (Grundkenntnisse)	2 (Gut)

In diesem Beispiel sind vier Kompetenzen aufgeführt (Softwarekenntnisse, Projektmanagement, Sprachkenntnisse und Teamfähigkeit), und für jeden Mitarbeiter wird die Stufe seiner Qualifikation in jeder dieser Kategorien bewertet.

Einsatzmöglichkeiten einer Qualifikationsmatrix

1. **Personalentwicklung**: Durch die Analyse der **Qualifikationslücken** kann das Unternehmen gezielte **Schulungsmaßnahmen** oder **Weiterbildungsprogramme** anbieten, um die Mitarbeiter auf das erforderliche Niveau zu bringen.

2. **Personalplanung**: Bei der **Ressourcenplanung** und der **Projektzuteilung** hilft die Matrix dabei, Mitarbeiter gezielt in

Bereichen einzusetzen, in denen sie über besonders **gute Qualifikationen** verfügen. Auch für die **Nachfolgeplanung** oder die **Identifikation von Talenten** kann die Matrix hilfreich sein.

3. **Rekrutierung**: Wenn neue Positionen besetzt werden sollen, kann die Qualifikationsmatrix als Grundlage für die Anforderungsanalyse dienen. Sie hilft dabei, welche **Kompetenzen** und **Fähigkeiten** von Bewerbern erwartet werden.

4. **Leistungsbeurteilung**: Im Rahmen der **Mitarbeiterbeurteilung** kann die Qualifikationsmatrix dabei helfen, **Stärken** und **Entwicklungsfelder** der Mitarbeiter zu erkennen und diese in **Feedbackgespräche** einzubringen.

Vorteile einer Qualifikationsmatrix

*   **Übersichtlichkeit**: Sie bietet eine **klare und strukturierte Darstellung** der Kompetenzen der Mitarbeiter und ermöglicht eine schnelle Analyse.

*   **Gezielte Personalentwicklung**: Sie hilft dabei, gezielt **Schulungsbedarfe** zu erkennen und Ressourcen effizient einzusetzen.

*   **Effektive Planung**: Sie erleichtert die **Personalplanung** und den **Einsatz von Ressourcen**, indem sie eine fundierte Entscheidungsgrundlage bietet.

*   **Förderung von Transparenz**: Die Qualifikationsmatrix sorgt für mehr **Transparenz** im Unternehmen, sowohl hinsichtlich der Qualifikationen der Mitarbeiter als auch hinsichtlich der **Entwicklungsmöglichkeiten**.

Nachteile einer Qualifikationsmatrix

- **Zeitaufwendig**: Die Erstellung einer umfassenden Qualifikationsmatrix kann zu Beginn **zeitintensiv** sein, da viele Informationen
  über die Mitarbeiter gesammelt und kategorisiert werden müssen.

- **Subjektivität der Bewertungen**: Wenn die Bewertungen nicht
  objektiv und klar definiert sind, können sie **subjektiv** und **unein-
  heitlich** ausfallen.

- **Veraltet**: Die Matrix muss regelmäßig aktualisiert werden,
  um **Veränderungen** in den Qualifikationen und Fähigkeiten der
  Mitarbeiter abzubilden. Eine **veraltete Matrix** kann zu falschen
  Entscheidungen führen.

Fazit

Eine **Qualifikationsmatrix** ist ein effektives Werkzeug für die **Personalentwicklung** und -planung, das dabei hilft, die **Kompetenzen** der Mitarbeiter systematisch zu erfassen und zu analysieren. Sie bietet eine wertvolle Grundlage für die **Optimierung von Ressourcen**, die **Planung von
Schulungsmaßnahmen** und die **Zuteilung von Aufgaben**, die bestimmte Fähigkeiten erfordern. Um den vollen Nutzen aus einer Qualifikationsmatrix zu ziehen, ist es jedoch wichtig, dass sie regelmäßig aktualisiert
wird und dass die **Bewertungen objektiv** und klar definiert sind.

5.8. SOLL-IST-VERGLEICH

Was ist ein Soll- Ist Vergleich?

Ein **Soll-Ist-Vergleich** ist ein Instrument der **Leistungs- und Zielkontrolle**, das verwendet wird, um die **tatsächlichen Ergebnisse** (Ist-Werte) mit den **geplanten Zielen** oder **Soll-Werten** zu vergleichen. Der Vergleich zeigt auf, inwieweit die **Ziele** erreicht wurden und wo es **Abweichungen** gibt. Dies hilft Unternehmen, Prozesse zu überwachen, Engpässe zu identifizieren und gegebenenfalls Korrekturmaßnahmen zu ergreifen.

Grundprinzip des Soll-Ist-Vergleichs:

Soll-Werte: Die festgelegten **Ziele** oder **Planzahlen**, die erreicht werden sollen. Sie können aus **strategischen Planungen, Prognosen** oder **budgetierten Zielen** stammen. Diese Werte sind in der Regel im Voraus definiert und spiegeln die **Erwartungen** des Unternehmens wider.

Ist-Werte: Die **tatsächlichen Ergebnisse** oder die **wirklich erreichten Werte**. Dies sind die realen **Zahlen** oder **Leistungen**, die nach Abschluss eines bestimmten Zeitraums (z. B. Monat, Quartal) gemessen werden.

Ziel des Soll-Ist-Vergleichs:

Der Hauptzweck eines Soll-Ist-Vergleichs ist es, **Abweichungen** zwischen den geplanten und den tatsächlichen Ergebnissen zu erkennen und diese zu **analysieren**, um gegebenenfalls **Korrekturmaßnahmen** zu ergreifen.

Ablauf eines Soll-Ist-Vergleichs:

1. **Festlegung der Soll-Werte**: Zu Beginn eines Planungszeitraums (z. B. eines Jahres oder Quartals) werden **Ziele** definiert (z. B. Umsatzziele, Produktionszahlen, Leistungskennzahlen).

2. **Erhebung der Ist-Werte**: Während des Zeitraums werden die **tatsächlichen Ergebnisse** erfasst (z. B. der tatsächlich erzielte Umsatz, die produzierte Menge).

3. **Vergleich von Soll und Ist**: Am Ende des Zeitraums erfolgt der **Vergleich** der Soll-Werte mit den Ist-Werten.

4. **Analyse der Abweichungen**: Abweichungen werden **identifiziert** und analysiert, um zu verstehen, warum diese aufgetreten sind. Man unterscheidet oft zwischen **positiven Abweichungen** (bessere Ergebnisse als erwartet) und **negativen Abweichungen** (schlechtere Ergebnisse als erwartet).

5. **Maßnahmen ergreifen**: Falls notwendig, werden **Korrekturmaßnahmen** oder **Anpassungen** vorgenommen, um die **Ziele** zu erreichen.

Beispiele für Soll-Ist-Vergleiche:

1. **Finanzplanung**:

   - **Soll-Wert**: Der Umsatz des Unternehmens für das erste Quartal soll 1 Million Euro betragen.

   - **Ist-Wert**: Tatsächlich wurde ein Umsatz von 900.000 Euro erzielt.

   - **Abweichung**: Eine **negative Abweichung** von 100.000 Euro.

   - **Analyse**: Gründe für die Abweichung könnten z. B. unvorhergesehene Marktrückgänge, Lieferprobleme oder geringere Nachfrage sein.

   - **Maßnahmen**: Mögliche Korrekturmaßnahmen könnten eine verstärkte Werbemaßnahme oder eine Neukundenakquise sein.

2. **Projektmanagement**:

- **Soll-Wert**: Ein Projekt soll in 3 Monaten abgeschlossen werden.

- **Ist-Wert**: Das Projekt wird nach 4 Monaten abgeschlossen.

- **Abweichung**: Eine **negative Abweichung** von einem Monat.

- **Analyse**: Ursachen könnten z. B. **Ressourcenmangel**, unvorhergesehene technische Probleme oder Verzögerungen bei der Lieferung von Materialien sein.

- **Maßnahmen**: Eine **überarbeitete Zeitplanung** und zusätzliche Ressourcen könnten erforderlich sein, um zukünftige Verzögerungen zu vermeiden.

3. **Personalplanung**:

- **Soll-Wert**: Es sollen 10 neue Mitarbeiter im Monat eingestellt werden.

- **Ist-Wert**: Nur 6 neue Mitarbeiter konnten eingestellt werden.

- **Abweichung**: Eine **negative Abweichung** von 4 Mitarbeitern.

- **Analyse**: Gründe könnten z. B. eine **schwierige Personalsituation** oder eine **unzureichende Rekrutierungsstrategie** sein.

- **Maßnahmen**: Verbesserung des Rekrutierungsprozesses oder Anpassung der Stellenangebote.

Nutzen eines Soll-Ist-Vergleichs:

1. **Leistungsbewertung**: Der Soll-Ist-Vergleich hilft dabei, die **Leistung** von Mitarbeitern, Teams oder ganzen Abteilungen zu bewerten und herauszufinden, ob die **vereinbarten Ziele** erreicht wurden.

2. **Fehler- und Problemerkennung**: Abweichungen zwischen Soll- und Ist-Werten können auf **Fehler, Missverständnisse** oder **prozesstechnische Probleme** hinweisen.

3. **Steuerung und Anpassung**: Auf Grundlage des Soll-Ist-Vergleichs können **Anpassungen** in der **Planung, Budgetierung** oder **Ressourcenverteilung** vorgenommen werden.

4. **Prozessoptimierung**: Der Vergleich hilft dabei, ineffiziente Prozesse oder ungenutzte Potenziale zu erkennen und zu **optimieren**.

Arten von Abweichungen:

*   **Positive Abweichungen**: Die Ist-Werte übertreffen die Soll-Werte, was als Erfolg gewertet werden kann (z. B. höherer Umsatz, geringere Kosten).

*   **Negative Abweichungen**: Die Ist-Werte liegen unter den Soll-Werten, was meist einer **Ursachenanalyse** bedarf, um zu verstehen, warum das Ziel nicht erreicht wurde.

Fazit:

Der **Soll-Ist-Vergleich** ist ein unverzichtbares Steuerungsinstrument für Unternehmen und Organisationen, um **Ziele** zu überprüfen, **Abweichungen** zu identifizieren und auf dieser Grundlage geeignete **Maßnahmen** zu ergreifen. Er trägt zur **Transparenz, Kontrolle** und **Optimierung** von Geschäftsprozessen bei und hilft, das Unternehmen auf Kurs zu halten, um die gesetzten Ziele zu erreichen.

5.9. ARBEITSANWEISUNG

Definition Arbeitsanweisung

Eine **Arbeitsanweisung** ist ein Dokument, das detaillierte **Anweisungen** und **Vorgaben** für die Durchführung einer bestimmten Arbeit oder Aufgabe enthält. Sie beschreibt, wie eine Tätigkeit oder ein Arbeitsprozess korrekt, sicher und effizient durchgeführt werden muss. Arbeitsanweisungen sind oft in Unternehmen oder Organisationen erforderlich, um **Arbeitsprozesse** zu standardisieren, **Qualität** zu sichern und **Fehler** zu vermeiden.

Merkmale einer Arbeitsanweisung:

- **Detailliert**: Sie enthält klare und präzise Schritte, wie eine Aufgabe ausgeführt werden soll.

- **Verbindlich**: Eine Arbeitsanweisung gibt den **Vorgabestandard** vor, dem die Mitarbeiter folgen müssen.

- **Zielorientiert**: Sie beschreibt nicht nur, was getan werden muss, sondern auch, warum es so getan werden soll (z. B. Qualitätsstandards, Sicherheitsvorgaben).

- **Strukturiert**: Eine gute Arbeitsanweisung ist logisch gegliedert und übersichtlich.

Elemente einer typischen Arbeitsanweisung:

1. **Titel**: Bezeichnung der Aufgabe oder des Prozesses, auf den sich die Arbeitsanweisung bezieht.

414

2. **Ziel**: Eine klare Aussage darüber, was mit der Arbeitsanweisung erreicht werden soll.

3. **Geltungsbereich**: Beschreibung des Umfangs und der betroffenen Arbeitsbereiche oder Abteilungen.

4. **Verantwortlichkeiten**: Angabe der Personen oder Rollen, die für die Ausführung oder Kontrolle der Aufgaben zuständig sind.

5. **Benötigte Materialien und Werkzeuge**: Liste der Ressourcen, die zur Durchführung der Aufgabe erforderlich sind.

6. **Schritte der Durchführung**: Eine detaillierte Schritt-für-Schritt-Anleitung zur Durchführung der Aufgabe.

7. **Sicherheitsvorkehrungen**: Hinweise auf Sicherheitsmaßnahmen, die bei der Arbeit beachtet werden müssen.

8. **Qualitätsstandards**: Definition von Qualitätskriterien, die während oder nach der Durchführung der Aufgabe zu beachten sind.

9. **Prüfungen und Kontrollen**: Anweisungen, wie und wann die Arbeit auf Qualität, Richtigkeit oder Vollständigkeit überprüft werden soll.

10. **Dokumentation**: Falls erforderlich, Informationen zur **Dokumentation** der Arbeit oder zu **Berichterstattungspflichten**.

11. **Unterschrift und Datum**: Bestätigung der Verantwortlichen, dass die Anweisung erstellt und die Vorgaben bekannt gemacht wurden.

Beispiel:

Titel: Arbeitsanweisung zur Bedienung der Verpackungsmaschine

Ziel: Sicherstellung einer fehlerfreien und sicheren Bedienung der Verpackungsmaschine.

Geltungsbereich: Alle Mitarbeiter im Verpackungsbereich.

Benötigte Materialien: Verpackungsmaschine, Kartonagen, Etiketten, Bedienungsanleitung.

Schritte der Durchführung:

1. Überprüfen Sie die Maschine auf ordnungsgemäßen Zustand.

2. Stellen Sie sicher, dass alle Sicherheitsvorrichtungen intakt sind.

3. Legen Sie die Kartons in den vorgesehenen Bereich der Maschine.

4. Starten Sie die Maschine gemäß der Bedienungsanleitung.

5. Überwachen Sie den Verpackungsprozess und prüfen Sie regelmäßig die Qualität der Verpackungen.

   Sicherheitsvorkehrungen: Tragen Sie immer geeignete Schutzkleidung (Handschuhe, Schutzbrille). Achten Sie darauf, dass sich keine Fremdkörper in der Maschine befinden.

   Qualitätsstandards: Die Verpackungen müssen unbeschädigt und ordnungsgemäß verschlossen sein.

Kontrollen: Jede Stunde ist eine Stichprobenkontrolle der Verpackungsqualität erforderlich.

Unterschrift: [Name der verantwortlichen Person]

Datum: [Erstellungsdatum]

Zweck und Vorteile von Arbeitsanweisungen:

1. **Standardisierung**: Arbeitsanweisungen helfen, Arbeitsprozesse zu standardisieren, sodass alle Mitarbeiter die gleiche Methode anwenden, was zu einer konstanten Qualität führt.

2. **Effizienzsteigerung**: Durch klare Anweisungen wird Zeit gespart, da weniger Erklärungen und Nachfragen nötig sind.

3. **Fehlerreduktion**: Arbeitsanweisungen tragen dazu bei, Fehler zu minimieren, da alle erforderlichen Schritte und Sicherheitsvorkehrungen dokumentiert sind.

4. **Schulungshilfe**: Sie dienen als wertvolle **Schulungsunterlagen** für neue Mitarbeiter oder als Auffrischung für bestehende Mitarbeiter.

5. **Rechtliche Absicherung**: Arbeitsanweisungen können auch dazu beitragen, **rechtliche Anforderungen** (z. B. Arbeitsschutzgesetze, Qualitätsnormen) einzuhalten und Risiken zu verringern.

6. **Dokumentation von Prozessen**: Sie bieten eine Dokumentation der **bestehenden Arbeitsabläufe,** die im Falle von Audits oder Inspektionen vorgelegt werden kann.

Fazit:

Eine **Arbeitsanweisung** ist ein wichtiges Instrument, um die **Konsistenz** und **Qualität** in der Ausführung von Aufgaben zu gewährleisten. Sie sorgt für **Transparenz,** hilft bei der **Fehlervermeidung** und dient als **Schulungshilfe** sowie **rechtliche Absicherung.** Eine gut strukturierte und präzise Arbeitsanweisung trägt zur **Effizienz** und **Sicherheit** im Arbeitsalltag bei.

5.10. WER FRAGT DER FÜHRT

Was sind „W" Fragen?

„W"-Fragen sind Fragen, die in der deutschen Sprache mit den **Fragewörtern**, die mit dem Buchstaben „W" beginnen, formuliert werden. Sie dienen dazu, gezielt Informationen zu einem bestimmten Thema oder Sachverhalt zu erhalten und decken die wesentlichen Aspekte einer Situation ab. Die „W"-Fragen sind besonders wichtig, um **tiefergehende Informationen** zu erhalten und ein vollständiges Bild zu gewinnen.

Die häufigsten „W"-Fragen:

1. **Wer?**

   Frage nach der Person oder den **Beteiligten**.

   Beispiel: **Wer** ist verantwortlich für das Projekt?

2. **Was?**

   Frage nach dem Sachverhalt, der **Tätigkeit** oder dem **Gegenstand**.

   Beispiel: **Was** passiert, wenn der Termin nicht eingehalten wird?

3. **Wann?**

   Frage nach der Zeit oder dem **Zeitpunkt**.

   Beispiel: **Wann** beginnt die Besprechung?

4. **Wo?**

   Frage nach dem Ort oder der **Lokalität**.

   Beispiel: **Wo** findet das Meeting statt?

5. **Warum?**

   Frage nach dem Grund oder der **Ursache**.

   Beispiel: **Warum** wurde der Termin verschoben?

6. **Wie?**

   Frage nach der Art und Weise oder dem **Verfahren**.

   Beispiel: **Wie** soll der Bericht präsentiert werden?

7. **Womit?**

   Frage nach dem Mittel oder den **Werkzeugen**.

   Beispiel: **Womit** kann ich die Daten analysieren?

8. **Woraus?**

   Frage nach dem Material oder der **Zutaten**.

   Beispiel: **Woraus** besteht der Bericht?

9. **Wen?**

Frage nach der betroffenen Person im Akkusativ.

Beispiel: **Wen** müssen wir für das Projekt einbeziehen?

Zweck und Nutzen von „W"-Fragen:

- **Ermittlung von Fakten**: Sie helfen dabei, **spezifische Informationen** zu einem Thema zu erhalten.

- **Förderung der Klarheit**: Durch die gezielte Fragestellung wird der Gesprächspartner dazu angeregt, präzise und ausführliche Antworten zu geben.

- **Strukturierung von Gesprächen**: „W"-Fragen eignen sich hervorragend, um ein Gespräch oder eine Diskussion zu leiten und eine **systematische Auseinandersetzung** mit einem Thema zu ermöglichen.

- **Problemidentifikation**: Durch Fragen wie „Warum?" oder „Was?" können Ursachen für Probleme identifiziert und Lösungen entwickelt werden.

Beispiel für die Anwendung der „W"-Fragen:

Angenommen, es gibt eine Verzögerung bei einem Projekt. Eine Führungskraft könnte folgende „W"-Fragen stellen, um die Ursache zu ermitteln und Lösungen zu finden:

- **Wer** ist für die Verzögerung verantwortlich?
- **Was** hat die Verzögerung verursacht?

- **Wann** können wir die Verzögerung wieder aufholen?
- **Wo** gibt es mögliche Engpässe im Prozess?
- **Warum** ist das Projekt hinter dem Zeitplan?
- **Wie** können wir sicherstellen, dass solche Verzögerungen in Zukunft vermieden werden?

Fazit:

„W"-Fragen sind ein grundlegendes Werkzeug in der Kommunikation und Problemlösung. Sie ermöglichen eine präzise und systematische **Informationsgewinnung** und helfen dabei, **Unklarheiten** zu beseitigen und Lösungen zu finden.

5.11. WIE SOLLTE EINE ARBEITSANWEISUNG ERFOLGEN

Wie sollte eine Arbeitsanweisung erfolgen?

Eine **Arbeitsanweisung** sollte klar, strukturiert und verständlich formuliert sein, um sicherzustellen, dass alle Mitarbeiter die Anweisungen korrekt und effizient ausführen können. Sie dient dazu, Arbeitsabläufe zu standardisieren, Fehler zu minimieren und die Sicherheit sowie die Qualität der Arbeit zu gewährleisten. Eine gut formulierte Arbeitsanweisung berücksichtigt dabei sowohl den Inhalt als auch die Art und Weise, wie sie vermittelt wird.

1. Klar und verständlich formulieren

- **Vermeiden Sie Fachjargon** oder unklare Formulierungen, es sei denn, der Fachbegriff ist für den Mitarbeiter und die jeweilige Aufgabe klar verständlich.

- **Verwenden Sie einfache, prägnante Sätze**, die direkt und ohne unnötige Ausschweifungen auf den Punkt kommen.

2. Logische Struktur und Gliederung

Eine Arbeitsanweisung sollte eine klare und logische Struktur haben, damit der Leser die Schritte leicht nachvollziehen kann. Typische Gliederungspunkte sind:

- **Titel**: Klare Bezeichnung der Aufgabe oder des Prozesses.
- **Ziel**: Kurze Erklärung des Zwecks der Aufgabe oder des gewünschten Ergebnisses.
- **Geltungsbereich**: Wer die Anweisung betrifft (z. B. welche Abteilungen oder Personen).
- **Benötigte Materialien und Werkzeuge**: Auflistung aller benötigten Ressourcen, damit der Mitarbeiter vorbereitet ist.
- **Durchführung**: Detaillierte Schritt-für-Schritt-Anleitung, die alle Aufgaben beschreibt.
- **Sicherheitsvorkehrungen**: Hinweise zu Sicherheitsaspekten, die beachtet werden müssen.
- **Qualitätsstandards**: Angaben zu den Anforderungen an die Arbeitsergebnisse.
- **Kontrollen und Prüfungen**: Informationen darüber, wie und wann die Arbeit überprüft wird.
- **Verantwortlichkeiten**: Wer für die Durchführung und Überprüfung der Arbeit verantwortlich ist.

3. Schritt-für-Schritt-Erklärung

Die Durchführung der Arbeit sollte in klaren, nummerierten Schritten beschrieben werden. Jeder Schritt sollte:

- **Eindeutig und spezifisch** sein, ohne Raum für Interpretation.
- Falls nötig, **Illustrationen, Diagramme oder Fotos** enthalten, um komplexe Schritte visuell darzustellen und das Verständnis zu erleichtern.
- **Logisch aufgebaut** sein: Der Mitarbeiter soll von Schritt zu Schritt führen, ohne zwischendurch erneut nachdenken zu müssen.

Beispiel:
- **Schritt 1**: Schalten Sie die Maschine aus, indem Sie den Hauptschalter auf „Aus" stellen.
- **Schritt 2**: Überprüfen Sie, ob alle Not-Aus-Schalter aktiviert sind.
- **Schritt 3**: Entfernen Sie die defekten Teile, indem Sie die Schrauben mit einem Schraubenschlüssel lösen.

4. Verwendung von Listen und Tabellen
Verwenden Sie **Aufzählungen** oder **Tabellen**, um Informationen übersichtlich und schnell erfassbar zu machen, z. B.:

- **Benötigte Materialien** in einer Tabelle.
- **Wichtige Sicherheitsvorkehrungen** in einer Liste.

5. Sicherheitsvorkehrungen und Qualitätsanforderungen
- **Sicherheitsanweisungen** sollten immer deutlich hervorgehoben werden, um Unfälle und Verletzungen zu vermeiden. Diese Informationen können am Anfang oder in einem separaten Abschnitt aufgelistet werden.

- **Qualitätsstandards** müssen klar beschrieben sein, damit der Mitarbeiter weiß, welche Anforderungen er an die Arbeit stellen muss (z. B. Maße, Toleranzen, Aussehen, Funktion).

Beispiel:

- **Sicherheitsvorkehrungen**: Tragen Sie immer eine Schutzbrille und Handschuhe, wenn Sie mit den Chemikalien arbeiten.
- **Qualitätsanforderungen**: Die Verpackungen müssen vollständig versiegelt sein, ohne Lücken oder Risse.

6. Kontrollen und Dokumentation

- Beschreiben Sie, wie und wann die Arbeit überprüft wird (z. B. durch einen Vorgesetzten oder durch Stichproben).
- Falls erforderlich, sollten auch **Dokumentationen** angegeben werden, die den Abschluss der Aufgabe belegen (z. B. Protokolle, Berichte).

7. Verantwortlichkeiten klären

Eine Arbeitsanweisung sollte immer angeben, **wer** für die Durchführung der einzelnen Schritte verantwortlich ist, und wer für die **Kontrolle** und **Abnahme** zuständig ist. Dies sorgt für klare Zuständigkeiten und vermeidet Missverständnisse.

Beispiel:

- **Verantwortlich für die Durchführung**: Herr Müller, Techniker
- **Verantwortlich für die Qualitätskontrolle**: Frau Schmidt, Qualitätsbeauftragte

8. Vermeidung von Mehrdeutigkeiten

Vermeiden Sie unklare Formulierungen, die mehrere Bedeutungen haben könnten. Jede Anweisung sollte so formuliert sein, dass sie keine Raum für Missverständnisse lässt.

9. Schulung und Feedback

Nach der Erstellung einer Arbeitsanweisung sollten **Schulungen** durchgeführt werden, um sicherzustellen, dass alle Mitarbeiter die Anweisungen

verstehen und anwenden können. Außerdem ist es hilfreich, regelmäßig **Feedback** von den Nutzern der Arbeitsanweisung einzuholen, um sicherzustellen, dass sie praktisch umsetzbar ist und gegebenenfalls Verbesserungen vorzunehmen.

10. Regelmäßige Überprüfung und Aktualisierung

Arbeitsanweisungen sollten nicht statisch sein. Sie sollten regelmäßig auf
ihre **Aktualität** überprüft und bei Bedarf an **geänderte Umstände**, **technologische Entwicklungen** oder **gesetzliche Vorgaben** angepasst werden.

Beispiel für eine einfache Arbeitsanweisung:
Titel: Arbeitsanweisung zur Inbetriebnahme der Verpackungsmaschine

- **Ziel**: Sicherstellen, dass die Verpackungsmaschine korrekt und sicher in Betrieb genommen wird.

- **Benötigte Materialien**: Verpackungsmaschine, Betriebsanleitung,
  Schutzbrille, Handschuhe.

- **Durchführung**:
    1. Überprüfen Sie den Maschinenzustand und stellen Sie si-
       cher, dass alle Sicherheitsvorrichtungen vorhanden und
       funktionstüchtig sind.
    2. Schließen Sie die Maschine an die Stromversorgung an.
    3. Drücken Sie den Hauptschalter „Ein", um die Maschine zu
       starten.
    4. Führen Sie einen Testlauf durch, um sicherzustellen, dass
       die Maschine ordnungsgemäß funktioniert.
    5. Wenn der Testlauf erfolgreich ist, beginnen Sie mit der Pro-
       duktion.

- **Sicherheitsvorkehrungen**: Tragen Sie immer Schutzbrille und Handschuhe während des gesamten Prozesses. Stellen Sie sicher, dass der Not-Aus-Schalter jederzeit erreichbar ist.

- **Qualitätsanforderungen**: Überprüfen Sie nach jedem Produktionsdurchgang, ob die Verpackung ordnungsgemäß verschlossen und unbeschädigt ist.

Fazit:
Eine **gute Arbeitsanweisung** ist klar, strukturiert und verständlich. Sie sorgt dafür, dass Aufgaben effizient und fehlerfrei ausgeführt werden und dient der **Sicherheit**, **Qualität** und **Standardisierung** von Arbeitsprozessen. Sie ist ein wichtiges Hilfsmittel in der täglichen Arbeit und sollte regelmäßig überprüft und angepasst werden, um die bestmöglichen Ergebnisse zu erzielen.

Was ist bei der Führungskraft zu beachten?

Eine Führungskraft spielt eine zentrale Rolle im Erfolg eines Unternehmens und im Wohlbefinden der Mitarbeiter. Um eine effektive Führung auszuüben, gibt es mehrere wichtige Aspekte, die beachtet werden müssen. Hier sind einige der wichtigsten Punkte, die eine Führungskraft berücksichtigen sollte:

1. Kommunikation

Offen und transparent kommunizieren: Eine klare und offene Kommunikation ist entscheidend für den Erfolg eines Teams und eines Unternehmens. Die Führungskraft sollte regelmäßig mit den Mitarbeitern kommunizieren, sowohl in formellen Meetings als auch in informellen Gesprächen.

Aktives Zuhören: Führungskräfte sollten in der Lage sein, den Mitarbeitern zuzuhören, ihre Bedenken und Ideen zu verstehen und auf diese einzugehen.

Feedback geben und empfangen: Konstruktives Feedback, sowohl positiv als auch kritisch, ist notwendig, um die Leistung und Entwicklung der Mitarbeiter zu fördern. Eine gute Führungskraft nimmt auch Feedback von den Mitarbeitern an und nutzt es zur Verbesserung.

2. Empathie und emotionale Intelligenz

Empathie zeigen: Eine erfolgreiche Führungskraft muss die Perspektiven und Bedürfnisse ihrer Mitarbeiter verstehen und darauf reagieren können. Empathie stärkt das Vertrauen und die Bindung im Team und fördert ein respektvolles Arbeitsumfeld.

Emotionale Intelligenz: Dies bedeutet, die eigenen Emotionen und die der Mitarbeiter zu erkennen, zu verstehen und angemessen darauf zu reagieren. Führungskräfte sollten in stressigen Situationen ruhig bleiben und die richtigen Emotionen und Reaktionen zeigen.

3. Motivation und Inspiration

Mitarbeiter motivieren: Eine gute Führungskraft muss in der Lage sein, das Team zu motivieren und zu inspirieren, auch wenn die Arbeit herausfordernd ist. Dies kann durch **Anerkennung, Zielsetzung** und die Schaffung eines positiven Arbeitsumfelds geschehen.

Ziele setzen: Führungskräfte sollten klare, erreichbare Ziele setzen und sicherstellen, dass die Mitarbeiter wissen, wie ihre Arbeit zum Gesamterfolg des Unternehmens beiträgt.

4. Vorbildfunktion

Integrität und Ethik: Führungskräfte sollten mit gutem Beispiel vorangehen und selbst die Werte und Standards vertreten, die sie von ihren Mitarbeitern erwarten. Sie müssen Vertrauen schaffen, indem sie ehrlich, zuverlässig und konsequent sind.

Verantwortung übernehmen: Eine Führungskraft sollte Verantwortung für ihre Entscheidungen und Fehler übernehmen und nicht nach Ausreden suchen.

5. Entscheidungsfindung

Schnelle und fundierte Entscheidungen treffen: Führungskräfte sind oft in der Position, schwierige Entscheidungen treffen zu müssen. Sie sollten in der Lage sein, Informationen schnell zu bewerten und die besten Entscheidungen für das Unternehmen und die Mitarbeiter zu treffen.

Risiken abwägen: Führungskräfte müssen in der Lage sein, Risiken abzuwägen und die langfristigen Auswirkungen ihrer Entscheidungen zu berücksichtigen.

6. Delegation

Aufgaben delegieren: Eine gute Führungskraft weiß, dass sie nicht alles alleine erledigen kann. Sie muss die Fähigkeit haben, Aufgaben und Verantwortung an die richtigen Mitarbeiter zu delegieren, basierend auf deren Stärken und Fähigkeiten. Delegation fördert das Vertrauen und die Entwicklung der Mitarbeiter.

Verantwortung übertragen: Delegation bedeutet auch, den Mitarbeitern die Verantwortung zu übertragen und ihnen zu zutrauen, dass sie die Aufgaben selbstständig erledigen können.

7. Teamarbeit und Zusammenarbeit

Zusammenhalt fördern: Eine Führungskraft muss den Teamgeist und die Zusammenarbeit innerhalb des Teams fördern. Das bedeutet, Konflikte zu lösen, unterschiedliche Meinungen zu integrieren und eine Atmosphäre des respektvollen Dialogs zu schaffen.

Vielfalt schätzen: Eine erfolgreiche Führungskraft erkennt den Wert von **Diversität** (in Bezug auf Fähigkeiten, Erfahrungen, Hintergründe) und nutzt die unterschiedlichen Perspektiven im Team zur Verbesserung von Innovation und Problemlösungsfähigkeiten.

8. Weiterentwicklung und Coaching

Mitarbeiterentwicklung fördern: Eine gute Führungskraft investiert in die **Weiterbildung und Entwicklung** ihrer Mitarbeiter, um deren Potenziale voll auszuschöpfen. Dies kann durch regelmäßige Trainings, Mentoring oder die Bereitstellung von Karriereperspektiven erfolgen.

Coaching und Unterstützung: Führungskräfte sollten ihren Mitarbeitern regelmäßig Feedback und Unterstützung bieten, sie in ihrer beruflichen Entwicklung begleiten und ihnen helfen, ihre Ziele zu erreichen.

9. Zeit- und Ressourcenmanagement

Effizient mit Ressourcen umgehen: Eine Führungskraft sollte dafür sorgen, dass alle verfügbaren Ressourcen (Zeit, Geld, Personal) optimal eingesetzt werden, um die Ziele des Unternehmens zu erreichen.

Prioritäten setzen: Führungskräfte müssen in der Lage sein, zwischen wichtigen und weniger wichtigen Aufgaben zu unterscheiden und die Arbeit des Teams effektiv zu priorisieren.

10. Konfliktmanagement

Konflikte lösen: Konflikte innerhalb des Teams oder zwischen Mitarbeitern sind unvermeidlich. Eine gute Führungskraft muss in der Lage sein, Konflikte zu erkennen, zu vermitteln und Lösungen zu finden, die für alle Beteiligten akzeptabel sind.

Faires Management: Sie sollte immer fair bleiben und dafür sorgen, dass alle Mitarbeiter gleich behandelt werden, unabhängig von persönlichen Vorlieben oder Meinungsverschiedenheiten.

11. Flexibilität und Anpassungsfähigkeit

Anpassung an Veränderungen: In einer sich ständig verändernden Geschäftswelt müssen Führungskräfte flexibel bleiben und in der Lage sein, auf neue Herausforderungen und Anforderungen schnell zu reagieren.

Agilität: Führungskräfte sollten die Bereitschaft und Fähigkeit haben, Prozesse und Strategien zu ändern, wenn dies notwendig ist, um auf Veränderungen im Markt oder in der Organisation zu reagieren.

12. Stressmanagement und Selbstfürsorge

Stress bewältigen: Eine Führungskraft sollte lernen, mit Stress umzugehen, um die eigene Leistung und das Wohlbefinden zu erhalten. Zu den wichtigen Fähigkeiten gehört, ruhig zu bleiben, auch in herausfordernden Situationen, und dabei eine positive Haltung zu bewahren.

Selbstfürsorge: Führungskräfte sollten auch auf ihre eigene Gesundheit und ihr Wohlbefinden achten, um langfristig eine hohe Leistungsfähigkeit aufrechtzuerhalten.

Fazit:

Eine **gute Führungskraft** muss eine Vielzahl von Fähigkeiten und Eigenschaften mitbringen, die von **kommunikativer Kompetenz** und **Empathie** bis hin zu **Entscheidungsfreude** und **strategischem Denken** reichen. Sie sollte sowohl die Bedürfnisse des Unternehmens als auch die der Mitarbeiter im Blick behalten und eine Umgebung schaffen, in der beide Seiten wachsen und erfolgreich arbeiten können. Führung ist mehr als nur das Verwalten von Aufgaben; es geht darum, Menschen zu inspirieren, zu motivieren und zu fördern

---

Welche Fehler kann eine Führungskraft machen und wie kann er diese Vermeiden?

Führungskräfte spielen eine entscheidende Rolle für den Erfolg eines Unternehmens und das Wohlbefinden ihrer Mitarbeiter. Sie müssen eine Vielzahl von Herausforderungen bewältigen und dabei stets die Balance zwischen Unternehmenszielen und den Bedürfnissen ihrer Mitarbeiter finden. Dabei können sie jedoch auch Fehler machen, die sowohl die Leistung des Teams als auch das Arbeitsklima beeinträchtigen können.

Hier sind einige häufige Fehler, die Führungskräfte machen können, sowie Tipps, wie man diese vermeiden kann:

1. Unklare Kommunikation

Fehler: Führungskräfte, die ihre Erwartungen oder Ziele nicht klar und eindeutig kommunizieren, verursachen Missverständnisse und

Verwirrung im Team. Das führt zu Fehlern, ineffizienter Arbeit und Frustration bei den Mitarbeitern.

Vermeidung:

> **Klare Anweisungen**: Achten Sie darauf, klare und präzise Anweisungen zu geben, insbesondere bei wichtigen Aufgaben.
>
> **Regelmäßige Kommunikation**: Führen Sie regelmäßige Meetings und Einzelgespräche, um sicherzustellen, dass alle auf dem gleichen Stand sind.
>
> **Aktives Zuhören**: Hören Sie den Mitarbeitern zu, um Missverständnisse zu vermeiden und ein besseres Verständnis für ihre Anliegen und Ideen zu entwickeln.

2. Mangel an Vertrauen

Fehler: Führungskräfte, die ihren Mitarbeitern nicht vertrauen oder mikromanagen, schaffen ein Arbeitsumfeld, das von Unsicherheit und Frustration geprägt ist. Mitarbeiter fühlen sich entmündigt und verlieren die Motivation.

Vermeidung:

> **Delegation**: Geben Sie den Mitarbeitern Verantwortung und Vertrauen, um ihre Aufgaben selbstständig zu erledigen.
>
> **Vertrauen aufbauen**: Zeigen Sie Vertrauen in die Fähigkeiten Ihrer Mitarbeiter und lassen Sie ihnen Spielraum, ihre Arbeit zu gestalten.
>
> **Feedback statt Kontrolle**: Geben Sie regelmäßig konstruktives Feedback und vermeiden Sie übermäßige Kontrolle.

3. Unzureichende Anerkennung und Wertschätzung

Fehler: Wenn Führungskräfte die Leistungen ihrer Mitarbeiter nicht anerkennen oder wertschätzen, kann dies zu Demotivation und Frustration führen. Mitarbeiter, die sich nicht wertgeschätzt fühlen, können ihre Leistung und Engagement verlieren.

Vermeidung:

> **Lob und Anerkennung**: Geben Sie regelmäßig positives Feedback und anerkennen Sie die Leistung Ihrer Mitarbeiter.
>
> **Individuelle Anerkennung**: Zeigen Sie auch individuelle Anerkennung für außergewöhnliche Leistungen oder zusätzliche Anstrengungen.
>
> **Teamgeist stärken**: Fördern Sie eine Kultur der Wertschätzung innerhalb des Teams, damit auch Kollegen einander anerkennen.

4. Mangelnde Konfliktlösungskompetenz

Fehler: Konflikte zwischen Mitarbeitern oder innerhalb des Teams werden häufig ignoriert oder nicht angemessen angesprochen. Das führt zu einer negativen Teamdynamik und kann die Leistung und das Arbeitsklima erheblich beeinträchtigen.

Vermeidung:

> **Frühzeitig eingreifen**: Wenn Konflikte auftreten, sollten Sie schnell und gezielt eingreifen, um Lösungen zu finden, bevor sie eskalieren.
>
> **Moderation**: Als Führungskraft sollten Sie als neutrale Instanz fungieren und dabei helfen, unterschiedliche Sichtweisen zu integrieren.
>
> **Offene Kommunikation**: Fördern Sie eine offene und respektvolle Kommunikation, sodass Konflikte eher in einem konstruktiven Dialog gelöst werden können.

5. Fehlende Delegation

Fehler: Führungskräfte, die alles selbst erledigen oder keine Aufgaben an ihre Mitarbeiter delegieren, überlasten sich selbst und hindern ihre Mitarbeiter daran, Verantwortung zu übernehmen und sich weiterzuentwickeln.

Vermeidung:

Delegation von Aufgaben: Delegieren Sie Aufgaben entsprechend der Fähigkeiten und Erfahrungen Ihrer Mitarbeiter. Vertrauen Sie darauf, dass sie die Arbeit erledigen können.

Verantwortung übertragen: Geben Sie den Mitarbeitern Verantwortung und Möglichkeiten zur Selbstständigkeit. Dies fördert ihre persönliche und berufliche Entwicklung.

Ressourcen zur Verfügung stellen: Stellen Sie sicher, dass Mitarbeiter die nötigen Ressourcen und Unterstützung haben, um die Aufgaben erfolgreich zu erfüllen.

6. Fehlende Vision oder Richtung

Fehler: Führungskräfte, die keine klare Vision oder langfristige Zielsetzung haben, können ihre Mitarbeiter in eine Richtung führen, die sich ziellos anfühlt. Dies kann zu Unsicherheit, Ineffizienz und Motivationsverlust führen.

Vermeidung:

Vision und Ziele kommunizieren: Definieren Sie klare Ziele und eine langfristige Vision für das Unternehmen und das Team. Kommunizieren Sie diese regelmäßig, um die Mitarbeiter zu inspirieren und zu motivieren.

Orientierung bieten: Geben Sie Ihren Mitarbeitern Orientierung, damit sie wissen, wie ihre Arbeit zu den übergeordneten Unternehmenszielen beiträgt.

Anpassungsfähigkeit: Seien Sie bereit, die Vision und Ziele bei Bedarf anzupassen, um auf Veränderungen im Markt oder im Unternehmen zu reagieren.

7. Überlastung der Mitarbeiter

Fehler: Führungskräfte, die zu viele Aufgaben auf die Schultern ihrer Mitarbeiter legen, ohne auf ihre Arbeitsbelastung zu achten, riskieren Burnout und sinkende Produktivität.

Vermeidung:

Aufgaben realistisch planen: Achten Sie darauf, dass die Arbeitsbelastung Ihrer Mitarbeiter angemessen ist und dass sie genug Zeit für ihre Aufgaben haben.

Regelmäßige Überprüfung der Workload: Stellen Sie sicher, dass keine Mitarbeiter überlastet sind. Überprüfen Sie regelmäßig die Arbeitslast und passen Sie Aufgaben oder Fristen gegebenenfalls an.

Stressmanagement unterstützen: Unterstützen Sie Ihre Mitarbeiter aktiv im Umgang mit Stress und fördern Sie eine ausgewogene Work-Life-Balance.

8. Mangelnde Weiterentwicklung der Mitarbeiter

Fehler: Führungskräfte, die keine Entwicklungs- oder Weiterbildungsmöglichkeiten bieten, verhindern, dass ihre Mitarbeiter wachsen und ihre Potenziale entfalten. Dies kann zu Frustration und Fluktuation führen.

Vermeidung:

Förderung von Weiterbildung: Bieten Sie Ihren Mitarbeitern regelmäßige Weiterbildungsmöglichkeiten, sowohl in fachlicher als auch in persönlicher Hinsicht.

Mentoring und Coaching: Unterstützen Sie Ihre Mitarbeiter aktiv bei ihrer beruflichen Weiterentwicklung durch Mentoring oder Coaching.

Karriereperspektiven aufzeigen: Schaffen Sie klare Entwicklungs- und Aufstiegsmöglichkeiten, um die Mitarbeiter langfristig zu motivieren und an das Unternehmen zu binden.

9. Keine Anerkennung der individuellen Bedürfnisse

Fehler: Führungskräfte, die alle Mitarbeiter über einen Kamm scheren, ohne individuelle Bedürfnisse und Unterschiede zu berücksichtigen, riskieren Unzufriedenheit und eine sinkende Motivation.

Vermeidung:

Individualisierte Führung: Achten Sie auf die unterschiedlichen Bedürfnisse und Wünsche Ihrer Mitarbeiter und passen Sie Ihre Führungsweise entsprechend an.

Flexible Arbeitsmodelle: Berücksichtigen Sie, dass nicht alle Mitarbeiter denselben Arbeitsstil oder dieselben Arbeitszeiten bevorzugen. Flexibilität, z. B. durch Homeoffice oder flexible Arbeitszeiten, kann zu höherer Zufriedenheit führen.

Gesundheitsförderung: Berücksichtigen Sie die gesundheitlichen und familiären Bedürfnisse Ihrer Mitarbeiter und bieten Sie Unterstützung, wo es nötig ist.

Fazit:

Eine gute Führungskraft sollte in der Lage sein, ihre eigenen Schwächen zu erkennen und aktiv an deren Verbesserung zu arbeiten. Fehler sind ein natürlicher Teil des Führungsprozesses, aber es ist wichtig, dass Führungskräfte aus diesen lernen und sich kontinuierlich weiterentwickeln. Durch bewusste Selbstreflexion, regelmäßiges Feedback und die Bereitschaft, sich selbst zu hinterfragen, können viele der oben genannten Fehler vermieden oder zumindest minimiert werden.

Was sind die Vorteile und Nachteile einer mündliche Arbeitsanweisung?

Eine **mündliche Arbeitsanweisung** wird in der Regel durch direkte Kommunikation zwischen der Führungskraft und den Mitarbeitern oder innerhalb eines Teams weitergegeben. Diese Art der Anweisung kann schnell und informell erfolgen, birgt jedoch auch gewisse Risiken. Hier sind die **Vorteile und Nachteile** einer mündlichen Arbeitsanweisung:

Vorteile einer mündlichen Arbeitsanweisung:

1. **Schnelligkeit und Effizienz**

   Mündliche Arbeitsanweisungen können sehr schnell erteilt werden, insbesondere wenn sie spontan und kurzfristig erforderlich sind. Es gibt keine Verzögerung durch formelle Dokumentationsprozesse oder schriftliche Anweisungen.

   Ideal in Situationen, in denen sofortiges Handeln erforderlich ist, z. B. bei kurzfristigen Änderungen im Arbeitsablauf oder bei Notfällen.

2. **Direktes Feedback und Klärung**

   Bei mündlichen Anweisungen können Fragen sofort beantwortet und Unklarheiten direkt beseitigt werden. Das reduziert Missverständnisse und sorgt dafür, dass der Mitarbeiter die Aufgabe genau versteht.

Die Führungskraft kann direkt auf die Reaktionen und das Verständnis des Mitarbeiters eingehen und gegebenenfalls anpassen.

3. **Flexibilität**

   Mündliche Anweisungen sind besonders flexibel und anpassbar. Sie können leicht modifiziert oder aktualisiert werden, falls sich die Umstände oder Anforderungen ändern.

   Geeignet für Situationen, in denen eine schnelle Anpassung erforderlich ist, ohne lange auf die Ausarbeitung oder Freigabe von Dokumenten warten zu müssen.

4. **Förderung von persönlichem Kontakt und Beziehung**

   Mündliche Kommunikation fördert den persönlichen Kontakt und die Beziehung zwischen Führungskraft und Mitarbeiter. Dies kann das Vertrauen und die Zusammenarbeit stärken.

   Es ermöglicht eine informellere, offenere Atmosphäre und fördert den Dialog.

5. **Vermeidung von Papierkram**

   Da keine schriftliche Dokumentation erforderlich ist, entfällt der administrative Aufwand, der mit der Erstellung und Verwaltung schriftlicher Anweisungen verbunden ist.

Nachteile einer mündlichen Arbeitsanweisung:

1. **Missverständnisse und fehlende Präzision**

   Ohne schriftliche Dokumentation können Details leicht verloren gehen oder missverstanden werden. Das führt dazu, dass Mitarbeiter die Anweisung anders umsetzen, als ursprünglich beabsichtigt.

   Besonders in komplexeren Aufgaben oder bei wiederholten Anweisungen kann es schwierig sein, sich alle Details zu merken.

2. **Fehlende Nachvollziehbarkeit**

   Mündliche Anweisungen hinterlassen keine dauerhafte Aufzeichnung. Im Falle von Fehlern oder Konflikten kann es schwierig sein, nachzuvollziehen, was genau gesagt wurde und wie die Anweisung ursprünglich lautete.
   Bei späteren Unstimmigkeiten oder rechtlichen Fragen ist es schwierig, zu belegen, welche Anweisung tatsächlich gegeben wurde.

3. **Eingeschränkte Reichweite**

   Bei großen Teams oder in Situationen, in denen mehrere Mitarbeiter gleichzeitig informiert werden müssen, kann die mündliche Weitergabe unpraktisch oder unübersichtlich werden.

   Es kann schwierig sein, sicherzustellen, dass jeder Mitarbeiter die gleiche Information erhält und sie gleich versteht.

4. **Verwirrung bei mehreren Anweisungen**

Wenn eine Führungskraft mehrere mündliche Anweisungen hintereinander gibt, kann es zu Verwirrung kommen, insbesondere wenn der Mitarbeiter nicht in der Lage ist, alle Details zu behalten.

Der Mitarbeiter könnte Teile der Information vergessen oder falsch umsetzen.

5. **Fehlende Standardisierung**

Mündliche Anweisungen sind oft weniger standardisiert als schriftliche. Dies kann zu Inkonsistenzen führen, insbesondere wenn die gleichen Aufgaben immer wieder von verschiedenen Personen an unterschiedliche Mitarbeiter kommuniziert werden.

Standardisierte Arbeitsprozesse und Arbeitsanweisungen können mündlich nur schwer vermittelt werden.

Wie man die Nachteile einer mündlichen Arbeitsanweisung minimieren kann:

1. **Zusammenfassung und Notizen**:

Auch wenn die Arbeitsanweisung mündlich erteilt wird, kann der Mitarbeiter gebeten werden, die wesentlichen Punkte zu notieren. Dies fördert das Verständnis und sorgt für eine schriftliche Erinnerung an die Anweisung.

Die Führungskraft kann die Anweisung am Ende des Gesprächs zusammenfassen und den Mitarbeiter bitten, diese zu wiederholen, um sicherzustellen, dass alles richtig verstanden wurde.

2. **Bestätigung und Rückfragen**:

   Um Missverständnisse zu vermeiden, sollte der Mitarbeiter ermutigt werden, Fragen zu stellen oder die Anweisung zu wiederholen, um Klarheit zu gewinnen.

   Die Führungskraft kann auch nach der Erteilung der mündlichen Anweisung sicherstellen, dass der Mitarbeiter das Gefühl hat, die Aufgabe verstanden zu haben.

3. **Nachträgliche schriftliche Bestätigung**:

   In Fällen, in denen die Anweisung besonders wichtig oder komplex ist, kann die mündliche Anweisung durch eine schriftliche Bestätigung ergänzt werden, die per E-Mail oder in einer kurzen Notiz verschickt wird.

4. **Kurze, prägnante Kommunikation**:

   Bei der mündlichen Weitergabe von Arbeitsanweisungen sollte darauf geachtet werden, dass sie kurz, prägnant und auf den Punkt gebracht sind, um eine Überlastung mit Informationen zu vermeiden.

Fazit:

Die **mündliche Arbeitsanweisung** hat sowohl **Vorteile** als auch **Nachteile**. Sie ist besonders in dynamischen, schnelllebigen Arbeitsumfeldern nützlich, in denen schnelles Handeln erforderlich ist oder eine direkte Rückmeldung und Klärung notwendig sind. Allerdings birgt sie das Risiko von

Missverständnissen und fehlender Nachvollziehbarkeit, besonders bei komplexen oder wiederkehrenden Aufgaben.

Um die Nachteile zu minimieren, kann es hilfreich sein, **mündliche Anweisungen** mit **schriftlicher Dokumentation** zu kombinieren, insbesondere bei wichtigen oder detaillierten Aufgaben. So stellt man sicher, dass alle Mitarbeiter die gleichen Informationen erhalten und dass es eine Referenz gibt, auf die man bei Bedarf zurückgreifen kann.

Was sind die Vorteile und Nachteile einer schriftlichen Arbeitsanweisung?

Eine **schriftliche Arbeitsanweisung** bietet eine formale und strukturierte Art, Aufgaben und Prozesse zu kommunizieren. Diese Methode hat in vielen Fällen klare Vorteile, aber auch einige potenzielle Nachteile. Hier sind die wichtigsten **Vorteile und Nachteile** einer schriftlichen Arbeitsanweisung:

Vorteile einer schriftlichen Arbeitsanweisung:

1. **Klarheit und Präzision**

   Vorteil: Schriftliche Arbeitsanweisungen bieten eine klare, präzise und detaillierte Erklärung der Aufgaben und Anforderungen. Missverständnisse sind weniger wahrscheinlich, da alle relevanten Informationen festgehalten werden.

   Beispiel: Wenn eine komplexe Aufgabe oder ein standardisierter Arbeitsprozess erklärt wird, hilft die schriftliche Dokumentation dabei, alle wichtigen Schritte und Details festzuhalten, sodass keine Schritte übersehen werden.

2. Nachvollziehbarkeit und Dokumentation

Vorteil: Eine schriftliche Arbeitsanweisung ist ein fester, überprüfbarer Referenzpunkt. Sie kann später nachgelesen werden, was besonders hilfreich ist, wenn es Unklarheiten oder Konflikte gibt.

Beispiel: Im Falle von Fehlern oder bei der Überprüfung der Einhaltung von Vorschriften kann die schriftliche Arbeitsanweisung als Beweis herangezogen werden, dass bestimmte Verfahren korrekt kommuniziert wurden.

3. Vermeidung von Missverständnissen

Vorteil: Da alle Informationen dokumentiert sind, sind sie für alle Mitarbeiter einsehbar und nachvollziehbar. Das reduziert die Gefahr von Missverständnissen oder fehlerhaften Interpretationen, die bei mündlicher Kommunikation auftreten können.

Beispiel: Wenn mehrere Personen die gleiche Aufgabe ausführen müssen, erhalten sie alle exakt die gleichen Informationen, was die Konsistenz der Arbeitsweise gewährleistet.

4. Standardisierung von Prozessen

Vorteil: Schriftliche Arbeitsanweisungen tragen dazu bei, Prozesse zu standardisieren, indem sie klare, festgelegte Vorgehensweisen festlegen, die alle Mitarbeiter befolgen sollten. Das fördert Effizienz und Qualität.

Beispiel: In der Produktion oder im Qualitätsmanagement ist es wichtig, dass alle Mitarbeiter dieselben Verfahren anwenden, um eine konsistente Produktqualität sicherzustellen.

5. **Erleichterung der Einarbeitung**

> **Vorteil**: Neue Mitarbeiter können sich mithilfe schriftlicher Arbeitsanweisungen schneller und effizienter einarbeiten. Die Anweisungen dienen als Nachschlagewerk, das sie im Arbeitsalltag unterstützen kann.

> **Beispiel**: Eine neue Mitarbeiterin in einem Labor könnte durch schriftliche Anweisungen zu Standardverfahren schneller verstehen, wie bestimmte Tests durchzuführen sind.

6. **Rechtliche Absicherung**

> **Vorteil**: Eine schriftliche Arbeitsanweisung kann als rechtliche Absicherung dienen, da sie im Falle von arbeitsrechtlichen Auseinandersetzungen oder Audits nachgewiesen werden kann. Sie belegt, dass eine bestimmte Vorgehensweise dem Mitarbeiter vermittelt wurde.

> **Beispiel**: In sicherheitsrelevanten Bereichen (z. B. Bauindustrie oder Chemiebranche) kann eine schriftliche Anweisung dazu beitragen, rechtliche Vorschriften zu erfüllen und die Sicherheit der Mitarbeiter zu gewährleisten.

Nachteile einer schriftlichen Arbeitsanweisung:

1. **Fehlende Flexibilität**

> **Nachteil**: Schriftliche Arbeitsanweisungen sind in der Regel nicht so flexibel wie mündliche. Wenn sich eine Aufgabe oder ein Prozess kurzfristig ändert, kann es schwierig sein, die schriftliche Anweisung schnell zu aktualisieren und an alle Mitarbeiter zu kommunizieren.

Beispiel: In einem schnelllebigen Umfeld (z. B. in der Softwareentwicklung oder der Forschung) können schnelle Änderungen der Anforderungen dazu führen, dass die schriftlichen Anweisungen schnell veraltet sind, bevor alle Mitarbeiter sie gelesen haben.

2. **Übermäßige Bürokratie**

   Nachteil: Zu viele schriftliche Arbeitsanweisungen können den Arbeitsprozess verlangsamen und unnötige Bürokratie schaffen. Wenn jedes Detail in schriftlicher Form festgehalten wird, kann dies zu einer Informationsflut führen, die Mitarbeiter überfordert.

   Beispiel: In Unternehmen, die übermäßig detaillierte Arbeitsanweisungen für jede noch so kleine Aufgabe erstellen, kann es passieren, dass Mitarbeiter die wichtigen Informationen nicht aus den vielen Dokumenten herausfiltern können.

3. **Mangelnde persönliche Interaktion**

   Nachteil: Eine schriftliche Anweisung kann keine sofortige Klärung von Fragen oder Unsicherheiten bieten, wie es bei mündlicher Kommunikation der Fall ist. Bei komplexen oder schwer verständlichen Anweisungen bleibt der Dialog aus.

   Beispiel: Wenn ein Mitarbeiter beim Lesen der schriftlichen Anweisung auf Unklarheiten stößt, kann es zu Verzögerungen kommen, da er erst eine Rückfrage stellen und auf eine Antwort warten muss.

4. **Unzureichende Motivation**

   Nachteil: Schriftliche Arbeitsanweisungen können weniger motivierend wirken als mündliche, persönliche

Kommunikation. Sie enthalten keine emotionale Unterstützung oder Anerkennung, die Mitarbeiter in mündlichen Gesprächen von ihren Führungskräften oft erhalten.

Beispiel: Ein Mitarbeiter, der nur durch schriftliche Anweisungen geführt wird, könnte sich weniger unterstützt oder eingebunden fühlen als einer, der regelmäßig in persönlichen Gesprächen Rückmeldung und Ermutigung erhält.

5. **Unübersichtlichkeit bei langen Anweisungen**
   Nachteil: Sehr lange oder detaillierte schriftliche Arbeitsanweisungen können schwer verständlich und überfordernd sein. Wenn die Anweisung nicht gut strukturiert ist, besteht die Gefahr, dass wichtige Informationen übersehen oder nicht richtig beachtet werden.

   Beispiel: Eine umfassende Anleitung zur Bedienung eines komplexen Maschinenmoduls könnte zu lang und zu technisch sein, sodass der Mitarbeiter Schwierigkeiten hat, die relevanten Informationen schnell zu finden.

6. **Abhängigkeit von Lesefähigkeiten und Verständnis**
   Nachteil: Mitarbeiter müssen die Fähigkeit und Zeit haben, die schriftlichen Anweisungen zu lesen und zu verstehen. Bei sprachlichen Barrieren, niedrigen Lesefähigkeiten oder fehlendem Interesse könnten Anweisungen möglicherweise missachtet oder nicht vollständig beachtet werden.

   Beispiel: In einem internationalen Unternehmen könnten sprachliche Unterschiede dazu führen, dass Mitarbeiter nicht in der Lage sind, eine Anweisung in der Sprache der Unternehmensdokumentation korrekt zu verstehen.

Wie man die Nachteile einer schriftlichen Arbeitsanweisung minimiert

1. **Regelmäßige Aktualisierung**

   Schriftliche Arbeitsanweisungen sollten regelmäßig überprüft und bei Bedarf aktualisiert werden, um sicherzustellen, dass sie den aktuellen Anforderungen und Prozessen entsprechen.

2. **Klarheit und Struktur**

   Die Anweisungen sollten klar, prägnant und gut strukturiert sein, um Überforderungen zu vermeiden. Wichtige Informationen sollten hervorgehoben oder in einer leicht verständlichen Sprache formuliert werden.

3. **Ergänzende Kommunikation**

   Bei besonders komplexen Anweisungen sollte die schriftliche Anweisung durch persönliche Gespräche oder Schulungen ergänzt werden, damit Mitarbeiter die Gelegenheit haben, Fragen zu stellen und Unklarheiten zu klären.

4. **Verwendung von Visualisierungen**

   Grafiken, Diagramme oder Bilder können die schriftliche Anweisung ergänzen und dazu beitragen, komplexe Informationen verständlicher zu machen.

5. **Verfügbarkeit und Zugänglichkeit**

   Die schriftlichen Arbeitsanweisungen sollten leicht zugänglich und in einer für alle Mitarbeiter verständlichen Sprache verfasst sein. Falls erforderlich, kann eine mehrsprachige Version angeboten werden.

Fazit:

Eine **schriftliche Arbeitsanweisung** bietet vor allem **Vorteile** in Bezug auf **Klarheit, Dokumentation, Nachvollziehbarkeit** und **Standardisierung.** Sie eignet sich besonders für komplexe oder standardisierte Aufgaben und für Situationen, in denen eine präzise und konsistente Kommunikation erforderlich ist. Jedoch können **Nachteile** wie **Mangel an Flexibilität, Bürokratie** und **Fehlende persönliche Interaktion** auftreten.

Um die **Nachteile** zu minimieren, sollten schriftliche Arbeitsanweisungen **gut strukturiert, regelmäßig aktualisiert** und bei Bedarf durch **mündliche Erläuterungen** oder **Schulungen** ergänzt werden.

Wann sollte ich mich für eine mündliche bzw. eine schriftlichen Arbeitsanweisung entscheiden?

Die Entscheidung, ob eine **mündliche** oder **schriftliche Arbeitsanweisung** die bessere Wahl ist, hängt von verschiedenen Faktoren ab. Beide Kommunikationsmethoden haben ihre spezifischen Vor- und Nachteile, und der Kontext, in dem die Arbeitsanweisung erteilt wird, spielt eine entscheidende Rolle. Hier sind einige **Kriterien und Situationen**, die dir helfen können, zu entscheiden, welche Art der Arbeitsanweisung am besten geeignet ist:

Wann solltest du eine mündliche Arbeitsanweisung wählen?

Dringlichkeit und Schnelligkeit

    Warum: Mündliche Anweisungen sind schnell und können in Echtzeit gegeben werden, ohne dass auf eine schriftliche Dokumentation gewartet werden muss. Sie sind besonders hilfreich, wenn eine schnelle Reaktion erforderlich ist.

Beispiel: Bei einem Notfall oder einer unvorhergesehenen Situation, wie z. B. einem Maschinenstopp, bei dem sofortiges Handeln erforderlich ist, ist eine mündliche Anweisung effektiver.

Einfache oder kurzfristige Aufgaben

Warum: Wenn die Aufgabe relativ einfach ist und keine umfangreiche Erklärung benötigt, ist eine mündliche Anweisung oft ausreichend. Bei Routineaufgaben, die regelmäßig ausgeführt werden, können mündliche Anweisungen effizient und zeitsparend sein.

Beispiel: Eine einfache Aufforderung, eine bestimmte Datei zu kopieren oder eine Maschine für einen kurzen Zeitraum auszuschalten.

Interaktive Kommunikation und direkte Rückfragen

Warum: Wenn die Aufgabe komplexer ist oder Unsicherheiten bestehen, ermöglicht die mündliche Kommunikation sofortiges Feedback. Der Mitarbeiter kann Fragen stellen und direkt klären, ob er die Anweisung korrekt verstanden hat.

Beispiel: Wenn ein Mitarbeiter nach einer Änderung im Arbeitsablauf fragt, kannst du ihm durch eine mündliche Erklärung mit sofortigem Feedback helfen.

Persönliche Beziehung und Motivation

Warum: Mündliche Anweisungen bieten oft eine Gelegenheit für die Führungskraft, den Mitarbeiter persönlich zu motivieren, die Wichtigkeit der Aufgabe zu betonen und eine engere Beziehung aufzubauen. Sie können auch als Gelegenheit dienen, dem Mitarbeiter Anerkennung für seine Arbeit zu zeigen.

Beispiel: Wenn du das Gefühl hast, dass ein Mitarbeiter eine zusätzliche Motivation braucht oder bei einer besonderen Herausforderung Unterstützung benötigt.

Flexibilität und spontane Anpassungen

Warum: Mündliche Anweisungen sind flexibler und können spontan an sich ändernde Umstände angepasst werden. Wenn du in einer Situation bist, in der die Anweisung kurzfristig angepasst oder geändert werden muss, ist die mündliche Kommunikation schneller und einfacher.

Beispiel: Wenn es zu unerwarteten Änderungen in der Produktionsplanung kommt und du die Mitarbeiter sofort über die Anpassungen informieren musst.

Wann solltest du eine schriftliche Arbeitsanweisung wählen?

Komplexe Aufgaben oder Prozesse

Warum: Schriftliche Arbeitsanweisungen sind besonders sinnvoll, wenn die Aufgabe komplex oder mehrstufig ist und viele Details berücksichtigt werden müssen. Sie ermöglichen es, den gesamten Prozess klar und vollständig zu dokumentieren, was sicherstellt, dass nichts vergessen wird.

Beispiel: Bei der Durchführung von Sicherheitsprüfungen, Qualitätskontrollen oder der Bedienung komplexer Maschinen, bei denen jeder Schritt präzise ausgeführt werden muss.

Wiederholbare und standardisierte Prozesse

Warum: Wenn die Aufgabe regelmäßig und unter denselben Bedingungen ausgeführt wird, hilft eine schriftliche Anweisung, den Prozess zu standardisieren und sicherzustellen, dass er immer gleich durchgeführt wird. So werden Fehler durch unterschiedliche Interpretationen vermieden.

Beispiel: Arbeitsanweisungen für die Nutzung bestimmter Softwaretools oder Maschinen, die täglich von mehreren Mitarbeitern genutzt werden.

Rechtliche oder sicherheitsrelevante Anforderungen
Warum: In sicherheitskritischen Bereichen oder in Branchen mit strengen Vorschriften (z. B. im Gesundheitswesen, in der Produktion oder in der Chemieindustrie) sind schriftliche Arbeitsanweisungen erforderlich, um rechtlichen Anforderungen und Sicherheitsvorschriften gerecht zu werden. Sie dienen als Dokumentation, dass alle relevanten Schritte und Verfahren korrekt kommuniziert wurden.

Beispiel: In der Chemieindustrie, wo der Umgang mit gefährlichen Substanzen genau dokumentiert werden muss, um rechtlichen Anforderungen zu entsprechen.

Unklarheiten und detaillierte Erklärung notwendig
Warum: Wenn eine mündliche Erklärung zu Missverständnissen führen könnte oder bei einer komplexen Anweisung, bei der viele Details zu berücksichtigen sind, bietet die schriftliche Anweisung eine präzise Referenz. Sie stellt sicher, dass die Aufgabe ohne Missverständnisse ausgeführt wird.

Beispiel: Eine detaillierte Anleitung zur Installation eines neuen Softwareprogramms, bei dem jeder Schritt genau beschrieben werden muss.

Langfristige Dokumentation und Nachvollziehbarkeit
Warum: Wenn die Anweisung später nachgelesen oder überprüft werden muss, etwa zur Qualitätssicherung oder bei Audits, ist eine schriftliche Dokumentation wichtig. Sie bietet eine dauerhafte Referenz und gewährleistet Nachvollziehbarkeit und Transparenz.

Beispiel: Eine schriftliche Anweisung, die die täglichen Reinigungsprozesse in einem Lebensmittelunternehmen beschreibt, ist notwendig, um die Einhaltung der Hygienestandards nachzuweisen.

Einarbeitung neuer Mitarbeiter oder Schulungen
Warum: Schriftliche Anweisungen sind ideal für die Einarbeitung neuer Mitarbeiter oder für Schulungen, da sie es ermöglichen, den gesamten Prozess in einer strukturierten Form zu übermitteln, die der Mitarbeiter bei Bedarf jederzeit nachlesen kann.

Beispiel: Ein neues Teammitglied im Lager, das durch eine schriftliche Arbeitsanweisung die verschiedenen Lagerprozesse und Sicherheitsvorkehrungen verstehen und nachlesen kann.

Kombination von mündlichen und schriftlichen Arbeitsanweisungen

Oftmals ist es sinnvoll, **mündliche** und **schriftliche** Arbeitsanweisungen zu kombinieren:

Mündlich für die Erklärung: Ein kurzes, persönliches Gespräch zur Klärung der Aufgabenstellung oder zur Erklärung von Änderungen.

Schriftlich für die Dokumentation: Eine schriftliche Bestätigung oder detaillierte Ausarbeitung der Arbeitsanweisung, die der Mitarbeiter nachlesen kann, um sicherzustellen, dass alle Details korrekt beachtet werden.

Beispiel: Ein Mitarbeiter erhält eine mündliche Erklärung einer neuen Arbeitsweise, und danach wird ihm eine schriftliche Anleitung zur Verfügung gestellt, in der alle Schritte detailliert erklärt sind, sodass der Mitarbeiter jederzeit darauf zurückgreifen kann.

Fazit:

Mündliche Arbeitsanweisung eignet sich besonders für einfache, dringende Aufgaben, spontane Anpassungen, sowie Situationen, die eine schnelle Rückmeldung und Klärung von Fragen erfordern.

Schriftliche Arbeitsanweisung ist ideal für komplexe oder wiederkehrende Aufgaben, die eine präzise und standardisierte Durchführung erfordern, sowie für Situationen, in denen rechtliche, sicherheitsrelevante oder dokumentierte Anforderungen bestehen.

Die Wahl hängt von der **Komplexität** der Aufgabe, der **Dringlichkeit**, der **Notwendigkeit zur Dokumentation** und dem **Wunsch nach Interaktivität** ab. In vielen Fällen kann eine Kombination von beiden Methoden die effektivste Lösung sein.

5.12. DELEGATION

Definition Delegation

Delegation bezeichnet den **Prozess**, bei dem eine Führungskraft (oder eine Person in einer leitenden Position) die Verantwortung und/oder Befugnis für eine bestimmte Aufgabe oder Entscheidung an einen Mitarbeiter oder ein Team überträgt. Dabei bleibt die Führungskraft in der Regel für das

Endergebnis verantwortlich, aber die Durchführung der Aufgabe wird von der delegierten Person übernommen.

Die Delegation kann verschiedene Aspekte umfassen, wie zum Beispiel die **Übertragung von Aufgaben**, **Verantwortlichkeiten**, **Befugnissen** und **Ressourcen**, und ist ein zentraler Bestandteil erfolgreicher Führung und eines effektiven Managements.

Schlüsselmerkmale der Delegation:

1. **Übertragung von Verantwortung**: Die Führungskraft gibt einem Mitarbeiter die Verantwortung für eine bestimmte Aufgabe oder ein Projekt, während sie selbst für das Gesamtziel oder das Endergebnis verantwortlich bleibt.

2. **Übertragung von Entscheidungsbefugnissen**: Der Mitarbeiter wird nicht nur mit der Aufgabe betraut, sondern erhält auch die Befugnis, Entscheidungen zu treffen, die im Rahmen der Aufgabe notwendig sind.

3. **Klare Kommunikation**: Für eine erfolgreiche Delegation müssen klare Anweisungen und Erwartungen formuliert werden. Die Führungskraft sollte sicherstellen, dass der Mitarbeiter die Aufgabe versteht und weiß, welche Ressourcen zur Verfügung stehen.

4. **Vertrauen und Kontrolle**: Delegation erfordert ein gewisses Vertrauen in den Mitarbeiter, aber auch eine angemessene Kontrolle, um sicherzustellen, dass die Aufgabe erfolgreich abgeschlossen wird. Die Führungskraft sollte regelmäßig Feedback einholen und Unterstützung bieten, wenn nötig.

Beispiel für Delegation:

Ein Teamleiter könnte die Verantwortung für die Vorbereitung und Durchführung eines bestimmten Teils einer Konferenz an einen Mitarbeiter delegieren. Der Mitarbeiter ist für die Organisation und Ausführung des Teils verantwortlich, aber der Teamleiter bleibt für den Gesamtverlauf und den Erfolg der gesamten Veranstaltung verantwortlich.

Vorteile der Delegation:

Entlastung der Führungskraft: Die Führungskraft kann sich auf strategische Aufgaben konzentrieren, während alltägliche Aufgaben delegiert werden.

Förderung der Mitarbeiterentwicklung: Durch Delegation können Mitarbeiter neue Fähigkeiten entwickeln und mehr Verantwortung übernehmen, was sie motiviert und ihre Karrierechancen fördert.

Effizienzsteigerung: Aufgaben können parallel bearbeitet werden, was zu einer besseren Nutzung der Ressourcen und einer höheren Produktivität führt.

Herausforderungen der Delegation:

Vertrauensprobleme: Wenn Führungskräfte Schwierigkeiten haben, Aufgaben abzugeben, kann dies zu Überlastung und Stress führen.

Unklare Anweisungen: Wenn die Delegation nicht klar kommuniziert wird, kann dies zu Missverständnissen und Fehlern führen.

Mangelnde Kontrolle: Zu viel Delegation ohne geeignete Kontrolle oder Feedback kann dazu führen, dass Aufgaben nicht den gewünschten Standards entsprechen.

Insgesamt ist Delegation eine Schlüsselkompetenz für Führungskräfte und ein wichtiger Bestandteil des erfolgreichen Managements.

Was sind die Vorteile einer Delegation für die Führungskraft und für die Mitarbeiter?

Delegation bringt sowohl für die **Führungskraft** als auch für die **Mitarbeiter** zahlreiche **Vorteile**. Durch die effektive Delegation von Aufgaben und Verantwortung können beide Parteien profitieren, was zu einer besseren Arbeitsverteilung, effizienteren Prozessen und einer stärkeren Motivation führt.

Vorteile der Delegation für die Führungskraft:

1. **Entlastung und Zeitgewinn**

   Vorteil: Durch Delegation kann die Führungskraft weniger zeitintensive, alltägliche Aufgaben abgeben und sich auf strategische oder wichtige Managementaufgaben konzentrieren. So bleibt mehr Zeit für das Erreichen langfristiger Ziele und für die Leitung des Unternehmens.

   Beispiel: Eine Führungskraft, die die Verantwortung für die Durchführung von Routineaufgaben an ihr Team delegiert, kann sich verstärkt auf die Entwicklung neuer Projekte oder die Verbesserung von Geschäftsprozessen konzentrieren.

2. **Erhöhung der Effizienz und Produktivität**

   Vorteil: Delegation sorgt dafür, dass Aufgaben schneller erledigt werden, da mehrere Personen parallel an verschiedenen Aufgaben arbeiten können. Dies steigert die Effizienz und die Gesamtproduktivität des Teams oder der Abteilung.

   Beispiel: Wenn ein Projektmanager verschiedene Teammitglieder mit spezifischen Aufgaben betraut, kann das Team insgesamt schneller vorankommen als bei einer einzigen Person, die alles alleine bearbeitet.

3. **Förderung der Mitarbeiterentwicklung und -bindung**

   Vorteil: Durch Delegation können Führungskräfte den Mitarbeitern neue Herausforderungen bieten und ihnen die Möglichkeit geben, neue Fähigkeiten zu entwickeln und Verantwortung zu übernehmen. Dies stärkt die **Mitarbeiterbindung** und fördert das Wachstum im Unternehmen.

   Beispiel: Wenn ein Mitarbeiter die Verantwortung für ein größeres Projekt übernimmt, hat er die Möglichkeit, seine Führungsfähigkeiten zu entwickeln, was ihn für zukünftige Aufgaben qualifiziert.

4. **Bessere Entscheidungsfindung**

   Vorteil: Delegation ermöglicht es Führungskräften, von der Expertise ihrer Mitarbeiter zu profitieren. Mitarbeiter, die über spezifische Fachkenntnisse oder Erfahrung in bestimmten Bereichen verfügen, können besser informierte Entscheidungen treffen, was zu besseren Ergebnissen führt.

Beispiel: Ein Teammitglied, das viel Erfahrung mit einem bestimmten Produkt hat, könnte Entscheidungen zu Produktänderungen treffen, während der Teamleiter sich auf die Gesamtstrategie konzentriert.

5. **Verbesserte Teamdynamik und Vertrauen**

Vorteil: Durch Delegation zeigt die Führungskraft Vertrauen in ihre Mitarbeiter und fördert so eine positive Teamdynamik. Mitarbeiter fühlen sich wertgeschätzt, was die Zusammenarbeit und die Arbeitsatmosphäre verbessert.

Beispiel: Eine Führungskraft, die regelmäßig Verantwortung delegiert, zeigt den Mitarbeitern, dass sie an deren Fähigkeiten glauben, was zu einer höheren Motivation und einem besseren Arbeitsklima führt.

Vorteile der Delegation für die Mitarbeiter:

1. **Steigerung der Verantwortung und Autonomie**

Vorteil: Mitarbeiter übernehmen mehr Verantwortung und können ihre Aufgaben eigenständiger und selbstbestimmter ausführen. Dies fördert das Gefühl der **Autonomie** und macht die Arbeit abwechslungsreicher.

Beispiel: Ein Mitarbeiter, der die Verantwortung für ein eigenes Projekt übernimmt, fühlt sich eher als Teil des Entscheidungsprozesses und ist motivierter, gute Ergebnisse zu erzielen.

2. Entwicklung von Fähigkeiten und Karriereförderung

Vorteil: Durch die Übernahme neuer Aufgaben und Verantwortlichkeiten können Mitarbeiter ihre **Fähigkeiten** erweitern und neue Kompetenzen erlernen. Dies bietet ihnen Chancen für **berufliches Wachstum** und zukünftige Aufstiegsmöglichkeiten.

Beispiel: Ein Mitarbeiter, der in einer Leitungsebene Verantwortung übernimmt, kann seine **Führungsfähigkeiten** entwickeln und sich auf höhere Positionen vorbereiten.

3. Erhöhte Motivation und Engagement

Vorteil: Wenn Mitarbeiter Verantwortung übertragen bekommen, fühlen sie sich oft mehr eingebunden und motiviert. Die **Anerkennung** für die Übernahme wichtiger Aufgaben fördert das Engagement und die Identifikation mit den Unternehmenszielen.

Beispiel: Ein Mitarbeiter, der regelmäßig Aufgaben übernimmt, die ihm Vertrauen und Anerkennung verschaffen, wird eher mit Energie und Hingabe an der Erreichung der Unternehmensziele arbeiten.

4. Bessere Zusammenarbeit und Teamgeist

Vorteil: Delegation fördert die Zusammenarbeit innerhalb des Teams, da Mitarbeiter lernen, gemeinsam an Projekten zu arbeiten und Verantwortung zu teilen. Dies stärkt den **Teamgeist** und die kollegiale Unterstützung.

Beispiel: Ein Team, das sich die Verantwortung für ein Projekt teilt, kann durch gemeinsame Anstrengungen bessere

Ergebnisse erzielen und gleichzeitig ein stärkeres Gefühl der Zugehörigkeit entwickeln.

5. **Erhöhung des Selbstbewusstseins und der Zufriedenheit**

   Vorteil: Wenn Mitarbeiter sehen, dass ihre Führungskraft ihnen Verantwortung anvertraut und ihnen zutraut, die Aufgabe erfolgreich zu erledigen, stärkt dies ihr **Selbstbewusstsein** und steigert die **Arbeitszufriedenheit**.

   Beispiel: Ein Mitarbeiter, der die Verantwortung für ein erfolgreich abgeschlossenes Projekt übernimmt, fühlt sich stolz auf seine Leistung, was seine allgemeine Zufriedenheit und Motivation steigert.

Zusammenfassung:

Vorteile für die Führungskraft:
- Entlastung von Routineaufgaben und mehr Zeit für strategische Aufgaben
- Steigerung der Effizienz und Produktivität im Team
- Förderung der Mitarbeiterentwicklung und -bindung
- Bessere Entscheidungsfindung durch Nutzung von Expertenwissen
- Verbesserung des Teamgeists und der Vertrauensbasis

Vorteile für die Mitarbeiter:
- Übernahme von mehr Verantwortung und Förderung der Autonomie
- Entwicklung neuer Fähigkeiten und berufliches Wachstum
- Erhöhte Motivation und Engagement
- Verbesserung der Zusammenarbeit und des Teamgeists
- Stärkung des Selbstbewusstseins und der Arbeitszufriedenheit

Durch effektive Delegation profitieren sowohl Führungskraft als auch Mitarbeiter, was zu einer besseren Arbeitsatmosphäre, gesteigerter Effizienz und langfristigem Erfolg führt. Wichtig dabei ist, dass die **Delegation klar** kommuniziert wird und die **Ressourcen und Unterstützung** zur Verfügung stehen, damit die Aufgabe erfolgreich ausgeführt werden kann.

Welche Arten von Delegationen gibt es?

Es gibt verschiedene **Arten der Delegation**, die je nach **Ziel, Komplexität** der Aufgabe und **Befugnissen**, die übertragen werden, unterschieden werden. Jede Art der Delegation hat ihren eigenen Anwendungsbereich und ihre spezifischen Anforderungen. Hier sind die wichtigsten **Arten der Delegation**:

1. Delegation von Aufgaben (auch als Aufgaben-Delegation bezeichnet)

Beschreibung: Bei dieser Art der Delegation wird die **Verantwortung für eine konkrete Aufgabe** von der Führungskraft an einen Mitarbeiter übertragen. Die Aufgabe ist in der Regel klar definiert und umfasst keine oder nur geringe Entscheidungsbefugnisse.

Beispiel: Ein Teamleiter gibt einem Mitarbeiter die Verantwortung für die Vorbereitung einer Besprechung, einschließlich der Erstellung einer Agenda und der Einladung der Teilnehmer.

Wann anwenden?: Diese Art der Delegation eignet sich für wiederkehrende, routinemäßige oder klar umrissene Aufgaben, bei denen keine weitreichenden Entscheidungen erforderlich sind.

2. Delegation von Verantwortung (auch als Verantwortungs-Delegation bezeichnet)

Beschreibung: Bei der Delegation von Verantwortung wird nicht nur die Aufgabe, sondern auch die **Verantwortung für das**

Ergebnis übertragen. Der Mitarbeiter muss sicherstellen, dass das Ergebnis den Erwartungen entspricht und die Aufgabe erfolgreich ausgeführt wird.

Beispiel: Ein Projektleiter delegiert einem Mitarbeiter die Verantwortung für die Durchführung eines bestimmten Projektteils und erwartet, dass der Mitarbeiter das Ergebnis liefert, das den Qualitäts- und Zeitvorgaben entspricht.

Wann anwenden?: Diese Delegationsart wird angewendet, wenn ein Mitarbeiter bereits Erfahrung und Vertrauen hat und in der Lage ist, ein Ergebnis eigenständig zu verantworten.

3. Delegation von Entscheidungsbefugnissen (auch als Befugnis-Delegation bezeichnet)

Beschreibung: Hierbei werden **Entscheidungsbefugnisse** an den Mitarbeiter übertragen, sodass dieser selbstständig Entscheidungen treffen kann, die normalerweise in der Verantwortung der Führungskraft liegen würden. Die Führungskraft bleibt jedoch in der Regel für das Gesamtziel verantwortlich.

Beispiel: Ein Teamleiter delegiert einem Mitarbeiter die Entscheidung, wie bestimmte Aufgaben innerhalb eines Projekts organisiert und durchgeführt werden, während die Führungskraft die Gesamtstrategie und das Endergebnis überwacht.

Wann anwenden?: Diese Art der Delegation wird in Situationen angewendet, in denen die Führungskraft viel Vertrauen in den Mitarbeiter hat und die Delegation von Entscheidungsbefugnissen die Flexibilität und Effizienz im Team erhöhen soll.

4. Delegation von Aufgaben mit Kontrolle und Unterstützung (auch als begleitende Delegation bezeichnet)

Beschreibung: Bei dieser Delegation wird dem Mitarbeiter eine Aufgabe übertragen, aber die Führungskraft bleibt aktiv in den Prozess eingebunden und bietet **Unterstützung und Kontrolle**. Die

Führungskraft stellt sicher, dass der Mitarbeiter die Aufgabe korrekt umsetzt und interveniert, falls es zu Problemen kommt.

Beispiel: Ein Vorgesetzter überträgt einem Mitarbeiter die Verantwortung für die Erstellung eines Berichts, bietet jedoch regelmäßiges Feedback und unterstützt bei der Lösung auftretender Probleme.

Wann anwenden?: Diese Art der Delegation eignet sich für neue oder weniger erfahrene Mitarbeiter, die eine Aufgabe übernehmen, aber noch Anleitung oder Unterstützung benötigen.

5. Delegation von Befugnissen bei fortlaufender Verantwortung (auch als Verantwortungsübertragung)

Beschreibung: Diese Form der Delegation geht einen Schritt weiter, indem dem Mitarbeiter nicht nur **die Aufgabe** und **die Verantwortung** übertragen werden, sondern auch die **Befugnis**, Entscheidungen langfristig zu treffen und eigenverantwortlich zu handeln. Die Führungskraft behält sich jedoch das Recht vor, bei Bedarf einzugreifen.

Beispiel: Ein Abteilungsleiter überträgt einem Mitarbeiter die Verantwortung für die gesamte Leitung eines kleinen Teams, einschließlich der Planung, Organisation und Durchführung der Projekte, jedoch mit der Möglichkeit, die Führungskraft bei größeren Problemen zu konsultieren.

Wann anwenden?: Diese Delegationsart wird vor allem dann genutzt, wenn Mitarbeiter ein hohes Maß an Autonomie benötigen oder sich in einem bestimmten Bereich weiterentwickeln sollen.

6. Delegation von Aufgaben mit delegiertem Ziel (auch als Zieldelegation bezeichnet)

Beschreibung: Bei der Delegation von Zielen wird einem Mitarbeiter nicht die konkrete Ausführung einer Aufgabe übertragen, sondern das **Ziel** bzw. der **Ergebnisrahmen**, innerhalb dessen er die Aufgabe selbst gestalten kann. Der Mitarbeiter erhält die Freiheit, den Weg zur Zielerreichung selbst zu bestimmen.

Beispiel: Ein Vertriebsleiter gibt einem Außendienstmitarbeiter das Ziel, einen bestimmten Umsatz in einem festgelegten Zeitraum zu erreichen, aber lässt ihm die Wahl, wie er dieses Ziel erreicht, etwa durch die Auswahl von Kunden oder Verkaufstechniken.

Wann anwenden?: Diese Art der Delegation ist besonders nützlich, wenn die Führungskraft den Mitarbeiter motivieren möchte, kreativ und eigenständig zu arbeiten, um ein übergeordnetes Ziel zu erreichen.

7. Delegation von Routineaufgaben

Beschreibung: Hierbei handelt es sich um die Übertragung von **alltäglichen, wiederkehrenden Aufgaben** an Mitarbeiter, die keine spezielle Ausbildung oder komplexe Entscheidungskompetenzen benötigen. Diese Aufgaben können relativ einfach und standardisiert sein.

Beispiel: Ein Manager delegiert Aufgaben wie das Erstellen von regelmäßigen Berichten oder das Planen von Meetings an administrative Mitarbeiter.

Wann anwenden?: Diese Form der Delegation wird oft bei administrativen Aufgaben oder Routineaufgaben eingesetzt, die nicht viel Kreativität oder tiefgehendes Fachwissen erfordern.

8. Delegation durch Empowerment (Autonomie-Delegation)

Beschreibung: Diese Art der Delegation gewährt dem Mitarbeiter nicht nur Aufgaben und Verantwortungen, sondern auch ein hohes Maß an **Autonomie** und Entscheidungsspielraum. Mitarbeiter werden in die Lage versetzt, auf allen Ebenen Entscheidungen zu treffen, die ihre Arbeit betreffen, und sich voll zu entfalten.

Beispiel: Ein Teammitglied wird in einem Projektteam als **Lead** für ein Teilprojekt benannt und erhält vollständige Kontrolle über die Projektstrategie, das Budget und die Teamkoordination.

Wann anwenden?: Diese Art der Delegation ist besonders wirksam, wenn ein Unternehmen die **Eigenverantwortung** seiner

Mitarbeiter fördern möchte und die Mitarbeitermotivation und -zufriedenheit steigern will.

Zusammenfassung der Delegationsarten:

1. **Aufgaben-Delegation**: Übertragung von klar definierten Aufgaben ohne Entscheidungskompetenz.
2. **Verantwortungs-Delegation**: Übertragung der Verantwortung für das Ergebnis einer Aufgabe.
3. **Befugnis-Delegation**: Übertragung von Entscheidungsbefugnissen.
4. **Begleitende Delegation**: Aufgabenübertragung mit Kontrolle und Unterstützung durch die Führungskraft.
5. **Verantwortungsübertragung**: Übertragung von Aufgaben, Verantwortung und Entscheidungsbefugnis, oft mit langfristiger Verantwortung.
6. **Zieldelegation**: Übertragung von Zielen, aber mit Freiheit in der Auswahl der Methoden zur Zielverwirklichung.
7. **Routineaufgaben-Delegation**: Übertragung wiederkehrender, standardisierter Aufgaben.
8. **Empowerment (Autonomie-Delegation)**: Hohe Autonomie und Entscheidungsbefugnis für den Mitarbeiter.

Fazit:
Die Wahl der richtigen Art der Delegation hängt von der **Komplexität der Aufgabe**, der **Erfahrung** des Mitarbeiters, dem **Ziel** der Delegation sowie der **Notwendigkeit zur Kontrolle** und Unterstützung ab. Eine effektive Delegation trägt dazu bei, das Potenzial der Mitarbeiter zu entfalten, das Vertrauen im Team zu stärken und die **Produktivität** sowie die **Arbeitszufriedenheit** zu erhöhen.

Was darf delegiert werden?

Was darf delegiert werden? – Eine zentrale Frage im Führungskontext. Delegation ist ein wichtiges Führungsinstrument, bei dem eine Führungskraft Verantwortung, Aufgaben und Entscheidungsbefugnisse an Mitarbeiter überträgt. Dabei ist jedoch nicht alles automatisch delegierbar. Bestimmte Aufgaben und Verantwortlichkeiten müssen in der Regel bei der Führungskraft verbleiben, während andere delegiert werden können. Hier eine Übersicht darüber, **was delegiert werden darf**:

1. Routineaufgaben

Was: Wiederkehrende, standardisierte Aufgaben, die nicht viel Kreativität oder komplexe Entscheidungen erfordern.

Beispiel: Die Erstellung regelmäßiger Berichte, das Planen von Besprechungen, administrative Aufgaben wie das Sortieren von Post oder das Organisieren von Geschäftsreisen.

Warum delegierbar?: Diese Aufgaben sind in der Regel klar strukturiert, leicht verständlich und haben wenig Einfluss auf langfristige strategische Entscheidungen.

2. Operative Aufgaben

Was: Aufgaben, die im täglichen Geschäft anfallen und die **operativen Ziele** betreffen, aber keine strategischen Entscheidungen verlangen.

Beispiel: Die Organisation eines Events, die Koordination von Teams oder die Durchführung von Marktforschungsanalysen.

Warum delegierbar?: Sie sind oft standardisiert und erfordern keine tiefgreifende Einbindung in die Unternehmensstrategie.

3. Projekte mit klaren Zielvorgaben

Was: Projekte, die konkrete Ziele, Deadlines und Ergebnisse haben und gut abgesteckt sind.

Beispiel: Die Einführung eines neuen Softwaresystems, die Entwicklung eines Marketingplans oder die Organisation einer Produktschulung.

Warum delegierbar?: Wenn die Ziele und der Umfang des Projekts klar definiert sind, können Mitarbeiter Verantwortung übernehmen, solange sie die nötigen Ressourcen und Unterstützung erhalten.

4. Entscheidungen auf operativer Ebene

Was: Entscheidungen, die im täglichen Betrieb getroffen werden müssen und die keine langfristigen, weitreichenden Folgen haben.

Beispiel: Die Entscheidung, welcher Lieferant für ein Standardprodukt ausgewählt wird, oder die Entscheidung, wie ein kurzfristiges Problem im Team gelöst werden kann.

Warum delegierbar?: Solche Entscheidungen betreffen meist keine strategischen Richtungsänderungen und können von qualifizierten Mitarbeitern getroffen werden, die mit den Abläufen vertraut sind.

5. Fachliche Aufgaben und Expertenaufgaben

Was: Aufgaben, die spezielle Fachkenntnisse oder technische Expertise erfordern und bei denen die Führungskraft möglicherweise nicht die nötige Detailkenntnis hat.

Beispiel: Das Erstellen eines technischen Gutachtens, das Programmieren einer Software oder das Testen von Produkten auf Qualität.

Warum delegierbar?: Experten in bestimmten Fachbereichen können Aufgaben effizienter und qualifizierter erledigen als eine Führungskraft, die auf anderen Gebieten spezialisiert ist.

6. Mitarbeiterführung und -entwicklung

Was: Die Verantwortung für die Führung und Entwicklung von Mitarbeitern, z. B. durch Coaching, Feedback oder das Zuweisen von Entwicklungsmöglichkeiten.

Beispiel: Ein Teamleiter kann einem Mitarbeiter die Verantwortung für die Entwicklung einer bestimmten Fähigkeit oder die Betreuung eines anderen Mitarbeiters übertragen.

Warum delegierbar?: Führungskräfte können auch Verantwortung für das Wachstum ihrer Mitarbeiter an qualifizierte Teamleiter oder Mentoren delegieren, solange diese über die nötige Erfahrung und Führungskompetenz verfügen.

7. Delegation von Zielvorgaben

Was: Die Übertragung von Zielen und Ergebnissen, die erreicht werden müssen, ohne die genauen Mittel und Wege zu bestimmen.

Beispiel: Ein Vertriebsleiter delegiert das Ziel, den Umsatz um 20 % zu steigern, an ein Team, lässt aber den einzelnen Teammitgliedern die Freiheit, den Weg zu diesem Ziel selbst zu definieren.

Warum delegierbar?: Zieldelegation gibt den Mitarbeitern die Möglichkeit, kreative Lösungen zu entwickeln und ihre eigenen Methoden zu erarbeiten, um das gesetzte Ziel zu erreichen.

Was sollte nicht delegiert werden?

Nicht alle Aufgaben und Verantwortlichkeiten sollten delegiert werden. Besonders **strategische** und **entscheidungsrelevante** Aufgaben bleiben meist in der Hand der Führungskraft, da diese mit den langfristigen Zielen des Unternehmens verbunden sind. Hier einige Beispiele:

1. **Strategische Entscheidungen**

   Beispiel: Festlegung der Unternehmensstrategie, Entscheidungen zu Akquisitionen oder die langfristige Ausrichtung des Unternehmens.

   Warum nicht delegierbar?: Diese Entscheidungen betreffen das Gesamtunternehmen und haben weitreichende Folgen. Sie erfordern die volle Verantwortung der Führungskraft.

2. **Verantwortung für den Erfolg des Unternehmens**

   Beispiel: Die Führungskraft bleibt letztlich verantwortlich für den Gesamterfolg des Unternehmens, der durch die Teamarbeit unterstützt wird.

   Warum nicht delegierbar?: Die Verantwortung für das Gesamtergebnis ist der Kernbereich einer Führungskraft und kann nicht delegiert werden.

3. **Verantwortung für kritische Personalentscheidungen**

   Beispiel: Entscheidungen über Einstellungen, Kündigungen oder Beförderungen.

   Warum nicht delegierbar?: Diese Entscheidungen betreffen die langfristige Personalausrichtung und Kultur des Unternehmens und sollten von der Führungskraft getroffen werden.

4. **Aufsichtspflichten und Verantwortung für rechtliche Belange**

   Beispiel: Die Einhaltung von Compliance-Vorgaben, rechtlichen Bestimmungen oder Sicherheitserfordernissen im Unternehmen.

   Warum nicht delegierbar?: Die rechtliche Verantwortung und die Einhaltung von Vorschriften bleiben in der

Verantwortung der Führungskraft oder der Person mit entsprechender Fachkompetenz.

5. **Übergeordnete Kommunikation**

   Beispiel: Wichtige Mitteilungen an Stakeholder, Investoren oder externe Partner.

   Warum nicht delegierbar?: Kommunikation mit externen Partnern und die Sicherstellung eines konsistenten Unternehmensimages liegen in der Verantwortung der Führungskraft.

Zusammenfassung

Was darf delegiert werden?

- Routineaufgaben, operative Aufgaben und Projekte mit klaren Zielvorgaben
- Entscheidungen auf operativer Ebene und fachliche Aufgaben
- Verantwortung für Mitarbeiterentwicklung und Zielvorgaben

Was sollte nicht delegiert werden?

- Strategische Entscheidungen und Verantwortung für den Unternehmenserfolg
- Kritische Personalentscheidungen, rechtliche Verantwortung und Compliance
- Wichtige externe Kommunikation und langfristige Entscheidungen

Das Ziel einer effektiven Delegation ist es, die **Führungsverantwortung** auf die richtigen Aufgaben zu konzentrieren, den **Mitarbeitern Verantwortung und Vertrauen** zu übertragen und gleichzeitig sicherzustellen, dass **wichtige strategische** oder **rechtliche** Aspekte in den Händen der Führungskraft bleiben.

Zusammenfassung: Was darf nicht delegiert werden?

1. **Strategische Entscheidungen** (Unternehmensausrichtung, Vision, langfristige Ziele)
2. **Gesamtverantwortung für das Unternehmen** (finanzieller Erfolg, Unternehmensziele)
3. **Personalentscheidungen von erheblichem Gewicht** (Einstellungen, Kündigungen, Beförderungen)
4. **Rechtliche Verantwortung und Compliance** (Einhaltung gesetzlicher Vorschriften, rechtliche Angelegenheiten)
5. **Externe Kommunikation und Unternehmensimage** (Kommunikation mit Investoren, Stakeholdern, Medien)
6. **Krisenmanagement und -entscheidungen** (Entscheidungen in Krisen oder Notsituationen)
7. **Übergeordnete Vision und Unternehmenswerte** (Festlegung der Unternehmenswerte, Unternehmenskultur)
8. **Führung und Coaching von Führungskräften** (Entwicklung und Auswahl von Führungskräften)

Fazit:

Delegation ist ein wichtiges Instrument für Führungskräfte, um Aufgaben effizient zu verteilen und das Team zu stärken. Aber nicht alle Aufgaben sollten delegiert werden, insbesondere wenn sie die **Gesamtverantwortung** für das Unternehmen, **strategische Entscheidungen** oder **rechtliche Fragen** betreffen. Diese bleiben in der Regel bei der Führungskraft, da sie für die **langfristige Ausrichtung** des Unternehmens und den **Erfolg** verantwortlich ist.

Welche Fehler können bei der Delegation gemacht werden?

Bei der Delegation von Aufgaben und Verantwortlichkeiten können Führungskräfte verschiedene **Fehler** machen, die sowohl die Mitarbeiter als auch das gesamte Team oder Unternehmen negativ beeinflussen können. Diese Fehler können die Motivation der Mitarbeiter verringern, die Effizienz beeinträchtigen oder zu Missverständnissen und Unzufriedenheit führen. Hier sind die häufigsten Fehler bei der Delegation und Tipps, wie sie vermieden werden können:

1. Unklare Kommunikation der Aufgabenstellung

Fehler: Die Aufgabe oder das Ziel wird nicht klar und verständlich kommuniziert. Der Mitarbeiter weiß nicht genau, was von ihm erwartet wird, welche Ziele erreicht werden sollen oder wie er die Aufgabe umsetzen soll.

Beispiel: „Kümmer dich mal um den Bericht, ich brauche den bald."

Folge: Der Mitarbeiter könnte das Ergebnis nicht wie gewünscht liefern, und es entsteht Frustration, weil die Erwartungen nicht eindeutig waren.

Lösung: Geben Sie klare, spezifische Anweisungen. Nutzen Sie das **SMART-Modell** (Spezifisch, Messbar, Erreichbar, Relevant, Zeitgebunden), um die Aufgaben und Ziele eindeutig zu formulieren.

2. Unzureichende Vorbereitung und fehlende Ressourcen

Fehler: Die Führungskraft delegiert Aufgaben, ohne sicherzustellen, dass der Mitarbeiter über alle erforderlichen **Ressourcen, Werkzeuge** oder **Informationen** verfügt, um die Aufgabe erfolgreich zu erledigen.

Beispiel: Ein Mitarbeiter wird gebeten, eine Analyse zu erstellen, hat jedoch keinen Zugang zu den relevanten Daten oder Software.

Folge: Der Mitarbeiter könnte scheitern oder viel länger brauchen, um die Aufgabe zu erledigen, was zu Unzufriedenheit führt.

Lösung: Stellen Sie sicher, dass der Mitarbeiter über die erforderlichen Ressourcen verfügt und alle notwendigen Informationen hat, um die Aufgabe effizient zu erledigen.

3. Zu viel oder zu wenig Kontrolle

Fehler 1: Mikro-Management – Die Führungskraft behält zu viel Kontrolle über die delegierte Aufgabe und greift ständig ein, statt dem Mitarbeiter die nötige **Autonomie** zu lassen.

Fehler 2: Laissez-faire – Die Führungskraft überlässt dem Mitarbeiter zu viel Freiraum und gibt keine klare Orientierung oder Unterstützung, wenn diese gebraucht wird.

Beispiel: Ein Mitarbeiter fühlt sich übermäßig überwacht und eingeschränkt (Mikro-Management), oder er fühlt sich verlassen und unsicher, wenn keine Rückmeldung erfolgt (Laissez-faire).

Folge: Beide Fehler können zu Frustration, Demotivation und Unsicherheit führen.

Lösung: Finden Sie ein ausgewogenes Maß an **Vertrauen** und **Unterstützung**. Geben Sie dem Mitarbeiter die Freiheit, aber bieten Sie bei Bedarf regelmäßiges Feedback und Unterstützung.

4. Falsche Delegation (Aufgaben an falsche Personen)

Fehler: Aufgaben werden an **ungeeignete** Mitarbeiter delegiert, die entweder nicht die nötigen **Fähigkeiten** oder **Erfahrungen** haben, um die Aufgabe erfolgreich auszuführen.

Beispiel: Ein Mitarbeiter wird gebeten, eine anspruchsvolle Aufgabe zu übernehmen, obwohl er die dafür nötige Expertise nicht hat.

Folge: Die Aufgabe wird entweder ineffizient ausgeführt oder scheitert, was zu Unzufriedenheit und dem Gefühl der Überforderung führen kann.

Lösung: Achten Sie darauf, die **Stärken** und **Fähigkeiten** der Mitarbeiter zu kennen, bevor Sie Aufgaben delegieren. Stellen Sie sicher, dass die delegierten Aufgaben den **Kompetenzen** des Mitarbeiters entsprechen.

5. Fehlende Verantwortungsübertragung

Fehler: Die Führungskraft delegiert Aufgaben, aber behält gleichzeitig die **Verantwortung** und die Entscheidungskompetenz. Der Mitarbeiter fühlt sich in seiner Verantwortung nicht ernst genommen und hat keinen echten Einfluss auf das Ergebnis.

Beispiel: Ein Teamleiter gibt einem Mitarbeiter eine Aufgabe, aber behält alle Entscheidungskompetenzen und trifft letztlich alle wesentlichen Entscheidungen selbst.

Folge: Der Mitarbeiter fühlt sich nicht wirklich verantwortlich für das Ergebnis und verliert möglicherweise das Engagement.

Lösung: Stellen Sie sicher, dass Sie nicht nur die **Aufgabe** delegieren, sondern auch die **Verantwortung** und Entscheidungsbefugnis übergeben, wenn möglich. Das fördert das Vertrauen und die Eigenverantwortung.

6. Übermäßige Delegation (Überlastung des Mitarbeiters)

Fehler: Zu viele Aufgaben auf einmal delegieren, ohne die Belastung des Mitarbeiters zu berücksichtigen.

Beispiel: Ein Mitarbeiter wird gleichzeitig mit mehreren anspruchsvollen Projekten oder Aufgaben überhäuft, ohne dass genügend Zeit oder Ressourcen zur Verfügung stehen.

Folge: Der Mitarbeiter wird überlastet und gestresst, was zu **Fehlern**, **Burnout** oder **niedriger Produktivität** führen kann.

Lösung: Überprüfen Sie regelmäßig die **Arbeitslast** Ihrer Mitarbeiter und stellen Sie sicher, dass die Aufgaben im Rahmen ihrer Kapazitäten liegen. Delegieren Sie sinnvoll und mit Bedacht.

7. Keine Follow-up oder Feedback

Fehler: Die Führungskraft delegiert die Aufgabe und lässt den Mitarbeiter dann vollständig ohne Feedback oder Unterstützung arbeiten, ohne nach dem Fortschritt zu fragen.

Beispiel: Ein Mitarbeiter bekommt eine Aufgabe und arbeitet an ihr, aber die Führungskraft überprüft den Fortschritt nicht und gibt auch kein Feedback zum Ergebnis.

Folge: Ohne regelmäßiges Feedback kann der Mitarbeiter nicht wissen, ob er auf dem richtigen Weg ist, und es gibt keine Möglichkeit zur Korrektur von Fehlern.

Lösung: Geben Sie regelmäßiges **Feedback**, fragen Sie nach dem Fortschritt und bieten Sie Unterstützung, wenn nötig. Ein klarer **Zeitplan** für Check-ins und Updates hilft, die Aufgabe auf Kurs zu halten.

8. Unzureichende Anerkennung und Wertschätzung

Fehler: Der Erfolg eines delegierten Projekts oder einer Aufgabe wird nicht anerkannt oder wertgeschätzt.

Beispiel: Ein Mitarbeiter hat eine anspruchsvolle Aufgabe erfolgreich abgeschlossen, aber es gibt keine Anerkennung oder Dankeschön für die geleistete Arbeit.

Folge: Mangelnde Wertschätzung kann zu Demotivation, Unzufriedenheit und dem Gefühl führen, dass die Arbeit nicht geschätzt wird.

Lösung: Zeigen Sie **Anerkennung** und **Wertschätzung** für erfolgreich erledigte Aufgaben. Ein einfaches „Danke" oder eine öffentliche Anerkennung kann die **Motivation** und **Bindung** an das Unternehmen stärken.

9. Keine Klarheit über die erwarteten Ergebnisse

Fehler: Die Führungskraft delegiert eine Aufgabe, ohne klarzustellen, **welche Ergebnisse** erwartet werden, oder ohne den **Erfolg** zu definieren.

Beispiel: „Kümmer dich um die Präsentation, mach sie einfach gut." Es bleibt unklar, was „gut" bedeutet und welche Qualitätsstandards gelten.

Folge: Der Mitarbeiter weiß nicht, wie er die Aufgabe abschließen soll, um den Erwartungen gerecht zu werden, was zu Unsicherheit und ineffizienter Arbeit führt.

Lösung: Definieren Sie klare **Ziele** und **Ergebnisse**. Was bedeutet "gut"? Welche **Qualitätsstandards** sind erforderlich? So weiß der Mitarbeiter genau, was von ihm erwartet wird.

Zusammenfassung:
Häufige Fehler bei der Delegation und ihre Lösungen

1. **Unklare Kommunikation** → Klare, präzise Anweisungen geben.
2. **Unzureichende Ressourcen** → Alle notwendigen Ressourcen und Informationen bereitstellen.
3. **Zu viel oder zu wenig Kontrolle** → Ein ausgewogenes Maß an Kontrolle und Unterstützung bieten.
4. **Falsche Delegation** → Aufgaben an die richtigen Personen mit den passenden Fähigkeiten delegieren.
5. **Fehlende Verantwortungsübertragung** → Verantwortlichkeiten und Entscheidungsbefugnisse klar delegieren.
6. **Übermäßige Delegation** → Die Arbeitslast angemessen verteilen, Überlastung vermeiden.
7. **Keine Follow-ups oder Feedback** → Regelmäßige Updates und konstruktives Feedback geben.

8. **Keine Anerkennung** → Erfolgreiche Ergebnisse anerkennen und wertschätzen.

9. **Keine Klarheit über Ergebnisse** → Ergebnisse klar definieren und messbar machen.

Indem Führungskräfte diese Fehler erkennen und vermeiden, können sie die Delegation effektiver gestalten, das Vertrauen und die Motivation der Mitarbeiter stärken und die Gesamtleistung des Teams steigern.

Welche Voraussetzung muss eine Führungskraft haben, damit er Delegieren kann?

Damit eine Führungskraft erfolgreich delegieren kann, sind mehrere Voraussetzungen wichtig, sowohl auf persönlicher als auch auf organisatorischer Ebene. Hier sind die wichtigsten:

1. Vertrauen in die Mitarbeiter

Eine Führungskraft muss Vertrauen in die Fähigkeiten und das Engagement ihrer Mitarbeiter haben. Ohne dieses Vertrauen wird das Delegieren von Aufgaben schwierig, da die Führungskraft dazu neigen könnte, die Aufgaben selbst zu übernehmen oder Mikromanagement zu betreiben.

2. Klare Kommunikation

Delegieren erfordert, dass die Aufgaben und Erwartungen klar und verständlich kommuniziert werden. Eine Führungskraft muss in der Lage sein, die Ziele, die gewünschten Ergebnisse und die zu erwartenden Zeitrahmen präzise zu formulieren.

3. Kenntnis der Stärken und Schwächen der Mitarbeiter

Eine Führungskraft muss die individuellen Fähigkeiten, Interessen und Entwicklungsbedarfe der Teammitglieder kennen, um die richtigen Aufgaben an die richtigen Personen zu delegieren. Nur so kann gewährleistet werden, dass die Aufgaben effektiv und effizient erledigt werden.

4. Verantwortung abgeben können

Eine Führungskraft muss bereit sein, Verantwortung abzugeben. Delegation bedeutet, dass die Verantwortung für die Ausführung einer Aufgabe auf den Mitarbeiter übergeht, auch wenn die Führungskraft letztlich für das Ergebnis verantwortlich bleibt.

5. Zugriff auf Ressourcen und Unterstützung

Eine Führungskraft sollte sicherstellen, dass die delegierten Aufgaben mit den notwendigen Ressourcen (z.B. Zeit, Informationen, Tools) ausgestattet sind und dass der Mitarbeiter bei Bedarf Unterstützung erhalten kann.

6. Entwicklungsorientierung

Eine gute Führungskraft nutzt Delegation auch als Mittel zur Mitarbeiterentwicklung. Sie sollte in der Lage sein, Aufgaben zu delegieren, die die fachlichen und persönlichen Kompetenzen der Mitarbeiter erweitern und sie so fördern.

7. Selbstvertrauen und Loslassen

Führungskräfte müssen ihr eigenes Bedürfnis nach Kontrolle überwinden und lernen, loszulassen. Das bedeutet nicht, dass sie weniger verantwortlich sind, sondern dass sie Vertrauen in ihre Mitarbeiter haben und ihnen die Freiheit geben, Aufgaben eigenständig zu erledigen.

8. Zeitmanagement-Fähigkeiten

Eine Führungskraft muss in der Lage sein, ihre eigene Zeit gut zu organisieren und die Aufgaben so zu verteilen, dass sie selbst nicht überlastet ist. Effektives Delegieren ist auch ein Ergebnis des eigenen guten Zeitmanagements.

9. Feedback und Nachverfolgung

Nach dem Delegieren ist es wichtig, regelmäßiges Feedback zu geben und den Fortschritt zu überwachen, ohne sich in jedes Detail einzumischen. Eine Führungskraft muss den Überblick behalten und, wenn nötig, unterstützend eingreifen.

10. Vorbildfunktion

Eine Führungskraft sollte auch selbst delegieren, um ein gutes Beispiel zu geben. Sie muss zeigen, dass Delegation ein wichtiger Bestandteil der Arbeit ist und nicht als Schwäche oder Versagen angesehen wird.

Zusammengefasst bedeutet erfolgreiches Delegieren für eine Führungskraft, nicht nur Aufgaben abzugeben, sondern auch Verantwortung zu übertragen, Vertrauen zu schaffen, zu unterstützen und die Teammitglieder in ihrer Entwicklung zu fördern.

5.13. EISENHOWER PRINZIP

Definition Eisenhower Prinzip

Das **Eisenhower-Prinzip** (auch als **Eisenhower-Matrix** oder **Eisenhower-Box** bekannt) ist eine Methode zur **Priorisierung von Aufgaben**, die von **Dwight D. Eisenhower**, dem 34. Präsidenten der USA und ehema-

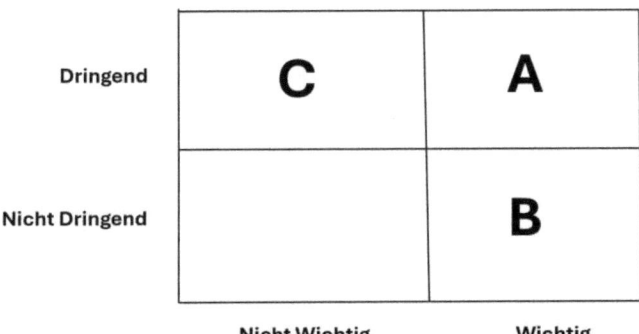

ligen General, geprägt wurde. Es hilft, Aufgaben nach ihrer Dringlichkeit und Wichtigkeit zu kategorisieren, um fokussierter und effektiver zu arbeiten.

Die Eisenhower-Matrix unterteilt Aufgaben in vier Kategorien:

1. **Wichtig und dringend (A)**

   Aufgaben, die sowohl **dringend** als auch **wichtig** sind. Diese erfordern sofortige Aufmerksamkeit und müssen schnell erledigt werden.

   Beispiel: Ein plötzlich auftretendes Problem im Projekt, das die Arbeit blockiert, oder ein dringender Kundenauftrag.

2. **Wichtig, aber nicht dringend (B)**

   Aufgaben, die **wichtig**, aber **nicht dringend** sind. Diese sind langfristig von Bedeutung und sollten aktiv bearbeitet werden, da sie entscheidend für den Erfolg sind. Diese Aufgaben lassen sich oft nicht auf den letzten Drücker erledigen und benötigen Planung und Fokus.

Beispiel: Strategische Planung, Weiterbildung, langfristige Projekte oder Beziehungsaufbau.

3. **Nicht wichtig, aber dringend (C)**

   Aufgaben, die **dringend**, aber **nicht wichtig** sind. Diese erfordern eine schnelle Reaktion, haben aber keinen langfristigen Einfluss auf die Ziele. Oft handelt es sich dabei um Aufgaben, die andere Menschen betreffen oder die durch äußere Einflüsse entstanden sind.

   Beispiel: Ungeplante Telefonate, Meetings, die wenig zur Erreichung der eigenen Ziele beitragen, oder Anfragen von anderen, die dringend erscheinen, aber nicht wesentlich sind.

4. **Nicht wichtig und nicht dringend (Quadrant IV)**

   Aufgaben, die weder **wichtig** noch **dringend** sind. Diese Aufgaben sind Zeitverschwendung und sollten vermieden oder auf ein Minimum reduziert werden.

   Beispiel: Zeitverschwendung durch Social Media, übermäßiges Surfen im Internet oder andere Ablenkungen.

Anwendung des Eisenhower-Prinzips:

Fokus auf Quadrant B: Das Eisenhower-Prinzip empfiehlt, sich besonders auf Aufgaben in **Quadrant B** zu konzentrieren, weil sie langfristig den größten Einfluss auf den Erfolg und das persönliche Wachstum haben. Wenn man diese Aufgaben vernachlässigt, kann es sein, dass sie später in **Quadrant A** (dringend und wichtig) übergehen.

Delegieren: Aufgaben aus **Quadrant C** (nicht wichtig, aber dringend) können häufig delegiert werden, während Aufgaben in **Quadrant IV** (nicht wichtig und nicht dringend) häufig eliminiert oder minimiert werden sollten.

Fazit:
Das Eisenhower-Prinzip ist ein hilfreiches Werkzeug, um zu entscheiden, welche Aufgaben sofort erledigt werden müssen, welche geplant werden sollten, welche delegiert oder vermieden werden können. Es fördert eine effektive Zeitnutzung und hilft, sich auf die wichtigen Aufgaben zu konzentrieren, die einen langfristigen Nutzen bringen.

5.14. ARBEITSKONTROLLE

Definition Arbeitskontrolle

Arbeitskontrolle bezeichnet den Prozess, bei dem die Arbeitsergebnisse und -prozesse in einem Unternehmen überwacht und überprüft werden, um sicherzustellen, dass sie den vorgegebenen Zielen, Standards und Anforderungen entsprechen. Sie umfasst die regelmäßige Überprüfung von Aufgaben, Projekten oder Arbeitsergebnissen und dient der **Qualitätssicherung**, der **Leistungsbeurteilung** und der **Effizienzsteigerung**.

Wichtige Aspekte der Arbeitskontrolle:

1. **Zielorientierung:** Die Arbeitskontrolle prüft, ob die vereinbarten Ziele und Aufgaben fristgerecht und entsprechend den festgelegten Standards erreicht werden. Dies hilft sicherzustellen, dass die Arbeit im Einklang mit den strategischen Zielen des Unternehmens steht.

2. **Qualitätsüberprüfung:** Arbeitskontrollen dienen dazu, die Qualität der Arbeitsergebnisse zu überwachen. Dies kann durch regelmäßige Prüfungen, Tests oder Qualitätsmessungen geschehen.

3. **Fehlererkennung:** Eine zentrale Aufgabe der Arbeitskontrolle ist die frühzeitige Identifikation von Fehlern, Problemen oder Abweichungen vom Plan. So können Korrekturmaßnahmen ergriffen werden, bevor größere Schwierigkeiten auftreten.

4. **Leistungsbewertung:** Die Kontrolle kann auch genutzt werden, um die Leistung der Mitarbeiter oder Teams zu bewerten. Hierbei werden sowohl die Effizienz (Zeiteinhaltung, Ressourcennutzung) als auch die Qualität der Arbeit berücksichtigt.

5. **Ressourcenmanagement:** Sie hilft, den Einsatz von Ressourcen (wie Zeit, Material, Personal) zu überwachen und zu optimieren. So lässt sich vermeiden, dass unnötige oder ineffiziente Arbeitsprozesse entstehen.

6. **Feedback und Kommunikation:** Arbeitskontrollen bieten eine Grundlage für Feedbackgespräche zwischen Führungskräften und Mitarbeitern. Sie dienen dazu, Leistungen anzuerkennen, aber auch Verbesserungspotenziale aufzuzeigen.

Arten der Arbeitskontrolle:

- **Selbstkontrolle:** Der Mitarbeiter überprüft und kontrolliert seine eigene Arbeit, um Fehler zu vermeiden und die Qualität zu sichern.

- **Fremdkontrolle:** Eine Führungskraft oder ein Vorgesetzter überprüft die Arbeitsergebnisse des Mitarbeiters, um sicherzustellen, dass sie den Erwartungen und Vorgaben entsprechen.

- **Prozesskontrolle:** Diese Form der Kontrolle fokussiert sich auf den Arbeitsprozess selbst und stellt sicher, dass alle Schritte in der Arbeitsabfolge korrekt durchgeführt werden.

- **Ergebniskontrolle:** Hier wird überprüft, ob das Endprodukt oder das Ergebnis der Arbeit den festgelegten Zielen und Anforderungen entspricht.

Bedeutung der Arbeitskontrolle

- **Fehlervermeidung und -korrektur:** Durch regelmäßige Kontrolle lassen sich Fehler und Probleme frühzeitig erkennen und beheben, bevor sie zu größeren Herausforderungen werden.

- **Zielverwirklichung:** Arbeitskontrollen helfen, sicherzustellen, dass Projekte und Aufgaben im Einklang mit den Unternehmenszielen durchgeführt werden.

- **Leistungssteigerung:** Sie ermöglichen es, Verbesserungspotenziale zu identifizieren und die Effizienz der Arbeitsabläufe zu steigern.

- **Motivation und Entwicklung:** Durch konstruktives Feedback können Mitarbeiter motiviert und in ihrer Weiterentwicklung unterstützt werden.

Fazit:

Arbeitskontrolle ist ein wichtiges Instrument für Unternehmen, um sicherzustellen, dass die Arbeitsprozesse und Ergebnisse den gewünschten Standards entsprechen, Fehler frühzeitig erkannt und korrigiert werden, und die Leistung von Mitarbeitern effizient gesteuert werden kann. Sie trägt zu einer hohen Qualität der Arbeit, einer optimierten Ressourcennutzung und der Erreichung von Unternehmenszielen bei.

Beispiele:

Hier sind einige **praktische Beispiele** für **Arbeitskontrolle** in verschiedenen Kontexten:

1. Qualitätskontrolle in der Produktion

Beispiel: In einer Fabrik, die Autos produziert, gibt es eine Qualitätskontrolle am Ende jeder Produktionslinie. Die Kontrolle überprüft, ob alle Teile korrekt montiert sind, die Sicherheitsvorschriften eingehalten wurden und keine Fehler in der Verarbeitung vorliegen. Wenn ein Fehler gefunden wird, wird das fehlerhafte Teil aussortiert und nachgebessert.

Ziel: Sicherstellen, dass alle Fahrzeuge den Qualitätsstandards entsprechen und keine Mängel aufweisen, bevor sie an den Kunden ausgeliefert werden.

2. Projektmanagement und Meilenstein-Kontrolle

Beispiel: In einem IT-Projekt zur Entwicklung einer Software wird regelmäßig überprüft, ob alle festgelegten Meilensteine erreicht wurden. Zum Beispiel wird bei jedem Sprint (nach zwei Wochen) eine Arbeitskontrolle durchgeführt, um zu prüfen, ob alle entwickelten

Funktionen den Anforderungen entsprechen und rechtzeitig fertiggestellt sind.

Ziel: Sicherstellen, dass das Projekt im Zeitplan bleibt und alle Teilziele gemäß den Erwartungen erreicht werden.

3. Leistungsbeurteilung von Mitarbeitern

Beispiel: Ein Teamleiter führt einmal im Quartal eine Arbeitskontrolle durch, um die Leistung seiner Mitarbeiter zu bewerten. Dabei werden die erledigten Aufgaben hinsichtlich Qualität, Effizienz und Erreichung der Zielvorgaben überprüft. Bei dieser Kontrolle wird auch das Engagement und die Teamfähigkeit der Mitarbeiter beurteilt.

Ziel: Den Mitarbeitern Feedback zur Leistung geben und Entwicklungsbedarfe identifizieren.

4. Finanzielle Kontrolle in einem Unternehmen

Beispiel: In einem Unternehmen wird einmal monatlich eine finanzielle Arbeitskontrolle durchgeführt, um sicherzustellen, dass alle Abteilungen innerhalb ihres Budgets arbeiten. Dazu wird überprüft, ob Ausgaben und Einnahmen korrekt verbucht wurden und ob es Abweichungen vom Finanzplan gibt.

Ziel: Vermeidung von Budgetüberschreitungen und Sicherstellung der finanziellen Gesundheit des Unternehmens.

5. Kontrolle von Marketingmaßnahmen

Beispiel: Ein Marketing-Team führt eine monatliche Kontrolle der Werbemaßnahmen durch. Hierbei wird geprüft, wie erfolgreich die Kampagnen in Bezug auf ihre KPIs (z.B. Klickzahlen, Conversion-Raten) sind. Wenn eine Kampagne nicht wie erwartet performt, wird sie angepasst oder gestoppt.

Ziel: Optimierung von Marketingstrategien und -budgets, um eine hohe Effizienz und ROI zu gewährleisten.

6. Kundensupport und Servicequalität

Beispiel: In einem Call-Center wird regelmäßig eine Arbeitskontrolle durchgeführt, um die Qualität des Kundenservices zu prüfen. Dazu werden zufällig ausgewählte Anrufe abgehört und bewertet, ob die Mitarbeiter freundlich und kompetent auf Kundenanfragen reagieren und die Probleme schnell lösen.

Ziel: Sicherstellen, dass Kundenanfragen effizient bearbeitet werden und ein hoher Standard an Kundenservice eingehalten wird.

7. Self-Check in der Büroarbeit

Beispiel: Ein Büroangestellter überprüft vor dem Abschicken eines Berichts, ob alle Angaben korrekt sind, alle notwendigen Informationen enthalten und keine Tippfehler vorhanden sind. Diese Selbstkontrolle verhindert, dass Fehler übersehen werden.

Ziel: Sicherstellen, dass die Arbeit fehlerfrei und professionell ist.

8. Wöchentliche Team-Kontrollen

Beispiel: Ein Teamleiter trifft sich jede Woche mit seinem Team, um die Fortschritte der laufenden Projekte zu überprüfen. Dabei wird die Arbeitsleistung jedes einzelnen Mitarbeiters und die Erreichung von Zwischenzielen besprochen. Bei Bedarf werden neue Aufgaben verteilt oder bestehende Ziele angepasst.

Ziel: Fortschritte überwachen, Probleme frühzeitig erkennen und Ressourcen anpassen, um die Projektziele zu erreichen.

9. Einhaltung von Sicherheitsvorschriften

Beispiel: In einem Labor oder einer Werkstatt wird regelmäßig eine Arbeitskontrolle durchgeführt, um sicherzustellen, dass alle Sicherheitsvorschriften eingehalten werden. Dazu gehören die Überprüfung von Schutzkleidung, Sicherheitsvorkehrungen bei Maschinen und die korrekte Entsorgung von Chemikalien.

Ziel: Die Sicherheit der Mitarbeiter gewährleisten und Unfälle verhindern.

10. Kontrolle der Kundenzufriedenheit

Beispiel: Ein Unternehmen führt nach jeder Lieferung oder Dienstleistung eine Umfrage zur **Kundenzufriedenheit** durch. Hierbei wird geprüft, ob die Kunden mit dem Produkt und dem Service zufrieden sind. Bei negativen Rückmeldungen erfolgt eine weitere Untersuchung, um die Ursachen zu verstehen und die Qualität der Dienstleistung zu verbessern.

Ziel: Die Kundenzufriedenheit sicherstellen und bei Bedarf Prozesse zur Verbesserung anpassen.

Fazit:

Arbeitskontrollen sind in nahezu jedem Bereich von Unternehmen und Organisationen wichtig, um sicherzustellen, dass Ziele erreicht werden, die Qualität stimmt und die Ressourcen effizient genutzt werden. Sie ermöglichen eine kontinuierliche Verbesserung, verhindern Fehler und helfen, den Erfolg von Projekten und Tätigkeiten langfristig zu sichern.

Welche Gründe gibt es, dass manche Ziele nicht erreicht wurden?

Es gibt viele **Gründe**, warum Ziele in Unternehmen oder im persönlichen Bereich nicht erreicht werden. Diese Gründe können sowohl interner als auch externer Natur sein und betreffen sowohl die Planung und Strategie als auch die Ausführung und das Umfeld. Hier sind einige der häufigsten Ursachen:

1. Unklare oder unrealistische Zielsetzung

Unklare Ziele: Wenn Ziele nicht spezifisch, messbar, erreichbar, relevant und zeitgebunden (SMART) formuliert sind, fehlt es an Orientierung und Richtung. Ohne klare Definition ist es schwer, den Fortschritt zu messen oder zu wissen, was genau erreicht werden soll.

Unrealistische Ziele: Wenn die Ziele zu ambitioniert oder nicht realistisch sind, übersteigen sie die verfügbaren Ressourcen (z.B. Zeit, Budget, Fachwissen) oder die Fähigkeiten des Teams. Dies führt zu Frustration und letztlich zum Scheitern.

2. Mangelnde Motivation oder Engagement

Unzureichende Motivation: Ohne die richtige Motivation oder ein starkes Engagement für die Ziele sind die Chancen, diese zu erreichen, deutlich geringer. Das kann daran liegen, dass das Ziel als nicht wichtig oder irrelevant empfunden wird.

Fehlende Identifikation mit dem Ziel: Wenn Mitarbeiter oder Einzelpersonen sich nicht mit den Zielen identifizieren oder sie nicht als Teil ihrer eigenen Werte oder langfristigen Ziele sehen, sinkt die Bereitschaft, die notwendige Anstrengung zu investieren.

3. Unzureichende Planung und Vorbereitung

Schwache Planung: Ziele zu setzen, ohne die notwendige Planung und Vorbereitung durchzuführen, führt oft zu unklaren Schritten oder der Vernachlässigung wichtiger Details. Eine schlechte Ressourcenplanung (z.B. Zeit, Budget, Personal) ist eine häufige Ursache für das Scheitern von Zielen.

Fehlende Zwischenziele oder Meilensteine: Wenn es keine regelmäßigen Kontrollpunkte gibt, um den Fortschritt zu messen, kann man nicht rechtzeitig erkennen, ob man vom Kurs abgekommen ist, und es können Probleme eskalieren, die später schwer zu beheben sind.

4. Mangelnde Ressourcen

Unzureichende finanzielle Mittel: Ohne ausreichende Budgetierung oder die Bereitstellung notwendiger Ressourcen (z.B. Personal, Technologien) sind viele Ziele nicht realisierbar.

Fehlende Infrastruktur oder Werkzeuge: Wenn die benötigten Werkzeuge, Technologien oder Infrastruktur nicht vorhanden sind, wird die Zielerreichung erschwert.

Personalmangel oder unzureichende Fähigkeiten: Ein Mangel an qualifizierten Mitarbeitern oder zu wenige Ressourcen, um die Aufgaben zu erfüllen, hindert die Zielverwirklichung.

5. Fehlende oder schlechte Kommunikation

Missverständnisse: Unzureichende Kommunikation zwischen Führungskräften und Mitarbeitern oder innerhalb eines Teams kann dazu führen, dass die Ziele falsch verstanden oder nicht richtig priorisiert werden.

Mangelnde Transparenz: Wenn nicht klar kommuniziert wird, warum ein Ziel wichtig ist oder wie es erreicht werden soll, kann es an Fokus und Motivation fehlen.

6. Fehlende Unterstützung von Führungskräften

Mangel an Unterstützung oder Leadership: Wenn Führungskräfte die Ziele nicht aktiv unterstützen, den Fortschritt nicht überwachen oder keine Unterstützung bieten, können Ziele schnell ins Stocken geraten.

Unzureichendes Feedback: Ohne regelmäßiges, konstruktives Feedback zu Fortschritt und Problemen wird es schwieriger, die richtigen Anpassungen vorzunehmen und Hindernisse zu überwinden.

7. Äußere Faktoren und unvorhersehbare Umstände

Marktveränderungen oder wirtschaftliche Bedingungen: Externe Faktoren wie plötzliche Marktveränderungen, wirtschaftliche Abschwünge, politische Instabilität oder Naturkatastrophen können die Bedingungen für die Zielerreichung drastisch verändern.

Konkurrenzdruck: Wettbewerbsbedingungen, die nicht vorhersehbar waren, können dazu führen, dass Ziele nicht mehr relevant oder erreichbar sind.

Technologische Veränderungen: Schnelle technologische Entwicklungen oder unvorhergesehene Änderungen in der Branche können dazu führen, dass bestehende Ziele überholt sind.

8. Mangel an Flexibilität und Anpassungsfähigkeit

Unfähigkeit, den Plan anzupassen: Wenn sich die Rahmenbedingungen ändern und das Ziel nicht entsprechend angepasst wird, kann es aufgrund der neuen Gegebenheiten unerreichbar werden. Flexibilität und die Fähigkeit, auf Veränderungen zu reagieren, sind entscheidend, um Ziele auch unter veränderten Umständen zu erreichen.

Starrer Fokus auf ursprüngliche Ziele: Wenn man zu stark an ursprünglichen Plänen oder Zielen festhält, selbst wenn sie nicht mehr realistisch sind, führt dies oft zum Scheitern. Anpassungsfähigkeit ist notwendig, um den Erfolg langfristig sicherzustellen.

9. Prokrastination und Aufschieberitis

Aufschieben: Das ständige Hinauszögern der Arbeit oder das Vermeiden schwieriger Aufgaben ist eine häufige Ursache, warum Ziele nicht erreicht werden. Prokrastination führt zu Zeitverlust und letztlich dazu, dass Deadlines und Meilensteine nicht eingehalten werden.

Überforderung und Stress: Wenn die Menge an Aufgaben überwältigend erscheint oder die Arbeit zu stressig ist, neigen Menschen dazu, wichtige Aufgaben aufzuschieben oder zu vermeiden.

10. Fehlende Kontrolle und Monitoring

Mangelnde Erfolgskontrolle: Wenn der Fortschritt nicht regelmäßig überprüft wird, können Probleme oder Hindernisse unbemerkt bleiben. Die fehlende Erfolgskontrolle führt oft dazu, dass man nicht rechtzeitig erkennt, dass das Ziel nicht mehr erreichbar ist oder dass Anpassungen notwendig sind.

Keine Konsequenzen für das Nichterreichen von Zielen: Wenn es keine klaren Konsequenzen für das Nichterreichen von Zielen gibt, sinkt oft die Motivation und das Engagement, das Ziel zu verfolgen.

11. Fehlende Teamarbeit oder Zusammenarbeit

Schlechte Zusammenarbeit im Team: Wenn Teammitglieder nicht zusammenarbeiten oder es an Koordination und Zusammenarbeit mangelt, können Aufgaben nicht effizient erledigt werden, was das Erreichen gemeinsamer Ziele gefährdet.

Unklare Aufgabenverteilung: Wenn nicht klar ist, wer für welche Aufgaben verantwortlich ist, führt das zu Verwirrung und ineffizienter Arbeit.

Fazit:

Das Nichterreichen von Zielen kann aus einer Vielzahl von Gründen resultieren, von unklarer Zielsetzung und fehlender Motivation über unzureichende Ressourcen und schlechte Planung bis hin zu äußeren Faktoren wie Marktveränderungen oder unvorhergesehenen Krisen. Eine effektive Zielverwirklichung erfordert daher nicht nur klare, realistische Ziele und eine gute Planung, sondern auch regelmäßige Überprüfung, Anpassungsfähigkeit und eine unterstützende Teamdynamik.

5.15. WEITERBILDUNG / FORTBILDUNG

Definition Weiterbildung

Weiterbildung bezeichnet den Prozess der gezielten und strukturierten Erweiterung, Vertiefung oder Aktualisierung von Wissen, Fähigkeiten und Kompetenzen nach dem Abschluss einer ersten formalen Ausbildung (z.B. Schule, Studium oder Berufsausbildung). Sie dient der beruflichen, persönlichen oder gesellschaftlichen Weiterentwicklung und ist in der Regel eine freiwillige Maßnahme, die über die Grundausbildung hinausgeht.

Merkmale der Weiterbildung:

1. **Zielgerichtet:** Weiterbildung ist in der Regel auf spezifische Ziele ausgerichtet, wie die Verbesserung beruflicher Fähigkeiten, die Erweiterung von Fachwissen oder die Anpassung an neue Anforderungen.

2. **Lebenslanges Lernen:** Weiterbildung ist ein fortlaufender Prozess und gehört zu einem **lebenslangen Lernen**, das sich nicht auf die erste Ausbildung beschränkt, sondern während der gesamten beruflichen und persönlichen Entwicklung fortgesetzt wird.

3. **Verschiedene Formate:** Weiterbildung kann in verschiedenen Formen stattfinden, wie z.B. Seminaren, Workshops, Online-Kursen, Zertifikatslehrgängen, Studium oder berufsbegleitender Weiterbildung.

4. **Beruflich oder privat:** Sie kann sowohl berufliche als auch persönliche Ziele verfolgen, z.b. durch den Erwerb neuer Qualifikationen oder das Erlernen neuer Fähigkeiten.

5. **Themenvielfalt:** Sie umfasst eine breite Palette von Themen, von fachspezifischen Weiterbildungen (z.b. für Ingenieure, Ärzte oder Lehrer) bis hin zu allgemeinen Kompetenzen (z.b. Kommunikationsfähigkeit, Zeitmanagement oder digitale Kompetenzen).

Arten der Weiterbildung:

1. **Berufliche Weiterbildung:**

   Fachspezifische Weiterbildung: Erweiterung von Fachwissen und -kompetenzen in einem bestimmten Berufsfeld (z.B. IT-Weiterbildung, medizinische Fortbildung, Managementtrainings).

   Aufstiegsfortbildung: Qualifikationen erwerben, die für eine höhere berufliche Position erforderlich sind, wie z.B. Fachwirt, Meister, Betriebswirt oder MBA (Master of Business Administration).

   Zertifikatslehrgänge und Kurse: Kurse, die nach Abschluss ein Zertifikat verleihen, um Fachkenntnisse in einem bestimmten Bereich nachzuweisen.

2. **Persönliche Weiterbildung:**

   Soft Skills: Entwicklung von persönlichen Kompetenzen wie Kommunikation, Konfliktlösung, Teamarbeit, Führungskompetenz und Selbstorganisation.

Selbstentwicklung: Kurse und Trainings zur Steigerung der eigenen Persönlichkeit, z.B. Zeitmanagement, Achtsamkeit oder Resilienz.

3. **Akademische Weiterbildung:**

    Studium: Weiterführende akademische Ausbildungen, wie Master- oder Doktoratsprogramme, die auf einem ersten Studium aufbauen.

    Postgraduale Programme: Programme, die speziell für Absolventen eines ersten Studiengangs entwickelt wurden, um spezialisierte Kenntnisse zu vermitteln.

4. **Online-Weiterbildung:**

    E-Learning: Lernen über das Internet, z.B. in Form von Webinaren, MOOCs (Massive Open Online Courses) oder Online-Kursen, die zeit- und ortsunabhängig sind.

    Blended Learning: Eine Kombination aus Präsenzveranstaltungen und Online-Lernen, die Flexibilität und Praxisnähe kombiniert.

Vorteile der Weiterbildung:

1. **Karrierechancen:** Weiterbildung kann dazu beitragen, beruflich voranzukommen, indem sie neue Qualifikationen vermittelt oder aktuelle Fähigkeiten erweitert. Dies kann zu besseren Jobchancen, höheren Positionen oder Gehaltssteigerungen führen.

2. **Anpassung an Veränderungen:** In einer schnelllebigen Arbeits- welt, die von Technologie und Innovation geprägt ist, ermöglicht Weiterbildung, mit neuen Entwicklungen Schritt zu halten und die eigene Berufsfähigkeit zu sichern.

3. **Persönliche Weiterentwicklung:** Neben den beruflichen Vortei- len kann Weiterbildung auch zu einer persönlichen Bereicherung führen, indem sie das Wissen erweitert, die Kreativität fördert und das Selbstbewusstsein stärkt.

4. **Flexibilität und Selbstbestimmung:** Weiterbildung kann oft in einem individuell gestaltbaren Rahmen erfolgen, sei es durch berufs- begleitende Programme oder Online-Kurse, die eine hohe Flexibilität bieten.

Fazit:
Weiterbildung ist ein entscheidender Bestandteil der beruflichen und persön- lichen Weiterentwicklung. Sie hilft, sich an neue berufliche Anforderungen anzupassen, Fähigkeiten zu vertiefen oder neue Kompetenzen zu erlangen. In einer Welt des **lebenslangen Lernens** ist kontinuierliche Weiterbildung wichtig, um wettbewerbsfähig zu bleiben und sich sowohl beruflich als auch persönlich weiterzuentwickeln.

Definition Fortbildung

Fortbildung bezeichnet die gezielte **Weiterentwicklung** und **Vertiefung** von beruflichen Kenntnissen und Fähigkeiten nach der abgeschlossenen **Erstausbildung** oder dem **Studium**. Sie dient dazu, die berufliche Kompe- tenz zu erweitern und anzupassen, um auf Veränderungen im Berufsfeld, neue Anforderungen oder Technologien reagieren zu können. Fortbildung richtet sich dabei in der Regel an Personen, die bereits im Berufsleben stehen und ihre Qualifikationen und Fähigkeiten ausbauen möchten.

Merkmale der Fortbildung:

1. **Berufsbezogen:** Fortbildung hat stets einen klaren beruflichen Bezug und fokussiert sich auf die Verbesserung und Erweiterung der **beruflichen Qualifikationen**.

2. **Ergänzend zur Ausbildung:** Sie baut auf der bestehenden Ausbildung oder dem erlernten Beruf auf und dient der **Vertiefung** oder **Aktualisierung** des bereits erworbenen Wissens.

3. **Freiwilligkeit:** Fortbildung ist meist freiwillig, auch wenn sie in einigen Fällen (z.B. bei bestimmten Berufsgruppen wie Ärzten oder Ingenieuren) gesetzlich vorgeschrieben sein kann, um eine Berufszulassung oder Zertifizierung aufrechtzuerhalten.

4. **Zielgerichtet:** Das Ziel der Fortbildung ist es, die berufliche Leistungsfähigkeit zu steigern, aktuelle Entwicklungen zu integrieren und die Karrierechancen zu verbessern.

Unterschiede zwischen Weiterbildung und Fortbildung:

Weiterbildung ist ein übergeordneter Begriff, der sowohl die **Fortbildung** als auch andere Formen des Lernens (z.B. akademische Weiterbildung, persönliche Weiterbildung) umfasst.

Fortbildung hingegen bezieht sich speziell auf die berufliche **Weiterentwicklung** nach der ersten Ausbildung, ohne dabei eine vollständige Neuausbildung oder einen Berufswechsel zu beinhalten.

Formen der Fortbildung:

1. **Berufsspezifische Fortbildung:**

   Fachfortbildung: Hier geht es darum, spezielles Fachwissen und spezifische Fähigkeiten in einem bestimmten Berufsfeld zu erweitern, z.B. in den Bereichen IT, Marketing, Ingenieurwesen oder Medizin.

   Branchenspezifische Fortbildung: Fortbildungen, die neue Entwicklungen oder Technologien innerhalb einer bestimmten Branche behandeln (z.B. erneuerbare Energien, Digitalisierung im Gesundheitswesen).

2. **Management- und Führungskräftetraining:**

   Führungskräftefortbildung: Programme, die Führungskompetenzen wie Teamführung, Kommunikation und strategisches Denken fördern.

   Projektmanagement: Fortbildungen, die den Umgang mit Projektmethoden und -tools vertiefen (z.B. Agile, Scrum, Lean).

3. **Zertifikatslehrgänge und -programme:**

   Fortbildung kann auch in Form von **Zertifikatskursen** erfolgen, die nach Abschluss eine formelle Bestätigung der neuen Qualifikationen bieten (z.B. Projektmanagement-Zertifikat, Buchhaltungszertifikate).

4. **Online-Fortbildung:**

   E-Learning: Fortbildungskurse, die online durchgeführt werden und eine flexible Teilnahme ermöglichen (z.B. Webinare, MOOCs oder Online-Workshops).

   Blended Learning: Kombination von Online-Lernen und Präsenzphasen, die eine Mischung aus Flexibilität und direktem Austausch bieten.

5. **Fortbildung durch Praxiserfahrung:**

   Mentoring oder Coaching: Individuelle, praxisorientierte Unterstützung durch erfahrene Kollegen oder externe Berater zur persönlichen und beruflichen Weiterentwicklung.

   Job Rotation: Der Wechsel zwischen verschiedenen Positionen innerhalb eines Unternehmens zur Erweiterung der beruflichen Erfahrung.

Vorteile der Fortbildung:

1. **Karriereentwicklung:** Fortbildung hilft, die eigenen beruflichen Qualifikationen zu erweitern und verbessert die Chancen auf **Beförderungen** oder **neue berufliche Herausforderungen**.

2. **Wettbewerbsfähigkeit:** Die kontinuierliche Fortbildung stellt sicher, dass Fachkräfte auf dem neuesten Stand bleiben und sich auf

veränderte **Marktbedingungen, technologische Neuerungen**
und **aktuelle Trends** einstellen können.

3. **Steigerung der Jobzufriedenheit:** Durch den Erwerb neuer Fähigkeiten können sich Mitarbeiter stärker in ihrem Beruf einbringen
   und **berufliche Erfüllung** finden, was die Motivation steigert.

4. **Netzwerkaufbau:** Fortbildungsmaßnahmen bieten oft die Möglichkeit, neue Kontakte zu knüpfen, Erfahrungen auszutauschen und
   vom Wissen anderer Teilnehmer zu profitieren.

Fazit:
Fortbildung ist ein wesentlicher Bestandteil der beruflichen Weiterentwicklung und dient dazu, die eigenen Fähigkeiten und das Wissen auf dem neuesten Stand zu halten oder zu erweitern. Sie trägt dazu bei, die **berufliche
Leistungsfähigkeit** zu steigern, **Karrierechancen** zu verbessern und die
Anpassungsfähigkeit an Veränderungen im Berufsalltag zu erhöhen. Fortbildung ist ein fortlaufender Prozess, der sowohl individuelle als auch organi-
sationale Vorteile bringt.

Arten der Fortbildungen

Es gibt verschiedene **Arten der Fortbildung**, die auf unterschiedliche Bedürfnisse und berufliche Anforderungen ausgerichtet sind. Diese lassen sich
in mehrere Kategorien unterteilen, je nachdem, ob sie sich auf **berufsspezifische Qualifikationen**, **Managementfähigkeiten**, **allgemeine
Kompetenzen** oder **formatabhängig** (z.B. Präsenz- oder Online-Formate)
konzentrieren. Hier sind die wichtigsten Arten der Fortbildung:

1. Berufsspezifische Fortbildung

Diese Art der Fortbildung zielt darauf ab, die Fachkenntnisse und Fähigkeiten in einem bestimmten Berufsfeld oder einer Branche zu erweitern oder zu aktualisieren.

- **Fachspezifische Fortbildung:**

  Diese Fortbildung vertieft Kenntnisse in einem speziellen Berufsfeld. Zum Beispiel können **IT-Experten** ihr Wissen in neuen Programmiersprachen erweitern oder **Medizinern** neue Behandlungsverfahren vermittelt werden.

  Beispiele:
  - Fortbildung für **IT-Spezialisten** (z.B. Cloud-Computing, Cybersecurity)
  - Fortbildung für **Ärzte** (z.B. neue medizinische Verfahren oder Therapien)
  - Fortbildung für **Handwerker** (z.B. neue Techniken im Bauwesen)

- **Branchenspezifische Fortbildung:**

  Fortbildung, die auf spezifische Veränderungen oder Innovationen in einer Branche eingeht, wie neue Gesetzgebungen, Technologien oder Trends.

  Beispiele:
  - **Fortbildung für Finanzexperten** zu neuen regulatorischen Anforderungen.
  - **Fortbildung im Bereich erneuerbare Energien** oder **Nachhaltigkeit** für Ingenieure oder Architekten.

2. Management- und Führungskräftefortbildung

Diese Art der Fortbildung richtet sich an Personen, die Führungsaufgaben übernehmen oder ihre Führungskompetenzen ausbauen möchten.

- **Führungskräftefortbildung:**

  Fortbildung, die sich auf die Entwicklung von Führungskompetenzen konzentriert. Dabei geht es um Themen wie Kommunikation, Mitarbeitermotivation, Entscheidungsfindung und strategische Planung.

  Beispiele:
    - **Management-Trainings** zu Kommunikation, Konfliktlösung oder Teamführung.
    - **Executive Education**-Programme wie **MBA** (Master of Business Administration).

- **Projektmanagement-Weiterbildung:**

  Fortbildung zur Verbesserung der Fähigkeiten im Bereich Projektplanung, -durchführung und -überwachung.

  Beispiele:
    - **Zertifikatslehrgänge** wie **Prince2**, **Scrum** oder **Agile Projektmanagement**.
    - Fortbildung in **Change Management** oder **Risikomanagement**.

- **Coaching und Mentoring:**

  Hierbei geht es darum, Führungskräfte oder angehende Führungskräfte durch individuell zugeschnittene Beratung und Feedback weiterzuentwickeln.

3. Soft Skills und Persönlichkeitsentwicklung

Diese Fortbildungen konzentrieren sich auf die Entwicklung von **sozialen und kommunikativen Fähigkeiten** sowie auf die persönliche Weiterentwicklung.

- **Kommunikationstraining:**
  Ziel ist es, die Kommunikationsfähigkeiten zu verbessern, z.B. durch **Rhetorik**, **Präsentationstechniken** oder **interkulturelle Kommunikation**.

- **Teamarbeit und Konfliktmanagement:**
  Schulungen, die sich auf die Verbesserung der Zusammenarbeit im Team und den Umgang mit Konflikten konzentrieren.

- **Zeitmanagement und Selbstorganisation:**
  Fortbildung, die darauf abzielt, die eigene Effizienz zu steigern, Prioritäten richtig zu setzen und den Arbeitsalltag besser zu strukturieren.

- **Stressmanagement und Resilienztraining:**
  Diese Fortbildung hilft dabei, mit Stress und Belastungen im Beruf besser umzugehen und die persönliche Resilienz zu stärken.

4. Technologie- und IT-Weiterbildung

Diese Art der Fortbildung richtet sich an Fachkräfte, die ihre **technologischen** oder **digitalen Kompetenzen** auf den neuesten Stand bringen müssen.

- **IT- und Software-Fortbildung:**

  Schulungen zu aktuellen Softwarelösungen, Programmiersprachen, IT-Sicherheitsmaßnahmen oder neuen Technologien wie **Blockchain** oder **Cloud Computing**.

  Beispiele:
  - Fortbildung in **Datenanalyse** oder **Big Data**.
  - Schulungen zu **Künstlicher Intelligenz (KI)** oder
    Machine Learning.

- **Digitalisierung und Automatisierung:**

  Fortbildung, die auf die **digitale Transformation** und **Automatisierung** von Geschäftsprozessen eingeht.

  Beispiele:
  - Weiterbildung zu **Robotic Process Automation
    (RPA)**.
  - Schulungen zu **ERP-Systemen** (z.B. SAP).

5. Zertifikatslehrgänge und -programme

Zertifikatslehrgänge sind oft kurze, fokussierte Fortbildungsprogramme, die
nach erfolgreichem Abschluss ein Zertifikat verleihen, das die neu erworbenen Qualifikationen bestätigt.

- **Beispiele:**
  - **Zertifikat in Projektmanagement**
  - **HR-Management-Zertifikat**
  - **Zertifikatsprogramme** in Kommunikation, Marketing oder
    Führung.

Diese Fortbildungsmöglichkeiten sind besonders nützlich, um spezifische Fähigkeiten zu erlernen und nachzuweisen.

6. Akademische Fortbildung

Akademische Fortbildung richtet sich an Berufspersonen, die ihr **akademisches Wissen vertiefen** oder spezialisieren möchten.

- **Masterstudiengänge und MBA-Programme:** Berufsbegleitende Programme wie **Master of Business Administration (MBA)** oder spezialisierte Masterprogramme, die sich an Fach- und Führungskräfte richten.
- **Doktoratsstudiengänge (Ph.D.):**
  - Für diejenigen, die sich auf wissenschaftliche Arbeit konzentrieren oder sich in einem bestimmten Fachgebiet weiter spezialisieren möchten.

7. Online-Fortbildung

Online-Fortbildung bietet **flexible Lernformate** und ist für Menschen geeignet, die ortsunabhängig lernen möchten.

- **E-Learning:** Online-Kurse, die oft asynchron sind und eine hohe Flexibilität bieten, z.B. **MOOCs** (Massive Open Online Courses) oder spezialisierte Fachkurse.
- **Webinare und Web-Based Training (WBT):** Interaktive Online-Veranstaltungen, bei denen Teilnehmer live mit den Dozenten interagieren können.
- **Blended Learning:** Eine Kombination aus **Präsenzveranstaltungen** und **Online-Lernen**, die den Vorteil beider Lernformen vereint.

8. Fremdsprachenfortbildung

Die Weiterbildung in einer Fremdsprache ist besonders wichtig in internationalen oder global ausgerichteten Berufen.

Beispiele:
- **Business English**
- **Fremdsprachen für internationale Verhandlungen**

Fazit:

Die **Arten der Fortbildung** sind vielfältig und reichen von spezialisierten **beruflichen** und **fachlichen Weiterbildungen** über **managementorientierte** Trainings bis hin zu **persönlicher Weiterentwicklung** und **online-basierten Lernformaten**. Die Wahl der richtigen Fortbildung hängt von den individuellen **Berufsziele, Interessen** und den **Erfordernissen des Arbeitsmarktes** ab. Fortbildung ermöglicht es Fachkräften, ihre **Kompetenzen** zu erweitern, ihre **Karrierechancen** zu steigern und in einem sich ständig verändernden Arbeitsumfeld wettbewerbsfähig zu bleiben.

Was sind die Vor- bzw. Nachteile einer internen Weiterbildung?

Interne Weiterbildung bezeichnet Fortbildungsmaßnahmen, die **innerhalb eines Unternehmens** oder einer Organisation durchgeführt werden, oft mit Hilfe eigener Mitarbeiter oder durch externe Anbieter, die speziell für das Unternehmen tätig werden. Sie bietet eine Reihe von Vorteilen, aber auch einige potenzielle Nachteile. Im Folgenden sind die wichtigsten **Vor- und Nachteile** einer internen Weiterbildung zusammengefasst:

Vorteile einer internen Weiterbildung:

1. **Anpassung an unternehmensspezifische Bedürfnisse**

   Direkte Relevanz: Interne Weiterbildungsmaßnahmen können gezielt auf die spezifischen Bedürfnisse und Herausforderungen des Unternehmens abgestimmt werden. Schulungen können praxisnah und auf die internen Arbeitsprozesse ausgerichtet sein.

   Unternehmenswerte und -kultur: Die Fortbildung kann so gestaltet werden, dass sie die **Unternehmenskultur**

fördert und sicherstellt, dass die Mitarbeiter den gewünschten **Unternehmenswerten** und -zielen entsprechen.

2. **Kosteneffizienz**

   Geringere Kosten: In vielen Fällen ist eine interne Weiterbildung günstiger als externe Schulungen, da keine Reisekosten oder externe Dozenten bezahlt werden müssen. Oft wird auf interne Experten oder Führungskräfte als Trainer zurückgegriffen.

   Skalierbarkeit: Bei Bedarf können größere Mitarbeitergruppen gleichzeitig geschult werden, was die Kosten pro Teilnehmer senkt.

3. **Förderung der Mitarbeiterbindung**

   Motivation und Zufriedenheit: Die Möglichkeit zur **Weiterbildung** zeigt den Mitarbeitern, dass das Unternehmen in ihre **berufliche Entwicklung** investiert, was zu höherer **Mitarbeiterzufriedenheit** und **Bindung** führen kann.

   Karriereförderung: Interne Weiterbildungsangebote können als Sprungbrett für die berufliche Weiterentwicklung und Aufstiegsmöglichkeiten innerhalb des Unternehmens dienen, was wiederum die Loyalität stärkt.

4. **Bessere Integration ins Unternehmen**

   Konzentration auf Unternehmensprozesse: Die Weiterbildung ist oft stärker auf die spezifischen Arbeitsabläufe und Aufgaben innerhalb des Unternehmens ausgerichtet. Dies ermöglicht eine **schnellere Integration** des neu erlernten Wissens in die täglichen Arbeitsprozesse.

Einhaltung der Unternehmensstandards: Die interne Fortbildung sorgt dafür, dass alle Mitarbeiter mit denselben Standards, Technologien und Arbeitsmethoden vertraut sind, was zu einer **einheitlicheren Arbeitsweise** im gesamten Unternehmen beiträgt.

5. **Flexibilität und Zeitersparnis**

   Flexibilität in der Zeitplanung: Interne Weiterbildungsmaßnahmen können oft flexibel gestaltet werden, sodass sie sich besser in den Arbeitsalltag integrieren lassen. Das Training kann beispielsweise während der Arbeitszeit oder in kurzen, modularen Einheiten durchgeführt werden.

   Vermeidung von Reiseaufwand: Bei interner Weiterbildung entfällt der Aufwand für Reisen oder längere Abwesenheiten vom Arbeitsplatz, was den **Zeitaufwand** reduziert.

Nachteile einer internen Weiterbildung:

1. **Begrenzte Perspektiven und Erfahrungen**

   Mangel an Externen Inputs: Interne Schulungen bieten oft nur **eine begrenzte Perspektive**, da sie in der Regel auf die spezifischen Bedürfnisse und Erfahrungen des Unternehmens abgestimmt sind. Dadurch könnten wichtige **externe Impulse** oder **Best Practices** aus der Branche oder anderen Unternehmen fehlen.

   Geringere Vielfalt der Trainer: Wenn interne Trainer eingesetzt werden, fehlt möglicherweise die **Vielfalt** an

Lehrmethoden und -stilen, die externe Trainer oder Experten bieten könnten. Dies kann die **Kreativität** und **Innovation** der Schulung beeinträchtigen.

2. **Überlastung der internen Ressourcen**

   Interne Trainer können abgelenkt sein: Wenn interne Trainer aus dem Unternehmen kommen, besteht die Gefahr, dass ihre **Doppelfunktion** als Trainer und Mitarbeiter ihre Arbeitsbelastung erhöhen kann. Dies kann dazu führen, dass sie nicht immer die nötige **Fokussierung** oder **Vorbereitung** auf das Training haben.

   Ressourcenbindung: Es kann zusätzliche Ressourcen wie Zeit und Energie kosten, die internen Trainer vorzubereiten, und die Teilnehmer könnten während der Schulung von ihren regulären Aufgaben abgezogen werden, was zu **Produktivitätsverlusten** führen kann.

3. **Mangel an Objektivität**

   Subjektive Perspektiven: Da interne Trainer und Schulungen oft auf dem Wissen und den Erfahrungen des Unternehmens basieren, könnte es zu einer **subjektiven Sichtweise** kommen. Dies kann dazu führen, dass kritische Themen nicht angesprochen oder alternative Ansätze nicht berücksichtigt werden.

   Voreingenommene Trainingsinhalte: Manchmal kann das Unternehmen seine eigenen **Fehler** oder **Probleme** nicht objektiv genug darstellen, was die **Kritikfähigkeit** und den **Wandel** im Unternehmen erschwert.

4. **Weniger Netzwerkmöglichkeiten**

> **Fehlende externe Kontakte**: Bei internen Schulungen haben die Mitarbeiter keine Gelegenheit, sich mit externen Experten oder Fachkollegen aus anderen Unternehmen zu vernetzen. Externe Trainingsveranstaltungen bieten oft die Chance, neue Kontakte zu knüpfen und von den Erfahrungen anderer zu lernen.

5. **Motivationsprobleme und fehlende Innovationskraft**

> **Fehlende externe Impulse**: Ohne den Einfluss externer Trainer oder Fachleute, die neue Ideen und Innovationen einbringen, könnte das Unternehmen Gefahr laufen, in seinen eigenen Denk- und Arbeitsprozessen festzustecken.

> **Mangelnde Motivation**: Wenn das Training zu **einseitig** oder **nicht abwechslungsreich** gestaltet wird, könnten Mitarbeiter weniger motiviert sein, daran teilzunehmen. Der Trainingsinhalt könnte sich dadurch als weniger **inspirierend** oder **aufregend** herausstellen als eine externe Veranstaltung, die frische Perspektiven mitbringt.

Fazit:

Die **interne Weiterbildung** hat viele Vorteile, wie etwa Kosteneffizienz, bessere Anpassung an die spezifischen Bedürfnisse des Unternehmens und die Förderung der Mitarbeiterbindung. Sie bietet eine gute Möglichkeit, die **Kompetenzen der Mitarbeiter** schnell und direkt zu erweitern, ohne dass das Unternehmen hohe externe Kosten tragen muss.

Allerdings gibt es auch einige **Nachteile**, wie begrenzte Perspektiven, mögliche Überlastung interner Ressourcen und die Gefahr einer subjektiven Ausrichtung der Schulungen. Eine erfolgreiche interne Weiterbildung erfordert eine gute Planung und Organisation, um diese Nachteile zu minimieren. Um die Vorteile der internen Weiterbildung zu maximieren, könnte es sinnvoll sein, **externe Impulse** von Zeit zu Zeit in die Schulungsprogramme zu integrieren, z.B. durch **externe Experten** oder **offene Foren**.

Was sind die Vor- bzw. Nachteile einer externen Weiterbildung?

Externe Weiterbildung bezeichnet Fortbildungsmaßnahmen, die außerhalb des Unternehmens stattfinden, typischerweise bei spezialisierten Anbietern, Bildungsinstituten oder Universitäten. Dies kann sowohl in Form von **Präsenzseminaren**, **Workshops** oder **Online-Kursen** erfolgen. Im Vergleich zur internen Weiterbildung hat die externe Weiterbildung ihre eigenen **Vorteile** und **Nachteile**, die je nach Zielsetzung und Kontext abgewogen werden sollten.

Vorteile einer externen Weiterbildung:

1. **Neue Perspektiven und frische Impulse**
   Externe Experten und Trainer bringen oft neue Ideen, Methoden und Best Practices aus anderen Unternehmen oder Branchen mit. Diese **externen Impulse** können innovativ und aufschlussreich sein, da sie nicht durch die spezifische Unternehmensperspektive begrenzt sind.
   Mitarbeiter lernen, **best practices** aus anderen Organisationen zu übernehmen und erhalten oft einen breiteren Überblick über aktuelle Entwicklungen und Trends.

2. **Unabhängigkeit und Objektivität**
   Externe Weiterbildung ermöglicht eine **unabhängige und objektive Perspektive**, da die Trainer und Kursanbieter nicht Teil des Unternehmens sind. Sie können kritische

Themen offen ansprechen und auch alternative Herangehensweisen oder ungelöste Probleme aufzeigen.

Diese Unabhängigkeit trägt dazu bei, **Vorurteile** oder **Ein-
geschränktheit** in der Betrachtung von Themen zu vermeiden.

3. **Zugang zu spezialisierten Experten**

    Externe Weiterbildungen bieten oft die Möglichkeit, von füh-
    renden Experten auf einem bestimmten Gebiet zu lernen,
    die **hohes Fachwissen** und **praktische Erfahrung** mit-
    bringen.

    Diese Experten können mit den neuesten **Trends**, **For-
    schungen** oder **Technologien** auf dem jeweiligen Gebiet
    vertraut sein, was die Qualität des Lernens deutlich erhöhen
    kann.

4. **Erweiterung des beruflichen Netzwerks**

    Externe Fortbildungen bieten die Möglichkeit, sich mit **Teil-
    nehmern aus anderen Unternehmen** oder **Branchen**
    zu vernetzen. Diese Netzwerke können für zukünftige **Ko-
    operationen**, **Ideenaustausch** oder sogar für **Karriere-
    möglichkeiten** von Vorteil sein.

    Der Austausch mit Kollegen aus unterschiedlichen Sektoren
    und Regionen fördert oft neue Denkansätze und eine brei-
    tere **Weltanschauung**.

5. **Breite und Vielfalt der Themen**

    Externe Anbieter bieten häufig eine **große Vielfalt** an Kur-
    sen und Zertifikatsprogrammen, die eine breite Palette an
    Themen abdecken. So können Mitarbeiter gezielt an The-
    men arbeiten, die sie im Unternehmen nicht lernen oder ver-
    tiefen könnten, wie etwa **internationale Standards**, **Spe-
    zialisierungen** oder **neue Technologien**.

Auch der Zugang zu **akademischen Abschlüssen** wie Masterprogrammen oder professionellen Zertifikaten ist in der externen Weiterbildung oft leichter möglich.

6. **Förderung der Mitarbeitermotivation**

Die Teilnahme an externen Weiterbildungsmaßnahmen wird oft als **wertvolle Investition** in die Karriere des Mitarbeiters wahrgenommen und kann seine **Motivation** und **Zufriedenheit** erheblich steigern. Es wird signalisiert, dass das Unternehmen bereit ist, **in die persönliche und berufliche Entwicklung** der Mitarbeiter zu investieren.

Externe Weiterbildung kann auch das **Selbstvertrauen** der Mitarbeiter stärken, da sie neue Qualifikationen erwerben und sich in ihrem Fachgebiet weiterentwickeln.

Nachteile einer externen Weiterbildung

1. **Hohe Kosten**

Kostenintensive Programme: Externe Weiterbildungen können in der Regel teurer sein als interne Schulungen, da neben den Kursgebühren auch **Reise- und Unterkunftskosten** anfallen können, wenn die Schulung vor Ort stattfindet.

Besonders bei spezialisierten Fortbildungsmaßnahmen oder **akademischen Programmen** (z.B. MBA) können die Kosten für den Mitarbeiter oder das Unternehmen sehr hoch sein.

2. **Zeitaufwand und Abwesenheit vom Arbeitsplatz**

Abwesenheit von der Arbeit: Externe Weiterbildungen erfordern häufig, dass die Mitarbeiter für einen bestimmten Zeitraum vom Arbeitsplatz abwesend sind. Dies kann zu

Produktivitätsverlusten führen und stellt insbesondere für kleine Unternehmen eine Herausforderung dar.

Längere Fortbildungsmaßnahmen (z.B. mehrwöchige Kurse oder Studiengänge) können den **Arbeitsablauf** stören und **Stress** bei den Mitarbeitern oder der Abteilung verursachen, die den Arbeitsausfall kompensieren müssen.

3. **Geringe Anpassung an Unternehmensbedürfnisse**

   Generische Inhalte: Oft sind externe Fortbildungsprogramme auf eine **breite Zielgruppe** ausgerichtet und daher nicht immer auf die spezifischen Bedürfnisse oder Herausforderungen eines Unternehmens zugeschnitten. Das kann dazu führen, dass der Kursinhalt nur teilweise relevant oder unmittelbar anwendbar ist.

   Es besteht die Gefahr, dass der Lerninhalt nicht direkt in den **Alltag** des Unternehmens übertragen werden kann oder dass Themen behandelt werden, die für das Unternehmen weniger von Bedeutung sind.

4. **Fehlende Integration in die Unternehmenskultur**

   Unterschiedliche Unternehmenskulturen: Externe Weiterbildungen beinhalten häufig keine Auseinandersetzung mit der spezifischen **Unternehmenskultur** und den internen Prozessen. Ein Mitarbeiter könnte wichtige Unternehmenswerte, Normen und spezifische Herausforderungen in einem externen Kurs möglicherweise nicht ausreichend berücksichtigt wissen.

   Ein solches Training könnte bei der Rückkehr ins Unternehmen **schwer in den Arbeitsalltag integriert** werden, insbesondere wenn die Weiterbildung nicht in den **Kontext** des Unternehmens passt.

5. **Fehlende kontinuierliche Unterstützung**

   Keine Begleitung im Arbeitsalltag: Während externe Weiterbildungen eine sehr fundierte Ausbildung in einem bestimmten Thema bieten, fehlt es oft an **praktischer Unterstützung** im Alltag nach der Rückkehr ins Unternehmen. Interne Schulungen sind häufig stärker mit dem Arbeitsplatz verbunden, sodass Mitarbeiter direkt auf Fragen oder Herausforderungen, die im Arbeitsalltag auftauchen, Unterstützung erhalten können.

6. **Abhängigkeit von externen Anbietern**

   Qualitätsschwankungen: Die Qualität der externen Weiterbildungsanbieter kann sehr unterschiedlich sein. Auch bei renommierten Instituten oder Universitäten gibt es keine Garantie, dass ein Kurs tatsächlich den Erwartungen entspricht. Es besteht die Gefahr, dass das Unternehmen Geld für eine Weiterbildung ausgibt, die sich später als weniger hilfreich herausstellt als erhofft.

   Der Auswahlprozess und die Verhandlung von Kursinhalten mit externen Anbietern erfordern **Zeit** und **Aufmerksamkeit**, um sicherzustellen, dass der Kurs den gewünschten Zielen entspricht.

Fazit:

Die **externe Weiterbildung** bietet viele Vorteile, insbesondere in Bezug auf den Zugang zu **spezialisierten Experten, neuen Perspektiven** und **Vielfalt der Themen**. Sie bietet zudem die Möglichkeit, **Netzwerke** aufzubauen und die Mitarbeiter **motiviert** zu halten. Allerdings bringt sie auch einige Herausforderungen mit sich, insbesondere **hohe Kosten, Abwesenheit vom Arbeitsplatz** und potenziell **geringere Anpassung** an die spezifischen Bedürfnisse des Unternehmens.

Die Wahl zwischen interner und externer Weiterbildung sollte immer unter Berücksichtigung der **Unternehmensziele, Budget** und der **Karriereziele der Mitarbeiter** getroffen werden. In vielen Fällen kann eine **Kombination** aus beiden Ansätzen (z.B. durch die Integration von externen Fortbildungen mit internen Schulungen) die beste Lösung sein, um die Vorteile beider Ansätze zu nutzen.

5.16. LOB UND ANERKENNUNG

Definition Lob

Lob bezeichnet eine **positive Rückmeldung** oder **Anerkennung** für ein Verhalten, eine Leistung oder eine Eigenschaft einer Person. Es wird ausgesprochen, um **wertzuschätzen**, was jemand gut gemacht hat, und wird oft als eine Form der **Bestätigung** oder **Motivation** eingesetzt. Lob kann sowohl **mündlich** als auch **schriftlich** erteilt werden und ist eine wichtige soziale Interaktion, die das **Selbstwertgefühl** stärkt und die **Arbeitsmoral** fördert.

Merkmale von Lob

- **Positives Feedback:** Lob hebt hervor, was gut gemacht wurde, und unterstreicht die **Stärken** einer Person.
- **Anerkennung von Leistung oder Verhalten:** Es kann sich auf **Ergebnisse** (z.B. die erfolgreiche Erledigung einer Aufgabe) oder auf **Verhaltensweisen** (z.B. Teamarbeit, Engagement) beziehen.
- **Motivation und Bestätigung:** Lob dient oft dazu, die **Motivation** zu steigern, indem es die Person ermutigt, auch in Zukunft gute Leistungen zu erbringen.

- **Individuell oder öffentlich:** Lob kann privat oder vor anderen ausgesprochen werden, wobei öffentliches Lob oft eine größere **Wirkung** auf das Selbstbewusstsein und die Anerkennung durch andere hat.

Arten von Lob

1. **Verbales Lob**: Eine mündliche Anerkennung, z.B. "Gut gemacht!", "Du hast das hervorragend erledigt!".
2. **Non-verbales Lob**: Gesten der Anerkennung wie ein Lächeln, ein Klaps auf den Rücken oder ein Handshake.
3. **Schriftliches Lob**: Eine schriftliche Anerkennung wie in einer E-Mail, einem Brief oder einem Zeugnis.
4. **Öffentliches Lob**: Anerkennung vor einer Gruppe von Menschen, etwa in einem Team-Meeting oder vor Kollegen.
5. **Privates Lob**: Anerkennung im persönlichen Gespräch, das möglicherweise eine intimere Wirkung hat.

Vorteile von Lob:

- **Förderung der Motivation und Leistung:** Lob kann dazu beitragen, dass Menschen sich in ihrer Arbeit bestätigt fühlen und weiterhin ihre beste Leistung erbringen.
- **Stärkung des Selbstbewusstseins:** Wenn jemand für seine Leistungen gelobt wird, stärkt das das **Selbstwertgefühl** und das Vertrauen in die eigenen Fähigkeiten.
- **Verbesserung der zwischenmenschlichen Beziehungen:** Lob fördert ein positives **Arbeitsklima** und stärkt die **Beziehung** zwischen Vorgesetzten und Mitarbeitern oder innerhalb von Teams.

Definition Anerkennung

Anerkennung bezeichnet die **Wertschätzung** und **Anerkennung** von Leistungen, Verhaltensweisen oder Eigenschaften einer Person. Sie ist ein Ausdruck der **Würdigung** und des **Respekts** für das, was jemand erreicht hat oder für die Art und Weise, wie jemand handelt. Anerkennung kann in **verschiedenen Formen** erfolgen – verbal, non-verbal oder durch konkrete Handlungen – und spielt eine wesentliche Rolle in zwischenmenschlichen Beziehungen, sowohl im privaten als auch im beruflichen Kontext.

Merkmale von Anerkennung:

- **Wertschätzung:** Anerkennung hebt das hervor, was jemand **gut gemacht** hat oder was an einer Person **positiv** wahrgenommen wird. Sie zeigt, dass die Bemühungen, die Leistung oder die Qualitäten einer Person **geschätzt** und **gesehen** werden.
- **Bestätigung:** Anerkennung dient dazu, das Verhalten oder die Leistung einer Person zu **bestätigen** und zu zeigen, dass diese nicht unbeachtet bleibt.

- **Positives Feedback:** Im Gegensatz zu Kritik oder Korrektur ist Anerkennung ein **positives Feedback**, das eher auf **Stärken** und **Erfolge** fokussiert ist.
- **Motivierung:** Anerkennung wirkt als **Motivator**, indem sie dazu anregt, weiterhin positive Leistungen zu erbringen und sich weiter zu engagieren.

Arten der Anerkennung:

1. **Verbal:** Mündliche Äußerungen der Wertschätzung, wie z.B. "Ich schätze deine Arbeit sehr" oder "Danke für deinen Einsatz."
2. **Non-verbal:** Gesten wie ein Lächeln, ein zustimmendes Nicken oder ein Händedruck, die Anerkennung ausdrücken, ohne Worte zu benutzen.
3. **Schriftlich:** Anerkennung kann auch durch **E-Mails**, **Briefe**, oder **Zeugnisse** zum Ausdruck gebracht werden.
4. **Öffentlich:** Anerkennung, die vor einer Gruppe oder einem Team ausgesprochen wird, um das Verhalten oder die Leistung der Person vor anderen zu würdigen (z.B. in einer Besprechung oder bei einer Feier).
5. **Privat:** Anerkennung in einem persönlichen Gespräch oder in einem kleineren Rahmen, oft mit einer stärkeren emotionalen Wirkung.
6. **Symbolische Anerkennung:** Manchmal werden **Geschenke, Urkunden**, **Preise** oder **Auszeichnungen** als Form der Anerkennung vergeben.

Vorteile von Anerkennung

- **Förderung von Motivation und Engagement:** Anerkennung stärkt das **Selbstbewusstsein** der Person und fördert ihre **Motivation**, weiterhin gute Leistungen zu erbringen. Es zeigt, dass ihre Anstrengungen nicht unbemerkt bleiben.
- **Stärkung der Bindung und Beziehung:** Anerkennung baut eine positive Beziehung auf, sei es zwischen Führungskraft und Mitarbeiter, Kollegen oder in privaten Beziehungen. Sie fördert **Respekt**, **Vertrauen** und **Zusammenhalt**.
- **Erhöhung der Zufriedenheit und des Wohlbefindens:** Wenn jemand Anerkennung erfährt, führt das zu einem höheren **Maß an Zufriedenheit**, sei es im Arbeitsumfeld oder im persönlichen Leben. Anerkennung trägt zum **psychischen Wohlbefinden** bei, da sie das Gefühl der **Wertschätzung** und Zugehörigkeit stärkt.
- **Erhöhung der Leistung und Produktivität:** Mitarbeiter, die Anerkennung für ihre Arbeit erhalten, sind häufig **leistungsbereiter** und **produktiver**, da die Anerkennung als positiver Anreiz wirkt.

Unterschied zwischen Anerkennung und Lob

Lob bezieht sich oft auf die **Würdigung eines spezifischen Erfolges oder Verhaltens**, z.B. eine gute Leistung in einem Projekt oder eine besonders gute Arbeit. Es ist meist auf ein konkretes Ergebnis bezogen.

Anerkennung ist breiter und umfasst die **gesamtgesellschaftliche oder langfristige Wertschätzung** einer Person oder ihrer **persönlichen Eigenschaften**, wie zum Beispiel **Zuverlässigkeit**,

Teamfähigkeit oder **Engagement**. Anerkennung kann sich auf das Gesamtbild einer Person beziehen, unabhängig von einem einzelnen Erfolg.

Fazit:

Anerkennung ist ein wichtiger Bestandteil zwischenmenschlicher Kommunikation und spielt sowohl im **Beruf** als auch im **privaten Leben** eine zentrale Rolle. Sie stärkt das **Selbstwertgefühl**, fördert die **Motivation** und trägt zur **positiven Gestaltung** von Beziehungen bei. Um eine nachhaltige Wirkung zu erzielen, sollte Anerkennung jedoch **authentisch** und **wertschätzend** erfolgen, idealerweise auch regelmäßig, um die langfristige Bindung und die kontinuierliche Leistung zu unterstützen.

Wo ist der Unterschied?

Der Unterschied zwischen **Lob** und **Anerkennung** liegt in ihrer **Fokussierung** und **Zielrichtung**, auch wenn sie beide positive Rückmeldungen sind, die auf Wertschätzung abzielen. Hier eine genauere Gegenüberstellung der beiden Begriffe:

1. Fokussierung:

Lob bezieht sich oft auf **konkrete Leistungen** oder **Verhaltensweisen**, die in einem bestimmten Moment oder Kontext erbracht wurden. Es ist in der Regel **direkt und spezifisch**.

Beispiel: "Du hast das Projekt sehr gut abgeschlossen. Deine Analyse war hervorragend."

Merkmal: Lob wird für **bestimmte Ergebnisse** oder **positive Handlungen** ausgesprochen.

Anerkennung ist breiter und umfasst nicht nur konkrete Leistungen, sondern auch **persönliche Qualitäten**, **Verhalten** und den **Wert einer Person** im Allgemeinen. Anerkennung kann auch für **langfristige** oder **kontinuierliche** Eigenschaften und **Beiträge** ausgesprochen werden.

> **Beispiel**: "Ich schätze deine Zuverlässigkeit und deinen Teamgeist."

> **Merkmal**: Anerkennung zielt auf die **Gesamtwertschätzung** einer Person ab, die sich über spezifische Erfolge hinaus erstreckt.

2. Kontext und Zeitrahmen:

Lob wird meistens in einem **spezifischen Kontext** und für eine **einmalige Leistung** erteilt. Es ist oft **zeitlich begrenzt** und kann sich auf eine bestimmte Aufgabe oder ein Ergebnis beziehen.

> **Beispiel**: Ein Mitarbeiter wird für die **Erreichung eines bestimmten Ziels** oder das **Abschließen eines Projekts** gelobt.

Anerkennung ist oft **langsfristiger** und bezieht sich auf die **gesamte Person**, deren **Werte**, **Einstellung** und **Verhaltensweisen** regelmäßig geschätzt werden. Anerkennung ist daher auch oft weniger an konkrete Ergebnisse gebunden.

> **Beispiel**: Ein Mitarbeiter wird für seine **allgemeine Arbeitsweise**, seine **Zuverlässigkeit** oder seine **Teamfähigkeit** anerkannt.

3. Ausdruck der Wertschätzung:

Lob ist in der Regel ein **positives Feedback**, das direkt auf eine **Handlung oder ein Verhalten** abzielt und dabei die **Ergebnisse** betont.

Beispiel: "Das war eine großartige Präsentation, die du gehalten hast – deine Argumente waren sehr überzeugend."

Anerkennung geht oft über die konkrete Handlung hinaus und **zeigt eine tiefere Wertschätzung** der **persönlichen Eigenschaften**, die zu einem bestimmten Ergebnis geführt haben.

Beispiel: "Ich anerkenne deinen kontinuierlichen Einsatz und deinen Teamgeist, die für den Erfolg des gesamten Projekts entscheidend waren."

4. Emotionaler Kontext:

Lob hat häufig eine **höhere emotionale Wirkung**, da es eine **direkte Reaktion** auf eine herausragende Leistung ist. Es ist ein unmittelbares Feedback, das meist eine **positive Verstärkung** für ein Verhalten oder ein Ergebnis darstellt.

Anerkennung ist häufig **tiefgründiger** und geht über das unmittelbare Lob hinaus. Sie zeigt, dass jemand **langfristig geschätzt** wird, was oft ein stärkeres Gefühl von **Wertschätzung und Respekt** vermittelt.

Fazit:

Lob ist **spezifisch, zeitlich begrenzt** und bezieht sich auf **konkrete Leistungen**, während Anerkennung eine **umfassendere, langfristige Wertschätzung** der Person als Ganzes ist. Beide Formen der positiven Rückmeldung sind wichtig und ergänzen sich – **Lob** kann ein Moment der Anerkennung sein, während **Anerkennung** die tiefergehende Wertschätzung der gesamten Person widerspiegelt.

Wann wende ich was an?

Wann du **Lob** und wann du **Anerkennung** anwendest, hängt stark vom Kontext und der Art der **Rückmeldung** ab, die du geben möchtest. Beide sind wertvolle Werkzeuge in der Kommunikation, aber sie haben unterschiedliche Zielsetzungen und werden in unterschiedlichen Situationen am besten eingesetzt. Hier eine Orientierungshilfe, wann du **Lob** und wann du **Anerkennung** verwenden solltest:

Wann du Lob anwendest:

Lob eignet sich besonders, wenn du **konkrete Leistungen** oder **Ergebnisse** einer Person hervorheben und positiv verstärken möchtest. Es wird typischerweise verwendet, um sofort auf eine **spezifische Leistung** oder ein **Verhalten** zu reagieren und dieses zu würdigen.

1. Direkte Reaktion auf eine gute Leistung:
Wenn jemand **etwas gut gemacht** hat, sei es ein erfolgreich abgeschlossenes Projekt, eine ausgezeichnete Präsentation oder eine sehr gute Arbeitserledigung.

> **Beispiel**: „Die Präsentation war fantastisch, du hast die Informationen sehr gut aufbereitet!"

2. Motivation für kurzfristige Aufgaben:
Wenn du jemanden **auf kurzfristige Aufgaben** oder Ziele hinweisen und seine Motivation steigern möchtest, ist Lob sehr effektiv, um die **Ergebnisse** sofort zu würdigen.

> **Beispiel**: „Du hast das in kürzester Zeit erledigt, das war großartig!"

3. Ermutigung zu bestimmten Verhaltensweisen:
Um ein bestimmtes Verhalten zu **bestärken**, das du weiterhin sehen möchtest. Lob kann hier als **Verstärker** dienen, um das Verhalten zu wiederholen.

Beispiel: „Toll, wie du das Team organisiert hast! Das hat den Ablauf wirklich verbessert."

4. Schnelle, spezifische Rückmeldung:

Wenn du **schnell und direkt** eine positive Rückmeldung für eine Leistung geben möchtest, die gerade stattgefunden hat.

Beispiel: „Super gemacht, deine Präsentation war klar und präzise."

Wann du Anerkennung anwendest

Anerkennung eignet sich, wenn du eine **langfristige Wertschätzung** für eine Person ausdrücken möchtest, die über eine einzelne Leistung hinausgeht. Sie richtet sich auf **Gesamtverhalten, Eigenschaften** und **positive Charakterzüge** einer Person. Anerkennung wird häufig verwendet, um **Vertrauen und Respekt** langfristig zu stärken.

1. Wertschätzung für kontinuierliche Leistungen:

Wenn jemand regelmäßig **gute Arbeit** leistet und du seine **beständigen Bemühungen und seinen Beitrag** über längere Zeit hinweg anerkennen möchtest.

Beispiel: „Ich schätze sehr, wie du immer zuverlässig und engagiert bist. Dein Beitrag ist für das Team unbezahlbar."

2. Betonung von Eigenschaften und Werten:

Wenn du die **persönlichen Qualitäten** einer Person hervorheben möchtest, wie z.B. ihre **Zuverlässigkeit, Teamfähigkeit, Engagement** oder **Kreativität**.

Beispiel: „Ich möchte deine Geduld und deine Fähigkeit schätzen, schwierige Situationen ruhig und lösungsorientiert zu bewältigen."

3. Stärkung von Beziehungen und Vertrauen:

Anerkennung wird oft in Gesprächen verwendet, die **Vertrauen** und **Respekt** zwischen dir und der anderen Person aufbauen oder verstärken sollen. Sie hilft, eine **positive Beziehung** langfristig zu etablieren.

Beispiel: „Ich anerkenne, wie viel Arbeit du in dieses Projekt gesteckt hast, und ich danke dir für deine unermüdliche Unterstützung. Das Team kann immer auf dich zählen."

4. Förderung von langfristiger Motivation und Bindung:

Wenn du eine **langfristige Bindung** zu einem Mitarbeiter oder Teammitglied aufbauen möchtest, das über einzelne Erfolge hinausgeht. Anerkennung stärkt das **Selbstwertgefühl** und fördert eine **nachhaltige** Motivation.

Beispiel: „Ich anerkenne deinen stetigen Einsatz und deine Loyalität. Du trägst immer wieder entscheidend dazu bei, dass unser Team zusammenhält und effektiv arbeitet."

5. In persönlichen Gesprächen oder Bewertungen:

Anerkennung ist besonders wertvoll in einem **persönlichen Gespräch** oder in einer **Leistungsbeurteilung**, wenn du die **Gesamtleistung** einer Person und ihren Beitrag zum Unternehmen würdigen möchtest.

Beispiel: „Du hast in diesem Jahr großartige Ergebnisse erzielt, aber vor allem schätze ich, wie du als Mentor für neue Kollegen fungierst."

Wann du was anwendest:

Lob solltest du verwenden, wenn du **spezifisches Verhalten** oder **Ergebnisse** in einer bestimmten Situation sofort würdigen möchtest. Es ist eine Form der **direkten Verstärkung** für das, was die Person in diesem Moment getan hat.

Anerkennung solltest du dann einsetzen, wenn du eine Person auf einer **tiefgehenden Ebene** wertschätzen möchtest, besonders für ihre **beständigen Leistungen**, ihre **Eigenschaften** oder ihren **langfristigen Beitrag**. Anerkennung ist eine **langfristigere und umfassendere** Form der Wertschätzung.

Beide sind wichtig, aber die richtige Wahl hängt vom Kontext und dem, was du erreichen möchtest, ab. **Lob** stärkt **kurzfristig** die Motivation und das Vertrauen, während **Anerkennung** langfristig die Bindung und das **Selbstwertgefühl** einer Person fördert.

5.17. KRITIK

Definition Kritik

Kritik bezeichnet eine **Beurteilung** oder **Bewertung** von etwas, die in der Regel auf **Verbesserungsmöglichkeiten** oder **Fehler** hinweist. Sie wird oft dazu genutzt, auf **mangelhafte Leistungen, Fehlverhalten** oder **Verbesserungsbedarfe** aufmerksam zu machen, kann jedoch auch konstruktiv und unterstützend sein, wenn sie in einer respektvollen und hilfreichen Weise gegeben wird. Kritik kann sowohl **negativ** als auch **positiv** sein, wobei der Begriff oft mit einer **negativen Beurteilung** assoziiert wird, insbesondere wenn sie in einer **destruktiven** oder **abwertenden** Art und Weise erfolgt.

Merkmale von Kritik:

1. **Beurteilung:** Kritik beinhaltet eine Bewertung oder Analyse von **Leistungen, Verhalten** oder **Ergebnissen**. Sie zielt darauf ab, einen **Sachverhalt** oder eine **Verhaltensweise** zu hinterfragen oder zu bewerten.

2. **Hinweis auf Fehler oder Verbesserungspotenzial:** Häufig wird Kritik geäußert, um auf **Fehler, Unzulänglichkeiten** oder **Mängel** hinzuweisen und **Möglichkeiten zur Verbesserung** aufzuzeigen.

3. **Konstruktiv vs. destruktiv:**

   Konstruktive Kritik zielt darauf ab, eine **positive Veränderung** oder **Verbesserung** zu fördern, indem sie **praktische Vorschläge** und **Lösungen** bietet.

   Destruktive Kritik hingegen ist oft **abwertend** und **nicht hilfreich**, ohne Lösungen oder konstruktive Hinweise zu geben. Sie kann demotivieren und das Selbstwertgefühl der betroffenen Person schädigen.

4. **Subjektivität:** Kritik ist immer auch eine subjektive Beurteilung, da sie von der Wahrnehmung, den **Erwartungen** und dem **Erfahrungsrahmen** des Kritikers abhängt.

Arten von Kritik

1. **Konstruktive Kritik:**

   Wird in einer **positiven, respektvollen Weise** formuliert und zielt darauf ab, zu helfen, sich zu verbessern.

   Sie umfasst konkrete Vorschläge zur **Verbesserung** und geht auf die **positiven** Aspekte ein, bevor sie auf das **Verbesserungspotenzial** eingeht.

   Beispiel: „Die Präsentation war gut, aber du könntest noch klarer auf die Hauptpunkte eingehen, um die Zuhörer besser zu fesseln."

2. **Destruktive Kritik:**

   Wird häufig in einer **negativen** und **abwertenden** Weise geäußert, ohne auf Lösungen oder Verbesserungsvorschläge einzugehen.

   Sie kann demotivieren und das Vertrauen in die eigenen Fähigkeiten untergraben.

   Beispiel: „Das war völlig unorganisiert, das hätte viel besser laufen müssen."

3. **Direkte Kritik:**

   Wird direkt und unmittelbar nach einer beobachteten Handlung oder Leistung geäußert.

   Sie kann sehr spezifisch und schnell reagieren, um eine sofortige Veränderung zu erreichen.

Beispiel: „Ich habe bemerkt, dass du das Ziel nicht erreicht hast. Lass uns besprechen, wie wir das beim nächsten Mal besser hinbekommen können."

4. **Indirekte Kritik:**

Wird oft subtiler geäußert und kann durch Andeutungen oder **Vorschläge** erfolgen. Sie kann schwieriger zu interpretieren sein.

Beispiel: „Es könnte helfen, mehr Zeit in die Vorbereitung zu investieren, um sicherzustellen, dass alle Aspekte berücksichtigt werden."

5. **Selbstkritik:**

Bezieht sich auf eine Person, die ihre eigenen **Leistungen**, **Entscheidungen** oder **Verhaltensweisen** hinterfragt und bewertet, oft um zu erkennen, wie sie sich verbessern kann.

Beispiel: „Ich hätte mich besser vorbereiten sollen, um das Meeting effizienter zu leiten."

Funktionen von Kritik

1. **Förderung von Verbesserungen:** Der wichtigste Zweck von Kritik, insbesondere der konstruktiven, ist es, **Mängel zu identifizieren** und **Lösungen oder Verbesserungsvorschläge** anzubieten, die eine Person oder eine Gruppe in die Lage versetzen, ihre Leistung zu verbessern.

2. **Fehlerkorrektur:** Kritik wird oft genutzt, um **Fehler** zu korrigieren, die zu **Problemen** oder **Verzögerungen** geführt haben.

3. **Verhaltensänderung:** Kritik kann dazu beitragen, unerwünschtes Verhalten zu **ändern** und die betroffene Person zu ermutigen, sich in eine positive Richtung zu entwickeln.

4. **Lernprozess:** Kritik ist ein wichtiges Element im **Lernprozess**, da sie zur **Selbstreflexion** anregt und hilft, aus Fehlern zu lernen.

5. **Kommunikation von Standards und Erwartungen:** Kritik zeigt auch, welche **Erwartungen** an eine Person gestellt werden, sei es im beruflichen oder privaten Kontext, und wie diese Erwartungen besser erfüllt werden können.

Wie man Kritik effektiv gibt:

- **Konstruktivität:** Achte darauf, dass deine Kritik immer **hilfreich und lösungsorientiert** ist. Biete konkrete **Vorschläge zur Verbesserung** an und fokussiere dich nicht nur auf das Negative.

- **Wertschätzung:** Beginne mit einer **positiven Rückmeldung**, um eine **gute Balance** zu schaffen und zu vermeiden, dass die Person sich abgelehnt fühlt. Dies ist besonders wichtig, wenn du Verbesserungspotenziale ansprichst.

- **Ich-Botschaften:** Verwende **Ich-Botschaften**, um zu verhindern, dass der andere sich angegriffen fühlt. Statt „Du hast das schlecht gemacht" kannst du sagen: „Ich habe bemerkt, dass wir bei der Präsentation die wichtigsten Punkte nicht ganz klar herausgestellt haben."

- **Respekt und Empathie:** Achte darauf, respektvoll und empathisch zu bleiben. Kritik sollte immer mit **Fachkompetenz** und **Feingefühl** geäußert werden.

- **Klarheit:** Sei präzise und klar in deiner Formulierung. Vermeide vage Aussagen, die zu Missverständnissen führen könnten.

Fazit:

Kritik ist ein wichtiges Werkzeug, um **Leistungen** und **Verhaltensweisen** zu bewerten und zu verbessern. Sie kann **konstruktiv** und **motivieren** oder **destruktiv** und **demotivierend** sein, je nachdem, wie sie formuliert und übermittelt wird. **Konstruktive Kritik** sollte immer mit dem Ziel gegeben werden, zu **unterstützen** und **zu verbessern**, während **destruktive Kritik** in der Regel keine Lösungen bietet und die Motivation und das Selbstwertgefühl der betroffenen Person schädigen kann.

Kritik als Führungsmittel

Kritik als Führungsmittel ist ein wesentlicher Bestandteil der **Führungsarbeit**, da sie dazu dient, die **Leistung** und das **Verhalten** von Mitarbeitern zu bewerten und gegebenenfalls zu korrigieren. Richtig angewendet, kann Kritik helfen, die **Entwicklung** von Mitarbeitern zu fördern, die **Effizienz** und **Produktivität** zu steigern und das **Teamklima** zu verbessern. Wenn Kritik jedoch unbedacht oder destruktiv geäußert wird, kann sie zu **Demotivation**, **Verunsicherung** oder **Konflikten** führen. Daher ist es wichtig, Kritik als Führungsmittel bewusst und gezielt einzusetzen.

1. Funktionen von Kritik als Führungsmittel:

- **Leistungsverbesserung:** Kritik hilft, **Fehler** oder **Mängel** in der Arbeit eines Mitarbeiters zu identifizieren und bietet die Möglichkeit, diese zu korrigieren und in Zukunft zu vermeiden. Sie fördert somit die **Weiterentwicklung** der individuellen Leistung und trägt zur **Qualitätssteigerung** bei.

- **Verhaltensänderung:** Durch konstruktive Kritik kann ein Führungskraft bestimmte **Verhaltensweisen** ansprechen, die die Teamdynamik oder die Arbeitsqualität beeinträchtigen. Sie fördert eine **positivere Einstellung** und hilft, unerwünschte Verhaltensweisen zu ändern.

- **Förderung von Verantwortungsbewusstsein:** Wenn eine Führungskraft regelmäßig konstruktive Kritik übt, trägt dies dazu bei, dass Mitarbeiter sich ihrer **Verantwortung** bewusst werden und ein stärkeres **Bewusstsein für ihre Aufgaben** entwickeln.

- **Motivation und Engagement:** Kritik, wenn sie richtig formuliert wird, kann die Motivation eines Mitarbeiters steigern. Sie hilft, das **Selbstbewusstsein** zu fördern und zeigt Wege zur **Weiterentwicklung** auf. Sie kann auch das Gefühl der **Anerkennung** fördern, wenn sie nicht nur auf Fehler, sondern auch auf positive Aspekte eingeht.

- **Zielorientierung:** Führungskräfte können durch Kritik sicherstellen, dass **Ziele** erreicht werden und dass Mitarbeiter auf dem richtigen Weg sind. Sie hilft, **Abweichungen** von festgelegten Zielen zu korrigieren.

- **Feedback für die Führungskraft:** Durch den Dialog, der mit Kritik einhergeht, erhält die Führungskraft auch Rückmeldungen über die **Wahrnehmung** und **Akzeptanz** ihrer Führungsstrategien.

2. Arten der Kritik in der Führung:

- **Konstruktive Kritik:**

  Diese Art der Kritik ist zielgerichtet und lösungsorientiert. Sie konzentriert sich auf das **Verbesserungspotenzial** und bietet konkrete **Handlungsanweisungen**.

  Sie beginnt oft mit einer positiven **Rückmeldung**, um das Vertrauen des Mitarbeiters zu gewinnen, bevor auf **Verbesserungspotenziale** hingewiesen wird.

  Beispiel: „Du hast die Aufgabe schnell bearbeitet, aber beim letzten Punkt wären genauere Details hilfreich gewesen. Versuch doch, beim nächsten Mal mehr auf die Präzision zu achten. Ich bin sicher, das wird die Qualität deiner Arbeit steigern."

- **Destruktive Kritik:**

  Diese Art der Kritik zielt oft darauf ab, Fehler oder Mängel zu benennen, ohne Lösungen oder positive Aspekte zu benennen. Sie ist **abwertend**, **herabsetzend** oder **persönlich** und kann demotivieren.

  Beispiel: „Du hast das wieder total vermasselt. Es klappt nie bei dir."

  Gefahr: Destruktive Kritik kann das **Selbstwertgefühl** des Mitarbeiters beeinträchtigen und zu **Frustration** oder **Resignation** führen.

- **Positive Kritik (Anerkennung):**

  Obwohl Anerkennung in erster Linie eine positive Rückmeldung darstellt, kann sie auch als eine Form der **Kritik** verstanden werden, wenn sie auf ein positives Verhalten oder eine gute Leistung hinweist.

  Beispiel: „Du hast bei diesem Projekt wirklich hervorragende Arbeit geleistet. Deine gründliche Recherche hat den Unterschied gemacht. Weiter so!"

- **Kritik im Entwicklungsprozess:**

  Diese Art der Kritik erfolgt während eines fortlaufenden Entwicklungsprozesses und nicht nur, wenn Fehler oder Probleme aufgetreten sind. Sie dient dazu, eine kontinuierliche Verbesserung zu fördern und auf den nächsten Entwicklungsschritt hinzuweisen.

  Beispiel: „Ich sehe, dass du Fortschritte machst, aber um dich noch weiter zu entwickeln, wäre es sinnvoll, mehr in der Kommunikation mit anderen Abteilungen zu arbeiten."

3. Methoden für eine effektive Kritik:

Sandwich-Methode: Eine sehr gängige Technik, bei der die Kritik in ein **positives Feedback** eingebettet wird, um eine ausgeglichene und respektvolle Kommunikation zu fördern.

Beispiel: „Du hast eine gute Arbeit geleistet und das Projekt schnell abgeschlossen. Jedoch gab es bei der Detailgenauigkeit noch einige Unstimmigkeiten, die verbessert werden könnten. Aber insgesamt hast du die Erwartungen gut erfüllt."

Klarheit und Präzision: Kritik sollte **spezifisch** und **klar** sein, damit der Mitarbeiter genau weiß, welche Aspekte verbessert werden müssen und warum.

> **Beispiel:** „In diesem Bericht gab es eine Reihe von Rechenfehlern, was den gesamten Bericht ungenau macht. Achte beim nächsten Mal darauf, die Zahlen zweimal zu überprüfen."

Zielorientierung: Die Kritik sollte immer darauf abzielen, den Mitarbeiter zu einer **Verbesserung** zu führen. Es ist hilfreich, **konkrete Ziele** zu definieren und den Mitarbeiter zu motivieren, diese zu erreichen.

> **Beispiel:** „Wenn du das nächste Mal in einer Präsentation bist, versuche, etwas langsamer zu sprechen, damit deine Zuhörer besser folgen können."

Respekt und Empathie: Kritik sollte immer mit **Respekt** und **Empathie** vermittelt werden. Es ist wichtig, die Perspektive des Mitarbeiters zu verstehen und ihn nicht bloßzustellen. Auch die **Wahrung der Würde** des Mitarbeiters ist entscheidend.

Aktives Zuhören: Eine gute Führungskraft hört dem Mitarbeiter auch bei Kritik zu, um zu verstehen, welche Herausforderungen oder Probleme dieser möglicherweise hat, und gemeinsam eine Lösung zu finden.

4. Gefahren von Kritik als Führungsmittel:

Demotivation und Frustration: Zu häufige oder destruktive Kritik kann das **Selbstwertgefühl** der Mitarbeiter beschädigen und zu **Frustration** oder **Demotivation** führen.

Vermeidungsverhalten: Wenn Kritik nicht konstruktiv und lösungsorientiert geäußert wird, kann dies dazu führen, dass Mitarbeiter **Angst vor Fehlern** haben und sich daher nicht trauen, Risiken einzugehen oder neue Ideen vorzuschlagen.

Abwehrhaltung: Zu scharfe oder unüberlegte Kritik kann zu einer **Abwehrhaltung** führen, bei der der Mitarbeiter das Gefühl hat, ungerecht behandelt oder angegriffen zu werden. Dies kann zu **Konflikten** führen und die Zusammenarbeit erschweren.

5. Wie Kritik effektiv empfangen wird:

Führungskräfte sollten nicht nur Kritik üben, sondern auch in der Lage sein, Kritik von Mitarbeitern zu empfangen. Ein offener Dialog fördert das **Vertrauen** und hilft, **Missverständnisse** zu klären. Die Fähigkeit, **selbstkritisch** zu sein, und die Bereitschaft, **Feedback** anzunehmen, können die Führungsqualität verbessern.

Fazit:

Kritik als Führungsmittel ist ein zentrales Instrument, um Mitarbeiter zu **fördern** und die **Teamleistung** zu steigern. Sie sollte immer **konstruktiv**, **respektvoll** und **zielorientiert** sein, um die gewünschten Ergebnisse zu erzielen. Eine Führungskraft, die regelmäßig **positiv und konstruktiv kritisiert**, fördert nicht nur die **Entwicklung** ihrer Mitarbeiter, sondern schafft auch ein **Produktives Arbeitsumfeld**, in dem Fehler als Chance zur Verbesserung gesehen werden.

Was sind die Vorteile einer Kritik?

Kritik ist ein wichtiges Führungsinstrument, das in der richtigen Form und mit der richtigen Absicht zahlreiche Vorteile für den Einzelnen und das Team mit sich bringen kann. Sie trägt zur **persönlichen Entwicklung**, zur **Leistungssteigerung** und zur **Optimierung von Prozessen** bei. Hier sind die wichtigsten **Vorteile von Kritik**:

1. Förderung von Verbesserungen und Weiterentwicklung:
Zielgerichtete Verbesserung: Konstruktive Kritik hilft dabei, **Fehler** oder **Unzulänglichkeiten** zu erkennen und gezielte **Lösungsansätze** anzubieten, die zu einer **Leistungsverbesserung** führen.

Wachstumsförderung: Wenn Mitarbeiter konstruktive Kritik erhalten, können sie **ihr Verhalten** und **ihre Arbeitsweise anpassen**, was zu einer kontinuierlichen **persönlichen und beruflichen Weiterentwicklung** führt.

Beispiel: Eine kritische Rückmeldung zu einem Projektbericht kann den Mitarbeiter dazu anregen, seine **Analysefähigkeiten** zu verbessern oder ein **strukturierteres Vorgehen** zu entwickeln.

2. Erhöhung der Leistungsfähigkeit:
Zielgerichtete Orientierung: Kritik hilft, **Leistungsstandards** zu definieren und auf **Erwartungen** hinzuweisen. Dies sorgt dafür, dass Mitarbeiter auf die **Ziele und Anforderungen** fokussiert bleiben.

Vermeidung von Fehlern: Wenn Mitarbeiter auf Fehler hingewiesen werden, können sie diese im **künftigen Arbeitsprozess** vermeiden, was die **Qualität** ihrer Arbeit insgesamt steigert.

Beispiel: Ein Teammitglied, das darauf hingewiesen wird, dass es regelmäßig Deadlines verpasst, kann künftig besser planen und effizienter arbeiten.

3. Förderung von Selbstreflexion:

Selbstkritik anregen: Kritik regt die betroffene Person dazu an, ihre eigene **Leistung** und **Verhaltensweisen zu reflektieren**. Dies fördert die Fähigkeit zur **Selbstkorrektur** und stärkt das **kritische Denken**.

Bewusstsein für Stärken und Schwächen: Durch konstruktive Kritik wird der Mitarbeiter nicht nur auf Schwächen hingewiesen, sondern auch auf die **Bereiche**, in denen er bereits gut arbeitet, was zu einer besseren Selbsteinschätzung führen kann.

4. Erhöhung der Motivation und des Engagements:

Motivation durch Verbesserungspotenzial: Konstruktive Kritik, die Lösungen und Verbesserungsvorschläge bietet, kann die Motivation erhöhen, da der Mitarbeiter weiß, dass er sich **weiterentwickeln** und noch **besser werden kann**.

Feedback als Anerkennung: Positives und konstruktives Feedback zeigt, dass die Führungskraft das Engagement und die Bemühungen der Mitarbeiter wahrnimmt. Das Gefühl, ernst genommen und unterstützt zu werden, kann die **Arbeitszufriedenheit** und das **Engagement** steigern.

Beispiel: Ein Mitarbeiter, der für seinen Einsatz gelobt wird und klare Hinweise erhält, wie er sich weiter verbessern kann, fühlt sich wertgeschätzt und motiviert, weiterhin gute Leistungen zu zeigen.

5. Stärkung der Teamdynamik und Kommunikation:

Klärung von Erwartungen: Regelmäßige Kritik hilft dabei, **Missverständnisse** zu vermeiden und die **Erwartungen** klar zu kommunizieren. Wenn jeder Mitarbeiter weiß, was von ihm erwartet wird, kann dies zu einer besseren Zusammenarbeit und einer harmonischen Teamdynamik führen.

Förderung des Dialogs: Kritik eröffnet den Raum für eine offene **Kommunikation**, in der sowohl die Führungskraft als auch der Mitarbeiter ihre Perspektiven und Bedenken teilen können. Dies fördert eine **gesunde Feedbackkultur** und stärkt das **Vertrauen** innerhalb des Teams.

6. Förderung einer offenen Feedbackkultur:

Vertrauen und Transparenz: Wenn Kritik in einer respektvollen und konstruktiven Weise gegeben wird, fördert sie eine Kultur der **Offenheit** und **Transparenz**. Mitarbeiter sind eher bereit, **selbst Kritik anzunehmen** und sich zu verbessern, wenn sie sehen, dass auch ihre Führungskraft **offen für Feedback** ist.

Vermeidung von Missverständnissen: Eine klare und respektvolle Kommunikation über Leistungen und Fehler trägt dazu bei, **Verwirrung** zu vermeiden und Missverständnisse zu klären, bevor sie zu größeren Problemen führen.

7. Erhöhung der Verantwortungsübernahme:

Verantwortung für das eigene Handeln: Kritik kann Mitarbeiter dazu anregen, **Verantwortung für ihr eigenes Handeln** zu übernehmen und sich aktiv an der Lösung von Problemen zu beteiligen. Es fördert eine **konstruktive Haltung** und stärkt das Gefühl von **Eigenverantwortung**.

> **Beispiel:** Wenn ein Mitarbeiter auf wiederholte Fehler hingewiesen wird, ist er möglicherweise motiviert, eigene Strategien zu entwickeln, um diese zu vermeiden.

8. Vermeidung von Fehlern und Ineffizienzen:

Fehlerprävention: Regelmäßige, gezielte Kritik hilft dabei, **Fehler frühzeitig zu erkennen** und die **Ursachen** für ineffiziente Prozesse zu beheben. Dadurch wird verhindert, dass dieselben Fehler wiederholt werden, was langfristig zu einer höheren **Produktivität** und **Effizienz** führt.

Optimierung von Arbeitsprozessen: Konstruktive Kritik kann auch dazu führen, dass Mitarbeiter Vorschläge für eine **Prozessverbesserung** einbringen, was zu einer kontinuierlichen **Optimierung** der Arbeitsweise führt.

9. Förderung von Verantwortungsbewusstsein und Eigeninitiative:

Eigenständigkeit steigern: Wenn Mitarbeiter die Möglichkeit erhalten, ihre eigenen Fehler zu erkennen und Verbesserungsvorschläge umzusetzen, fördert dies ihre Fähigkeit zur **Eigeninitiative** und ihre Bereitschaft, Verantwortung zu übernehmen.

Entwicklung von Problemlösungsfähigkeiten: Die Auseinandersetzung mit Kritik fördert die Entwicklung von **Problemlösungsfähigkeiten**, da Mitarbeiter lernen, wie sie selbstständig Lösungen finden können, um ihre Leistung zu verbessern.

10. Wahrung der Qualitätsstandards:

Einhalten von Standards: Kritik stellt sicher, dass bestimmte **Qualitätsstandards** im Unternehmen eingehalten werden. Sie hilft dabei, Abweichungen von den gewünschten Standards zu erkennen und zu korrigieren, was zu einer konstant hohen **Qualität der Arbeit** führt.

Sicherstellung der Zielerreichung: Indem Führungskräfte durch konstruktive Kritik dafür sorgen, dass alle Mitarbeiter auf die gleichen Ziele hinarbeiten, wird die Wahrscheinlichkeit erhöht, dass diese Ziele **erreicht werden**.

Fazit:
Kritik, wenn sie konstruktiv und respektvoll formuliert wird, ist ein **wichtiges und mächtiges Führungsinstrument**, das **Leistungsverbesserungen** fördert, die **Motivation** stärkt und die **Entwicklung** von Mitarbeitern vorantreibt. Sie trägt dazu bei, dass Mitarbeiter ihre **Stärken ausbauen** und **Schwächen überwinden** können, wodurch die **gesamtwirtschaftliche Leistung** des Unternehmens gesteigert wird. Konstruktive Kritik ist somit nicht nur ein Mittel zur **Fehlerkorrektur**, sondern auch eine Gelegenheit zur **persönlichen und professionellen Weiterentwicklung**.

Was sind die Nachteile einer Kritik?

Obwohl Kritik ein wichtiges Führungsinstrument ist, das zur **Verbesserung von Leistung** und **Verhalten** beitragen kann, hat sie auch einige **Nachteile** und **Risiken**, insbesondere wenn sie nicht konstruktiv, respektvoll oder angemessen formuliert wird. Unangemessene oder schlecht gegebene Kritik kann zu **Demotivation, Konflikten** und sogar **Leistungsverschlechterungen** führen. Hier sind einige der häufigsten **Nachteile von Kritik**:

1. Demotivation und Frustration:

Negative Auswirkungen auf das Selbstwertgefühl: Wenn Kritik unsachlich oder destruktiv geäußert wird, kann sie das **Selbstwertgefühl** des Mitarbeiters stark beeinträchtigen und zu **Frustration** führen. Anstatt den Mitarbeiter zu motivieren, kann sie seine **Selbstsicherheit** verringern und ihn demotivieren.

> **Beispiel:** Eine Führungskraft sagt: „Das war wirklich schlecht, du musst viel besser werden!" Ohne konkrete Hinweise zur Verbesserung könnte der Mitarbeiter das Gefühl haben, nicht gut genug zu sein.

Verlust der Motivation: Wenn Mitarbeiter regelmäßig negative, wenig konstruktive Kritik erfahren, kann dies dazu führen, dass sie **das Interesse an der Arbeit verlieren** und weniger Engagement zeigen. Statt sich zu verbessern, entwickeln sie vielleicht eine **Vermeidungshaltung** gegenüber der Aufgabe.

2. Angst vor Fehlern und Überanpassung:

Furcht vor Fehlern: Übermäßige oder sehr kritische Rückmeldungen können dazu führen, dass Mitarbeiter **Angst vor Fehlern** entwickeln. Sie könnten in Zukunft eher dazu tendieren, sich zurückzuhalten oder keine Risiken mehr einzugehen, aus Angst, wieder kritisiert zu werden.

Überanpassung: Einige Mitarbeiter könnten versuchen, sich zu sehr an die Kritik anzupassen, was zu **Überanpassung** oder einem **Mangel an Kreativität** führen kann. Sie könnten beginnen, ihre Arbeitsweise nur noch aus Angst vor Fehlern und weiterer Kritik anzupassen, anstatt selbstständige und kreative Lösungen zu entwickeln.

3. Verletzung des Vertrauens und der Beziehung:

Zerstörung der Beziehung: Wenn Kritik nicht mit **Respekt** und **Empathie** formuliert wird, kann sie die Beziehung zwischen Führungskraft und Mitarbeiter belasten oder sogar zerstören. Insbesondere destruktive oder herabsetzende Kritik kann das **Vertrauen** in den Vorgesetzten untergraben und zu **Konflikten** führen.

Gefühl der Ungerechtigkeit: Wenn ein Mitarbeiter das Gefühl hat, dass die Kritik unfair oder unberechtigt ist, kann das Vertrauen in die Führungskraft schwer beschädigt werden. Dies kann die **Zusammenarbeit** erschweren und zu einem schlechten Arbeitsklima führen.

4. Abwehrhaltung und Widerstand:

Defensive Reaktionen: Mitarbeiter reagieren oft defensiv auf Kritik, besonders wenn diese **unangemessen** oder nicht **konstruktiv** ist. Anstatt die Kritik zu akzeptieren und zu reflektieren, neigen sie dazu, sich zu verteidigen oder die Verantwortung von sich zu schieben. Dies führt zu **Widerstand** und macht die Verbesserung schwieriger.

Beispiel: Wenn ein Mitarbeiter ohne konkrete Beispiele kritisiert wird, könnte er in den **Verteidigungsmodus** gehen und sagen: „Ich habe das doch gar nicht so gemacht, wie Sie es sagen."

Vermeidung von Verantwortung: Manche Mitarbeiter neigen dazu, die Verantwortung für ihre Fehler zu leugnen oder abzuwälzen, wenn sie die Kritik als ungerecht oder übertrieben empfinden.

5. Verstärkung von Konflikten:

Spannungen im Team: Kritik, besonders wenn sie öffentlich geäußert wird, kann zu Spannungen und **Konflikten im Team** führen. Mitarbeiter könnten sich ungerecht behandelt fühlen und beginnen, sich gegen die Führungskraft oder sogar gegen andere Kollegen zu wenden.

Zunahme von Missverständnissen: Unklare, unsachliche oder zu allgemeine Kritik kann zu **Missverständnissen** führen. Wenn die Mitarbeiter nicht genau verstehen, was von ihnen erwartet wird, kann dies **Fehlinterpretationen** und **Konflikte** zur Folge haben.

6. Reduzierte Kreativität und Innovation:

Hemmung von Innovation: Wenn Mitarbeiter das Gefühl haben, dass ihre Ideen oder Vorschläge ständig kritisiert oder abgelehnt werden, kann dies ihre **Kreativität** und **Innovationsbereitschaft** hemmen. Statt neue Ideen zu entwickeln, könnten sie versuchen, „sicher" zu bleiben und sich nur auf das Bekannte und Bewährte zu konzentrieren.

Angst vor Kritik blockiert Initiative: Mitarbeiter, die regelmäßig negative Kritik erfahren, könnten sich zunehmend unwohl fühlen,

neue Ansätze oder **Veränderungen** zu testen, aus Angst, diese Ideen würden kritisiert oder abgelehnt.

7. Verzögerung der Leistungsverbesserung:

Mangel an klaren Lösungen: Wenn Kritik **nicht konkret und lösungsorientiert** ist, bleibt der Mitarbeiter möglicherweise im Unklaren darüber, wie er sich verbessern kann. Dies kann dazu führen, dass er sich **frustriert** fühlt und **keine klare Richtung** hat, um seine Leistung zu steigern.

Unklare Ziele: Wenn der Mitarbeiter nicht weiß, wie er sich verbessern soll oder was konkret von ihm erwartet wird, wird er **langfristig Schwierigkeiten** haben, seine Leistung zu verbessern.

8. Ungerechtigkeit oder Ungleichbehandlung:

Subjektivität und Ungleichbehandlung: Wenn Kritik auf **subjektiven** Wahrnehmungen oder unklaren Kriterien basiert, kann sie als **ungerecht** empfunden werden. Mitarbeiter könnten sich benachteiligt fühlen, wenn sie den Eindruck haben, dass bestimmte Kollegen für ähnliche Fehler weniger oder gar keine Kritik erhalten.

> **Beispiel:** Eine Führungskraft kritisiert einen Mitarbeiter für eine Verspätung, während ein anderer Mitarbeiter dieselbe Situation mit keiner oder milderer Kritik erlebt.

9. Überlastung durch ständige Kritik:

Kritik als Stressfaktor: Häufige und anhaltende Kritik kann den Mitarbeiter überlasten und dazu führen, dass er sich **psychisch** und **körperlich erschöpft** fühlt. Anstatt sich auf die Arbeit zu konzentrieren, liegt der Fokus auf der Vermeidung von Kritik, was zu **Stress** und **Burnout** führen kann.

Überkritik führt zu Ineffizienz: Wenn ein Mitarbeiter ständig kritisiert wird, könnte er beginnen, in **seinen Handlungen zu zögern** oder nach jeder Aufgabe **Angst vor einer weiteren Kritik** zu haben. Dies führt zu einer verringerten **Produktivität**.

Fazit:

Die **Nachteile von Kritik** treten häufig dann auf, wenn sie **nicht konstruktiv, respektvoll** und **lösungsorientiert** gegeben wird. Kritik sollte immer darauf abzielen, zu helfen und die **Leistung zu verbessern**, ohne das **Selbstwertgefühl** des Mitarbeiters zu beschädigen. Eine schlecht gegebene oder unangemessene Kritik kann zu **Demotivation, Verletzungen von Beziehungen, Angst vor Fehlern** und sogar **Leistungsverschlechterung** führen. Daher ist es wichtig, dass Führungskräfte **sensibel** mit Kritik umgehen und sie immer in einer Art und Weise äußern, die sowohl respektvoll als auch förderlich für die Weiterentwicklung des Mitarbeiters ist.

Was sollte einen Führungskraft bei einer Kritik beachten?

Eine **Führungskraft** sollte bei der **Kritik** besonders darauf achten, dass sie diese in einer Weise äußert, die **konstruktiv, respektvoll** und **lösungsorientiert** ist. Kritik hat das Potenzial, **Leistung zu verbessern** und **Verhaltensänderungen** zu fördern, doch sie kann auch das Gegenteil bewirken, wenn sie nicht richtig formuliert oder übermittelt wird. Hier sind die wichtigsten **Aspekte**, die eine Führungskraft bei Kritik beachten sollte:

1. Konstruktivität und Lösungsorientierung

Kritik sollte zielgerichtet und lösungsorientiert sein. Es reicht nicht aus, nur auf Probleme oder Fehler hinzuweisen. Es ist wichtig, **praktische Lösungen** und **Handlungsempfehlungen** zu geben, die dem Mitarbeiter helfen, sich zu verbessern.

Beispiel: Statt zu sagen: „Du hast das Projekt schlecht gemanagt", könnte die Führungskraft sagen: „Es gab einige Herausforderungen im Projektmanagement. Beim nächsten Mal könntest du eine detailliertere Zeitplanung verwenden, um frühzeitig Probleme zu erkennen."

2. Klarheit und Präzision

Kritik muss spezifisch und klar formuliert sein, damit der Mitarbeiter genau versteht, was verbessert werden muss. Vage oder allgemeine Aussagen führen zu Unsicherheit und machen es schwer, die Kritik umzusetzen.

Beispiel: Anstatt zu sagen „Du musst dich mehr anstrengen", könnte eine klarere Formulierung lauten: „Du hast in letzter Zeit mehrere Deadlines verpasst. Es wäre hilfreich, wenn du deine Arbeitszeit besser einteilst und die Aufgaben entsprechend priorisierst."

3. Respektvolle und wertschätzende Kommunikation

Respekt und Wertschätzung sind entscheidend. Kritik sollte niemals herabsetzend oder destruktiv sein, da dies das Selbstwertgefühl des Mitarbeiters beeinträchtigen und zu Frustration führen kann.

Beispiel: Beginnen Sie Kritik mit einer positiven Rückmeldung. „Du hast in diesem Projekt wirklich gute Ansätze gezeigt. Jetzt müssen wir sicherstellen, dass die Qualität gleichbleibend hoch bleibt, indem du in Zukunft noch mehr auf die Details achtest."

4. Timing und Kontext

Der richtige Zeitpunkt und der passende Rahmen sind entscheidend, um Kritik effektiv zu vermitteln. Kritik sollte idealerweise

zeitnah nach der beobachteten Leistung oder dem Vorfall gegeben werden, jedoch nicht in stressigen oder emotionalen Momenten.

> **Beispiel:** Vermeiden Sie es, Kritik während einer Besprechung oder in Gegenwart von Kollegen zu äußern. Ein privates Gespräch in einem ruhigen, ungestörten Rahmen ist meist effektiver und respektvoller.

5. Vermeidung von Überkritik

Zu viel Kritik auf einmal kann überwältigend und demotivierend wirken. Fokussieren Sie sich auf **ein oder zwei wesentliche Punkte**, die der Mitarbeiter verbessern kann, anstatt eine lange Liste von Mängeln aufzulisten.

> **Beispiel:** Statt eine Vielzahl an kleinen Fehlern in einer Sitzung anzusprechen, wählen Sie einen zentralen Aspekt aus, der wirklich Verbesserungen erfordert und sprechen Sie diesen detailliert an.

6. Einfühlungsvermögen und Empathie

Eine Führungskraft sollte stets **Empathie** zeigen und die Perspektive des Mitarbeiters verstehen. Es ist wichtig, **emotionale Reaktionen** zu erkennen und gegebenenfalls darauf einzugehen.

> **Beispiel:** Wenn der Mitarbeiter emotional auf die Kritik reagiert, könnte die Führungskraft sagen: „Ich verstehe, dass das hart zu hören ist. Aber lass uns darüber sprechen, wie wir gemeinsam eine Lösung finden können, um das zu verbessern."

7. Kritik als Dialog

Kritik sollte ein Gespräch und kein Monolog sein. Es ist wichtig, **Feedback einzuholen** und den Mitarbeiter zu **aktiven**

Lösungen zu ermutigen. Lassen Sie den Mitarbeiter seine **Meinung** äußern und fragen Sie nach, wie er die Situation sieht.

> **Beispiel:** „Wie siehst du das? Gab es Herausforderungen, die du vielleicht nicht bedacht hast?" Dies zeigt, dass die Führungskraft die Perspektive des Mitarbeiters respektiert und in die Lösung einbezieht.

8. Trennung von Person und Leistung

Die Kritik sollte sich immer auf das Verhalten oder die Leistung des Mitarbeiters und nie auf die Person selbst beziehen. Angriffe auf die Persönlichkeit führen zu Abwehrhaltung und Konflikten.

> **Beispiel:** Statt zu sagen „Du bist immer unzuverlässig", sagen Sie lieber: „Es gab in den letzten Wochen einige Probleme mit den Terminen, die du nicht eingehalten hast. Lass uns gemeinsam überlegen, wie wir das künftig vermeiden können."

9. Positives betonen

Beginnen und enden Sie mit positiven Aspekten. Diese **Sandwich-Methode** (positives Feedback – konstruktive Kritik – positives Feedback) kann helfen, das Gespräch auf einer **positiven** und **motivierenden** Note zu beenden und den Mitarbeiter nicht in eine negative Haltung zu versetzen.

> **Beispiel:** „Ich schätze dein Engagement bei der Arbeit an diesem Projekt. Es gab jedoch einige Missverständnisse in der Kommunikation. Ich bin sicher, dass du beim nächsten Mal noch klarer kommunizieren kannst. Du hast in der Vergangenheit immer großartige Arbeit geleistet, und ich bin sicher, dass du das auch hier hinbekommst."

10. Kontinuität und Nachverfolgung

Kritik sollte **nicht isoliert** betrachtet werden, sondern als Teil eines kontinuierlichen Prozesses der **Leistungsentwicklung**. Es ist wichtig, regelmäßig Feedback zu geben und zu überprüfen, ob sich der Mitarbeiter in den angesprochenen Bereichen verbessert hat.

> **Beispiel:** Planen Sie ein **Follow-up-Gespräch**, um zu sehen, ob der Mitarbeiter die Verbesserungsvorschläge umgesetzt hat und ob er zusätzliche Unterstützung benötigt.

11. Vermeidung von Kritik vor Publikum

Private Kritik ist meist effektiver und respektvoller als Kritik in der Öffentlichkeit. Öffentliche Kritik kann den Mitarbeiter vor Kollegen bloßstellen und sein **Selbstwertgefühl** schädigen.

> **Beispiel:** Geben Sie Kritik in einem **einzelnen Gespräch** und vermeiden Sie es, diese vor dem gesamten Team oder in einem öffentlichen Kontext zu äußern.

12. Verhalten und Körpersprache

Achten Sie auf Ihre **Körpersprache** und den Tonfall. Eine Führungskraft, die in einem aggressiven oder herablassenden Ton kritisiert, wird leicht als unfreundlich oder respektlos wahrgenommen.

> **Beispiel:** Halten Sie während des Gesprächs **Augenkontakt**, achten Sie auf eine offene Körperhaltung und verwenden Sie einen **ruhigen** und **freundlichen Tonfall**, um die Botschaft zu vermitteln.

13. Wahrheit und Fairness

Kritik sollte immer wahrheitsgemäß und **fair** sein. Vermeiden Sie Übertreibungen oder Verzerrungen. Kritik, die auf

Fehlinterpretationen oder **Vorurteilen** basiert, kann das Vertrauen zerstören und die Glaubwürdigkeit der Führungskraft beeinträchtigen.

> **Beispiel:** Wenn eine Kritik auf **Missverständnissen** basiert, räumen Sie dies ein: „Es scheint, dass ich vielleicht nicht ganz klar war in meiner Erklärung. Lass uns das genauer durchgehen."

Fazit:
Kritik als Führungsinstrument kann äußerst wirksam sein, wenn sie **konstruktiv, respektvoll** und **lösungsorientiert** ist. Eine Führungskraft sollte bei Kritik immer darauf achten, dass sie klar, fair und empathisch vorgeht, die **Leistungsverbesserung** fördert und **Vertrauen** und **Motivation** der Mitarbeiter erhält. Durch den richtigen Umgang mit Kritik kann die Führungskraft nicht nur die individuelle Leistung steigern, sondern auch die **Teamdynamik** und die **Arbeitsbeziehungen** langfristig stärken.

Welche Kompetenzen sollte die Führungskraft bei einer Kritik haben?

Bei der **Kritik** ist es für eine Führungskraft von entscheidender Bedeutung, über eine Vielzahl von **Kompetenzen** zu verfügen, um die Kritik effektiv, respektvoll und konstruktiv zu gestalten. Eine gut gegebene Kritik kann die **Leistung** und **Motivation** von Mitarbeitern fördern, während eine schlecht formulierte Kritik das Gegenteil bewirken kann. Hier sind die wesentlichen **Kompetenzen**, die eine Führungskraft bei der Kritik haben sollte:

1. Empathie
Empathie ist die Fähigkeit, sich in die Lage des Mitarbeiters zu versetzen und seine **Gefühle und Perspektiven** zu verstehen. Eine Führungskraft sollte in der Lage sein, sich in die emotionale Lage

des Mitarbeiters hineinzuversetzen und darauf Rücksicht zu nehmen, um die Kritik nicht verletzend oder demotivierend zu formulieren.

> **Beispiel:** Wenn ein Mitarbeiter bei einer Aufgabe Schwierigkeiten hat, sollte die Führungskraft Mitgefühl zeigen und die Kritik auf eine Weise formulieren, die das Gefühl der Unterstützung vermittelt, anstatt dem Mitarbeiter das Gefühl zu geben, allein gelassen zu sein.

2. Kommunikationsfähigkeit

Eine Führungskraft muss in der Lage sein, **klar** und **präzise** zu kommunizieren, was verbessert werden muss, ohne dass der Mitarbeiter sich missverstanden fühlt. Dazu gehört auch, die **richtige Wortwahl** zu treffen, um zu vermeiden, dass Kritik als Angriff wahrgenommen wird.

> **Beispiel:** Anstatt zu sagen „Das war schlecht gemacht", könnte eine Führungskraft sagen: „Es gab einige Probleme bei der Umsetzung. Lass uns darüber sprechen, was verbessert werden kann, damit es das nächste Mal besser läuft."

3. Selbstreflexion und Selbstbewusstsein

Eine Führungskraft sollte in der Lage sein, ihr eigenes Verhalten zu hinterfragen und sich bewusst zu sein, wie ihr Verhalten, einschließlich der Art und Weise, wie sie Kritik äußert, auf andere wirkt. **Selbstreflexion** hilft dabei, die eigene Kommunikationsweise anzupassen und sich zu verbessern, um effektiver zu führen.

> **Beispiel:** Wenn ein Mitarbeiter nach einer kritischen Rückmeldung unsicher wirkt, sollte die Führungskraft reflektieren, ob ihre Kommunikation vielleicht zu harsch oder unklar war und gegebenenfalls das Gespräch anpassen.

4. Geduld

Geduld ist eine wichtige Kompetenz, wenn es darum geht, Kritik in einem ruhigen, respektvollen und durchdachten Ton zu äußern. Die Führungskraft sollte in der Lage sein, dem Mitarbeiter ausreichend Zeit zu geben, die Kritik zu verstehen und auf sie zu reagieren.

Beispiel: Eine Führungskraft sollte nicht sofort nach der Äußerung von Kritik eine Antwort erwarten, sondern dem Mitarbeiter Zeit und Raum lassen, um die Rückmeldung zu verarbeiten.

5. Lösungsorientierung

Eine der zentralen Kompetenzen bei der Kritik ist die Fähigkeit, die Rückmeldung auf **Lösungen** und **Verbesserungsmöglichkeiten** auszurichten. Kritik sollte nicht nur auf Probleme hinweisen, sondern immer auch auf **konkrete Handlungsalternativen** und Verbesserungsvorschläge fokussiert sein.

Beispiel: Anstatt nur auf ein Problem hinzuweisen („Du hast die Deadline verpasst"), sollte die Führungskraft auch konkrete Vorschläge machen, wie der Mitarbeiter in Zukunft besser mit Zeitmanagement umgehen kann.

6. Fähigkeit zur aktiven Zuhören

Eine Führungskraft sollte in der Lage sein, **aktiv zuzuhören** und die Sichtweise des Mitarbeiters zu verstehen. Aktives Zuhören bedeutet, dass die Führungskraft sich vollständig auf den Mitarbeiter konzentriert und zeigt, dass seine Meinung und sein Feedback berücksichtigt werden.

Beispiel: Wenn ein Mitarbeiter nach einer Kritik erklärt, warum er Schwierigkeiten hatte, eine Aufgabe zu erfüllen, sollte die Führungskraft aufmerksam zuhören und auf diese

Erklärung eingehen, anstatt einfach ihre eigene Sichtweise zu wiederholen.

7. Konfliktlösungskompetenz

Kritik kann zu **Konflikten** führen, besonders wenn sie als ungerecht empfunden wird oder der Mitarbeiter emotional reagiert. Eine Führungskraft sollte daher über die Fähigkeit zur **Konfliktlösung** verfügen, um Konflikte konstruktiv zu lösen und die **Beziehung zum Mitarbeiter zu wahren**.

> **Beispiel:** Wenn ein Mitarbeiter aufgrund von Kritik in den **Verteidigungsmodus** geht, sollte die Führungskraft ruhig bleiben, den Dialog fortsetzen und gemeinsam nach einer Lösung suchen, anstatt sich in den Konflikt zu verstricken.

8. Taktgefühl und Sensibilität

Eine Führungskraft sollte über das nötige **Taktgefühl** verfügen, um **empfindliche Themen** angemessen und respektvoll anzusprechen. Besonders wenn es um persönliche oder besonders herausfordernde Themen geht, sollte die Führungskraft darauf achten, wie die Kritik formuliert wird, um den Mitarbeiter nicht unnötig zu verletzen.

> **Beispiel:** Wenn ein Mitarbeiter einen Fehler gemacht hat, der möglicherweise auf persönlichen Problemen basiert, sollte die Führungskraft das Thema mit **Sensibilität** ansprechen, ohne dabei das persönliche Leben des Mitarbeiters unangemessen zu thematisieren.

9. Emotionale Intelligenz

Emotionale Intelligenz ist die Fähigkeit, die eigenen und die **Gefühle anderer** zu erkennen, zu verstehen und damit umzugehen. Bei der Kritik ist dies besonders wichtig, da emotional aufgeladene Reaktionen das Gespräch erschweren können. Eine Führungskraft sollte in der Lage sein, die **emotionale Reaktion** des Mitarbeiters zu erkennen und darauf adäquat zu reagieren.

Beispiel: Wenn ein Mitarbeiter emotional auf Kritik reagiert, sollte die Führungskraft erkennen, dass der Mitarbeiter möglicherweise überfordert ist, und gegebenenfalls das Gespräch in einem ruhigeren Rahmen fortsetzen oder eine spätere Besprechung ansetzen.

10. Respekt vor der Individualität des Mitarbeiters

Jeder Mitarbeiter ist einzigartig, mit unterschiedlichen **Stärken**, **Schwächen** und **Bedürfnissen**. Eine Führungskraft sollte die **Individualität** jedes Mitarbeiters respektieren und ihre Kritik daran anpassen. Die Art und Weise, wie ein Mitarbeiter auf Kritik reagiert, kann sehr unterschiedlich sein, und eine Führungskraft sollte flexibel auf die verschiedenen Bedürfnisse und Reaktionen eingehen können.

Beispiel: Ein Mitarbeiter, der sehr selbstkritisch ist, könnte sehr auf negative Rückmeldungen reagieren, während ein anderer Mitarbeiter eine direktere und detailliertere Rückmeldung bevorzugt.

11. Neutralität und Objektivität

Eine Führungskraft muss in der Lage sein, **neutral** und **objektiv** zu bleiben, auch wenn die Kritik auf eine **persönliche** oder **emotionale Ebene** abzielt. Sie sollte die Kritik sachlich und nicht von eigenen Gefühlen oder Vorurteilen beeinflusst vermitteln.

Beispiel: Eine Führungskraft sollte nicht von **persönlichen Meinungen** oder **Sympathien** beeinflusst werden, wenn sie Kritik äußert. Es geht um die Leistung und nicht um die Person.

12. Kompetenz in der Feedbackkultur

Eine Führungskraft sollte über die Fähigkeit verfügen, **konstruktives Feedback** regelmäßig zu geben und eine **positive Feedbackkultur** im Team zu etablieren. Das bedeutet, nicht nur Kritik zu üben, sondern auch regelmäßig **positives Feedback** zu geben, um eine ausgewogene und vertrauensvolle Kommunikation zu fördern.

> **Beispiel:** Eine Führungskraft, die regelmäßig Lob und Anerkennung gibt, wird die Kritik als weniger belastend wahrgenommen und kann so eine gesunde Feedbackkultur im Team etablieren.

Fazit:

Die Fähigkeit einer Führungskraft, konstruktive Kritik zu üben, hängt stark von ihrer **emotionalen Intelligenz, Kommunikationsfähigkeit, Empathie** und **Lösungsorientierung** ab. Sie muss in der Lage sein, die **richtige Balance** zwischen **direkter Rückmeldung** und **Respekt** zu finden, damit die Kritik als **entwicklungsfördernd** wahrgenommen wird. Eine gut gegebene Kritik ist eine wertvolle Gelegenheit zur **Förderung von Wachstum** und **Leistungssteigerung**, sowohl für den Mitarbeiter als auch für das gesamte Team.

Welche Verhaltenstipps sollte man bei einem Kritikgespräch beachten?

Bei einem **Kritikgespräch** ist es entscheidend, ein Verhalten zu zeigen, das **respektvoll, konstruktiv** und **lösungsorientiert** ist. Sowohl die **Führungskraft** als auch der **Mitarbeiter** sollten bestimmte **Verhaltenstipps** beherzigen, um das Gespräch so produktiv und positiv wie möglich zu gestalten. Hier sind einige wichtige Verhaltenstipps für ein effektives Kritikgespräch:

1. Bereiten Sie sich gut vor

Für die Führungskraft: Überlegen Sie im Vorfeld genau, was Sie kritisieren möchten, und stellen Sie sicher, dass die Kritik **konkret und begründet** ist. **Klarheit** über das Ziel des Gesprächs (Verbesserung der Leistung, Verhaltensänderung) hilft, das Gespräch strukturiert zu führen.

Für den Mitarbeiter: Bereiten Sie sich darauf vor, zuzuhören und offen für Feedback zu sein. Überlegen Sie, ob es Aspekte gibt, bei denen Sie selbst Verbesserungspotenzial sehen oder Fragen haben.

2. Schaffen Sie eine angenehme Gesprächsatmosphäre

Für die Führungskraft: Wählen Sie einen **ruhigen, ungestörten** Ort für das Gespräch. Achten Sie darauf, dass der Mitarbeiter sich nicht unter Druck gesetzt fühlt und dass der Gesprächskontext **vertrauensvoll** und **respektvoll** ist.

Für den Mitarbeiter: Versuchen Sie, sich zu entspannen und das Gespräch als Chance zur **Verbesserung** zu sehen, statt sich angegriffen zu fühlen. Eine offene Haltung und **Ruhe** können dazu beitragen, dass das Gespräch produktiv bleibt.

3. Nutzen Sie eine klare, sachliche Sprache

Für die Führungskraft: Verwenden Sie eine **klare, präzise und sachliche** Sprache. Vermeiden Sie es, zu verallgemeinern oder in emotionaler Sprache zu sprechen. Statt „Du machst immer Fehler" sollten Sie spezifisch sagen: „In der letzten Woche gab es drei Punkte, bei denen Fehler auftraten, die wir besprechen sollten."

Für den Mitarbeiter: Hören Sie aufmerksam zu und bitten Sie um Klarstellungen, wenn etwas unklar ist. Vermeiden Sie es, sofort in den **Abwehrmodus** zu gehen.

4. Seien Sie respektvoll und empathisch

Für die Führungskraft: Achten Sie darauf, dass Ihre Kritik **respektvoll** und nicht herablassend wirkt. Zeigen Sie **Empathie** und Verständnis für die Situation des Mitarbeiters, besonders wenn es sich um eine schwierige oder persönliche Angelegenheit handelt.

> **Beispiel:** „Ich verstehe, dass es nicht immer einfach ist, mit der hohen Arbeitsbelastung umzugehen, aber wir müssen die Aufgaben pünktlich erledigen."

Für den Mitarbeiter: Versuchen Sie, sich in die Perspektive des Vorgesetzten zu versetzen und die Kritik als Möglichkeit zur **Weiterentwicklung** zu sehen.

5. Fokussieren Sie sich auf das Verhalten, nicht auf die Person

Für die Führungskraft: Vermeiden Sie es, die **Persönlichkeit** des Mitarbeiters zu kritisieren. Stattdessen sollten Sie sich immer auf das **Verhalten** oder die **Leistung** konzentrieren.

> **Beispiel:** Statt „Du bist immer unzuverlässig" sagen Sie besser: „Es gab in den letzten zwei Wochen mehrere Missverständnisse bezüglich der Arbeitsaufgaben, und einige Termine wurden nicht eingehalten."

Für den Mitarbeiter: Wenn die Kritik auf Ihr Verhalten und nicht auf Ihre Persönlichkeit abzielt, können Sie sie leichter annehmen und Veränderungen vornehmen.

6. Bleiben Sie ruhig und sachlich, auch wenn es schwierig wird

Für die Führungskraft: Achten Sie darauf, auch dann ruhig und sachlich zu bleiben, wenn der Mitarbeiter emotional reagiert. **Wutausbrüche** oder **übermäßige emotionale Reaktionen** seitens des Mitarbeiters sollten nicht eskalieren. Bleiben Sie **professionell**.

Beispiel: Wenn der Mitarbeiter wütend oder defensiv reagiert, könnten Sie sagen: „Ich verstehe, dass das schwer zu hören ist. Lass uns versuchen, gemeinsam zu klären, wie wir die Situation verbessern können."

Für den Mitarbeiter: Versuchen Sie, ruhig zu bleiben, auch wenn die Kritik unangenehm ist. Wenn Sie sich überfordert fühlen, können Sie das Gespräch um eine kurze Pause bitten oder um eine **nachträgliche Klärung** des Feedbacks bitten.

7. Vermeiden Sie pauschale oder allgemeine Aussagen

Für die Führungskraft: Vermeiden Sie es, in **Verallgemeinerungen** wie „Das hast du schon wieder falsch gemacht" zu verfallen. Seien Sie konkret und benennen Sie präzise, was verbessert werden muss.

Beispiel: Anstatt zu sagen: „Du arbeitest nie gut", sagen Sie: „Letzte Woche gab es Schwierigkeiten mit der Dateneingabe. Wir müssen sicherstellen, dass alle Zahlen korrekt überprüft werden."

Für den Mitarbeiter: Wenn Sie das Gefühl haben, dass die Kritik zu vage oder unbegründet ist, bitten Sie um **konkrete Beispiele**, damit Sie genau wissen, was verbessert werden muss.

8. Bieten Sie Lösungen und Unterstützung an

Für die Führungskraft: Geben Sie dem Mitarbeiter klare Hinweise, wie er sich verbessern kann. Fragen Sie nach, ob er Unterstützung braucht und zeigen Sie, dass Sie bereit sind, ihn bei der Verbesserung zu begleiten.

Beispiel: „Wie können wir gemeinsam sicherstellen, dass du die Deadlines einhalten kannst? Brauchst du zusätzliche

Unterstützung oder vielleicht ein besseres System zur Zeitplanung?"

Für den Mitarbeiter: Wenn Sie Unterstützung oder Ressourcen
benötigen, scheuen Sie sich nicht, dies anzusprechen. Zeigen Sie
Bereitschaft, sich zu verbessern und **lösungsorientiert** zu denken.

9. Hören Sie aktiv zu

Für die Führungskraft: Geben Sie dem Mitarbeiter Raum, um auf
die Kritik zu reagieren und hören Sie aufmerksam zu. Vielleicht gibt
es **gründe** oder **Herausforderungen**, die der Mitarbeiter erklärt,
die Sie vorher nicht bedacht haben.

> **Beispiel:** „Was denkst du darüber? Gibt es Hindernisse, die
> dir die Arbeit erschwert haben?"

Für den Mitarbeiter: Seien Sie bereit, zuzuhören und zu verstehen, warum die Kritik geäußert wurde. Stellen Sie **klärende Fragen**, wenn nötig, und zeigen Sie, dass Sie das Feedback ernst nehmen.

10. Vermeiden Sie „öffentliches" Kritisieren

Für die Führungskraft: Kritik sollte **immer privat** und nie vor
anderen Kollegen oder im öffentlichen Rahmen geäußert werden.
Öffentliche Kritik kann das **Selbstwertgefühl** des Mitarbeiters beschädigen und das **Vertrauen** in die Führungskraft beeinträchtigen.

Für den Mitarbeiter: Versuchen Sie, sich auf das Gespräch zu konzentrieren und lassen Sie sich nicht von der **öffentlichen** Atmosphäre beeinflussen, falls dies doch einmal der Fall ist.

11. Achten Sie auf Ihre Körpersprache

Für die Führungskraft: Ihre **Körpersprache** spielt eine wichtige Rolle im Gespräch. Achten Sie darauf, **offen und nicht aggressiv** zu wirken. Eine entspannte Haltung und Augenkontakt vermitteln **Respekt** und **Aufmerksamkeit**.

Für den Mitarbeiter: Seien Sie aufmerksam auf die Körpersprache des Gesprächspartners und versuchen Sie, **offen** und **aufgeschlossen** zu wirken, anstatt defensiv oder abwehrend.

12. Geben Sie regelmäßiges Feedback

Für die Führungskraft: Kritik sollte nicht isoliert, sondern regelmäßig und in einem fortlaufenden Feedbackprozess gegeben werden. Wenn Sie regelmäßig positives und konstruktives Feedback geben, wird Kritik weniger schockierend und motiviert den Mitarbeiter, kontinuierlich an sich zu arbeiten.

Für den Mitarbeiter: Sehen Sie Feedback als Chance zur **Weiterentwicklung** und nicht als einmalige Aktion. Bitten Sie um regelmäßiges Feedback, um sicherzustellen, dass Sie sich kontinuierlich verbessern.

13. Schließen Sie das Gespräch positiv ab

Für die Führungskraft: Schließen Sie das Gespräch mit einer **positiven** und **motivierender** Note ab. Bestätigen Sie den Fortschritt des Mitarbeiters und drücken Sie Ihr Vertrauen aus, dass er sich verbessern kann.

> **Beispiel:** „Ich schätze dein Engagement und bin zuversichtlich, dass du an den genannten Punkten arbeiten wirst. Ich bin hier, um dich zu unterstützen."

Für den Mitarbeiter: Zeigen Sie Ihre **Bereitschaft zur Verbesserung** und bedanken Sie sich für das Feedback. Ein **positiver Abschluss** sorgt für ein gutes Klima und stärkt die **Arbeitsbeziehung**.

Fazit:

Ein **Kritikgespräch** kann sowohl für die Führungskraft als auch für den Mitarbeiter herausfordernd sein. Es erfordert **Sorgfalt, Respekt** und **Empathie**, um das Gespräch produktiv zu gestalten. Durch klare Kommunikation, eine lösungsorientierte Haltung und aktives Zuhören kann Kritik als Chance für **Wachstum** und **Veränderung** genutzt werden.

Ablauf eines Kritikgesprächs. Welche Phasen gibt es?

Ein **Kritikgespräch** sollte gut strukturiert und zielgerichtet durchgeführt werden, um sicherzustellen, dass es sowohl für den Mitarbeiter als auch für die Führungskraft effektiv und konstruktiv ist. Der Ablauf eines Kritikgesprächs lässt sich in mehrere **Phasen** unterteilen, die aufeinander aufbauen und die Grundlage für eine produktive Kommunikation schaffen. Hier sind die typischen **Phasen** eines Kritikgesprächs:

1. Vorbereitung
Bevor das Kritikgespräch beginnt, sollte die Führungskraft sich **gründlich vorbereiten**, um sicherzustellen, dass das Gespräch effizient und zielgerichtet verläuft.

> **Inhalte und Ziele klären:** Welche konkreten Verhaltensweisen oder Leistungen sollen angesprochen werden? Was sind die Ziele des Gesprächs (z. B. Verhaltensänderung, Leistungsverbesserung)?

Fakten und Beispiele sammeln: Es ist wichtig, **konkrete Beispiele** für das Verhalten oder die Leistung zu haben, die kritisiert werden sollen. Pauschale Aussagen sind weniger effektiv als spezifische, nachvollziehbare Beispiele.

Den richtigen Zeitpunkt und Ort wählen: Das Gespräch sollte in einem **ruhigen, privaten** Rahmen stattfinden, ohne Ablenkungen oder Störungen. Auch der Zeitpunkt sollte bedacht sein – nicht in einem Moment, in dem der Mitarbeiter unter großem Druck steht oder das Gespräch nicht richtig aufnehmen kann.

2. Eröffnung des Gesprächs

Zu Beginn des Gesprächs ist es wichtig, eine **positive und respektvolle Atmosphäre** zu schaffen.

Einstimmung: Beginnen Sie das Gespräch mit einer kurzen Einleitung, in der Sie den **Zweck** des Gesprächs erläutern und deutlich machen, dass es um die **Verbesserung der Arbeit** und nicht um eine Bestrafung geht.

> **Beispiel**: „Ich möchte heute mit dir über einige Punkte sprechen, bei denen ich Verbesserungspotenzial sehe, um dir zu helfen, deine Arbeit noch besser zu machen."

Den Kontext setzen: Erklären Sie, warum das Thema wichtig ist und welche Auswirkungen das Verhalten oder die Leistung auf das Team oder das Unternehmen hat.

> **Beispiel**: „Es geht um die Einhaltung von Deadlines, da dies für den Erfolg des Projekts von entscheidender Bedeutung ist."

564

3. Konkrete Kritik äußern

In dieser Phase geht es darum, die **kritischen Punkte klar und sachlich** zu benennen.

Verhalten oder Leistung ansprechen: Stellen Sie sicher, dass Sie sich auf das **Verhalten** oder die **Leistung** des Mitarbeiters konzentrieren und nicht auf seine Persönlichkeit. Verwenden Sie **konkrete Beispiele**, um das Verhalten zu veranschaulichen.

Beispiel: „In den letzten zwei Projekten gab es Verzögerungen bei der Abgabe von Aufgaben. Zum Beispiel hast du den Bericht letzte Woche erst zwei Tage nach dem vereinbarten Termin eingereicht."

Konsequenzen aufzeigen: Erläutern Sie die **Auswirkungen** des Verhaltens oder der Leistung auf das Team oder das Unternehmen.

Beispiel: „Die Verzögerung bei der Abgabe des Berichts hat den gesamten Projektzeitplan verzögert, was Auswirkungen auf die anderen Teammitglieder hatte, die auf deine Arbeit angewiesen sind."

4. Reaktion des Mitarbeiters hören

In dieser Phase sollte der Mitarbeiter die Möglichkeit haben, seine Sichtweise darzulegen.

Aktiv zuhören: Lassen Sie den Mitarbeiter seine **Meinung oder seine Perspektive** zum Thema äußern. Hören Sie aufmerksam zu, ohne ihn zu unterbrechen, und zeigen Sie Verständnis für seine Sichtweise.

Beispiel: „Ich möchte jetzt gerne wissen, wie du die Situation siehst. Gab es Gründe, warum die Deadlines nicht eingehalten werden konnten?"

Klären von Missverständnissen: Wenn der Mitarbeiter Einwände hat oder das Verhalten anders interpretiert, gehen Sie darauf ein und klären Sie Missverständnisse.

> **Beispiel**: „Verstehe ich richtig, dass es aufgrund technischer Probleme zu Verzögerungen kam?"

5. Lösungsorientierte Diskussion

Nachdem die Probleme und Perspektiven beider Seiten geklärt sind, geht es darum, **gemeinsam Lösungen** zu entwickeln und konkrete Schritte zu vereinbaren.

Lösungsansätze erarbeiten: Diskutieren Sie gemeinsam, wie das Verhalten oder die Leistung in Zukunft verbessert werden kann. Bieten Sie **praktische Lösungen** oder **Unterstützung** an.

> **Beispiel**: „Wie können wir in Zukunft sicherstellen, dass du die Deadlines einhalten kannst? Brauchst du Unterstützung bei der Priorisierung der Aufgaben oder eine andere Art von Zeitmanagement-Tools?"

Verantwortung übernehmen: Es ist wichtig, dass der Mitarbeiter die Verantwortung für die Verbesserung übernimmt. Setzen Sie klare **Ziele** und **Verantwortlichkeiten**, die der Mitarbeiter erreichen soll.

> **Beispiel**: „Ab der nächsten Woche könntest du ein wöchentliches Check-in mit mir einplanen, um sicherzustellen, dass du auf dem richtigen Weg bist."

6. Zusammenfassung und Vereinbarungen

Fassen Sie das Gespräch zusammen und stellen Sie sicher, dass alle Punkte klar sind.

Zusammenfassen: Wiederholen Sie die wichtigsten Punkte des Gesprächs, insbesondere die **konkreten Maßnahmen** und **Ziele**.

> **Beispiel:** „Also, wir haben besprochen, dass du die Deadlines künftig durch bessere Zeitplanung einhalten möchtest. Du wirst zudem regelmäßig Check-ins machen, um den Fortschritt zu besprechen."

Verbindliche Vereinbarungen treffen: Stellen Sie sicher, dass alle Beteiligten mit den vereinbarten Maßnahmen einverstanden sind und dass der Mitarbeiter versteht, was von ihm erwartet wird.

> **Beispiel:** „Ich werde dich in zwei Wochen erneut fragen, wie es mit den Deadlines läuft und ob es weitere Hindernisse gibt. Wir können dann gegebenenfalls nachjustieren."

7. Abschluss des Gesprächs

Beenden Sie das Gespräch in einer **positiven und motivierenden** Weise.

Positives abschließen: Zeigen Sie Anerkennung für die Bereitschaft des Mitarbeiters, an der Verbesserung zu arbeiten, und betonen Sie, dass Sie an ihn glauben und ihn unterstützen.

> **Beispiel:** „Ich weiß, dass du hart arbeitest, und ich bin zuversichtlich, dass du die Änderungen umsetzen wirst. Wir können das gemeinsam schaffen."

Feedback für den Mitarbeiter geben: Geben Sie auch positive Rückmeldungen, wenn es Fortschritte gibt, und ermutigen Sie den Mitarbeiter, weiterhin gute Arbeit zu leisten.

> **Beispiel:** „Ich schätze deine Bereitschaft, an der Verbesserung zu arbeiten, und ich bin froh, dass wir zusammen eine Lösung gefunden haben."

8. Nachbereitung (Follow-up)

Ein Kritikgespräch sollte nicht das letzte Wort gewesen sein. Es ist wichtig, die Umsetzung der Vereinbarungen zu **überprüfen** und das Gespräch nachzuverfolgen.

Nachverfolgung: Setzen Sie ein **Follow-up-Gespräch** an, um zu sehen, ob die vereinbarten Maßnahmen umgesetzt wurden und ob der Mitarbeiter Unterstützung benötigt.

Beispiel: In zwei Wochen ein weiteres Gespräch führen, um den Fortschritt zu überprüfen und zu sehen, ob zusätzliche Anpassungen erforderlich sind.

Fazit:

Der Ablauf eines Kritikgesprächs folgt einer klar strukturierten Reihenfolge, um sicherzustellen, dass die Kommunikation **klar, konstruktiv** und **lösungsorientiert** ist. Die Phasen beginnen mit einer sorgfältigen **Vorbereitung**, gehen über eine respektvolle **Eröffnung**, die konkrete **Kritikäußerung**, eine Möglichkeit zur **Reaktion des Mitarbeiters**, eine **lösungsorientierte Diskussion**, die **Zusammenfassung der Vereinbarungen**, und schließen mit einer **positiven** und **motivierenden** Beendigung sowie einer **Nachbereitung** ab. Ein gut geführtes Kritikgespräch trägt dazu bei, **Leistungsverbesserungen** zu erzielen und die **Arbeitsbeziehung** zwischen Führungskraft und Mitarbeiter zu stärken.

Wie sollte die Verhaltensweise des Kritisierten sein?

Die **Verhaltensweise des Kritisierten** in einem Kritikgespräch spielt eine zentrale Rolle dabei, wie produktiv und konstruktiv das Gespräch verläuft. Auch wenn Kritik oft unangenehm ist, kann die Art und Weise, wie der **kritisierte Mitarbeiter** auf das Feedback reagiert, den Verlauf des Gesprächs und die spätere Zusammenarbeit entscheidend beeinflussen. Hier sind wichtige **Verhaltenstipps** für den Kritisierten, um das Gespräch positiv zu gestalten:

1. Offenheit und Bereitschaft zum Zuhören

Aktiv zuhören: Zeige, dass du bereit bist, die Kritik **offen** und **aufmerksam** anzuhören. Höre dem Gesprächspartner zu, ohne sofort in den **Abwehrmodus** zu gehen oder zu unterbrechen. Achte darauf, dass du den gesamten Inhalt der Kritik verstehst, bevor du reagierst.

> **Warum es wichtig ist:** Wenn du das Feedback vollständig aufnimmst, kannst du die Perspektive des Vorgesetzten besser verstehen und angemessen darauf eingehen.
>
> **Beispiel:** „Ich verstehe, was du sagst. Lass mich überlegen, wie ich das verbessern kann."

2. Ruhe bewahren

Gelassenheit bewahren: Auch wenn Kritik unangenehm sein kann, solltest du ruhig und professionell bleiben. Versuche, deine **Emotionen** zu kontrollieren, auch wenn du dich vielleicht angegriffen oder missverstanden fühlst.

> **Warum es wichtig ist:** Ein ruhiges Auftreten zeigt, dass du die Kritik als Möglichkeit zur Weiterentwicklung siehst und dich nicht sofort angegriffen fühlst.
>
> **Beispiel:** Wenn du das Gefühl hast, dass du emotional reagierst, kannst du sagen: „Ich brauche einen Moment, um darüber nachzudenken."

3. Akzeptanz und Verantwortung

Verantwortung übernehmen: Zeige, dass du bereit bist, Verantwortung für dein Verhalten oder deine Leistung zu übernehmen.

Anstatt Ausreden zu suchen oder die Schuld abzuwälzen, erkenne an, wenn Fehler gemacht wurden.

Warum es wichtig ist: Verantwortungsbewusstsein und Ehrlichkeit stärken das Vertrauen zwischen dir und deinem Vorgesetzten und zeigen, dass du dich weiterentwickeln möchtest.

Beispiel: „Ja, ich sehe, dass ich die Deadline nicht eingehalten habe. Ich habe den Zeitplan nicht richtig priorisiert, und das werde ich in Zukunft besser machen."

4. Konstruktive Rückfragen stellen

Fragen zur Klärung: Wenn du die Kritik nicht vollständig verstehst oder mehr Informationen benötigst, stelle **konkrete Fragen**. Frage nach Beispielen oder nach spezifischen Bereichen, die du verbessern kannst.

Warum es wichtig ist: Durch gezielte Fragen zeigst du, dass du die Kritik ernst nimmst und die Bereitschaft hast, konkrete Veränderungen umzusetzen.

Beispiel: „Kannst du mir bitte genau sagen, an welchen Punkten du Verbesserungen siehst? Welche Schritte sollte ich deiner Meinung nach unternehmen?"

5. Zuhören und Akzeptieren von Verbesserungsvorschlägen

Feedback annehmen: Sei offen für **Vorschläge** und **Lösungen**. Akzeptiere die **Anregungen** deines Vorgesetzten und zeige, dass du bereit bist, dich zu verbessern.

Warum es wichtig ist: Indem du Verbesserungsvorschläge annimmst, signalisierst du, dass du dich kontinuierlich weiterentwickeln möchtest.

Beispiel: „Das ist ein guter Vorschlag. Ich werde es ausprobieren und sehen, wie ich mein Zeitmanagement verbessern kann."

6. Konstruktive Haltung und Lösungsvorschläge

Proaktive Lösungsorientierung: Zeige, dass du die Kritik nicht nur als Angriff, sondern als Chance siehst, dich weiterzuentwickeln. Wenn möglich, bringe eigene **Lösungsansätze** oder Vorschläge ein, wie du die Situation verbessern kannst.

> **Warum es wichtig ist:** Eine lösungsorientierte Haltung zeigt, dass du aktiv an der Verbesserung arbeiten möchtest und Verantwortung übernimmst.
> **Beispiel:** „Ich habe darüber nachgedacht, wie ich meine Zeit besser einteilen kann, und ich plane, einen detaillierteren Plan für meine Aufgaben zu erstellen."

7. Nicht defensiv werden

Abwehr vermeiden: Es kann verlockend sein, sich zu verteidigen oder die Kritik abzulehnen, aber eine defensive Haltung behindert das Gespräch und verhindert echte Verbesserung. Versuche, nicht in eine **rechtfertigende** oder **angreifende** Position zu gehen.

> **Warum es wichtig ist:** Wenn du in eine defensive Haltung verfällst, wird das Gespräch schwieriger und es wird schwerer, die eigentlichen Probleme zu adressieren. Außerdem wirkt es so, als ob du das Feedback nicht ernst nimmst.
> **Beispiel:** Statt zu sagen: „Aber es war nicht nur mein Fehler!" versuche, konstruktiv zu antworten: „Ich verstehe, was du meinst, und werde an der Problematik arbeiten."

8. Aktive Reflexion

Selbstreflexion: Denke über die erhaltene Kritik nach und versuche zu erkennen, wie du dich selbst verbessern kannst. Zeige, dass du die Kritik nicht nur oberflächlich annimmst, sondern dich ernsthaft mit deinem Verhalten oder deiner Leistung auseinandersetzt.

> **Warum es wichtig ist:** Selbstreflexion hilft dabei, langfristige Verbesserungen zu erzielen und zeigt deinem Vorgesetzten, dass du die Kritik ernst nimmst und aktiv daran arbeiten willst.
>
> **Beispiel:** „Ich habe die Rückmeldung gehört und werde darüber nachdenken, wie ich in Zukunft besser planen kann, um Deadlines einzuhalten."

9. Bereitschaft zur Verbesserung zeigen

Veränderungsbereitschaft signalisieren: Lass deinen Vorgesetzten wissen, dass du gewillt bist, dich weiterzuentwickeln und an den angesprochenen Punkten zu arbeiten.

> **Warum es wichtig ist:** Eine positive, entwicklungsorientierte Einstellung macht es wahrscheinlicher, dass du die gewünschten Verbesserungen erzielst und dass das Gespräch nicht nur als Kritik, sondern als Möglichkeit zur Verbesserung wahrgenommen wird.
>
> **Beispiel:** „Ich werde diese Veränderungen umsetzen und die Fortschritte in einem Follow-up-Gespräch mit dir teilen."

10. Positives Feedback annehmen

Anerkennung für positives Feedback: Wenn während des Gesprächs auch positive Rückmeldungen gegeben werden, nehme diese ebenfalls an und zeige Dankbarkeit. Positive Bestärkung kann oft genauso wichtig sein wie die Kritik.

Warum es wichtig ist: Positive Rückmeldungen motivieren und zeigen dir, dass du auch in anderen Bereichen gut arbeitest. Das stärkt deine Motivation und dein Vertrauen.

Beispiel: „Danke für das positive Feedback. Es motiviert mich, weiterhin mein Bestes zu geben."

Fazit:

Die **Verhaltensweise des Kritisierten** sollte von **Offenheit**, **Ruhe**, **Selbstreflexion**, und einer **lösungsorientierten Haltung** geprägt sein. Ein Mitarbeiter, der auf Kritik nicht defensiv reagiert, sondern sich aktiv mit den Verbesserungsvorschlägen auseinandersetzt und Verantwortung übernimmt, zeigt Professionalität und Bereitschaft zur Weiterentwicklung. Dies trägt nicht nur zu einer besseren Arbeitsatmosphäre bei, sondern führt auch zu echten Verbesserungen in der Leistung und Zusammenarbeit.

5.18. BEURTEILUNG

Definition Mitarbeiterbeurteilung

Mitarbeiterbeurteilung bezeichnet den **prozesshaften Vorgang**, bei dem die **Leistung**, das **Verhalten** und die **Kompetenzen** eines Mitarbeiters während eines bestimmten Zeitraums systematisch bewertet werden. Ziel der Mitarbeiterbeurteilung ist es, Stärken und Schwächen des Mitarbeiters zu identifizieren, **Entwicklungspotenziale** aufzuzeigen und eine Grundlage für **Personalentscheidungen** (z. B. Beförderungen, Gehaltserhöhungen, Fortbildungen) zu schaffen.

Die Mitarbeiterbeurteilung ist oft Teil des **Performance Managements** und kann regelmäßig (z. B. jährlich, halbjährlich) oder auch in Form von **Feedbackgesprächen** durchgeführt werden. Sie kann sowohl auf **qualitativen** (z. B. Verhalten, Zusammenarbeit) als auch auf **quantitativen** Kriterien (z. B. Zielerreichung, Produktivität) basieren.

Typische Ziele der Mitarbeiterbeurteilung:

Leistungsbeurteilung: Beurteilung der Arbeitsergebnisse und der Qualität der Arbeit.

Entwicklung: Identifikation von Stärken und Schwächen sowie Festlegung von Entwicklungsmaßnahmen und Zielen.

Motivation und Feedback: Anerkennung von guten Leistungen und konstruktive Kritik bei Verbesserungsbedarf.

Zielorientierung: Festlegung von neuen Zielen und Herausforderungen für die Zukunft.

Personalentscheidungen: Basis für Entscheidungen zu Beförderungen, Gehaltserhöhungen oder auch Weiterbeschäftigung.

Wesentliche Aspekte der Mitarbeiterbeurteilung:

1. **Objektivität:** Die Bewertung sollte fair und objektiv sein, basierend auf klaren Kriterien.

2. **Transparenz:** Der Mitarbeiter sollte nachvollziehen können, wie die Beurteilung zustande kommt und auf welchen Grundlagen sie basiert.

3. **Konstruktives Feedback:** Die Beurteilung sollte nicht nur die Defizite aufzeigen, sondern auch Wege zur Verbesserung bieten und positive Leistungen anerkennen.

4. **Zielorientierung:** Die Beurteilung sollte nicht nur in der Vergangenheit schauen, sondern auch Entwicklungsmöglichkeiten für die Zukunft aufzeigen.

Methoden der Mitarbeiterbeurteilung:

Selbstbeurteilung: Der Mitarbeiter bewertet sich selbst und reflektiert seine Leistungen.

Vorgesetztenbeurteilung: Der direkte Vorgesetzte bewertet die Leistung des Mitarbeiters.

360-Grad-Feedback: Eine umfassendere Beurteilung, bei der das Feedback von verschiedenen Personen (Vorgesetzte, Kollegen, Mitarbeiter, Kunden) eingeholt wird.

Zielvereinbarungsgespräche: Eine Beurteilung basierend auf der Zielerreichung, die zu Beginn eines Jahres oder Projekts festgelegt wurde.

Fazit:

Die Mitarbeiterbeurteilung ist ein **wertvolles Instrument**, das sowohl für die persönliche Weiterentwicklung der Mitarbeiter als auch für die strategische Personalplanung im Unternehmen genutzt wird. Sie fördert die **Kommunikation** und ermöglicht es, die **Leistung und Potenziale** der Mitarbeiter besser zu verstehen und zu fördern.

Was sind die Ziele?

Die **Ziele der Mitarbeiterbeurteilung** sind vielseitig und haben sowohl eine **individuelle** als auch eine **organisatorische** Dimension. Sie dienen nicht nur der Bewertung der aktuellen Leistung eines Mitarbeiters, sondern auch der langfristigen **Entwicklung** und **Motivation**. Hier sind die wichtigsten Ziele der Mitarbeiterbeurteilung im Detail:

1. Leistungsbeurteilung und Feedback

Ziel: Die primäre Funktion der Mitarbeiterbeurteilung ist die **Bewertung der Arbeitsleistung** des Mitarbeiters.

Erklärung: Der Vorgesetzte bewertet, wie gut der Mitarbeiter seine Aufgaben und Ziele im definierten Zeitraum erfüllt hat. Dies umfasst sowohl die **quantitativen** (z. B. Zielerreichung, Produktivität) als auch die **qualitativen** Aspekte (z. B. Arbeitsweise, Teamarbeit).

Nutzen: Das Feedback hilft dem Mitarbeiter zu verstehen, in welchen Bereichen er gut arbeitet und wo noch Potenziale zur Verbesserung bestehen.

2. Identifikation von Stärken und Schwächen

Ziel: Eine objektive Analyse der **Stärken** und **Schwächen** des Mitarbeiters.

Erklärung: Durch die Beurteilung wird deutlich, in welchen Bereichen der Mitarbeiter besonders gut ist und wo er Entwicklungsbedarf hat.

Nutzen: Diese Erkenntnisse helfen, gezielte **Fördermaßnahmen** oder **Schulungen** anzubieten und eine individuell zugeschnittene **Karriereentwicklung** zu planen.

3. Förderung der beruflichen und persönlichen Entwicklung

Ziel: Unterstützung der **Weiterentwicklung** des Mitarbeiters durch gezielte Maßnahmen.

Erklärung: Die Beurteilung hilft, Entwicklungsfelder zu identifizieren, in denen der Mitarbeiter sich verbessern kann. Dies umfasst sowohl fachliche Weiterbildungen als auch die Förderung von **soft skills** wie Kommunikation, Führungskompetenzen oder Teamarbeit.

Nutzen: Indem Entwicklungsmaßnahmen abgeleitet werden, kann der Mitarbeiter gezielt gefördert werden, was seine **Karrierechancen** im Unternehmen steigert.

4. Motivation und Anerkennung

Ziel: Das Mitarbeiterbeurteilungsgespräch sollte auch eine **Anerkennung** der Leistungen und Erfolge des Mitarbeiters beinhalten.

Erklärung: Positive Rückmeldungen und das Lob für gute Leistungen steigern die **Motivation** und das **Engagement** des Mitarbeiters.

Nutzen: Anerkennung von guten Leistungen trägt zur **Mitarbeiterzufriedenheit** bei und stärkt das Vertrauen in die Führungskraft und das Unternehmen.

5. Festlegung von Zielen und Erwartungen

Ziel: Gemeinsame **Zielsetzung** für die kommende Beurteilungsperiode.

Erklärung: Die Beurteilungsgespräche bieten eine Gelegenheit, gemeinsam mit dem Mitarbeiter neue Ziele zu definieren. Diese Ziele orientieren sich an den Unternehmenszielen und den individuellen Entwicklungsmöglichkeiten des Mitarbeiters.

Nutzen: Klar definierte Ziele geben dem Mitarbeiter Orientierung und eine **messbare Grundlage** für die eigene Leistung. Sie sorgen auch dafür, dass der Mitarbeiter weiß, was von ihm erwartet wird.

6. Beförderungs- und Entlohnungsentscheidungen

Ziel: Die Mitarbeiterbeurteilung dient auch als Grundlage für **Personalentscheidungen**.

Erklärung: Auf Basis der Beurteilung können Entscheidungen über **Beförderungen, Gehaltserhöhungen** oder **Bonuszahlungen** getroffen werden. Sie stellt sicher, dass solche Entscheidungen transparent und objektiv sind.

Nutzen: Mitarbeiter wissen, dass ihre Leistungen eine direkte Auswirkung auf ihre **Karriereentwicklung** und **Vergütung** haben, was zu einer stärkeren Leistungsorientierung führt.

7. Verbesserung der Kommunikation und des Feedbacks

Ziel: Verbesserung der **Kommunikation** zwischen Vorgesetzten und Mitarbeitern.

Erklärung: Die regelmäßige Beurteilung fördert den Dialog über Leistung, Erwartungen und Weiterentwicklung. Der Mitarbeiter hat die Möglichkeit, seine Sichtweise und Feedback zu äußern.

Nutzen: Eine offene Kommunikation stärkt das Vertrauensverhältnis zwischen Führungskraft und Mitarbeiter und führt zu einer besseren **Zusammenarbeit**.

8. Personaleinsatzplanung und Karriereentwicklung

Ziel: Die Beurteilung hilft, die **Eignung** und **Potenziale** der Mitarbeiter für zukünftige **Positionen** und **Projekte** zu bewerten.

Erklärung: Die Beurteilung zeigt, welche Mitarbeiter für höhere Aufgaben oder unterschiedliche Tätigkeiten geeignet sind, und unterstützt so eine **strategische Personalplanung**.

Nutzen: Dies trägt dazu bei, die richtigen Mitarbeiter in den richtigen Positionen einzusetzen und langfristig zu binden.

9. Fehleranalyse und Prozessoptimierung

Ziel: Verbesserung der **Arbeitsprozesse** und **Teamdynamik**.

Erklärung: Die Beurteilung kann auch dazu verwendet werden, **Systemfehler** oder **Prozessmängel** aufzudecken, die möglicherweise zu Leistungseinbußen führen.

Nutzen: Das Unternehmen kann gezielt **Prozesse optimieren**, Schulungsbedarf ermitteln und eventuelle organisatorische Probleme adressieren.

10. Erhöhung der Mitarbeiterbindung

Ziel: Die Beurteilung kann zur **Bindung** von Mitarbeitern an das Unternehmen beitragen.

Erklärung: Wenn die Mitarbeiter sehen, dass ihre Leistung anerkannt wird und sie Entwicklungsmöglichkeiten haben, steigt die **Zufriedenheit** und die Wahrscheinlichkeit, dass sie dem Unternehmen langfristig treu bleiben.

Nutzen: Eine transparente und faire Mitarbeiterbeurteilung fördert die **Mitarbeiterloyalität** und senkt die Fluktuationsrate.

Zusammenfassung der Ziele:

Die **Mitarbeiterbeurteilung** dient dem Unternehmen und den Mitarbeitenden als wichtiges **Instrument** zur Förderung von Leistung, persönlicher Entwicklung und Motivation. Sie trägt dazu bei, **Leistungsstandards** zu etablieren, **Entwicklungsmöglichkeiten** zu identifizieren und **Karrierewege** zu planen. Zudem ist sie von entscheidender Bedeutung für **Personalentscheidungen**, die **Fehleranalyse** sowie für die Verbesserung der **Arbeitsbeziehungen** und **Kommunikation** zwischen Führungskräften und Mitarbeitern. Ein gut durchgeführter Beurteilungsprozess kann also sowohl die individuelle Leistung steigern als auch den Unternehmenserfolg langfristig sichern.

Was sind die Vor- bzw. Nachteile von Beurteilungen?

Mitarbeiterbeurteilungen sind ein zentrales Instrument des Performance Managements, das sowohl für das Unternehmen als auch für die Mitarbeiter von Bedeutung ist. Wie bei vielen Managementpraktiken gibt es auch bei der **Mitarbeiterbeurteilung** sowohl **Vorteile** als auch **Nachteile**, die je nach Umsetzung und Kontext variieren können.

Vorteile der Mitarbeiterbeurteilung
1. Förderung der Leistungssteigerung

Erklärung: Mitarbeiterbeurteilungen helfen dabei, die **Stärken** und **Schwächen** eines Mitarbeiters zu identifizieren. Dies ermöglicht es, gezielte Maßnahmen zur **Leistungsverbesserung** zu ergreifen, wie etwa Trainings, Coaching oder Zielvereinbarungen.

Nutzen: Die Mitarbeiter können ihre Fähigkeiten weiterentwickeln und ihre Arbeitsleistung optimieren.

2. Zielorientierung und Klarheit

Erklärung: Durch die Beurteilung werden **klare Ziele** für die Zukunft gesetzt. Dies hilft den Mitarbeitern zu verstehen, was von ihnen erwartet wird und wie sie ihre Arbeit verbessern können.

Nutzen: Mit klaren Zielen steigt die Motivation, da die Mitarbeiter wissen, was sie erreichen müssen, um erfolgreich zu sein.

3. Transparente Entscheidungen

Erklärung: Beurteilungen bieten eine objektive Grundlage für **Personalentscheidungen**, wie z. B. Beförderungen, Gehaltserhöhungen oder auch Kündigungen. Sie sorgen dafür, dass diese Entscheidungen nachvollziehbar und transparent sind.

Nutzen: Die Fairness und Objektivität solcher Entscheidungen fördern das Vertrauen in das Unternehmen und die Führungskräfte.

4. Feedback für persönliche Entwicklung

Erklärung: Mitarbeiter erhalten durch die Beurteilung konstruktives Feedback zu ihrer Arbeit und ihrem Verhalten. Dieses Feedback kann sowohl positiver Natur sein als auch Verbesserungspotenziale aufzeigen.

Nutzen: Konstruktives Feedback trägt dazu bei, dass Mitarbeiter ihre Fähigkeiten und ihre berufliche Entwicklung gezielt verbessern können.

5. Mitarbeiterbindung

Erklärung: Wenn die Beurteilungsgespräche regelmäßig und fair durchgeführt werden, steigert dies die **Zufriedenheit** der Mitarbeiter und fördert die **Mitarbeiterbindung**.

Nutzen: Durch transparente Kommunikation und Anerkennung von Leistungen fühlt sich der Mitarbeiter wertgeschätzt und bleibt eher dem Unternehmen treu.

6. Förderung der Kommunikation

Erklärung: Beurteilungen schaffen eine regelmäßige **Kommunikationsbasis** zwischen Führungskraft und Mitarbeiter. In diesem Rahmen können nicht nur Leistungen besprochen werden, sondern auch Wünsche, Bedenken oder Verbesserungsvorschläge des Mitarbeiters gehört werden.

Nutzen: Eine offene Kommunikation stärkt das Vertrauen und fördert die Zusammenarbeit.

7. Motivation und Anerkennung

Erklärung: Gute Leistungen werden im Beurteilungsprozess anerkannt und gewürdigt. Das Anerkennen von Erfolgen wirkt als **Motivationsfaktor**.

Nutzen: Positive Rückmeldungen fördern die **Arbeitszufriedenheit** und steigern die Motivation, weiterhin gute Arbeit zu leisten.

Nachteile der Mitarbeiterbeurteilung

1. Subjektivität und Verzerrungen

Erklärung: Trotz der besten Absichten können Beurteilungen von **Subjektivität** geprägt sein, insbesondere wenn persönliche Vorlieben oder unbewusste **Verzerrungen** (z. B. Sympathie- oder Ähnlichkeitseffekte) Einfluss auf die Bewertung haben.

Nachteil: Dies kann zu **ungerechten** oder **verzerrten** Bewertungen führen, was das Vertrauen der Mitarbeiter in den

Beurteilungsprozess untergräbt und möglicherweise Demotivation oder Unzufriedenheit verursacht.

2. Zeitaufwand und Ressourceneinsatz

Erklärung: Die Durchführung von Beurteilungen kann **zeitaufwendig** und **ressourcenintensiv** sein, insbesondere bei großen Teams oder Unternehmen mit vielen Mitarbeitern. Vorgesetzte müssen Zeit für die Bewertung und für die Feedback-Gespräche aufwenden.

Nachteil: Die aufwändige Durchführung von Beurteilungen kann vor allem in größeren Unternehmen zu **administrativen Belastungen** führen.

3. Demotivierung bei negativer Kritik

Erklärung: Eine rein negative Beurteilung ohne konstruktives Feedback kann zu einer **Demotivation** des Mitarbeiters führen. Ohne Perspektive oder Unterstützung fühlt sich der Mitarbeiter möglicherweise entmutigt oder missverstanden.

Nachteil: Eine unzureichende oder unsachliche Kritik kann zu **Frustration** und **Fehlinterpretationen** führen und das Vertrauen in die Führungskraft oder das Unternehmen verringern.

4. Fokus auf kurzfristige Leistung

Erklärung: Mitarbeiterbeurteilungen können sich manchmal zu sehr auf **kurzfristige Ergebnisse** konzentrieren (z. B. aktuelle Projekte oder Ziele), anstatt auf langfristige Entwicklungen oder die **ganzheitliche Leistung** des Mitarbeiters.

Nachteil: Eine zu starke Fokussierung auf kurzfristige Ziele kann den **langfristigen Entwicklungserfolg** oder die **Persönlichkeitsentwicklung** des Mitarbeiters vernachlässigen.

5. Gefahr von Konflikten

Erklärung: Wenn Mitarbeiter das Gefühl haben, dass sie ungerecht bewertet wurden oder die Beurteilung nicht den tatsächlichen Leistungen entspricht, kann dies zu **Konflikten** zwischen Mitarbeiter und Führungskraft führen.

Nachteil: Solche Konflikte können das Arbeitsklima negativ beeinflussen und die **Zusammenarbeit** stören.

6. Fokussierung auf Schwächen statt auf Stärken

Erklärung: Oftmals konzentrieren sich Beurteilungen mehr auf **Schwächen** oder Verbesserungspotenziale eines Mitarbeiters, anstatt auch die **Stärken** zu betonen.

Nachteil: Ein einseitiger Fokus auf Schwächen kann das Selbstbewusstsein des Mitarbeiters beeinträchtigen und das Gefühl der **Anerkennung** schmälern.

7. Gefahr der Standardisierung

Erklärung: Bei der Anwendung von standardisierten Bewertungsinstrumenten (z. B. Rating-Skalen) besteht die Gefahr, dass **Individuen** nicht in ihrer gesamten Komplexität erfasst werden. Die **Vereinheitlichung** von Bewertungen kann der **Einzigartigkeit** jedes Mitarbeiters nicht gerecht werden.

Nachteil: Standardisierte Beurteilungen können wichtige **Nuancen** und **individuelle Faktoren** übersehen, was die Aussagekraft der Beurteilung mindert.

8. Fehlende Wirkung ohne Follow-up

Erklärung: Wenn Beurteilungen keine konkreten **Folgen** oder **Maßnahmen** nach sich ziehen (z. B. fehlende Weiterbildungsmaßnahmen, keine Zielvereinbarungen), verlieren sie an Wirksamkeit.

Nachteil: Eine Beurteilung ohne konkrete Folgeaktionen wird als wenig zielführend wahrgenommen und kann das Vertrauen in den Prozess verringern.

Fazit:

Vorteile der Mitarbeiterbeurteilung liegen vor allem in der **Förderung der Entwicklung**, der **Zielorientierung** und der **Motivation** der Mitarbeiter sowie in der **Transparenz** bei Personalentscheidungen. Sie trägt dazu bei, eine **offene Kommunikation** zu fördern und die **Leistung** langfristig zu steigern.

Jedoch gibt es auch einige **Nachteile**, wie die Gefahr von **Subjektivität**, die **zeitliche Belastung** und die Möglichkeit, dass **negative Rückmeldungen** demotivierend wirken. Zudem kann eine zu starke Fokussierung auf kurzfristige Leistung oder auf Schwächen den langfristigen Erfolg und das Vertrauen in den Beurteilungsprozess beeinträchtigen.

Um die **Nachteile** zu minimieren, sollten Unternehmen sicherstellen, dass **objektive Kriterien** angewendet werden, regelmäßige **Feedbackgespräche** stattfinden, und dass die Beurteilungen stets **konstruktiv** und mit einem Fokus auf **Entwicklung** geführt werden. Ein transparenter, fairer und respektvoller Prozess ist entscheidend, um den vollen Nutzen aus der Mitarbeiterbeurteilung zu ziehen.

Was sind die Grundsätze bei Beurteilungen?

Die **Grundsätze bei Mitarbeiterbeurteilungen** sind entscheidend für eine faire, objektive und wirksame Beurteilung. Sie gewährleisten, dass der Prozess transparent, nachvollziehbar und motivierend für den Mitarbeiter ist. Eine strukturierte und klar definierte Beurteilung fördert nicht nur die individuelle Leistung, sondern auch das Vertrauen der Mitarbeiter in das Unternehmen. Hier sind die wichtigsten **Grundsätze der Mitarbeiterbeurteilung**:

1. Objektivität

Erklärung: Die Beurteilung sollte auf **faktenbasierten Kriterien** beruhen und von **Subjektivität** oder persönlichen Vorlieben des Beurteilers (z. B. Sympathien oder Antipathien) frei sein. Eine objektive Beurteilung erfordert klare, messbare Kriterien und eine faire Bewertung.

Beispiel: Anstatt die Leistung aufgrund persönlicher Eindrücke zu bewerten, sollten konkrete, messbare Ziele und Ergebnisse wie Projektabschlüsse, Verkaufszahlen oder Qualitätsstandards herangezogen werden.

2. Transparenz

Erklärung: Der Beurteilungsprozess sollte für den Mitarbeiter **nachvollziehbar** und **transparent** sein. Der Mitarbeiter sollte wissen, nach welchen Kriterien er bewertet wird und wie die Entscheidung zustande kommt.

Beispiel: Wenn ein Mitarbeiter für ein Projekt bewertet wird, sollte der Beurteiler klar kommunizieren, welche Kriterien (z. B. Zielerreichung, Zusammenarbeit, Qualität der Arbeit) zugrunde liegen und welche Bewertungsmethodik verwendet wird.

3. Fairness

Erklärung: Eine faire Beurteilung berücksichtigt die **individuellen Rahmenbedingungen** des Mitarbeiters (z. B. spezielle Aufgaben, unterschiedliche Ressourcen oder Arbeitsbedingungen). Der Beurteiler sollte die Leistungen im Kontext des jeweiligen Arbeitsumfelds und der spezifischen Herausforderungen des Mitarbeiters beurteilen.

Beispiel: Ein Mitarbeiter, der in einem besonders herausfordernden Projekt gearbeitet hat, sollte nicht gleich bewertet werden wie ein anderer, der unter besseren Bedingungen gearbeitet hat.

4. Konstruktivität

Erklärung: Beurteilungen sollten nicht nur Defizite aufzeigen, sondern vor allem **konstruktives Feedback** enthalten, das dem Mitarbeiter hilft, sich zu verbessern. Ziel ist es, aufzuzeigen, wie der Mitarbeiter seine **Stärken weiter ausbauen** und an seinen **Schwächen** arbeiten kann.

Beispiel: Anstatt nur auf Fehler hinzuweisen, sollte das Feedback konkrete Vorschläge zur Verbesserung beinhalten, z. B. durch zusätzliche Schulungen oder die Unterstützung von Kollegen.

5. Vertraulichkeit

Erklärung: Der Beurteilungsprozess sollte vertraulich behandelt werden. Die Beurteilung sollte nur den Mitarbeiter und den Beurteiler betreffen und nicht ohne Zustimmung des Mitarbeiters an Dritte weitergegeben werden.

Beispiel: Die Ergebnisse eines Beurteilungsgesprächs sollten nicht öffentlich gemacht werden, sondern in einem geschützten Rahmen zwischen Mitarbeiter und Vorgesetztem besprochen werden.

6. Regelmäßigkeit und Kontinuität

Erklärung: Beurteilungen sollten regelmäßig durchgeführt werden, damit die **Leistung** kontinuierlich überwacht und rechtzeitig korrigiert werden kann. Ein einmal jährlich stattfindendes Gespräch reicht oft nicht aus, um kontinuierliche Verbesserungen und Anpassungen zu ermöglichen.

Beispiel: Ein Unternehmen kann halbjährliche oder vierteljährliche Feedbackgespräche einführen, um eine kontinuierliche Entwicklung des Mitarbeiters zu gewährleisten.

7. Zielorientierung

Erklärung: Die Beurteilung sollte auf klaren **Zielen** basieren, die im Vorfeld des Beurteilungszeitraums gemeinsam mit dem Mitarbeiter definiert wurden. Diese Ziele sollten sowohl messbar als auch erreichbar sein, um den Erfolg der Beurteilung zu überprüfen.

Beispiel: Im Vorfeld eines Jahresgesprächs werden mit dem Mitarbeiter konkrete Ziele wie „Steigerung der Verkaufszahlen um 10 %" oder „Erfolgreiche Durchführung von zwei Projekten" vereinbart.

8. Ganzheitlichkeit

Erklärung: Die Beurteilung sollte alle relevanten Aspekte der Leistung des Mitarbeiters berücksichtigen, sowohl in Bezug auf **fachliche Kompetenz** als auch auf **soziale und persönliche Kompetenzen**. Es geht darum, den Mitarbeiter als Ganzes zu betrachten und nicht nur einzelne Leistungsaspekte zu bewerten.

Beispiel: Eine Beurteilung sollte nicht nur den Erfolg von Projekten oder den Umsatz berücksichtigen, sondern auch Aspekte wie **Teamarbeit**, **Kommunikation** und **Führungsfähigkeiten** einbeziehen.

9. Zukunftsorientierung

Erklärung: Eine gute Beurteilung fokussiert sich nicht nur auf die **Vergangenheit**, sondern legt auch einen klaren **Plan** für die Zukunft fest. Sie dient als Grundlage für **Zielvereinbarungen** und **Entwicklungsmaßnahmen**.

Beispiel: In einem Mitarbeitergespräch könnten Entwicklungsziele gesetzt werden, wie etwa die Teilnahme an einer Fortbildung oder die Übernahme einer neuen Aufgabe.

10. Selbstreflexion und Partizipation

Erklärung: Der Mitarbeiter sollte aktiv in den Beurteilungsprozess einbezogen werden. Eine Selbstbeurteilung oder ein Gespräch auf Augenhöhe fördert eine **reflexive Haltung** des Mitarbeiters und stärkt seine Eigenverantwortung.

Beispiel: Der Mitarbeiter wird ermutigt, sich selbst zu bewerten und seine eigenen Ziele und Herausforderungen darzulegen, bevor der Vorgesetzte eine Beurteilung abgibt.

11. Verhältnismäßigkeit

Erklärung: Die Bewertung sollte im Verhältnis zur **Leistungsfähigkeit** und den **Möglichkeiten** des Mitarbeiters erfolgen. Eine Überbewertung oder Unterbewertung führt zu Unzufriedenheit und Missverständnissen.

Beispiel: Ein Mitarbeiter, der gerade erst in eine neue Position gewechselt ist, sollte nicht auf dem gleichen Niveau beurteilt werden wie ein erfahrener Kollege.

12. Einzelfallbetrachtung

Erklärung: Jeder Mitarbeiter ist einzigartig, und daher sollte die Beurteilung auch immer den **einzelnen Fall** berücksichtigen. Es sollten keine pauschalen Bewertungen vorgenommen werden, sondern die Leistung des Mitarbeiters individuell betrachtet werden.

Beispiel: Zwei Mitarbeiter, die denselben Job ausüben, aber unterschiedliche Voraussetzungen oder Aufgaben haben, sollten nicht gleich bewertet werden.

Zusammenfassung der Grundsätze:

1. **Objektivität** – Vermeidung von subjektiven Verzerrungen.
2. **Transparenz** – Klarheit über Kriterien und Prozesse.
3. **Fairness** – Beachtung der individuellen Rahmenbedingungen.
4. **Konstruktivität** – Fokus auf Entwicklung und Verbesserung.
5. **Vertraulichkeit** – Schutz der persönlichen Daten und Ergebnisse.
6. **Regelmäßigkeit** – Kontinuierliches Feedback und regelmäßige Beurteilungen.
7. **Zielorientierung** – Ausrichtung an messbaren Zielen.
8. **Ganzheitlichkeit** – Betrachtung aller relevanten Leistungsaspekte.
9. **Zukunftsorientierung** – Fokussierung auf zukünftige Entwicklung.
10. **Selbstreflexion und Partizipation** – Einbeziehung des Mitarbeiters.
11. **Verhältnismäßigkeit** – Angemessene Bewertung der Leistungen.
12. **Einzelfallbetrachtung** – Berücksichtigung individueller Gegebenheiten.

Diese Grundsätze bilden die Grundlage für eine **faire**, **objektive** und **motivierende** Mitarbeiterbeurteilung, die nicht nur die Leistung bewertet, sondern auch zur **persönlichen und beruflichen Weiterentwicklung** der Mitarbeiter beiträgt.

Welche Arten von Beurteilungen gibt es?

Es gibt verschiedene **Arten der Mitarbeiterbeurteilung**, die je nach Zielsetzung, Häufigkeit und Methode variieren können. Jede Beurteilungsform hat ihre eigenen Stärken und Schwächen und eignet sich in unterschiedlichen Kontexten oder für bestimmte Zwecke besser. Hier sind die gängigsten Arten der Mitarbeiterbeurteilung:

1. Selbstbeurteilung

Erklärung: Bei der Selbstbeurteilung bewertet der Mitarbeiter seine eigene Leistung und sein Verhalten. Dies erfolgt in der Regel anhand vorgegebener Kriterien oder Zielvorgaben.

Ziel: Der Mitarbeiter soll seine eigenen Stärken und Schwächen reflektieren und sich selbst realistisch einschätzen. Dies fördert die **Selbstreflexion** und **Eigenverantwortung**.

Vorteile: Es bietet eine Gelegenheit zur **Selbstreflexion** und gibt dem Mitarbeiter die Möglichkeit, seine Sichtweise und Einschätzung einzubringen.

Nachteile: Eine zu positive oder unrealistische Selbsteinschätzung kann zu **Verzerrungen** führen. Zudem ist die Selbstbeurteilung oft subjektiv.

2. Vorgesetztenbeurteilung

Erklärung: Die **Vorgesetztenbeurteilung** (auch **Managerbewertung** genannt) ist die häufigste Form der Beurteilung, bei der der direkte Vorgesetzte die Leistung und das Verhalten des Mitarbeiters bewertet.

Ziel: Diese Beurteilung liefert eine objektive Sichtweise aus der Perspektive des Vorgesetzten und wird oft für Personalentscheidungen genutzt (z. B. Beförderungen, Gehaltserhöhungen).

Vorteile: Sie bietet eine klare, autoritative Einschätzung der Mitarbeiterleistung basierend auf konkreten Beobachtungen und Erfahrungen.

Nachteile: Sie kann subjektiv sein, wenn der Vorgesetzte voreingenommen ist oder nicht genügend Interaktionen mit dem Mitarbeiter hatte.

3. 360-Grad-Feedback

Erklärung: Beim **360-Grad-Feedback** handelt es sich um eine umfassende Beurteilung, bei der Feedback von verschiedenen Quellen eingeholt wird: Vorgesetzte, Kollegen, Mitarbeiter, und manchmal auch von externen Partnern oder Kunden.

Ziel: Ziel ist es, ein **ganzheitliches Bild** der Leistung des Mitarbeiters zu erhalten, indem verschiedene Perspektiven einbezogen werden. Diese Art der Beurteilung fördert die **Selbstwahrnehmung** und gibt Hinweise darauf, wie der Mitarbeiter in verschiedenen Arbeitsbeziehungen wahrgenommen wird.

Vorteile: Es bietet ein ausgewogenes, vielseitiges Bild der Mitarbeiterleistung und kann helfen, blinde Flecken zu identifizieren. Die Feedback-Kultur wird gestärkt.

Nachteile: Die Vielzahl der Rückmeldungen kann zu **Widersprüchlichkeiten** führen. Zudem kann die **Anonymität** in einigen Fällen dazu führen, dass das Feedback weniger konstruktiv ist.

4. Peer-Feedback (Kollegenbewertung)

Erklärung: Bei dieser Beurteilung bewerten die **Kollegen** (also Mitarbeiter auf gleicher Ebene) die Leistung und das Verhalten des Mitarbeiters.

Ziel: Diese Form zielt darauf ab, die **Zusammenarbeit im Team** zu fördern und die soziale Kompetenz der Mitarbeiter zu beurteilen.

Vorteile: Kollegen haben oft einen besseren Einblick in die **alltägliche Arbeit** und die Teamdynamik, was eine wertvolle Perspektive bietet. Peer-Feedback kann zudem die **Teamkultur** stärken.

Nachteile: Es kann zu **Konflikten** oder **Subjektivität** kommen, insbesondere wenn persönliche Beziehungen oder Rivalitäten die Bewertungen beeinflussen.

5. Zielvereinbarungsgespräch

Erklärung: Bei dieser Art der Beurteilung werden zu Beginn eines bestimmten Zeitraums (z. B. Jahresgespräch) **konkrete Ziele** zwischen Mitarbeiter und Vorgesetztem vereinbart. Am Ende des Zeitraums erfolgt eine Beurteilung der **Zielerreichung**.

Ziel: Die Beurteilung basiert auf den Zielen, die der Mitarbeiter zu Beginn des Zeitraums erreicht oder nicht erreicht hat.

Vorteile: Diese Beurteilung ist sehr **zielorientiert** und messbar. Sie bietet eine klare Grundlage für die Beurteilung der Leistung.

Nachteile: Wenn Ziele zu ambitioniert oder nicht realistisch sind, kann die Beurteilung unfair wirken. Außerdem fokussiert sich diese Beurteilung oft nur auf **quantitative** Ziele und lässt qualitative Aspekte außen vor.

6. Verhaltensbeurteilung

Erklärung: Bei der **Verhaltensbeurteilung** wird das Verhalten des Mitarbeiters im Arbeitsumfeld bewertet, z. B. seine **Teamfähigkeit**, seine **Kommunikationsfähigkeit**, sein **Engagement** oder seine **Problemlösungsfähigkeiten**.

Ziel: Diese Beurteilung hilft, die sozialen und kommunikativen Fähigkeiten des Mitarbeiters sowie seine **passende Integration ins Team** zu erfassen.

Vorteile: Sie fördert die Entwicklung von **sozialen Kompetenzen** und der **Teamarbeit**.

Nachteile: Verhaltensbeurteilungen können subjektiv sein und hängen stark von der Wahrnehmung des Beurteilers ab.

7. Kompetenzbeurteilung

Erklärung: Bei der **Kompetenzbeurteilung** werden die **fachlichen Fähigkeiten** sowie die **beruflichen und persönlichen Kompetenzen** des Mitarbeiters bewertet. Dies umfasst zum Beispiel **Fachwissen, Entscheidungsfähigkeit, Problemlösungsfähigkeiten, Führungskompetenz** oder **Selbstmanagement**.

Ziel: Diese Beurteilung hilft dabei, die **Eignung** des Mitarbeiters für die aktuelle oder zukünftige Position im Unternehmen zu überprüfen und Entwicklungsbedarfe zu identifizieren.

Vorteile: Sie ermöglicht eine detaillierte Betrachtung der **Fachkompetenz** und **Entwicklungsbereiche**.

Nachteile: Wenn die Beurteilung zu **generisch** oder **vereinheitlicht** ist, kann sie wichtige individuelle Fähigkeiten und Potenziale übersehen.

8. Leistungsbeurteilung

Erklärung: Bei der **Leistungsbeurteilung** wird ausschließlich die **Erfüllung der Arbeitsanforderungen** und die **Zielerreichung** bewertet. Dies ist die häufigste Form der Beurteilung und konzentriert sich auf die **Ergebnisse** der Arbeit.

Ziel: Die Beurteilung erfolgt oft anhand von **messbaren Leistungskriterien** wie **Zielvorgaben, Verkaufszahlen, Produktivität** oder anderen messbaren Ergebnissen.

Vorteile: Diese Art der Beurteilung ist **messbar** und ermöglicht eine objektive Betrachtung der **Ergebnisse**.

Nachteile: Sie lässt **weiche Faktoren** wie Teamarbeit, Kreativität oder persönliche Entwicklung aus und kann so ein verzerrtes Bild des Mitarbeiters liefern.

9. Führungsbeurteilung

Erklärung: Diese Beurteilung konzentriert sich auf die **Führungskompetenzen** eines Mitarbeiters, wenn dieser eine **Führungsposition** innehat. Hier werden Aspekte wie **Kommunikation, Teamführung, Delegation, Konfliktmanagement** und **Motivation** bewertet.

Ziel: Die Beurteilung soll zeigen, wie gut ein Vorgesetzter oder Führungskraft die Mitarbeiter führt und welche Verbesserungspotenziale es in der Führungskompetenz gibt.

Vorteile: Sie hilft, die Führungskompetenzen zu fördern und zu entwickeln, was die gesamte Teamdynamik und -leistung verbessern kann.

Nachteile: Es besteht die Gefahr, dass die Beurteilung nicht alle relevanten Führungskompetenzen berücksichtigt oder die Leistung eines Managers ausschließlich auf die **Ergebnisse** fokussiert, ohne das **Führungsverhalten** angemessen zu würdigen.

Zusammenfassung der Beurteilungsarten:

1. **Selbstbeurteilung**: Mitarbeiter bewerten sich selbst und reflektieren ihre Leistung.

2. **Vorgesetztenbeurteilung**: Die Leistung des Mitarbeiters wird vom direkten Vorgesetzten beurteilt.

3. **360-Grad-Feedback**: Feedback wird von verschiedenen Quellen (Vorgesetzte, Kollegen, Mitarbeiter, Kunden) eingeholt.

4. **Peer-Feedback**: Kollegen bewerten die Leistung und Zusammenarbeit des Mitarbeiters.

5. **Zielvereinbarungsgespräch**: Beurteilung erfolgt anhand der Erreichung festgelegter Ziele.

6. **Verhaltensbeurteilung**: Fokus auf das Verhalten des Mitarbeiters im Arbeitsumfeld.

7. **Kompetenzbeurteilung**: Bewertung der fachlichen und sozialen Kompetenzen.

8. **Leistungsbeurteilung**: Beurteilung der Arbeitsleistung und Zielerreichung.

9. **Führungsbeurteilung**: Beurteilung der Führungskompetenzen von Führungskräften.

Jede dieser Beurteilungsarten hat ihre **Vor- und Nachteile** und ist für unterschiedliche Zwecke geeignet. In vielen Unternehmen wird eine Kombination dieser Methoden verwendet, um ein umfassenderes Bild von der Leistung und den Entwicklungsmöglichkeiten eines Mitarbeiters zu erhalten.

Wann beurteile ich?

Die **Beurteilung** von Mitarbeitern sollte nicht zufällig oder unregelmäßig erfolgen, sondern ist am effektivsten, wenn sie zu bestimmten **Zeitpunkten** im Arbeitsprozess durchgeführt wird. Sie dient der **Leistungsbewertung**, der **Förderung von Entwicklung** und der **Zielfestlegung** für die Zukunft. Hier sind einige typische **Zeitpunkte**, wann eine Beurteilung sinnvoll ist:

1. Regelmäßige, geplante Beurteilungen
Beispiel: Jährliche oder halbjährliche Mitarbeitergespräche oder **Zielvereinbarungsgespräche.**

Ziel: Diese Beurteilungen bieten einen **festen Rahmen**, um die Entwicklung des Mitarbeiters zu überprüfen, Ziele zu setzen und Feedback zu geben.

Warum wichtig? Regelmäßige Beurteilungen stellen sicher, dass die Leistung des Mitarbeiters kontinuierlich überprüft wird und er klare, messbare Ziele für die Zukunft hat.

2. Nach Zielerreichung oder Abschluss von Projekten
Beispiel: Wenn ein Mitarbeiter ein bestimmtes Ziel oder ein Projekt abgeschlossen hat, wird seine Leistung basierend auf den vereinbarten Zielen beurteilt.

Ziel: Die Beurteilung dient dazu, festzustellen, wie erfolgreich der Mitarbeiter das Projekt oder die Aufgaben erfüllt hat.

Warum wichtig? So kann der Mitarbeiter direktes Feedback zu seiner Arbeit erhalten und nachvollziehen, ob er seine Aufgaben erfolgreich abgeschlossen hat und wie er sich weiterentwickeln kann.

3. Am Ende von Einarbeitungs- oder Probezeiten
Beispiel: Nach einer **Probezeit** oder **Einarbeitungsphase**, z. B. nach den ersten 3 bis 6 Monaten.

Ziel: Eine erste Beurteilung der **Leistung** und **Integration** des Mitarbeiters ins Team und die Unternehmenskultur.

Warum wichtig? Diese Beurteilung bietet eine Gelegenheit, frühzeitig potenzielle Probleme zu identifizieren und sicherzustellen, dass der Mitarbeiter in die Rolle passt.

4. Bei Veränderungen im Job oder bei neuen Aufgaben

Beispiel: Wenn ein Mitarbeiter eine **neue Position** übernimmt, neue Aufgaben übernimmt oder eine **Beförderung** erhält.

Ziel: Zu überprüfen, wie gut sich der Mitarbeiter in der neuen Rolle zurechtfindet und ob zusätzliche Unterstützung oder Schulung notwendig ist.

Warum wichtig? Veränderungen in der Position erfordern eine Neubewertung der Fähigkeiten und der Anpassungsfähigkeit des Mitarbeiters an die neuen Anforderungen.

5. Bei außergewöhnlichen Leistungen oder Problemen

Beispiel: Wenn ein Mitarbeiter außergewöhnliche Ergebnisse erzielt oder im Gegenteil konstant unter den Erwartungen bleibt.

Ziel: Wenn ein Mitarbeiter besonders **hervorragende Leistungen** zeigt, sollte dies anerkannt und gegebenenfalls für zukünftige **Karriereschritte** genutzt werden. Umgekehrt sollten **Leistungseinbrüche** oder **Probleme** rasch angesprochen werden, um **Verbesserungsmaßnahmen** einzuleiten.

Warum wichtig? Frühzeitige Beurteilungen bei Problemen helfen, **negative Tendenzen** rechtzeitig zu korrigieren, während außergewöhnliche Leistungen auch **anerkannt und belohnt** werden sollten.

6. Nach Feedback von Kollegen oder Kunden (z. B. 360-Grad-Feedback)

Beispiel: Wenn Mitarbeiter Feedback aus mehreren Quellen (Kollegen, Vorgesetzte, Kunden) erhalten haben, kann es sinnvoll sein, dieses Feedback in eine **formelle Beurteilung** einfließen zu lassen.

Ziel: Ein umfassenderes Bild der **Teamarbeit, Kommunikationsfähigkeiten** und **Kundenorientierung** zu erhalten.

Warum wichtig? Diese Art der Beurteilung bietet eine **ganzheitliche Sicht** auf die Leistung des Mitarbeiters und fördert die Entwicklung in verschiedenen Bereichen, insbesondere im sozialen und kommunikativen Bereich.

7. Bei Konflikten oder zwischenmenschlichen Problemen

Beispiel: Wenn es im Team oder mit anderen Abteilungen Konflikte gibt, die auf das Verhalten eines Mitarbeiters zurückzuführen sind.

Ziel: Die Ursachen von **Konflikten** zu klären und die **Kommunikations- oder Teamarbeit** zu verbessern.

Warum wichtig? Eine schnelle Beurteilung in solchen Fällen kann helfen, **Probleme zu lösen** und den Mitarbeiter auf notwendige Verhaltensänderungen hinzuweisen.

8. Im Rahmen von Entwicklungs- und Karrieregesprächen

Beispiel: Bei Gesprächen zur **Karriereplanung, Weiterbildung** oder **Kompetenzentwicklung**.

Ziel: Mitarbeiter in ihrer beruflichen Entwicklung zu unterstützen, neue Ziele zu setzen und die zukünftige Ausrichtung zu planen.

Warum wichtig? Hier wird nicht nur die aktuelle Leistung bewertet, sondern auch die **langfristige Entwicklung** des Mitarbeiters berücksichtigt, was für die **Mitarbeiterbindung** und -motivation entscheidend sein kann.

9. Bei Personalentscheidungen (z. B. Beförderung, Gehaltserhöhung, Versetzung)

Beispiel: Wenn eine **Beförderung** oder **Gehaltserhöhung** ansteht, erfolgt oft eine abschließende Beurteilung, um die **Leistungsentwicklung** und **Potenziale** des Mitarbeiters zu prüfen.

Ziel: Grundlage für objektive Personalentscheidungen zu bieten.

Warum wichtig? Die Beurteilung hilft dabei, die **Leistung** und **Potenziale** zu quantifizieren und sicherzustellen, dass Entscheidungen **gerecht und nachvollziehbar** sind.

10. Bei der Einführung neuer Bewertungssysteme

Beispiel: Wenn im Unternehmen ein **neues Beurteilungssystem** (z. B. Zielvereinbarungssysteme oder 360-Grad-Feedback) eingeführt wird.

Ziel: Sicherzustellen, dass die **neuen Bewertungsmethoden** richtig angewendet werden und sinnvoll in die **Mitarbeiterentwicklung** integriert sind.

Warum wichtig? Ein neues Bewertungssystem muss **einführt** und dann regelmäßig **evaluieren** werden, um sicherzustellen, dass es den gewünschten Effekt auf die Leistung und das Engagement der Mitarbeiter hat.

Zusammenfassung – Wann sollte man eine Beurteilung durchführen?

1. **Regelmäßig und geplant:** Jährliche oder halbjährliche Mitarbeitergespräche.

2. **Nach Zielerreichung oder Projektabschluss:** Sobald ein bestimmtes Ziel oder Projekt abgeschlossen ist.

3. **Am Ende der Probezeit:** Nach der Einarbeitungszeit oder Probezeit.

4. **Bei Veränderungen im Job:** Nach Beförderungen oder neuen Aufgaben.

5. **Bei außergewöhnlichen Leistungen oder Problemen:** Wenn außergewöhnliche Leistungen oder Probleme festgestellt werden.

6. **Nach Feedback aus verschiedenen Quellen:** Bei 360-Grad-Feedback oder Kundenfeedback.

7. **Bei Konflikten oder zwischenmenschlichen Problemen:** Wenn es in Team oder Abteilung zu Konflikten kommt.

8. **Im Rahmen von Entwicklungs- und Karrieregesprächen:** Wenn die berufliche Entwicklung und Karriereziele besprochen werden.

9. **Bei Personalentscheidungen:** Für Beförderungen oder Gehaltserhöhungen.

10. **Bei der Einführung neuer Bewertungssysteme:** Wenn ein neues Beurteilungssystem eingeführt wird.

Beurteilungen sollten nicht nur als **Performance-Bewertungen** angesehen werden, sondern als kontinuierlicher **Prozess der Entwicklung** und **Kommunikation**. Sie helfen, die Leistung zu fördern, **Lösungen für Probleme zu finden** und die **Mitarbeiterbindung** zu stärken.

Warum sollte eine Beurteilung immer schriftlich erfolgen?

Eine **schriftliche Beurteilung** hat mehrere wesentliche Vorteile, sowohl für die **Führungskraft** als auch für den **Mitarbeiter**. Sie sorgt für **Transparenz**, **Nachvollziehbarkeit** und **Rechtssicherheit**, und unterstützt den gesamten **Beurteilungsprozess**. Hier sind die wichtigsten Gründe, warum eine Beurteilung immer schriftlich erfolgen sollte:

1. Dokumentation und Nachvollziehbarkeit

Erklärung: Eine schriftliche Beurteilung dient als **Dokumentation** der Beurteilung, die später jederzeit nachvollzogen werden kann. Sowohl der Vorgesetzte als auch der Mitarbeiter haben ein **schriftliches Protokoll** der besprochenen Punkte.

Vorteile:

- o Es gibt eine klare **Aufzeichnung** über die Beurteilung, die sowohl für den Mitarbeiter als auch für das Unternehmen als Referenz dient.
- o Missverständnisse können vermieden werden, da alle beurteilten Punkte schriftlich festgehalten werden.
- o Die schriftliche Dokumentation ist auch wichtig, falls es später zu **Rechtsstreitigkeiten** oder Unklarheiten über die Beurteilung kommt.

2. Rechtssicherheit

Erklärung: Im Falle von **rechtlichen Auseinandersetzungen** (z. B. bei Kündigungen oder bei Streitigkeiten über Beförderungen oder Gehaltserhöhungen) ist es wichtig, dass eine Beurteilung **schriftlich** vorliegt.

Vorteile:

- o Schriftliche Beurteilungen sind ein **Beweisstück**, das die Leistung oder das Verhalten des Mitarbeiters belegt und im Streitfall rechtliche Absicherung bietet.
- o Sie helfen, **unbegründete Ansprüche** des Mitarbeiters zu entkräften und bieten eine klare Grundlage für Personalentscheidungen.
- o In vielen Ländern müssen Personalentscheidungen, die Auswirkungen auf den Arbeitnehmer haben (z. B. Kündigungen), durch **nachvollziehbare Beurteilungen** gestützt werden.

3. Vermeidung von Missverständnissen und Unklarheiten

Erklärung: Mündliche Beurteilungen können in ihrer Bedeutung oder Interpretation leicht missverstanden werden. Schriftliche Beurteilungen hingegen sind **klarer** und **präziser**.

Vorteile:

- o Der Mitarbeiter kann nachlesen, welche Aspekte seiner Arbeit oder seines Verhaltens positiv oder negativ bewertet wurden, und sich besser auf das Feedback einstellen.
- o Schriftliche Beurteilungen vermeiden, dass wichtige Punkte im Gespräch übersehen oder falsch verstanden werden.

4. Kontinuität und Vergleichbarkeit

Erklärung: Schriftliche Beurteilungen schaffen eine **kontinuierliche Dokumentation**, die es ermöglicht, Leistungen und Entwicklungen über einen längeren Zeitraum hinweg zu verfolgen und zu vergleichen.

Vorteile:

Die Entwicklung des Mitarbeiters kann anhand von **schriftlichen Aufzeichnungen** im Laufe der Zeit nachvollzogen werden, was die **Langzeitbewertung** erleichtert.

Bei wiederholten Beurteilungen ist es einfacher, Fortschritte oder Rückschritte klar zu erkennen.

Schriftliche Beurteilungen bieten eine **Konsistenz** im Feedbackprozess und helfen, wiederkehrende Probleme oder Stärken systematisch zu erfassen.

5. Förderung von Objektivität und Fairness

Erklärung: Eine schriftliche Beurteilung hilft, die Beurteilung auf **faktenbasierte** und **objektive Kriterien** zu stützen, da der Beurteiler Zeit hat, seine Gedanken und Argumente klar und strukturiert zu formulieren.

Vorteile:

o Der Beurteiler kann sicherstellen, dass die Beurteilung nicht von **emotionalen Reaktionen** oder **Momentaufnahmen** beeinflusst wird.

o Schriftliche Bewertungen lassen weniger Raum für **subjektive Einschätzungen** und fördern dadurch die **Objektivität** und **Gleichbehandlung**.

6. Feedback und Weiterentwicklung

Erklärung: Eine schriftliche Beurteilung bietet dem Mitarbeiter nicht nur Feedback, sondern auch eine klare Grundlage für die **Weiterentwicklung**. Feedback in schriftlicher Form kann der Mitarbeiter nach dem Gespräch noch einmal in Ruhe durchlesen und besser verstehen.

Vorteile:

- o Der Mitarbeiter kann das Feedback **reflektieren**, ohne sich während des Gesprächs unter Druck gesetzt zu fühlen.
- o Schriftliche Beurteilungen ermöglichen es dem Mitarbeiter, gezielt an den Punkten zu arbeiten, die in der Beurteilung angesprochen wurden, da er sie jederzeit nachlesen kann.
- o Eine schriftliche Beurteilung kann auch gezielte **Fördermaßnahmen** und **Entwicklungsziele** beinhalten, die der Mitarbeiter mit dem Vorgesetzten besprechen kann.

7. Förderung einer professionellen Kommunikationskultur

Erklärung: Die schriftliche Beurteilung fördert eine **professionelle** und **strukturierte** Kommunikation im Unternehmen und sorgt für eine standardisierte Herangehensweise an die Beurteilung.

Vorteile:

- o Schriftliche Beurteilungen helfen, eine **gute Feedback-Kultur** zu etablieren, bei der das Feedback nicht nur **positiv**, sondern auch **konstruktiv** und **zielgerichtet** formuliert wird.
- o Eine schriftliche Beurteilung sorgt für mehr **Respekt** und **Wertschätzung**, da sie zeigt, dass der Vorgesetzte sich die Zeit genommen hat, die Leistung des Mitarbeiters sorgfältig zu evaluieren und in Worte zu fassen.

8. Unterstützung bei Personalentwicklungsmaßnahmen

Erklärung: Eine schriftliche Beurteilung dient als Grundlage für die **Planung von Entwicklungsmaßnahmen** und für die Festlegung von **Zielen** für die Zukunft.

Vorteile:

- Die Beurteilung dokumentiert die Stärken und Schwächen eines Mitarbeiters, was gezielte **Schulungs- oder Weiterbildungsmaßnahmen** ermöglicht.
- Sie ist auch hilfreich, um einen **Entwicklungsplan** für den Mitarbeiter zu erstellen, der seine langfristigen Ziele unterstützt.

9. Vermeidung von Rechtsstreitigkeiten

Erklärung: In rechtlichen Auseinandersetzungen, z. B. bei **Kündigungen** oder **Arbeitsrechtlichen Streitigkeiten**, ist eine **schriftliche Beurteilung** ein wichtiger Nachweis für die **Leistung** und das **Verhalten** eines Mitarbeiters.

Vorteile:
- Eine schriftliche Beurteilung hilft dabei, den **Prozess** zu dokumentieren und die Entscheidungen des Arbeitgebers zu begründen.
- Sie schützt das Unternehmen und die Führungskraft vor möglichen **Rechtsstreitigkeiten** durch die klare und nachvollziehbare Dokumentation von Leistung und Verhalten des Mitarbeiters.

Zusammenfassung der Gründe für eine schriftliche Beurteilung:

1. **Dokumentation und Nachvollziehbarkeit**: Eine schriftliche Beurteilung dient als klare Aufzeichnung und Referenz.
2. **Rechtssicherheit**: Sie schützt vor rechtlichen Problemen und bietet eine Grundlage für Personalentscheidungen.
3. **Vermeidung von Missverständnissen**: Schriftliche Beurteilungen sind präzise und minimieren Interpretationsspielräume.

4. **Kontinuität und Vergleichbarkeit**: Schriftliche Beurteilungen ermöglichen es, die Leistung des Mitarbeiters im Laufe der Zeit zu vergleichen und nachzuvollziehen.

5. **Förderung von Objektivität und Fairness**: Sie helfen, die Beurteilung objektiver und transparenter zu gestalten.

6. **Feedback und Weiterentwicklung**: Eine schriftliche Beurteilung gibt dem Mitarbeiter die Möglichkeit, das Feedback nachzuvollziehen und an seiner Entwicklung zu arbeiten.

7. **Förderung einer professionellen Kommunikationskultur**: Schriftliche Beurteilungen strukturieren die Kommunikation und stärken die Feedback-Kultur.

8. **Unterstützung bei Personalentwicklungsmaßnahmen**: Sie dient als Grundlage für die Planung von Schulungsmaßnahmen und Entwicklungsplänen.

9. **Vermeidung von Rechtsstreitigkeiten**: Sie bietet eine rechtlich abgesicherte Grundlage für Personalentscheidungen.

Insgesamt sorgt eine **schriftliche Beurteilung** für **Klarheit, Transparenz** und **Rechtssicherheit**, wodurch der Beurteilungsprozess sowohl für den Mitarbeiter als auch für das Unternehmen fair und nachvollziehbar wird.

Was ist bei einem Beurteilungsgespräch zu beachten?

Ein **Beurteilungsgespräch** ist ein wichtiger Moment in der Zusammenarbeit zwischen Führungskraft und Mitarbeiter. Es dient nicht nur der **Leistungsbewertung**, sondern auch der **Feedback-Gabe**, der **Zielsetzung** und der **Entwicklung** des Mitarbeiters. Um das Gespräch erfolgreich und konstruktiv zu gestalten, sollten sowohl die Führungskraft als auch der Mitarbeiter einige wichtige Punkte beachten. Hier sind die wesentlichen Aspekte, die bei einem Beurteilungsgespräch berücksichtigt werden sollten:

1. Vorbereitung des Gesprächs

Führungskraft:

o   Bereiten Sie sich gründlich vor, indem Sie die **Leistung des Mitarbeiters** anhand konkreter Beispiele und Daten durchgehen. Nutzen Sie hierzu gegebenenfalls **Selbstbeurteilungen** und **Feedback** von Kollegen oder anderen relevanten Quellen (z. B. 360-Grad-Feedback).

o   Definieren Sie klare **Ziele** und **Themen** für das Gespräch. Entscheiden Sie, welche **Stärken** und **Schwächen** des Mitarbeiters hervorgehoben werden sollen.

o   Überlegen Sie sich, wie Sie **konstruktive Kritik** vermitteln können und welche **Entwicklungsmaßnahmen** sinnvoll wären.

o   Vermeiden Sie, das Gespräch auf „**Mängel**" zu fokussieren, sondern setzen Sie einen klaren **Zukunftsfokus** (z. B. „Wie können wir weiterentwickeln?").

Mitarbeiter:

o   Reflektieren Sie selbst über Ihre **Leistung** und **Ergebnisse**. Sehen Sie sich vergangene **Zielvereinbarungen** oder **Feedback** an, um zu verstehen, was gut lief und was verbessert werden könnte.

o   Bereiten Sie Fragen oder Themen vor, die Sie gerne ansprechen möchten – sei es in Bezug auf Ihre **Karriereplanung**, **Weiterentwicklung** oder auch zu möglichen **Herausforderungen**.

2. Gesprächsatmosphäre schaffen
Führungskraft:

- o Schaffen Sie eine **offene** und **vertrauensvolle Atmosphäre**, in der der Mitarbeiter sich sicher fühlt, auch kritisches Feedback anzunehmen.

- o Achten Sie auf eine **angemessene Umgebung**: ein ruhiger, privater Raum ohne Ablenkungen, in dem beide Parteien konzentriert sprechen können.

- o Beginnen Sie das Gespräch mit einer positiven **Begrüßung** und setzen Sie den Ton für das Gespräch auf **Wertschätzung** und **Konstruktivität**.

Mitarbeiter:

- o Sehen Sie das Gespräch als Gelegenheit zur **persönlichen Weiterentwicklung** und kommen Sie offen und interessiert in das Gespräch.

- o Seien Sie bereit, sowohl positives Feedback als auch konstruktive Kritik anzunehmen. Hören Sie aktiv zu, ohne sich sofort zu verteidigen oder in eine Abwehrhaltung zu gehen.

3. Klarheit und Struktur im Gespräch
Führungskraft:

- o Strukturieren Sie das Gespräch klar: Beginnen Sie mit einer positiven Rückmeldung und gehen Sie dann zu den Bereichen über, in denen Verbesserungsbedarf besteht. Achten Sie darauf, dass Ihre Kritik **konkret** und **lösungsorientiert** ist.

- Verwenden Sie konkrete **Beispiele** für das Verhalten und die Leistung des Mitarbeiters, anstatt allgemeine oder vage Aussagen zu machen.

- Achten Sie darauf, den **Zukunftsbezug** zu wahren. Wie können Herausforderungen angegangen werden? Was kann verbessert werden? Welche **Ziele** werden für den nächsten Zeitraum gesetzt?

Mitarbeiter:
- Bitten Sie um **konkrete Beispiele**, wenn Sie kritisches Feedback erhalten, um genau zu verstehen, was verbessert werden kann.

- Sprechen Sie über Ihre eigenen **Erfahrungen, Herausforderungen** und **Erfolge** und bringen Sie Vorschläge ein, wie Sie in Zukunft noch besser arbeiten können.

4. Feedback geben und annehmen
Führungskraft:
- Geben Sie **konstruktives Feedback**: Vermeiden Sie **Generalisationen** wie „Du bist immer..." oder „Du hast nie...". Konzentrieren Sie sich auf spezifische Verhaltensweisen und Ergebnisse.

- Achten Sie darauf, **ausgewogen** zu bleiben: Ein **Mix aus positivem und negativem Feedback** hilft, die **Motivation** des Mitarbeiters aufrechtzuerhalten. Geben Sie auch **Anerkennung** für gute Leistungen.

o   Bieten Sie **Lösungen** oder **Handlungsempfehlungen** an, um auf Kritikpunkte einzugehen, und schaffen Sie klare **Entwicklungsziele**.

Mitarbeiter:

o   Sehen Sie Kritik als **Chancen zur Weiterentwicklung**. Wenn Sie mit bestimmten Punkten nicht einverstanden sind, äußern Sie Ihre Perspektive, aber bleiben Sie **respektvoll** und **offen**.

o   Sehen Sie Feedback als **positiven Input**, um Ihre berufliche Leistung und Ihre Karriere weiterzuentwickeln.

5. Zielvereinbarungen und Weiterentwicklung
Führungskraft:

o   Legen Sie gemeinsam mit dem Mitarbeiter klare **Ziele** und **Maßnahmen** für die Zukunft fest. Achten Sie darauf, dass diese Ziele **realistisch, messbar** und **zeitlich festgelegt** sind.

o   Besprechen Sie konkrete **Entwicklungsmaßnahmen** wie Weiterbildungen oder Mentoring, falls erforderlich.

o   Dokumentieren Sie die besprochenen Ziele und Vereinbarungen schriftlich, damit sowohl Sie als auch der Mitarbeiter einen klaren Plan und eine **Verbindlichkeit** haben.

Mitarbeiter:

o   Stellen Sie sicher, dass Sie die besprochenen Ziele und Maßnahmen verstehen. Wenn etwas unklar ist, scheuen Sie sich nicht, nachzufragen.

- Setzen Sie sich selbst **persönliche Ziele** und **Entwicklungspläne**, die mit den Vereinbarungen übereinstimmen, und bringen Sie Vorschläge für die weitere berufliche Entwicklung ein.

6. Aktive Zuhören und Empathie
Führungskraft:

- Hören Sie dem Mitarbeiter aufmerksam zu, wenn er über Herausforderungen oder Wünsche spricht. Zeigen Sie **Empathie** und **Interesse** an seiner Sichtweise und seinen Bedürfnissen.

- Versuchen Sie, den Mitarbeiter nicht nur als Arbeitskraft zu sehen, sondern auch als Mensch mit eigenen Erfahrungen, Meinungen und Perspektiven.

Mitarbeiter:

- Zeigen Sie Interesse an den Perspektiven und Anregungen der Führungskraft und hinterfragen Sie, wenn nötig, die Vorschläge.

- **Kommunizieren Sie offen**, was Sie im Arbeitsalltag brauchen, um Ihre Leistung zu verbessern – sei es mehr **Ressourcen**, **Unterstützung** oder **Schulung**.

7. Nachbereitung und Dokumentation
Führungskraft:

- **Dokumentieren** Sie die wichtigsten Punkte des Gesprächs, insbesondere die festgelegten **Ziele**, **Maßnahmen** und etwaige **Entwicklungspläne**.

- o Stellen Sie sicher, dass der Mitarbeiter eine **schriftliche Zusammenfassung** erhält, damit er die Vereinbarungen noch einmal durchgehen und sich darauf vorbereiten kann.

Mitarbeiter:
- o Machen Sie sich eigene Notizen und halten Sie die vereinbarten Ziele und Maßnahmen schriftlich fest. Das hilft, Ihre **Verantwortung** und **Selbstverpflichtung** zu stärken.
- o Falls sich später Fragen oder Unklarheiten bezüglich der besprochenen Punkte ergeben, können Sie auf die Dokumentation zurückgreifen.

8. Feedback nach dem Gespräch
Führungskraft:
- o Geben Sie dem Mitarbeiter nach einiger Zeit die Möglichkeit, Feedback zum Beurteilungsgespräch selbst zu geben. Dies kann in einem separaten Gespräch oder schriftlich erfolgen.

- o Sehen Sie das Feedback des Mitarbeiters als Chance zur **Verbesserung** des Gesprächsprozesses und zur Förderung einer offenen Kommunikation.

Mitarbeiter:
- o Geben Sie ebenfalls Rückmeldung zu dem Gespräch: Was war für Sie hilfreich, was hätte anders gestaltet werden können? Dies trägt zur Verbesserung der **Feedback-Kultur** und des Beurteilungsprozesses bei.

Zusammenfassung – Wichtige Punkte bei einem Beurteilungsgespräch:

1. **Vorbereitung:** Beide Parteien sollten sich im Vorfeld des Gesprächs gründlich vorbereiten.
2. **Gesprächsatmosphäre:** Eine offene und vertrauensvolle Atmosphäre schaffen, in der sich der Mitarbeiter wohlfühlt.
3. **Struktur und Klarheit:** Das Gespräch sollte strukturiert und klar sein, mit einem klaren Fokus auf konkrete Themen.
4. **Konstruktives Feedback:** Geben Sie objektives, spezifisches Feedback mit einem ausgewogenen Mix aus Anerkennung und Verbesserungsvorschlägen.
5. **Zielvereinbarungen:** Setzen Sie klare, realistische Ziele und legen Sie Entwicklungsmaßnahmen fest.
6. **Aktives Zuhören und Empathie:** Hören Sie aufmerksam zu und zeigen Sie Verständnis für die Perspektive des Mitarbeiters.
7. **Nachbereitung und Dokumentation:** Dokumentieren Sie die wichtigsten Punkte und vereinbarten Maßnahmen schriftlich.
8. **Feedback nach dem Gespräch:** Geben Sie dem Mitarbeiter die Möglichkeit, Feedback zu geben und nutzen Sie dies zur Verbesserung des Gesprächsprozesses.

Ein gut vorbereitetes und strukturiertes Beurteilungsgespräch fördert nicht nur die persönliche und berufliche Entwicklung des Mitarbeiters, sondern stärkt auch die **Mitarbeiterbindung** und trägt zu einer positiven **Arbeitsatmosphäre** bei.

Wie bereite ich ein Beurteilungsgespräch vor?

Die **Vorbereitung eines Beurteilungsgesprächs** ist entscheidend für den Erfolg des Gesprächs und dafür, dass es sowohl für den **Mitarbeiter** als auch für die **Führungskraft** produktiv und konstruktiv verläuft. Eine gründliche Vorbereitung sorgt dafür, dass das Gespräch **strukturiert** und **zielorientiert** geführt wird, und dass sowohl positives Feedback als auch Verbesserungspotenziale klar und respektvoll angesprochen werden.

Hier sind die wichtigsten Schritte zur **Vorbereitung eines Beurteilungsgesprächs**:

1. Ziele des Gesprächs definieren

Überlegen Sie sich, was Sie mit dem Gespräch erreichen möchten. Typische Ziele eines Beurteilungsgesprächs sind:

- **Leistung bewerten**: Rückblick auf die Arbeitsleistung des Mitarbeiters in einem bestimmten Zeitraum.
- **Stärken und Schwächen identifizieren**: Was läuft gut, was könnte verbessert werden?
- **Ziele für die Zukunft festlegen**: Weiterentwicklung des Mitarbeiters und Vereinbarung neuer Ziele.
- **Fördermaßnahmen besprechen**: Weiterbildungsbedarf oder Unterstützungsmöglichkeiten für die Zukunft.
- **Karriereplanung**: Besprechen von Perspektiven und Entwicklungsmöglichkeiten innerhalb des Unternehmens.

2. Leistung und Verhalten des Mitarbeiters reflektieren

- **Leistungsbeurteilung**: Überprüfen Sie die Zielvereinbarungen und messbaren Leistungen des Mitarbeiters (z. B. Zielerreichung, Projektfortschritte, Qualität der Arbeit).

- **Verhalten**: Achten Sie auch auf das Verhalten des Mitarbeiters, z. B. **Teamarbeit**, **Eigeninitiative**, **Kommunikationsfähigkeit**, **Zuverlässigkeit**.
- **Dokumentation**: Stellen Sie sicher, dass Sie alle relevanten Daten und Beispiele zur Leistung und zum Verhalten des Mitarbeiters zur Hand haben. Nutzen Sie **selbstbeurteilende Dokumente, Feedback von Kollegen** oder **Kundenrückmeldungen**, wenn verfügbar.
- **Erfolge und Herausforderungen**: Notieren Sie sich sowohl die **positiven** Aspekte als auch die **Herausforderungen** des Mitarbeiters und denken Sie an konkrete Beispiele.

3. Feedback und Entwicklungspotenziale vorbereiten
- **Positives Feedback**: Überlegen Sie sich, welche **Erfolge** und **Stärken** des Mitarbeiters hervorgehoben werden sollten. Hierbei ist es wichtig, konkret und spezifisch zu sein (z. B. "Du hast das Projekt X in der vorgegebenen Zeit und im Budgetrahmen erfolgreich abgeschlossen").
- **Kritisches Feedback**: Wenn es Bereiche gibt, in denen Verbesserungspotenzial besteht, sollten Sie sich ebenfalls konkrete Beispiele und Verbesserungsvorschläge überlegen. Achten Sie darauf, dass die Kritik **konstruktiv** und **lösungsorientiert** ist (z. B. "In der Zusammenarbeit mit dem Team gab es Schwierigkeiten beim Informationsaustausch. Vielleicht könnten regelmäßige Meetings helfen, die Kommunikation zu verbessern").
- **Entwicklungsmaßnahmen**: Überlegen Sie, welche **Schulungs- oder Weiterbildungsmaßnahmen** sinnvoll wären, um den Mitarbeiter in seiner Entwicklung zu unterstützen.

4. Ziele und Erwartungen für die Zukunft setzen

- **Zielvereinbarungen**: Überlegen Sie, welche **SMART-Ziele** (spezifisch, messbar, erreichbar, relevant, zeitgebunden) Sie für den Mitarbeiter festlegen möchten. Diese sollten in Zusammenarbeit mit dem Mitarbeiter vereinbart werden.

- **Karriereplanung**: Wenn es um die berufliche Weiterentwicklung geht, sollten Sie mit dem Mitarbeiter mögliche **Karriereschritte** und Entwicklungswege im Unternehmen besprechen.

- **Förderung und Unterstützung**: Klären Sie, welche **Ressourcen**, **Unterstützung** oder **Fördermaßnahmen** der Mitarbeiter benötigt, um seine Ziele zu erreichen.

5. Kommunikationsstil und Gesprächsführung vorbereiten

- **Wertschätzende Kommunikation**: Achten Sie darauf, dass der Ton des Gesprächs wertschätzend, respektvoll und konstruktiv bleibt. Beginnen Sie das Gespräch mit positiven Rückmeldungen, um eine **offene Atmosphäre** zu schaffen.

- **Klarheit und Präzision**: Vermeiden Sie vage Aussagen und bleiben Sie bei **konkreten Beispielen** und **Beobachtungen**, wenn Sie Feedback geben.

- **Aktives Zuhören**: Bereiten Sie sich darauf vor, dem Mitarbeiter aktiv zuzuhören, insbesondere wenn er eigene Themen oder Herausforderungen anspricht. **Offene Fragen** helfen dabei, die Perspektive des Mitarbeiters besser zu verstehen.

6. Selbstreflexion als Führungskraft

- **Eigene Leistung bewerten**: Reflektieren Sie auch Ihre Rolle als Führungskraft und überlegen Sie, in welchen Bereichen Sie den Mitarbeiter besser unterstützen können. Denken Sie darüber nach, wie Sie **kommunizieren, unterstützen** und **feedbacken** und was Sie selbst verbessern können.

- **Feedback einholen**: Es kann hilfreich sein, dem Mitarbeiter die Möglichkeit zu geben, **Feedback** zu Ihrer Führung und der Zusammenarbeit zu geben. Bereiten Sie sich darauf vor, dieses Feedback **offen** anzunehmen und gegebenenfalls zu nutzen, um Ihre eigene Führungskompetenz zu verbessern.

7. Logistische Vorbereitung

- **Raum und Zeit**: Sorgen Sie für eine angenehme Gesprächsatmosphäre. Wählen Sie einen **ruhigen Raum**, in dem das Gespräch ungestört stattfinden kann. Planen Sie ausreichend **Zeit** ein, damit das Gespräch nicht überstürzt oder unterbrochen wird.
- **Dokumentation**: Bereiten Sie ein **Protokoll** oder ein **Beurteilungsformular** vor, in dem Sie die besprochenen Themen und Ziele festhalten können. Dies dient der **Dokumentation** und **Nachvollziehbarkeit**.
- **Vorabinformation an den Mitarbeiter**: Geben Sie dem Mitarbeiter im Vorfeld die Möglichkeit, sich auf das Gespräch vorzubereiten. Senden Sie ihm beispielsweise eine Übersicht der zu besprechenden Themen oder eine **Selbstbeurteilung**, falls dies Teil des Prozesses ist.

Schritt-für-Schritt-Checkliste zur Vorbereitung eines Beurteilungsgesprächs:
1. **Ziele des Gesprächs definieren**:
   Was möchten Sie durch das Gespräch erreichen? (Leistung, Entwicklung, Zielvereinbarung)
2. **Leistung und Verhalten des Mitarbeiters reflektieren**:
   Bewerten Sie die Zielerreichung und das Verhalten anhand konkreter Beispiele.

3. **Positives und kritisches Feedback vorbereiten**:
   Notieren Sie sich Beispiele für Stärken und Schwächen des Mitarbeiters.

4. **Ziele und Entwicklungsmöglichkeiten festlegen**:
   Setzen Sie SMART-Ziele und besprechen Sie Entwicklungsmöglichkeiten.

5. **Kommunikationsstil und Gesprächsführung festlegen**:
   Achten Sie auf Wertschätzung, Klarheit und eine lösungsorientierte Gesprächsführung.

6. **Selbstreflexion als Führungskraft**:
   Überlegen Sie, wie Sie den Mitarbeiter besser unterstützen können und was Sie selbst verbessern können.

7. **Logistische Vorbereitung**:
   Stellen Sie sicher, dass der Raum ruhig und die Zeit ausreichend ist. Bereiten Sie die Dokumentation vor.

8. **Vorabinformation an den Mitarbeiter**:
   Geben Sie dem Mitarbeiter einen Überblick über das Gespräch und mögliche Fragen zur Selbstbeurteilung.

Zusammenfassung:

Die **Vorbereitung eines Beurteilungsgesprächs** ist entscheidend, um das Gespräch **strukturiert**, **zielorientiert** und **konstruktiv** zu gestalten. Eine gründliche Analyse der **Leistung** und des **Verhaltens** des Mitarbeiters, das Vorbereiten von **Feedback** und **Zielen** sowie die Schaffung einer **vertrauensvollen Atmosphäre** sind die Schlüssel zum Erfolg. Indem Sie sich gut vorbereiten, können Sie dem Mitarbeiter ein wertvolles Feedback geben und gleichzeitig klare Entwicklungsziele für die Zukunft vereinbaren.

Woher bekomme ich die Daten?

Um ein Beurteilungsgespräch effektiv vorzubereiten, benötigen Sie **verlässliche und objektive Daten** zur Leistung, zum Verhalten und zur Entwicklung des Mitarbeiters. Diese Daten können aus verschiedenen Quellen stammen, die Sie im Vorfeld zusammenstellen sollten, um eine fundierte und transparente Beurteilung vorzunehmen. Hier sind die wichtigsten Quellen, aus denen Sie die benötigten Daten für das Beurteilungsgespräch beziehen können:

1. Selbstbeurteilung des Mitarbeiters

Was ist das? Eine Selbstbeurteilung ist eine Reflexion des Mitarbeiters über seine eigene Leistung, Stärken und Entwicklungsbedürfnisse. Oft wird der Mitarbeiter vor dem Beurteilungsgespräch gebeten, seine eigenen Einschätzungen zu geben.

Wie nutzen Sie die Daten?

Sie erhalten Einblicke in die Selbstwahrnehmung des Mitarbeiters, was sehr hilfreich sein kann, um **Diskrepanzen** zwischen der Selbst- und Fremdwahrnehmung zu identifizieren.

Es gibt Ihnen eine **Gesprächsgrundlage**: Sie können nachfragen, warum der Mitarbeiter seine Leistung auf bestimmte Weise beurteilt und welche Ziele er selbst verfolgt.

Woher bekommen Sie diese Daten?

Bitten Sie den Mitarbeiter vor dem Gespräch, eine **Selbstbeurteilung** auszufüllen (z. B. ein strukturiertes Formular). Dies kann oft in Form von Fragen geschehen wie: „Was lief besonders gut?", „Welche Herausforderungen gab es?", „Welche Entwicklungsziele verfolgst du?" usw.

2. Leistungskennzahlen (KPIs)

Was sind das? Leistungskennzahlen (Key Performance Indicators, KPIs) sind objektive Messgrößen, die die Leistung eines Mitarbeiters quantifizieren. Sie können eine Vielzahl von Kriterien umfassen, wie z. B. Verkaufszahlen, Produktivität, Zielerreichung, Fehlerquote, Kundenfeedback und andere messbare Aspekte der Arbeit.

Wie nutzen Sie die Daten?

KPIs liefern eine **messbare Grundlage** für die Beurteilung der Leistung und helfen, die Beurteilung objektiv zu gestalten.

Sie können damit beurteilen, ob der Mitarbeiter seine vereinbarten **Ziele erreicht** hat und ob er die erwarteten **Leistungsstandards** erfüllt.

Woher bekommen Sie diese Daten?

Greifen Sie auf Ihre **Zielvereinbarungen** und **Performance-Datenbanken** (z. B. ein CRM- oder ERP-System) zu.

Nutzen Sie **Berichtswesen** oder **Dashboard-Tools**, die regelmäßig Leistungskennzahlen zu den Mitarbeitern erfassen.

3. Feedback von Kollegen und Teammitgliedern (360-Grad-Feedback)

Was ist das? 360-Grad-Feedback ist eine Methode, bei der nicht nur die Führungskraft, sondern auch Kollegen, Teammitglieder und sogar externe Partner (wie Kunden) Feedback zum Verhalten und zur Leistung des Mitarbeiters geben. Diese Rückmeldungen bieten eine **ganzheitliche** Sichtweise auf die Stärken und Schwächen des Mitarbeiters.

Wie nutzen Sie die Daten?

Das 360-Grad-Feedback liefert wertvolle Informationen über die **Kooperationsfähigkeit, Kommunikationsstärke** und das **Führungsverhalten** eines Mitarbeiters aus verschiedenen Perspektiven.

Es kann auch **blinde Flecken** aufzeigen, die dem Mitarbeiter oder der Führungskraft selbst nicht bewusst sind.

Woher bekommen Sie diese Daten?

Wenn Ihre Organisation ein **360-Grad-Feedback-Tool** oder eine Umfrage nutzt, können Sie diese Ergebnisse verwenden.

Wenn kein formelles System vorhanden ist, können Sie informelle **Gespräche** mit Kollegen oder Teammitgliedern führen, um spezifisches Feedback zu sammeln.

4. Beobachtungen der Führungskraft

Was sind das? Als Führungskraft haben Sie die Möglichkeit, die Arbeitsweise und das Verhalten des Mitarbeiters regelmäßig zu beobachten. Dabei geht es um Aspekte wie **Zuverlässigkeit, Teamfähigkeit, Initiative, Verantwortungsbewusstsein** und die Qualität der Arbeit.

Wie nutzen Sie die Daten?

Ihre eigenen **Beobachtungen** liefern Ihnen praktische, **konkrete Beispiele** für Stärken und Entwicklungsfelder.

Sie können etwaige **Verhaltensänderungen** dokumentieren und Verbesserungen oder wiederkehrende Probleme gezielt ansprechen.

Woher bekommen Sie diese Daten?

Ziehen Sie Ihre eigenen **Beobachtungen** aus der täglichen Zusammenarbeit mit dem Mitarbeiter heran.

Achten Sie auf spezifische Beispiele für gelungene oder weniger gelungene Arbeit und dokumentieren Sie diese über den Bewertungszeitraum hinweg.

5. Projektberichte und Arbeitsergebnisse

Was sind das? Projektberichte, **Ergebnisauswertungen** oder **Abschlussberichte** können detaillierte Informationen zu den **Projektergebnissen** und der Qualität der Arbeit eines Mitarbeiters liefern. Auch der Abschluss von größeren Aufgaben oder Projekten bietet eine gute Grundlage für eine Beurteilung.

Wie nutzen Sie die Daten?

Diese Berichte und Ergebnisse zeigen, wie gut der Mitarbeiter seine Aufgaben **abgeschlossen** hat und ob er die **Qualitätsstandards** erfüllt hat.

Sie können aufzeigen, wie der Mitarbeiter mit **Herausforderungen** umgegangen ist und wie er **Probleme gelöst** hat.

Woher bekommen Sie diese Daten?

Sie haben über interne **Projektmanagement-Systeme, E-Mail-Korrespondenzen** oder **Dokumentationen** Zugriff auf diese Daten.

Wenn der Mitarbeiter an bestimmten Projekten gearbeitet hat, können Sie relevante **Berichte**, **Präsentationen** oder **Ergebnisse** heranziehen.

6. Mitarbeiterentwicklung und Trainings

Was ist das? Daten zu **Fortbildungen** oder **Weiterbildungs-maßnahmen** bieten einen wichtigen Einblick in die Entwicklung des Mitarbeiters und seine Bereitschaft, sich zu verbessern. Sie geben Aufschluss darüber, ob der Mitarbeiter aktiv an seiner **beruflichen Weiterentwicklung** arbeitet und neue **Fähigkeiten** erlernt.

Wie nutzen Sie die Daten?

Sie können überprüfen, ob der Mitarbeiter **verpflichtete** oder **freiwillige Schulungen** abgeschlossen hat und ob er die **gelernten Inhalte** in der Praxis umsetzt.

Sie können ermitteln, ob der Mitarbeiter **eigeninitiative Weiterbildungsmaßnahmen** ergriffen hat, um seine Leistung zu steigern.

Woher bekommen Sie diese Daten?

Die Personalabteilung oder HR kann Ihnen Daten zu den **Absolvierungen von Trainings** oder **Zertifikaten** des Mitarbeiters zur Verfügung stellen.

Auch **Eigeninitiative** des Mitarbeiters, z. B. das Besuchen von **Seminaren** oder **Workshops**, kann durch persönliche Anfragen oder durch die HR-Abteilung nachverfolgt werden.

7. Kundenzufriedenheit und Feedback (bei kundenorientierten Rollen)

Was ist das? Wenn der Mitarbeiter Kundenkontakt hat, ist das Feedback von Kunden ein wertvoller Indikator für seine Leistung. Dies umfasst die Qualität des **Kundensupports**, die **Kundenzu-friedenheit** und das **Beschwerdemanagement**.

Wie nutzen Sie die Daten?

Kundenfeedback liefert eine **objektive** Sicht auf die Arbeit des Mitarbeiters und kann **Erfolgsfaktoren** und **Optimierungsmöglichkeiten** aufzeigen.

Wenn der Mitarbeiter z. B. im Vertrieb tätig ist, können Sie **Umsatzdaten** und **Kundenrückmeldungen** heranziehen.

Woher bekommen Sie diese Daten?

Das Feedback könnte aus internen **Kundenzufriedenheitsbefragungen**, **Kundengesprächen**, **E-Mails** oder **Beschwerdemanagementsystemen** stammen.

Zusammenfassung: Woher kommen die Daten?

Die wichtigsten Quellen, aus denen Sie Daten für das Beurteilungsgespräch beziehen können, sind:

1. **Selbstbeurteilung des Mitarbeiters**: Reflexion und Selbsteinschätzung des Mitarbeiters.
2. **Leistungskennzahlen (KPIs)**: Objektive Messgrößen zur Bewertung der Arbeitsleistung.
3. **Feedback von Kollegen und Teammitgliedern (360-Grad-Feedback)**: Mehrperspektivisches Feedback zur Zusammenarbeit und persönlichen Stärken.
4. **Beobachtungen der Führungskraft**: Direktes Feedback durch eigene Beobachtungen und Erfahrungen.
5. **Projektberichte und Arbeitsergebnisse**: Konkrete Ergebnisse und qualitative Arbeitsergebnisse.
6. **Mitarbeiterentwicklung und Trainings**: Daten zu Fortbildung und Weiterentwicklung des Mitarbeiters.
7. **Kundenzufriedenheit und Feedback**: Feedback von Kunden, wenn der Mitarbeiter in kundenorientierten Rollen tätig ist.

Eine sorgfältige und umfassende Sammlung und Analyse dieser Daten ist entscheidend, um ein faires, objektives und konstruktives Beurteilungsgespräch zu führen.

Wie läuft ein Beurteilungsgespräch ab? Welche Phasen werden da durchlaufen?

Ein **Beurteilungsgespräch** ist eine strukturierte Unterhaltung zwischen einer Führungskraft und einem Mitarbeiter, in der die Arbeitsleistung, das Verhalten und die persönliche Entwicklung des Mitarbeiters reflektiert werden. Ziel ist es, sowohl die Erfolge als auch Verbesserungspotenziale aufzuzeigen, um den Mitarbeiter in seiner Weiterentwicklung zu unterstützen. Der Ablauf eines Beurteilungsgesprächs folgt in der Regel einer klaren Struktur, die verschiedene Phasen umfasst.

Phasen eines Beurteilungsgesprächs

1. Einleitung / Gesprächseröffnung
Ziel: Den Rahmen für das Gespräch setzen und eine positive, offene Atmosphäre schaffen.

Ablauf:
- o Begrüßung des Mitarbeiters.
- o Erläuterung des Zwecks und des Ablaufs des Gesprächs.
- o Betonung der Wichtigkeit des Dialogs und der Zusammenarbeit während des Gesprächs.
- o Erklärung, dass es sich um ein **konstruktives Gespräch** handelt, das auf den gemeinsamen Erfolg und die Weiterentwicklung abzielt.

Tipp: Beginnen Sie das Gespräch mit einer positiven und respekt-vollen Haltung, um den Mitarbeiter zu ermutigen und eine **offene Kommunikationsatmosphäre** zu schaffen.

2. Rückblick auf die vergangene Periode

Ziel: Die Leistungen des Mitarbeiters im Zeitraum seit der letzten Beurteilung oder Zielvereinbarung gemeinsam zu reflektieren.

Ablauf:

o Besprechung der **Zielvereinbarungen**, die zu Beginn des Beurteilungszeitraums festgelegt wurden.

o Rückblick auf **Erfolge** und **Erreichtes**: Besondere Leistun-gen, Meilensteine, erfolgreich abgeschlossene Projekte.

o Besprechung von **Herausforderungen**, die der Mitarbeiter möglicherweise bewältigen musste.

o Besondere **Beobachtungen** zu Verhalten, Arbeitsweise oder Teamarbeit.

Tipp: Verwenden Sie konkrete **Beispiele**, um die Leistung zu un-termauern, und lassen Sie den Mitarbeiter selbst zu Wort kommen, um seine Sichtweise zu teilen.

3. Feedback des Mitarbeiters

Ziel: Die Perspektive des Mitarbeiters zu hören und etwaige Miss-verständnisse oder Unklarheiten zu klären.

Ablauf:

o Der Mitarbeiter erhält die Möglichkeit, **sein eigenes Feed-back** zu geben.

o Der Mitarbeiter kann **seine Sichtweise** zu den Zielen, zur Zusammenarbeit, zu Herausforderungen oder zu unterstüt-zenden Maßnahmen darlegen.

o **Fragen** stellen, um zu erfahren, wie der Mitarbeiter das Arbeitsumfeld, die Führung oder die Teamarbeit wahrnimmt.

Tipp: Geben Sie dem Mitarbeiter genügend Raum, um seine Sichtweise zu äußern. Hören Sie aktiv zu und stellen Sie gezielte Fragen, um Unklarheiten zu beseitigen und eine gute Gesprächsbasis zu schaffen.

4. Stärken und Entwicklungsbereiche

Ziel: Gemeinsames Identifizieren von **Stärken** des Mitarbeiters und Bereichen, in denen Verbesserungspotenziale bestehen.

Ablauf:

o Besprechen der **Stärken** des Mitarbeiters und wie diese in der Arbeit genutzt wurden.
o Diskussion von **Bereichen mit Verbesserungspotenzial**. Hierbei geht es nicht nur um Schwächen, sondern auch um **Entwicklungsfelder**, in denen der Mitarbeiter weiter wachsen kann.
o Betonen Sie, dass **Kritik konstruktiv** und als Chance zur Weiterentwicklung verstanden werden sollte.

Tipp: Achten Sie darauf, dass das Feedback **konstruktiv** ist. Nutzen Sie die **Sandwich-Methode**: Beginnen Sie mit positiven Aspekten, gehen dann auf die Verbesserungsmöglichkeiten ein und schließen Sie mit einer positiven Aussicht auf die Zukunft.

5. Zielvereinbarung für die Zukunft

Ziel: Klärung der nächsten Schritte und Festlegung neuer Ziele.

Ablauf:

o Vereinbarung von **konkreten Zielen** für die kommende Periode (z. B. Leistungsziele, Verhaltensziele, Entwicklungsziele).

o Die Ziele sollten **SMART** formuliert sein (spezifisch, messbar, erreichbar, relevant, zeitgebunden).

o Besprechung von **Maßnahmen**, die der Mitarbeiter ergreifen kann, um die vereinbarten Ziele zu erreichen.

o Klärung, ob **Weiterbildungs- oder Entwicklungsmaßnahmen** erforderlich sind.

o Vereinbarung von **Unterstützungsangeboten**, wie der Führungskraft oder dem Unternehmen dem Mitarbeiter helfen kann.

Tipp: Die Zielvereinbarung sollte realistisch und erreichbar sein. Sprechen Sie mit dem Mitarbeiter darüber, wie er Unterstützung erhalten kann, um die Ziele zu erreichen, und stellen Sie sicher, dass die Ziele klar und verständlich sind.

6. Schlussfolgerung und Ausblick

Ziel: Das Gespräch zusammenfassen und mit einer positiven und motivierenden Note abschließen.

Ablauf:

o Zusammenfassung der **wichtigsten Punkte** des Gesprächs.

o Positive Bestärkung für die **Erfolge** des Mitarbeiters und Motivation für die kommenden Aufgaben.

o   Klärung, ob der Mitarbeiter noch **Fragen** hat oder etwas zum Gespräch hinzufügen möchte.

o   Betonung der **weiteren Zusammenarbeit** und der **Unterstützung** durch die Führungskraft.

Tipp: Beenden Sie das Gespräch mit einem positiven Ausblick und einer klaren Kommunikation, dass der Mitarbeiter sich weiterhin unterstützt fühlen kann.

Gesamtübersicht der Phasen:
1. **Einleitung / Gesprächseröffnung**

     Schaffung einer positiven Gesprächsatmosphäre.

     Erläuterung des Zwecks und Ablaufs des Gesprächs.

2. **Rückblick auf die vergangene Periode**

     Besprechung von Zielen und Erreichtem.

     Reflexion der Leistungen und Herausforderungen.

3. **Feedback des Mitarbeiters**

     Gelegenheit für den Mitarbeiter, seine Sichtweise und Erfahrungen zu teilen.

4. **Stärken und Entwicklungsbereiche**

     Besprechung der Stärken und Verbesserungspotenziale des Mitarbeiters.

     Konstruktives Feedback zu Arbeitsweise und Verhalten.

5. **Zielvereinbarung für die Zukunft**

     Festlegung konkreter Ziele und Maßnahmen für die nächste Periode.

     Klärung von Unterstützungsmöglichkeiten und Weiterbildungsbedarf.

6. **Schlussfolgerung und Ausblick**

Zusammenfassung des Gesprächs und motivierender Abschluss.

Klarstellung von offenen Punkten und Zielvereinbarungen.

Zusätzliche Hinweise zum Beurteilungsgespräch:

Konstruktive Atmosphäre: Ein Beurteilungsgespräch sollte nie wie eine „Verhör"-Situation wirken, sondern als **dialogischer Austausch** und als Teil des Entwicklungsprozesses des Mitarbeiters verstanden werden.

Aktives Zuhören: Als Führungskraft sollten Sie dem Mitarbeiter aktiv zuhören und auch das Feedback oder die Bedenken des Mitarbeiters ernst nehmen. Dies fördert eine **vertrauensvolle Beziehung**.

Dokumentation: Am Ende des Gesprächs sollte eine schriftliche **Dokumentation** erstellt werden, in der die besprochenen Punkte und vereinbarten Ziele festgehalten werden. Diese sollte dem Mitarbeiter zur Einsicht und Unterschrift vorgelegt werden.

Feedbackkultur: Ein Beurteilungsgespräch ist nur dann wirklich erfolgreich, wenn es im Rahmen einer kontinuierlichen **Feedbackkultur** stattfindet. Achten Sie darauf, dass das Gespräch nicht nur einmal jährlich, sondern regelmäßig und als Teil eines kontinuierlichen Entwicklungsprozesses geführt wird.

Durch einen klar strukturierten Ablauf und eine respektvolle Gesprächsführung können Beurteilungsgespräche nicht nur zur Leistungsbewertung beitragen, sondern auch zur **Förderung** und **Motivation** des Mitarbeiters.

Was ist ein Beurteilungsbogen?

Ein **Beurteilungsbogen** ist ein strukturiertes Dokument, das in der Regel von Führungskräften verwendet wird, um die **Leistung**, das **Verhalten** und die **Entwicklung** eines Mitarbeiters während eines bestimmten Zeitraums zu bewerten. Der Beurteilungsbogen dient als **Hilfsmittel** zur objektiven und transparenten Beurteilung und hilft, das Feedback klar und nachvollziehbar zu dokumentieren. Er wird oft als Grundlage für das **Beurteilungsgespräch** genutzt.

Zweck eines Beurteilungsbogens

Objektive Leistungsbewertung: Der Beurteilungsbogen stellt sicher, dass die Beurteilung des Mitarbeiters auf **klar definierten Kriterien** basiert, um subjektive Verzerrungen zu minimieren.

Dokumentation und Nachvollziehbarkeit: Der Bogen dient dazu, die Beurteilung schriftlich festzuhalten, was später als Referenz für spätere Beurteilungen oder Karriereentscheidungen (z. B. Beförderungen, Gehaltserhöhungen) genutzt werden kann.

Förderung der Transparenz: Der Beurteilungsbogen ermöglicht es dem Mitarbeiter, zu verstehen, wie er in verschiedenen Bereichen bewertet wird und welche Stärken und Schwächen wahrgenommen werden.

Zielorientierung: Oft enthält der Beurteilungsbogen auch **Zielvereinbarungen** für die Zukunft, die konkrete Entwicklungsziele oder Maßnahmen zur Verbesserung umfassen.

Inhalte eines Beurteilungsbogens

Die genaue Struktur eines Beurteilungsbogens kann je nach Unternehmen und Zielsetzung variieren. In der Regel umfasst er jedoch folgende Elemente:

1. Allgemeine Angaben

Name des Mitarbeiters: Zur Identifikation des zu beurteilenden Mitarbeiters.

Zeitraum der Beurteilung: Der Zeitraum, auf den sich die Beurteilung bezieht (z. B. halbjährlich, jährlich).

Abteilung/Team: Zur Zuordnung des Mitarbeiters.

Name des Beurteilers: Derjenige, der die Beurteilung vornimmt (meist die direkte Führungskraft).

2. Leistungsbeurteilung

Erreichung von Zielen: Hier wird bewertet, inwieweit der Mitarbeiter seine **vereinbarten Ziele** erreicht hat. Mögliche Kriterien sind **Quantität, Qualität, Zeitrahmen** und **Kostenbewusstsein**.

Arbeitsqualität: Beurteilung der **Qualität** der Arbeitsergebnisse (z. B. Genauigkeit, Präzision, Fehlerquote).

Produktivität: Wie effizient arbeitet der Mitarbeiter? Hier könnte man z. B. Arbeitsgeschwindigkeit oder den **Output** in Bezug auf die eingesetzte Zeit bewerten.

3. Verhaltensbeurteilung

Teamarbeit: Bewertung der **Kooperationsbereitschaft** und des Verhaltens im Team. Hier wird auch beurteilt, wie gut der Mitarbeiter in der Zusammenarbeit mit Kollegen oder anderen Abteilungen arbeitet.

Kommunikationsfähigkeit: Wie klar und zielgerichtet ist die Kommunikation des Mitarbeiters? Werden Informationen verständlich und angemessen weitergegeben?

Eigeninitiative und Selbstständigkeit: Wird der Mitarbeiter als **proaktiv** wahrgenommen? Übernimmt er Verantwortung und handelt er eigenständig oder benötigt er häufig Unterstützung?

4. Persönliche Kompetenzen

Verantwortungsbewusstsein: Inwiefern übernimmt der Mitarbeiter Verantwortung für seine Arbeit und Aufgaben?

Zuverlässigkeit: Kommt der Mitarbeiter seinen Aufgaben regelmäßig und fristgerecht nach?

Flexibilität und Anpassungsfähigkeit: Wie gut geht der Mitarbeiter mit Veränderungen und neuen Anforderungen um?

Kreativität und Problemlösungsfähigkeiten: Zeigt der Mitarbeiter kreative Lösungen und innovative Ansätze?

5. Zielvereinbarungen und Entwicklungsbedarf

Individuelle Entwicklungsziele: Welche spezifischen **Förderungsmaßnahmen** (z. B. Weiterbildungen, Trainings, Mentoring) sind notwendig, um den Mitarbeiter weiterzuentwickeln?

Zukunftsperspektiven: Welche Ziele sollen in der kommenden Periode erreicht werden? Hier können **Karriereziele, Leistungsziele** oder auch **persönliche Entwicklung** festgehalten werden.

6. Gesamtbewertung und Schlussfolgerungen

Zusammenfassung der Beurteilung: Eine allgemeine Einschätzung der Gesamtleistung des Mitarbeiters. Manchmal wird hier eine **numerische Bewertung** verwendet (z. B. eine Skala von 1 bis 5).

Stärken und Verbesserungspotentiale: Eine abschließende Beurteilung der Stärken und der Bereiche, in denen der Mitarbeiter noch Verbesserungspotential hat.

Beurteilungsformate

Je nach Unternehmen und Branche kann der Beurteilungsbogen unterschiedliche Formate haben:

1. **Skalenbasierte Beurteilung (numerisch oder verbal)**:

    Häufig wird für die Beurteilung eine **Skala** verwendet (z. B. von 1 bis 5 oder von „sehr gut" bis „ungenügend").

    Dies ermöglicht eine schnelle **quantitative Bewertung** in verschiedenen Bereichen.

    Beispiel: „1 = sehr gut, 2 = gut, 3 = ausreichend, 4 = unzureichend, 5 = nicht zufriedenstellend".

2. **Offene Beurteilung**:

    Hier gibt es weniger standardisierte Skalen und mehr **offene Felder** für detaillierte Kommentare und **beschreibende** Bewertungen.

    Es können **Qualitätsbeurteilungen** und konkrete **Beispiele** angeführt werden, die eine differenziertere Beurteilung ermöglichen.

3. **360-Grad-Feedback**:

    In manchen Fällen wird der Beurteilungsbogen von mehreren Quellen ausgefüllt, z. B. durch Kollegen, Mitarbeiter, Vorgesetzte und ggf. Kunden. Dies führt zu einer umfassenderen, **mehrdimensionalen Bewertung** der Leistung.

Beispiele für Beurteilungsbögen

1. **Leistungsbeurteilungsbogen**:

    Zielt auf die **Leistungserbringung** und die Zielerreichung des Mitarbeiters ab.

    Ein typisches Beispiel könnte eine Skala enthalten, die verschiedene Dimensionen wie **Zielverwirklichung, Arbeitsqualität** und **Engagement** bewertet.

2. **Verhaltensbeurteilungsbogen**:

    Bewertet das **sozial-kommunikative Verhalten** des Mitarbeiters, z. B. **Teamfähigkeit, Kommunikationsstil, Verlässlichkeit**.

3. **Entwicklungsbeurteilungsbogen**:

    Wird verwendet, um den **Weiterbildungsbedarf** und die **berufliche Weiterentwicklung** des Mitarbeiters festzulegen.

    Diese Form fokussiert auf **langfristige Karriereziele** und **persönliche Entwicklungsmaßnahmen**.

Vorteile eines Beurteilungsbogens

Objektivität: Ein strukturierter Bogen hilft, die Beurteilung auf messbare Kriterien zu stützen und reduziert subjektive Einschätzungen.

Transparenz: Der Bogen stellt sicher, dass sowohl die Führungskraft als auch der Mitarbeiter genau wissen, welche Kriterien für die Beurteilung maßgeblich sind.

Dokumentation: Alle Gespräche, Bewertungen und Vereinbarungen können schriftlich festgehalten werden, was für spätere Gespräche oder Entscheidungen hilfreich ist.

Verlässlichkeit und Nachvollziehbarkeit: Beurteilungen können über verschiedene Zeiträume hinweg **verglichen** und die Entwicklung des Mitarbeiters überprüft werden.

Nachteile eines Beurteilungsbogens

Subjektivität: Trotz standardisierter Formate kann die Interpretation von Kriterien oder die Anwendung von Skalen subjektiv sein und von der Wahrnehmung des Beurteilers abhängen.

Überbewertung von messbaren Ergebnissen: Wenn zu viel Gewicht auf messbare Leistungen (z. B. Umsatz, KPIs) gelegt wird, können **weiche Faktoren** wie **Teamarbeit** oder **Führungskompetenz** unterbewertet werden.

Verzerrung durch den Beurteiler: Manche Führungskräfte könnten dazu neigen, ihre eigene Wahrnehmung oder bestimmte Aspekte zu über- oder unterbewerten, was zu **Verzerrungen** in der Beurteilung führen kann.

Fazit:

Ein Beurteilungsbogen ist ein wichtiges **Werkzeug** in der Mitarbeiterführung, um **Leistung** und **Verhalten** objektiv und nachvollziehbar zu bewerten. Er hilft, die Entwicklung des Mitarbeiters zu steuern und fördert die **Transparenz** und **Kommunikation** zwischen Führungskraft und Mitarbeiter. Dennoch sollte er in Kombination mit **offenen Gesprächen** und einer umfassenden **Feedbackkultur** verwendet werden, um den vollen Nutzen zu entfalten.

5.19. BEURTEILUNGUNGSFEHLER

Definition Beurteilungsfehler

Ein **Beurteilungsfehler** bezeichnet systematische Verzerrungen oder Fehler, die bei der Bewertung der Leistung, des Verhaltens oder der Fähigkeiten eines Mitarbeiters durch eine Führungskraft oder eine andere beurteilende Person auftreten können. Diese Fehler entstehen häufig aufgrund von **subjektiven Wahrnehmungen, Vorurteilen** oder **kognitiven Verzerrungen**, die die Objektivität und Fairness der Beurteilung beeinträchtigen. Solche Fehler können zu einer ungenauen oder ungerechten Beurteilung führen und haben in der Regel negative Auswirkungen auf die **Motivation, Karrierechancen** und **Arbeitsbeziehungen** der betroffenen Person.

Arten von Beurteilungsfehlern:

1. Halo-Effekt (Heiligenschein-Effekt):
Beim **Halo-Effekt** wird ein einzelnes positives oder negatives Merkmal einer Person überbewertet, sodass es die gesamte Beurteilung beeinflusst. Zum Beispiel könnte ein Mitarbeiter, der in einem bestimmten Bereich hervorragend ist (z. B. hohe Fachkompetenz), auch in anderen Bereichen (z. B. Teamarbeit oder Kommunikation) zu positiv bewertet werden, obwohl die tatsächliche Leistung in diesen Bereichen weniger gut ist.

Beispiel: Ein Mitarbeiter wird für seine außergewöhnliche Leistung in einem Projekt gelobt, was dazu führt, dass seine allgemeine Leistung im Jahr als besonders gut bewertet wird, obwohl er in anderen Bereichen wie Pünktlichkeit oder Teamarbeit Schwächen zeigt.

2. Lenkungsfehler (Central Tendency):

Beim **Lenkungsfehler** tendiert der Beurteiler dazu, alle Mitarbeiter als **durchschnittlich** zu bewerten, unabhängig von ihrer tatsächlichen Leistung. Dies passiert oft, weil der Beurteiler Konflikte vermeiden möchte oder es schwerfällt, zwischen sehr guten und weniger guten Leistungen zu unterscheiden.

Beispiel: Ein Mitarbeiter erhält in allen Bewertungskriterien eine **mittelmäßige** Punktzahl, obwohl seine Leistungen in einigen Bereichen sehr gut und in anderen eher schlecht sind.

3. Sympathie- oder Antipathiefehler (Affektheffekt):

Der **Sympathiefehler** tritt auf, wenn die Bewertung einer Person durch die persönlichen Gefühle oder Vorlieben des Beurteilers beeinflusst wird. Wenn der Beurteiler den Mitarbeiter mag (Sympathiefehler), wird dieser zu großzügig bewertet. Wenn er den Mitarbeiter nicht mag (Antipathiefehler), wird der Mitarbeiter ungerecht negativ beurteilt.

Beispiel: Ein Mitarbeiter, der dem Vorgesetzten persönlich sympathisch ist, wird bei der Beurteilung als besonders kompetent und zuverlässig wahrgenommen, während ein weniger sympathischer Mitarbeiter trotz guter Leistungen schlechter bewertet wird.

4. Konzentrationseffekt (Primacy- oder Recency-Effekt):

Der **Konzentrationseffekt** beschreibt die Tendenz, bestimmte Ereignisse oder Leistungen (die **ersten** oder die **letzten** Eindrücke) stärker zu gewichten als andere. Dies führt dazu, dass Ereignisse zu Beginn oder am Ende des Beurteilungszeitraums übermäßig Einfluss auf die Gesamtbeurteilung haben.

Primacy-Effekt: Wenn ein Mitarbeiter zu Beginn des Beurteilungs-zeitraums besonders gute Leistungen zeigt, wird er insgesamt positiver bewertet.

Recency-Effekt: Wenn die letzten Ereignisse im Beurteilungszeitraum negativ oder positiv sind, kann dies die Bewertung stärker beeinflussen als die Gesamtleistung über den Zeitraum.

Beispiel: Ein Mitarbeiter hat während des gesamten Jahres durchschnittliche Leistungen erbracht, aber zu Beginn des Jahres war sein Engagement besonders hoch. Der Beurteiler könnte dazu neigen, seine gesamte Leistung als besonders gut zu bewerten, weil er den positiven Beginn überbewertet.

5. Überbewertung von äußeren Faktoren (Situationseffekt):

Hierbei wird die **Situation** des Mitarbeiters (z. B. persönliche Umstände, besondere Herausforderungen) als zu starkes Kriterium in der Beurteilung berücksichtigt, wodurch die tatsächliche Leistung möglicherweise verzerrt dargestellt wird.

Beispiel: Ein Mitarbeiter, der in einer schwierigen Lebenssituation (z. B. Krankheit oder familiäre Probleme) weniger produktiv war, wird vielleicht milder bewertet, als es seine tatsächliche Arbeitsleistung rechtfertigen würde.

6. Kontrasteffekt:

Beim **Kontrasteffekt** wird die Leistung eines Mitarbeiters nicht objektiv bewertet, sondern im Vergleich zu der Leistung eines anderen Mitarbeiters. Dies führt zu einer Verzerrung, wenn ein außergewöhnlich guter oder schlechter Mitarbeiter den Standard für die gesamte Gruppe beeinflusst.

Beispiel: Ein Mitarbeiter, der in einem Team arbeitet, in dem alle anderen hervorragende Leistungen erbringen, könnte als weniger gut bewertet werden, obwohl seine Leistung tatsächlich im Vergleich zu anderen Teams hoch ist.

7. Vergangenheitsfehler (Recency Error):

Bei diesem Fehler wird die Leistung des Mitarbeiters nur aufgrund von **jüngsten Ereignissen** bewertet und die **gesamte Leistung über den gesamten Zeitraum** ignoriert. Positive oder negative Ereignisse am Ende des Beurteilungszeitraums können die gesamte Beurteilung dominieren.

Beispiel: Ein Mitarbeiter hat im letzten Monat eines Jahres außergewöhnliche Leistungen gezeigt, was jedoch dazu führt, dass die gesamte Jahresleistung als außergewöhnlich angesehen wird, obwohl die vorherige Leistung weniger gut war.

8. Projektion:

Bei der **Projektion** werden eigene **Gefühle, Einstellungen oder Erfahrungen** des Beurteilers auf den Mitarbeiter übertragen. Dies kann dazu führen, dass der Beurteiler die Wahrnehmung oder das Verhalten des Mitarbeiters aus seiner eigenen Perspektive beurteilt.

Beispiel: Ein Beurteiler, der selbst sehr ungeduldig ist, könnte bei einem Mitarbeiter, der gelegentlich zögert, eine allgemeine Unentschlossenheit annehmen und seine Leistung negativ bewerten.

Auswirkungen von Beurteilungsfehlern

Beurteilungsfehler können erhebliche Auswirkungen auf die **Karriereentwicklung** eines Mitarbeiters haben. Ungerechtfertigte Bewertungen, sei es zu positiv oder zu negativ, können zu falschen **Karriereentscheidungen**, ungerechtfertigten **Beförderungen** oder **Nicht-Beförderungen** führen. Zudem können sie das **Vertrauen** und die **Mitarbeiterbindung** beeinträchtigen.

Wie kann man Beurteilungsfehler vermeiden?

Bewusstsein für Fehlerquellen: Die Führungskraft sollte sich der möglichen Beurteilungsfehler bewusst sein und diese bei der Bewertung aktiv vermeiden.

Kriterienbasiert bewerten: Beurteilungen sollten immer auf **klar definierten, messbaren Kriterien** basieren, um Subjektivität zu minimieren.

Regelmäßiges Feedback und Dokumentation: Häufiges und kontinuierliches Feedback kann helfen, Verzerrungen aufgrund von **Konzentrationseffekten** oder **recency effects** zu vermeiden.

Peer-Feedback und 360-Grad-Feedback: Die Einbeziehung von **Feedback aus verschiedenen Quellen** (Kollegen, Mitarbeiter, andere Führungskräfte) kann helfen, die Bewertung zu objektivieren und **Beurteilungsfehler** zu reduzieren.

5.20. ARBEITSZEUGNIS

Definition Arbeitszeugnis

Ein **Arbeitszeugnis** ist ein schriftliches Dokument, das von einem Arbeitgeber ausgestellt wird und die **Leistung**, das **Verhalten** und die **Beschäftigungsdauer** eines Mitarbeiters während seiner Tätigkeit im Unternehmen bescheinigt. Es dient als Nachweis über die berufliche Tätigkeit und wird häufig für **künftige Bewerbungen** oder **Karrierechancen** benötigt. Das Arbeitszeugnis ist rechtlich von Bedeutung und muss bestimmte **gesetzliche Vorgaben** erfüllen.

Welche Arten von Arbeitszeugnisse gibt es?

Arten von Arbeitszeugnissen
1. **Einfaches Arbeitszeugnis**:

    Ein einfaches Arbeitszeugnis enthält lediglich grundlegende Informationen über die **Art der Tätigkeit** und den Zeitraum der Beschäftigung.

    Es beschreibt also nicht die Leistung und das Verhalten des Mitarbeiters, sondern gibt nur Auskunft über die **Position** und den **Beschäftigungszeitraum**.

Beispiel: „Herr Max Mustermann war vom 01. Januar 2019 bis 31. Dezember 2023 als Softwareentwickler in unserem Unternehmen tätig."

2. **Qualifiziertes Arbeitszeugnis**:

Ein qualifiziertes Arbeitszeugnis geht über das einfache Zeugnis hinaus und enthält neben den grundlegenden Informationen auch eine **Bewertung** der **Leistung** und des **Verhaltens** des Mitarbeiters.

Es wird detaillierter und stellt das **fachliche Können** sowie die **persönlichen Qualitäten** des Mitarbeiters dar.

Beispiel: „Herr Mustermann hat seine Aufgaben stets zu unserer vollen Zufriedenheit erfüllt. Seine Arbeitsweise war sehr sorgfältig und zielorientiert. Zudem zeigte er stets großes Engagement und hervorragende Teamarbeit."

Inhalte eines Arbeitszeugnisses

Ein Arbeitszeugnis sollte klar und übersichtlich gegliedert sein und folgende Bestandteile enthalten:

1. **Überschrift**: Die Bezeichnung „Arbeitszeugnis" oder „Zwischenzeugnis".

2. **Einleitung**:

Name des Mitarbeiters.

Geburtsdatum (optional, aber häufig enthalten).

Angabe des Eintrittsdatums und des Austrittsdatums.

Berufliche Position oder Funktion des Mitarbeiters im Unternehmen.

3. **Tätigkeitsbeschreibung**:
   Detaillierte Auflistung der **tatsächlichen Aufgaben** und **Verantwortlichkeiten** des Mitarbeiters.
   Hier werden die wichtigsten Tätigkeiten und Projekte beschrieben, die der Mitarbeiter ausgeführt hat.

4. **Leistungsbewertung**:
   Bewertung der Fachkompetenz: Wie gut hat der Mitarbeiter seine Aufgaben ausgeführt? Waren seine Ergebnisse von hoher Qualität?
   Arbeitsweise: Wie war der Einsatz des Mitarbeiters in Bezug auf **Effizienz**, **Zuverlässigkeit** und **Qualität** der Arbeit?
   Erreichte Ziele: Wurden gesetzte Ziele erreicht oder übertroffen?

5. **Verhaltensbewertung**:
   Teamarbeit und Zusammenarbeit: Wie hat sich der Mitarbeiter im Team oder in der Zusammenarbeit mit anderen Abteilungen oder Kunden verhalten?
   Kommunikationsfähigkeit: War der Mitarbeiter in der Lage, klare und effektive Kommunikation zu pflegen?
   Verhalten gegenüber Vorgesetzten und Kollegen: Wurde der Mitarbeiter als kooperativ, respektvoll und zuverlässig wahrgenommen?

6. **Schlussformel**:
   Ein abschließendes **Dankeschön** für die geleistete Arbeit und **Wünsche für die Zukunft** des Mitarbeiters (z. B. „Wir bedanken uns für die stets gute Zusammenarbeit und

wünschen Herrn Mustermann für die Zukunft beruflich wie privat alles Gute").

7. **Unterschrift**:

    Das Arbeitszeugnis muss von einer **befugten Person** im Unternehmen unterzeichnet werden (meist der Vorgesetzte oder die Personalabteilung).

Welche Zeugnisgrundsätze gibt es?

Rechtliche Anforderungen an ein Arbeitszeugnis

Wahrheitspflicht: Ein Arbeitszeugnis muss wahrheitsgemäß sein und darf keine **falschen** oder **verzerrten** Informationen enthalten. Gleichzeitig ist es dem Arbeitgeber jedoch auch gestattet, das Zeugnis so zu formulieren, dass es den Mitarbeiter in einem **positiven Licht** darstellt, ohne falsche Aussagen zu treffen.

Wohlwollenspflicht: Der Arbeitgeber ist verpflichtet, das Zeugnis so zu formulieren, dass es die berufliche **Wiedereingliederung** des Mitarbeiters fördert. Negative Bewertungen dürfen zwar erwähnt werden, müssen aber **wohlwollend** formuliert werden (z. B. statt „Herr Mustermann war regelmäßig unpünktlich" könnte die Formulierung „Die Pünktlichkeit von Herrn Mustermann war gelegentlich verbesserungsfähig" verwendet werden).

Kein negativer Bezug zur Kündigung: Wenn der Mitarbeiter das Unternehmen auf eigenen Wunsch verlässt, darf das Arbeitszeugnis keine negativen Formulierungen enthalten, die auf das freiwillige

Ausscheiden hinweisen (es sei denn, es handelt sich um eine sehr schwere Verfehlung).

Geheime Zeugniscodes

In Deutschland gibt es eine **Zeugnissprache**, in der bestimmte Formulierungen eine **verborgene Bedeutung** haben. Diese „geheimen Codes" ermöglichen es dem Arbeitgeber, eine **negative Beurteilung** zu geben, ohne dass dies offen erkennbar ist. Beispiele für diese Formulierungen sind:

- „Zu unserer vollen Zufriedenheit": **Sehr gut**
- „Zu unserer Zufriedenheit": **Gut**
- „Im Großen und Ganzen zufriedenstellend": **Befriedigend**
- „Bemühte sich um": **Unzureichend**

Arbeitnehmer können ein Arbeitszeugnis, das in dieser Weise formuliert ist, in der Regel als **ungünstig** werten, auch wenn der Wortlaut auf den ersten Blick positiv wirkt.

Fazit

Ein Arbeitszeugnis ist ein wichtiges Dokument für die berufliche Laufbahn eines Mitarbeiters, das sowohl die **Leistungen** als auch das **Verhalten** während der Beschäftigungszeit reflektiert. Es ist gesetzlich geschützt und muss objektiv sowie wohlwollend formuliert sein. Besonders das qualifizierte Arbeitszeugnis hat eine große Bedeutung für künftige Bewerbungen und sollte daher sorgfältig erstellt werden.

5.21. EINFÜHREN UND UNTERWEISEN VON MITARBEITERN

Definition Einführen und Unterweisen von Mitarbeitern

Einführen und Unterweisen von Mitarbeitern sind zwei zentrale Prozesse in der Personalentwicklung und -führung, die darauf abzielen, neue Mitarbeiter schnell und effektiv in ihre Rolle und die Unternehmenskultur einzuführen sowie ihnen die nötigen Fähigkeiten und Kenntnisse zu vermitteln, um ihre Aufgaben erfolgreich zu erfüllen.

1. Einführen von Mitarbeitern (Onboarding)

Definition:
Das **Einführen von Mitarbeitern** (auch als **Onboarding** bezeichnet) ist der Prozess, in dem ein neuer Mitarbeiter in das Unternehmen integriert wird. Dies umfasst alle Maßnahmen und Aktivitäten, die dazu dienen, den Mitarbeiter mit der **Unternehmenskultur**, den **Arbeitsabläufen**, den **Anforderungen** seines Arbeitsbereichs sowie den **Teammitgliedern** vertraut zu machen. Ziel des Onboardings ist es, den Einstieg des neuen Mitarbeiters möglichst reibungslos und effektiv zu gestalten und ihn von Anfang an optimal zu unterstützen, damit er schnell produktiv wird und sich im Unternehmen wohlfühlt.

Ziele des Einführens:
- **Integration** in die Unternehmenskultur und das Team
- **Verständnis der Unternehmenswerte** und -ziele
- **Kennenlernen der Arbeitsprozesse** und -strukturen
- **Vertraut machen mit den Arbeitsmitteln** (z. B. Software, Büroausstattung)
- **Förderung des Engagements** und der **Mitarbeiterbindung**
- **Schnelle Produktivität** und Reduzierung der Einarbeitungszeit

Phasen des Einführens (Onboardings):

1. **Vor dem ersten Arbeitstag:**
   - Organisation der **Büroausstattung**, **Zugangsdaten** und **Arbeitsmaterialien**.
   - Übersendung von **Willkommensmaterial** und **Unternehmensinformationen**.

2. **Erster Arbeitstag:**
   - **Einführung in das Unternehmen**: Präsentation von Vision, Werten, Struktur und Prozessen.
   - Vorstellung der **Kollegen** und des Teams.
   - **Einrichtung des Arbeitsplatzes** und Erklärung der Arbeitsmittel.

3. **Die ersten Wochen/Monate:**
   - **Einarbeitung in die Aufgaben und Prozesse** durch Vorgesetzte oder Mentoren.
   - Durchführung von **Schulungen** und **Trainings** zu spezifischen Arbeitsabläufen oder Systemen.
   - **Regelmäßige Feedbackgespräche** und Unterstützung bei der Klärung offener Fragen.

4. **Langfristige Integration:**
   - Förderung der **weiteren beruflichen Entwicklung** und **Karrierechancen**.
   - Integration in **Teambesprechungen** und Projekte.
   - **Mentoring und Coaching**, um langfristige Bindung und Entwicklung zu fördern.

Unterweisen von Mitarbeitern

Unterweisen bezeichnet den gezielten und strukturierten Prozess der **Wissensvermittlung** und der **Kompetenzentwicklung** eines Mitarbeiters, um ihm die nötigen Fähigkeiten und Kenntnisse für die erfolgreiche Ausführung seiner Aufgaben zu vermitteln. Unterweisung geht über das bloße Einführen hinaus und umfasst oft die Schulung in bestimmten Arbeitsmethoden, Prozessen oder der Bedienung von Maschinen und Software.

Ziele der Unterweisung:

- **Vermeidung von Fehlern** durch klare Anweisungen und genaue Erklärungen.
- **Sicherstellung von Arbeitsqualität** und -sicherheit.
- **Förderung von Eigenständigkeit** und **Effizienz** in der Arbeitsweise.
- **Wissensvermittlung** zu spezifischen Themen, Tools oder Techniken.
- **Förderung der kontinuierlichen Weiterbildung** und **Kompetenzerweiterung** der Mitarbeiter.

Arten der Unterweisung:

1. **Praktische Unterweisung:**

   Fokus auf **direkt anwendbare Fähigkeiten** und **praktische Handlungen**.

   Beispiel: Schulung im Umgang mit Maschinen, Sicherheitsvorschriften oder Softwareanwendungen.

2. **Theoretische Unterweisung:**

   Vermittlung von **Fachwissen** und **theoretischen Kenntnissen**, die für die Durchführung der Arbeit notwendig sind.

Beispiel: Schulungen zu rechtlichen Vorschriften, betrieblichen Prozessen oder spezifischen Fachthemen.

3. **Unterweisung am Arbeitsplatz (On-the-Job-Training):**

   Der Mitarbeiter wird direkt in die **tägliche Arbeit** eingebunden und erhält Unterstützung und Anleitung während seiner Tätigkeiten.

   Häufig findet dies in Form von **Shadowing** (mit einem erfahrenen Mitarbeiter arbeiten) oder **Mentoring** statt.

4. **Gruppenunterweisung:**

   Vermittlung von Wissen an **mehrere Mitarbeiter** gleichzeitig, oft in Form von **Workshops, Seminaren** oder **Schulungen**.

5. **E-Learning und digitale Schulungen:**

   Online-Kurse und **Webinare**, die dem Mitarbeiter ermöglichen, Wissen eigenständig zu erwerben, wann immer es für ihn am besten passt.

Phasen der Unterweisung:

1. **Planung**:

   Festlegung der **Ziele** und **Inhalte** der Unterweisung.

   Auswahl der **Methoden** und **Schulungsformate** (z. B. Workshops, On-the-Job-Training).

2. **Durchführung**:

   Praktische Demonstration oder **theoretische Erklärungen** des neuen Wissens.

Interaktive Elemente (z. B. Übungen, Tests) zur Festigung des Wissens.

3. **Nachbereitung**:

   Überprüfung des **Lernfortschritts** des Mitarbeiters.

   Feedback und Klärung von Fragen.

   Evaluation der Unterweisungseffektivität und gegebenenfalls Anpassung der Methode oder Inhalte.

Zusammenfassung:

Einführen von Mitarbeitern (Onboarding) ist der umfassende Prozess, bei dem ein neuer Mitarbeiter in das Unternehmen integriert wird, mit dem Ziel, ihn mit den Arbeitsabläufen, der Unternehmenskultur und den Kollegen vertraut zu machen und ihm einen erfolgreichen Start zu ermöglichen.

Unterweisen von Mitarbeitern ist die gezielte Wissensvermittlung, die dafür sorgt, dass ein Mitarbeiter über die nötigen Fähigkeiten und Kenntnisse verfügt, um seine Aufgaben effektiv und sicher auszuführen. Dabei kann es sich um praktische, theoretische oder digitale Schulungsmaßnahmen handeln.

Beide Prozesse sind essenziell für eine erfolgreiche **Mitarbeiterentwicklung** und tragen maßgeblich zur **Zufriedenheit**, **Produktivität** und **Bindung** von Mitarbeitern bei.

Welche Fehler könnten gemacht werden?

Beim **Einführen** und **Unterweisen von Mitarbeitern** können verschiedene Fehler auftreten, die die Einarbeitung und die Entwicklung des Mitarbeiters negativ beeinflussen. Diese Fehler können sowohl im organisatorischen Ablauf als auch in der Kommunikation und den vermittelten Inhalten liegen. Hier sind einige häufige Fehler, die in beiden Prozessen auftreten können:

Fehler beim Einführen von Mitarbeitern (Onboarding)

1. **Unzureichende Vorbereitung:**

   Fehler: Wenn das Onboarding nicht gut vorbereitet ist, fehlt es dem neuen Mitarbeiter an den notwendigen Ressourcen (z. B. Computer, Zugriffsrechte, Arbeitsplatz) oder Informationen, um sich schnell einzugewöhnen.

   Folge: Der Mitarbeiter fühlt sich nicht willkommen, ist frustriert und hat Schwierigkeiten, sich auf seine Aufgaben zu konzentrieren.

2. **Überlastung am ersten Tag:**

   Fehler: Den neuen Mitarbeiter mit zu vielen Informationen oder Aufgaben auf einmal zu überhäufen.

   Folge: Der Mitarbeiter ist überfordert und kann sich nur schwer auf die wesentlichen Informationen konzentrieren, was den Einstieg verzögert.

3. **Fehlende Integration ins Team:**

   Fehler: Der neue Mitarbeiter wird isoliert und hat keine Gelegenheit, das Team oder die Unternehmenskultur richtig kennenzulernen.

Folge: Der Mitarbeiter fühlt sich von Anfang an nicht als Teil des Teams und könnte sich weniger engagiert oder demotiviert fühlen.

4. **Mangel an klaren Erwartungen und Zielen:**

   Fehler: Wenn nicht klar kommuniziert wird, was von dem neuen Mitarbeiter erwartet wird, fehlt ihm eine Orientierung.

   Folge: Der Mitarbeiter könnte unsicher sein und seine Arbeit nicht effektiv oder zielgerichtet angehen.

5. **Fehlende Betreuung in der Anfangszeit:**

   Fehler: Den neuen Mitarbeiter nach der ersten Einarbeitung allein zu lassen, ohne regelmäßiges Feedback oder Unterstützung.

   Folge: Der Mitarbeiter fühlt sich verloren, hat Schwierigkeiten bei der Aufgabenbewältigung und es könnte länger dauern, bis er produktiv wird.

6. **Keine regelmäßige Feedbackschleifen:**

   Fehler: Feedback wird nicht regelmäßig oder zu spät gegeben.

   Folge: Der Mitarbeiter weiß nicht, wie er sich entwickelt und hat keine Chance, sich zu verbessern, was zu Frustration oder Verunsicherung führen kann.

7. **Unklare Kommunikation der Unternehmenskultur:**

   Fehler: Die **Unternehmenskultur** wird nicht deutlich vermittelt, wodurch der neue Mitarbeiter Schwierigkeiten hat, sich in die Werte, Normen und die soziale Dynamik des Unternehmens einzufügen.

Folge: Der Mitarbeiter fühlt sich entfremdet und könnte Schwierigkeiten haben, sich langfristig mit dem Unternehmen zu identifizieren.

Fehler beim Unterweisen von Mitarbeitern

1. **Unklare oder unzureichende Zielsetzung:**

   Fehler: Die Unterweisung hat keine klaren Lernziele oder Erfolgskriterien, oder sie wird zu unstrukturiert durchgeführt.

   Folge: Der Mitarbeiter weiß nicht, was von ihm erwartet wird, und lernt nicht effektiv oder fokussiert.

2. **Fehlende Praxisorientierung:**

   Fehler: Unterweisungen sind zu theoretisch und bieten wenig Bezug zur praktischen Anwendung der Kenntnisse.

   Folge: Der Mitarbeiter kann das Gelernte nicht direkt auf seine täglichen Aufgaben anwenden, was seine Produktivität und das Vertrauen in seine Fähigkeiten beeinträchtigt.

3. **Zu wenig oder zu viel Information auf einmal:**

   Fehler: Entweder wird der Mitarbeiter mit zu vielen Informationen gleichzeitig überflutet, oder die Unterweisung bietet zu wenig relevante Informationen.

   Folge: Der Mitarbeiter wird entweder überfordert oder unterfordert, was zu einem ineffektiven Lernprozess führt.

4. **Keine aktive Einbindung des Mitarbeiters:**

   Fehler: Der Unterweisende führt die Schulung einseitig und ohne Interaktivität durch, ohne den Mitarbeiter aktiv einzubeziehen.

   Folge: Der Mitarbeiter bleibt passiv und es entsteht keine tiefe Verankerung des Wissens.

5. **Fehlende Wiederholung und Vertiefung:**

   Fehler: Das neue Wissen wird einmalig vermittelt, ohne dass eine Wiederholung oder Vertiefung erfolgt.

   Folge: Der Mitarbeiter vergisst wichtige Informationen oder hat Schwierigkeiten, sie in der Praxis anzuwenden.

6. **Unzureichende Anpassung an den Lernstil des Mitarbeiters:**

   Fehler: Die Unterweisung erfolgt auf eine standardisierte Weise, die nicht an den individuellen Lernstil des Mitarbeiters angepasst ist.

   Folge: Der Mitarbeiter hat Schwierigkeiten, das neue Wissen zu verstehen oder anzuwenden, wenn der Unterrichtsstil nicht zu ihm passt.

7. **Keine kontinuierliche Unterstützung nach der Unterweisung:**

   Fehler: Nach der formalen Unterweisung fehlt eine kontinuierliche Betreuung oder Möglichkeit, Fragen zu stellen und Probleme zu klären.

   Folge: Der Mitarbeiter bleibt unsicher bei der Ausführung von Aufgaben und seine Lernkurve verlangsamt sich.

8. **Unrealistische Erwartungen an den Lernprozess:**

>**Fehler**: Es wird erwartet, dass der Mitarbeiter das Gelernte sofort perfekt umsetzt, ohne dass ausreichend Zeit für Übung und Vertiefung eingeräumt wird.

>**Folge**: Der Mitarbeiter fühlt sich überfordert und hat möglicherweise Angst, Fehler zu machen, was seine Entwicklung hemmt.

9. **Mangelnde Erfolgskontrolle und Feedback:**

>**Fehler**: Der Fortschritt des Mitarbeiters wird nicht regelmäßig überprüft oder das Feedback wird erst zu spät gegeben.

>**Folge**: Der Mitarbeiter weiß nicht, ob er auf dem richtigen Weg ist und hat keine Möglichkeit zur Korrektur oder Verbesserung.

Allgemeine Fehler, die beide Prozesse betreffen können:

1. **Fehlende Kommunikation und Transparenz:**

>**Fehler**: Wichtige Informationen über Aufgaben, Erwartungen oder Unternehmensrichtlinien werden nicht klar oder rechtzeitig kommuniziert.

>**Folge**: Der Mitarbeiter ist unsicher und nicht gut auf seine Aufgaben vorbereitet, was zu Verwirrung und Fehlern führt.

2. **Unzureichende Anpassung an den individuellen Mitarbeiter:**

>**Fehler**: Onboarding und Unterweisung werden nach einem starren, standardisierten Plan durchgeführt, ohne die unterschiedlichen **Vorerfahrungen**, **Stärken** und **Lernbedürfnisse** der Mitarbeiter zu berücksichtigen.

Folge: Der Mitarbeiter fühlt sich nicht wahrgenommen, und es dauert länger, bis er sich gut in das Unternehmen integriert oder die neuen Fähigkeiten erfolgreich anwendet.

3. **Mangelnde Integration von Feedback in die Prozesse:**

   Fehler: Feedback von neuen Mitarbeitern wird nicht eingeholt oder in den Onboarding- bzw. Unterweisungsprozess integriert.

   Folge: Verbesserungen des Prozesses werden verpasst und es entstehen wiederkehrende Missverständnisse oder Ineffizienzen.

Fazit:

Fehler beim Einführen und Unterweisen von Mitarbeitern können sich negativ auf deren Integration, Leistung und langfristige Zufriedenheit auswirken. Eine gute Vorbereitung, klare Kommunikation, maßgeschneiderte Schulungen und kontinuierliche Unterstützung sind entscheidend, um diese Fehler zu vermeiden und sicherzustellen, dass der neue Mitarbeiter erfolgreich ins Unternehmen eingeführt wird und sich in seiner Rolle weiterentwickeln kann.

Welche Unterweisungsformen gibt es?

Es gibt verschiedene **Unterweisungsformen**, die je nach Ziel, Inhalt und der zu vermittelnden Kompetenz eingesetzt werden können. Jede Unterweisungsform hat ihre eigenen Vor- und Nachteile und sollte entsprechend den Bedürfnissen der Mitarbeiter und des Unternehmens ausgewählt werden. Die wichtigsten Unterweisungsformen sind:

1. Mündliche Unterweisung (direkt)

Beschreibung:

Bei der mündlichen Unterweisung erklärt der Ausbilder oder Vorgesetzte dem Mitarbeiter direkt und verbal die erforderlichen Arbeitsabläufe, Tätigkeiten oder theoretische Inhalte. Diese Form der Unterweisung wird häufig in Kombination mit praktischen Demonstrationen verwendet.

Beispiele:

Gesprächsführung: Der Vorgesetzte erklärt in einem persönlichen Gespräch den Ablauf eines Prozesses.

Einweisung in Sicherheitsvorschriften: Mündliche Erläuterung der Sicherheitsvorkehrungen und Verhaltensregeln im Betrieb.

Vorteile:

- Direkte Kommunikation, bei der sofortige Fragen geklärt werden können.
- Individuell anpassbar an den Lernstand und die Bedürfnisse des Mitarbeiters.

Nachteile:

- Informationen können schnell verloren gehen, wenn sie nicht wiederholt oder dokumentiert werden.
- Wenig Kontrolle über den Lernerfolg ohne zusätzliche Maßnahmen wie Tests oder Feedback.

2. Praktische Unterweisung (On-the-Job-Training)

Beschreibung:

Bei dieser Form der Unterweisung wird der Mitarbeiter direkt in die praktischen Tätigkeiten eingebunden. Er wird „on the job" (also bei der Arbeit) angeleitet und lernt durch direkte Erfahrung, oft unter Beobachtung und Anleitung eines erfahrenen Kollegen oder Vorgesetzten.

Beispiele:

Ein neuer Maschinenbediener wird von einem erfahrenen Kollegen in die Handhabung der Maschinen eingeführt.

Ein Softwareentwickler arbeitet mit einem Mentor an einem Projekt und wird in der Anwendung von Entwicklungswerkzeugen unterwiesen.

Vorteile:

- Lernen durch praktische Erfahrung.
- Direkte Anwendung des Gelernten, was zu einer schnellen Integration in die Arbeitsabläufe führt.

Nachteile:

- Der Ausbilder muss während der Arbeit zusätzliche Zeit aufwenden.
- Potenziell unsicherer Lernprozess, wenn der Ausbilder nicht die richtige Anleitung gibt.

3. Theoretische Unterweisung
Beschreibung:

Bei der theoretischen Unterweisung werden dem Mitarbeiter vor allem Fachwissen und Konzepte vermittelt, die er für die Ausübung seiner Tätigkeit benötigt. Diese Art der Unterweisung ist häufig in Schulungen oder Seminaren anzutreffen.

Beispiele:

Ein Lehrgang zu rechtlichen Vorschriften im Bereich Arbeitsschutz.

Eine Schulung über die Nutzung von Software oder Tools, die nicht direkt in der täglichen Arbeit angewendet werden, aber wichtig für die Arbeitsergebnisse sind.

Vorteile:

- Vermittlung von Grundlagen und theoretischem Wissen.
- Kann in Gruppen durchgeführt werden, was eine kostengünstigere Variante für Unternehmen darstellt.

Nachteile:

- Wenig Praxisbezug, was den Transfer des Wissens in die konkrete Arbeit erschwert.
- Weniger Interaktivität und weniger individuelle Anpassung an den Lernenden.

4. E-Learning (digitale Unterweisung)

Beschreibung:

E-Learning ist eine Form der Unterweisung, bei der Lerninhalte online bereitgestellt werden. Dies kann in Form von Lernplattformen, Webinaren, interaktiven Kursen oder Videos geschehen. E-Learning ermöglicht es den Mitarbeitern, das Wissen in ihrem eigenen Tempo zu erlernen, ohne an feste Zeiten oder Orte gebunden zu sein.

Beispiele:

Online-Kurse zu Softskills (z. B. Kommunikation, Zeitmanagement).
Webinare oder Videotutorials zu neuen Software-Anwendungen oder Technologien.

Vorteile:

- Flexibilität und Selbstbestimmung für die Lernenden.
- Zugang zu einer Vielzahl von Lernressourcen, die zu unterschiedlichen Zeiten und Orten verfügbar sind.

Nachteile:

- Geringe Interaktivität, was zu einem geringeren Lernerfolg führen kann.

- Fehlende direkte Rückmeldungen und persönliche Betreuung.
- Kann motivierend oder frustrierend sein, je nachdem, wie gut der Kurs strukturiert ist.

5. Gruppenunterweisung (Klassenzimmerunterricht, Seminar)
Beschreibung:

Die Gruppenunterweisung erfolgt in einem Seminar- oder Klassenzimmerformat, bei dem mehrere Mitarbeiter gleichzeitig unterrichtet werden. Sie wird häufig für die Schulung in allgemeinen Themen wie Unternehmenspolitik, Sicherheitsvorschriften oder Teamarbeit genutzt.

Beispiele:
Ein Seminar über Arbeitsschutzrichtlinien.

Schulungen zu neuen Software-Versionen oder allgemeinen betrieblichen Prozessen.

Vorteile:
- Effizient für die Schulung einer größeren Anzahl von Mitarbeitern.
- Austausch und Diskussion von Erfahrungen innerhalb der Gruppe.

Nachteile:
- Wenig individuelle Betreuung, was für Mitarbeiter mit unterschiedlichen Vorkenntnissen oder Lernstilen problematisch sein kann.
- Geringere Interaktivität, wenn der Kurs sehr theorieorientiert ist.

6. Mentoring und Coaching
Beschreibung:

Mentoring und Coaching sind individuelle Unterweisungsformen, bei denen ein erfahrener Mitarbeiter (Mentor) oder ein externer Coach den neuen Mitarbeiter in seiner beruflichen Entwicklung begleitet. Während Mentoring häufig informeller ist und der Fokus auf der Unterstützung des Karrierewegs liegt, ist Coaching stärker auf die Verbesserung spezifischer Fähigkeiten oder die Lösung von Problemen ausgerichtet.

Beispiele:

Ein erfahrener Kollege unterstützt den neuen Mitarbeiter in der fachlichen Einarbeitung und gibt Tipps für die persönliche Weiterentwicklung.

Ein externer Coach hilft einem Führungskraft-Mitarbeiter, seine Kommunikationsfähigkeiten zu verbessern.

Vorteile:

- Sehr individuelle und zielgerichtete Unterstützung.
- Förderung der beruflichen und persönlichen Entwicklung.
- Aufbau einer langfristigen Beziehung, die den Mitarbeiter motiviert.

Nachteile:

- Zeitintensiv und aufwändig für den Mentor oder Coach.
- Die Effektivität hängt von der Qualität der Beziehung und der Kompetenz des Mentors oder Coaches ab.

7. Simulation und Rollenspiele
Beschreibung:

Bei dieser Unterweisungsform wird der Mitarbeiter in einer simulierten Umgebung mit praktischen Szenarien konfrontiert, die er in seiner Arbeitswelt erwarten könnte. Rollenspiele ermöglichen es, bestimmte Situationen zu üben, etwa im Kundenkontakt, im Umgang mit schwierigen Gesprächspartnern oder bei Verhandlungen.

Beispiele:

Rollenspiele zur Verbesserung der Kommunikationsfähigkeiten oder Konfliktlösungskompetenz.

Simulation von Notfallsituationen oder Gefahrensituationen im Arbeitsschutzbereich.

Vorteile:
- Sehr praxisnah und fördert die Anwendung des Gelernten.
- Fehler können in einem sicheren Umfeld gemacht werden, ohne dass negative Konsequenzen entstehen.

Nachteile:
- Kann für einige Mitarbeiter unangenehm oder zu abstrakt sein, besonders wenn sie wenig Erfahrung im Umgang mit der Technik haben.
- Erfordert eine gute Vorbereitung und Betreuung, um realistische Szenarien zu gestalten.

8. Arbeitsplatzbezogene Unterweisung (Job Rotation, Job Enlargement)

Beschreibung:

Bei dieser Form der Unterweisung wird der Mitarbeiter in verschiedenen Abteilungen oder Positionen eingesetzt, um eine breitere Erfahrung zu sammeln und vielseitiger in seiner Arbeit zu werden. Dies kann als **Job Rotation** (wechselseitige Einsätze in verschiedenen Aufgabenbereichen) oder als **Job Enlargement** (Erweiterung der Aufgaben innerhalb des bestehenden Arbeitsplatzes) gestaltet sein.

Beispiele:

Ein Mitarbeiter wechselt alle paar Monate die Abteilung, um unterschiedliche Prozesse kennenzulernen.

Ein Mitarbeiter wird mit zusätzlichen Aufgaben betraut, die über seinen bisherigen Aufgabenbereich hinausgehen.

Vorteile:

- Erweiterung der Fähigkeiten und Kenntnisse des Mitarbeiters.
- Förderung der Motivation und des Engagements durch abwechslungsreiche Aufgaben.

Nachteile:

- Erhöhter organisatorischer Aufwand für die Planung und Durchführung.
- Der Mitarbeiter benötigt möglicherweise eine längere Eingewöhnungszeit bei den verschiedenen Aufgaben.

Fazit

Die Wahl der Unterweisungsform hängt stark von den Zielen der Schulung, der Art der zu vermittelnden Inhalte, den individuellen Lernbedürfnissen der Mitarbeiter und den verfügbaren Ressourcen ab. Oftmals ist eine **Kombination mehrerer Unterweisungsformen** sinnvoll, um den verschiedenen Lernstilen gerecht zu werden und eine effektive, praxisorientierte Ausbildung zu gewährleisten.

---

4 Stufen Methode

Die **4-Stufen-Methode** ist eine bewährte Methode für die **Unterweisung von Mitarbeitern**, die insbesondere bei praktischen Aufgaben und der Wissensvermittlung am Arbeitsplatz sehr effektiv ist. Sie wurde von dem deutschen Psychologen **Kurt Lewin** entwickelt und dient dazu, neue Fähigkeiten und Fertigkeiten systematisch zu vermitteln.

Die Methode gliedert sich in vier Phasen, die dem Ausbilder helfen, dem Mitarbeiter Schritt für Schritt zu erklären, wie eine bestimmte Aufgabe oder Tätigkeit durchgeführt wird. Sie stellt sicher, dass der Mitarbeiter nicht nur versteht, was zu tun ist, sondern auch die nötigen Fähigkeiten erlernt und die Aufgabe sicher ausführen kann.

Die 4 Stufen der Methode:

1. Stufe: Vorführen (Demonstration)

Ziel: Dem Mitarbeiter zeigen, wie die Aufgabe oder Tätigkeit korrekt ausgeführt wird.

In dieser ersten Stufe erklärt der Ausbilder dem Mitarbeiter die zu erledigende Aufgabe und führt sie selbst Schritt für Schritt vor. Dabei werden alle wichtigen Aspekte der Tätigkeit (wie Arbeitsschritte, Handgriffe, Nutzung von Geräten oder Maschinen, Sicherheitsvorkehrungen) deutlich und langsam demonstriert.

Wichtige Aspekte:

Klare Erklärung: Der Ausbilder sollte die Schritte klar und deutlich beschreiben, während er sie ausführt.

Langsame und präzise Ausführung: Der Mitarbeiter soll die Arbeitsschritte vollständig nachvollziehen können.

Beispiel:

Wenn ein Mitarbeiter ein neues Software-Tool verwenden soll, zeigt der Ausbilder zunächst am Computer, wie man eine bestimmte Funktion aufruft und verwendet, während er dabei erklärt, was er tut.

2. Stufe: Erklären (Erklärung)

Ziel: Dem Mitarbeiter die Theorie und die Hintergründe der Aufgabe verständlich machen.

In dieser Phase erklärt der Ausbilder, warum die einzelnen Arbeitsschritte auf diese Weise ausgeführt werden und welche Bedeutung sie für das Gesamtbild haben. Dabei werden eventuell auch theoretische Grundlagen oder wichtige Hintergrundinformationen vermittelt.

Wichtige Aspekte:

> **Begründen:** Warum ist dieser Schritt notwendig? Was passiert, wenn man ihn überspringt oder anders ausführt?
>
> **Zusätzliche Informationen:** Es können Fragen zur Technik, zur Funktionsweise oder zu Sicherheitsaspekten beantwortet werden.

Beispiel:

Der Ausbilder erklärt nicht nur, wie man eine bestimmte Funktion in der Software benutzt, sondern auch, warum sie wichtig ist und welche Konsequenzen es hat, wenn sie falsch angewendet wird.

3. Stufe: Nachmachen (Übung)

Ziel: Der Mitarbeiter übt selbstständig unter Anleitung, was er in den ersten beiden Stufen gelernt hat.

> In dieser Phase führt der Mitarbeiter die Aufgabe selbst aus, während der Ausbilder ihn begleitet und bei Bedarf Unterstützung leistet. Der Ausbilder gibt Feedback und korrigiert mögliche Fehler, die während des Übens gemacht werden. Dies hilft dem Mitarbeiter, sich mit der Aufgabe vertraut zu machen und Vertrauen in seine Fähigkeiten zu entwickeln.

Wichtige Aspekte:

- **Feedback geben:** Der Ausbilder sollte regelmäßig Rückmeldung geben, sowohl zu den korrekt ausgeführten, als auch zu den fehlerhaften Aspekten.
- **Ermutigung:** Positives Feedback ist wichtig, um das Selbstbewusstsein des Mitarbeiters zu stärken.

Beispiel:

Der Mitarbeiter führt nun die Aufgabe selbst aus, zum Beispiel das Bedienen der Software oder das Durchführen eines bestimmten Arbeitsschritts, während der Ausbilder über die Schulter schaut und Korrekturen vorschlägt.

4. Stufe: Selbstständiges Ausführen (Eigenständigkeit)

Ziel: Der Mitarbeiter führt die Aufgabe völlig eigenständig aus, ohne dass der Ausbilder eingreifen muss.

- In dieser letzten Phase führt der Mitarbeiter die Aufgabe selbstständig aus, ohne dass der Ausbilder eingreifen muss. Der Ausbilder überwacht lediglich, ob die Aufgabe korrekt durchgeführt wird, und gibt gegebenenfalls Feedback oder Hinweise, wenn nötig. Der Mitarbeiter hat nun die Fähigkeit, die Aufgabe eigenständig zu erledigen.

Wichtige Aspekte:

- **Selbstständigkeit**: Der Mitarbeiter übernimmt die volle Verantwortung für die Aufgabe.
- **Eigenständige Problemlösung**: Der Mitarbeiter sollte in der Lage sein, auch bei unerwarteten Problemen selbstständig Lösungen zu finden.

Beispiel:

Der Mitarbeiter verwendet nun die Software oder führt die Aufgabe ohne Hilfe durch, wobei der Ausbilder nur noch zur Verfügung steht, wenn Fragen auftauchen.

Vorteile der 4-Stufen-Methode:

- **Strukturiert**: Sie bietet einen klaren und systematischen Lernprozess, der den Mitarbeiter Schritt für Schritt an die Aufgabe heranführt.
- **Praktisch und praxisorientiert**: Der Lernprozess basiert auf konkreten Aufgaben und realen Arbeitssituationen.
- **Effektive Fehlerkorrektur**: Durch die enge Begleitung in den ersten beiden Stufen können Fehler frühzeitig erkannt und korrigiert werden.
- **Förderung von Selbstvertrauen**: Der Mitarbeiter gewinnt durch die schrittweise Steigerung der Eigenständigkeit Sicherheit und Vertrauen in die eigenen Fähigkeiten.

Nachteile und Herausforderungen:

- **Zeitintensiv**: Besonders die ersten beiden Phasen benötigen viel Zeit, was in stressigen oder hochfrequenten Arbeitsumgebungen herausfordernd sein kann.
- **Hoher Aufwand für den Ausbilder**: Der Ausbilder muss sich aktiv und kontinuierlich mit dem Lernenden beschäftigen, was zusätzlichen Aufwand bedeutet.
- **Gefahr der Überforderung**: Wenn die Phasen zu schnell durchlaufen werden oder der Mitarbeiter zu wenig Zeit hat, um zu üben, kann er sich überfordert fühlen.

Insgesamt ist die **4-Stufen-Methode** eine sehr effektive und praxisorientierte Methode für die **Unterweisung** und **Einarbeitung** von neuen Mitarbeitern oder das Erlernen spezifischer Fähigkeiten, insbesondere wenn es um praktische Fertigkeiten geht. Sie sorgt dafür, dass der Mitarbeiter nicht nur weiß, was er zu tun hat, sondern auch, wie er es richtig macht und langfristig eigenständig ausführen kann.

6.0. FÖRDERUNG DER KOMMUNIKATION UND KOOPERATION, METHODEN ZUR LÖSUNG BETRIEBLICHER PROBLEME UND KONFLIKTE

6.1. KONFLIKT

Definition Persönlichkeit

Persönlichkeit bezeichnet die individuellen psychologischen Eigenschaften, Verhaltensmuster und charakterlichen Merkmale einer Person, die deren Denken, Fühlen und Handeln prägen. Sie umfasst Aspekte wie Temperament, Emotionen, Einstellungen und Werte und entwickelt sich durch genetische, biologische und umweltbedingte Einflüsse. Die Persönlichkeit kann sich im Laufe des Lebens verändern, bleibt aber oft relativ stabil und beeinflusst, wie Menschen mit ihren Umwelt und anderen interagieren.

Was ist ein Konflikt?

Ein Konflikt ist eine Auseinandersetzung oder Meinungsverschiedenheit zwischen zwei oder mehreren Parteien, die unterschiedliche Interessen, Werte oder Ziele haben. Konflikte können auf persönlicher, sozialer oder politischer Ebene auftreten und beinhalten oft emotionale Spannungen. Sie können sowohl verbal als auch physisch ausgetragen werden und können konstruktiv oder destruktiv sein, abhängig davon, wie die beteiligten Parteien damit umgehen. Konflikte sind ein natürlicher Teil menschlicher Interaktionen und können oft zu Veränderungen oder Lösungen führen, wenn sie angemessen bearbeitet werden.

Was sind die Vorteile von Konflikten im Unternehmen?

Konflikte im Unternehmen können, trotz ihrer Herausforderungen, auch mehrere Vorteile bieten:

Innovation und Kreativität: Unterschiedliche Perspektiven und Meinungen können zu neuen Ideen und Lösungen führen. Konflikte können den Denkprozess anregen und innovative Ansätze fördern.

Verbesserte Kommunikation: Durch Konflikte wird oft die Kommunikation innerhalb eines Teams oder zwischen Abteilungen angeregt. Probleme werden offen angesprochen, was die Transparenz und das Verständnis fördert.

Stärkung von Beziehungen: Der konstruktive Umgang mit Konflikten kann Beziehungen vertiefen. Teams lernen, besser miteinander zu arbeiten, wenn sie lernen, Differenzen zu lösen.

Klarheit über Werte und Ziele: Konflikte können dazu beitragen, Missverständnisse über Unternehmensziele und -werte zu klären und die Prioritäten der Mitarbeiter neu zu definieren.

Persönliches Wachstum: Die Auseinandersetzung mit Konflikten fördert die persönliche und berufliche Entwicklung der Beteiligten, da sie Fähigkeiten wie Konfliktlösung, Verhandlung und Empathie stärken.

Teamdynamik: Ein gewisses Maß an Konflikt kann dazu beitragen, dass Teams dynamisch bleiben. Ohne Herausforderungen könnte eine stagnierende oder unproduktive Arbeitsumgebung entstehen.

Strategische Anpassung: Konflikte können Unternehmen helfen, ihre Strategien zu überdenken und anzupassen, um besser auf Marktveränderungen oder interne Herausforderungen zu reagieren.

Durch ein effektives Konfliktmanagement können Unternehmen die positiven Aspekte von Konflikten nutzen, um ihre Leistung und Zusammenarbeit zu verbessern.

Was sind die Nachteile?

Konflikte im Unternehmen können auch zahlreiche Nachteile mit sich bringen:

Produktivitätsverlust: Anhaltende Konflikte können Zeit und Energie der Mitarbeiter beanspruchen, was zu einem Rückgang der Produktivität führt.

Negative Atmosphäre: Konflikte können eine toxische Arbeitsumgebung schaffen, die das Wohlbefinden der Mitarbeiter beeinträchtigt und die Motivation senkt.

Erosion von Beziehungen: Ungeklärte oder schlecht behandelte Konflikte können zu Misstrauen und Spannungen zwischen Teammitgliedern führen und bestehende Beziehungen belasten.

Hohe Fluktuation: Mitarbeiter können unzufrieden werden und das Unternehmen verlassen, wenn sie das Gefühl haben, dass Konflikte nicht angemessen gelöst werden.

Fehlende Zusammenarbeit: Konflikte können die Teamarbeit beeinträchtigen und die Kooperation zwischen Abteilungen erschweren, was die Gesamtleistung des Unternehmens negativ beeinflussen kann.

Ressourcenverschwendung: Die Behebung von Konflikten erfordert oft zusätzliche Ressourcen, sei es in Form von Zeit, Geld oder externen Mediatoren.

Entscheidungsverzögerungen: Konflikte können Entscheidungsprozesse verlangsamen, da Teammitglieder möglicherweise zögern, sich zu einigen oder sich auf gemeinsame Ziele zu verständigen.

Schlechte Kundenbeziehungen: Wenn interne Konflikte die Mitarbeitermoral und -leistung beeinträchtigen, kann dies auch negative Auswirkungen auf den Kundenservice und die Kundenbeziehungen haben.

Ein effektives Konfliktmanagement ist entscheidend, um die negativen Auswirkungen von Konflikten zu minimieren und die positiven Aspekte zu fördern.

Welche Arten von Konflikte gibt es?

Es gibt verschiedene Arten von Konflikten, die in Unternehmen und Organisationen auftreten können. Hier sind einige der häufigsten:

Interpersonelle Konflikte: Diese Konflikte entstehen zwischen zwei oder mehr Individuen, oft aufgrund unterschiedlicher Persönlichkeiten, Kommunikationsstile oder Wertvorstellungen.

Intragruppen-Konflikte: Konflikte innerhalb eines Teams oder einer Gruppe, die durch unterschiedliche Meinungen, Ziele oder Rollenverteilungen entstehen können.

Intergruppen-Konflikte: Diese Konflikte treten zwischen verschiedenen Gruppen oder Abteilungen innerhalb einer Organisation auf, häufig aufgrund von Konkurrenz, Ressourcenmangel oder unterschiedlichen Zielen.

Rollen- und Verantwortungs-Konflikte: Konflikte, die aus unklaren oder sich überschneidenden Rollen und Verantwortlichkeiten resultieren. Mitarbeiter sind sich unsicher über ihre Aufgaben oder die Aufgaben anderer.

Wertkonflikte: Diese Konflikte entstehen, wenn unterschiedliche Werte oder Überzeugungen aufeinanderprallen, etwa in Fragen der Ethik oder der Unternehmensphilosophie.

Strukturkonflikte: Konflikte, die aus der Struktur der Organisation resultieren, beispielsweise aufgrund von Hierarchien oder Machtverhältnissen.

Kulturelle Konflikte: Diese treten häufig in multinationalen Unternehmen auf und entstehen durch unterschiedliche kulturelle Hintergründe, Normen und Werte der Mitarbeiter.

Zielkonflikte: Wenn verschiedene Abteilungen oder Mitarbeiter unterschiedliche Ziele verfolgen, kann dies zu Spannungen und Konflikten führen.

Jede Art von Konflikt erfordert unterschiedliche Ansätze zur Lösung und kann sowohl positive als auch negative Auswirkungen auf das Arbeitsumfeld haben.

Beispiele:
Hier sind einige Beispiele für die verschiedenen Arten von Konflikten:

Interpersonelle Konflikte: Zwei Mitarbeiter sind sich über den besten Ansatz zur Lösung eines Problems uneinig, was zu Spannungen und Missverständnissen führt.

Intragruppen-Konflikte: In einem Projektteam gibt es Auseinandersetzungen über die Verteilung der Aufgaben, wobei einige Mitglieder das Gefühl haben, dass andere weniger beitragen.

Intergruppen-Konflikte: Die Marketing- und Vertriebsabteilungen haben unterschiedliche Ansichten über die Zielgruppe eines Produkts, was zu konkurrierenden Strategien und Rivalitäten führt.

Rollen- und Verantwortungs-Konflikte: Ein neuer Mitarbeiter ist unsicher über seine Rolle in einem Projekt, da es Überschneidungen mit den Aufgaben eines erfahrenen Kollegen gibt.

Wertkonflikte: Ein Mitarbeiter fühlt sich unwohl, wenn von ihm verlangt wird, ein aggressives Verkaufsverhalten zu zeigen, das nicht mit seinen ethischen Überzeugungen übereinstimmt.

Strukturkonflikte: Ein Mitarbeiter aus einer niedrigeren Hierarchieebene hat das Gefühl, dass seine Ideen von Vorgesetzten ignoriert werden, was zu Frustration führt.

Kulturelle Konflikte: In einem internationalen Team gibt es Missverständnisse aufgrund unterschiedlicher Kommunikationsstile – zum Beispiel, dass einige Kulturen direkten Widerspruch als respektlos empfinden.

Zielkonflikte: Die Forschungsabteilung möchte die Produktentwicklung verlangsamen, um umfassendere Tests durchzuführen, während das Management schnellere Markteinführungen fordert.

Diese Beispiele verdeutlichen, wie Konflikte in verschiedenen Kontexten auftreten können und wie sie unterschiedliche Aspekte der Zusammenarbeit beeinflussen.

Was sind Ursachen von Konflikten?

Konflikte können aus verschiedenen Ursachen entstehen. Hier sind einige der häufigsten:

Unterschiedliche Ziele: Wenn Individuen oder Gruppen unterschiedliche Prioritäten oder Ziele verfolgen, kann dies zu Spannungen führen.

Missverständnisse und Kommunikationsprobleme: Unklare Kommunikation oder falsche Annahmen können leicht zu Missverständnissen und Konflikten führen.

Rollen- und Verantwortungsunklarheiten: Wenn die Aufgaben und Verantwortlichkeiten nicht klar definiert sind, kann dies zu Überlappungen und Spannungen führen.

Persönliche Differenzen: Unterschiedliche Persönlichkeiten, Werte oder Arbeitsstile können zu Konflikten führen, insbesondere wenn die Beteiligten Schwierigkeiten haben, die Perspektive des anderen zu verstehen.

Ressourcenkonkurrenz: Knappheit an Ressourcen wie Budget, Zeit oder Personal kann zu Konflikten zwischen Abteilungen oder Teams führen, die um die gleichen Mittel konkurrieren.

Kulturelle Unterschiede: In multikulturellen Umgebungen können unterschiedliche Werte und Normen zu Missverständnissen und Konflikten führen.

Macht- und Einflusskämpfe: Konflikte können entstehen, wenn Mitarbeiter um Macht, Anerkennung oder Einfluss innerhalb der Organisation konkurrieren.

Stress und Druck: Hoher Leistungsdruck oder Stress können die emotionale Reaktion der Mitarbeiter erhöhen und zu Konflikten führen.

Änderungen und Unsicherheiten: Veränderungen in der Organisation, wie Umstrukturierungen oder neue Technologien, können Unsicherheit erzeugen und Konflikte hervorrufen.

Diese Ursachen können oft miteinander verknüpft sein und erfordern ein effektives Konfliktmanagement, um die Beziehungen und die Zusammenarbeit im Unternehmen zu fördern.

Woran erkenne ich Konflikte im Betrieb?

Konflikte im Betrieb können sich auf verschiedene Weisen zeigen. Hier sind einige Anzeichen, auf die man achten sollte:

Kommunikationsschwierigkeiten: Häufige Missverständnisse, Unklarheiten oder mangelnde Kommunikation zwischen Mitarbeitern können auf zugrunde liegende Konflikte hinweisen.

Verändertes Verhalten: Wenn Mitarbeiter unmotiviert, zurückgezogen oder gereizt erscheinen, kann das ein Hinweis auf bestehende Konflikte sein.

Zunahme von Spannungen: Offene Auseinandersetzungen oder Streitigkeiten in Meetings oder im Team können auf Konflikte hinweisen.

Teamdynamik: Eine spürbare Veränderung in der Teamarbeit, wie z. B. ein Rückgang der Zusammenarbeit oder das Auftreten von Cliquenbildung, kann auf Konflikte hindeuten.

Feedback von Mitarbeitern: Häufige Klagen oder Rückmeldungen von Mitarbeitern über Schwierigkeiten in der Zusammenarbeit oder über andere Teammitglieder sollten ernst genommen werden.

Leistungsabfall: Ein plötzlicher Rückgang der Produktivität oder Qualität der Arbeit kann durch interne Konflikte bedingt sein.

Hohe Fluktuation: Wenn Mitarbeiter häufig das Unternehmen verlassen, kann dies ein Zeichen für ungelöste Konflikte oder ein schlechtes Arbeitsklima sein.

Vermeidung von Kontakten: Wenn Mitarbeiter beginnen, den Kontakt zu bestimmten Kollegen zu meiden oder sich in Meetings nicht mehr einbringen, kann das auf Konflikte hindeuten.

Emotionale Reaktionen: Übermäßige emotionale Reaktionen, wie Wutausbrüche oder Rückzug, können ebenfalls auf zugrunde liegende Konflikte hinweisen.

Es ist wichtig, Konflikte frühzeitig zu erkennen, um geeignete Maßnahmen zur Lösung zu ergreifen und ein gesundes Arbeitsumfeld zu fördern.

Nach welchen drei Phasen entstehen Konflikte?

Konflikte entstehen häufig in drei Phasen:

1. **Latente Phase**: In dieser Phase sind die Konfliktursachen vorhanden, aber sie sind noch nicht offen ausgetragen. Es gibt Spannungen oder unterschiedliche Interessen, die möglicherweise nicht sofort erkennbar sind. Diese Phase kann lange andauern und wird oft durch Missverständnisse oder unausgesprochene Erwartungen geprägt.

2. **Eskalationsphase**: In dieser Phase treten die Konflikte sichtbar zutage. Spannungen steigen, und es kommt zu offenen Auseinandersetzungen, sei es in Form von Diskussionen, Auseinandersetzungen oder Verhaltensänderungen. Die Emotionen sind oft hoch, und die Beteiligten können sich unkooperativ verhalten. Diese Phase kann schnell intensiver werden, wenn nicht rechtzeitig eingegriffen wird.

3. **Lösungsphase**: Diese Phase tritt ein, wenn die Konfliktparteien versuchen, eine Lösung zu finden. Dies kann durch Gespräche, Mediation oder andere Konfliktlösungsstrategien geschehen. Je nachdem, wie effektiv die Kommunikation ist und welche Maßnahmen ergriffen werden, kann der Konflikt gelöst oder weiter eskalieren.

Ein frühzeitiges Erkennen und Eingreifen in der latenten Phase kann helfen, die Eskalation zu verhindern und eine konstruktive Lösung zu fördern.

Beispiele:
Hier sind einige Beispiele für jede der drei Phasen, in denen Konflikte entstehen können:

Latente Phase Beispiel: Ein Teammitglied ist mit der Art und Weise, wie Aufgaben verteilt werden, unzufrieden. Es äußert jedoch seine Bedenken nicht, sondern spricht stattdessen hinter dem Rücken der Teamleitung darüber. Diese Unzufriedenheit bleibt unentdeckt und führt zu einem schleichenden Gefühl der Frustration.

Eskalationsphase Beispiel: Bei einem Teammeeting wird das Thema der ungleichen Aufgabenverteilung angesprochen. Es kommt zu hitzigen Diskussionen, in denen einige Teammitglieder einander Vorwürfe machen und die Zusammenarbeit leidet. Emotionen kochen hoch, und es entstehen Spannungen zwischen den Teammitgliedern.

Lösungsphase Beispiel: Nach mehreren Eskalationen beschließen die Teammitglieder, einen Mediator hinzuzuziehen, um die Situation zu klären. In einem strukturierten Gespräch können sie ihre Perspektiven darlegen, Missverständnisse aufklären und gemeinsam eine Lösung finden, wie Aufgaben gerechter verteilt werden können. Der Konflikt wird konstruktiv gelöst und das Team kann wieder harmonisch zusammenarbeiten.

Diese Beispiele verdeutlichen, wie Konflikte in den verschiedenen Phasen entstehen und sich entwickeln können. Ein frühzeitiges Eingreifen kann helfen, die negative Entwicklung zu stoppen und eine positive Lösung zu fördern.

Wie gehe ich als Führungskraft richtig mit Konflikten um?

Als Führungskraft ist es wichtig, Konflikte proaktiv und konstruktiv zu managen. Hier sind einige Schritte, die Ihnen helfen können:

Frühzeitiges Erkennen: Achten Sie auf Anzeichen von Konflikten, wie Veränderungen in der Teamdynamik oder Kommunikationsproblemen. Je früher Sie handeln, desto leichter lässt sich der Konflikt lösen.

Offene Kommunikation fördern: Schaffen Sie eine Atmosphäre, in der Teammitglieder offen über ihre Bedenken sprechen können. Ermutigen Sie zur offenen Diskussion von Konflikten, bevor sie eskalieren.

Aktives Zuhören: Hören Sie den Beteiligten aufmerksam zu, um ihre Perspektiven und Emotionen zu verstehen. Zeigen Sie Empathie und Interesse, um Vertrauen aufzubauen.

Neutralität wahren: Versuchen Sie, eine neutrale Position einzunehmen, ohne Partei zu ergreifen. Das fördert ein Gefühl der Fairness und hilft, weitere Spannungen zu vermeiden.

Mediation anbieten: In schwierigen Situationen kann es hilfreich sein, als Mediator zu agieren oder einen neutralen Dritten hinzuzuziehen, um die Kommunikation zu erleichtern und Lösungen zu finden.

Ziele und Lösungen klären: Helfen Sie den Konfliktparteien, gemeinsame Ziele zu identifizieren und Lösungen zu entwickeln, die für alle akzeptabel sind.

Verantwortung und Konsequenzen: Stellen Sie sicher, dass alle Beteiligten die Verantwortung für ihre Beiträge zum Konflikt übernehmen und klären Sie die Konsequenzen, wenn Konflikte nicht konstruktiv gelöst werden.

Nachverfolgung: Bleiben Sie nach der Konfliktlösung im Gespräch. Überprüfen Sie regemäßig den Fortschritt und das Wohlbefinden der Teammitglieder, um sicherzustellen, dass die Lösung nachhaltig ist.

Kultur des Lernens fördern: Nutzen Sie Konflikte als Gelegenheit für Team- und persönliche Weiterentwicklung. Reflektieren Sie, was aus der Situation gelernt werden kann, um zukünftigen Konflikten vorzubeugen.

Durch einen konstruktiven und empathischen Umgang mit Konflikten können Sie nicht nur das Teamklima verbessern, sondern auch das Vertrauen und die Zusammenarbeit innerhalb Ihres Teams stärken.

Welche Präventionsmaßnahmen kann ich als Führungskraft treffen?

Als Führungskraft können Sie verschiedene Präventionsmaßnahmen ergreifen, um Konflikte im Team proaktiv zu vermeiden:

Klare Kommunikation: Etablieren Sie offene und transparente Kommunikationskanäle. Sorgen Sie dafür, dass alle Teammitglieder über Ziele, Aufgaben und Erwartungen informiert sind.

Rollenklarheit: Definieren Sie die Rollen und Verantwortlichkeiten der Teammitglieder eindeutig. Dies reduziert Verwirrung und Überschneidungen, die Konflikte hervorrufen können.

Teamentwicklung: Fördern Sie Teambuilding-Aktivitäten, um die Zusammenarbeit und das Vertrauen unter den Mitarbeitern zu stärken. Starke Beziehungen können Konflikte abmildern.

Feedback-Kultur: Etablieren Sie eine Kultur des konstruktiven Feedbacks. Regelmäßige Rückmeldungen helfen, Probleme frühzeitig zu identifizieren und Missverständnisse zu klären.

Schulung und Training: Bieten Sie Schulungen zu Kommunikation, Konfliktlösung und Teamarbeit an. Das stärkt die Fähigkeiten der Mitarbeiter, Konflikte selbst zu bewältigen.

Emotionale Intelligenz fördern: Unterstützen Sie die Entwicklung emotionaler Intelligenz im Team. Mitarbeiter, die ihre eigenen Emotionen und die anderer besser verstehen, können Konflikte effektiver handhaben.

Stressmanagement: Achten Sie auf das Wohlbefinden Ihrer Mitarbeiter. Stress und Überlastung können Konflikte verstärken. Fördern Sie ein ausgewogenes Arbeitsumfeld.

Vielfalt wertschätzen: Schaffen Sie ein inklusives Arbeitsumfeld, das Vielfalt fördert. Unterschiedliche Perspektiven können Innovationen bringen, aber auch Konflikte auslösen, wenn sie nicht respektiert werden.

Regelmäßige Teammeetings: Halten Sie regelmäßige Meetings ab, um den Austausch und die Kommunikation im Team zu fördern. Dies gibt den Mitarbeitern die Möglichkeit, Anliegen anzusprechen, bevor sie zu Konflikten werden.

Ziele gemeinsam festlegen: Binden Sie das Team in die Festlegung von Zielen ein. Wenn Mitarbeiter an der Zielsetzung beteiligt sind, sind sie eher bereit, sich dafür einzusetzen und Konflikte zu vermeiden.

Durch diese Maßnahmen können Sie ein positives Arbeitsumfeld schaffen, in dem Konflikte weniger wahrscheinlich sind und die Zusammenarbeit gefördert wird.

Wie kann ich Konflikte lösen?

Um Konflikte effektiv zu lösen, können Sie folgende Schritte befolgen:

Situation analysieren: Verstehen Sie die Ursachen des Konflikts. Sprechen Sie mit den Beteiligten, um ihre Perspektiven und Emotionen zu erfassen.

Offenes Gespräch fördern: Organisieren Sie ein vertrauliches Gespräch zwischen den Konfliktparteien. Stellen Sie sicher, dass alle Beteiligten die Möglichkeit haben, ihre Sichtweise darzulegen.

Aktives Zuhören: Hören Sie aufmerksam zu und zeigen Sie Empathie. Wiederholen Sie, was die anderen gesagt haben, um Missverständnisse zu vermeiden und zu zeigen, dass Sie ihre Position verstehen.

Neutralität wahren: Bleiben Sie neutral und unparteiisch. Vermeiden Sie es, Partei zu ergreifen, um das Vertrauen beider Seiten zu wahren.

Gemeinsame Ziele identifizieren: Helfen Sie den Konfliktparteien, gemeinsame Ziele zu finden. Fokussieren Sie sich auf das, was alle wollen, um einen Konsens zu erreichen.

Lösungsoptionen entwickeln: Arbeiten Sie gemeinsam an möglichen Lösungen. Lassen Sie alle Beteiligten Vorschläge machen und bewerten Sie diese gemeinsam.

Kompromisse eingehen: Seien Sie bereit, Kompromisse zu finden. Jeder sollte bereit sein, etwas von seiner Position aufzugeben, um eine Lösung zu erreichen.

Konkrete Vereinbarungen treffen: Halten Sie die vereinbarten Lösungen schriftlich fest, um Missverständnisse zu vermeiden. Klären Sie die nächsten Schritte und Verantwortlichkeiten.

Nachverfolgung: Überprüfen Sie nach einer gewissen Zeit den Fortschritt. Stellen Sie sicher, dass die getroffenen Vereinbarungen eingehalten werden und der Konflikt tatsächlich gelöst ist.

Lernen und Reflexion: Nutzen Sie den Konflikt als Lerngelegenheit. Reflektieren Sie gemeinsam, was aus der Situation gelernt werden kann, um zukünftigen Konflikten vorzubeugen.

Diese Schritte helfen Ihnen, Konflikte konstruktiv zu lösen und ein positives Arbeitsumfeld zu fördern.

Welche Organisatorische Maßnahmen kann ein Unternehmen veranlassen, um Konflikte zu vermeiden?

Um Konflikte in einem Unternehmen zu vermeiden, können verschiedene organisatorische Maßnahmen ergriffen werden. Hier sind einige effektive Ansätze:

Klare Kommunikationsstrukturen: Stellen Sie sicher, dass Informationen klar und transparent fließen. Regelmäßige Meetings und Updates können Missverständnisse vermeiden.

Rollen und Verantwortlichkeiten: Definieren Sie klare Rollen und Verantwortlichkeiten, damit jeder Mitarbeiter weiß, was von ihm erwartet wird.

Teamentwicklung: Fördern Sie Teambuilding-Aktivitäten, um den Zusammenhalt zu stärken und das Verständnis untereinander zu verbessern.

Schulung in Konfliktmanagement: Bieten Sie Schulungen für Mitarbeiter an, um ihnen Fähigkeiten zur Konfliktlösung und effektiven Kommunikation zu vermitteln.

Feedback-Kultur: Etablieren Sie eine Kultur, in der Feedback konstruktiv gegeben und angenommen wird. Regelmäßige Feedback-Gespräche können helfen, Probleme frühzeitig zu identifizieren.

Mitarbeiterbeteiligung: Beziehen Sie Mitarbeiter in Entscheidungsprozesse ein. Wenn sie sich gehört und wertgeschätzt fühlen, sind Konflikte weniger wahrscheinlich.

Flexibles Arbeiten: Ermöglichen Sie flexible Arbeitszeiten oder Homeoffice, um individuelle Bedürfnisse der Mitarbeiter zu berücksichtigen.

Regelungen für Konfliktlösung: Entwickeln Sie klare Verfahren zur Konfliktlösung, die den Mitarbeitern helfen, Konflikte schnell und effektiv anzugehen.

Diversity und Inklusion: Fördern Sie ein diverses und inklusives Arbeitsumfeld, in dem unterschiedliche Perspektiven wertgeschätzt werden.

Stressmanagement-Programme: Bieten Sie Programme an, die Mitarbeitern helfen, mit Stress umzugehen, um die allgemeine Zufriedenheit und Produktivität zu erhöhen.

Durch die Implementierung dieser Maßnahmen kann ein Unternehmen eine positive Arbeitsumgebung schaffen, in der Konflikte proaktiv vermieden werden.

6.2 BESCHWERDE

Definition Beschwerde

Eine Beschwerde ist eine formale Äußerung eines Unmuts oder Unzufriedenheit, die sich auf ein bestimmtes Problem, eine Dienstleistung, ein Produkt oder eine Entscheidung bezieht. Sie wird häufig von einer Person oder Gruppe vorgebracht, die das Gefühl hat, dass ihre Erwartungen nicht erfüllt wurden oder dass ein Fehler, eine Ungerechtigkeit oder ein Missstand vorliegt.

Beschwerden können in verschiedenen Kontexten auftreten, wie zum Beispiel im Kundenservice, im Arbeitsumfeld oder in der Verwaltung. Sie dienen oft als wichtiges Feedback für Unternehmen oder Organisationen, um ihre Prozesse, Produkte oder Dienstleistungen zu verbessern.

Wie sollte ich als Führungskraft mit Beschwerden umgehen?

Der Umgang mit Beschwerden ist für Führungskräfte entscheidend, um ein positives Arbeitsumfeld zu fördern und das Vertrauen der Mitarbeiter zu stärken. Hier sind einige Schritte, die Sie befolgen können:

Zuhören und ernst nehmen: Nehmen Sie jede Beschwerde ernst. Hören Sie aktiv zu, um die Anliegen der Mitarbeiter vollständig zu verstehen.

Offene Kommunikation fördern: Schaffen Sie eine Atmosphäre, in der Mitarbeiter sich sicher fühlen, ihre Bedenken zu äußern. Ermutigen Sie sie, offen zu sprechen.

Schnell reagieren: Stellen Sie sicher, dass Sie zeitnah auf Beschwerden reagieren. Eine zügige Reaktion zeigt, dass Ihnen die Anliegen der Mitarbeiter wichtig sind.

Fakten ermitteln: Versuchen Sie, die Situation objektiv zu analysieren. Sprechen Sie mit den betroffenen Personen, um alle relevanten Informationen zu sammeln.

Empathie zeigen: Zeigen Sie Verständnis für die Gefühle und Perspektiven des Beschwerdeführers. Empathie kann helfen, Spannungen abzubauen.

Lösungen anbieten: Arbeiten Sie gemeinsam mit dem Mitarbeiter an möglichen Lösungen. Fragen Sie, welche Erwartungen sie an eine Lösung haben, und bieten Sie geeignete Optionen an.

Entscheidungen kommunizieren: Teilen Sie dem Mitarbeiter mit, wie Sie die Beschwerde bearbeiten werden und welche Maßnahmen ergriffen werden. Halten Sie ihn über den Fortschritt auf dem Laufenden.

Nachverfolgung: Überprüfen Sie nach der Lösung der Beschwerde, ob der Mitarbeiter mit der Antwort oder den Maßnahmen zufrieden ist. Dies zeigt, dass Ihnen seine Meinung weiterhin wichtig ist.

Lernen und anpassen: Nutzen Sie Beschwerden als Feedback, um Prozesse und Praktiken zu verbessern. Analysieren Sie häufige Beschwerden, um systematische Probleme zu identifizieren.

Dokumentation: Halten Sie Beschwerden und die getroffenen Maßnahmen schriftlich fest, um Transparenz zu gewährleisten und Muster zu erkennen.

Durch diesen strukturierten Umgang mit Beschwerden können Sie nicht nur das Vertrauen Ihrer Mitarbeiter stärken, sondern auch zur Verbesserung des Arbeitsklimas und der Teamdynamik beitragen.

Wie kann ich Eskalationen vermeiden?

Um Eskalationen von Konflikten oder Beschwerden zu vermeiden, können Sie als Führungskraft folgende Strategien umsetzen:

Frühzeitige Identifikation: Achten Sie auf Anzeichen von Unzufriedenheit oder Spannungen im Team. Je früher Sie Probleme erkennen, desto einfacher können Sie sie ansprechen.

Offene Kommunikationskultur: Fördern Sie eine Atmosphäre, in der Mitarbeiter sich sicher fühlen, ihre Bedenken zu äußern. Offene Kommunikation kann Missverständnisse frühzeitig klären.

Regelmäßige Feedback-Gespräche: Führen Sie regelmäßige Einzel- oder Teamgespräche, um den Puls des Teams zu fühlen und Probleme proaktiv zu besprechen.

Klare Rollen und Verantwortlichkeiten: Sorgen Sie dafür, dass alle Teammitglieder ihre Aufgaben und Verantwortlichkeiten klar verstehen. Unklarheiten können zu Konflikten führen.

Schulungen zur Konfliktlösung: Bieten Sie Schulungen oder Workshops an, die Teammitglieder in Konfliktlösung und effektiver

Kommunikation schulen. Gut vorbereitete Mitarbeiter sind in der Lage, Konflikte selbst zu lösen.

Zielorientierte Teamarbeit: Fokussieren Sie das Team auf gemeinsame Ziele. Wenn alle an einem Strang ziehen, reduziert sich die Wahrscheinlichkeit von internen Konflikten.

Empathie und Wertschätzung: Zeigen Sie Wertschätzung für die Beiträge und Meinungen aller Teammitglieder. Dies fördert ein positives Miteinander und mindert Spannungen.

Ressourcen bereitstellen: Sorgen Sie dafür, dass Mitarbeiter die nötigen Ressourcen haben, um ihre Aufgaben zu erfüllen. Überlastung kann zu Frustration und Konflikten führen.

Konflikte zeitnah ansprechen: Wenn Konflikte oder Beschwerden auftreten, sprechen Sie diese zeitnah an, bevor sie sich aufbauen und eskalieren.

Vorbildfunktion: Leben Sie selbst eine positive Konfliktkultur vor. Demonstrieren Sie, wie man konstruktiv mit Konflikten umgeht, um das Verhalten Ihrer Mitarbeiter zu beeinflussen.

Durch diese Maßnahmen schaffen Sie ein Arbeitsumfeld, das Konflikte frühzeitig erkennt und proaktiv damit umgeht, bevor sie eskalieren.

Wie sind die Regeln, wenn man eine Beschwerde vorbringen möchte?

Wenn Sie eine Beschwerde vorbringen möchten, gibt es einige grundlegende Regeln und Tipps, die Ihnen helfen können, dies effektiv und konstruktiv zu tun:

Klarheit über das Anliegen: Stellen Sie sicher, dass Sie genau wissen, worüber Sie sich beschweren möchten. Formulieren Sie Ihr Anliegen klar und präzise.

Fakten sammeln: Unterstützen Sie Ihre Beschwerde mit konkreten Beispielen und Fakten. Dokumentieren Sie relevante Informationen, wie Datum, Uhrzeit und beteiligte Personen.

Ruhig und respektvoll bleiben: Bringen Sie Ihre Beschwerde in einem respektvollen und sachlichen Ton vor. Vermeiden Sie es, emotional oder konfrontativ zu werden, um eine konstruktive Diskussion zu fördern.

Eigenverantwortung übernehmen: Formulieren Sie Ihre Beschwerde so, dass sie Verantwortung für Ihre eigenen Gefühle und Wahrnehmungen übernimmt. Nutzen Sie „Ich-Botschaften" (z. B. „Ich fühle mich..."), um Missverständnisse zu vermeiden.

Konstruktive Lösung vorschlagen: Überlegen Sie sich im Voraus, welche Lösungen oder Verbesserungen Sie sich wünschen. Dies zeigt, dass Sie an einer positiven Lösung interessiert sind.

Geeigneten Zeitpunkt wählen: Wählen Sie einen passenden Zeitpunkt und Ort, um Ihre Beschwerde vorzubringen. Vermeiden Sie es, in stressigen Situationen oder vor anderen Personen zu sprechen.

Offen für Feedback sein: Seien Sie bereit, zuzuhören und auf Rückmeldungen zu reagieren. Manchmal können Missverständnisse durch das Verständnis der Perspektive des anderen gelöst werden.

Follow-up: Wenn Ihre Beschwerde nicht sofort gelöst wird, fragen Sie nach, wie der Stand der Dinge ist. Das zeigt Ihr Interesse an einer Lösung.

Dokumentation: Halten Sie Ihre Beschwerde und die Gespräche schriftlich fest, um einen Überblick über den Prozess zu behalten.

Entscheidung akzeptieren: Akzeptieren Sie die Entscheidung, auch wenn sie nicht Ihren Erwartungen entspricht. Fragen Sie nach weiteren Klärungen, wenn nötig.

Diese Regeln können Ihnen helfen, Ihre Beschwerde konstruktiv zu formulieren und die Wahrscheinlichkeit zu erhöhen, dass sie ernst genommen und behandelt wird.

Wie nehme ich Beschwerden entgegen?

Um Beschwerden entgegenzunehmen und effektiv zu bearbeiten, können Sie folgende Schritte befolgen:

Zuhören: Hören Sie aktiv und aufmerksam zu. Lassen Sie den Beschwerdeführer ausreden, ohne ihn zu unterbrechen. Zeigen Sie Interesse an seinem Anliegen.

Empathie zeigen: Drücken Sie Verständnis für die Situation des Mitarbeiters aus. Empathie kann helfen, Spannungen abzubauen und Vertrauen aufzubauen.

Klarheit schaffen: Stellen Sie gezielte Fragen, um das Problem besser zu verstehen. Klären Sie unklare Punkte und sammeln Sie alle relevanten Informationen.

Neutralität wahren: Seien Sie neutral und unparteiisch. Vermeiden Sie es, sofort Partei zu ergreifen oder zu urteilen.

Zusammenfassen: Fassen Sie die Hauptpunkte der Beschwerde zusammen, um sicherzustellen, dass Sie das Anliegen richtig verstanden haben. Dies zeigt dem Beschwerdeführer, dass Sie ihm zuhören.

Lösungsorientiert denken: Fragen Sie den Mitarbeiter, welche Lösung er sich wünscht. Bieten Sie auch Ihre eigenen Ideen zur Lösung an und arbeiten Sie gemeinsam an möglichen Lösungen.

Konkrete Schritte anbieten: Informieren Sie den Beschwerdeführer über die nächsten Schritte, die Sie unternehmen werden, um das Problem zu lösen. Klären Sie, wann er mit einer Rückmeldung rechnen kann.

Dokumentation: Halten Sie die Beschwerde und alle relevanten Informationen schriftlich fest. Dies kann bei der Nachverfolgung und Lösung des Problems hilfreich sein.

Follow-up: Überprüfen Sie nach einer gewissen Zeit, ob die beschlossene Lösung umgesetzt wurde und ob der Mitarbeiter mit dem Ergebnis zufrieden ist.

Feedback annehmen: Sehen Sie Beschwerden als wertvolles Feedback, das Ihnen hilft, Prozesse zu verbessern. Nutzen Sie die Gelegenheit, um aus der Situation zu lernen.

Durch diesen strukturierten und empathischen Ansatz können Sie Beschwerden effektiv entgegennehmen und zur Verbesserung des Arbeitsumfelds beitragen.

Welche Fähigkeiten sollte eine Führungskraft bei Konflikten haben?

Eine Führungskraft sollte bei der Konfliktbewältigung über mehrere wichtige Fähigkeiten verfügen:

Kommunikationsfähigkeit: Klar und effektiv kommunizieren zu können, ist entscheidend, um Missverständnisse zu klären und alle Beteiligten in den Lösungsprozess einzubeziehen.

Aktives Zuhören: Die Fähigkeit, aufmerksam zuzuhören und die Perspektiven der anderen zu verstehen, ist wichtig, um die Ursachen von Konflikten zu erkennen.

Empathie: Einfühlungsvermögen hilft dabei, die Emotionen und Sichtweisen der Konfliktparteien zu erkennen und ein respektvolles Umfeld zu schaffen.

Konfliktlösungsfähigkeiten: Kenntnisse über verschiedene Techniken zur Konfliktlösung, wie Mediation oder Verhandlung, sind unerlässlich, um konstruktive Lösungen zu finden.

Neutralität: Die Fähigkeit, neutral zu bleiben und keine Partei zu ergreifen, ist wichtig, um das Vertrauen aller Beteiligten zu wahren.

Entscheidungsfähigkeit: In Konfliktsituationen muss eine Führungskraft oft schnell Entscheidungen treffen. Eine gute Entscheidungsfähigkeit hilft, Lösungen zügig umzusetzen.

Stressbewältigung: Konflikte können emotional belastend sein. Die Fähigkeit, unter Druck ruhig zu bleiben und gelassen zu reagieren, ist von großer Bedeutung.

Teammanagement: Gute Fähigkeiten im Teammanagement helfen dabei, ein positives Arbeitsumfeld zu fördern und Konflikte präventiv zu vermeiden.

Flexibilität: Die Bereitschaft, verschiedene Perspektiven in Betracht zu ziehen und anpassungsfähig zu sein, ist wichtig, um auf unterschiedliche Konfliktsituationen angemessen zu reagieren.

Reflexionsfähigkeit: Die Fähigkeit, über eigene Entscheidungen und Handlungen nachzudenken, um aus Erfahrungen zu lernen und sich weiterzuentwickeln.

Diese Fähigkeiten tragen dazu bei, Konflikte effektiv zu managen und ein harmonisches Arbeitsumfeld zu fördern.

6.3. FLUKTUATION

Definition Fluktuation

Fluktuation bezeichnet die Veränderung in der Zusammensetzung einer Gruppe oder eines Unternehmens, insbesondere im Hinblick auf die Anzahl der Mitarbeiter, die das Unternehmen verlassen und neu eingestellt werden. Sie wird häufig als Maß für die Mitarbeiterbindung und -zufriedenheit verwendet.

In einem wirtschaftlichen Kontext umfasst Fluktuation:

Mitarbeiter, die das Unternehmen verlassen: Dazu gehören Kündigungen, Renteneintritte, Entlassungen oder Umsetzungen.

Neueinstellungen: Die Anzahl der neuen Mitarbeiter, die im gleichen Zeitraum eingestellt werden.

Fluktuation kann in zwei Hauptkategorien unterteilt werden:

Freiwillige Fluktuation: Wenn Mitarbeiter das Unternehmen aus eigenen Gründen, wie z. B. einem besseren Jobangebot oder persönlichen Gründen, verlassen.

Unfreiwillige Fluktuation: Wenn Mitarbeiter aus Gründen, die oft vom Unternehmen abhängen, wie z. B. Entlassungen oder Restrukturierungen, ausscheiden.

Eine hohe Fluktuation kann auf Probleme im Arbeitsumfeld oder in der Unternehmenskultur hinweisen, während eine niedrige Fluktuation oft als Indikator für Mitarbeiterzufriedenheit und -bindung betrachtet wird.

Welche Ursachen haben Fluktuation?

Fluktuation kann durch verschiedene Ursachen bedingt sein. Hier sind einige der häufigsten:

Unzufriedenheit mit dem Arbeitsplatz: Mitarbeiter können unzufrieden sein mit ihrer Rolle, den Arbeitsbedingungen oder dem Unternehmensklima.

Karriereentwicklung: Fehlende Aufstiegschancen oder Weiterbildungsmöglichkeiten können dazu führen, dass Mitarbeiter nach besseren Perspektiven suchen.

Vergütung und Benefits: Unzureichende Gehälter oder nicht wettbewerbsfähige Vergütungspakete können Mitarbeiter dazu bewegen, andere Angebote in Betracht zu ziehen.

Führungsstil: Ein schlechter oder autoritärer Führungsstil kann zu Unzufriedenheit und einem negativen Arbeitsumfeld führen, was die Fluktuation erhöht.

Arbeitsbelastung: Übermäßiger Stress, hohe Arbeitslast oder unzureichende Unterstützung können Mitarbeiter dazu bringen, das Unternehmen zu verlassen.

Unternehmenskultur: Eine negative oder nicht unterstützende Unternehmenskultur kann die Bindung von Mitarbeitern schwächen und ihre Entscheidung beeinflussen, das Unternehmen zu verlassen.

Standort: Der Standort des Unternehmens kann ebenfalls eine Rolle spielen. Wenn der Arbeitsort unpraktisch ist oder hohe Pendelkosten verursacht, kann dies die Mitarbeiterfluktuation erhöhen.

Persönliche Gründe: Lebensumstände, wie Umzug, familiäre Verpflichtungen oder gesundheitliche Probleme, können ebenfalls zur Fluktuation führen.

Wettbewerb: Wenn Konkurrenten attraktivere Angebote machen, können Mitarbeiter geneigt sein, zu wechseln.

Mangelnde Anerkennung: Wenn Mitarbeiter das Gefühl haben, dass ihre Leistungen nicht gewürdigt werden, kann dies zu Frustration führen und sie dazu bewegen, nach neuen Möglichkeiten zu suchen.

Diese Ursachen sind oft miteinander verknüpft und erfordern eine ganzheitliche Betrachtung, um Fluktuation zu reduzieren und Mitarbeiter langfristig im Unternehmen zu halten.

Was ist eine Fluktuationsquote?

Die Fluktuationsquote ist ein Maß, das angibt, wie hoch der Anteil der Mitarbeiter ist, die innerhalb eines bestimmten Zeitraums (z. B. ein Jahr) ein Unternehmen verlassen. Sie wird häufig verwendet, um die Stabilität und Mitarbeiterbindung in einer Organisation zu bewerten.

Bedeutung der Fluktuationsquote:

Mitarbeiterbindung: Eine niedrige Fluktuationsquote deutet auf eine hohe Mitarbeiterbindung und Zufriedenheit hin.

Kosten: Hohe Fluktuation kann Kosten verursachen, z. B. durch Rekrutierung und Einarbeitung neuer Mitarbeiter.

Unternehmenskultur: Sie kann auch Hinweise auf die Unternehmenskultur und das Arbeitsumfeld geben.

Durch die Analyse der Fluktuationsquote können Unternehmen potenzielle Probleme erkennen und Maßnahmen zur Verbesserung der Mitarbeiterbindung ergreifen.

Wie kann ich als Führungskraft entgegenwirken?

Um als Führungskraft der Fluktuation entgegenzuwirken, können Sie verschiedene Strategien umsetzen:

Mitarbeiterbindung fördern:

Regelmäßige Feedback-Gespräche: Führen Sie regelmäßige Gespräche, um die Zufriedenheit und Anliegen der Mitarbeiter zu besprechen.

Anerkennung und Wertschätzung: Zeigen Sie regelmäßig Wertschätzung für die Leistungen Ihrer Mitarbeiter, um deren Motivation zu steigern.

Entwicklungsmöglichkeiten anbieten:
Karriereentwicklung: Bieten Sie klare Aufstiegsmöglichkeiten und individuelle Entwicklungspläne an.

Schulungen und Weiterbildungen: Fördern Sie kontinuierliche Weiterbildung, um die beruflichen Fähigkeiten Ihrer Mitarbeiter zu stärken.

Arbeitsumfeld verbessern:

Teamkultur: Schaffen Sie ein positives und unterstützendes Teamklima, in dem Zusammenarbeit gefördert wird.

Flexibilität: Bieten Sie flexible Arbeitsmodelle an, wie Homeoffice oder flexible Arbeitszeiten, um auf individuelle Bedürfnisse einzugehen.

Wettbewerbsfähige Vergütung:

Marktgerechte Gehälter: Stellen Sie sicher, dass die Gehälter und Benefits wettbewerbsfähig sind, um Talente im Unternehmen zu halten.

Führungsstil optimieren:

Offene Kommunikation: Fördern Sie eine offene und transparente Kommunikation, in der Mitarbeiter ihre Anliegen und Ideen einbringen können.

Empathie: Zeigen Sie Verständnis für die Bedürfnisse und Sorgen Ihrer Mitarbeiter, um Vertrauen aufzubauen.

Stressbewältigung:

Work-Life-Balance: Unterstützen Sie eine gesunde Work-Life-Balance, um Überlastung zu vermeiden.

Gesundheitsangebote: Bieten Sie Programme zur Gesundheitsförderung an, wie Stressmanagement-Workshops oder Sportangebote.

Einsatz von Umfragen:

Mitarbeiterumfragen: Führen Sie regelmäßige Umfragen durch, um die Zufriedenheit der Mitarbeiter zu messen und Verbesserungspotenziale zu identifizieren.

Einarbeitungsprozesse optimieren:

Onboarding-Programme: Entwickeln Sie strukturierte Einarbeitungsprogramme, um neuen Mitarbeitern einen guten Start im Unternehmen zu ermöglichen.

Talentmanagement:

Mitarbeiterentwicklung: Identifizieren Sie Talente innerhalb des Unternehmens und fördern Sie deren Entwicklung gezielt.

Durch diese Maßnahmen können Sie nicht nur die Fluktuation reduzieren, sondern auch ein positives Arbeitsumfeld schaffen, das die Zufriedenheit und Loyalität Ihrer Mitarbeiter fördert.

6.4. KOMMUNIKATION

Definition Kommunikation

Kommunikation bezeichnet den Austausch von Informationen, Gedanken, Gefühlen und Bedeutungen zwischen Individuen oder Gruppen. Sie erfolgt sowohl verbal als auch nonverbal und kann in verschiedenen Formen wie gesprochener oder geschriebener Sprache, Körpersprache, Mimik oder Gestik stattfinden. Kommunikation ist ein grundlegender Bestandteil des menschlichen Zusammenlebens, der es ermöglicht, Beziehungen aufzubauen, Wissen zu teilen, Probleme zu lösen und gemeinsame Ziele zu erreichen.

Wichtige Aspekte der Kommunikation:

1. **Sender und Empfänger:** Kommunikation setzt immer mindestens zwei Parteien voraus – einen Sender, der eine Nachricht übermittelt, und einen Empfänger, der diese Nachricht aufnimmt und interpretiert.

2. **Nachricht:** Dies ist der Inhalt der Kommunikation, der übermittelt wird. Es kann sich um Informationen, Gedanken, Meinungen oder Emotionen handeln.

3. **Medium oder Kanal:** Der Weg, auf dem die Nachricht übertragen wird, z. B. durch Sprache, Schrift, Gestik, Mimik oder digitale Medien.

4. **Feedback:** Der Empfänger reagiert auf die Nachricht des Senders, was eine Rückmeldung gibt und den Kommunikationsprozess vervollständigt. Feedback kann direkt (z. B. eine Antwort) oder indirekt (z. B. Körpersprache) sein.

5. **Kontext:** Der Kontext, in dem die Kommunikation stattfindet, beeinflusst, wie die Nachricht verstanden wird. Dies umfasst den sozialen, kulturellen und physischen Rahmen sowie die spezifische Situation.

6. **Störungen (Kommunikationsbarrieren):** Faktoren, die die Kommunikation behindern oder verzerren können, wie z. B.

Missverständnisse, Geräusche, Vorurteile, unterschiedliche Sprach-gebrauche oder emotionale Blockaden.

Formen der Kommunikation:

1. **Verbal (gesprochen oder geschrieben):**
   Mündlich: Dialoge, Gespräche, Telefonate, Besprechun-gen.
   Schriftlich: Briefe, E-Mails, Texte, Berichte.

2. **Nonverbal:**
   Körpersprache: Gesten, Mimik, Haltung, Blickkontakt.
   Paralinguistik: Tonfall, Lautstärke, Sprechtempo, Beto-nung.

3. **Visuell:**
   Bilder, Symbole, Diagramme, Grafiken: Visuelle Kom-munikation nutzt visuelle Medien zur Übertragung von In-formationen.

4. **Digitale Kommunikation:**
   Kommunikation über soziale Medien, Instant Messaging, Vi-deoanrufe, Foren usw.

Ziele der Kommunikation:

- **Verständigung:** Den Austausch von Informationen und das gegenseitige Verstehen ermöglichen.

- **Beziehungspflege:** Aufbauen und Aufrechterhalten von sozialen, beruflichen oder persönlichen Beziehungen.

- **Meinungsbildung:** Information und Überzeugung, z. B. in Diskussionen oder Verhandlungen.

- **Handlungsauslösung:** Eine Reaktion oder Entscheidung beim Empfänger hervorrufen (z. B. durch Werbung oder Anweisungen).

Zusammenfassung:

Kommunikation ist der Prozess, durch den Menschen Informationen austauschen, verstehen und aufeinander reagieren. Sie kann auf vielen verschiedenen Wegen erfolgen und ist entscheidend für zwischenmenschliche Interaktionen sowie für den Erfolg von Gruppen, Organisationen und Gesellschaften.

Was ist das Sender – Empfänger Modell?

Das **Sender-Empfänger-Modell** ist ein grundlegendes Kommunikationsmodell, das den Kommunikationsprozess zwischen zwei Parteien – dem Sender und dem Empfänger – beschreibt. Es wurde ursprünglich von dem Kommunikationswissenschaftler **Shannon** und dem Ingenieur **Weaver** im Jahr 1948 entwickelt und dient als einfaches, aber sehr nützliches Werkzeug, um die Grundprinzipien der Kommunikation zu erklären.

Aufbau des Sender-Empfänger-Modells:

Das Modell zeigt, wie eine Nachricht vom Sender zum Empfänger übermittelt wird und dabei verschiedene Elemente durchläuft. Es besteht aus den folgenden Hauptkomponenten:

1. **Sender:**

   Der Sender ist die Person oder das System, das eine Nachricht erstellt und übermittelt. Er beginnt den Kommunikationsprozess, indem er Informationen oder Gedanken in eine Nachricht umwandelt.

2. **Nachricht (Message):**

   Die Nachricht ist der Inhalt der Kommunikation, also die Information, die der Sender an den Empfänger übermitteln möchte. Sie kann verbal (gesprochen oder geschrieben), nonverbal (Körpersprache, Mimik) oder auch in Form von Bildern oder Symbolen vorliegen.

3. **Kanal (Medium):**

   Der Kanal ist der Weg oder das Medium, über das die Nachricht übertragen wird. Dies kann Sprache, Schrift, elektronischer Kanal (E-Mail, Telefon), Körpersprache oder auch visuelle Medien sein.

4. **Empfänger:**

   Der Empfänger ist die Person oder das System, das die Nachricht empfängt und interpretiert. Er ist derjenige, der die Nachricht entschlüsselt und sie in seine eigene Bedeutung oder Reaktion umwandelt.

5. **Rückmeldung (Feedback):**

Rückmeldung ist die Reaktion des Empfängers auf die Nachricht des Senders. Diese Rückmeldung kann verbal (Antwort, Kommentar) oder nonverbal (z. B. Nicken, Lächeln) sein und zeigt dem Sender, ob die Nachricht verstanden wurde oder wie sie aufgenommen wird.

6. **Störungen (Noise):**

Störungen sind alle äußeren oder inneren Einflüsse, die den Kommunikationsprozess beeinträchtigen können. Dazu gehören Geräusche, Missverständnisse, kulturelle Unterschiede, Sprachbarrieren oder technische Probleme. Diese können dazu führen, dass die Nachricht verzerrt oder unverständlich wird.

Erklärung der Phasen im Detail:

1. **Sender:** Der Sender formuliert die Nachricht, d. h. er entscheidet, welche Information er übermitteln möchte. Dies hängt vom Kontext ab (z. B. ein Gespräch, eine E-Mail, eine Präsentation). Der Sender kodiert die Nachricht – er übersetzt seine Gedanken oder Informationen in eine Form, die für den Empfänger verständlich ist.

2. **Nachricht:** Die Nachricht ist das, was der Sender mitteilen möchte. Sie kann aus Wörtern, Gesten, Bildern oder Tönen bestehen. Wichtig ist, dass die Nachricht klar und eindeutig ist, um Missverständnisse zu vermeiden.

3. **Kanal:** Der Kanal ist der Übertragungsweg. Je nachdem, wie die Nachricht übermittelt wird, gibt es verschiedene Kanäle wie Sprache,

Text, Bilder oder digitale Medien. Der gewählte Kanal beeinflusst, wie die Nachricht vom Empfänger wahrgenommen wird.

4. **Empfänger:** Der Empfänger ist derjenige, der die Nachricht empfängt und entschlüsselt. Dabei ist es wichtig, dass der Empfänger die Nachricht richtig interpretiert. Hier kommt die **Dekodierung** ins Spiel – der Empfänger übersetzt die Nachricht in seine eigene Bedeutung.

5. **Rückmeldung:** Die Rückmeldung ist die Antwort des Empfängers, die dem Sender zeigt, ob die Nachricht verstanden wurde und wie sie aufgenommen wurde. Feedback kann in verschiedenen Formen erfolgen – verbal, nonverbal oder sogar durch Handlungen.

6. **Störungen (Noise):** Störungen sind alles, was den Kommunikationsprozess stören oder verzerren kann. Diese können sowohl auf der Sender- als auch auf der Empfängerseite auftreten. Zum Beispiel können Hintergrundgeräusche, technische Probleme oder emotionale Blockaden die Kommunikation beeinträchtigen. Diese Störungen machen es schwieriger, die Nachricht klar und unmissverständlich zu übermitteln.

Wichtige Merkmale des Sender-Empfänger-Modells:

Einwegkommunikation: Das Modell beschreibt grundsätzlich eine Einwegkommunikation, bei der der Sender eine Nachricht übermittelt und der Empfänger diese interpretiert. In modernen Kommunikationsmodellen wird jedoch oft auch eine Rückkopplung des Senders in den Kommunikationsprozess integriert.

Vereinfachung der Realität: Das Modell ist eine stark verein-fachte Darstellung der tatsächlichen Kommunikationsprozesse. Es berücksichtigt nicht die verschiedenen komplexen Faktoren, die in einer echten Kommunikation eine Rolle spielen, wie zum Beispiel psychologische oder soziale Aspekte.

Bedeutung des Feedbacks: Das Feedback ist entscheidend für den Kommunikationsprozess, da es dem Sender hilft, zu verstehen, ob die Nachricht korrekt empfangen und verstanden wurde. Ohne Feedback bleibt unklar, ob die Kommunikation erfolgreich war.

Störungen: Das Modell hebt die Bedeutung von Störungen (Noise) hervor, die die Kommunikation erheblich beeinträchtigen können, in-dem sie die Nachricht verzerren oder missverständlich machen.

Kritik am Sender-Empfänger-Modell:

Das Sender-Empfänger-Modell wird oft als **zu einfach** angesehen, weil es den Kommunikationsprozess nur in eine lineare Richtung darstellt. In der realen Welt ist Kommunikation oft ein wechselseitiger, dynamischer Prozess, bei dem Sender und Empfänger gleichzeitig verschiedene Rollen einnehmen können (z. B. in einem Gespräch). Es wird auch nicht ausreichend auf die sozialen, kulturellen und emotionalen Faktoren eingegangen, die die Kom-munikation stark beeinflussen können.

Zusammenfassung:
Das **Sender-Empfänger-Modell** ist ein grundlegendes Kommunikations-modell, das den Austausch von Informationen zwischen einem Sender und einem Empfänger beschreibt. Es umfasst die Elemente Sender, Nachricht, Kanal, Empfänger, Rückmeldung und Störungen. Dieses Modell hilft, die

wesentlichen Schritte und Herausforderungen in der Kommunikation zu verstehen, vor allem, dass sowohl die klare Übermittlung der Nachricht als auch das Feedback des Empfängers wichtig sind. In der Praxis ist Kommunikation jedoch oft komplexer und dynamischer als es dieses einfache Modell darstellt.

Verbale und Nonverbale Kommunikation

Verbale und nonverbale Kommunikation sind zwei wesentliche Formen der Kommunikation, die zusammen unsere Fähigkeit prägen, Informationen zu übermitteln und zu empfangen. Beide sind entscheidend für zwischenmenschliche Interaktionen, auch wenn sie unterschiedliche Wege gehen, um Bedeutung zu vermitteln.

1. Verbale Kommunikation

Verbale Kommunikation bezieht sich auf die **sprachliche** Kommunikation, bei der **Worte** und **Sprache** verwendet werden, um Informationen zu übertragen. Sie kann **mündlich** (gesprochen) oder **schriftlich** (geschrieben) erfolgen.

Merkmale der verbalen Kommunikation:

Worte und Sprache: Der Hauptbestandteil der verbalen Kommunikation sind die Wörter und die Sprache, die verwendet werden, um Gedanken, Ideen, Meinungen oder Gefühle auszudrücken.

Struktur: Verbale Kommunikation folgt grammatikalischen und syntaktischen Regeln. Sie kann in verschiedenen Formaten vorkommen – von einfachen Sätzen bis hin zu komplexen, strukturierten Reden.

710

Klarheit: Um Missverständnisse zu vermeiden, ist es wichtig, dass die gewählte Sprache klar und verständlich ist. Unterschiedliche Dialekte oder Fachbegriffe können hier zu einer Barriere werden.

Direkte Bedeutung: In der verbalen Kommunikation gibt es in der Regel eine direkte Verbindung zwischen den Wörtern und ihrer Bedeutung, auch wenn kulturelle Unterschiede die Interpretation beeinflussen können.

Formen der verbalen Kommunikation:

Mündlich: Gespräche, Diskussionen, Präsentationen, Vorträge, Telefonate, Videokonferenzen.

Schriftlich: E-Mails, Briefe, SMS, Berichte, Zeitungsartikel, Bücher.

Vorteile der verbalen Kommunikation:

- Sie ermöglicht eine präzise und detaillierte Übermittlung von Informationen.
- Sie ist oft direkter, da der Sender seine Gedanken in Worten formuliert.
- Sie ist gut geeignet, um komplexe Ideen und Konzepte zu erklären.

Beispiel:

„Ich habe die E-Mail gesendet und hoffe, dass du sie bald beantwortest."

2. Nonverbale Kommunikation

Nonverbale Kommunikation umfasst alle **nonverbalen Signale**, die ohne Worte ausgedrückt werden, um eine Nachricht zu übermitteln. Hierzu gehören **Körpersprache**, **Mimik**, **Gestik**, **Blickkontakt**, **Kleidung**, **Raumverhalten** und **Tonfall**.

Merkmale der nonverbalen Kommunikation:

Körpersprache: Bewegungen des Körpers, Haltung, Gesten und Mimik. Die Art und Weise, wie jemand steht, sitzt oder sich bewegt, kann viel über seine Gefühle oder Einstellungen verraten.

Mimik: Gesichtsausdrücke wie Lächeln, Stirnrunzeln, Augenbrauenheben und andere subtile Ausdrücke, die Emotionen wie Freude, Überraschung, Ärger oder Trauer vermitteln.

Gestik: Die Verwendung von Hand- und Armbewegungen, um Dinge zu betonen oder zusätzliche Informationen zu vermitteln.

Blickkontakt: Der Blick kann Interesse, Zuneigung, Missbilligung oder viele andere Gefühle ausdrücken. Zu viel oder zu wenig Blickkontakt kann eine Nachricht verändern oder missverständlich machen.

Tonfall und Stimme: Die Art und Weise, wie wir etwas sagen (Tonhöhe, Lautstärke, Geschwindigkeit und Betonung), kann mehr über unsere Absichten oder Gefühle aussagen als die Worte selbst.

Raumverhalten (Proxemik): Wie Menschen den physischen Raum nutzen, um Nähe oder Distanz zu kommunizieren. Zum Beispiel bedeutet ein enger Abstand oft Vertrautheit oder Intimität, während ein größerer Abstand Respekt oder formelle Distanz signalisiert.

Berührungen (Haptik): Der Einsatz von Berührungen, wie ein Handschlag, eine Umarmung oder eine Schulterklopfen, um eine Nachricht zu übermitteln.

Vorteile der nonverbalen Kommunikation:

Nonverbale Kommunikation kann oft mehr ausdrücken als Worte – sie kann Emotionen und Einstellungen zeigen, die nicht in der verbalen Kommunikation zum Ausdruck kommen.

Sie unterstützt oder verstärkt die verbale Botschaft (z. B. durch eine positive Mimik oder Gestik).

Sie kann oft nonverbal Missverständnisse oder Unstimmigkeiten anzeigen, die mit Worten schwer zu vermitteln sind.

Beispiel:

Wenn jemand während einer Besprechung nervös mit den Fingern trommelt oder ständig auf die Uhr schaut, zeigt seine Körpersprache möglicherweise Desinteresse oder Unruhe, auch wenn seine Worte etwas anderes sagen.

Verhältnis zwischen verbaler und nonverbaler Kommunikation

Verbale und nonverbale Kommunikation arbeiten oft **zusammen**, um eine Botschaft zu vermitteln. In der Regel ergänzen sie sich, können aber auch **widersprüchlich** sein, was zu Missverständnissen führt

1. **Übereinstimmung von verbal und nonverbal:** Wenn beide Kommunikationsarten miteinander übereinstimmen, wird die

Nachricht klarer und glaubwürdiger. Zum Beispiel, wenn jemand sagt „Ich bin glücklich", und dabei ein breites Lächeln zeigt und eine entspannte Körperhaltung hat, verstärken die nonverbalen Signale die verbale Botschaft.

2. **Widersprüche zwischen verbal und nonverbal:** Wenn verbale und nonverbale Kommunikation nicht übereinstimmen, kann dies zu Verwirrung führen. Zum Beispiel, wenn jemand sagt: „Ich bin nicht böse", aber dabei die Arme verschränkt, die Augenbrauen zusammenzieht und einen angespannten Gesichtsausdruck hat, wird der Empfänger wahrscheinlich die nonverbale Kommunikation stärker wahrnehmen und annehmen, dass die Person tatsächlich verärgert ist.

Beispiel für Widersprüche:
- **Verbal:** „Ich bin nicht müde."
- **Nonverbal:** Der Sprecher gähnt und reibt sich die Augen.

In diesem Fall deutet die nonverbale Kommunikation darauf hin, dass die Person möglicherweise tatsächlich müde ist, auch wenn sie es verbal bestreitet.

Zusammenfassung:
- **Verbale Kommunikation** umfasst die Nutzung von **Worten** und Sprache, um eine Nachricht zu übermitteln. Sie ist besonders wichtig, wenn es darum geht, präzise und komplexe Informationen zu vermitteln.
- **Nonverbale Kommunikation** umfasst alle **körperlichen Signale**, wie **Körpersprache, Mimik, Gestik, Blickkontakt** und

Tonfall, die unsere Botschaften entweder unterstützen oder erweitern und oft emotionale oder unbewusste Reaktionen vermitteln.

Beide Kommunikationsformen sind entscheidend für eine vollständige und effektive Verständigung. In der Praxis ist die Kombination beider Kommunikationsarten oft notwendig, um eine klare und präzise Botschaft zu übermitteln und Missverständnisse zu vermeiden.

Welche ist wichtiger?

Die Frage, ob **verbale** oder **nonverbale Kommunikation** wichtiger ist, lässt sich nicht pauschal beantworten, da beide Formen der Kommunikation in unterschiedlichen Kontexten und Situationen ihre eigene Bedeutung haben. **In der Regel ergänzen sie sich,** und ihre Bedeutung kann je nach Situation variieren. Allerdings gibt es einige allgemeine Überlegungen, die dabei helfen können, das Zusammenspiel beider Kommunikationsarten besser zu verstehen:

Nonverbale Kommunikation ist oft wichtiger als verbale Kommunikation

In vielen alltäglichen Interaktionen spielt **nonverbale Kommunikation** eine **zentralere Rolle**, insbesondere wenn es darum geht, **Emotionen, Einstellungen oder Wahrhaftigkeit** zu vermitteln. Tatsächlich haben Studien gezeigt, dass Menschen oft **mehr Wert auf nonverbale Signale legen** als auf das, was tatsächlich gesagt wird. Hier sind einige Gründe, warum nonverbale Kommunikation so wichtig sein kann:

1. **Emotionale Ausdruckskraft:** Nonverbale Kommunikation ist besonders gut geeignet, **Emotionen** zu zeigen. Unsere **Körpersprache**, **Mimik** und der **Tonfall** verraten häufig mehr über unsere wahren Gefühle als die Worte, die wir wählen. Wenn jemand zum Beispiel sagt: „Ich bin in Ordnung", aber dabei **mit den Schultern zuckt** oder ein **unglaubwürdiges Lächeln** aufsetzt, deutet die Körpersprache oft darauf hin, dass diese Aussage nicht authentisch ist.

2. **Wahrnehmung von Glaubwürdigkeit und Vertrauen:** Wenn verbale und nonverbale Signale nicht übereinstimmen, kann es zu einem Vertrauensverlust kommen. Die **Konsistenz** zwischen beiden Kommunikationsarten ist entscheidend dafür, dass der Empfänger die Nachricht als glaubwürdig empfindet. Ein Beispiel: Wenn jemand sagt „Ich freue mich, dich zu sehen", aber dabei **den Blick vermeidet** und mit verschränkten Armen spricht, kann der Empfänger das Gefühl haben, dass die Person **nicht wirklich interessiert** ist.

3. **Kommunikation ohne Worte:** In vielen Situationen, vor allem im **zwischenmenschlichen Bereich**, kommunizieren wir **nonverbal**, ohne überhaupt zu sprechen. Ein einfaches **Nicken** oder ein **Lächeln** kann Zustimmung oder Sympathie ausdrücken, während ein **Seufzen** oder **das Wegdrehen des Blicks** Desinteresse oder Ablehnung signalisiert. Nonverbale Kommunikation ist oft der wichtigste Weg, wie wir **emotionale Nähe** oder **Distanz** signalisieren, ohne Worte zu benutzen.

4. **Kulturelle Unterschiede:** Während **die verbale Kommunikation** je nach Sprache und Kultur stark variieren kann, sind viele **nonverbale Signale** (wie **Mimik**, **Gestik** oder **Körpersprache**) **universeller** und können in verschiedenen Kulturen eine ähnliche

Bedeutung haben – auch wenn die genaue Interpretation in einigen Fällen variieren kann. Zum Beispiel bedeutet ein **Lächeln** in den meisten Kulturen **Freundlichkeit** oder **Zufriedenheit**, während ein **Kopf schütteln** häufig **Ablehnung** signalisiert.

Wann ist verbale Kommunikation besonders wichtig?

Es gibt natürlich auch viele Situationen, in denen die **verbale Kommunikation** eine zentrale Rolle spielt, insbesondere bei **klaren, präzisen und detaillierten Informationen**.

1. **Informationsaustausch und Klarheit:** Wenn es darum geht, **komplexe Ideen** oder **technische Details** zu erklären, ist die verbale Kommunikation oft entscheidend. In solchen Fällen kommt es darauf an, die **richtigen Worte zu finden**, um Missverständnisse zu vermeiden. Wenn du beispielsweise eine **Anleitung** gibst oder eine **wichtige Information** vermittelst, ist es wichtig, dass die Sprache präzise und unmissverständlich ist.

2. **Verhandlungen und Überzeugung:** In Situationen, in denen du jemanden **überzeugen** oder **argumentieren** musst, kommt es auf die **Wahl der richtigen Worte** an. Verbal kannst du klare **Argumente** und **Begründungen** anführen, die nonverbal nur schwer oder gar nicht übermittelt werden können.

3. **Direkte Kommunikation:** In bestimmten formellen oder professionellen Kontexten (wie bei **Präsentationen** oder **Ansprachen**) ist die verbale Kommunikation entscheidend, um eine **Botschaft zu vermitteln** und zu gewährleisten, dass die Zuhörer die Informationen aufnehmen und verstehen.

4. **Juristische oder offizielle Kommunikation:** In rechtlichen oder **offiziellen Kontexten** ist verbale Kommunikation (z. B. in Verträgen, Verhandlungen oder Aussagen) oft besonders wichtig, da sie formale **Vereinbarungen** oder **Verpflichtungen** festhält, die später überprüft werden können.

Fazit:

Es ist schwer zu sagen, ob **verbale oder nonverbale Kommunikation** grundsätzlich **wichtiger** ist, da beide Formen ihre eigene Bedeutung haben und sich oft gegenseitig ergänzen. In der Praxis gibt es jedoch klare Hinweise darauf, dass **nonverbale Kommunikation** häufig mehr Einfluss hat, insbesondere wenn es um **Emotionen, Beziehungen und die Wahrnehmung von Authentizität** geht. **Verbal** ist hingegen dann wichtiger, wenn **präzise Informationen** oder **klare, strukturierte Argumente** erforderlich sind.

Die effektivste Kommunikation erfolgt oft durch eine **harmonische Kombination beider** Kommunikationsarten. **Verbale Kommunikation** kann die Botschaft klar und deutlich ausdrücken, während **nonverbale Kommunikation** die **Emotionen, Intentionen** und die **Wahrhaftigkeit** hinter den Worten unterstreicht.

Wie kann es zu Kommunikationsstörungen kommen?

Kommunikationsstörungen sind häufig und können den Austausch von Informationen erheblich beeinträchtigen. Sie entstehen, wenn die **gesendete Nachricht** vom **Empfänger** nicht richtig **verstanden** wird oder wenn der Kommunikationsprozess durch verschiedene **Faktoren** gestört wird. Störungen können sowohl in der verbalen als auch in der nonverbalen Kommunikation auftreten und resultieren oft aus einer Kombination von **technischen, psychologischen** und **sozialen** Einflüssen.

Ursachen für Kommunikationsstörungen
1. Störungen durch den Sender

Unklare oder mehrdeutige Botschaften: Wenn der Sender die Nachricht nicht eindeutig oder präzise formuliert, kann der Empfänger die Information falsch verstehen. Zum Beispiel kann eine vage Aussage wie „Wir müssen das bald erledigen" ohne genauere Zeitangabe Verwirrung stiften.

Fehlende Aufmerksamkeit: Wenn der Sender abgelenkt oder unaufmerksam ist, wird die Botschaft möglicherweise nicht korrekt übermittelt. Dies könnte bei einer hastigen E-Mail oder einem unscharfen Vortrag der Fall sein.

Emotionale Beeinträchtigungen: Wenn der Sender emotional aufgewühlt ist (z. B. wütend, gestresst oder traurig), kann dies die Art und Weise beeinflussen, wie er die Nachricht übermittelt. Emotionen wie Ärger können die klare Kommunikation beeinträchtigen und zu Missverständnissen führen.

Unterschiede in der Wortwahl: Wenn der Sender ein zu spezialisiertes Vokabular oder Fachbegriffe verwendet, die der Empfänger nicht versteht, kann dies ebenfalls zu einer Kommunikationsstörung führen.

2. Störungen durch den Empfänger

Missverständnisse und falsche Interpretationen: Der Empfänger kann die Nachricht falsch verstehen oder fehlinterpretieren, insbesondere wenn er die Bedeutung von Wörtern, Gesten oder Symbolen nicht richtig entschlüsselt. Dies kann durch **Vorurteile** oder **kulturelle Unterschiede** verstärkt werden.

Unaufmerksamkeit oder Ablenkung: Wenn der Empfänger während der Kommunikation abgelenkt ist oder nicht aktiv zuhört (z. B. bei einem Gespräch, während er auf sein Handy schaut), kann er die Nachricht nicht richtig aufnehmen oder verstehen.

Vorausgesetztes Wissen: Der Empfänger könnte bestimmte Informationen oder den Kontext, den der Sender voraussetzt, nicht kennen. Dies führt zu **Lücken im Verständnis**, besonders bei komplexen oder fachspezifischen Themen.

Fehler bei der Interpretation nonverbaler Signale: Nonverbale Kommunikation (z. B. Körpersprache, Mimik, Tonfall) wird oft unterschiedlich interpretiert, je nach persönlichen Erfahrungen und kulturellem Hintergrund des Empfängers.

3. Störungen durch den Kanal (Medium)

Technische Probleme: Bei der Kommunikation über **technische Kanäle** wie Telefon, E-Mail oder Videoanruf können **technische Störungen** (z. B. schlechte Verbindung, E-Mail geht verloren, schlechter Ton) dazu führen, dass die Nachricht nicht richtig übermittelt wird.

Unpassendes Medium: Die Wahl des Kommunikationskanals kann ebenfalls eine Rolle spielen. In bestimmten Situationen ist **persönliche Kommunikation** (z. B. face-to-face) effektiver als E-Mails oder Textnachrichten. Manchmal kann ein Kanal nicht alle Nuancen der Kommunikation (z. B. Emotionen) transportieren, was zu Missverständnissen führt.

4. Störungen durch den Kontext

Unklarer Kontext: Eine Nachricht, die in einem bestimmten Kontext verständlich ist, kann in einem anderen unklar oder unpassend wirken. Missverständnisse können auftreten, wenn der Empfänger den Kontext oder die Situation, in der die Nachricht übermittelt wird, nicht richtig versteht.

Kulturelle Unterschiede: Kulturelle und **sprachliche Unterschiede** können ebenfalls Kommunikationsstörungen verursachen. Was in einer Kultur als höflich oder akzeptabel gilt, kann in einer anderen als unhöflich oder unangemessen wahrgenommen werden. Auch Gesten oder Mimik können je nach Kultur unterschiedliche Bedeutungen haben.

5. Störungen durch Umwelteinflüsse

Lärm und Ablenkungen: Externe Störungen wie laute Umgebungen, störende Geräusche oder visuelle Ablenkungen (z. B. in einem Café oder bei einer Besprechung mit vielen Teilnehmern) können den Kommunikationsprozess unterbrechen und die Nachricht verfälschen.

Schwierige Rahmenbedingungen: Stressige oder unkomfortable Umgebungen können ebenfalls die Kommunikation erschweren. Wenn jemand beispielsweise müde oder hungrig ist, kann er Schwierigkeiten haben, sich zu konzentrieren und die Botschaft richtig zu verstehen.

6. Störungen durch zwischenmenschliche Faktoren

Emotionale Barrieren: Vorurteile, Ängste oder negative Erfahrungen können dazu führen, dass der Empfänger die Nachricht aus einer **emotional gefärbten Perspektive** aufnimmt. Wenn jemand misstrauisch ist oder sich verletzt fühlt, kann er selbst eine harmlose Nachricht als feindselig interpretieren.

Interne Konflikte oder Blockaden: Wenn zwischen dem Sender und dem Empfänger eine **zwischenmenschliche Spannung** oder ein Konflikt besteht, kann dies den Kommunikationsprozess erheblich stören. Eine fehlende Vertrauensbasis oder ungelöste Konflikte können dazu führen, dass Informationen absichtlich oder unbewusst nicht korrekt übertragen oder verstanden werden.

Beispiele für Kommunikationsstörungen:

1. **Unklare Nachricht:**

   Beispiel: Ein Chef sagt zu seinem Mitarbeiter: „Kümmer dich um die Sache schnell." Der Mitarbeiter versteht nicht genau, was mit „der Sache" gemeint ist und wann „schnell" ist.

   Störung: Die Nachricht ist vage, und der Empfänger hat Schwierigkeiten, sie korrekt zu interpretieren.

2. **Technische Störung (Telefon):**

   Beispiel: Ein Gesprächspartner sagt: „Könnten Sie das bitte wiederholen?" aber das Gespräch ist durch ein technisches Problem (z. B. schlechte Telefonverbindung) unterbrochen.

Störung: Die schlechte Verbindung verzerrt die Kommunikation und macht es schwer, sich zu verstehen.

3. **Kulturelle Missverständnisse:**

   Beispiel: Ein amerikanischer Geschäftspartner gibt einem japanischen Kollegen die Hand zur Begrüßung, während der Kollege erwartet, dass man sich verbeugt.

   Störung: Ein kultureller Unterschied führt zu einem Missverständnis, das den Gesprächsfluss stört.

4. **Unaufmerksamkeit:**

   Beispiel: Ein Mitarbeiter hört nicht richtig zu, während der Chef ihm erklärt, wie er eine Aufgabe erledigen soll, da er sich auf sein Handy konzentriert.

   Störung: Unaufmerksamkeit führt dazu, dass der Mitarbeiter die wichtigen Details der Aufgabe nicht mitbekommt und sie später möglicherweise falsch ausführt.

Wie kann man Kommunikationsstörungen vermeiden?

1. **Klarheit und Präzision:** Die Botschaft sollte klar und eindeutig formuliert werden. Vermeide Mehrdeutigkeiten und erkläre komplexe Sachverhalte so einfach wie möglich.

2. **Aktives Zuhören:** Empfänger sollten aktiv zuhören, nachfragen und sicherstellen, dass sie die Nachricht korrekt verstanden haben.

3. **Feedback:** Geben Sie Feedback, um Missverständnisse zu klären. Wenn Sie etwas nicht verstehen, fragen Sie nach.

4. **Geeignetes Medium wählen:** Wählen Sie den richtigen Kanal (z. B. persönlich statt E-Mail), je nach Art der Nachricht und der Beziehung zwischen den Beteiligten.

5. **Kulturelle Sensibilität:** Seien Sie sich der kulturellen Unterschiede bewusst und vermeiden Sie unangemessene Gesten oder Verhaltensweisen.

6. **Auf die Umgebung achten:** Minimieren Sie Störungen in der Umgebung (z. B. Lärm oder Ablenkungen) und schaffen Sie einen geeigneten Rahmen für die Kommunikation.

Zusammenfassung:
Kommunikationsstörungen können aus vielen verschiedenen Gründen entstehen: durch unklare Nachrichten, Missverständnisse beim Empfänger, technische Probleme, kulturelle Unterschiede oder zwischenmenschliche Barrieren. Sie können die Qualität der Kommunikation erheblich beeinträchtigen und zu Missverständnissen oder Konflikten führen. Indem man sich auf eine klare Ausdrucksweise, aktives Zuhören und das richtige Kommunikationsmedium konzentriert, können viele dieser Störungen jedoch vermieden oder minimiert werden.

Was kann ich als Führungskraft entgegenwirken?

Als **Führungskraft** ist es entscheidend, Kommunikationsstörungen zu erkennen und aktiv dagegen zu steuern. Eine **effektive Kommunikation** bildet die Grundlage für ein **gutes Arbeitsklima**, eine hohe **Motivation** und den **Erfolg** des Teams oder Unternehmens. Indem du

Kommunikationsbarrieren abbauen und die Kommunikation optimieren kannst, förderst du nicht nur die Produktivität, sondern auch das Vertrauen und die Zusammenarbeit innerhalb deines Teams.

Maßnahmen, die du als Führungskraft ergreifen kannst, um Kommunikationsstörungen entgegenzuwirken:

1. Klare Kommunikation fördern

Vermeide Mehrdeutigkeiten: Stelle sicher, dass deine Botschaften präzise und eindeutig sind. Wenn du komplexe Informationen vermittelst, teile sie in kleinere, verständliche Einheiten auf.

Klare Erwartungen setzen: Kommuniziere klare Ziele, Prioritäten und Erwartungen an deine Mitarbeiter. Vermeide vage Aussagen wie „Das muss bald erledigt werden" – nenne stattdessen einen konkreten **Zeitpunkt**.

Beispiel: Statt „Kümmer dich um diese Aufgabe" könntest du sagen: „Bitte bearbeite diese Aufgabe bis Freitagmittag, damit wir rechtzeitig das Feedback bekommen."

2. Aktives Zuhören und Feedback geben

Aktives Zuhören: Höre deinen Mitarbeitern aktiv zu, indem du ihre Aussagen zusammenfasst oder nachfragst, um sicherzustellen, dass du ihre Anliegen und Fragen korrekt verstanden hast.

Fragen stellen: Stelle klärende Fragen, wenn du etwas nicht verstehst, um Missverständnisse zu vermeiden.

Wiederholen: Wiederhole die wichtigsten Punkte oder fasse die Informationen zusammen, um sicherzustellen, dass die Nachricht richtig angekommen ist.

Beispiel: „Wenn ich dich richtig verstehe, möchtest du mehr Freiraum für kreative Lösungen, aber gleichzeitig auch klare Anweisungen für das Projekt. Habe ich das korrekt verstanden?"

> **Feedback geben:** Biete regelmäßig konstruktives Feedback, sowohl positiv als auch korrigierend. Das gibt den Mitarbeitern Orientierung und stärkt die Kommunikation.

3. Die richtigen Kommunikationskanäle wählen

> **Verkürze Kommunikationswege:** Achte darauf, den richtigen Kanal für die jeweilige Nachricht zu wählen. Für komplexe Themen eignet sich ein persönliches Gespräch oder eine Videokonferenz besser als eine E-Mail.

> **E-Mail nicht für alles nutzen:** Vermeide es, zu viele Informationen über E-Mails zu kommunizieren, da sie oft missverstanden werden können. Bei wichtigen oder sensiblen Themen ist ein persönliches Gespräch oder ein Team-Meeting sinnvoller.

Beispiel: Wenn du ein wichtiges Feedback zu einer Mitarbeiterleistung gibst, sollte dies nicht per E-Mail, sondern persönlich in einem Gespräch erfolgen, um die emotionale Bedeutung besser zu vermitteln.

4. Offene Kommunikationskultur fördern

> **Schaffe Vertrauen:** Eine offene Kommunikationskultur erfordert ein hohes Maß an Vertrauen. Schaffe ein Umfeld, in dem sich Mitarbeiter sicher fühlen, ihre Gedanken und Bedenken offen zu äußern.

> **Ermutige zur offenen Kommunikation:** Achte darauf, dass du als Führungskraft für Gespräche jederzeit erreichbar bist. Wenn Mitarbeiter Fragen oder Sorgen haben, sollten sie wissen, dass sie mit dir sprechen können.

Beispiel: „Wenn du jemals das Gefühl hast, dass etwas nicht klar ist oder du Unterstützung brauchst, komm bitte auf mich zu. Wir können gemeinsam eine Lösung finden."

5. Kulturelle Unterschiede berücksichtigen

Interkulturelle Sensibilität: Wenn du mit internationalen oder kulturell diversen Teams arbeitest, sei dir bewusst, dass es unterschiedliche Kommunikationsstile und -gewohnheiten gibt. Achte darauf, dass du **kulturelle Unterschiede** respektierst und Missverständnisse aufgrund von unterschiedlichen Verständnissen von Höflichkeit, Direktheit oder Hierarchie vermeidest.

Beispiel: In einigen Kulturen ist es unüblich, direkt Kritik zu äußern. In solchen Fällen kann es sinnvoll sein, konstruktive Kritik eher in einem privaten Gespräch zu üben, statt vor dem Team.

6. Emotionen und Körpersprache richtig einsetzen

Körpersprache beachten: Deine eigene Körpersprache und Mimik haben einen großen Einfluss auf die Kommunikation. Achte darauf, dass deine Körpersprache mit den Worten übereinstimmt. Ein Lächeln, Augenkontakt und offene Gesten können helfen, eine positive Atmosphäre zu schaffen.

Beispiel: Wenn du Feedback gibst, achte darauf, eine offene Körperhaltung zu zeigen und Augenkontakt zu halten, um Vertrauen und Verständnis zu fördern.

Emotionen kontrollieren: Gerade in Konfliktsituationen oder bei stressigen Themen solltest du deine eigenen Emotionen im Griff haben. Ein ruhiger und sachlicher Tonfall hilft dabei, die Kommunikation klar und respektvoll zu gestalten.

7. Regelmäßige Kommunikation und Meetings

Regelmäßige Team-Meetings: Sorge für regelmäßige Treffen, um Informationen auszutauschen, Fragen zu klären und den Teamgeist zu stärken. Dies fördert nicht nur den Informationsfluss, sondern auch das Gefühl der Zusammengehörigkeit.

Beispiel: Ein wöchentliches Team-Meeting, bei dem jeder seine Fortschritte und Herausforderungen teilt, sorgt dafür, dass alle auf dem gleichen Stand sind.

One-on-One-Meetings: Neben Gruppenmeetings solltest du auch regelmäßige Einzelgespräche mit deinen Mitarbeitern führen. Hier können persönliche Themen, individuelle Ziele oder mögliche Missverständnisse in der Kommunikation besprochen werden.

8. Verständnis für den Empfänger entwickeln

Anpassung an die Bedürfnisse: Menschen haben unterschiedliche Kommunikationsstile. Einige bevorzugen klare, sachliche Informationen, während andere eine persönliche Ansprache oder emotionale Unterstützung benötigen. Versuche, den Kommunikationsstil deiner Mitarbeiter zu verstehen und passe deine Kommunikation an ihre Bedürfnisse an.

Klarheit der Aufgaben: Achte darauf, dass du Aufgaben und Ziele so formulierst, dass alle Mitarbeiter sie verstehen und keine Unsicherheiten bestehen.

Beispiel: Ein Mitarbeiter, der besonders analytisch ist, schätzt wahrscheinlich präzise und detaillierte Anweisungen, während ein kreativer Mitarbeiter vielleicht eher eine lockere und inspirierende Ansprache bevorzugt.

9. Missverständnisse frühzeitig erkennen und klären

Frühzeitiges Nachfragen: Wenn du merkst, dass Informationen nicht korrekt angekommen sind oder es zu Missverständnissen kommt, gehe aktiv darauf ein. Klär Missverständnisse frühzeitig, um größere Probleme zu vermeiden.

Klarstellung anbieten: Biete an, Dinge zu erklären oder nachträglich zu präzisieren, wenn du merkst, dass eine Nachricht nicht richtig verstanden wurde.

Beispiel: „Ich habe den Eindruck, dass meine Nachricht nicht ganz klar war. Lass uns das noch einmal durchgehen, um sicherzustellen, dass wir auf derselben Seite sind."

10. Förderung von Empathie

Verständnis für Mitarbeiter entwickeln: Versuche, dich in die Lage deiner Mitarbeiter zu versetzen, um besser auf ihre Bedürfnisse und Bedenken reagieren zu können. Empathie hilft, eine stärkere emotionale Verbindung aufzubauen und Missverständnisse zu minimieren.

Aktives Zuhören als Führungskompetenz: Zeige echtes Interesse an den Anliegen deiner Mitarbeiter. Durch aktives Zuhören baust du Vertrauen auf und vermeidest viele Missverständnisse.

Zusammenfassung:

Als Führungskraft kannst du Kommunikationsstörungen aktiv entgegenwirken, indem du eine klare, offene und empathische Kommunikation förderst. Indem du präzise Botschaften sendest, auf aktives Zuhören achtest und die richtigen Kommunikationskanäle wählst, reduzierst du Missverständnisse und förderst ein produktives, vertrauensvolles Arbeitsumfeld. Wenn du zusätzlich regelmäßig Feedback gibst, auf kulturelle Unterschiede achtest und deine eigene Körpersprache bewusst einsetzt, schaffst du die Grundlage für eine effektive Kommunikation in deinem Team.

Wie funktioniert das Modell: 4 Seiten einer Nachricht?

Das Modell „Die 4 Seiten einer Nachricht" (auch bekannt als „Schulz von Thun-Modell") wurde von dem Kommunikationspsychologen Friedemann Schulz von Thun entwickelt. Es beschreibt, dass jede Nachricht vier verschiedene Aspekte oder „Seiten" hat, die in der Kommunikation eine Rolle spielen. Diese Seiten sind:

1. **Sachinhalt**:
   Was ist der Inhalt?: Hier geht es um die reine Information oder den Fakt, der übermittelt wird. Es umfasst Daten, Fakten und objektive Informationen.
   Beispiel: „Der Bericht ist um 10 Uhr fällig."

2. **Selbstoffenbarung**:
   Was sagt der Sender über sich selbst aus?: Diese Seite vermittelt etwas über den Sender, seine Gefühle, Gedanken, Meinungen oder Einstellungen.
   Beispiel: „Ich bin gestresst, weil ich viel zu tun habe."

3. **Beziehung**:
   Wie steht der Sender zum Empfänger?: Diese Seite vermittelt, wie der Sender zum Empfänger steht und welche Beziehung zwischen den beiden besteht. Sie kann auch anzeigen, wie der Sender den Empfänger sieht.
   Beispiel: „Ich erwarte, dass du die Deadline ernst nimmst."

4. **Appell**:
   Was möchte der Sender erreichen?: Hier wird ausgedrückt, was der Sender vom Empfänger möchte. Es ist der Wunsch oder die Aufforderung, die hinter der Nachricht steht.
   Beispiel: „Bitte kümmere dich darum, dass der Bericht rechtzeitig fertig ist."

Anwendung des Modells:

Klarheit in der Kommunikation: Das Modell hilft, Missverständnisse zu vermeiden, indem es zeigt, dass eine Nachricht auf verschiedenen Ebenen interpretiert werden kann.

Empathie entwickeln: Indem man alle vier Seiten einer Nachricht betrachtet, kann man besser verstehen, was der Sender wirklich mitteilen möchte und welche Emotionen dahinterstecken.

Effektive Rückmeldungen geben: Es ermöglicht, gezielt auf die verschiedenen Aspekte einer Nachricht zu reagieren, anstatt nur auf den Sachinhalt einzugehen.

Durch die Berücksichtigung aller vier Seiten einer Nachricht können Sie die Kommunikation verbessern und Missverständnisse in Gesprächen minimieren.

Welche Arten von Mitarbeitergespräche gibt es ?

Es gibt verschiedene Arten von Mitarbeitergesprächen, die je nach Zielsetzung und Kontext durchgeführt werden. Hier sind einige der häufigsten:

Einstellungs- und Vorstellungsgespräche: Diese Gespräche finden vor der Einstellung eines neuen Mitarbeiters statt und dienen dazu, die Eignung des Kandidaten zu beurteilen.

Einarbeitungsgespräche (Onboarding): Gespräche, die neuen Mitarbeitern helfen, sich im Unternehmen zurechtzufinden, Informationen über die Unternehmenskultur und -prozesse zu vermitteln.

Feedbackgespräche: Regelmäßige Gespräche, in denen Mitarbeiter Rückmeldungen zu ihrer Leistung erhalten und selbst Feedback geben können.

Zielvereinbarungsgespräche: Gespräche, in denen Mitarbeiter und Führungskraft gemeinsam Ziele festlegen, die im nächsten Zeitraum erreicht werden sollen.

Entwicklungsgespräche: Gespräche, die sich auf die persönliche und berufliche Entwicklung des Mitarbeiters konzentrieren, inklusive Karriereziele und Weiterbildungsmöglichkeiten.

Leistungsbeurteilungsgespräche: Diese Gespräche dienen dazu, die Leistungen eines Mitarbeiters zu bewerten, oft basierend auf vorher festgelegten Kriterien.

Mitarbeitergespräche zur Problemlösung: Gespräche, die gezielt zur Klärung und Lösung von Problemen oder Konflikten im Team oder zwischen Mitarbeitern durchgeführt werden.

Austrittsgespräche: Gespräche mit Mitarbeitern, die das Unternehmen verlassen, um Feedback zu sammeln und herauszufinden, warum sie gehen.

Regelmäßige Teamgespräche: Diese Gespräche finden in Gruppen statt und fördern den Austausch und die Kommunikation im Team.

Motivationsgespräche: Gespräche, die darauf abzielen, die Motivation der Mitarbeiter zu erhöhen, indem Ziele, Herausforderungen und positive Aspekte besprochen werden.

Jede Art von Mitarbeitergespräch hat spezifische Ziele und sollte entsprechend vorbereitet und durchgeführt werden, um den größtmöglichen Nutzen für beide Seiten zu erzielen.

Beispiele:
Hier sind einige Beispiele für verschiedene Arten von Mitarbeitergesprächen:
Einstellungs- und Vorstellungsgespräch: Ein Bewerber wird zu einem Gespräch eingeladen, um seine Erfahrungen und Qualifikationen zu besprechen, während der Arbeitgeber Fragen zu den Anforderungen der Position stellt.

Einarbeitungsgespräch (Onboarding): Ein neuer Mitarbeiter trifft sich mit seinem Vorgesetzten, um die Unternehmensstruktur, die Teamziele und wichtige Prozesse kennenzulernen.

Feedbackgespräch: Ein Mitarbeiter erhält Rückmeldung zu einem kürzlich abgeschlossenen Projekt, in dem die Stärken und Verbesserungspotenziale besprochen werden.

Zielvereinbarungsgespräch: Eine Führungskraft und ihr Mitarbeiter setzen sich zusammen, um spezifische Ziele für das kommende Jahr zu definieren, wie z. B. die Steigerung der Verkaufszahlen um 10%.

Entwicklungsgespräch: Ein Mitarbeiter äußert den Wunsch, eine Führungskraft zu werden, und bespricht mit seinem Vorgesetzten die notwendigen Schritte und Schulungen, um dieses Ziel zu erreichen.

Leistungsbeurteilungsgespräch: Ein jährliches Gespräch, in dem die Leistung des Mitarbeiters anhand von KPIs bewertet wird, und die nächsten Schritte zur Verbesserung der Leistung festgelegt werden.

Mitarbeitergespräch zur Problemlösung: Zwei Teammitglieder haben einen Konflikt, und die Führungskraft moderiert ein Gespräch, um Missverständnisse auszuräumen und Lösungen zu finden.

Austrittsgespräch: Ein Mitarbeiter verlässt das Unternehmen und führt ein Gespräch mit der HR-Abteilung, um Feedback über seine Erfahrungen im Unternehmen zu geben.

Regelmäßige Teamgespräche: Ein wöchentliches Meeting, in dem das Team aktuelle Projekte bespricht, Herausforderungen teilt und Lösungen gemeinsam erarbeitet.

Motivationsgespräch: Ein Vorgesetzter spricht mit einem Mitarbeiter, der Anzeichen von Unmotiviertheit zeigt, und diskutiert, was ihn an seiner Arbeit reizt und wie seine Interessen besser genutzt werden können.

Diese Beispiele veranschaulichen die unterschiedlichen Ziele und Kontexte von Mitarbeitergesprächen und wie sie zur Verbesserung der Kommunikation und der Zusammenarbeit im Unternehmen beitragen können.

Was ist dabei zu beachten ?

Bei Mitarbeitergesprächen sollten Sie verschiedene Aspekte beachten, um die Effektivität und den Nutzen der Gespräche zu maximieren. Hier sind einige wichtige Punkte:

Vorbereitung: Bereiten Sie sich gut vor, indem Sie relevante Informationen und Unterlagen zusammentragen. Überlegen Sie sich die Ziele des Gesprächs und mögliche Themen.

Klarheit über Ziele: Stellen Sie sicher, dass sowohl Sie als auch der Mitarbeiter die Ziele des Gesprächs verstehen. Klare Ziele helfen, das Gespräch fokussiert zu halten.

Offene Kommunikation: Fördern Sie eine offene und ehrliche Kommunikation. Schaffen Sie eine Atmosphäre, in der der Mitarbeiter sich wohlfühlt, seine Gedanken und Gefühle zu äußern.

Aktives Zuhören: Hören Sie aufmerksam zu, um die Perspektive des Mitarbeiters zu verstehen. Wiederholen Sie wichtige Punkte, um zu zeigen, dass Sie zuhören.

Konstruktives Feedback: Geben Sie Rückmeldungen in einem konstruktiven Rahmen. Verwenden Sie konkrete Beispiele und vermeiden Sie allgemeine oder vage Aussagen.

Empathie zeigen: Zeigen Sie Verständnis für die Perspektiven und Gefühle des Mitarbeiters. Empathie fördert Vertrauen und eine positive Gesprächsatmosphäre.

Zukunftsorientierung: Fokussieren Sie sich auf Lösungen und zukünftige Entwicklungen. Diskutieren Sie, wie Ziele erreicht werden können und welche Unterstützung erforderlich ist.

Dokumentation: Halten Sie wichtige Punkte und Beschlüsse schriftlich fest. Eine Dokumentation hilft, Missverständnisse zu vermeiden und den Fortschritt zu verfolgen.

Follow-up: Planen Sie ein Follow-up, um sicherzustellen, dass vereinbarte Maßnahmen umgesetzt werden und um den Fortschritt zu überprüfen.

Feedback annehmen: Seien Sie offen für Rückmeldungen zu Ihrem eigenen Führungsstil und zur Gesprächsführung. Dies zeigt, dass Sie auch bereit sind, an Ihrer Entwicklung zu arbeiten.

Durch die Beachtung dieser Punkte können Sie sicherstellen, dass Mitarbeitergespräche produktiv, zielführend und positiv verlaufen, was zu einer besseren Zusammenarbeit und Mitarbeiterzufriedenheit führt.

6.5. MITARBEITERGESPRÄCH

Rahmenbedingungen für ein Mitarbeitergespräch

Die Rahmenbedingungen für ein Mitarbeitergespräch sind entscheidend, um eine positive und produktive Atmosphäre zu schaffen. Hier sind einige wichtige Aspekte, die Sie berücksichtigen sollten:

Ruhiger und geeigneter Ort: Wählen Sie einen ruhigen, vertraulichen Ort, der Ablenkungen minimiert. Ein neutraler Raum kann helfen, eine entspannte Atmosphäre zu schaffen.

Zeitliche Planung: Planen Sie genügend Zeit für das Gespräch ein, um alle Themen umfassend zu besprechen. Vermeiden Sie Zeitdruck oder die Einplanung unmittelbar vor oder nach anderen wichtigen Meetings.

Terminankündigung: Informieren Sie den Mitarbeiter im Voraus über das Gespräch und dessen Zweck. So kann sich der Mitarbeiter mental darauf vorbereiten.

Vorbereitung: Bereiten Sie sich auf das Gespräch vor, indem Sie relevante Informationen und Unterlagen zusammenstellen. Überlegen Sie, welche Themen Sie ansprechen möchten.

Zielsetzung: Definieren Sie klare Ziele für das Gespräch. Was möchten Sie erreichen? Klare Ziele helfen, das Gespräch fokussiert zu halten.

Neutralität und Offenheit: Gehen Sie mit einer neutralen Einstellung in das Gespräch. Seien Sie offen für die Perspektive des Mitarbeiters und vermeiden Sie Vorurteile.

Vertraulichkeit: Stellen Sie sicher, dass das Gespräch vertraulich bleibt. Dies fördert das Vertrauen und ermutigt den Mitarbeiter, offen zu sprechen.

Aktives Zuhören: Seien Sie bereit, aktiv zuzuhören und auf die Äußerungen des Mitarbeiters einzugehen. Dies zeigt Wertschätzung und fördert eine positive Gesprächskultur.

Flexible Agenda: Seien Sie bereit, die Agenda je nach den Bedürfnissen des Gesprächs anzupassen. Manchmal sind unerwartete Themen wichtig und sollten angesprochen werden.

Nachbereitung: Planen Sie, wie die Ergebnisse des Gesprächs dokumentiert und nachverfolgt werden. Legen Sie fest, welche nächsten Schritte unternommen werden und wie Sie den Mitarbeiter unterstützen können.

Durch die Beachtung dieser Rahmenbedingungen schaffen Sie eine Umgebung, die die Qualität und Effektivität von Mitarbeitergesprächen erhöht und die Zusammenarbeit im Team stärkt.

Wie bereite ich mich als Führungskraft richtig auf ein Mitarbeitergespräch vor?

Eine gute Vorbereitung auf ein Mitarbeitergespräch ist entscheidend für den Erfolg. Hier sind einige Schritte, die Sie als Führungskraft beachten sollten:

Ziele definieren: Bestimmen Sie klare Ziele für das Gespräch. Was möchten Sie erreichen? Welche Themen sind wichtig?

Informationen sammeln: Stellen Sie alle relevanten Informationen zusammen, wie Leistungsdaten, Feedback aus vorherigen Gesprächen, Projektergebnisse und ggf. Mitarbeiterumfragen.

Themen festlegen: Erstellen Sie eine Liste von Themen, die Sie besprechen möchten. Achten Sie darauf, dass diese sowohl den Sachinhalt als auch persönliche und Entwicklungsaspekte umfassen.

Fragen vorbereiten: Bereiten Sie offene Fragen vor, die den Dialog fördern und dem Mitarbeiter die Möglichkeit geben, seine Sichtweise darzulegen.

Feedback aufbereiten: Überlegen Sie sich spezifisches, konstruktives Feedback zu den Leistungen und dem Verhalten des Mitarbeiters. Verwenden Sie Beispiele, um Ihre Punkte zu verdeutlichen.

Mitarbeiterhistorie berücksichtigen: Denken Sie an frühere Gespräche und relevante Entwicklungen im beruflichen Werdegang des Mitarbeiters, um Kontinuität zu gewährleisten.

Atmosphäre schaffen: Überlegen Sie, wie Sie eine positive und vertrauensvolle Atmosphäre schaffen können, in der der Mitarbeiter sich wohlfühlt, offen zu sprechen.

Vertraulichkeit wahren: Machen Sie sich bewusst, dass das Gespräch vertraulich ist. Stellen Sie sicher, dass der Mitarbeiter sich sicher fühlt, persönliche oder sensible Themen anzusprechen.

Zeitmanagement planen: Planen Sie ausreichend Zeit für das Gespräch ein, sodass Sie alle wichtigen Punkte ansprechen können, ohne gehetzt zu wirken.

Nachbereitung vorbereiten: Denken Sie darüber nach, wie Sie die Ergebnisse des Gesprächs dokumentieren und welche nächsten Schritte vereinbart werden sollten.

Durch diese gründliche Vorbereitung können Sie sicherstellen, dass das Mitarbeitergespräch effektiv, zielgerichtet und produktiv verläuft, was letztlich zu einer besseren Zusammenarbeit und höheren Zufriedenheit im Team führt.

Ablauf von Mitarbeitergespräche

Der Ablauf von Mitarbeitergesprächen kann je nach Art des Gesprächs variieren, folgt jedoch oft einer ähnlichen Struktur. Hier ist ein allgemeiner Ablauf, der sich bewährt hat:

1. Einleitung

Begrüßung: Freundliche Begrüßung des Mitarbeiters.

Zweck des Gesprächs: Erläutern Sie kurz den Zweck und die Ziele des Gesprächs, um den Rahmen abzustecken.

2. Rückblick

Leistungs- und Entwicklungsgespräch: Besprechen Sie die Leistungen des Mitarbeiters seit dem letzten Gespräch oder über einen bestimmten Zeitraum.

Feedback geben: Geben Sie spezifisches, konstruktives Feedback zu Stärken und Verbesserungsbereichen.

3. Mitarbeiteransicht

Mitarbeiter äußern: Lassen Sie den Mitarbeiter seine Sichtweise darlegen. Stellen Sie offene Fragen, um einen Dialog zu fördern.

Zufriedenheit und Herausforderungen: Fragen Sie nach der Zufriedenheit des Mitarbeiters und eventuellen Herausforderungen, mit denen er konfrontiert ist.

4. Zielvereinbarung

Ziele festlegen: Arbeiten Sie gemeinsam an der Festlegung von Zielen für den kommenden Zeitraum. Klären Sie, welche Schritte nötig sind, um diese zu erreichen.

Entwicklungsmöglichkeiten: Besprechen Sie Möglichkeiten zur beruflichen Weiterentwicklung, Schulungen oder Projekte, die der Mitarbeiter anstreben könnte.

5. Zusammenfassung

Wichtigste Punkte wiederholen: Fassen Sie die besprochenen Punkte zusammen, um sicherzustellen, dass alles klar ist.

Vereinbarungen festhalten: Dokumentieren Sie die vereinbarten Ziele und Maßnahmen.

6. Abschluss

Ausblick geben: Geben Sie einen Ausblick auf das nächste Gespräch oder den weiteren Verlauf.

Fragen klären: Geben Sie dem Mitarbeiter die Möglichkeit, letzte Fragen zu stellen oder Bedenken zu äußern.

Verabschiedung: Freundliche Verabschiedung und Dank für das Gespräch.

7. Nachbereitung

Dokumentation: Halten Sie die wichtigsten Punkte und Vereinbarungen schriftlich fest.

Follow-up planen: Planen Sie einen Termin für ein Follow-up, um den Fortschritt der vereinbarten Ziele zu überprüfen.

Durch die Einhaltung dieses strukturierten Ablaufs können Sie sicherstellen, dass das Mitarbeitergespräch zielgerichtet und produktiv verläuft, was zu einer besseren Kommunikation und Zusammenarbeit im Team führt.

6.6. B-A-R-REGEL

Was ist die B-A-R Regel?

Die B-A-R-Regel ist ein Kommunikationsmodell, das oft im Kontext von Feedback und Mitarbeitergesprächen verwendet wird. Die Abkürzung steht für:

B - Behalten: Beschreiben Sie das spezifische Verhalten des Mitarbeiters, das Sie ansprechen möchten. Es ist wichtig, konkret zu sein und keine allgemeinen Aussagen zu machen.

Beispiel: „In der letzten Teampräsentation hast du die Kundenanforderungen nicht vollständig berücksichtigt."

A - Auswirkung: Erläutern Sie die Auswirkungen oder Folgen dieses Verhaltens. Wie hat sich das Verhalten auf das Team, das Projekt oder das Unternehmen ausgewirkt?
Beispiel: „Das hat dazu geführt, dass die Kunden verwirrt waren und wir nicht alle wichtigen Punkte abgedeckt haben."

R - Rückmeldung: Geben Sie eine Rückmeldung oder einen Ausblick auf das gewünschte Verhalten. Hier können Sie Vorschläge machen, wie der Mitarbeiter in Zukunft handeln könnte.

Beispiel: „Ich würde mir wünschen, dass du in Zukunft die Kundenanforderungen vor der Präsentation noch einmal durchgehst, um sicherzustellen, dass wir alle wichtigen Punkte ansprechen."

Anwendung der B-A-R-Regel:

Klarheit: Durch die strukturierte Vorgehensweise wird Feedback klar und nachvollziehbar.

Konstruktivität: Die Regel fördert eine positive und lösungsorientierte Feedbackkultur.

Vermeidung von Missverständnissen: Indem konkrete Verhaltensweisen angesprochen werden, werden allgemeine Vorwürfe und Missverständnisse vermieden.

Die B-A-R-Regel ist ein effektives Werkzeug, um Feedback so zu formulieren, dass es für den Empfänger nachvollziehbar und hilfreich ist.

6.7. TRICHTERMETHODE

Was ist die Trichtermethode?

Die Trichtermethode ist eine strukturierte Technik, die häufig in der Kommunikation und im Coaching eingesetzt wird, um Informationen, Feedback oder Diskussionen zu gestalten. Sie basiert auf der Idee, dass ein Gespräch oder eine Diskussion mit allgemeinen, breiten Themen beginnt und dann schrittweise auf spezifischere Punkte eingeht.

Ablauf der Trichtermethode:

Einleitung (Breit): Beginnen Sie das Gespräch mit einem allgemeinen Thema oder einer offenen Frage. Dies schafft eine entspannte Atmosphäre und fördert den Austausch.
Beispiel: „Wie läuft es im Team? Gibt es Herausforderungen, die Sie ansprechen möchten?"

Vertiefung (Enger): Nachdem der Mitarbeiter seine Gedanken geäußert hat, stellen Sie gezielte, spezifischere Fragen, um tiefer in die

Thematik einzutauchen. Hier geht es darum, präzisere Informationen oder Feedback zu erhalten.
Beispiel: „Könnten Sie ein konkretes Beispiel für die Herausforderungen geben, die Sie erwähnt haben?"

Konkrete Maßnahmen (Eng): Am Ende des Gesprächs formulieren Sie spezifische Maßnahmen oder Ziele. Dies führt zu klaren Vereinbarungen und einem Handlungsplan.
Beispiel: „Was können wir tun, um diese Herausforderung gemeinsam anzugehen?"

Vorteile der Trichtermethode:

Strukturierte Kommunikation: Die Methode hilft, Gespräche klar zu strukturieren, sodass wichtige Punkte nicht übersehen werden.

Offene Diskussion: Indem man mit allgemeinen Themen beginnt, fühlt sich der Mitarbeiter eher wohl, seine Gedanken zu teilen.

Fokussierung auf Lösungen: Die Methode lenkt die Diskussion auf konkrete Maßnahmen, was zu einer effektiveren Problemlösung führt.

Die Trichtermethode eignet sich besonders gut für Mitarbeitergespräche, Feedbackgespräche und Coaching-Situationen, in denen eine strukturierte und zielführende Kommunikation wichtig ist.

Welche Nachteile hat diese Methode?

Obwohl die Trichtermethode viele Vorteile bietet, gibt es auch einige potenzielle Nachteile:

Zeitintensiv: Der schrittweise Ansatz kann mehr Zeit in Anspruch nehmen, da er oft mit allgemeinen Themen beginnt und dann tiefer eintaucht. In zeitlich begrenzten Meetings könnte dies zu Herausforderungen führen.

Risiko der Oberflächlichkeit: Wenn nicht genügend Zeit für die Vertiefung eingeplant wird, könnte das Gespräch oberflächlich bleiben und wichtige Details nicht ausreichend behandelt werden.

Fokus auf den Gesprächsleiter: Die Methode kann dazu führen, dass der Gesprächsleiter die Kontrolle über das Gespräch hat, was den Mitarbeiter möglicherweise hemmen kann, seine Gedanken frei zu äußern.

Anpassungsfähigkeit: In manchen Situationen oder bei bestimmten Mitarbeitern kann ein direkterer Ansatz effektiver sein. Nicht jeder Gesprächspartner benötigt die strukturierte Herangehensweise der Trichtermethode.

Potenzial für Missverständnisse: Wenn die Fragen nicht klar formuliert sind oder die Mitarbeiter sich nicht wohlfühlen, könnten Missverständnisse auftreten, insbesondere in den spezifischeren Phasen des Gesprächs.

Mangelnde Flexibilität: Das starre Festhalten an der Struktur könnte in dynamischen Gesprächen hinderlich sein, in denen spontane Themenwechsel sinnvoll wären.

Überforderung: Einige Mitarbeiter könnten sich durch die strukturierte Vorgehensweise überfordert fühlen, insbesondere wenn sie Schwierigkeiten haben, ihre Gedanken zu ordnen.

Trotz dieser Nachteile kann die Trichtermethode in vielen Kontexten sehr effektiv sein, wenn sie angemessen eingesetzt und an die Bedürfnisse der Gesprächspartner angepasst wird.

6.8. FRAGETECHNIKEN

Motto: Wer fragt, der führt! Was bedeutet diese Aussage?

Das Motto „Wer fragt, der führt" bedeutet, dass derjenige, der die Fragen stellt, die Kontrolle über das Gespräch oder die Interaktion hat. Hier sind einige Aspekte, die diese Aussage verdeutlichen:

Steuerung des Gesprächs: Durch gezielte Fragen kann der Fragesteller das Thema und die Richtung des Gesprächs lenken. Fragen helfen, den Fokus zu setzen und bestimmte Informationen zu erlangen.

Aktives Zuhören: Der Fragesteller zeigt Interesse an den Antworten und fördert eine offene Kommunikation. Dies kann zu einem besseren Verständnis der Perspektiven des anderen führen.

Förderung von Reflexion: Durch gut formulierte Fragen regt man den Gesprächspartner dazu an, über seine Gedanken, Gefühle oder Handlungen nachzudenken. Dies kann zu tiefergehenden Einsichten führen.

Erhöhung der Beteiligung: Fragen ermutigen den anderen, aktiv am Gespräch teilzunehmen und seine Meinung zu äußern. Dies schafft ein Gefühl der Mitverantwortung.

Klärung von Missverständnissen: Durch Fragen können Unklarheiten schnell identifiziert und geklärt werden, was die Kommunikation effektiver macht.

Vertrauensaufbau: Offene Fragen können eine vertrauensvolle Atmosphäre schaffen, in der sich die Gesprächspartner wohlfühlen, ihre Meinungen und Bedenken zu teilen.

Insgesamt zeigt das Motto, dass Fragen ein mächtiges Werkzeug in der Kommunikation sind. Sie ermöglichen es dem Fragesteller, das Gespräch zu steuern, und fördern einen produktiven Austausch.

Welche Fragtechniken gibt es ?

Es gibt verschiedene Fragetechniken, die in der Kommunikation, im Coaching und in Mitarbeitergesprächen eingesetzt werden können, um den Dialog zu fördern und wertvolle Informationen zu erhalten. Hier sind einige gängige Fragetechniken:

Offene Fragen: Fragen, die **nicht** mit „Ja" oder „Nein" beantwortet werden können. Sie fördern ausführliche Antworten und Diskussionen.
Beispiel: „Was denkst du über die aktuelle Projektlage?"

Geschlossene Fragen: Fragen, die mit „Ja" oder „Nein" beantwortet werden können. Sie sind nützlich, um spezifische Informationen zu erhalten.
Beispiel: „Hast du die Deadline eingehalten?"

Alternativfragen: Fragen, die dem Gesprächspartner zwei oder mehr Auswahlmöglichkeiten bieten. Sie helfen, die Diskussion zu lenken.
Beispiel: „Möchtest du heute über die Herausforderungen im Team oder über deine persönlichen Ziele sprechen?"

Rhetorische Fragen: Fragen, die keine Antwort erwarten, sondern dazu dienen, eine Aussage zu betonen oder zum Nachdenken anzuregen.
Beispiel: „Wie wichtig ist es uns, als Team zusammenzuarbeiten?"

Verstärkende Fragen: Fragen, die darauf abzielen, bestimmte Themen oder Punkte zu vertiefen. Sie helfen, mehr Details zu erfahren.
Beispiel: „Kannst du mir mehr über deine Erfahrungen mit diesem Projekt erzählen?"

Zielgerichtete Fragen: Fragen, die auf bestimmte Ziele oder Ergebnisse ausgerichtet sind. Sie helfen, den Fokus zu behalten.
Beispiel: „Was sind die nächsten Schritte, die wir unternehmen sollten, um das Projekt erfolgreich abzuschließen?"

Reflexive Fragen: Fragen, die den Gesprächspartner dazu anregen, über seine eigenen Gedanken und Gefühle nachzudenken.
Beispiel: „Wie fühlst du dich in Bezug auf die Rückmeldungen, die du erhalten hast?"

Klärungsfragen: Fragen, die dazu dienen, Unklarheiten auszuräumen oder Informationen zu präzisieren.
Beispiel: „Was meinst du genau mit ‚schwierigen Kunden'?"

Hypothetische Fragen: Fragen, die eine hypothetische Situation skizzieren und den Gesprächspartner dazu anregen, darüber nachzudenken, wie er reagieren würde.
Beispiel: „Wie würdest du vorgehen, wenn wir ein unerwartetes Problem im Projekt hätten?"

Zusammenfassende Fragen: Fragen, die darauf abzielen, das Gesagte zusammenzufassen und sicherzustellen, dass alle Punkte erfasst wurden.
Beispiel: „Wenn ich dich richtig verstehe, sind deine Hauptanliegen die Zeitpläne und die Kommunikation im Team, richtig?"

Durch den gezielten Einsatz dieser Fragetechniken können Sie die Kommunikation verbessern, den Dialog fördern und wertvolle Einblicke gewinnen.

Warum sollte eine Führungskraft lieber offene Fragen stellen, als geschlossene?

Offene Fragen bieten Führungskräften zahlreiche Vorteile im Vergleich zu geschlossenen Fragen, insbesondere in der Kommunikation mit Mitarbeitern. Hier sind einige Gründe, warum offene Fragen oft bevorzugt werden:

Förderung des Dialogs: Offene Fragen laden die Gesprächspartner ein, ihre Gedanken und Gefühle ausführlich zu äußern, was zu einem lebendigeren und engagierteren Dialog führt.

Vertiefung des Verständnisses: Sie ermöglichen es Führungskräften, ein tieferes Verständnis für die Perspektiven und Erfahrungen ihrer Mitarbeiter zu gewinnen, da diese ihre Sichtweisen ausführlicher darlegen können.

Entwicklung von Problemlösungsfähigkeiten: Offene Fragen regen Mitarbeiter an, über Lösungen nachzudenken und kreative Ideen zu entwickeln, anstatt nur eine schnelle, einfache Antwort zu geben.

Ehrliches Feedback: Sie schaffen eine Atmosphäre, in der Mitarbeiter sich sicherer fühlen, ehrliches Feedback zu geben und Bedenken zu äußern, was die Beziehung zwischen Führungskraft und Mitarbeiter stärkt.

Identifikation von Bedürfnissen: Durch offene Fragen können Führungskräfte die Bedürfnisse, Herausforderungen und Wünsche der Mitarbeiter besser erfassen, was für die weitere Zusammenarbeit wichtig ist.

Stärkung der Eigenverantwortung: Offene Fragen fördern die Eigenverantwortung der Mitarbeiter, da sie dazu angeregt werden, ihre eigenen Gedanken und Entscheidungen zu reflektieren.

Vermeidung von Missverständnissen: Indem sie mehr Informationen und Kontext erhalten, können Führungskräfte Missverständnisse besser vermeiden und die Kommunikation klarer gestalten.

Motivation und Engagement: Offene Fragen zeigen, dass die Meinungen der Mitarbeiter wertgeschätzt werden, was deren Motivation und Engagement erhöhen kann.

Insgesamt tragen offene Fragen dazu bei, eine positive Kommunikationskultur zu schaffen, die auf Vertrauen und Zusammenarbeit basiert. Sie ermöglichen es Führungskräften, ein umfassenderes Bild von ihren Mitarbeitern und deren Bedürfnissen zu erhalten, was letztendlich zu besseren Entscheidungen und einer effektiveren Teamarbeit führt.

6.9. AKTIVES ZUHÖREN

Definition: Aktives zuhören

Aktives Zuhören ist eine Kommunikationsmethode, bei der der Zuhörer bewusst und aufmerksam auf das Gesagte eingeht, um die Botschaft des Sprechers vollständig zu verstehen. Es geht über das passive Hören hinaus und beinhaltet verschiedene Techniken, um das Verständnis und die Beziehung zwischen den Gesprächspartnern zu verbessern.

Wesentliche Merkmale des aktiven Zuhörens:

Aufmerksamkeit: Der Zuhörer konzentriert sich ganz auf den Sprecher, ohne Ablenkungen durch äußere Einflüsse oder eigene Gedanken.

Verbale und nonverbale Rückmeldungen: Durch Nicken, Augenkontakt und verbale Bestätigungen (z. B. „Ich verstehe", „Erzähl mir mehr") zeigt der Zuhörer, dass er interessiert ist und aufmerksam zuhört.

Zusammenfassen: Der Zuhörer fasst in eigenen Worten zusammen, was der Sprecher gesagt hat, um sicherzustellen, dass er die Botschaft korrekt verstanden hat.

Fragen stellen: Offene und klärende Fragen helfen, Unklarheiten auszuräumen und das Verständnis zu vertiefen.

Emotionale Resonanz: Der Zuhörer erkennt und reflektiert die Emotionen des Sprechers, um ein besseres Verständnis für dessen Perspektive zu gewinnen.

Geduld: Der Zuhörer wartet, bis der Sprecher seine Gedanken vollständig geäußert hat, bevor er selbst antwortet, um den Redefluss nicht zu unterbrechen.

Vorteile des aktiven Zuhörens:

Verbessertes Verständnis: Es hilft, Missverständnisse zu vermeiden und das tatsächliche Anliegen des Sprechers besser zu erfassen.

Stärkung der Beziehung: Aktives Zuhören fördert Vertrauen und Respekt zwischen den Gesprächspartnern.

Förderung von Offenheit: Es ermutigt den Sprecher, seine Gedanken und Gefühle offen zu teilen, was zu einer tiefergehenden Kommunikation führt.

> Aktives Zuhören ist ein entscheidender Bestandteil erfolgreicher Kommunikation, insbesondere in Führungssituationen, da es dazu beiträgt, effektive Beziehungen aufzubauen und ein unterstützendes Arbeitsumfeld zu schaffen.

Was sind die Nachteile?

Obwohl aktives Zuhören viele Vorteile bietet, gibt es auch einige potenzielle Nachteile und Herausforderungen:

Zeitintensiv: Aktives Zuhören erfordert mehr Zeit, da es tiefere Gespräche und Zusammenfassungen umfasst. In zeitlich begrenzten Situationen kann dies eine Herausforderung sein.

Emotionale Belastung: Das Eingehen auf die Emotionen des Sprechers kann emotional belastend sein, insbesondere wenn schwierige Themen angesprochen werden. Dies kann zu Stress bei dem Zuhörer führen.

Missverständnisse durch Interpretation: Der Zuhörer könnte die Aussagen des Sprechers falsch interpretieren oder seine eigenen Annahmen in die Zusammenfassung einfließen lassen, was zu Missverständnissen führen kann.

Überforderung des Sprechers: In manchen Fällen kann intensives aktives Zuhören den Sprecher überfordern, insbesondere wenn er sich nicht wohlfühlt, seine Gedanken und Gefühle offen zu teilen.

Verminderte Gesprächsdynamik: Zu viel Fokussierung auf aktives Zuhören kann den Gesprächsfluss hemmen und dazu führen, dass der Dialog weniger dynamisch verläuft.

Abhängigkeit von der Gesprächsführung: Wenn der Zuhörer zu sehr auf aktives Zuhören fokussiert ist, kann er die eigene Meinung oder Input vernachlässigen, was zu unausgewogenen Gesprächen führen kann.

Nicht für alle Situationen geeignet: In bestimmten Situationen, wie z. B. in Krisensituationen oder bei schnellen Entscheidungen, kann aktives

Zuhören weniger effektiv sein, da es nicht die nötige Schnelligkeit und Effizienz bietet.

Trotz dieser Nachteile kann aktives Zuhören in den meisten Kontexten sehr wertvoll sein, solange es angemessen eingesetzt wird und die Bedürfnisse der Gesprächspartner berücksichtigt werden. Es ist wichtig, die Balance zwischen aktivem Zuhören und dem Bedarf an effizienter Kommunikation zu finden.

6.10. BETRIEBLICHE BESPRECHUNGEN

Definition Betriebliche Besprechungen?

Betriebliche Besprechungen sind formelle oder informelle Treffen von Mitarbeitern, Teams oder Führungskräften innerhalb eines Unternehmens, um bestimmte Themen zu diskutieren, Informationen auszutauschen, Entscheidungen zu treffen oder Problemlösungen zu erarbeiten. Diese Besprechungen können regelmäßig oder ad hoc stattfinden und sind ein wichtiges Instrument für die Kommunikation und Zusammenarbeit in einem Unternehmen.

Wesentliche Merkmale betrieblicher Besprechungen:

Ziele: Betriebliche Besprechungen haben spezifische Ziele, wie z. B. die Planung von Projekten, die Evaluierung von Leistungen, die Lösung von Problemen oder die Koordination von Aufgaben.

Teilnehmer: Je nach Thema können verschiedene Mitarbeiter, Teams oder Führungskräfte teilnehmen, um unterschiedliche Perspektiven einzubringen.

Struktur: Besprechungen folgen oft einer bestimmten Agenda, die die zu behandelnden Punkte und die Reihenfolge der Diskussion festlegt.

Protokollierung: Wichtige Ergebnisse und Entscheidungen werden häufig protokolliert, um Transparenz zu gewährleisten und die Nachverfolgbarkeit zu sichern.

Feedback: Besprechungen bieten eine Plattform für Feedback und den Austausch von Ideen, was die Zusammenarbeit und das Engagement der Mitarbeiter fördern kann.

Kommunikation: Sie dienen als Forum für die Kommunikation innerhalb des Unternehmens und helfen, Missverständnisse zu vermeiden und die Teamdynamik zu stärken.

Betriebliche Besprechungen sind somit ein zentrales Element der Unternehmensorganisation, die zur Effizienz und Effektivität von Arbeitsprozessen beiträgt.

Welche Arten von Besprechungen gibt es?

Es gibt verschiedene Arten von Besprechungen, die je nach Ziel und Format variieren. Hier sind einige gängige Arten:

Statusbesprechungen: Regelmäßige Treffen, um den Fortschritt von Projekten oder Aufgaben zu besprechen.

Planungsbesprechungen: Treffen, um Strategien und Ziele für zukünftige Projekte zu entwickeln.

Brainstorming-Sitzungen: Kreative Meetings zur Ideenfindung, in denen Teammitglieder Vorschläge und Lösungen erarbeiten.

Entscheidungsbesprechungen: Sitzungen, in denen wichtige Entscheidungen getroffen werden, oft basierend auf zuvor gesammelten Informationen.

Feedback-Besprechungen: Gelegenheiten, um Rückmeldungen zu geben und zu erhalten, sei es zu Projekten oder zur individuellen Leistung.

Schulungssitzungen: Meetings zur Weiterbildung und Wissensvermittlung.

Kundenbesprechungen: Treffen mit Kunden zur Besprechung von Anforderungen, Feedback oder zur Präsentation von Lösungen.

Team-Besprechungen: Gelegenheiten, um das Team zu stärken, die Kommunikation zu fördern und aktuelle Themen zu besprechen.

Ausschuss- oder Kommissionsbesprechungen: Treffen von Gruppen, die spezifische Themen oder Projekte bearbeiten.

Kick-off-Meetings: Veranstaltungen zur Einführung neuer Projekte, bei denen Ziele und Erwartungen festgelegt werden.

Die Wahl der Besprechungsart hängt von den Zielen und der Zusammensetzung der Teilnehmer ab.

Was ist dort zu beachten?

Bei der Durchführung von Besprechungen gibt es mehrere wichtige Aspekte zu beachten, um sicherzustellen, dass sie effektiv und produktiv sind:

Zielsetzung: Definieren Sie ein klares Ziel für die Besprechung. Was soll erreicht werden? Dies hilft, die Diskussion fokussiert zu halten.

Agenda: Erstellen Sie eine strukturierte Agenda und verteilen Sie diese im Voraus. So wissen alle Teilnehmer, was sie erwartet und können sich entsprechend vorbereiten.

Teilnehmer: Laden Sie nur die notwendigen Personen ein. Zu viele Teilnehmer können die Diskussion unnötig kompliziert machen.

Zeitmanagement: Halten Sie sich an die geplante Zeit. Respektieren Sie die Zeit der Teilnehmer und vermeiden Sie unnötige Überziehungen.

Moderation: Ernennen Sie einen Moderator, der die Diskussion leitet, sicherstellt, dass alle zu Wort kommen, und die Agenda einhält.

Notizen: Halten Sie Protokoll über die wichtigsten Punkte, Entscheidungen und nächsten Schritte. Dies sorgt für Klarheit und Verantwortlichkeit.

Feedback: Geben Sie den Teilnehmern die Möglichkeit, Feedback zur Besprechung zu geben, um zukünftige Meetings zu verbessern.

Follow-up: Versenden Sie nach der Besprechung eine Zusammenfassung mit den Ergebnissen und den nächsten Schritten, um sicherzustellen, dass alle informiert sind.

Technische Vorbereitung: Bei virtuellen Meetings sicherstellen, dass alle technischen Voraussetzungen (Software, Internetverbindung) vorab getestet werden.

Umgebung: Schaffen Sie eine geeignete Umgebung für persönliche Treffen, die für alle Teilnehmer angenehm und störungsfrei ist.

Indem diese Punkte beachtet werden, können Besprechungen effektiver gestaltet werden und zu besseren Ergebnissen führen.

Welche Eigenschaften sollte die Führungskraft haben?

Eine gute Führungskraft sollte eine Vielzahl von Eigenschaften besitzen, um effektiv zu führen und ein positives Arbeitsumfeld zu schaffen. Hier sind einige wichtige Eigenschaften:

Kommunikationsfähigkeit: Klare und offene Kommunikation ist entscheidend, um Informationen zu teilen und Missverständnisse zu vermeiden.

Empathie: Verständnis für die Bedürfnisse und Gefühle der Teammitglieder fördert ein vertrauensvolles Verhältnis.

Entscheidungsfreude: Die Fähigkeit, schnell und fundiert Entscheidungen zu treffen, ist in vielen Situationen wichtig.

Visionär: Eine gute Führungskraft hat eine klare Vision für die Zukunft und kann das Team inspirieren, diese zu verfolgen.

Integrität: Ehrlichkeit und Transparenz schaffen Vertrauen und Glaubwürdigkeit innerhalb des Teams.

Flexibilität: Die Fähigkeit, sich an Veränderungen anzupassen und unterschiedliche Ansätze auszuprobieren, ist in einem dynamischen Umfeld wichtig.

Motivationsfähigkeit: Eine gute Führungskraft kann das Team motivieren und anspornen, auch in schwierigen Zeiten.

Konfliktlösungsfähigkeiten: Die Fähigkeit, Konflikte konstruktiv zu lösen, ist entscheidend, um ein harmonisches Arbeitsumfeld zu fördern.

Teamorientierung: Eine gute Führungskraft fördert Zusammenarbeit und Teamgeist und erkennt die Stärken jedes Einzelnen.

Selbstreflexion: Die Bereitschaft, das eigene Verhalten und die eigene Leistung kritisch zu hinterfragen, ist wichtig für persönliches Wachstum.

Diese Eigenschaften helfen Führungskräften, ein effektives und motiviertes Team zu leiten und langfristigen Erfolg zu sichern.

Welche Eigenschaften sollte der Mitarbeiter haben?

Ein erfolgreicher Mitarbeiter sollte eine Reihe von Eigenschaften mitbringen, die nicht nur seine individuelle Leistung fördern, sondern auch das Team und die Organisation stärken. Hier sind einige wichtige Eigenschaften:

Zuverlässigkeit: Pünktlichkeit und die Fähigkeit, Aufgaben termingerecht und qualitativ hochwertig zu erledigen.

Teamfähigkeit: Die Bereitschaft, im Team zu arbeiten, andere zu unterstützen und gemeinsam Ziele zu erreichen.

Eigenverantwortung: Proaktives Handeln und die Übernahme von Verantwortung für die eigenen Aufgaben und Entscheidungen.

Kommunikationsfähigkeit: Klare und effektive Kommunikation mit Kollegen, Vorgesetzten und Kunden.

Anpassungsfähigkeit: Flexibilität, sich an Veränderungen anzupassen und neue Herausforderungen zu akzeptieren.

Lernbereitschaft: Offenheit für Weiterbildung und neue Fähigkeiten, um sich persönlich und beruflich weiterzuentwickeln.

Kreativität: Die Fähigkeit, innovative Lösungen zu finden und neue Ideen einzubringen.

Problemlösungsfähigkeiten: Die Fähigkeit, analytisch zu denken und Herausforderungen konstruktiv zu begegnen.

Engagement: Motivation und Einsatzbereitschaft, um die Ziele des Unternehmens aktiv zu unterstützen.

Resilienz: Die Fähigkeit, mit Stress und Rückschlägen umzugehen und sich schnell zu erholen.

Diese Eigenschaften tragen dazu bei, ein positives Arbeitsumfeld zu schaffen und die Gesamtleistung des Teams und der Organisation zu verbessern.

Wie kann ich diese Eigenschaften fördern?

Um die gewünschten Eigenschaften bei Mitarbeitern zu fördern, können Sie verschiedene Strategien und Methoden anwenden:

Feedback-Kultur: Etablieren Sie regelmäßige Feedback-Gespräche, in denen Mitarbeiter konstruktives Feedback zu ihrer Leistung und ihren Fähigkeiten erhalten.

Schulungen und Workshops: Bieten Sie Weiterbildungsangebote an, die sowohl fachliche als auch persönliche Kompetenzen fördern, z.B. Kommunikationstraining oder Teamentwicklung.

Mentoring-Programme: Pairen Sie weniger erfahrene Mitarbeiter mit erfahrenen Kollegen, die als Mentoren fungieren und wertvolle Einsichten sowie Unterstützung bieten.

Ziele setzen: Helfen Sie Mitarbeitern, realistische und herausfordernde Ziele zu setzen, die ihre Eigenverantwortung und Motivation stärken.

Teamarbeit fördern: Organisieren Sie regelmäßige Team-Building-Aktivitäten, um den Zusammenhalt zu stärken und die Teamfähigkeit zu fördern.

Positive Arbeitsumgebung: Schaffen Sie ein Umfeld, das Offenheit und Kreativität fördert, in dem Mitarbeiter Ideen teilen und Risiken eingehen können.

Anerkennung und Belohnung: Würdigen Sie die Leistungen Ihrer Mitarbeiter, um ihre Motivation und ihr Engagement zu steigern.

Flexibilität bieten: Geben Sie Mitarbeitern die Möglichkeit, ihre Arbeitsweise und -zeiten flexibel zu gestalten, um ihre Anpassungsfähigkeit zu fördern.

Selbstreflexion anregen: Ermutigen Sie Mitarbeiter, über ihre Stärken und Verbesserungsmöglichkeiten nachzudenken, z.B. durch regelmäßige Selbstbewertungen.

Ressourcen bereitstellen: Stellen Sie sicher, dass Mitarbeiter Zugang zu den notwendigen Ressourcen und Informationen haben, um ihre Aufgaben effizient zu erfüllen.

> Durch die Implementierung dieser Strategien können Sie eine positive Entwicklung der Mitarbeiterfähigkeiten fördern und ein engagiertes, leistungsstarkes Team aufbauen.

6.11. MODERATION

Definition Moderation

Moderation kann je nach Kontext verschiedene Bedeutungen haben, aber grundsätzlich bezieht es sich auf das Steuern, Überwachen oder Regulieren von Inhalten, Verhalten oder Aktivitäten, um sicherzustellen, dass sie bestimmten Standards oder Richtlinien entsprechen. Hier einige Beispiele:

1. **Online-Plattformen/Communities**: In sozialen Netzwerken, Foren oder Kommentarbereichen bedeutet Moderation, dass Inhalte überprüft und kontrolliert werden, um sicherzustellen, dass sie keine beleidigenden, schädlichen oder unangemessenen Materialien enthalten. Moderatoren löschen oder bearbeiten Inhalte, die gegen die Plattformrichtlinien verstoßen, z. B. Hassrede, Spam oder verletzende Kommentare.

2. **Debatten/Veranstaltungen**: In formellen Diskussionen oder Debatten ist ein Moderator eine neutrale Person, die das Gespräch leitet, dafür sorgt, dass alle Teilnehmer zu Wort kommen, und für Ordnung sorgt.

3. **Verhalten und Konsum**: Moderation kann auch die Praxis bezeichnen, extreme Verhaltensweisen zu vermeiden, zum Beispiel beim Essen oder Trinken. "In Maßen" bedeutet, etwas mit Maß und Ziel zu konsumieren, um gesund zu bleiben.

4. **Governance und Aufsicht**: In einem allgemeinen politischen oder organisatorischen Kontext bedeutet Moderation oft das Abwägen unterschiedlicher Interessen oder Meinungen, um ein Gleichgewicht oder faire Entscheidungen zu treffen.

In allen Fällen zielt Moderation darauf ab, ein ausgewogenes Umfeld zu schaffen, Konflikte zu reduzieren und konstruktive Interaktionen zu fördern.

Welche Ziele hat eine Moderation?

Eine Moderation verfolgt verschiedene Ziele, je nach Kontext, in dem sie stattfindet. Im Allgemeinen lässt sich jedoch sagen, dass die Hauptziele einer Moderation darin bestehen, **Ordnung, Fairness** und **Effektivität** zu gewährleisten. Hier sind einige spezifische Ziele einer Moderation:

1. Förderung einer konstruktiven Kommunikation
Ziel: Den Dialog zu erleichtern und sicherzustellen, dass alle Teilnehmer ihre Ansichten auf respektvolle und produktive Weise äußern können.

Beispiel: In einer Diskussion sorgt der Moderator dafür, dass niemand unterbrochen wird und jeder gleichwertig zu Wort kommt.

2. Gewährleistung von Fairness

Ziel: Eine gleichberechtigte Teilnahme aller Beteiligten zu ermöglichen und dafür zu sorgen, dass niemand bevorzugt oder benachteiligt wird.

Beispiel: In einer Debatte achtet der Moderator darauf, dass alle Redner gleich viel Zeit bekommen und keine Person dominieren kann.

3. Sicherstellung der Einhaltung von Regeln

Ziel: Die Einhaltung von vorher festgelegten Regeln oder Richtlinien zu gewährleisten, um ein respektvolles und geordnetes Miteinander zu fördern.

Beispiel: In Online-Foren überwacht der Moderator, dass keine beleidigenden oder unangemessenen Inhalte gepostet werden.

4. Schaffung eines sicheren und respektvollen Rahmens

Ziel: Ein Umfeld zu schaffen, in dem sich alle Teilnehmer sicher fühlen, ihre Meinungen zu äußern, ohne Angst vor negativen Reaktionen oder Belästigung zu haben.

Beispiel: In einem Workshop sorgt der Moderator dafür, dass kontroverse Themen respektvoll behandelt werden und keine Person durch die Diskussion verletzt wird.

5. Förderung des Konsenses oder der Problemlösung

Ziel: In Konfliktsituationen oder bei Entscheidungsfindungen unterstützt die Moderation den Prozess, einen Konsens zu finden oder eine Lösung zu erarbeiten.

Beispiel: In einer Team-Besprechung hilft der Moderator dabei, dass unterschiedliche Meinungen berücksichtigt werden und am Ende eine einvernehmliche Entscheidung getroffen wird.

6. Zeitmanagement und Strukturierung

Ziel: Der Moderator sorgt dafür, dass die Sitzung oder Veranstaltung in einem klaren Zeitrahmen bleibt und die Themen in einer logischen Reihenfolge behandelt werden.

Beispiel: In einer Konferenz sorgt der Moderator dafür, dass alle Themen angesprochen werden, ohne dass es zu lange Pausen oder Verzögerungen kommt.

7. Verhinderung von Eskalationen und Konflikten

Ziel: Der Moderator verhindert, dass Diskussionen aus dem Ruder laufen, und sorgt dafür, dass bei Meinungsverschiedenheiten eine respektvolle Atmosphäre gewahrt bleibt.

Beispiel: Bei hitzigen Diskussionen schaltet sich der Moderator ein, um Konflikte zu deeskalieren und die Teilnehmer zu beruhigen.

8. Förderung von Beteiligung und Engagement

Ziel: Den Teilnehmern helfen, sich aktiv in die Diskussion oder das Thema einzubringen, indem der Moderator Fragen stellt, Diskussionen anregt und zum Mitmachen ermutigt.

Beispiel: In einem Seminar sorgt der Moderator dafür, dass alle Teilnehmer zu Wort kommen und ihre Perspektiven teilen können.

9. Dokumentation und Zusammenfassung

Ziel: Der Moderator sorgt dafür, dass wichtige Punkte und Ergebnisse festgehalten werden, damit sie später nachverfolgt oder genutzt werden können.

Beispiel: Am Ende einer Sitzung fasst der Moderator die wesentlichen Ergebnisse zusammen und gibt einen Überblick über die nächsten Schritte.

10. Vermeidung von Missverständnissen

Ziel: Der Moderator klärt Unklarheiten auf, stellt sicher, dass alle das gleiche Verständnis eines Themas oder einer Diskussion haben, und hilft, Missverständnisse zu vermeiden.

Beispiel: Bei komplexen Themen sorgt der Moderator dafür, dass Fachbegriffe oder schwierige Konzepte verständlich erklärt werden.

Insgesamt ist die Rolle der Moderation also darauf ausgerichtet, den Kommunikationsprozess zu steuern, die Beteiligten zu unterstützen und ein Umfeld zu schaffen, in dem produktive, respektvolle und lösungsorientierte Gespräche möglich sind.

Wann setze ich eine Moderation ein?

Eine Moderation setzt man in verschiedenen Situationen ein, in denen eine strukturierte und zielgerichtete Kommunikation oder Entscheidungsfindung erforderlich ist. Sie hilft dabei, Diskussionen zu leiten, Konflikte zu vermeiden und alle Beteiligten einzubeziehen. Hier sind einige typische Szenarien, in denen eine Moderation sinnvoll ist:

1. Gruppendiskussionen oder Meetings

Wann einsetzen? Wenn eine Gruppe mehrere Meinungen oder Ideen austauschen möchte, aber eine strukturierte Diskussion erforderlich ist, um zu einem Ergebnis zu kommen.

Beispiel: Bei Team-Meetings, in denen verschiedene Abteilungen ihre Anliegen oder Fortschritte vorstellen, sorgt die Moderation für Ordnung und dafür, dass alle zu Wort kommen.

2. Konfliktbewältigung oder Mediation

Wann einsetzen? Wenn es in einer Gruppe oder zwischen verschiedenen Parteien zu Konflikten kommt, die eine neutrale Person benötigen, um diese zu lösen.

Beispiel: In einer Konfliktlösung zwischen Mitarbeitern oder in einer Verhandlung zwischen verschiedenen Interessengruppen, bei der die Moderation hilft, Lösungen zu finden und eine Eskalation zu verhindern.

3. Brainstorming-Sitzungen

Wann einsetzen? Wenn kreative Ideen gesammelt werden sollen, aber der kreative Prozess durch Struktur und Moderation fokussiert werden muss.

Beispiel: In einer kreativen Sitzung zur Ideenfindung sorgt der Moderator dafür, dass die Teilnehmer ihre Ideen frei äußern können, ohne dass eine Idee sofort bewertet oder kritisiert wird.

4. Entscheidungsprozesse

Wann einsetzen? Wenn eine Gruppe eine Entscheidung treffen muss und verschiedene Meinungen zu berücksichtigen sind.

Beispiel: Bei der Auswahl eines neuen Projektnamens oder der Festlegung einer gemeinsamen Strategie sorgt die Moderation dafür, dass alle relevanten Informationen berücksichtigt und alle Stimmen gehört werden.

5. Workshops und Seminare

Wann einsetzen? Wenn eine Gruppe von Teilnehmern in einem Seminar oder Workshop zu bestimmten Themen lernen oder arbeiten soll, und eine klare Struktur sowie Interaktivität notwendig sind.

Beispiel: In einem Training zu Teamarbeit sorgt der Moderator dafür, dass alle aktiv teilnehmen, Diskussionen angeregt werden und die Teilnehmer am Ende des Workshops mit klaren Erkenntnissen und Handlungsplänen hinausgehen.

6. Konsensfindung

Wann einsetzen? Wenn eine Gruppe einen gemeinsamen Konsens erreichen muss, z.B. bei der Planung eines Projekts oder der Definition gemeinsamer Werte und Ziele.

Beispiel: In einer Arbeitsgruppe, die ein gemeinsames Ziel verfolgt (z.B. die Erstellung einer neuen Produktstrategie), sorgt der Moderator dafür, dass alle Bedenken und Vorschläge gehört werden und ein gemeinsamer Nenner gefunden wird.

7. Veranstaltungen oder Diskussionsrunden

Wann einsetzen? Wenn eine öffentliche Veranstaltung oder Diskussionsrunde mit mehreren Teilnehmern organisiert wird, bei der ein geordneter Ablauf wichtig ist.

Beispiel: Bei einer Podiumsdiskussion oder einer Expertenrunde sorgt der Moderator dafür, dass die Diskussion fokussiert bleibt, keine Themen verloren gehen und das Publikum ebenfalls zu Wort kommen kann.

8. Konferenzen oder Netzwerktreffen

Wann einsetzen? Wenn eine Veranstaltung mit vielen Teilnehmern oder Rednern organisiert wird, die effizient und im Zeitrahmen durchgeführt werden muss.

Beispiel: Auf einer Konferenz sorgt der Moderator dafür, dass die Redner pünktlich ihren Vortrag halten, die Diskussion im Anschluss organisiert abläuft und die Teilnehmer die Möglichkeit haben, Fragen zu stellen.

9. Feedback-Runden

Wann einsetzen? Wenn eine Gruppe oder ein Team Rückmeldungen geben möchte, z.B. nach einem Projekt oder einer Veranstaltung, und eine strukturierte und respektvolle Diskussion wichtig ist.

Beispiel: Nach einem abgeschlossenen Projekt moderiert der Leiter eine Feedback-Runde, um sowohl positives als auch konstruktives Feedback zu sammeln, ohne dass die Diskussion in eine unproduktive Richtung geht.

10. Online-Communities und Foren

Wann einsetzen? Wenn es notwendig ist, Online-Diskussionen zu überwachen und sicherzustellen, dass die Kommunikation respektvoll und regelkonform bleibt.

Beispiel: In einem Diskussionsforum sorgt der Moderator dafür, dass Beiträge nicht beleidigend sind, Spam entfernt wird und die Diskussion sachlich bleibt.

Zusammengefasst:

Eine Moderation sollte immer dann eingesetzt werden, wenn:

- Es eine größere Gruppe von Teilnehmern gibt, die eine strukturierte und zielgerichtete Kommunikation benötigt.
- Eine ausgewogene Beteiligung aller Teilnehmenden sichergestellt werden muss.
- Diskussionen oder Entscheidungsprozesse durch eine neutrale Instanz geführt werden sollen.
- Konflikte oder Missverständnisse vermieden oder gelöst werden sollen.
- Ein klarer Ablauf, Fokus und Zeitmanagement erforderlich sind.

Die Moderation ist besonders wertvoll in komplexen oder herausfordernden Kommunikationssituationen, um eine produktive, respektvolle und geordnete Interaktion zu fördern.

Definition Moderator

Ein **Moderator** ist eine Person, die die Verantwortung übernimmt, eine Kommunikation oder Interaktion in einem strukturierten Rahmen zu lenken, zu steuern und zu überwachen. Dabei verfolgt der Moderator stets das Ziel, einen geordneten, respektvollen und effektiven Dialog zwischen den Beteiligten zu fördern, unabhängig von der Art des Formats – ob in einer Diskussion, einer Debatte, einer Veranstaltung oder einer digitalen Plattform.

Aufgaben und Rollen eines Moderators

Strukturelle Leitung

Der Moderator sorgt für den reibungslosen Ablauf eines Gesprächs oder einer Veranstaltung, indem er die Themen vorgibt, die Reihenfolge regelt und den Zeitrahmen überwacht. Diese strukturierte Leitung ist besonders in größeren Gruppen wichtig, um Chaos und Missverständnisse zu vermeiden.

Förderung der Partizipation

Eine der zentralen Aufgaben des Moderators besteht darin, sicherzustellen, dass alle Teilnehmer gleichberechtigt zu Wort kommen. Der Moderator ermutigt schüchterne oder zurückhaltende Teilnehmer zur Beteiligung und verhindert, dass dominante Persönlichkeiten die Diskussion vereinnahmen.

Kommunikation steuern

Der Moderator fungiert als Kommunikationsmanager, der Konflikte moderiert, Missverständnisse klärt und sicherstellt, dass die Kommunikation klar und sachlich bleibt. Er lenkt die Diskussion so, dass sie nicht in unerwünschte Richtungen abdriftet und sorgt dafür, dass die Diskussion im Einklang mit den vorab definierten Zielen bleibt.

Neutralität wahren

Ein Moderator muss in der Regel neutral bleiben, insbesondere in Konfliktsituationen oder bei politischen, wissenschaftlichen oder kontroversen Themen. Seine Aufgabe ist es, keine eigene Meinung einzubringen, sondern die Diskussion fair zu leiten und jedem Teilnehmer zu ermöglichen, sich uneingeschränkt zu äußern.

Eskalation vermeiden

Insbesondere in hochsensiblen oder emotional aufgeladenen Diskussionen kommt es auf die Fähigkeit des Moderators an, Konflikte zu deeskalieren. Ein erfahrener Moderator erkennt Spannungen frühzeitig und greift ein, bevor eine Situation eskaliert. Dies kann durch die Schaffung eines respektvollen Dialogklimas, durch eine differenzierte Fragestellung oder durch das Setzen von klaren Regeln für den Umgang miteinander geschehen.

Kontextualisierung der Rolle des Moderators

Die Rolle des Moderators kann in verschiedenen Kontexten unterschiedliche Facetten annehmen:

In Debatten und politischen Foren sorgt der Moderator dafür, dass alle Redner im Rahmen der festgelegten Zeit bleiben und dass der Diskurs respektvoll bleibt.

In Workshops oder Schulungen dient der Moderator nicht nur als Organisator, sondern auch als Moderator des Lernprozesses, indem er Diskussionen anregt, Gruppenübungen leitet und das Wissen der Teilnehmer strukturiert aufbaut.

In Online-Plattformen spielt der Moderator eine besonders wichtige Rolle bei der Aufrechterhaltung der Gemeinschaftsstandards, indem er unangemessene Inhalte entfernt und sicherstellt, dass die Kommunikation in einem konstruktiven Rahmen bleibt.

In Medienformaten, wie Talkshows oder Podcasts, übernimmt der Moderator die Rolle des Gesprächsführers, der das Gespräch in die gewünschten Bahnen lenkt und sicherstellt, dass alle Themen abgedeckt werden.

Wichtige Fähigkeiten eines Moderators

Ein erfolgreicher Moderator verfügt über eine Vielzahl an Fähigkeiten, die ihn in die Lage versetzen, komplexe Interaktionen erfolgreich zu steuern:

Kommunikationskompetenz: Ein Moderator muss exzellent in verbaler und nonverbaler Kommunikation sein, um klar und präzise zu vermitteln und Missverständnisse zu vermeiden.

Konfliktmanagement: Der Umgang mit Meinungsverschiedenheiten und Konflikten ist eine zentrale Fähigkeit, um einen produktiven und respektvollen Dialog zu gewährleisten.

Empathie und Menschenkenntnis: Ein Moderator muss in der Lage sein, die Stimmung und Dynamik der Gruppe zu erkennen und entsprechend zu reagieren, um ein angenehmes Gesprächsklima zu schaffen.

Objektivität und Neutralität: Unvoreingenommenheit ist von größter Bedeutung, insbesondere bei kontroversen Themen, um zu verhindern, dass der Moderator selbst als Teil des Konflikts wahrgenommen wird.

Entwicklungen und Herausforderungen

Die Rolle des Moderators ist im Wandel, vor allem in digitalen und zunehmend internationalen Kontexten. In virtuellen Meetings und Online-Diskussionen ist es eine besondere Herausforderung, die Kommunikation klar und
zielgerichtet zu steuern, da nonverbale Signale oft fehlen und die Teilneh-
merzahl häufig groß ist. Außerdem muss der Moderator in einem zunehmend
diversifizierten globalen Umfeld kulturelle Sensibilität und Interdisziplinarität
an den Tag legen, um eine effektive Moderation in multikulturellen und mul-
tilinguistischen Gruppen zu gewährleisten.

Zusammenfassend lässt sich sagen, dass die Rolle des Moderators in modernen Kommunikationsprozessen unverzichtbar ist. Sie erfordert nicht nur ein
hohes Maß an Fachwissen und Erfahrung, sondern auch die Fähigkeit, sich
auf immer neue Kontexte und Bedürfnisse einzustellen. Der Moderator ist
nicht nur ein „Leiter" der Diskussion, sondern auch ein kreativer Gestalter
des Dialogs, der aktiv zum Erfolg von Gesprächen, Verhandlungen oder kreativen Prozessen beiträgt.

Welche Techniken sollte ein Moderator verwenden?

Ein Moderator muss über verschiedene Techniken und Fähigkeiten verfügen,
um eine Diskussion oder Veranstaltung erfolgreich zu leiten und sicherzustellen, dass sie geordnet, respektvoll und produktiv verläuft. Hier sind einige
der wichtigsten **Techniken**, die ein Moderator verwenden sollte:

1. Aktives Zuhören
Technik: Der Moderator hört aufmerksam und ohne Unterbrechung
zu, um das Gespräch zu verstehen und auf die Aussagen der Teilnehmer einzugehen. Aktives Zuhören hilft, Missverständnisse zu vermeiden und sicherzustellen, dass alle Meinungen berücksichtigt werden.

Anwendung: Der Moderator wiederholt oder paraphrasiert Aussagen der Teilnehmer, um Klarheit zu schaffen und Missverständnisse zu vermeiden. Beispiel: "Wenn ich Sie richtig verstehe, sagen Sie, dass...".

2. Fragen stellen

Technik: Der Moderator nutzt gezielte Fragen, um das Gespräch zu lenken, mehr Informationen zu erhalten oder Diskussionen zu vertiefen. Dies kann offene Fragen (z.B. "Wie sehen Sie das?") oder präzisierende Fragen (z.B. "Könnten Sie das näher erläutern?") umfassen.

Anwendung: Fragen können helfen, die Teilnehmer zu aktivieren, mehr über ihre Perspektiven zu erfahren und das Thema aus verschiedenen Blickwinkeln zu betrachten.

3. Zusammenfassen und Paraphrasieren

Technik: Der Moderator fasst wichtige Punkte zusammen und stellt sicher, dass die Teilnehmer die Diskussion verstehen und auf dem gleichen Stand sind.

Anwendung: Beispiel: "Lassen Sie uns kurz zusammenfassen, was wir bisher besprochen haben. Wir haben festgestellt, dass...". Dies hilft auch, den Gesprächsfluss zu erhalten und zu überprüfen, ob alle das gleiche Verständnis haben.

4. Gegensätzliche Positionen moderieren

Technik: Wenn unterschiedliche oder widersprüchliche Meinungen geäußert werden, kann der Moderator beide Positionen respektvoll darstellen, ohne Partei zu ergreifen, und versucht, eine konstruktive Diskussion zu fördern.

Anwendung: Beispiel: "Es scheint, dass wir zwei unterschiedliche Ansichten zu diesem Thema haben. Lassen Sie uns diese beiden Perspektiven näher untersuchen."

5. Zeitmanagement

Technik: Der Moderator überwacht die Zeit, um sicherzustellen, dass alle Themen angesprochen werden und die Veranstaltung im vorgegebenen Zeitrahmen bleibt. Dies kann durch gezielte Zeitvorgaben für Diskussionen und Beiträge erfolgen.

Anwendung: Beispiel: "Wir müssen sicherstellen, dass wir noch genügend Zeit für die offenen Fragen haben, also bitte ich darum, die Diskussion auf den Punkt zu bringen."

6. Deeskalationstechniken

Technik: Wenn die Diskussion hitzig wird oder Konflikte entstehen, muss der Moderator eingreifen, um die Situation zu beruhigen und einen respektvollen Umgang sicherzustellen. Dazu gehören ruhiges Sprechen, das Umleiten der Diskussion und das Schaffen von Raum für alle Teilnehmer.

Anwendung: Beispiel: "Ich verstehe, dass dies ein emotionales Thema ist. Lassen Sie uns versuchen, ruhig zu bleiben und respektvoll miteinander zu sprechen."

7. Ermutigung zur Beteiligung

Technik: Der Moderator sorgt dafür, dass alle Teilnehmer aktiv in die Diskussion eingebunden werden und niemand übergangen wird. Dies kann durch direkte Ansprache von ruhigeren Teilnehmern oder das Einladen von Meinungen zu bestimmten Themen erfolgen.

Anwendung: Beispiel: "Wir haben jetzt viele Ansichten gehört. Was denkt jemand, der sich bisher noch nicht geäußert hat?"

8. Fokus bewahren

Technik: Der Moderator sorgt dafür, dass die Diskussion beim Thema bleibt und nicht vom eigentlichen Ziel oder Thema abweicht. Wenn die Diskussion in eine falsche Richtung geht, kann der Moderator die Teilnehmer sanft zurück zum Thema führen.

Anwendung: Beispiel: "Das ist ein interessantes Thema, aber es scheint, dass wir vom eigentlichen Punkt abgekommen sind. Lassen Sie uns zurück zum Thema kommen."

9. Verwendung von Visualisierungen

Technik: In bestimmten Situationen kann der Moderator visuelle Hilfsmittel wie Whiteboards, Flipcharts oder Präsentationen einsetzen, um komplexe Informationen zu verdeutlichen oder wichtige Punkte zu visualisieren.

Anwendung: Beispiel: In einem Workshop könnte der Moderator eine Mindmap oder eine Tabelle erstellen, um Ideen zu strukturieren und zu visualisieren.

10. Neutralität wahren

Technik: Der Moderator sollte in der Regel neutral bleiben und keine eigenen Meinungen oder Präferenzen in die Diskussion einbringen. Es ist wichtig, dass alle Teilnehmer sich respektiert fühlen, unabhängig von ihren Ansichten.

Anwendung: Beispiel: "Ich werde mich bemühen, beide Seiten dieser Diskussion gleichwertig zu behandeln und sicherzustellen, dass alle Perspektiven gehört werden."

11. Klarheit und Struktur bieten

Technik: Der Moderator sorgt dafür, dass die Sitzung oder Diskussion klar strukturiert ist, indem er die Agenda vorgibt und den Ablauf der Veranstaltung organisiert. Er sollte den Teilnehmern immer wieder deutlich machen, welche Schritte als Nächstes folgen.

Anwendung: Beispiel: "Wir beginnen nun mit dem nächsten Punkt der Agenda, der sich auf... bezieht. Danach werden wir Zeit für Fragen und Diskussionen haben."

12. Umgang mit Störungen

Technik: Wenn es Störungen gibt, wie zum Beispiel unnötige Wiederholungen oder unpassende Kommentare, muss der Moderator eingreifen, um die Diskussion auf Kurs zu halten.

Anwendung: Beispiel: "Ich würde gerne alle bitten, sich an den Punkt zu halten, den wir gerade besprechen. Wenn Sie weitere Kommentare haben, können wir die später ansprechen."

13. Kreativität fördern

Technik: Besonders in Brainstorming- oder kreativen Workshops kann der Moderator Techniken einsetzen, die die Kreativität der Teilnehmer anregen, wie z.B. spontane Ideensammlungen oder „Out-of-the-box"-Denken.

Anwendung: Beispiel: "Lassen Sie uns eine Pause machen und dann eine schnelle Brainstorming-Runde durchführen, bei der jeder seine Ideen ohne Einschränkungen teilt."

Fazit:

Die Techniken, die ein Moderator anwendet, sollten immer auf den Kontext und die Ziele der Veranstaltung abgestimmt sein. Ein guter Moderator ist flexibel, kann schnell auf unterschiedliche Situationen reagieren und schafft ein Umfeld, das den Dialog fördert und zu einem produktiven, respektvollen Austausch führt.

Wie kann ein Moderator eine Gruppe positiv beeinflussen?

Ein Moderator hat die Fähigkeit, eine Gruppe auf verschiedene Weisen positiv zu beeinflussen, indem er ein produktives, respektvolles und konstruktives Umfeld schafft. Ein gutes Moderationsverhalten kann nicht nur den Verlauf einer Diskussion oder Veranstaltung lenken, sondern auch die Dynamik innerhalb der Gruppe verbessern. Hier sind einige Strategien, wie ein Moderator eine Gruppe positiv beeinflussen kann:

1. Schaffung eines sicheren und respektvollen Rahmens

Wirkung: Wenn ein Moderator ein Umfeld schafft, in dem sich alle Teilnehmer sicher und respektiert fühlen, fördert dies eine offene und ehrliche Kommunikation. Die Teilnehmer sind eher bereit, ihre Meinungen zu äußern, ohne Angst vor Verurteilung oder Konflikten zu haben.

Wie es gelingt: Der Moderator betont zu Beginn der Sitzung die Bedeutung von Respekt und Höflichkeit, achtet darauf, dass alle gleichermaßen gehört werden, und greift ein, wenn Diskussionen unhöflich oder respektlos werden. Er erinnert daran, dass unterschiedliche Meinungen willkommen sind.

Beispiel: "Wir sind hier, um verschiedene Perspektiven zu hören. Bitte respektiert die Meinungen der anderen, auch wenn ihr euch nicht immer einig seid."

2. Förderung von aktiver Beteiligung

Wirkung: Ein Moderator kann die Gruppendynamik positiv beeinflussen, indem er alle Teilnehmer zur aktiven Beteiligung ermutigt. Dies fördert das Engagement und die Zusammenarbeit innerhalb der Gruppe und sorgt dafür, dass niemand übergangen wird.

Wie es gelingt: Der Moderator stellt gezielte Fragen an ruhigere Teilnehmer, bittet um Rückmeldungen und sorgt dafür, dass alle Stimmen gehört werden. Dabei kann er auch non-verbale Signale wahrnehmen und so Teilnehmer einbeziehen, die sich möglicherweise nicht direkt äußern.

Beispiel: "Wir haben heute viele Ideen gehört, aber ich würde gerne auch die Meinung von jemandem hören, der bisher noch nicht viel gesagt hat."

3. Aufbau von Vertrauen und Zusammenarbeit

Wirkung: Indem der Moderator ein Klima des Vertrauens aufbaut, kann er die Zusammenarbeit innerhalb der Gruppe stärken. Vertrauen fördert die Bereitschaft, neue Ideen zu teilen und gemeinsam an Lösungen zu arbeiten.

Wie es gelingt: Der Moderator kann Vertrauen aufbauen, indem er selbst authentisch ist, transparent handelt und den Teilnehmern das Gefühl gibt, dass ihre Beiträge wertgeschätzt werden. Er sollte auch dafür sorgen, dass die Gruppe als Team agiert und nicht als einzelne Individuen, die gegeneinander arbeiten.

Beispiel: "Wir sind hier, um gemeinsam eine Lösung zu finden, und jede Meinung ist wertvoll, um das bestmögliche Ergebnis zu erzielen."

4. Konstruktives Feedback geben und fördern

Wirkung: Ein Moderator kann das Feedbackklima in der Gruppe positiv beeinflussen, indem er konstruktives Feedback fördert und negative Kritik vermeidet. Positives Feedback motiviert Teilnehmer und stärkt das Vertrauen in den Prozess.

Wie es gelingt: Der Moderator betont positive Aspekte von Beiträgen, stellt Fragen, die zur Weiterentwicklung von Ideen anregen, und ermutigt zu konstruktiven Vorschlägen. Er sorgt dafür, dass Feedback als Möglichkeit zur Verbesserung und nicht als Kritik wahrgenommen wird.

Beispiel: "Das war ein interessanter Ansatz. Wie könnten wir das weiterentwickeln, um noch mehr Menschen anzusprechen?"

5. Förderung einer positiven Gruppenkultur

Wirkung: Ein Moderator kann das Verhalten der Gruppe durch sein eigenes Verhalten und durch die Art und Weise, wie er Interaktionen lenkt, positiv beeinflussen. Eine gute Gruppenkultur ist entscheidend für den langfristigen Erfolg einer Gruppe.

Wie es gelingt: Der Moderator modelliert ein respektvolles, hilfsbereites und lösungsorientiertes Verhalten und schafft so einen positiven Standard, dem die anderen Teilnehmer folgen können. Er kann auch auf subtile Weise auf Verhaltensweisen hinweisen, die die Gruppe negativ beeinflussen könnten.

Beispiel: Wenn ein Teilnehmer wiederholt vom Thema abschweift, könnte der Moderator höflich darauf hinweisen: "Das ist ein interessanter Punkt, aber wir müssen uns auf das Thema konzentrieren, um im Zeitrahmen zu bleiben."

6. Förderung von Konsens und Zusammenarbeit

Wirkung: Ein Moderator kann die Gruppe dazu anregen, gemeinsam zu einer Lösung oder einem Konsens zu kommen. Dies stärkt das Gemeinschaftsgefühl und sorgt dafür, dass alle Beteiligten das Ergebnis als gemeinsam erreicht ansehen.

Wie es gelingt: Der Moderator leitet den Prozess so, dass alle Teilnehmer ihre Perspektiven einbringen können, und achtet darauf, dass jede Meinung respektiert wird. Er sucht aktiv nach Gemeinsamkeiten und fördert die Zusammenarbeit, um Lösungen zu finden, die für alle akzeptabel sind.

Beispiel: "Es scheint, dass wir in vielen Punkten übereinstimmen. Wie können wir diese Gemeinsamkeiten nutzen, um eine Lösung zu finden, die alle zufriedenstellt?"

7. Stärkung von Selbstbewusstsein und Eigenverantwortung

Wirkung: Ein Moderator kann das Selbstbewusstsein der Teilnehmer stärken, indem er ihre Ideen und Beiträge wertschätzt und sie ermutigt, Verantwortung zu übernehmen. Dies führt zu einer aktiveren Teilnahme und einer stärkeren Identifikation mit der Gruppe.

Wie es gelingt: Der Moderator gibt den Teilnehmern Raum, ihre Ideen zu entwickeln, und unterstützt sie dabei, Verantwortung zu übernehmen, indem er ihnen Aufgaben oder Rollen innerhalb der Gruppe überträgt.

Beispiel: "Es wäre großartig, wenn Sie diese Idee weiterverfolgen könnten. Vielleicht könnten Sie ein Team zusammenstellen, um das weiterzuentwickeln."

8. Kreativität und Innovation anregen

Wirkung: Ein Moderator kann eine Atmosphäre schaffen, die Kreativität fördert, indem er neue Denkweisen und Ideen anregt. Dies ist besonders wichtig in kreativen oder innovationsorientierten Sitzungen.

Wie es gelingt: Der Moderator kann unkonventionelle Fragen stellen, Denkanstöße geben oder kreative Techniken wie

„Brainstorming" oder „Mind Mapping" einsetzen, um die Gruppe dazu zu ermutigen, neue und innovative Lösungen zu finden.

Beispiel: "Lassen Sie uns einen Schritt zurücktreten und die Dinge aus einer anderen Perspektive betrachten. Was könnten wir tun, wenn wir keine Einschränkungen hätten?"

9. Förderung von positivem Humor

Wirkung: Humor kann eine entspannte Atmosphäre schaffen und die Gruppe dazu anregen, mit mehr Offenheit und weniger Stress zu kommunizieren. Ein humorvoller Moderator kann die Stimmung heben und die Gruppendynamik positiv beeinflussen.

Wie es gelingt: Der Moderator setzt Humor dezent ein, um Spannungen abzubauen und eine freundliche, lockere Atmosphäre zu schaffen. Dabei sollte er darauf achten, dass der Humor niemanden ausschließt oder verletzt.

Beispiel: "Das war eine interessante Diskussion – jetzt haben wir alle definitiv genug Gedanken, um den nächsten Schritt zu machen. Lassen Sie uns weiterarbeiten, bevor uns der Kaffee wieder entgleitet!"

Fazit:

Ein Moderator kann eine Gruppe positiv beeinflussen, indem er eine respektvolle, inklusive und lösungsorientierte Atmosphäre schafft, in der alle Teilnehmer ihre Meinungen äußern können und sich einbezogen fühlen. Durch aktives Zuhören, konstruktives Feedback, die Förderung von Zusammenarbeit und Kreativität sowie durch eine klare Struktur und Zeitmanagement kann der Moderator die Gruppe zu produktiveren und harmonischeren Ergebnissen führen.

Wie sollte ein Moderator mit Konflikten in einer Gruppe umgehen?

Ein Moderator muss in der Lage sein, Konflikte in einer Gruppe zu erkennen und effektiv damit umzugehen, um die Kommunikation zu fördern und eine konstruktive Atmosphäre aufrechtzuerhalten. Konflikte können sowohl innerhalb von Gruppen als auch in der Interaktion zwischen einzelnen Teilnehmern auftreten und sind nicht unbedingt negativ, wenn sie richtig gehandhabt werden. Sie bieten häufig die Möglichkeit, unterschiedliche Perspektiven zu klären, Missverständnisse auszuräumen und zu einer tieferen Verständigung zu führen.

Wie ein Moderator mit Konflikten umgehen sollte:

1. Frühzeitige Erkennung von Konflikten
Technik: Konflikte entstehen oft schleichend, bevor sie offenkundig werden. Ein guter Moderator ist in der Lage, Spannungen oder negative Dynamiken frühzeitig zu erkennen, sei es durch nonverbale Signale (z. B. Körpersprache, Tonfall) oder durch verbale Hinweise.

Wie es gelingt: Achten Sie auf unruhige Körpersprache, Unterbrechungen, Vermeidung von Blickkontakt oder aggressive Äußerungen. Wenn Konflikte subtil beginnen, können Sie frühzeitig eingreifen und die Situation entschärfen, bevor sie eskaliert.

Beispiel: Wenn zwei Teilnehmer sich wiederholt in die Quere kommen oder sich gegenseitig unterbrechen, kann der Moderator eingreifen und einen Moment der Ruhe schaffen.

2. Neutralität bewahren
Technik: Ein Moderator muss immer neutral bleiben, um das Vertrauen aller Teilnehmer zu gewinnen. Er sollte keine Partei ergreifen

oder eigene Meinungen zu dem Konflikt äußern, sondern den Dialog offen und fair gestalten.

Wie es gelingt: Der Moderator sollte sich auf die Fakten konzentrieren und sicherstellen, dass er allen Seiten zuhört, ohne Vorurteile oder eigene Präferenzen in die Diskussion einzubringen.

Beispiel: "Ich verstehe, dass beide Seiten unterschiedliche Perspektiven auf das Thema haben. Lassen Sie uns sicherstellen, dass jeder gehört wird und wir die Sache sachlich angehen."

3. Aktives Zuhören und Verständnis zeigen

Technik: Der Moderator sollte aktives Zuhören praktizieren, um die Anliegen und Gefühle aller Konfliktparteien vollständig zu verstehen. Dies kann helfen, Missverständnisse zu klären und das Vertrauen zwischen den Beteiligten zu stärken.

Wie es gelingt: Der Moderator wiederholt, was die Konfliktparteien gesagt haben, um sicherzustellen, dass er sie richtig verstanden hat, und gibt Raum für die betroffenen Personen, ihre Gefühle auszudrücken.

Beispiel: "Ich höre, dass Sie sich darüber ärgern, weil... (zusammenfassen), und Sie fühlen sich dadurch nicht gehört. Lassen Sie uns darauf eingehen und klären, was genau das Problem ist."

4. Den Konflikt auf die Sachebene lenken

Technik: Oft wird ein Konflikt emotional oder persönlich und driftet vom eigentlichen Thema ab. Der Moderator sollte den Fokus zurück auf das Thema lenken, um eine sachliche Diskussion zu ermöglichen.

Wie es gelingt: Der Moderator stellt sicher, dass die Diskussion auf den Inhalt und nicht auf die Personen gerichtet bleibt. Er sollte persönliche Angriffe oder emotionale Eskalationen vermeiden und den Konflikt konstruktiv und lösungsorientiert angehen.

Beispiel: "Es scheint, dass es hier einige Missverständnisse gibt, aber lassen Sie uns den Punkt ansprechen, der zu dieser Unstimmigkeit geführt hat, und sehen, wie wir eine Lösung finden können."

5. Die Perspektiven aller Parteien hören

Technik: Ein Moderator sollte sicherstellen, dass jeder, der in den Konflikt verwickelt ist, die Möglichkeit hat, seine Sichtweise darzulegen, ohne unterbrochen zu werden.

Wie es gelingt: Der Moderator fragt beide Parteien nach ihren Ansichten und sorgt dafür, dass alle Beteiligten die Gelegenheit haben, ihre Gefühle und Bedenken ohne Angst vor Unterbrechungen auszudrücken.

Beispiel: "Ich möchte beiden Seiten die Gelegenheit geben, ihre Sichtweise vollständig zu äußern, bevor wir weitermachen."

6. Konstruktive Vorschläge und Lösungen anregen

Technik: Ein Moderator sollte nicht nur den Konflikt verwalten, sondern auch aktiv nach Lösungen suchen. Er kann die Teilnehmer dazu anregen, gemeinsam nach einem Kompromiss oder einer Lösung zu suchen.

Wie es gelingt: Der Moderator stellt Fragen, die den Teilnehmern helfen, gemeinsam nach Lösungen zu suchen, anstatt sich nur auf das Problem zu fokussieren.

Beispiel: "Was könnten wir tun, um dieses Problem zu lösen, sodass alle zufrieden sind? Gibt es einen Kompromiss, der für beide Seiten akzeptabel ist?"

7. Die Gruppe zur Selbstreflexion anregen

Technik: Der Moderator kann die Gruppe oder die Konfliktparteien dazu ermutigen, über ihre eigenen Beiträge zum Konflikt nachzudenken und Verantwortung für ihre Rolle zu übernehmen.

Wie es gelingt: Der Moderator könnte Fragen stellen, die die Teilnehmer dazu bringen, ihre eigenen Reaktionen und Handlungen zu hinterfragen, z. B.: "Was könnte jeder von uns tun, um diese Situation besser zu handhaben?"

Beispiel: "Es ist wichtig zu verstehen, wie unsere eigenen Reaktionen zum Konflikt beigetragen haben. Lassen Sie uns reflektieren, wie wir gemeinsam an einer besseren Lösung arbeiten können."

8. Wohlwollende Vermittlung und Deeskalation

Technik: Der Moderator sollte als Vermittler auftreten und eine Atmosphäre schaffen, in der alle Parteien das Gefühl haben, dass ihre Anliegen gehört und ernst genommen werden. Dabei kann der Moderator ruhig und deeskalierend sprechen.

Wie es gelingt: Der Moderator bleibt ruhig, kontrolliert seine eigene Körpersprache und Stimme und sorgt dafür, dass sich alle Parteien respektiert fühlen, ohne dass die Diskussion eskaliert.

Beispiel: "Ich verstehe, dass dieser Punkt für alle wichtig ist. Lassen Sie uns in Ruhe einen Schritt zurücktreten und darüber nachdenken, wie wir aufeinander zugehen können."

9. Nachhaltige Lösungen und Vereinbarungen treffen

Technik: Ein Moderator sollte darauf hinwirken, dass nach der Lösung des Konflikts konkrete Schritte und Vereinbarungen getroffen werden, um zukünftige Konflikte zu vermeiden.

Wie es gelingt: Der Moderator hilft der Gruppe, klare Vereinbarungen oder nächste Schritte festzulegen, damit der Konflikt nicht wieder auftritt. Dies könnte beinhalten, dass beide Parteien bestimmte Verhaltensweisen oder Kommunikationsweisen ändern.

Beispiel: "Damit wir in Zukunft ähnliche Missverständnisse vermeiden können, könnten wir vereinbaren, dass wir regelmäßig Updates geben und klare Kommunikationskanäle nutzen."

10. Nachbereitung und Reflexion

Technik: Nachdem der Konflikt gelöst wurde, kann der Moderator eine Nachbereitung oder Reflexion der Situation anregen, um sicherzustellen, dass alle Parteien mit der Lösung zufrieden sind und um mögliche Folgekonflikte zu verhindern.

Wie es gelingt: Der Moderator fragt nach der Sitzung, wie sich alle Beteiligten fühlen und ob noch offene Punkte bestehen, die besprochen werden sollten.

Beispiel: "Bevor wir abschließen, möchte ich sicherstellen, dass alle mit der Lösung zufrieden sind und keine weiteren offenen Fragen bestehen."

Zusammenfassung:
Ein Moderator sollte bei der Konfliktbewältigung ruhig, neutral und empathisch bleiben. Durch aktives Zuhören, Deeskalation und die Förderung eines respektvollen Dialogs kann er dazu beitragen, dass Konflikte produktiv gelöst werden. Wichtig ist, dass der Moderator nicht nur als Vermittler fungiert, sondern auch die Gruppe zu konstruktiven Lösungen anregt und langfristige Vereinbarungen trifft, um zukünftige Konflikte zu vermeiden.

Phasen: Vorbereitung, Durchführung, Nachbereitung?

Die Arbeit eines Moderators lässt sich in drei wesentliche Phasen unterteilen: **Vorbereitung**, **Durchführung** und **Nachbereitung**. Jede dieser Phasen ist entscheidend, um eine erfolgreiche Moderation zu gewährleisten. In jeder Phase gibt es spezifische Aufgaben und Ziele, die den gesamten Prozess der Moderation unterstützen und das Ergebnis positiv beeinflussen.

1. Vorbereitung
Ziele der Vorbereitung:

Klarheit über Ziel und Ablauf: Zu wissen, was mit der Moderation erreicht werden soll und wie der Ablauf strukturiert ist, ist entscheidend für den Erfolg.

Strukturierung der Sitzung: Die Vorbereitung sorgt dafür, dass die Veranstaltung effizient und zielgerichtet verläuft.

Wissen über die Teilnehmer: Ein guter Moderator informiert sich im Vorfeld über die Teilnehmer, ihre Interessen, ihre Rollen und mögliche Spannungsfelder oder Konflikte.

Erstellung einer Agenda: Eine klare Agenda hilft, das Thema zu fokussieren und den Teilnehmern einen Überblick zu geben.

Aufgaben des Moderators in der Vorbereitungsphase:

Zieldefinition: Was soll am Ende der Veranstaltung erreicht werden? Was sind die Kernfragen oder -ziele der Sitzung?

    Beispiel: Ist das Ziel, ein kreatives Brainstorming zu fördern, eine Entscheidung zu treffen oder Konflikte zu lösen?

Erstellung einer Struktur: Legen Sie die Agenda fest. Dies umfasst die zeitliche Planung, die Reihenfolge der Themen und welche Methoden (z. B. Diskussion, Gruppenarbeit) angewendet werden.

> **Beispiel**: "Wir beginnen mit einer Vorstellungsrunde, dann folgt eine Diskussion über Thema X, danach ein Workshop und am Ende eine Zusammenfassung."

Rollenklärung: Überlegen Sie, wie die Rollen innerhalb der Gruppe verteilt sind (z. B. wer übernimmt welche Aufgaben?).

> **Beispiel**: Wer wird als Sprecher fungieren? Gibt es Experten, die spezifische Informationen liefern sollen?

Rahmenbedingungen klären: Prüfen Sie logistische Details wie Raum, Technik (z. B. Mikrofone, Präsentationstechnik), Teilnehmeranzahl und Zeitrahmen.

> **Beispiel**: Sind ausreichend Ressourcen (z. B. Flipcharts, Beamer) vorhanden?

Vorbereitung von Materialien: Stellen Sie sicher, dass alle benötigten Materialien (Handouts, Präsentationen, Arbeitsblätter) bereit sind.

> **Beispiel**: Die Agenda und relevante Unterlagen müssen im Vorfeld an die Teilnehmer versendet oder vor Ort bereitgestellt werden.

Wichtige Aspekte der Vorbereitung:

- **Zieldefinition und Klarheit über Erwartungen**
- **Agenda- und Zeitmanagement**
- **Information über Teilnehmer und deren Bedürfnisse**
- **Vorbereitung von Hilfsmitteln und Materialien**

2. Durchführung
Ziele der Durchführung:

- **Effektive Kommunikation:** Das Gespräch steuern und eine produktive, respektvolle Atmosphäre aufrechterhalten.
- **Zielgerichtete Moderation:** Den Prozess im Einklang mit den festgelegten Zielen und der Agenda vorantreiben.
- **Aktive Einbindung:** Alle Teilnehmer zu Wort kommen lassen und eine ausgewogene Diskussion fördern.
- **Konfliktmanagement:** Bei Spannungen oder Missverständnissen eingreifen und für eine konstruktive Lösung sorgen.

Aufgaben des Moderators während der Durchführung:

Begrüßung und Einführung: Der Moderator stellt sich vor, erläutert die Ziele der Sitzung und erklärt den Ablauf. Das sorgt für eine klare Orientierung zu Beginn.

> **Beispiel**: "Herzlich willkommen! Wir haben heute eine Stunde Zeit, um zu besprechen, wie wir das Projekt X optimieren können. Ich möchte, dass jeder seine Gedanken dazu äußert."

Zielgerichtete Moderation: Der Moderator stellt sicher, dass das Gespräch fokussiert bleibt und das festgelegte Ziel erreicht wird. Er lenkt die Diskussion und greift ein, wenn notwendig.

> **Beispiel**: "Wir haben jetzt einen guten Punkt erreicht, aber lassen Sie uns bitte zum nächsten Thema übergehen, damit wir alle Punkte abdecken können."

Aktive Beteiligung fördern: Der Moderator ermutigt Teilnehmer, sich aktiv einzubringen, und sorgt dafür, dass niemand dominiert oder übergangen wird.

Beispiel: "Ich sehe, dass einige von euch ruhig sind. Was denken Sie zu diesem Punkt?"

Deeskalation bei Konflikten: Wenn Konflikte auftreten, sollte der Moderator eingreifen, um die Diskussion zu beruhigen, Missverständnisse zu klären und eine Lösung zu finden.

Beispiel: "Ich verstehe, dass beide Seiten unterschiedliche Ansichten haben. Lassen Sie uns bitte sachlich bleiben und auf den Punkt fokussiert bleiben."

Zusammenfassungen und Zwischenstände: Der Moderator fasst regelmäßig die Hauptpunkte zusammen, um sicherzustellen, dass alle auf dem gleichen Stand sind.

Beispiel: "Lassen Sie uns kurz zusammenfassen, was wir bisher besprochen haben, damit jeder mitgenommen wird."

Flexibilität und Anpassung: Der Moderator muss in der Lage sein, den Ablauf bei Bedarf anzupassen, z. B. bei Zeitdruck, unerwarteten Themen oder speziellen Bedürfnissen der Teilnehmer.

Beispiel: "Wir sind schon weit fortgeschritten, aber wir müssen das Thema XY noch ansprechen, bevor wir zum Abschluss kommen."

Wichtige Aspekte der Durchführung:

- **Effektive Kommunikation und Zeitmanagement**
- **Förderung der Beteiligung und Inklusion**
- **Konfliktmanagement und Problemlösung**
- **Flexibilität und Anpassungsfähigkeit**

3. Nachbereitung

Ziele der Nachbereitung:

Evaluation des Prozesses: Eine Reflexion über das Treffen und das Erreichen der gesetzten Ziele. Was lief gut, was könnte verbessert werden?

Dokumentation der Ergebnisse: Alle wichtigen Ergebnisse, Entscheidungen oder Vereinbarungen müssen klar festgehalten werden.

Weiterführende Schritte: Festlegung von Verantwortlichkeiten und nächsten Schritten. Was sind die Folgemaßnahmen nach der Sitzung?

Aufgaben des Moderators nach der Durchführung:

Ergebnissicherung: Der Moderator stellt sicher, dass alle wesentlichen Ergebnisse dokumentiert werden (z. B. durch Protokolle, Notizen, Action Items).

> **Beispiel:** "Ich werde die besprochenen Punkte und die nächsten Schritte in einer E-Mail zusammenfassen und an alle senden."

Feedback einholen: Der Moderator sollte Feedback von den Teilnehmern einholen, um zu verstehen, was gut lief und was verbessert werden kann.

> **Beispiel:** "Ich würde gerne von jedem hören, was in dieser Sitzung gut war und was wir vielleicht beim nächsten Mal anders machen sollten."

Evaluation der Sitzung: Der Moderator kann sich selbst evaluieren und überlegen, wie der Ablauf oder seine eigene Moderation verbessert werden kann.

> **Beispiel**: "Habe ich alle Teilnehmer ausreichend eingebunden? Hätte ich mehr Zeit für Diskussionen einplanen sollen?"

Weiterführende Maßnahmen und Verantwortlichkeiten: Der Moderator hilft dabei, die nächsten Schritte zu klären und sorgt dafür, dass alle Teilnehmer wissen, was nach der Sitzung zu tun ist.

> **Beispiel**: "Wir haben beschlossen, dass Person A die Aufgabenstellung für die nächste Runde übernimmt. Die Deadline dafür ist der 15. Mai."

Dokumentation und Weiterleitung: Alle relevanten Informationen und Ergebnisse sollten in geeigneter Form (z. B. Protokoll, Zusammenfassung) dokumentiert und den Teilnehmern zur Verfügung gestellt werden.

> **Beispiel**: "Ich werde das Protokoll der Sitzung an alle weiterleiten und die nächsten Schritte klar dokumentieren."

Wichtige Aspekte der Nachbereitung:

- **Ergebnissicherung und Dokumentation**
- **Feedback und Reflexion**
- **Festlegung von Verantwortlichkeiten und nächsten Schritten**

Zusammenfassung der Phasen:

1. **Vorbereitung:** Klare Zielsetzung, Strukturierung der Sitzung, Agendaerstellung, Teilnehmerinformationen.
2. **Durchführung:** Leitung der Sitzung, aktive Moderation, Förderung der Teilnahme, Deeskalation von Konflikten, Zeitmanagement.
3. **Nachbereitung:** Dokumentation der Ergebnisse, Feedback einholen, Evaluierung des Prozesses, Festlegung der nächsten Schritte.

Ein erfolgreicher Moderator sorgt durch sorgfältige Vorbereitung, souveräne Durchführung und präzise Nachbereitung dafür, dass die Sitzung effektiv, produktiv und zielgerichtet verläuft.

Welche sechs Phasen der Moderation gibt es?

Die sechs Phasen der Moderation bieten eine strukturierte Vorgehensweise, um ein Treffen oder eine Sitzung effektiv zu gestalten. Diese Phasen sind so konzipiert, dass der Moderator sowohl den Prozess als auch die Interaktionen innerhalb der Gruppe systematisch steuert und dabei sicherstellt, dass die Ziele erreicht werden. Die sechs Phasen der Moderation sind:

1. Phase: Vorbereitung
Ziel: Sicherstellen, dass die Moderation gut strukturiert und zielführend ist. In dieser Phase wird der Rahmen für die Moderation geschaffen. Der Moderator klärt die Ziele, organisiert die Agenda und bereitet alle notwendigen Materialien vor. Auch die Erwartungen und Bedürfnisse der Teilnehmer werden ermittelt, um die Sitzung individuell anzupassen.

Aufgaben des Moderators:
- Definieren der Ziele und Erwartungen der Sitzung.
- Erstellen einer klaren Agenda mit Zeitplan.

- Klärung der Rahmenbedingungen (Ort, Technik, Materialien).
- Information der Teilnehmer über Ablauf und Ziele der Sitzung.
- Vorab-Information über Teilnehmer, deren Rollen und eventuelle Konflikte.

Beispiel: Wenn es sich um eine Problemlösungs- oder Entscheidungsfindungssitzung handelt, legt der Moderator das zu lösende Problem oder die Entscheidung fest und bereitet die Themen entsprechend vor.

2. Phase: Einstieg
Ziel: Einen guten Start für die Sitzung ermöglichen, eine vertrauensvolle Atmosphäre schaffen und die Gruppe in den Arbeitsmodus versetzen.
Zu Beginn sorgt der Moderator für eine entspannte Atmosphäre, stellt sich vor, nennt den Ablauf und das Ziel der Sitzung und fördert eine erste Orientierung unter den Teilnehmern. Es wird ein „Rahmen" für das gemeinsame Arbeiten gesetzt.

Aufgaben des Moderators:
- Begrüßung und Vorstellung der Teilnehmer.
- Erklärung der Ziele und des Ablaufs.
- Festlegung von Regeln für die Kommunikation und das Verhalten (z. B. Respekt, Zeitbegrenzung, keine Unterbrechungen).
- „Eisbrecher"-Aktivitäten oder Vorstellungsrunden, um eine entspannte Atmosphäre zu schaffen.

Beispiel: Der Moderator könnte zu Beginn eine kurze Vorstellungsrunde einleiten oder eine Aufwärmübung durchführen, um den Teilnehmern zu helfen, sich zu öffnen.

3. Phase: Problemdefinition/ Zielklärung
Ziel: Die zu behandelnden Themen und das genaue Ziel der Sitzung klar definieren.

In dieser Phase wird das Thema der Sitzung detailliert beschrieben. Der Moderator stellt sicher, dass alle Teilnehmer das Problem oder das Ziel verstehen und dass alle offenen Fragen geklärt werden, bevor die eigentliche Arbeit beginnt.

Aufgaben des Moderators:
- Detaillierte Klärung des Themas oder der Fragestellung.
- Sicherstellen, dass alle Teilnehmer das Problem oder Ziel auf dieselbe Weise verstehen.
- Eventuell erste Erwartungen oder Meinungen der Teilnehmer einholen, um die Themen weiter zu konkretisieren.

Beispiel: "Unser Ziel heute ist es, Lösungen für das Problem der unklaren Kommunikation im Team zu finden. Was sind die Hauptursachen, die Ihr dafür seht?"

4. Phase: Ideenfindung/Erarbeitung
Ziel: Kreativität anregen und Lösungen oder Ideen entwickeln.
In dieser Phase geht es darum, mit verschiedenen Methoden (z. B. Brainstorming, Mind Mapping, Gruppenarbeit) Ideen zu sammeln und Lösungen zu entwickeln. Der Moderator sorgt dafür, dass alle Teilnehmer einbezogen werden und keine Ideen sofort abgelehnt werden.

Aufgaben des Moderators:
- Förderung der kreativen Ideenfindung.
- Einsatz geeigneter Methoden zur Ideenentwicklung (Brainstorming, Rollenspiele, etc.).
- Alle Teilnehmer zu Wort kommen lassen und die verschiedenen Perspektiven integrieren.
- Sicherstellen, dass die Ideen offen und ohne direkte Kritik geäußert werden können.

Beispiel: Der Moderator könnte ein Brainstorming durchführen und dabei die Regel „Alle Ideen sind willkommen" betonen, um die Kreativität der Gruppe zu fördern.

5. Phase: Entscheidung/ Auswahl

Ziel: Aus den gesammelten Ideen eine Lösung auswählen oder Entscheidungen treffen.

In dieser Phase wird aus den verschiedenen Ideen oder Lösungsvorschlägen eine Auswahl getroffen. Der Moderator sorgt dafür, dass ein strukturiertes Verfahren zur Entscheidungsfindung angewendet wird, z. B. durch Abstimmungen, Konsensbildung oder Bewertung der Vorschläge.

Aufgaben des Moderators:

- Unterstützung der Gruppe bei der Auswahl der besten Lösung oder Entscheidung.
- Durchführung von Abstimmungen, Konsensfindung oder Bewertungsverfahren.
- Klärung der Vor- und Nachteile der verschiedenen Optionen.

Beispiel: Der Moderator könnte eine Umfrage oder Abstimmung durchführen, um herauszufinden, welche Lösung von der Gruppe bevorzugt wird.

6. Phase: Abschluss/Nachbereitung

Ziel: Ergebnisse sichern und den Prozess reflektieren.

Am Ende der Sitzung sorgt der Moderator für einen klaren Abschluss, in dem die wichtigsten Ergebnisse zusammengefasst und die nächsten Schritte festgelegt werden. Es wird geklärt, wer für welche Aufgaben oder Follow-up-Maßnahmen verantwortlich ist. Die Reflexion des Prozesses hilft, das Treffen zu evaluieren und zukünftige Meetings zu verbessern.

Aufgaben des Moderators:

- Zusammenfassung der wichtigsten Ergebnisse und Entscheidungen.
- Klärung der nächsten Schritte und Verantwortlichkeiten.
- Feedback einholen, um den Prozess zu verbessern.
- Abschluss und Dank an alle Teilnehmer.

Beispiel: "Zum Abschluss möchte ich die Ergebnisse zusammenfassen: Wir haben beschlossen, dass wir die Kommunikationsstruktur im Team ändern werden. Person A wird einen Entwurf für neue Regeln erstellen, und wir treffen uns nächste Woche, um das zu besprechen."

Zusammenfassung der sechs Phasen:

1. **Vorbereitung:** Zielsetzung, Agenda erstellen, Material und Rahmenbedingungen klären.
2. **Einstieg:** Begrüßung, Einführung in das Thema und die Ziele, Schaffung einer angenehmen Atmosphäre.
3. **Problemdefinition/Zielklärung:** Das Thema klar definieren, offene Fragen klären.
4. **Ideenfindung/Erarbeitung:** Kreative Ideen sammeln, Lösungen entwickeln.
5. **Entscheidung/Auswahl:** Eine Lösung oder Entscheidung treffen, durch Abstimmung oder Konsens.
6. **Abschluss/Nachbereitung:** Zusammenfassung der Ergebnisse, Festlegung der nächsten Schritte, Feedback einholen.

Diese sechs Phasen sind eine bewährte Methode, um eine Moderation systematisch zu strukturieren und sicherzustellen, dass das Ziel der Veranstaltung erreicht wird. Der Moderator sorgt durch sein Eingreifen und seine Führung dafür, dass die Gruppe fokussiert bleibt, aktiv teilnimmt und die gewünschten Ergebnisse erzielt werden.

Alphabetische Schnellübersicht